Beltz Taschenbuch 837

Über dieses Buch:
In dem wohl umfassendsten Buch, das je über Jungen geschrieben wurde, zeigt William F. Pollack, was Jungen auf dem Weg zum Mannsein aufgrund falscher psychologischer Vorstellungen vermissen und unwillentlich opfern müssen. Denn in seiner über 20jährigen Forschungstätigkeit hat er festgestellt, daß viele Jungen, die nach außen hin ganz unauffällig wirken, in ihrem Inneren verzweifelt, orientierungslos und einsam sind.
Woran liegt das? Schlüssig und anhand vieler Beispiele zeigt der Autor auf, wie die Gesellschaft die männliche Jugend in eine »geschlechtsspezifische Zwangsjacke« preßt – orientiert an einem längst veralteten Männlichkeitsideal – und gleichzeitig von ihr verlangt, dem Bild vom »neuen« Mann zu entsprechen: sensibel, einfühlsam, bloß kein »Macho«. So sind Jungen einem Wirrwarr unvereinbarer gesellschaftlicher Erwartungen und widersprüchlicher Verhaltensmaßregeln ausgesetzt – wie sollen sie unter solchen Voraussetzungen ein stabiles Selbstwertgefühl, ein positives Selbstbild entwickeln?
Wodurch definiert sich das eigentliche Wesen von Jungen? Wie unterscheiden sie sich von Mädchen, worin sind sie ihnen ähnlich? Was sollten wir von unseren Jungen erwarten und für sie anstreben – bei Sport und Spiel, während des Heranwachsens, im Kreis ihrer Freunde und innerhalb der Familie? Was geschieht, wenn Jungen mit Problemen wie Scheidung, Depression, Gewalt und ähnlichem konfrontiert werden? Anhand dieser und vieler weiterer Fragen, zu denen sich auch viele betroffene Jungen ausführlich äußern, werden Leserinnen und Leser dafür sensibilisiert, was die Probleme von Jungen ausmacht und wie wir Jungen helfen können, die gesellschaftliche Zwangsjacke abzulegen und sich freier und selbstbestimmter zu entwickeln.
Ein unverzichtbares Handbuch für alle, die Jungen erziehen.

Der Autor:
Dr. William F. Pollack gehört zu den angesehensten Psychologen in den USA. Er ist Gründungsmitglied der Gesellschaft für Studien zur Psychologie des Mannes der Amerikanischen Psychologischen Vereinigung und Co-Direktor des Männerzentrums am McLean Hospital der Harvard Medical School.

William F. Pollack

Jungen

Was sie vermissen – was sie brauchen
Ein neues Bild von unseren Söhnen

Aus dem Englischen von
Elisabeth Parada

BELTZ
Taschenbuch

Anmerkung des Autors:
Alle Menschen, von denen in diesem Buch die Rede ist, sind mir tatsächlich begegnet; und alle Gesprächsausschnitte, die ich hier wiedergebe, beruhen auf Tatsachen. Die genannten Beispiele entstammen zum Teil meiner Erfahrung als klinischer Psychologe, und zum Teil sind sie meinem aktuellen Forschungsprojekt *Auf die Stimmen der Jungen hören* entnommen, das an der medizinischen Fakultät der Harvard University durchgeführt wurde. Namen, Orte und andere in diesem Buch verwendete Einzelheiten wurden jedoch zum Schutz der Privatsphäre und Anonymität der jeweiligen Personen abgeändert. Daher ist jede Übereinstimmung der in diesem Buch beschriebenen Personen und Ereignisse mit dem Leser bekannten Personen und Begebenheiten unbeabsichtigt und rein zufällig.

Beltz Taschenbuch 837
2001 Beltz Verlag, Weinheim und Basel

1 2 3 4 5 05 04 03 02 01

Lizenzausgabe mit Genehmigung des Scherz Verlag, Bern und München
Das Buch erschien im Scherz Verlag unter dem Titel »Richtige Jungen«.

Die Originalausgabe erschien unter dem Titel »Real Boys«
bei Random House, New York
Einzig berechtigte Übersetzung aus dem Englischen
von Elisabeth Parada

Umschlaggestaltung: Federico Luci, Köln
Umschlagillustration: Getty Images Deutschland/Stone, München
Gesamtherstellung: Druckhaus Beltz, Hemsbach
Printed in Germany

ISBN 3 407 22837 6

Für Marsha und Sarah –
die den Mann unterstützten
und den inneren Jungen förderten

Für meine Eltern und Großeltern –
die einem Jungen das Gefühl vermittelten,
besonders zu sein und geliebt zu werden

Und für die Jungen und ihre Eltern –
die ihre Herzen öffneten
und ihren Gefühlen eine Stimme gaben

Inhaltsverzeichnis

Einleitung

Was wir über unsere Söhne wissen sollten

Unsere Söhne haben Probleme. Und diese Probleme sind gravierender, als wir denken. Selbst diejenigen, die ganz «normal» wirken und die mit ihrem Leben dem Anschein nach ganz gut zurechtkommen, sind davon betroffen. Die Vielzahl widersprüchlicher Erwartungen, denen unsere Söhne von seiten der Gesellschaft als Jungen und später auch als Männer ausgesetzt sind, ist verwirrend, und so fühlen sich viele von ihnen orientierungslos und irgendwie traurig. Neueste Forschungen zeigen: Die schulische Leistung von Jungen ist im Vergleich zur Vergangenheit gesunken und liegt heute unter der der Mädchen; vielen Jungen mangelt es an Selbstvertrauen, und gleichzeitig verzeichnen die Depressions- und Selbstmordraten bei Jungen einen erschreckenden Zuwachs.

Dank vieler wissenschaftlicher Untersuchungen wissen wir heute, was Mädchen im Teenageralter brauchen, um sich gemäß ihrer geschlechtsspezifischen Anlagen gesund und gut zu entwickeln. Bewußt fördern wir Mädchen darin, ihre Stimme zu erheben, sich Gehör zu verschaffen und ihre individuellen Fähigkeiten und Stärken besser zu entwickeln. – Aber was ist mit ihren Brüdern, unseren Söhnen?

Gemeinsam mit anderen Forschern mußte ich in den letzten Jahren erkennen, daß sehr viele Jungen, die nach außen hin ganz unauffällig wirken, in ihrem Inneren verzweifelt, orientierungslos und einsam sind. Sie sind sich selbst fremd und fühlen sich von ihren Eltern, Geschwistern und auch Gleichaltrigen verlassen. Mitunter belastet dieses Gefühl von Einsamkeit ihre gesamte Jugendzeit und besteht sogar bis ins Erwachsenenalter fort. Im Rahmen meiner Tätigkeit versuchte ich zu verstehen, was Jungen tatsächlich fühlen und denken. Ich bemühte mich, hinter die Maske der Männlichkeit zu blicken, die die meisten Jungen und Männer tragen, um ihre Gefühle vor der Außenwelt zu verbergen, der sie sich auch dann noch souverän, gelassen und unerschütterlich präsentieren, wenn sie zutiefst einsam und verängstigt sind.

Dieses Buch ist das Ergebnis meiner Forschungen. Gestützt auf meine Beobachtungen und die Aussagen von unzähligen Jungen, enthält es Vorschläge, die dazu beitragen können, daß unsere Söhne als Jungen und Männer glücklicher und erfolgreicher werden.

Wie definiert sich das eigentliche Wesen von Jungen? Wodurch unterscheiden sie sich von Mädchen, worin sind sie ihnen ähnlich? Was sollten wir von unseren Jungen erwarten und für sie anstreben – bei Sport und Spiel, während des Heranwachsens, im Kreis ihrer Freunde und innerhalb der Familie? Was geschieht, wenn Jungen mit Problemen wie Scheidung, Depressionen, Gewalt und Ähnlichem konfrontiert werden? All diese Fragen, denen ich in meinen Studien nachgegangen bin, werden in diesem Buch aufgegriffen.

Ich befürchte, daß beinahe jeder von uns, der über Jungen spricht, von gesellschaftlich wirksamen Mythen über das Mannsein beeinflußt wird. Im Laufe der Zeit verschmolzen die unterschiedlichsten gesellschaftlichen Erwartungen und Vorstellungen darüber, wie ein «richtiger» Junge zu sein hat, zu einem universell einsetzbaren Klischee, das unsere Wahrnehmung verzerrt.

Diesem Mythos entsprechend sind Jungen waghalsige Schlingel, stets zu Streichen aufgelegt, wild und laut; sie tollen mit Hunden herum und sammeln in ihren Hosentaschen wertloses Zeug, das sie als «Schatz» betrachten. Zu ihren Vorlieben zählen Angeln und Radfahren, Mädchen hingegen sind ihnen ein Greuel. Der mythische männliche Teenager interessiert sich ausschließlich für Sport, Autos und Sex; er ist egozentrisch und vor allem *cool;* draufgängerisch bricht er sämtliche Regeln, widerspricht seinen Lehrkräften und zieht die Gesellschaft seiner ausgeflippten Freunde der seiner «verstaubten» Familie vor.

Wer immer mit Jungen zu tun hat, weiß in seinem Herzen, daß dieses Klischee falsch ist. Und dennoch – die Wirkungsmächtigkeit dieser stereotypen Vorstellungen, die Hartnäckigkeit, mit der sich die mythischen Bilder und Rollenzuweisungen in unseren Köpfen festgesetzt haben, beeinträchtigen die seelische Entwicklung der Jungen zutiefst und stören unsere Beziehung zu ihnen. Sie stehen uns bei der Erziehung im Weg, und sie begrenzen Handlungsspielräume, die notwendig sind, damit sich unsere Söhne gemäß ihrer Anlagen entfalten können.

Erst aufgrund neuerer Erkenntnisse, die außerhalb akademischer Kreise bedauerlicherweise noch wenig bekannt sind, beginnt der Mythos langsam zu verblassen. Ich möchte einen Beitrag leisten, um diese Entwicklung zu beschleunigen, denn selbst wenn sich in den Mythen über Jungen ein Körnchen Wahrheit verbirgt – andernfalls hätten sie nicht so lange fortbestehen können –, stellt sich die Wirklichkeit weit komplexer und auch positiver dar.

Das hier vorliegende Buch *Richtige Jungen* basiert auf den Erkenntnissen, die ich im Rahmen meiner 20jährigen Forschungsarbeit über Jungen und Männer gewonnen habe – als Vorstandsmitglied des Center for Men des McLean Hospitals, als Professor der medizinischen Fakultät von Harvard und als Gründungsmitglied der Gesellschaft für psychologische Studien über Männer und Männlichkeit der Amerikanischen Vereinigung für Psychologie. Weiter gehen große Teile dieses Buches auf eine umfassende Studie zurück, die ich erst kürzlich mit Kollegen von der medizinischen Fakultät der Harvard University durchführte, um bessere Informationen über das Gefühlsleben und die seelische Entwicklung von männlichen Jugendlichen zu erhalten. Gemeinsam befragten wir Hunderte von Jungen und männlichen Teenagern verschiedener sozialer, rassischer und ethnischer Herkunft über ihren Alltag, beobachteten sie in unterschiedlichen Situationen, unterzogen sie empirischen Tests und führten Gespräche mit ihren Eltern. Die Einsichten, die wir im Verlauf dieser Studie *Auf die Stimmen der Jungen hören* gewannen, bestätigten meine Erfahrungen als Psychologe und meine Überzeugung, daß viele Jungen mit schwerwiegenden Problemen kämpfen. Betrachtet man die Erkenntnisse dieser Studie im Licht aktueller Statistiken, präsentiert sich ein alarmierendes Bild.

In unserem heutigen Erziehungssystem werden Jungen doppelt so oft als lernbehindert eingestuft wie Mädchen. Ihr Anteil in speziellen Lernförderklassen beträgt bis zu 67 Prozent. Die Wahrscheinlichkeit, daß eine schwere Verhaltensstörung diagnostiziert wird, ist in einigen Schulsystemen für Jungen um das Zehnfache höher als für Mädchen. Während die Leistungen der Mädchen in den Gebieten Naturwissenschaft und Mathematik beständig steigen, weisen Jungen weiterhin einen bedeutenden und kaum geringer werdenden Rückstand im Bereich Sprachen auf. Jüngsten Studien zufolge leiden Jungen im Vergleich zu Mädchen nicht nur unter einem allgemein schwächeren

Selbstvertrauen, sondern sie fühlen sich auch als Schüler unterlegen. Zudem werden sie ungleich häufiger wegen disziplinarischer Probleme vom Unterricht ausgeschlossen oder suspendiert. Doch die Schwierigkeiten sind nicht auf den Bereich Schule beschränkt: Jungen leiden heute in erschreckendem Ausmaß an Depressionen; die statistische Wahrscheinlichkeit, daß ein Junge Opfer eines Gewaltverbrechens (mit Ausnahme von Sexualverbrechen) wird, ist doppelt so hoch wie bei Mädchen; das Selbstmordrisiko ist gar vier- bis sechsmal so groß.

Warum? Wo liegen die Ursachen für diese besorgniserregenden Befunde? Ziel dieses Buches ist es, eine Antwort auf diese Fragen zu finden. Ich setze mich damit auseinander, warum und wie die Gesellschaft die männliche Jugend in eine «geschlechtsspezifische Zwangsjacke» preßt. Ohne uns wirklich darüber bewußt zu sein, messen wir das Verhalten von Jungen an einem veralteten Ideal von Männlichkeit, konservieren wir längst überholte Überzeugungen davon, wie sich der Wandel vom Jungen zum Mann zu vollziehen habe. Diesen Rollenbildern, die teilweise noch aus dem 19. Jahrhundert stammen, fehlt jeder Bezug zur heutigen Welt.

Wehrt sich ein Junge gegen dieses Konzept, findet die Gesellschaft Mittel und Wege, ihn zur Verhaltensanpassung zu zwingen. Indem die Gesellschaft ihm diese geschlechtsspezifische Zwangsjacke überstülpt, beschneidet sie sein Gefühlsleben und seine Fähigkeit, selbständig zu denken und so frei und offen zu handeln, daß er in unserer sich ständig verändernden Welt bestehen kann.

Jungen werden gedrängt, sich vorzeitig von ihrer Mutter zu trennen. Von der Mutter erwartet man, daß sie die «Schürzenbänder» durchschneidet, die ihren Sohn an sie und die Familie binden. Damit sie sich nicht zum Nesthocker oder gar zum Muttersöhnchen entwickeln, werden viele Jungen bereits im Alter von 5 oder 6 Jahren aus der Familie gestoßen, um sich in der Schule, im Ferienlager und in vielen anderen Situationen, die sie möglicherweise noch nicht bewältigen können, als selbständig zu erweisen. Zu Beginn der Adoleszenz, der Pubertät, erhalten die Jungen den zweiten Stoß – diesmal sind es neue Schulen, Sportwettkämpfe, Jobs, Verabredungen, Reisen und vieles mehr.

Der Fehler ist nicht, daß wir unseren Jungen die Welt zeigen – denn das ist eine der Aufgaben von Eltern –, sondern *wie* dies geschieht. Ohne die nötigen Vorbereitungen auf das, was vor ihnen liegt, müssen sie die Familie zu abrupt verlassen. Man verweigert ihnen die seelische Unterstützung und verwehrt ihnen die Möglichkeit, in die Geborgenheit zurückzukehren, wenn sie sich überfordert fühlen. Wir dulden kein Zögern und überhören ihre Klagen, da wir diese Trennung als wichtig erachten. Entscheidend ist, daß der Junge «die Bande zerreißt» und ein Mann wird. Von unseren Töchtern erwarten wir nicht, daß sie sich mit so wenig Hilfe und Rückendeckung abnabeln. Im Gegenteil, in ihrem Fall würden wir eine traumatische Entwicklung befürchten.

Ich glaube aber, daß die abrupte Trennung von der Familie auch bei Jungen Gefühle von Angst, Einsamkeit und Hilflosigkeit hervorruft. Da die gesellschaftlich vorherrschende Erwartungshaltung an den Mann derartigen Empfindungen jedoch keinen Raum gewährt, gewinnt der Junge den Eindruck, versagt zu haben. Beschämt wegen seiner Verwundbarkeit, kann er mit niemand über sein «Versagen» und über seine Empfindungen sprechen; letztlich ist er also gezwungen, sein wahres Ich zu verbergen. Ohne sich dessen bewußt zu sein, wird er im Lauf der Zeit seine Empfindsamkeit verdrängen und sich zunehmend von seinen eigenen Gefühlen abspalten. Auf diese Weise wird der Junge «gestählt» – ganz so, wie es der gesellschaftlichen Erwartung entspricht.

Dieses Vorgehen erscheint gänzlich widersinnig, denn während wir unsere Jungen einerseits weiterhin auf die altmodische Art abhärten, fordern wir andererseits, daß sie – vor allem in Beziehungen – den Typ des «neuen Mannes» repräsentieren. Sie sollen einfühlsam sein, respektvoll im Umgang mit Frauen und vor allem keine «Machos». Kurz: Wir fordern, daß unsere Jungen den sensiblen New-Age-Mann und den coolen Kerl gleichzeitig verkörpern. Wen wundert es, wenn viele männliche Jugendliche angesichts dieser doppelten Maßstäbe verwirrt sind?

Einem Wirrwarr widersprüchlicher Verhaltensmaßregeln und unvereinbarer Erwartungen ausgesetzt, kann ein Junge, der in den Spiegel schaut, um sein wahres Wesen zu entdecken, nur erkennen, daß er weder dem einen noch dem anderen Ideal gerecht werden kann. Unter diesen Voraussetzungen sollte es uns nicht überraschen, wenn es ihm später an einem stabilen Selbstwertgefühl mangelt, er zu Depressionen neigt, in Liebesbeziehungen scheitert und unter Umständen gewalttätig wird.

Mit diesem Buch möchte ich Eltern, die Öffentlichkeit und auch die betroffenen Jungen dafür sensibilisieren, was einen «richtigen Jungen» wirklich ausmacht. Ich möchte Verständnis für die Problematik von Jungen schaffen und vor allem dazu beitragen, daß sie sich in Zukunft innerhalb unserer Gesellschaft freier und selbstbestimmter entwickeln können. Im ersten Teil dieses Buches, «Die Wahrheit über unsere Söhne», setze ich mich mit den gesellschaftlich relevanten Mythen über das angeblich wahre Wesen richtiger Jungen auseinander, indem ich ihnen die persönlichen Aussagen von betroffenen Jungen über ihre tatsächlichen Empfindungen gegenüberstelle. Im zweiten Teil, «Die Bindung zu unseren Söhnen stärken», gehe ich darauf ein, wie wir unseren Jungen helfen können, die gesellschaftliche Zwangsjacke abzulegen, die eigenen Gefühle auszuleben und sich in einer schwierigen Welt als selbstbewußte, offene und mitfühlende junge Männer zu bewegen. Im dritten Teil, «Wenn die Verbindung zu unseren Söhnen reißt», widme ich mich den Risiken, denen unsere Söhne auf ihrem Lebensweg ausgesetzt sind, wie zum Beispiel Drogen, Depression, Selbstmord, Gewalt und Scheidung, und erläutere präventive Maßnahmen. Im Epilog «Mit unseren Söhnen verbunden bleiben» möchte ich allen Lesern Mut machen, die antiquierten Vorstellungen über Bord zu werfen, unseren Söhnen die Hand zu reichen und sie auf ihrem Weg zu einem selbstbestimmten Leben mit all unserer Liebe zu begleiten.

Auch wenn sie in der Regel nicht darüber sprechen, durchleben viele heranwachsende Jungen ebenso wie heranwachsende Mädchen eine Identitätskrise und eine Störung ihres Selbstwertgefühls. Der größte Unterschied bei den Geschlechtern in dieser Notlage besteht darin, daß Mädchen, obwohl ihre Stimme in der Öffentlichkeit häufig unterdrückt wird, im privaten Kreis zumeist über ihren Kummer und ihre Unsicherheiten sprechen können. Im Gegensatz dazu fällt es Jungen – auch wenn sie sich mutig und lautstark gebärden – häufig sehr schwer, sich ihren Freunden und ihrer Familie anzuvertrauen. Ihr lautes Auftreten übertönt, was tatsächlich in ihren Herzen und Seelen vorgeht. Statt dessen neigen die meisten Jungen sowohl in der Öffentlichkeit als auch im persönlichen Gespräch dazu, Selbstbewußtsein und Selbstzufriedenheit vorzutäuschen und sich dieser Fähigkeiten sogar zu rühmen. So gerne wir darüber lächeln, daß erwachsene Männer nicht nach dem Weg fragen, wenn sie sich verirrt haben, ist es ein ernstzunehmendes Problem, daß viele unserer Jungen nicht in der Lage sind, nach jenem emotionellen Kompaß zu greifen, den sie so dringend benötigen.

Teil 1

Die Wahrheit über unsere Söhne

Kapitel 1

In der Welt der Jungen: Hinter der Maske der Männlichkeit

«Dann bin ich etwas niedergeschlagen, aber ich kann es gut verbergen. Es ist, als trüge ich eine Maske. Selbst wenn mir die Kinder Schimpfnamen nachrufen und mich verspotten, zeige ich ihnen nicht, wie sehr mich das trifft. Ich behalte es für mich.» (Adam, 14 Jahre)

Der Verhaltenskodex für Jungen: «Alles in Ordnung»

Die Mutter des 14jährigen Adam suchte mich nach einem Workshop auf, den ich zum Thema Jungen und Familie gegeben hatte. Bisher sei die schulische Leistung von Adam außerordentlich zufriedenstellend gewesen, doch jetzt hätte sie das Gefühl, als sei etwas nicht in Ordnung, erklärte sie.

Adam hatte solch vielversprechende Fortschritte gemacht, daß er ausgewählt worden war, an einem Programm für besonders talentierte Schüler teilzunehmen. Dieses Programm wurde jedoch nicht an Adams Schule durchgeführt, sondern an einem renommierten Lehrinstitut in einem wohlhabenderen Viertel. Adams Mutter war erfreut gewesen, als ihr Sohn für dieses Programm ein Stipendium erhalten hatte, und so war Adam zu seinem neuen Leben aufgebrochen.

Mit der Zeit verwandelte sich Mrs. Harrisons Freude in Sorge. Adam erbrachte an der neuen Schule keine guten Leistungen. Seine Zensuren waren durchschnittlich. Mitte des Semesters warnte man ihn, daß er möglicherweise in Algebra nicht bestehen würde. Dennoch beharrte Adam sowohl in der Schule als auch zu Hause darauf, daß «alles in Ordnung» sei. Adams Mutter war ebenso ratlos wie sein Vertrauenslehrer an der neuen Schule. «Adam erscheint fröhlich und beschwert sich niemals», teilte der Berater ihr mit, «aber irgend etwas ist nicht in Ordnung.» Die Mutter des Jungen versuchte mit ihm zu sprechen. Sie hoffte, den Grund seines Kummers und seiner schwachen schulischen Leistungen zu erfahren. «Je eindringlicher ich ihn nach den Geschehnissen in der Schule fragte, desto hartnäckiger leugnete er jedes Problem ab», erklärte sie mir.

Adam war ein stiller, scheuer, für sein Alter kleiner Junge, in dessen strahlendblauen Augen ich einen nicht leicht zu ergründenden inneren Schmerz entdeckte. Im Rahmen meiner Studie *Auf die Stimmen der Jungen hören* hatte ich diesen Blick bei zahllosen Jungen verschiedenen Alters gesehen. Adam versuchte sich zu schützen. Er wirkte mißtrauisch, verletzt und verschlossen – vor allem aber einsam.

Eines Tages war er mit einem blauen Auge nach Hause gekommen. Als seine Mutter ihn fragte, was geschehen sei, murmelte er: «Nur ein Unfall.» Dabei aber wirkte er völlig niedergeschlagen, so als fühle er sich schuldig oder beschämt. Seine Mutter drängte weiter in ihn. Sie wisse, daß etwas nicht in Ordnung sei, erklärte sie. Doch was auch immer es sei, sie beide könnten damit gemeinsam fertig werden. Plötzlich brach Adam in Tränen aus und erzählte die bis dahin in seinem Inneren verborgene Geschichte.

Adam wurde in der Schule belästigt, im Bus verspottet und im Schulhof zu Schlägereien herausgefordert. «He, weißes Miststück!» riefen ihm die anderen Jungen zu. «Du gehörst nicht zu uns. Warum gehst du nicht in deinen Stadtteil zurück!» forderte ihn ein Schlägertyp aus der zwölften Klasse spöttisch auf. Derartige Bemerkungen führten häufig zu körperlichen Angriffen. Zu seiner eigenen Verteidigung war Adam gezwungen zurückzuschlagen. «Aber ich habe niemals den ersten Schlag getan», erklärte er seiner Mutter. «Ich lasse es sie nicht wissen, wenn sie mich verletzen, denn ich will mich nicht vor allen bloßstellen.»

Ich wandte mich an Adam. «Was fühlst du bei alldem? Wie gehst du mit deiner Wut und deiner Enttäuschung um?» fragte ich ihn. Seine Antwort war eine Wiederholung dessen, was ich leider nur allzuoft zu hören bekomme, wenn es mir gelingt, in das Seelenleben eines Jungen vorzudringen.

«Dann bin ich etwas niedergeschlagen, aber ich kann es gut verbergen. Es ist, als trüge ich eine Maske. Selbst wenn mir die Kinder Schimpfnamen nachrufen und mich verspotten, zeige ich ihnen nicht, wie sehr mich das trifft. Ich behalte es für mich.»

«Und was tust du mit deiner Traurigkeit?» forschte ich weiter.

«Ich lasse sie so lange in meinem Inneren brodeln, bis ich es nicht länger ertragen kann. Zu Hause, wo mich niemand hören kann und niemand etwas davon erfährt, explodiere ich dann und schreie meine Wut hinaus. Ich fürchte, das habe ich von meinem Vater», fügte er nach einem kurzen Zögern hinzu.

Adam reagierte wie viele andere Jungen. Er verbarg seine innersten Gedanken und sein wahres Ich sogar vor seinen engsten Vertrauten. Um die Scham, die er angesichts seiner Verletzlichkeit, Ohnmacht und Einsamkeit fühlte, zu überdecken, signalisierte er nach außen: «Ich schaffe es schon. Alles in Ordnung. Ich bin unbesiegbar.» Obwohl kaum ein Junge oder ein Mädchen im Alter von 14 Jahren in der Lage gewesen wäre, sich aus einer derart verfahrenen Situation selbständig zu lösen, konnte Adam Menschen, die ihn liebten, nicht um Hilfe bitten. Unglücklich über seine Situation, ließ er in seinen schulischen Leistungen nach.

Adam ist kein Einzelfall: Viele Jungen verbergen ihr wahres Ich hinter einem Schutzschild aus Selbstbewußtsein und Gleichmut. Sie glauben, es sei notwendig, sich von Gefühlen wie Angst, Unsicherheit, Einsamkeit und Sehnsucht nach Zuneigung zu trennen, um den gesellschaftlichen Erwartungen zu entsprechen. Wie Adam gehen sie davon aus, daß sie fähig sein müßten, ihre Probleme allein zu bewältigen, daß es ihnen nicht zustehe, Familie, Freunde, Lehrkräfte oder Trainer um Hilfe, Trost, Verständnis oder Unterstützung zu bitten. Auf diese Weise entsteht eine Kluft zwischen den Jungen und den Menschen, die sie lieben und ihnen nur allzu gerne die Aufmerksamkeit und Zuneigung schenken würden, nach der sich jeder Mensch sehnt.

Wer einem Jungen helfen will, der in Schwierigkeiten steckt, stößt häufig auf das Problem, daß ebendieser Junge seine Probleme hinter einer Fassade aus fröhlicher Unverwüstlichkeit verbirgt. Ohne es selbst zu wissen, sind Jungen in ihrer Tarnung so geschickt, daß es mitunter Detektivarbeit bedarf, um zu ergründen, was in ihnen tatsächlich vorgeht. Die Probleme gelangen oft erst an die Oberfläche, wenn eine bestimmte Grenze überschritten wird und der Junge in der Schule zu scheitern droht, zu Drogen oder Alkohol greift, in eine klinische Depression verfällt oder in Schlägereien verwickelt wird. So erfuhr Adams Mutter erst durch das blaue Auge von seinen

Schwierigkeiten. Davor waren seine beunruhigend schlechten Zensuren ihr einziger Anhaltspunkt gewesen.

Die geschlechtsspezifische Zwangsjacke

Als ich vor vielen Jahren meine Forschungsarbeit über Jungen aufnahm, war ich der Ansicht, daß die in der amerikanischen Öffentlichkeit geführte Diskussion über die Rolle von Frauen und Mädchen auch zu einer Neubewertung der traditionellen Vorstellungen über Jungen, Männer und Männlichkeit führen müsse. Meine Forschungsergebnisse jedoch waren ein Beleg dafür, daß für den Umgang mit Jungen noch immer jener überholte Verhaltenskodex Gültigkeit hat, der auf Vorstellungen aus dem 19. Jahrhundert zurückgeht. Selbst in den fortschrittlichsten Schulen und in den aufgeschlossensten Familien beeinflußt dieser Kodex weiterhin das Verhalten von Jungen, Eltern und Lehrern. Seine Wurzeln reichen so tief, daß niemand gegen ihn immun ist und er unsere ganze Gesellschaft durchdringt. Obwohl ich den Kodex als falsch ablehne, handle auch ich mitunter nach seinen Regeln, indem ich seelische Schmerzen ignoriere und gegen besseres Wissen behaupte, daß alles in Ordnung sei. Die überholten Ansichten und Richtlinien dieses Kodexes wirken sich jedoch nicht nur auf Jungen und Männer wie eine Zwangsjacke aus, sondern beschränken uns alle in unserer Menschlichkeit. Durch ihn entfremden wir uns von uns selbst und von unseren Freunden, er hindert uns daran, wirklich intensive Beziehungen zu leben.

Die Jungen, denen ich im Rahmen meiner Studie *Auf die Stimmen der Jungen hören* in Schulen und im privaten Umfeld begegnete, verstecken oft nicht nur ein breites Spektrum an Gefühlen, sondern auch einen Teil ihrer Kreativität und Originalität. Die Beeinflussung durch den Verhaltenskodex vollzieht sich dabei auf so subtile Weise, daß sie sich oftmals gar nicht bewußt sind, daß sie nach seinen Regeln leben. Sie bemerken es erst, wenn sie gegen ihn verstoßen, wenn sie auf die eine oder andere Weise wider die Norm handeln. Gegen solche Grenzverletzungen nämlich setzt sich die Gesellschaft rasch und wirkungsvoll zur Wehr: Der Ausreißer muß sich spöttische Bemerkungen von Schwester oder Bruder gefallen lassen, die Zurechtweisung von Eltern oder Lehrern ertragen oder gar die Ächtung durch seine Klassenkameraden auf sich nehmen.

Wie gelangt man hinter die Maske?

Wie wir im Verlauf des Buches besprechen werden, gibt es verschiedene Möglichkeiten, die tiefsten Empfindungen und Gedanken eines Jungen kennenzulernen, sein wahres Ich zu entdecken und ihm beizustehen, sich selbst anzuerkennen und zu lieben. Zuallererst müssen Eltern, Lehrer und andere Pädagogen für die ersten Anzeichen, daß ein Junge seine Gefühle tarnt, empfänglich werden. Zu diesen frühen Hinweisen zählen schlechte schulische Leistungen ebenso wie ein rowdyhaftes Verhalten, Abkapselung und die Ausprägung depressiver Symptome; auch Drogen- und Alkoholkonsum und Situationen, in denen ein Junge entweder Opfer von Gewalttaten oder selbst gewalttätig wird, können ein solcher Hinweis sein. Sehr oft – wie im Fall von Adam – beteuern Jungen trotz offensichtlicher Probleme immer wieder, daß alles in Ordnung sei.

Im zweiten Schritt müssen wir eine Gesprächsform entwickeln, die es dem Jungen ermöglicht, sich seine Verletzbarkeit einzugestehen, ohne sich deshalb schämen zu müssen. Kommt zum Beispiel ein Junge wie Adam mit einem blauen Auge nach Hause, sollten wir ihn nicht einschüchtern, indem wir ihn auffordern, uns den Tathergang sofort mit allen Details zu schildern. Zweckmäßiger wäre es, etwa so zu reagieren: «Kannst du mir erzählen, was passiert ist?» oder «Ich habe bemerkt, daß sich in letzter Zeit einiges für dich verändert hat. Jetzt sehe ich, daß etwas nicht in Ordnung ist. Laß uns darüber reden.»

In einem dritten Schritt müssen wir lernen, den «emotionellen Zeitplan» eines Jungen anzuerkennen. In diesem Buch werden wir noch häufiger darüber sprechen, daß Jungen oftmals weit mehr Zeit benötigen, um ihre Gefühle mitzuteilen, als Mädchen. Während Mädchen schon auf die erste Anfrage hin sagen, was ihnen zuwiderläuft, blocken Jungen den ersten Gesprächsversuch meist ab. Ihr Bedürfnis zu schweigen, bevor sie bereit sind, über ihre Empfindungen zu sprechen, bezeichne ich als «zeitbegrenztes Schweigen». Üblicherweise muß der Junge selbst bestimmen, wieviel Zeit er braucht, ehe er sich öffnet. Wenn wir ein Gefühl für das individuelle Timing eines jeden Jungen entwickeln und seinen Umgang mit Emotionen respektieren, erleichtern wir ihm die Entscheidung, uns sein hinter der Maske verborgenes Innenleben ehrlich zu enthüllen.

Im vierten Schritt versuchen wir eine Verbindung zu dem Jungen aufzunehmen, indem wir mit ihm gemeinsam etwas unternehmen. Anstatt mit Worten in ihn zu dringen, begleiten wir ihn einfach bei einer von ihm bevorzugten Aktivität. Es kommt dabei nicht so sehr darauf an, was man tut, sondern daß man es gemeinsam tut – ein Spiel, ein Duett auf dem Klavier oder ein Besuch in einem Vergnügungspark sind häufig ausreichend, um eine Nähe herzustellen, in der sich der Junge sicher genug fühlt, um die Gedanken auszudrücken, die er üblicherweise verbirgt.

So hätte beispielsweise Adams Mutter, als sie merkte, daß mit ihrem Sohn etwas nicht stimmte und er sich zurückzog, versuchen können, mit ihm gemeinsam etwas zu unternehmen, um auf diese Weise eine Atmosphäre der Sicherheit zu schaffen, die Adam die Gelegenheit gegeben hätte, sich ihr zu offenbaren. Vielleicht wäre auch ein Gespräch über die eigenen Erfahrungen beim Wechsel ins College oder über das Gefühl des Alleinseins in einem neuen Umfeld hilfreich gewesen. Mitunter nämlich legt ein Junge seine Tarnung auch dann ab, wenn wir ihm von unseren eigenen Erfahrungen erzählen. Hierbei kann es sich um Erfahrungsberichte aus unserer Jugend mit all ihren Höhen und Tiefen oder um eine Begebenheit aus der jüngeren Vergangenheit handeln, die uns vor Probleme stellte. Auch wenn der Junge sich anfangs gelangweilt gibt und vielsagend mit den Augen rollt, profitiert er fast immer davon, wenn wir ihn an unserem Leben teilhaben lassen. Sobald er erkennt, daß auch wir Angst, Verlegenheit und Enttäuschungen kennen, schämt er sich weniger wegen seiner eigenen Verletzlichkeit. Wenn er spürt, daß wir aufgrund eigener Erfahrungen in der Lage sind, uns in ihn einzufühlen, gewinnt er die Gewißheit, daß wir den wahren Jungen in ihm verstehen, lieben und respektieren.

Den Jungen auf Veränderungen vorbereiten

Um zu vermeiden, daß Jungen ihr wahres Ich hinter einer undurchdringlichen Maske verbergen, ist es notwendig, daß wir Erwachsenen lernen, Situationen vorauszusehen, die für unsere Söhne schmerzliche Erfahrungen mit sich bringen können. Dazu zählt zum Beispiel eine Scheidung, der Tod eines Freundes oder Verwandten, die Geburt eines weiteren Kindes oder aber auch ein Umzug oder ein Schulwechsel.

Eine Schule könnte Schwierigkeiten, wie sie bei Adam auftraten, zum Beispiel dadurch abfangen, daß dem neuen Schüler ein älterer Vertrauensschüler zugewiesen wird, der ihn als Freund während der ersten Wochen begleitet, ihn anderen Jungen vorstellt und ihm hilft, sich zurechtzufinden, so daß er in die Gruppe aufgenommen wird. Der Schulberater oder ein Vertrauenslehrer hätten dafür Sorge tragen können, daß man Adam während der Eingewöhnungsphase zur Seite steht. Auch Adams Eltern hätten den bevorstehenden Schulwechsel besser vorbereiten können, indem sie sich mit anderen Eltern und Jungen getroffen hätten, die am selben Programm teilnahmen. Vielleicht hätte Adam unter ihnen einen Freund gefunden. Weiter wäre es ratsam gewesen, den Jungen an seinem ersten Tag in der neuen Schule zu begleiten und mit ihm die ungewohnte Umgebung zu erforschen, so daß er sich leichter in den Schauplatz einfügt.

Der Mutterinstinkt

Es gibt noch etwas, das an Adams Geschichte typisch ist: Instinktiv *wußte* Adams Mutter, daß etwas nicht stimmte. Dennoch zweifelte sie an ihren Gefühlen und vertraute auf den männlichen Verhaltenskodex und Adams Aussage, daß «alles in Ordnung» sei. Indem sie sich beschwichtigen ließ, entfernte sie sich von ihren eigenen Instinkten. Obwohl sie die Wahrheit kannte, fügte sie sich dem gesellschaftlich aufgezwungenen Kodex und unternahm nichts, um Adam zu helfen, bevor sich seine schwierige Situation in eine Krise verwandelte. Mit besten Absichten hatten sowohl seine Eltern als auch die Vertreter beider Schulen alles getan, um den Kontakt zu Adam zu verlieren und ihn von jeder Hilfe zu trennen, die es ihm ermöglicht hätte, seine Gedanken uneingeschränkt mitzuteilen. Alle erachteten das Schulprogramm für Begabte als große Gelegenheit für Adam – was es zweifellos auch war –, sie erkannten aber nicht, daß es Veränderungen in seinem Sozialleben mit sich brachte, die mit und für den Jungen in Angriff genommen werden mußten. In Übereinstimmung mit dem männlichen Verhaltenskodex versuchte Adam, seine Probleme selbständig zu lösen, wie die meisten Jungen es tun.

Hinter der Maske der Männlichkeit: Schamgefühl und Trennungstrauma

Forschungen haben ergeben, daß männliche Babys bei ihrer Geburt und in den darauffolgenden Monaten in ihren Gefühlen ausdrucksstärker sind als weibliche Babys. Bis sie jedoch in die Grundschule eintreten, verliert sich ein Großteil dieser Ausdrucksfähigkeit oder wird verborgen. Schon Jungen im Alter von 5 oder 6 Jahren fällt es bedeutend schwerer als gleichaltrigen Mädchen, ihren Kummer Eltern, Lehrern oder anderen Bezugspersonen mitzuteilen. Viele Eltern fragen mich, wodurch diese Veränderung ausgelöst wird. Wie kommt es, daß ursprünglich offene und lebhafte Jungen in ihrem späteren Leben dazu neigen, einen Großteil ihrer Gefühle nicht mehr auszuleben?

Jüngste Untersuchungen verweisen auf zwei wesentliche Ursachen, die beide mit der gesellschaftlichen Erwartungshaltung Jungen gegenüber zu tun haben:

Der erste Grund ist der *Mißbrauch des Schamgefühls*: In einem Abhärtungsprozeß, der nach gängiger Auffassung für die Entwicklung von Jungen angeblich erforderlich ist, lernen kleine Jungen sich für ihre Empfindungen zu schämen und sich insbesondere für Schwäche, Verletzlichkeit, Angst und Verzweiflung schuldig zu fühlen.

Der zweite Grund ist der Jungen auferlegte *Trennungsprozeß:* Die Gesellschaft warnt vor einer zu engen Bindung zwischen Mutter und Sohn und drängt darauf, die beiden gefühlsmäßig voneinander zu trennen, und zwar zum ersten Mal im unnötig frühen Alter von üblicherweise 6 Jahren und erneut, wenn der Sohn in die Pubertät kommt.

Scham ist ein weitverbreitetes Mittel, um einen Jungen «unter Kontrolle zu halten». Im Verlauf eines Prozesses, den ich als *gesellschaftliche Abhärtung durch Scham* bezeichne, wird heranwachsenden Jungen immer wieder suggeriert, sie müßten sich ihrer eigenen Gefühle schämen. Diesem Prozeß liegt die Vorstellung zugrunde, daß Jungen lernen müssen, ihre Gefühle zu kontrollieren, wenn sie zu «echten», durchsetzungsstarken und unabhängigen Männern werden wollen. Immer wieder hören sie, daß «große Jungen nicht weinen» und daß sie keine «Muttersöhnchen» sein sollen. Selbst wenn diese Richtlinien nicht direkt ausgesprochen werden, beherrschen sie auf subtile Weise unser Verhalten gegenüber Jungen und bestimmen somit schließlich auch das Bild, das diese von sich selbst bekommen. Wo auch immer Jungen in Kontakt mit anderen Menschen treten, ist das Schamgefühl allgegenwärtig – auf dem Sportplatz, im Klassenzimmer, im Sommerlager und auch zu Hause. Die Wirkung des Schamgefühls ist derart zerstörerisch, daß ich im nächsten Kapitel nochmals ausführlich darauf eingehen werde.

Der zweite Grund, der Jungen veranlaßt, ihr Inneres vor der Außenwelt zu verbergen, ist die frühzeitige und abrupte Trennung von ihren Müttern und dem mütterlichen Umfeld beim Schuleintritt. Die Gesellschaft fördert die Trennung von Mutter und Sohn in einem Maß, daß sie allgemein als «normal» angesehen wird. Im Rahmen meiner Tätigkeit mußte ich jedoch erkennen, daß diese frühe erzwungene Trennung für den Jungen so schmerzvoll und in ihren Auswirkungen so schädlich ist, daß man von einer traumatischen Erfahrung sprechen kann. Meiner Meinung nach ist dieses Trauma völlig überflüssig und vermeidbar, denn Jungen lösen sich – nicht anders als Mädchen – auch auf ganz natürliche Weise von ihren Müttern, wenn man ihnen die Zeit dafür gibt.

Als wäre das Trennungstrauma im Alter von 6 Jahren noch nicht schmerzvoll genug, erleiden Jungen häufig ein zweites Trennungstrauma, wenn sie ihre sexuelle Reife erlangen. Voller Argwohn beäugt die Gesellschaft die Mutter-Sohn-Beziehung, wenn der Junge in die Pubertät kommt. Es besteht eine allgemeine Verunsicherung darüber, wie intensiv die Beziehung zwischen einer Mutter und ihrem sexuell reifen Sohn sein darf, wieviel Nähe noch zulässig ist, damit das Mutter-Sohn-Verhältnis den Jungen nicht daran hindert, eine Freundschaft mit einem gleichaltrigen Mädchen einzugehen. Verunsichert durch ihre Umgebung, stoßen Eltern ihre Söhne erneut aus der Familie und trennen sie von weiblichen Bezugspersonen. Die Gesellschaft bezeichnet dies als «gut» für den Jungen und behauptet, daß er aus dem Nest geworfen werden muß, wenn er fliegen lernen soll. Ich halte das Gegenteil für zutreffend. Ein Junge wird diese Trennung herbeiführen, sobald er dazu bereit ist. Trifft er selbständig die Entscheidung über den richtigen Zeitpunkt, wird ihm die Ablösung um so besser gelingen, da er weiß, daß ihn im Notfall jemand auffängt.

Dieses doppelte Trennungstrauma trägt dazu bei, daß sich in dem

Jungen eine unerschöpfliche Quelle von Kummer und Traurigkeit bildet, die ihn womöglich sein gesamtes Leben lang begleitet.

Jungen im Widerstreit gesellschaftlicher Erwartungen

Nun taucht ein weiteres Problem auf. Heute stellt die Gesellschaft neue Erwartungen an Jungen, die dem bisher gültigen männlichen Verhaltenskodex kraß widersprechen. Zu einer Lösung dieses Konflikts wurde bisher wenig beigetragen. Wir behaupten jetzt, daß Jungen ihre Verletzlichkeit zum Ausdruck bringen sollen, erwarten aber gleichzeitig, daß sie ihre natürlichen Gefühle wie Liebe, Mitgefühl und das Bedürfnis nach Zuneigung hinter einer Maske männlicher Selbständigkeit und Stärke verbergen. Eine für jeden Jungen und eigentlich jeden Menschen unlösbare Aufgabe.

Das Schweigen der verlorenen Jungen

Aufgrund der Unvereinbarkeit sich gegenseitig ausschließender Erwartungen ziehen sich viele Jungen schweigend zurück; verunsichert und traurig suchen sie Zuflucht hinter ihrer Maske aus Männlichkeit. Ebendieses Schweigen verleitet jedoch auch Menschen, die um das Wohl von Jungen bemüht sind, zu der irrigen Annahme, daß alles in Ordnung ist, obwohl der Junge in Wirklichkeit dringend Hilfe benötigt. – Die Tragödie besteht darin, daß sie nicht sprechen und wir nicht zuhören können.

Unsere Kenntnis typischer männlicher Verhaltensmuster sollte zu einer erfolgreicheren und natürlicheren Erziehung von Jungen aller Altersstufen beitragen. Sobald es uns gelingt, einen Jungen von seiner geschlechtsspezifischen Zwangsjacke zu befreien, wir ihm zuhören und seine Gefühle und Ansichten verstehen, wird das Schweigen durchbrochen und von einem regen Kommunikationsfluß ersetzt. Bereits diese erste neuerliche Kontaktaufnahme zu einem Jungen kann unser Band zu allen Männern unseres Lebens – unseren Brüdern, Vätern, Ehemännern und Söhnen – festigen und dem betroffenen Jungen selbst die Möglichkeit bieten, sein wahres Wesen und seine innersten Gefühle wiederzuentdecken.

Ein Leben als Halbwesen – die «heroische» Hälfte

Bis heute konnten viele Jungen nur die eine Hälfte – nämlich die harte, actionorientierte Seite – ihrer Gefühle ausleben. Der männliche Verhaltenskodex gestattet Jungen, ihre körperlichen Fähigkeiten einzusetzen und auch ihre Wut und ihren Ärger auszuagieren, er verbietet ihnen aber, sich die eigene Verletzbarkeit einzugestehen. Im Rahmen der Studie *Auf die Stimmen der Jungen hören* erzählten mir viele Jungen von ihren Ängsten und ihrer Sehnsucht, sich jemandem mitzuteilen. Doch das ist unmöglich. «In der Schule, aber auch vor meinen Eltern, darf ich keine Schwächen zeigen, da sie sofort wütend werden. Wer ängstlich reagiert oder gar zu weinen beginnt, wird von den anderen Kindern verprügelt und aufgefordert, damit aufzuhören.» Die Mutter eines 9jährigen Jungen erklärte, was sie von ihrem Sohn erwartet. «Es macht mir nichts aus, wenn sich Tony ein wenig beschwert, aber wenn er zu jammern beginnt und ihm die Tränen in die Augen steigen, fordere ich ihn auf, den Unsinn zu unterlassen. Es ist nur zu seinem eigenen Besten. Wenn ihn andere Jungen hören, machen sie ihm nur das Leben schwer. Darüber hinaus haßt sein Vater ein derartiges Verhalten.»

Jungen schweigen selbst dann, wenn sie von einem geliebten Menschen zurückgewiesen wurden. «Du fühlst dich krank», berichtete der 16jährige Cam über seine Gefühle, als ihm seine Freundin nach mehreren Monaten mitteilte, daß sie ihn nicht mehr liebe. «Du behältst es für dich und sprichst mit niemandem darüber, bis es schließlich vergeht.» – «Das alles allein durchzumachen muß schrecklich gewesen sein», warf ich ein. «Ja», seufzte Cam, während er gegen die Tränen ankämpfte, «aber ein Mann muß tun, was er tun muß, nicht wahr?»

Meine Studien bestätigen meine persönliche Überzeugung, daß sich viele Jungen nach Aufmerksamkeit sehnen. Deshalb dürfen Eltern und Fachleute nichts unversucht lassen, um mit ihnen in Kontakt zu treten und ihnen zu helfen, ihre coole Tarnung abzulegen. Als Erwachsene besitzen wir sowohl die Fähigkeit als auch den Weitblick, hinter die Fassade zu schauen.

Ein Junge von 4 Jahren, den ein Baseball ins Auge getroffen hat, zuckt die Achseln und versucht die Tränen des Schmerzes wegzublinzeln. Ein 10jähriger, dessen Eltern sich vor kurzem scheiden ließen, ist in der Schule so ausgelassen und unterhaltsam, daß er zum «Klassenclown» ernannt wird. Hinter dieser Unbändigkeit verbirgt sich tiefes Leid. Er sehnt sich nach der Zeit, als seine Eltern noch zusammen waren und er es nicht nötig hatte, auf diese Weise Aufmerksamkeit auf sich zu ziehen. Ein 14jähriger Junge blättert lustlos in einer Sportzeitschrift, während sein Lehrer mit ihm über sein schlechtes Verhalten zu sprechen versucht. Als der Lehrer ihn warnt, daß er aufgrund seines Benehmens womöglich die Klasse wiederholen muß oder von der Schule gewiesen wird (um die Disziplin wiederherzustellen, spricht der Lehrer das Schamgefühl des Jungen an und droht mit Zurückweisung), antwortet der Junge mit einem desinteressierten «Na und?».

Bedauerlicherweise lassen wir uns gelegentlich von der perfekt zur Schau getragenen Maske in die Irre führen. Die aufgesetzten Verhaltensweisen werden zu einer unüberwindlichen Barriere für echte Kommunikation und Vertrautheit. Schließlich ist es dem Jungen nicht mehr möglich, sie abzulegen, und er bleibt emotionell ausgehöhlt zurück. Schwierigkeiten in der Schule, Depressionen, körperliche Mißhandlung, Gewalttätigkeit und sogar die Neigung zum Selbstmord können die Folge sein.

Die heutigen Jungen geraten in Rückstand

Was Macht und Reichtum in unserer Erwachsenengesellschaft anbelangt, leben wir zwar in einer «Männerwelt», aber gewiß nicht in einer «Jungenwelt». Im allgemeinen erbringen unsere Jungen insbesondere in öffentlichen Schulen lediglich mäßige Leistungen. Im Klassenzimmer zeigt das mangelnde gesellschaftliche Verständnis Jungen gegenüber erschreckende Wirkung. Durch den ständigen Wettkampf mit Gleichaltrigen müssen einige Jungen soviel Energie aufwenden, um ihren emotionalen Schutzschild aufrechtzuerhalten und ihre tiefsten und verwundbarsten Gefühle zu verbergen, daß ihnen kaum Kraft für schulische Aufgaben bleibt. Zwar schafft es eine kleine Minderheit von Jungen noch immer, in unterschiedlichen Fächern herausragende Leistungen zu erbringen, die Mehrheit aber findet sich am unteren Ende der Leistungsskala. In den letzten 10 Jahren wurden wir mit beängstigenden Statistiken konfrontiert: Von der Grundschule bis zur Oberstufe erhalten Jungen schlechtere Zensuren als Mädchen; doppelt so viele Jungen wie Mädchen müssen eine Klasse wiederholen, und weit mehr Jungen sind auf außerplanmäßigen Unterricht in speziellen Lernförderklassen angewiesen.

Im Bereich akademischer Leistung bricht ein geschlechtsspezifischer Graben auf. Heute besuchen mehr Mädchen als Jungen Hochschulen und erwerben einen akademischen Titel. Bereits 59% aller Universitätsabsolventen sind Frauen, während der Männeranteil Jahr für Jahr weiter sinkt. Auf die Frage nach ihrer Zukunft geben doppelt so viele Mädchen wie Jungen der achten Klasse an, daß sie einen Beruf im Bereich Management, Rechtswissenschaft, Medizin oder Wirtschaft anstreben.

Die Selbstachtung von Jungen und ihre Neigung zum Prahlen

Eine jüngst in North Carolina unter Schülern der sechsten bis achten Klasse durchgeführte Studie ergab, daß Jungen ein wesentlich schwächeres Selbstbewußtsein in bezug auf ihre schulischen Leistungen besitzen als Mädchen. Die von Dr. William Purkey geleitete Untersuchung widerspricht der allgemeinen Annahme, daß Jungen ihre Erfolgschancen besser einschätzen als Mädchen. Purkey beobachtete außerdem, daß Jungen ihren «tiefverwurzelten Mangel an Selbstvertrauen» hinter prahlerischen Sprüchen verbergen. Wiederum nützen sie die Fassade aus zur Schau gestelltem Selbstbewußtsein und Mut, um das beschämende Gefühl von Verletzlichkeit zu überdecken. Mädchen hingegen prahlen weniger und erbringen bessere schulische Leistungen.

Was wir brauchen, sind gezielte Maßnahmen – wie wir sie für Mädchen bereits ergriffen haben –, um die Selbstachtung von Jungen in der Schule zu fördern. Dem unterschiedlichen Lernverhalten von Jungen und Mädchen muß Rechnung getragen werden, damit das Verständnis für die spezifischen Bedürfnisse beider Geschlechter in unserer Gesellschaft wachsen kann.

Entgegen allen Erwartungen bescheinigen jüngste Forschungen, daß Mädchen nicht nur bessere Leistungen erbringen, sondern auch selbstbewußter auftreten und ihren eigenen Fähigkeiten eher vertrauen. Im Rahmen meiner Untersuchung hörte ich von Jungen immer wieder, daß es nicht «cool» wäre, in der Schule zu erfolgreich zu sein. Allzuleicht würde man als Streber, Dummkopf, Weichling oder

Schuhabstreifer eingestuft. Ein Junge drückte es folgendermaßen aus: «Ich bin nicht dumm genug, um in der ersten Reihe zu sitzen und für den Lehrer Schoßhündchen zu spielen. Würde ich das tun, würden mir die anderen Schüler Papierkugeln an den Kopf werfen und mich verprügeln.» So wie vor einiger Zeit in gemischten Unterrichtsklassen die berechtigten Anliegen von Mädchen vernachlässigt wurden, so sehen sich Jungen heute gezwungen, ihr Verlangen nach echten Beziehungen und ihren Wissensdurst zu verbergen. Um von ihren Geschlechtsgenossen anerkannt zu werden und sich vor Schande zu schützen, halten Jungen ihre Tarnung aufrecht und vermeiden es, auch nur den Anschein zu erwecken, daß sie an kreativen oder intellektuellen Dingen interessiert wären. Viele Jungen distanzieren sich vom Unterricht, den sie zur «Weibersache» erklären, indem sie die Mitarbeit verweigern, ihre Mitschüler, die zuhören wollen, verspotten oder stören, Schlägereien beginnen, schwänzen oder die Schule gänzlich verlassen.

Schulen und die Notwendigkeit, die Geschlechter zu verstehen

Unglücklicherweise erkennen viele Lehrkräfte nicht, daß es sich bei den vordergründig zur Schau gestellten Verhaltensweisen um eine Tarnung handelt. Anstatt mit den Jungen zusammenzuarbeiten und sie davon zu überzeugen, daß eine gute schulische Leistung sowohl erstrebenswert als auch «cool» ist, stempeln viele Lehrer Jungen mit schlechten Leistungen als schlichtweg desinteressierte und unfähige Unruhestifter ab. Ein Lehrer, bei dem sich diese Einschätzung festgesetzt hat, treibt Schüler mit wirklichen Lernschwierigkeiten in die Isolation. Ihnen bleibt nur die Wahl, sich hinter ihrem Schutzschild zu verbergen und ihre Wut abzureagieren. Lehrer sollten sich lieber darum bemühen, die emotionalen Ursachen für das auffällige Verhalten ihrer Schüler zu ergründen, anstatt zu versuchen, sie mit Disziplinierungsmaßnahmen zu «zivilisieren».

Sal, ein Schüler der dritten Klasse, kam mit folgender Mitteilung seiner Lehrerin nach Hause: «Aufgrund seines störenden Verhaltens mußte ich Sal heute strafen. Da er üblicherweise außergewöhnlich gut mitarbeitet, hoffe ich, daß sich dieses Betragen nicht wiederholt.» Sals Mutter Audrey fragte ihren Sohn, was er getan hätte.

«Ich habe gesprochen, als ich nicht an der Reihe war», lautete seine Antwort.

«Das war alles? Welche Strafe hast du dafür erhalten?»

«Ich mußte in der Pause nachsitzen und einen Aufsatz schreiben, warum Sprechen während des Unterrichts störend und rücksichtslos ist», erklärte der Junge mit hängendem Kopf.

«Ich war entsetzt», erinnert sich Audrey. «Hätte die Lehrerin auch nur eine Minute mit meinem Kind gesprochen und versucht, die Ursache für sein Fehlverhalten zu verstehen, hätte all dies vermieden werden können.» Die Lehrkraft kannte Sal als äußerst kooperativen Schüler. In der Nacht vor diesem Vorfall hatte Sal erfahren, daß sein Lieblingsonkel bei einem Autounfall ums Leben gekommen war. «Ich sagte meinem Sohn, daß ich verstünde, wenn er wegen seines Onkels einen wirklich schlechten Tag gehabt hätte, aber daß es dennoch nicht richtig wäre, deswegen den Unterricht zu stören. Er war sehr erleichtert, daß ich nicht böse auf ihn war», berichtet Audrey. «Aufgrund dieses Erlebnisses dachte ich darüber nach, wie Jungen in der Schule behandelt werden. Ich vermute, Sal handelte für die Lehrerin wie ein ‹typischer Junge›. Anstatt ihm ein wenig verständnisvolle Aufmerksamkeit entgegenzubringen, die er wirklich hätte brauchen können, demütigte sie ihn. Ich fragte mich, wie sich Sal fühlt, wenn etwas Derartiges geschieht. Denn zumeist spricht er erst über seine Probleme, wenn wir ihn dazu auffordern.»

Bei meinen häufigen Besuchen in den unterschiedlichsten Schulen überall in den USA beobachtete ich bei Lehrern häufig eine Vorgehensweise, die ich nicht nur für ungeeignet, sondern auch für gefährlich halte, weil sie auf einem grundlegenden Mißverständnis basiert. Viele von ihnen versuchen verhaltensauffällige und vorlaute Schüler zu disziplinieren, indem sie ihnen für Wohlverhalten eine besondere «Belohnung» in Aussicht stellen. Schüler, die beweisen, daß sie sich still und «ordnungsgemäß» verhalten können, dürfen zum Beispiel eine kurze Pause machen oder den Unterricht früher verlassen. Diese Lehrer bemühen sich nicht, ausfindig zu machen, was in dem Jungen tatsächlich vorgeht, sondern nehmen von vornherein etwas Negatives an. Damit fordern sie die Jungen auf, ihr wahres Ich noch besser zu unterdrücken und unsichtbar zu machen. Ironischerweise drängen sie Jungen in die Rolle, die man früher Mädchen zugewiesen hat –

nämlich in die Rolle des passiven und angepaßten Schülers. Der Lehrer erhält, was er sich wünscht – ein stilles Klassenzimmer. Doch zu welchem Preis? Derartige Disziplinierungsmaßnahmen ersticken Widerspruchsgeist und Individualität und verstärken die Neigung eines Jungen, die Aufmerksamkeit durch respektloses Verhalten auf sich zu ziehen.

Wir müssen einen neuen Verhaltenskodex entwickeln, der unseren Jungen gerecht wird. Schulen müssen über die geschlechtsspezifischen Unterschiede informiert werden, und wir alle müssen daran arbeiten, daß unsere Gesellschaft mehr Einsicht für beide Geschlechter aufbringt, so daß Jungen und Mädchen ihr wahres Wesen zeigen können.

Wenn wir von Jungen mehr Einfühlungsvermögen erwarten, müssen wir ihnen mit mehr Verständnis begegnen.

Die Fähigkeit, Beziehungen einzugehen – ein neuer Kodex für Jungen und Mädchen

Als Junge aufzuwachsen bringt bestimmte Schwierigkeiten mit sich. Diese lassen sich überwinden, wenn sich der Junge innerhalb seiner Familie, seines Freundeskreises und seiner Gemeinschaft anerkannt und verstanden fühlt. Meine Forschungen weisen nach, daß viele, wenn nicht alle Jungen trotz des traumatisierenden gesellschaftlichen Drucks in ihrem verwundbaren Inneren die Bereitschaft aufrechterhalten, emotionale Beziehungen einzugehen. Diese Beharrlichkeit hilft ihnen zu überleben. Häufig entwickeln sie gefühlsmäßige Bindungen zu ausgewählten männlichen Freunden – untrennbare Jungenfreundschaften entstehen – oder aber zu Mädchen und jungen Frauen. Derartige bedeutungsvolle einfühlsame Beziehungen sind zumeist platonisch.

Es ist eine Tatsache, daß Jungen ein tiefes Bedürfnis nach Zugehörigkeit haben, daß sie sich nach einer engen Beziehung zu ihren Eltern, Lehrern, Trainern, Freunden und anderen Familienmitgliedern sehnen. Jungen sind erfüllt von Liebe und Mitgefühl für andere und wollen mit ihren Eltern und engsten Vertrauten «in Kontakt» bleiben. Dieses Verlangen könnte Eltern und Fachleute ermutigen, den Jungen entgegenzukommen und ein vertieftes Verständnis für ihre spezifischen Bedürfnisse und Lebensumstände zu entwickeln. Die Fähigkeit, intensive und tragfähige Bindungen einzugehen, ist Kernstück und wesentliches Ziel auf dem Weg zu einem neuen, überarbeiteten Verhaltenskodex. Im Schutz einer echten Beziehung kann ein Junge zu sich selbst finden, auf die ihm gemäße Weise zum Mann heranwachsen und dennoch voll und ganz der «wahre Junge» bleiben, als den wir ihn kennen.

Kapitel 2

Geschichten über das Schamgefühl und das Trauma der Trennung

«Es ist wirklich schwierig, ein Junge zu sein, wenn man von dir erwartet, daß du nicht über deine Gefühle sprichst. Du mußt mit allem allein klarkommen. Bei Mädchen nimmt jeder an, daß sie sich sofort aufmachen, um mit jemandem zu sprechen. Als Junge darfst du das einfach nicht. Es gibt so viele Dinge, die ein normaler Mensch wahrscheinlich tun würde, die einem Jungen aber einfach verboten sind!»
(Calvin Branford, 15 Jahre)

Johnny: Das Trennungstrauma und die Geschichte einer Demütigung

Johnny Martin war noch keine 5 Jahre alt, als er zum ersten Mal in die Vorschule ging. Er zählte zu den kleinsten Jungen der Gruppe. Ich entdeckte ihn inmitten von 5- und 6jährigen, die alle in Begleitung ihrer Eltern zum ersten Mal in der öffentlichen Grundschule eines Mittelklassevorortes erschienen waren.

Aus dem Lautsprecher erklang die Stimme des Schuldirektors, der insbesondere die neuen Schüler der Vorschulstufe begrüßte und sie an die Grundprinzipien der Schule erinnerte: Lernen, respektvoller Umgang und vielfältige Förderung. Sowohl Eltern als auch Kinder schienen durch die gegenwärtigen Ereignisse zu benommen und verwirrt, als daß sie seine Ansprache bewußt aufgenommen hätten. Die Ankündigung, daß alle Eltern mit dem Läuten der Glocke nach zehn Minuten den Saal verlassen müßten, aber an diesem einen Tag ausnahmsweise fünf Minuten länger bleiben durften, um sich von den Vorschulkindern zu verabschieden, weckte meine Aufmerksamkeit. In diesem Augenblick trat Johnny erstmals in Erscheinung. Er klammerte sich an seine Mutter, die ihm aufgeregt etwas zuflüsterte. Leider konnte ich ihre Worte nicht verstehen.

Aufgrund meiner Beobachtungen weiß ich, daß es für ein Kind wichtig ist, ihm nicht vorzuschreiben, in welchem Tempo es sich von seiner Mutter lösen soll. Viel besser ist es, ihm selbst die Entscheidung zu überlassen, wann es die Trennung vollziehen will. Johnny hatte nicht soviel Glück. Umgeben von fünf Jungen, die es kaum noch erwarten konnten, mit den Lastwagen und Wachsmalkreiden zu spielen, hob sich das sensible, stille kleine Kind, das die Trennung von seiner Mutter fürchtete, wie ein wunder Finger von der Menge ab.

Beim Läuten der Glocke verließen die Eltern nach und nach den Raum. Zurück blieben nur jene, die aus Erfahrung wußten, daß ihre Kinder ihre Anwesenheit noch etwas länger benötigten, und einige Eltern, die tief in ihrem Inneren fühlten, daß es falsch wäre, bereits jetzt zu gehen. Ich wandte mich an die Mutter des kleinen Sean, der sich mit Begeisterung ins Spiel gestürzt hatte, sich aber dennoch beständig durch einen Blick über die Schulter rückversicherte, daß seine Mutter noch anwesend war.

«Ich weiß nicht viel von diesen Dingen, aber es sieht so aus, als würde mich Sean noch ein wenig länger brauchen. Deshalb bleibe ich», erklärte sie. Johnnys Mutter war verunsichert und blickte hilfesuchend zu Johnnys Lehrerin Rachel, die ihr den traditionellen Rat erteilte: «Ein klarer Bruch tut ihm gut.»

«Sei ein großer Junge – und keine Heulsuse wie deine kleine Schwester – und alles ist in Ordnung», flüsterte Johnnys Mutter ihrem Sohn zu, küßte ihn mit tränenverhangenen Augen und wandte sich zum Gehen. Noch bevor sie die Tür erreichte, begann Johnny zu weinen. Sein Klagen drang über den Korridor bis in das Büro des Schuldirektors Mr. Bartlett. Im nächsten Augenblick tauchte er am Schauplatz auf und schlug vor, daß die Schulschwester Mrs. Friedland die Angelegenheit in die Hand nahm.

Mrs. Friedland, eine Frau von Ende Fünfzig, kam und erklärte Rachel, daß sie mit ihren Schülern strenger sein müsse. «Sie werden noch erkennen, Rachel, daß strenge Grenzen besonders für Jungen das Beste sind!»

«Warum für Jungen?» lautete Rachels Gegenfrage. Mrs. Friedlands Antwort hörte sich an wie eine Zusammenfassung des männlichen Verhaltenskodexes. «Für Mädchen ist die Trennung schwierig, da sie eng mit ihren Müttern verbunden sind. Jungen müssen jedoch unabhängiger sein, da sie ansonsten von Gleichaltrigen verspottet und verlacht werden. Unsere Aufgabe ist es, ihnen dabei zu helfen. Dies gilt insbesondere, wenn ihre Mütter dies unterlassen haben.» Sie blickte zu Johnnys Mutter. «Sie wollen doch nicht, daß Johnny zu abhängig wird, nicht wahr? Lassen Sie uns sehen, inwieweit er mit allem allein fertig wird.»

Nun, da die «Experten» die Angelegenheit übernommen hatten, wurde Johnnys Mutter aufgefordert zu gehen. Während Johnny nicht mehr ganz so verzweifelt weinte und ihm die Schulschwester eine Geschichte vorlas, verließ sie den Raum.

Als ich Ende der Woche wiederum die Gelegenheit erhielt, diese Klasse zu besuchen, fragte ich Rachel, wie sich die Dinge entwikkelten. «Nun, einige Eltern warten, bis ihre Kinder ihnen durch ein Signal bekanntgeben, wann sie bereit sind, allein zu bleiben», erklärte sie. «Die meisten dieser Kinder haben sich auch gut eingelebt und lassen ihre Eltern nun täglich früher weggehen. Ich wünschte, ich könnte über all die anderen Kinder dasselbe sagen. Einige jener Jungen, die sich am ersten Tag so tapfer gehalten haben, weinen nun stundenlang um ihre Mütter. Häufig tröste ich sie dann in der Gruppe.»

«Wie steht es mit Johnny Martin?» erkundigte ich mich weiter.

«Das werden Sie in einer Minute selbst sehen ... Ich muß mich auf die Klasse vorbereiten.»

Die Glocke läutete, und nahezu alle Eltern verließen den Raum. Seans Mutter blieb zurück. Sie hatte inzwischen die Aufgabe übernommen, auch andere Jungen zu trösten, die traurig zusahen, während ihre Eltern um 9.05 Uhr den Raum verließen. Aus einer Ecke des Saals hörte ich etwas, das ich anfänglich für ein lautes Husten hielt. Als ich mich umwandte, sah ich, daß sich Johnny Martin, getrennt von seinen Klassenkameraden, an der gegenüberliegenden Wand des Raums in einen kleinen Papierkorb übergab.

«Was ist los, Rachel?» forschte ich nach.

«Jeden Tag, wenn seine Mutter weggeht, beginnt er zu weinen und übergibt sich!»

«Was sagt die Schulschwester dazu?»

«Mrs. Friedland ist der Ansicht, daß die Bindung zu seiner Mutter zu stark ist. Wenn er sein Verhalten nicht ändert, benötigt er therapeutische Hilfe oder muß in eine Sonderklasse überstellt werden.»

Während unseres Gesprächs erbrach Johnny weiterhin, und die Klasse verstummte, als würde dieser Anblick sie einschüchtern. In diesem Augenblick brach ich das mir selbst gegebene Versprechen, niemals einem Lehrer einen Ratschlag zu erteilen, wenn ich lediglich zur «Beobachtung» in ein Klassenzimmer eingeladen war. Aber Johnny war traumatisiert, und als einfühlsame Anfängerin in ihrem Beruf wußte Rachel, daß etwas ganz und gar nicht in Ordnung war. Ich erklärte ihr, daß Erbrechen die zweite Reaktionsstufe auf eine unerträgliche Trennung und eine Steigerung jenes Weinens darstellte, das zu keiner entsprechenden Hilfe geführt hatte. Der nächste Schritt könnte ein wesentlich gefährlicherer Rückzug sein. Dann würde sich die Voraussage der Schulschwester und des Direktors bestätigen, daß Johnny besondere Unterstützung benötige. Ich klärte Rachel auf, daß Kinder selbst bestimmen müssen, in welchem Tempo sie die Trennung von ihren Eltern vollziehen, und daß Jungen keineswegs rascher zu einer Ablösung gedrängt werden müssen als Mädchen. Rachels Antwort zerstreute meine anfängliche Sorge über die Heftigkeit meiner unverhüllten Aussage.

Sie atmete erleichtert auf. Als Mrs. Friedland die Klasse inspizierte, teilte ihr Rachel mit, daß sie, da der jetzige Plan nicht funktionierte und sie für die Klasse verantwortlich sei, ab sofort ihre eigenen Methoden einsetzen würde. Johnnys Mutter erhielt die Erlaubnis, solange zu bleiben, bis ihr Kind den Trennungsschmerz überwinden und sich wohl fühlen würde.

Einen Monat später traf ich Rachel erneut. «Ich danke Ihnen für Ihre Ratschläge, sie funktionierten ausgezeichnet», erklärte sie. «Johnnys Mutter fühlte sich nicht mehr schuldig, und der Junge wirkte selbstbewußter. Nach zehn Tagen ließ er sie ohne Schwierigkeiten gehen. Wenn ich als Lehrkraft im zweiten Schuljahr nun noch den Mut aufbringe, Mr. Bartlett und Mrs. Friedland mit dieser Vorgehensweise und den Bedürfnissen der Jungen in meiner Klasse zu konfrontieren, habe ich alles erreicht, was ich mir wünschen kann.»

Der männliche Verhaltenskodex: Vier Gebote

Jungen sind überall mit dem männlichen Verhaltenskodex konfrontiert – im Sandkasten, auf dem Spielplatz, im Klassenzimmer, im Ferienlager, in Kirchen und allen anderen Orten, an denen sie sich darüber hinaus aufhalten. Sie werden von Kameraden, Trainern, Lehrern und jeder anderen Person in ihn eingeführt. Im Rahmen der Studie *Auf die Stimmen der Jungen hören* stellte ich fest, daß sich bereits sehr kleine Jungen über die Erwartungshaltung ihrer Umwelt im klaren sind: Sie ließen mich wissen, daß sie «die Ohren steif halten» und «cool sein» müßten, daß sie «ihre Gefühle nicht zeigen» dürften und «Schläge lachend einstecken» müßten. Die Jungen bezogen sich nicht auf subtile Hinweise, wie sie sich verhalten sollten, sondern auf strenge Regeln, die zu brechen sie sich fürchteten und die ein bestimmtes Betragen zwingend vorschrieben.

Bei ihren Untersuchungen entdeckten die Universitätsprofessoren Deborah David und Robert Brannon, daß sich aus den stereotypen Idealvorstellungen über Männer und ihr Verhalten vier Gebote ableiten lassen, denen Jungen bedingungslos Folge zu leisten haben. Diese Gebote, denen sie auf Gedeih und Verderb ausgeliefert sind, bilden das Herzstück des männlichen Verhaltenskodexes.

«Sei unbeugsam wie eine Eiche!»

Männer sollten unerschütterlich, stark und unabhängig sein und dürfen niemals Schwächen zeigen. Dementsprechend ist es Jungen verboten, Schmerz oder Trauer öffentlich zu zeigen. Es gilt als Grenzüberschreitung, wenn ein Junge in der Öffentlichkeit jammert, weint und sich beschwert oder in einer verwirrenden und angsteinflößenden Situation einfach um eine Erklärung bittet. Ein Junge drückte es im Rahmen meiner Studie folgendermaßen aus: «Wenn dich jemand ins Gesicht schlägt, ist es das Beste, einfach zu lächeln, so als hätte es nicht weh getan. Auf keinen Fall darfst du weinen oder irgend etwas sagen.» Die Forderung, unbeugsam wie eine Eiche zu sein, zehrt an den Kraftreserven eines Jungen, da sie ihn zu einem ständigen Rollenspiel zwingt. Er muß vorgeben, zufrieden zu sein, obwohl er sich etwa ängstigt, unerschütterlich zu sein, obwohl es ihm an Halt fehlt, und unabhängig zu sein, obwohl er sich verzweifelt nach Liebe, Aufmerksamkeit und Unterstützung sehnt.

«Zeig ihnen, wer du bist, gib's ihnen!»
Dies ist der Leitspruch vieler Sporttrainer und auch zahlreicher Leinwandhelden, wie sie zum Beispiel von John Wayne, Clint Eastwood und Bruce Lee verkörpert werden. Er enthält die Aufforderung zu extremer Kühnheit, fördert die Neigung zur Gewalt und zeugt von einem falschen Selbstbewußtsein, dessen Wurzeln auf den Mythos zurückgehen, daß Jungen biologisch vorprogrammiert sind, sich als überaktive und sogar gewalttätige Supermänner zu präsentieren. Aufgrund dieser Regel fordern Jungen einander zu riskanten Wettkämpfen heraus. Einige Eltern zucken lediglich resignierend die Schultern, wenn ihre Söhne sich oder andere dabei verletzen.

«Sei besser als die anderen!»
Dieses Gebot enthält die Aufforderung, dominant zu sein, nach Status und Macht zu streben. Es zwingt Jungen und Männer, Schande um jeden Preis zu vermeiden und auch dann, wenn sie in Schwierigkeiten geraten, die Fassade kühler Überlegenheit zu wahren. Viele Jungen und Männer stürzen sich mit exzessivem Eifer in ihre schulische beziehungsweise berufliche Arbeit, weil sie die Gefühle von Unzulänglichkeit und Niedergeschlagenheit unterdrücken müssen.

«Gib dir nur ja keine Blöße!»
Dieses Gebot ist das wohl traumatisierendste und gefährlichste, das Jungen und Männern auferlegt wird, weil es ihnen verbietet, ihre natürlichen Gefühle und Wünsche zu äußern. Das Verlangen nach Zugehörigkeit, Wärme und Mitgefühl sind Emotionen, die für Jungen mit einem absoluten Tabu belegt sind; Jungen werden genötigt, diese (irrtümlicherweise) als «weiblich» bezeichneten Emotionen aus ihrem Leben zu verbannen. Bricht ein Junge unter der Belastung zusammen und lebt diese Gefühle dennoch aus, bringt man ihm üblicherweise kein Mitgefühl entgegen, sondern überhäuft ihn mit Spott und Drohungen, so daß er sich als Versager fühlen muß, weil er kein «richtiger Mann» ist. Ein Junge, der eine solche Erfahrung machen mußte, wird in Zukunft lieber seine wahren Gefühle verbergen, als sich nochmals eine solche Blöße zu geben.

Alle diese Gebote beeinträchtigen die Fähigkeit von Jungen und männlichen Jugendlichen, mit ihrer Umwelt in einen echten Kontakt zu treten und Beziehungen einzugehen. Der männliche Verhaltenskodex zielt darauf ab, eine Pseudounabhängigkeit von Jungen zu erzwingen. Daher erleben die meisten Jungen die schwierigsten Perioden ihrer frühen Kindheit, wenn sie erstmals allein in einem Gitterbett schlafen, für zwei Wochen zum Ferienlager geschickt werden oder den ersten Tag ohne ihre Eltern im Kindergarten allein zubringen müssen.

Wenn sich ein Junge gegen all diese Zumutungen zur Wehr setzt – indem er zum Beispiel weint, krank wird oder seinen Freunden sagt, daß er lieber zu Hause bleibt, als mit ihnen im Garten zu spielen –, sorgt der gesellschaftlich etablierte Verhaltenskodex für Jungen dafür, daß er sich für sein Benehmen schämt. Das Gefühl der Scham verfolgt viele Jungen ihr Leben lang, erschüttert ihr Selbstvertrauen, unterminiert ihre zerbrechliche Selbstachtung und treibt sie in die Isolation.

Denn wo auch immer Jungen ihren Kummer oder ihre Angst nach außen tragen, wird ihnen unmißverständlich bedeutet, daß sie sich beherrschen und ihre Angelegenheiten selbständig lösen sollen. Die Belastung, die von dieser permanenten Gefühlsunterdrückung ausgeht, wird für manche Jungen so übermächtig, daß sie deutliche Symptome mangelnder Zuneigung und schwere Verhaltensstörungen zeigen. Sie verfallen in Depressionen und wenden sich im späteren Leben häufig Alkohol und Drogen zu.

Die gute Nachricht ist: Weder Jungen noch die ihnen verbundenen Erwachsenen müssen nach diesen Gesetzen leben. Jungen können sich gegen sie auflehnen und den Verhaltenskodex für Jungen und Mädchen so abändern, daß sie eine breitere Palette von Gefühlen und Verhaltensweisen erfahren und zeigen dürfen. Eltern müssen sich nicht gegen die tiefen Gefühle zu ihren Söhnen wehren. Sie sind nicht gezwungen, ihre Instinkte gesellschaftlichen Konventionen zu opfern. Gemeinsam sind wir imstande, den veralteten männlichen Verhaltenskodex abzulegen, und gemeinsam können wir darauf bestehen, an die Stelle von gefühlsmäßiger Entfremdung enge, emotional reiche Beziehungen zu setzen.

Roger: Ein Sommerlager voller Einsamkeit und Scham

Jaye Waters schickte ihren Sohn Roger erstmals für drei Wochen in ein Sommerlager. «Ich habe nicht wirklich darüber nachgedacht, wie schwer es für ihn mit sieben Jahren sein könnte, von mir getrennt zu sein», erklärte sie. «Als ich mich im nachhinein eingehender damit beschäftigte, erkannte ich, daß ich in seinem Alter eine derartige Erfahrung niemals hätte verkraften können. Ich nahm einfach an, einem Jungen würde ein ‹unabhängiges› Abenteuer gefallen. Als alleinerziehende Mutter freute ich mich zudem, einige Wochen zu meiner eigenen Verfügung zu haben. Ich vergaß, daß er zu mir dieselbe enge Beziehung hatte, wie ich sie mit sieben Jahren zu meiner Mutter gehabt hatte.»

Sobald seine Mutter ihn im Lager absetzte, fühlte sich Roger elend. «Ich kannte niemanden. Deshalb betrachtete ich immer wieder das Foto meiner Mutter, doch es war nicht genug. Ich haßte das Lager», berichtete Roger mit Tränen in den Augen.

Jaye bewahrte den herzerweichenden Brief, den Roger ihr am dritten Tag seines Aufenthalts geschrieben hatte, auf: «Liebe Mama! Ich hasse das Lager. Das Essen ist so schlecht, daß ich mich übergeben muß. Nichts macht Spaß. Ich weine den ganzen Tag, weil ich Dich so vermisse. Ich denke immer an Dich. Ich weiß, daß Du mich liebst, daher bitte ich Dich, mich sofort hier wegzuholen. In Liebe, Dein Sohn.»

«Ich überlegte, noch am selben Tag die drei Stunden bis zum Lager zu fahren, entschied mich dann aber, bis zum Besuchstag am Wochenende zuzuwarten. Vielleicht würde es ihm in dieser Zeit gelingen, sich einzugewöhnen», erläuterte sie. «Schließlich versuchte ich ihn anzurufen, doch der Lagerleiter erklärte mir, daß es besser sei, wenn Roger allein damit fertig würde.»

Am Samstag fuhr Roger mit seiner Mutter nach Hause. «Ich werde nie erfahren, welchen Schaden er während dieser Woche erlitten hat. Einerseits hoffe ich, daß er auf irgendeine Weise doch etwas für sich gewinnen konnte, andererseits fürchte ich, daß ihm diese Zeit nichts als eine Menge Kummer bereitet hat. Wäre er ein Mädchen, hätte wohl niemand von ihm erwartet, damit allein klarzukommen. [...] Ich weiß, daß einige Trennungen schmerzvoll, aber für Kinder notwendig sind. In diesem Fall aber kam sie eindeutig zu früh, und niemand, nicht einmal der Lagerleiter als angeblicher Fachmann, hat dies erkannt!»

«Ich möchte niemals wieder in ein Sommerlager», beharrt Roger. «Während meine Mutter arbeitet, vertreibe ich mir lieber hier die Zeit als irgendwo anders.»

Frühzeitige Trennung – das Kindheitstrauma von Jungen

Sowohl Roger als auch Johnny Martin erlitten das Trauma einer frühzeitigen Trennung. Sie bildet die Quelle ihres heutigen Schmerzes, ihrer Beziehungsunfähigkeit und ihrer Angst vor Demütigung und Scham. Noch immer herrscht in unserer Gesellschaft die Ansicht vor, daß Jungen für eine gesunde seelische Entwicklung bereits in ihrer Kindheit «männliche Autonomie» erreichen müßten.

Da kleinen Jungen vermittelt wird, daß eine enge Beziehung zu ihrer Mutter etwas ist, wofür sie sich schämen müßten, ist es nur natürlich, daß sie sich auf ihrer Suche nach Liebe dem Vater zuwenden. In vielen Fällen sind Väter jedoch einfach nicht in der Lage, sich mit ihren Söhnen auseinanderzusetzen. Häufig arbeiten sie bis spätabends und überlassen die Kindererziehung den Müttern, oder sie sind tatsächlich nicht imstande, die emotionale Entwicklung ihrer Söhne zu fördern. Viele Väter wollen ihren Söhnen beistehen, fürchten jedoch, ihnen damit weitere Schande und Qualen zuzufügen. In einem späteren Kapitel werde ich näher auf die gefühlsmäßige Beziehung zwischen Vater und Sohn eingehen.

Der schmerzliche Trennungsprozeß stellt im Leben eines jeden Jungen einen verheerenden Bruch dar, insbesondere dann, wenn er nach der durch Demütigung erzwungenen Ablösung von der Mutter auch beim Vater das Verlangen nach Zuneigung nicht stillen kann. Der 17jährige Jamal erklärt: «Mein Vater schien stets eifersüchtig und wurde wütend, wenn meine Mutter mir erlaubte, mich an sie zu schmiegen. Als ich schließlich fünf Jahre alt war, handelten beide, als würden sie nicht begreifen, was in mir vorging, selbst wenn sie es in Wahrheit taten.»

Im Rahmen meiner praktischen Arbeit erkannte ich, daß tief in der Psyche von älteren Jungen und erwachsenen Männern das prägende Erlebnis des kleinen Jungen verborgen liegt, der verzweifelt versucht, seine männliche Unabhängigkeit aufrechtzuerhalten. Dieser kleine Junge wehrt sich nicht gegen eine zu enge Bindung zu seiner Mutter, sondern sehnt sich ein Leben lang danach, zu ihr und zu jener «Halt gebenden» Verbindung zurückzukehren, von der er weiß, daß er sie niemals wiedergewinnen wird. Wäre es einem Jungen gestattet, sich in seinem eigenen Tempo zu lösen, würde diese Sehnsucht und Trauer entweder gar nicht oder in wesentlich abgeschwächter Form auftreten.

Der Wunsch, im Reich der Mutter zu bleiben, ist normal

Viele Jungen übernehmen bereits im Kindergartenalter die Charakterzüge ihrer Lieblingshelden und statten sich mit Weltraumwaffen und anderen High-Tech-Geräten aus, während andere Jungen im Vorschulalter weiterhin in der Ecke mit Puppen, kleinen Lastwagen und Mädchen spielen. Wenn Eltern von mir wissen wollen, ob dieses Verhalten «normal» ist, verweise ich zumeist auf die Forschungen, die unter der Leitung des New Yorker Psychoanalytikers John Ross durchgeführt wurden. Er untersuchte die Phantasien kleiner Jungen in bezug auf Schwangerschaft und Geburt und stellte fest, daß gesunde Jungen mit einem klaren Gefühl für ihre eigene männliche Identität davon überzeugt waren, daß sie wie ihre Mütter schwanger werden könnten. Dies überrascht keineswegs, wenn wir uns vor Augen halten, daß die meisten Jungen überwiegend von weiblichen Bezugspersonen erzogen werden und sich von daher ganz selbstverständlich mit diesen frühen Vorbildern identifizieren. So ist es nicht weiter bemerkenswert, wenn ein kleiner Junge mit Puppen spielt und das Kleid seiner Mutter anzieht. Aber wehe dem Jungen, der dieses Verhalten über sein fünftes oder sechstes Lebensjahr hinaus zeigt. Sobald der Junge in die Schule eintritt, erfährt er aus den Medien, von älteren Jungen, Eltern und Lehrern, daß er von dem «Weiberkram» ablassen muß, um eine gesunde männliche Identität zu entwickeln. Ab jetzt wartet «Männerspielzeug» auf ihn – nämlich Rennautos, Waffen und Plastikkrieger.

Die Frauensoziologin Nancy Chodorow untersuchte die Beziehung von Jungen und Mädchen zu ihren Müttern. Sie wies nach, daß sich Jungen aufgrund der Tatsache, daß in unserer Gesellschaft noch immer vorwiegend Frauen für die Kindererziehung verantwortlich sind, im Vergleich zu Mädchen schwieriger in ihre geschlechtsspezifische Basisidentität fügen. Mädchen dürfen das Verhältnis zu ihren Müttern ungehindert aufrechterhalten, während Jungen durch eine zu enge Beziehung die Gefahr droht, keinen ausreichend starken Sinn für ein «unterschiedliches», männlicheres Selbstbild zu entwickeln. Ihrer Argumentation zufolge basiert das Selbstverständnis eines Jungen oder Mannes weniger auf der positiven Identifikation mit dem Vater als vielmehr darauf, daß sich das männliche Kind als von der Mutter unterschiedlich erfährt. Die Wandlung zum Mann wird als Ablehnung des Weiblichen definiert.

Ein Junge zu sein bedeutet in erster Linie: kein Mädchen zu sein. Und deshalb ist eine rigide Trennung von allem, was mit der Mutter und der weiblichen Welt zu tun hat, erforderlich – und dazu gehören eben auch warme und zärtliche Gefühle wie Verletzbarkeit, Zuneigung und Mitgefühl.

Einige Fachleute erachten diesen erzwungenen Bruch noch immer für gut und notwendig, da er eine gesunde Station auf dem Weg vom Jungen zum Mann darstelle. Diese Art der Ablösung wird als «Desidentifikation» bezeichnet. Der Junge gibt hierbei seine frühere Identifizierung mit seiner Mutter auf und ersetzt sie durch ein von seinem Vater geliehenes, angeblich «gesünderes» männliches Selbstbild. Meiner Ansicht nach ist das Modell der Desidentifikation nicht gesund, sondern schädlich. Würde man Mädchen im Kindesalter von den Menschen, die sie lieben, trennen und in eine feindliche Welt stoßen, hielten die meisten Menschen dies nicht für eine «gesunde Erfahrung», sondern für eine Tragödie.

Christopher: Einsamkeit und Trauer hinter der Maske eines Jungen

Mitunter muß ein Junge eine unerwartete schmerzvolle Trennung von seinen Lieben ertragen, die nichts mit einem ersten Schultag oder einem Sommerlager zu tun hat.

Der 10jährige Christopher Benson kam zu einem meiner Kollegen in Therapie. Seinen Eltern war es ein Rätsel, wodurch Christopher in solch schwere Depressionen hatte verfallen können. Der energievolle, fröhliche und in seiner Kindheit äußerst beliebte Junge war ein Jahr zuvor, nach einem schweren Fahrradunfall, bei dem sein rechter Fuß ernstlich verletzt wurde, mehrmals operiert worden. Die medizinischen Behandlungen und die Physiotherapie dauerten einige Monate, und Christopher konnte mehrere Wochen lang nicht am Schulunterricht teilnehmen. Seine Familie hatte sich hinter ihn gestellt und ihn während dieser schwierigen Phase unterstützt.

Christophers Eltern fanden keine Erklärung, warum der Junge ein Jahr nach dem Unfall, nun da er nahezu vollständig wiederhergestellt war, plötzlich in Depressionen verfallen war. Ihrer Aussage zufolge hatte ihr Sohn den Unfall und seine Folgen mit einer positiven Einstellung bewältigt. Er hatte kaum über die akuten Schmerzen geklagt, sich niemals gegen medizinische Behandlungen gewehrt und mit den Ärzten, Schwestern und seinen Familienmitgliedern stets über seine Leiden gescherzt. Jeder liebte Christopher. Während dieses Jahres hatten sich seine Eltern häufig freigenommen, um bei ihm zu sein, und während seines monatelangen Aufenthalts im Krankenhaus hatte ein Elternteil den Jungen jeden Nachmittag besucht und häufig auch die Nacht bei ihm im Krankenhaus zugebracht.

Etwa 11 Monate nach seinem Unfall war die Funktionstüchtigkeit von Christophers rechtem Bein zu beinahe 100% wiederhergestellt, und auch sein allgemeiner Gesundheitszustand war ausgezeichnet. Seine Ärzte teilten ihm mit, daß er nun wieder voll und ganz am Schulunterricht teilnehmen könne. Seine Eltern kehrten zu ihrer Ganztagsbeschäftigung zurück, und Christopher ging wieder zur Schule. Anstatt sich über seine Genesung zu freuen und gutgelaunt in seinen Schulalltag und zu seinen Freunden zurückzukehren, verfiel Christopher in tiefe Depressionen. Er hörte praktisch zu essen auf, wurde extrem verschlossen und verweigerte jede Zusammenarbeit mit seinen Eltern oder Lehrern. Nichts schien ihn mehr zu interessieren, er antwortete nicht, wenn er angesprochen wurde, und protestierte jeden Morgen, wenn ihn seine Eltern wecken wollten.

Wochenlang sprach Christopher kaum ein Wort. Als er während seiner psychotherapeutischen Sitzungen gefragt wurde, wie die Dinge liefen, ignorierte er meinen Kollegen einfach oder erklärte, daß alles «in Ordnung» sei. Nach etwa 6 Wochen Therapie öffnete er sich. Als sich der Psychotherapeut nach seinem Fuß erkundigte, stand der Junge auf, stieß seinen Stuhl mit dem einst gebrochenen Fuß um und rief: «Ich wünschte, er wäre wieder gebrochen! Ich hasse das alles!»

«Sage mir, was du haßt?» fragte mein Kollege.

«Als ich im Krankenhaus lag, war tatsächlich alles in Ordnung», erklärte er unter Tränen, «aber jetzt stimmt nichts mehr. Ich hasse die Schule. [...] Ich hasse einfach alles.»

«Hast du mit deinen Eltern darüber gesprochen?»

«Das interessiert sie nicht. Sie kümmerten sich nur um mich, solange ich im Krankenhaus lag. Jetzt, wo es mir bessergeht, verbringen sie ihre gesamte Zeit mit meiner kleinen Schwester Jessica. Sie sprechen kaum noch mit mir.»

«Dann vermißt du die besonderen Stunden mit deinen Eltern?» Christopher antwortete mit einem Schluchzen.

Zu den nächsten Sitzungen mit Christopher wurden auch seine Eltern eingeladen. Diese Gespräche ergaben, daß sich der Junge auch nach seiner Rückkehr aus dem Krankenhaus nach der zusätzlichen Aufmerksamkeit, Liebe und Unterstützung sehnte, die er von seinen Eltern während seiner medizinischen Behandlung erhalten hatte. Obwohl seine Eltern ihn liebten und ihn gerne glücklich sehen wollten, waren sie über sein offensichtliches Bedürfnis nach dieser besonderen Aufmerksamkeit besorgt. Anstatt in dieser Situation mit ihm zu sprechen und ihm zu versichern, daß sie ihn liebten, stießen sie ihn von sich. Hiermit folgten sie dem Beispiel von Johnnys Eltern und Rogers Mutter. Sie zwangen ihn, ohne geeignete Vorbereitung oder Unterstützung einen «klaren Schnitt» zu setzen und «die Sache allein zu lösen». Seine Eltern waren davon überzeugt, daß Christopher zu abhängig von ihnen würde, wenn sie ihn weiterhin wie ein kleines Kind umsorgten.

«Ich wollte ihn nicht behandeln, als wäre er jünger als seine kleine Schwester, denn ich fand, daß er lernen sollte, die Dinge selbst in die Hand zu nehmen», erklärte sein Vater Chip. «Im Krankenhaus war das eine Sache. Aber sobald er nach Hause kam, glaubte ich, daß er es nicht mehr nötig hätte, von mir oder seiner Mutter wie ein kleiner Junge verhätschelt zu werden.»

«Ich wollte mir auch weiterhin immer wieder freinehmen, um die Nachmittage mit Christopher zu verbringen, aber Chip überzeugte mich, daß ich es ihm dadurch nur schwerer machen würde, sich wieder an den Schulalltag zu gewöhnen», fügte seine Mutter hinzu. «Ich weiß nicht, vielleicht war es falsch von uns, nicht länger bei ihm zu bleiben.»

Christophers Eltern waren freundliche, nachdenkliche Menschen, die für ihren Sohn nur das Beste wollten. Sobald die Notsituation überwunden schien, war ihnen die enge Beziehung zu ihrem Sohn jedoch unangenehm. Irgend etwas sagte ihnen, daß es Zeit war, den Jungen zur Unabhängigkeit zu drängen. Ich halte diesen Impuls in dem Sinn für «normal», daß viele Eltern ihm entsprechend fühlen und handeln. Andererseits ist es ein großer Fehler mit ernsten emotionalen Folgen, wenn man einen Jungen zur Trennung und Unabhängigkeit zwingt, der deutlich anzeigt, daß er etwas anderes benötigt. Dies kann eine solch traumatische Erfahrung sein, daß sie, wie im Fall von Christopher, zu Depressionen führt.

Scham: Die Folge emotionaler Trennung

Mit dem Eintritt in das Jugendalter können sich die Traumata der frühen Kindheit in anderer Form als einfach nur in Niedergeschlagenheit oder Abkapselung ausdrücken. Ein 10jähriger Junge kann seine Gefühle bereits derart gut tarnen, daß die wenigsten Eltern auf die Idee kommen, seine unerklärlichen Wutausbrüche und Stimmungsumschwünge auf eine frühere, unerwiderte Sehnsucht nach Zuneigung oder auf die Angst vor dem Schamgefühl zurückzuführen.

Wie sich herausstellte, begleitet das Schamgefühl die meisten von uns ihr gesamtes Leben hindurch. Es wird bereits sehr früh empfunden und zählt vielleicht zu unseren primitivsten Empfindungen. Bereits bei Kleinkindern läßt sich der Vorläufer von Scham erkennen. Sie zeigen physische Reaktionen wie starkes Erröten und Hitzeanfälle, wenn ihr Ruf nach Aufmerksamkeit oder ihre bittende Geste um Zuwendung unerwidert bleibt. In vielen psychologischen Forschungsarbeiten wird Scham in erster Linie mit diesen frühen physischen Äußerungen in Beziehung gebracht. Aufgrund der Studien meiner Kollegin Judy Jordan von der medizinischen Fakultät der Harvard University gelangte ich zu der Ansicht, daß man Scham am besten als einen Gefühlszustand beschreiben kann, der sich einstellt, wenn man eine emotionale Zurückweisung ertragen muß.

Jeder von uns erlebt derartige emotionale Zurückweisungen. Ich möchte das an zwei Beispielen verdeutlichen, wobei es sich bei dem ersten um die Beobachtung eines meiner Patienten handelt. Stellen Sie sich vor, Sie sehen auf der anderen Seite einer belebten Straße einen Bekannten und winken ihm zu. Dies ist eine einfache Aufforderung, Kontakt aufzunehmen. Anstatt zurückzugrüßen, starrt die jeweilige Person in unsere Richtung, wendet den Blick wieder ab und geht weiter, als wollte sie fragen: «Wer zum Teufel war das?» Wir müssen uns damit abfinden, daß sie uns möglicherweise nicht gesehen hat. Eigentlich ist nichts Besonderes dabei, und dennoch blicken wir uns verstohlen um, um festzustellen, ob irgend jemand uns beobachtet hat, wie wir mit albern erhobener Hand am Bürgersteig gestanden haben. Wir erröten und tauchen schnellstmöglich in der Nebenstraße unter. Wir wollen nicht gesehen werden, da in diesem Augenblick Verlegenheit in uns vorherrscht. Das Gefühl der Isolation und Demütigung und die Empfindungen, die von einer derartigen emotionalen Zurückweisung herrühren, bezeichnen Psychologen als «Scham».

Das zweite Beispiel beschäftigt sich mit dem Gefühl der Scham am Arbeitsplatz. Sie haben ein wichtiges Projekt für Ihren Vorgesetzten ausgearbeitet. Bei der Präsentation werden die Schlüsselpunkte des Projekts abgelehnt, und Ihr Vorgesetzter macht sich vor all Ihren Kollegen über Ihre Vorschläge lustig. Sie fühlen sich töricht und lächerlich und wollen am liebsten in den Boden versinken. Weil Sie nicht wollen, daß Ihre Kollegen merken, wie sehr Sie verletzt wurden, lehnen Sie jede Hilfe ab und ziehen sich zurück.

Diese Beispiele sind harmlos im Vergleich zu den Empfindungen, denen ein Junge ausgesetzt wird, wenn er dem männlichen Verhaltenskodex nicht gerecht wird. Dennoch helfen sie, zu verstehen, worum es bei Scham geht. Die Angst vor Demütigung und Verlegenheit ist so groß, daß wir es vorziehen, mit unserem Schmerz allein zu sein.

Mädchen reagieren empfindlich auf Scham, aber Jungen fürchten sie

Da Scham ein unerwünschtes Gefühl ist, tun Jungen (und Männer) alles, um nicht in Verlegenheit gebracht oder gedemütigt zu werden. Ich erinnere mich an ein Spiel der Baseballjugendliga, an dem Peter, der Sohn eines Freundes, teilnahm. Vor dem zweiten Inning wurde der Junge von einem Baseball am Kopf getroffen. Ohnehin kleingewachsen, bot der Schulanfänger einen mitleiderregenden Anblick. Der Helm war ihm über die Augenbrauen gerutscht und gab ihm das Aussehen eines Miniaturkriegers, der nach zuviel Punsch zu Boden sinkt und ausgezählt wird.

Seine Mutter eilte auf das Feld, um ihren Sohn zu trösten. «Nicht hier, Mama. Große Jungen weinen nicht auf dem Feld», hatte er ihr mit tränenerstickter Stimme zugeflüstert, wie sie mir später erzählte.

Viele Jahre lang gingen traditionelle Psychologen davon aus, daß eine besondere Empfindlichkeit gegenüber Scham hauptsächlich für

Mädchen im Teenageralter charakteristisch wäre. Durch meine jahrelange Arbeit mit Jungen und ihren Familien erkannte ich, daß dasselbe Schamgefühl, das Mädchen davon abhält, als Jugendliche für ihre Interessen einzustehen, bei ihren Brüdern zu einem viel früheren Zeitpunkt seinen Preis fordert, indem es sie hemmt und ihr wahres Wesen unterdrückt. Während Mädchen besonders empfindlich auf Scham reagieren, entwickeln Jungen diesem Gefühl gegenüber geradezu eine Phobie. Ihr Unterbewußtsein ist so präzise darauf eingestellt, jeden Hinweis auf einen möglichen «Gesichtsverlust» zu melden, daß sie alles tun, um das Gefühl von Scham zu vermeiden. Um einer Situation, die Scham hervorrufen könnte, zu entgehen, greifen Jungen auf alle möglichen Verhaltensmuster zurück, die von betonter Lässigkeit über Wutausbrüche bis hin zu ernsthafter Gewaltanwendung reichen.

Tom: Der Versuch, eine starke Eiche in einem furchterregenden Wald zu sein

Ein Einzelerlebnis ebenso wie eine längere Trennung – beispielsweise der Eintritt in den Kindergarten – können in einem Jungen das Gefühl der Isolation, der Zurückweisung und als Folge davon das der Scham hervorrufen.

Der 16jährige Tom war üblicherweise ein aufmerksamer, intelligenter und fröhlicher Junge. An diesem Morgen wand er sich unruhig in seinem Stuhl. Er erinnerte mich an einen kleinen Kindergartenjungen, dem es noch schwerfiel, im Klassenzimmer still zu sitzen. Toms Eltern hatten ihren Sohn zu mir gebracht, weil er mit einem Wutanfall und Tränen auf ihren Vorschlag reagiert hatte, an einem Tennislager in einer entfernten Stadt teilzunehmen. Der Junge hatte gute Freunde und ausgezeichnete Zensuren. Es gab keinerlei Hinweis auf seelische Probleme oder irgendwelche Verhaltensauffälligkeiten. Tom selbst hatte den Wunsch geäußert, den Tennissport ernsthafter zu betreiben. Warum dann diese radikale Reaktion, diese Abkehr von seiner sonst so ausgeglichenen Wesensart?

Tom stand ebenso vor einem Rätsel wie seine Eltern. Ich dachte an verschiedene indirekte Methoden, seine Gedanken zu ergründen, und erinnerte mich, daß wir vor kurzem über Träume gesprochen hatten. Damals hatte er jedoch erklärt, daß er sich üblicherweise nicht an sie erinnere. An diesem Tag konnte er sich aber des Traumes der vergangenen Nacht entsinnen.

«Es war ein schauriger Alptraum», erzählte er. «Ein seltsamer Ort, ganz und gar dunkel und still, vermutlich irgendwo im Wald. Ich fühlte mich einsam, aber da war noch jemand – meine Eltern. Wir zelteten und schliefen in Schlafsäcken, doch meiner fehlte. Plötzlich hörte ich ein Geräusch an einer Ecke des Zeltes, das von einem wilden Tier zu stammen schien. Ich schrak hoch und schrie. In diesem Augenblick erwachte ich.»

Die Heftigkeit, mit der der Junge diesen Traum erzählte, und die Lebhaftigkeit seiner Gefühle im Vergleich zu seinem sonst so kontrollierten Betragen dienten mir als Hinweis, daß dieser Traum womöglich mehr beinhaltete als ein kompliziertes Phantasiegebilde aus Toms Unterbewußtsein. Hier tauchte eine verdrängte Begebenheit auf. «Erinnert dich der Traum an irgend etwas, das womöglich nicht kürzlich, sondern schon vor längerer Zeit geschehen ist?» fragte ich.

«Nein.» Der Junge zögerte, ehe er weitersprach. «Doch. Mir fällt unser erster Campingausflug in die Berge ein. Das war in dem Sommer, als ich fünf Jahre alt wurde. Es war das erste Mal, daß ich mein Zuhause verließ und in einem Zelt schlief. Aber meine ganze Familie war bei mir. Ich erinnere mich jetzt. Der Eingang des Zeltes war mit einem Moskitonetz überzogen. Wer dort schlief, mußte mit dem kalten Luftzug, dem Summen der Mücken und den Geräuschen der Tiere im Wald fertig werden. Es klang, als wären es Wölfe und Fledermäuse. In der ersten Nacht schlief mein Vater am Eingang. Aber in der zweiten schlug mein Vater vor, daß ich am Eingang schlafen sollte, um ‹Wache zu stehen› und die Familie gegen Eindringlinge zu schützen. Ich klagte, daß ich dies nicht wolle. Meine Eltern beharrten jedoch darauf, daß ich als der ‹große Junge der Familie› dort schlafen solle. Ich versuchte es auch, aber als ich einen Bären oder Ähnliches gehört zu haben glaubte, erschrak ich heftig und begann zu weinen. Mein Vater forderte mich auf, kein solcher ‹Weichling› zu sein und wie ein Mann zu handeln. Ich glaube, er erzählte mir sogar von seinem ersten Campingausflug mit seinem Vater im Wald.»

«Hattest du Angst?» fragte ich.

«Ich nehme an, daß ich ziemlich sicher war, ansonsten hätten sie mich wohl nicht allein dort schlafen lassen, aber ich erinnere mich, daß ich mich noch Tage danach zu Tode fürchtete. Es ist schon eine seltsame Sache. Meine Mutter erzählte mir, daß ich nach diesem Ausflug aufhörte, sie oder meinen Vater zu bitten, nach dem Zubettgehen noch eine Weile bei mir im Zimmer zu bleiben. Mein Vater war überzeugt, daß ich durch das Campingerlebnis tatsächlich erwachsener geworden war. Das Ganze muß für mich so ein Schock gewesen sein, daß ich es bis heute verdrängt habe.»

Ein weiterer Besuch von Tom: Wie Eltern den Trennungsschmerz lindern können

Toms Traum und die Erinnerungen, die er hervorrief, sind insofern bedeutungsvoll, da sie einen Jungen zeigen, der sich fürchtete, aber bereits in diesem jungen Alter seine Scham nicht zeigen wollte. Die meisten Jungen haben nicht so eindeutige Alpträume wie Tom und können sich auch nicht an erschreckende Campingausflüge erinnern, aber auch sie bewahren in ihrem Unterbewußtsein die Erinnerung an frühzeitige Trennungen, bei denen sie auf beschämende und unerwartete Weise zu einer Pseudounabhängigkeit gedrängt wurden.

Wenn diese Jungen sich in ihrem späteren Leben einer Herausforderung stellen müssen oder in eine Situation kommen, die Selbstvertrauen erfordert, gelangen diese unterdrückten Gefühle aus der frühen Kindheit symbolhaft an die Oberfläche (wie in Toms Traum), oder sie äußern sich symptomatisch (wie in Toms ungewöhnlichem Wutausbruch). In diesem Fall wurden Angst, Verzweiflung und Trauer so überwältigend, daß sie seine äußere psychologische Rüstung durchbrachen. Zumeist verbergen Jungen derartige Gefühle jedoch hinter ihrer «coolen» Maske. Wenn diese Jungen zu Männern heranwachsen, verschließen sie weiterhin ihre Empfindungen, während das Gefühl der Scham und Einsamkeit in ihnen beständig wächst.

Verhaltensauffälligkeiten – ein Zeichen für psychische Störung oder für Beziehungsverlust?

Johnny, Christopher und Tom wandten sich nach innen und versuchten mit dem Trennungstrauma allein fertig zu werden. In vielen Fällen aber reagieren Jungen auf diesen Schmerz auch mit Verhaltensauffälligkeiten, die man als Hilferuf interpretieren kann. Meiner Ansicht nach ist das Verhalten der überwiegenden Zahl von Grundschülern, bei denen eine sogenannte Auffassungsstörung (ADD, *attention deficit disorder*) diagnostiziert wurde, nicht auf ein biologisches Defizit oder eine Unausgeglichenheit zurückzuführen, sondern vielmehr darauf, daß sie versuchen, die Leere, die ihre Mütter und Väter hinterlassen haben, zu füllen. Ihr Mangel an Aufmerksamkeit, Konzentration und ihre angebliche Hyperaktivität sind somit keine Zeichen für eine «falsche Schaltung» oder eine «Testosteronvergiftung», sondern lediglich das Ergebnis angehäufter emotionaler Verletzungen und jahrelanger lähmender Scham. Dieser letzte verzweifelte Versuch, ihren Schmerz zu lindern und den Schlag der gewaltsamen Ablösung abzufangen, wird fälschlicherweise häufig als Symptom einer Krankheit und nicht als natürlicher Abschnitt im Umgang mit dem Trennungstrauma aufgefaßt. Das unbändige, manchmal sogar aggressive und gewalttätige Verhalten von Jungen ist häufig nicht Ausdruck für ein gesteigertes Verlangen nach Macht und Bestätigung, sondern vielmehr ein Zeichen für ihre Sehnsucht danach, umsorgt, angehört und verstanden zu werden. Es ist eine versteckte Bitte, all jene Verhaltensweisen annehmen zu dürfen, die Abhängigkeit und Zuneigung bekunden und verboten sind, weil sie als mädchenhaft gelten.

Gewiß gibt es auch Jungen mit schwerwiegenden psychologischen Störungen, die einer geeigneten Diagnose und Behandlung bedürfen. Auffassungsstörungen sind eine echte Krankheit. 1995 wurde diese Krankheit bei mehr als 5 Millionen Kindern diagnostiziert – rund 25% mehr als noch ein Jahrzehnt zuvor. Innerhalb der verschiedenen Kategorien von Behinderungen stellt die Auffassungsstörung mit einer Verdoppelung der Krankheitsfälle in den letzten 5 Jahren das am raschesten ansteigende Leiden dar.

Besonders erschreckend ist die Tatsache, daß das Verhältnis von Jungen zu Mädchen, bei denen diese Krankheit diagnostiziert wurde, ungefähr 10:1 ist. Da bei Millionen Jungen krankhafte Auffassungsstörungen festgestellt werden und diese Diagnose bei Mädchen wesentlich seltener ausgesprochen wird, frage ich mich, ob diese Diagnose nicht mitunter zu Unrecht auf normale Abschnitte im Verhalten eines Jungen angewendet wird. Widerspiegelt die Diagnose ADD bei Jungen nicht auch die Neigung unserer Gesellschaft, die

Auswirkungen des Trennungstraumas von Jungen im Schulalter mißzuverstehen? Häufig wird zum Beispiel die Diagnose «Hyperaktivität» anhand einer Checkliste verschiedener Verhaltensmuster gestellt, die in Wirklichkeit die Trauer von Jungen über den Verlust emotionaler Bindungen reflektieren. Wie wir bereits gesehen haben, ist es einem Jungen nicht möglich, diesen Verlust direkt auszudrücken, weshalb er sich mitunter in Wutausbrüchen äußert. Kurz gesagt: Es handelt sich hierbei um eine Kombination aus biologisch beeinflußtem «Jungentemperament» und dem Widerstand eines Jungen gegen den männlichen Verhaltenskodex.

Rusty: Die Welt in Flammen

Rusty war mein erster «Brandstifter». Kinder, die Feuer legen, schrecken Psychologen mehr als extrem gewalttätige Kinder, da ihr Impuls nur schwer zu verstehen ist, aber eine große Anzahl Menschen Schaden erleiden kann. Die traurigen Augen des kleinen Rusty, sein sanftmütiges Benehmen und die plötzlichen Tränenausbrüche, wenn er mit seinem «Verbrechen» konfrontiert wurde, schienen nicht zusammenzupassen.

Der Junge hatte zwei ältere Freunde überredet, eine leichtbrennbare Flüssigkeit über einen Stapel alten Holzes in seiner Wohnsiedlung zu gießen und sie zu entzünden. Als er daraufhin in die geschlossene Abteilung einer psychiatrischen Anstalt eingewiesen wurde, leugnete der 7jährige seine Tat nicht ab, zeigte aber auch keine Reue. Rusty schien in einem Traumzustand zu verharren, in dem er von der Ernsthaftigkeit der Ereignisse abgeschlossen war. Angesichts der Verhaltensstörungen des Jungen wurden verschiedene Diagnosen und Behandlungsmöglichkeiten erörtert und unter anderem ADD festgestellt.

Rustys Eltern waren keine große Hilfe. Seine Mutter hielt den Jungen als «Baby» der Familie für «zu anhänglich» und hatte ihn gedrängt, der Schule und der Baseballjugendliga mehr Zeit zu widmen. Als Rusty 5 Jahre alt war, ließen sich seine Eltern scheiden. Danach besuchte ihn sein Vater nur selten.

Ich schlug vor, Rusty mit seinem Vater und seiner Mutter in einem Raum zusammenzubringen und über den Schmerz des Jungen zu sprechen. Das Treffen zu vereinbaren war nicht einfach, doch schließlich fand es statt. Wie erwartet, klammerte sich Rusty an seine Mutter, sobald sie den Raum betrat. Sanft versuchte diese, seine Aufmerksamkeit von sich abzulenken. Dann traf sein Vater ein. Das Gesicht des Jungen schien sich völlig zu verändern. Mit strahlenden Augen rannte er auf seinen Vater zu und umarmte ihn. Da wir erfahren hatten, daß Rustys Vater als Polizeiermittler tätig war, überraschte es uns nicht, daß er eine Marke trug. Plötzlich überkam mich eines dieser nur schwer erklärbaren Gefühle. «Was genau beinhaltet Ihre Arbeit, Mr. McDonnell?» fragte ich.

«Hat Ihnen Rusty nicht davon erzählt?» gab er verwundert zurück. «Ich untersuche im Auftrag der Stadt verdächtige Brände. Seltsam, daß er es nicht erwähnte, denn ich nahm ihn als kleinen Jungen gerne mit. Ich glaube, es faszinierte ihn.»

Rusty war weder ein Opfer von ADD noch ein altgedienter Brandstifter, sondern lediglich ein kleiner trauriger Junge, der seine emotionale Bindung an Vater und Mutter verloren hatte und nun, wie es für Jungen typisch ist, durch sein Benehmen und seine Handlungen nach Liebe und Aufmerksamkeit rief. Glücklicherweise legen die wenigsten Jungen, bei denen Verhaltensstörungen diagnostiziert werden, Brände. Ihre übersteigerten Reaktionen und ihr unangepaßtes Benehmen soll uns wachrütteln, uns endlich empfänglich machen für ihren Schmerz und ihre Verzweiflung – für ihre Gefühle, die sich weder durch Medikamente noch durch ein Verhaltenstraining abstellen lassen.

Das langsamwirkende Gift einer frühzeitigen Trennung: Bei Jungen und Männern bleibt die Sehnsucht nach Beziehungen

Wie meine Studie über Jungen belegte, zeigt sich das Trennungstrauma in unzähligen Formen. In vielen Fällen verringert sich das Selbstwertgefühl des Jungen durch den erlittenen Verlust. Wie bei Tom sind häufig Schwermut und Niedergeschlagenheit die Folge. Mitunter steigert sich dieser Zustand zu einer klinischen Depression wie bei Christopher. Der seelische Kummer drückt sich aber auch in psychosomatischen Krankheiten aus, wie Erbrechen und Weinkrämpfe, unter denen der kleine Johnny zu leiden hatte. Ähnlich wie Rusty versucht ein Junge in Einzelfällen durch ein auffälliges Verhalten die verlorene Bindung zurückzugewinnen. Ein derartiges

Benehmen verleitet uns auf den ersten Blick, ihn als «hyperaktiv» einzustufen oder bei ihm eine krankhafte Auffassungsstörung zu diagnostizieren. Der überwiegende Teil aller Jungen vermittelt jedoch den Eindruck, als wäre alles in Ordnung, indem sie sich wirkungsvoll hinter der Maske der Unverwundbarkeit verbergen. Jahrelang unterdrücken sie ihre Angst und verdrängen dieses Trauma zuweilen so geschickt aus ihrem Bewußtsein, daß sie sich erst als Erwachsene an die erlittenen Qualen erinnern.

Viele meiner erwachsenen männlichen Patienten kämpfen noch immer mit den Nachwirkungen des Trennungstraumas und sehnen sich unbewußt nach ihrer Mutter und der nährenden und «stützenden» Umgebung, die sie ihnen einstmals bot.

So erzählte mir der 35jährige Paul, kurz nachdem seine Mutter an Krebs gestorben war, daß er sich als Erwachsener nicht von seiner Mutter abhängig gefühlt hätte, ihr Tod ihn aber zutiefst traf. Seine Mutter hatte in Pauls Geburtsland Italien gelebt, niemals eine weiterführende Erziehung erhalten und im Alltagsleben ihres erwachsenen Sohnes keine zentrale Rolle gespielt. Dennoch berichtete Paul von einem unglaublichen Verlust. «Ich hatte das Gefühl, als hätte ich den einzigen Halt in meinem Leben verloren», erklärte er. Nach dem Tod seiner Mutter hätte ihm die Energie gefehlt, mit seiner Frau zu schlafen, und der Antrieb, zur Arbeit zu gehen. Aus dem weiteren Gespräch ging hervor, daß Pauls Schmerz nicht durch Ereignisse aus jüngerer Vergangenheit verursacht wurde, sondern durch seine Erinnerungen an die Zeit, als seine Mutter ihn als kleines Kind gepflegt und umsorgt hatte. Diese Welt aus Wärme und Liebe, die sie einst für ihn geschaffen hatte, war nun für alle Zeiten unerreichbar geworden. Ich teilte Paul mit, was ich über das Trennungstrauma und seine Auswirkungen auf das gesamte Leben von Jungen und Männern in Erfahrung gebracht hatte. «Sie treffen den Nagel auf den Kopf, Dr. Pollack!» lautete seine erste Reaktion. «Ich kann es nicht fassen. Jahrelang quälte ich mich mit diesen Problemen, und erst jetzt erkenne ich, wieviel sie mit meiner Mutter zu tun hatten. Ich vergaß, wie schmerzvoll es war, als mein Vater mich erstmals von ihr trennte und mich zur Schule schickte. Niemals hätte ich geglaubt, daß sich dies noch heute auswirken würde.»

Während sich Pauls Reaktion auf das Trennungstrauma durch mangelnde sexuelle Lust und die ersten Hinweise auf Depression bemerkbar machte, leiden andere meiner erwachsenen Patienten unter weit schwerwiegenderen Folgen.

Einer meiner Patienten, der 40jährige David, hatte jahrelang ein Leben als seelisch «gesunder» Mann geführt, ehe er versuchte, sich mit Beruhigungsmitteln und einer ganzen Flasche Aspirin umzubringen. In unseren Therapiegesprächen erzählte David, welch heftigen Schmerz er empfunden hatte, als ihm Helen, die Frau, mit der er seit 3 Jahren zusammenlebte, mitteilte, daß sie ihn «nicht länger ertragen könne». In all seinen bisherigen Beziehungen war stets er es gewesen, der die Trennung herbeiführte. «Jede meiner Freundinnen besaß etwas, das eine weitere Beziehung unmöglich machte.»

«Ging die Trennung von Helen ursprünglich auch von Ihnen aus?» fragte ich.

«Nein», flüsterte er mit brechender Stimme. «Zum ersten Mal war dies nicht der Fall. Helen verließ mich, und ich weiß nicht, wie ich ohne sie leben soll.»

Im Zuge weiterer Sitzungen berichtete David von seinen Beziehungen zu Frauen und auf welche Weise sie gescheitert waren. Alle Verhältnisse endeten, weil er zumindest einen entscheidenden Charakterzug an seinen Partnerinnen vermißte. Die eine Frau war ihm zu selbständig und zu egozentrisch, die andere in ihrer Zuneigung zu ihm zu zurückhaltend. Davids Ansicht nach besaß Helen weniger Interesse an einer Familiengründung als er. Sie wünschte sich höchstens ein Kind, während er auf mehrere hoffte. Als wir die einzelnen Eigenschaften zusammenfügten, an denen es David in seinen Beziehungen mangelte, erkannte er, daß er nach den Charakterzügen suchte, die er mit seiner idealisierten Mutter verband.

«Auf gewisse Weise vergleiche ich meine Freundinnen mit dem Bild meiner Mutter, und irgendwie scheinen sie ihm niemals wirklich gerecht zu werden.» Als ich David das Trennungstrauma darlegte und erklärte, auf welche Weise diese alten Wunden uns das gesamte Leben hindurch beeinflussen, reagierte er wütend. «Es ist nicht meine Absicht, meine Mutter zu heiraten! Ich will lediglich mit jemandem zusammensein, der so warmherzig, fürsorglich und liebevoll ist, wie sie es war – mit jemandem wie Helen!»

Mütterliche Reaktionen beeinflussen die emotionale Entwicklung von Kleinkindern

Das Trennungstrauma ist eines der frühsten und eingreifendsten Entwicklungserlebnisse von Jungen. Es spielt eine herausragende Rolle in jenem Abhärtungsprozeß, durch den die Gesellschaft Jungen zwingt, ihre mitfühlende und verwundbare Seite zu unterdrücken. Nur wenige Menschen erkennen, daß dieser auf Scham gegründete Abhärtungsprozeß bereits in den ersten Lebensmonaten eines Jungen einsetzt und sich durch die gesamte frühe Kindheit und Jugend bis ins Mannesalter fortsetzt. Mit anderen Worten: Es handelt sich um eine lebenslange Entwicklung.

Untersuchungen über die Interaktion zwischen Müttern und ihren Babys zeigen die Anfangsphase dieses Prozesses auf und enthüllen, daß selbst liebevolle Pflegepersonen frühzeitig die empfindsame emotionale Seite ihrer Söhne abschwächen, ohne sich der Folgen ihrer Handlungen bewußt zu sein. Männliche Babys agieren ihre Empfindungen wie Erschrecken, Freude, Schmerz und Aufregung direkt nach der Geburt und in ihren ersten Lebensmonaten stärker aus als Mädchen. Viele Mütter halten diese frühkindliche Emotionalität nicht für ein Zeichen von Lebendigkeit, sondern eher für ein Symptom von «seelischer Unausgeglichenheit» oder mangelnder Selbstkontrolle. Die von Professor Haviland und Professor Malatesta an der Rutgers University durchgeführte Studie ergab, daß Mütter von Anfang an darum bemüht sind, die impulsiven Gefühle ihrer Söhne unter Kontrolle zu halten. Unabsichtlich verstärken sie durch ihre Mimik das Lächeln von Jungen, während sie weniger glückliche Empfindungen überspielen. Indem Mütter ihre Söhne lehren zu lächeln, wenn sie sich nicht danach fühlen, beteiligen sie sich an der emotionalen Eingrenzung von Jungen. Mit dieser Art des «Trostes» unterwerfen sie bereits ihre Babys dem männlichen Verhaltenskodex.

Die Forscher entdeckten, daß Mütter Anzeichen von Unglücklichsein bei ihren Babys im allgemeinen seltener widerspiegeln. In der Kommunikation zwischen Müttern und ihren männlichen Babys zeigte sich, daß sich Mütter nur widerstrebend auf die negativen Gefühlszustände ihrer Söhne einlassen. Wenn weibliche Babys Schmerz ausdrücken, reagieren Mütter nur in 22% aller Fälle. Die negativen Empfindungen ihrer Söhne ignorieren sie vollständig. Haviland und Malatesta schlossen daraus, daß Mütter die stärkere Emotionalität ihrer Söhne als eine psychologische Unausgeglichenheit werten. Um ihre Söhne zu beruhigen, unternehmen viele dieser Mütter unwissentlich Schritte, die die emotionale Ausdrucksfähigkeit ihrer männlichen Babys einschränkt.

Wie unterschiedlich Mütter auf die Gefühle ihrer Söhne und Töchter im Säuglingsalter reagieren, ist erschreckend. Um so wichtiger ist mir daher, daß diese Forschungsergebnisse nicht mißinterpretiert werden. Die beobachteten Mütter waren den Empfindungen ihrer männlichen Babys gegenüber keineswegs unempfänglich oder gleichgültig, und sie ignorierten den Schmerz ihrer Kinder keineswegs. Ganz im Gegenteil, sie versuchten – geleitet von den kulturell festgelegten Regeln über Jungen und Männlichkeit – automatisch das zu tun, was ihnen angesichts des Kummers ihrer Söhne am besten erschien. Sie schwächten die Empfindungen der männlichen Babys nicht aus Herzlosigkeit oder Mangel an Zuneigung ab, sondern aus Mitgefühl. Weil sie ihre Söhne liebten, wollten sie sie glücklich und zufrieden sehen. Weit entfernt von einem gleichgültigen Verhalten, sorgten sich diese Mütter, daß ihre Söhne, wenn sie Kummer, Schmerz oder Verletzlichkeit zu deutlich zum Ausdruck brächten, dem strengen Kodex unserer Gesellschaft entsprechend keine «wahren», funktionsfähigen Jungen werden könnten.

Die von den beiden Universitätsprofessoren durchgeführte Studie untersuchte weiter die Reaktion der Mütter auf Empfindungen ihrer Babys wie «Überraschung» und «besonderes Interesse». In diesen Fällen spiegelten die Mütter die Gefühlszustände ihrer Söhne wesentlich deutlicher wider, indem sie ebenfalls erstaunt oder aufgeregt blickten, sobald ihre Kinder eine derartige Mimik erkennen ließen. Hob das männliche Baby verwundert die Augenbrauen oder wirkte es erstaunt, tat es ihm seine Mutter nach. So hielten die Mütter die Situation angenehm neutral und brachten keinen wie auch immer gearteten Anreiz ein. Im Gegensatz dazu reagierten Mütter auf die erstaunten oder interessierten Blicke ihrer Töchter nicht durch exaktes Kopieren der Mimik. Auf diese Weise stimulierten sie die freudigen Empfindungen ihrer Töchter und erweiterten und vertieften die emotionale Ausdrucksfähigkeit der Mädchen. Wieder interpretierten die Forscher dieses unterschiedliche Verhalten nicht als mütterliche Ablehnung ihrer Söhne, sondern als Bemühen, «alles nur Erdenkliche zu tun, um die Zufriedenheit ihrer Söhne sicherzustellen». Einerseits ignorieren sie das traurige Gesicht ihrer männlichen Babys in der Hoffnung, daß ihre Söhne diese Stimmung einfach von selbst wieder ablegen, andererseits ahmen sie deren erstaunten und interessierten Gesichtsausdruck so genau wie möglich nach, um unangenehmere Gefühle wie Verlegenheit, Trauer oder Angst von ihnen fernzuhalten.

Indem Mütter ihre Söhne anspornen, rasch wieder zufrieden zu sein, drängen sie sie meiner Ansicht nach *unbeabsichtigt* dazu, sich von großen Teilen ihrer wahren seelischen Empfindungen frühzeitig zu trennen. Sie lehren, daß bestimmte Gefühle unpassend oder unnötig sind. Wenn sie die spontane Äußerung von schmerzlichen Empfindungen unterdrücken, teilen sie ihren Söhnen unterschwellig mit, daß es gefährlich und beschämend ist, jene Gefühle zu zeigen, die in der Mutter-Sohn-Beziehung nur einen unbedeutenden Rang einnehmen. Insofern reduzieren Mütter die natürlichen Gefühlszustände ihrer Söhne unwissentlich auf das Männern zugestandene beschränkte Repertoire emotionaler Ausdrucksformen.

Das ist tragisch, denn wie meine Forschungsergebnisse belegen, brauchen «richtige» Jungen von frühester Kindheit an genau das, was Mütter ihnen in ihren Herzen nur allzu gerne bieten würden: vollständiges und bedingungsloses Verständnis und Einfühlungsvermögen für die gesamte Palette ihrer Gefühle. Wenn ein männliches Baby unglücklich wirkt, sollte die Mutter es im Idealfall liebevoll anblicken, es auf den Arm nehmen und fragen: «Was ist geschehen? Fühlst du dich wohl? Bist du vielleicht ein wenig müde?» Wie die meisten Mädchen benötigen auch die meisten Jungen in Wirklichkeit diesen Ausdruck von Liebe und Mitgefühl, wenn sie verunsichert oder ängstlich sind.

Bedauerlicherweise zeigen Untersuchungen, daß Jungen während ihrer gesamten Kindheit dazu angeleitet werden, ihre Gefühle zu unterdrücken. So konnte gezeigt werden, daß Mütter nicht nur ihren weiblichen Babys eine breitere Skala von Gefühlszuständen zugestehen, sondern daß sie auch mit ihren heranwachsenden Töchtern intensiver kommunizieren als mit ihren Söhnen. Leslie Brody von der Boston University faßte ihre eigenen Studien und die Forschungsarbeiten von Kollegen wie folgt zusammen: Mütter sprechen mit ihren Töchtern im Vorschulalter nicht nur öfter über Gefühle, sondern sie zeigen ihnen gegenüber auch ein weiteres Spektrum an Empfindungen. Im Gespräch mit ihren Töchtern verwenden Mütter vergleichsweise lebhaftere Gesichtsausdrücke, wodurch sowohl das Mädchen als auch die Mutter die Gefühle des anderen leichter erkennt. Brody zufolge verhalten sich Mütter im Umgang mit Jungen zurückhaltender und weniger ausdrucksstark. Ein möglicher Grund dafür könnte die Absicht sein, die intensiveren Empfindungen von Jungen (Ärger und Gereiztheit) zu relativieren. Wie die Wissenschaftlerin betont, handelt es sich hier um komplexe Ergebnisse, da diese «natürlichen» Interaktionsformen die Tendenz aufweisen, sich an das kulturelle Rollenbild anzugleichen, daß «Mädchen emotional ausdrucksvoller und Jungen emotional zurückhaltender sein sollten».

Derartige geschlechtsspezifische Zwänge fordern ihren Preis, auch wenn sie unbeabsichtigt auferlegt werden. Im Schulalter erwarten Mädchen, daß ihre Mütter positiv auf ihre zum Ausdruck gebrachte Traurigkeit reagieren, während Jungen sowohl von Mutter als auch von Vater auf dasselbe Gefühl eine wesentlich weniger warmherzige Antwort erwarten. Bevor hier jedoch der Eindruck entsteht, als wären lediglich die Mütter an diesem emotionalen Formungsprozeß beteiligt, muß betont werden, daß aktiv in die Pflege und Erziehung ihrer Kinder eingebundene Väter ihre Söhne ganz besonders dazu drängen, ihre Verletzlichkeit zu verbergen. Auch sie bringen ihren Töchtern vergleichsweise mehr Gefühl entgegen. Die Sprache von Vätern enthält sowohl Jungen wie auch Mädchen gegenüber oft einen fordernden und neckenden Unterton. Wenn Väter ihren Sohn scherzhaft als «kleinen Hasenfuß» bezeichnen, so ist das im allgemeinen als Spaß aufzufassen; sie sollten jedoch darüber nachdenken, wie sich ein solch scherzhaft gemeinter Ausspruch in Kombination mit all den anderen sozialen Zwängen, denen ihr Sohn bereits in diesem Alter ausgesetzt ist, auswirken kann. Allzuleicht kann auch die harmlos gemeinte Neckerei ein weiterer Beitrag zur Abhärtung des Jungen sein.

Wut – die einzig zulässige Empfindung für «echte» Männer

Während Jungen dazu angehalten werden, Verletzlichkeit und Trauer zu unterdrücken, beweisen Studien, daß Wut das einzig starke Gefühl ist, das ihnen zugestanden wird. Bedauerlicherweise ist Wut der letzte normale Ausweg für die starken Gefühle von Jungen. Professor Don Long von der Washington University bezeichnet dieses Ventil, über das die meisten Jungen ihre Verletzlichkeit und Machtlosigkeit ausdrücken, als «emotionale Schleuse». Konfrontiert mit einer frühzeitigen Trennung, wenden sich Jungen vorwiegend dem Gefühl der Wut zu, um die breite Skala emotionaler Reaktionen zu zügeln, die anderenfalls zum Vorschein kommen würden. Zartere Gefühle zu zeigen wäre zu beschämend, daher bleibt Wut der beste Ausweg. Wenn ich die Ergebnisse dieser Studien betrachte und mir in Erinnerung rufe, wie schwer es vielen mir bekannten heranwachsenden Jungen und Männern fällt, mit gefühlsbeladenen Situationen umzugehen, wird deutlich, warum Wut für Männer immer schon die einfachste Form war, ihre Empfindungen zu äußern. Angesichts der Tatsache, daß Männer im Jungenalter ermuntert wurden, Wut als Ausdrucksmittel für all ihre emotionalen Zustände einzusetzen, ist es nur allzu verständlich, daß es für die meisten als Erwachsene eine Herausforderung bedeutet, ihre Gefühle auf andere Weise kundzutun.

Sam und Oscar: Wie aus Jungen mit einer krankhaften Angst vor Scham abgehärtete Männer werden

Im Verlauf des auf Scham gegründeten Abhärtungsprozesses entwickeln Jungen und Männer ein «dickes Fell», das sie wirkungsvoll vor jeder Empfindung schützt, die das Gefühl der Scham herbeiführen könnte. Jungen unterwerfen sich dieser Abhärtung jedoch nicht aus dem Wunsch, mutig oder kaltherzig zu erscheinen, sondern weil sie sich vor «Gesichtsverlust» und Schande schützen wollen.

Besonders bei erwachsenen Männern wird die zur Schau gestellte Härte allzu leicht als typisch männliche Prahlerei mißdeutet. Sam Gash, der «grimmige» Abwehrspieler des Footballteams New England Patriots, beklagte sich über die Knieverletzung, die ihn auf die Bank zwang. «Das Spiel ansehen zu müssen, ohne daran teilhaben zu können, war das Schlimmste, was ich jemals erlebte», erklärte er. Als er gefragt wurde, wie er mit einer ernsthaften Verletzung umgehen würde, die seine Karriere beenden oder ihn gar lähmen würde, entsprach seine Antwort der für Männer typischen Tarnung. «Wenn es Gottes Wille ist, wird es geschehen. Ich betrete das Spielfeld, als trüge ich einen riesigen Schild – Gottes Schild. Ich fürchte mich vor nichts und niemandem.» Wenn wir Sam Gashs Aussage für bare Münze nehmen, müssen wir ihn zwangsläufig für einen durch und durch harten, kraftvollen und selbstbewußten Mann halten.

Bei genauerer Betrachtung zeigt sich jedoch, daß das Verhalten, das wir bei Männern oder männlichen Jugendlichen häufig als Angeberei und Großspurigkeit interpretieren, in Wirklichkeit Teil des Abhärtungsprozesses ist. Die Abhärtung und das Verbergen hinter einer Maske verweisen bei Jungen und Männern nicht auf ein besonderes Gefühl von Stärke oder Selbstbewußtsein, sondern auf das Gegenteil. Sie sind ängstlich darauf bedacht, ihre ohnehin zerbrechliche männliche Psyche vor weiteren Wunden zu schützen.

Betrachten wir beispielsweise den heutigen Goldmedaillengewinner der Olympischen Spiele und Golden Boy im Boxen, Oscar De La Hoya. Nach einem unglücklichen Zwischenfall in seiner Kindheit drängte sein Vater Oscar als kleinen Jungen zum Sport. Bei der Feier zu seinem dritten Geburtstag schreckte Oscar die Gewalt während des traditionellen Piñata-Spiels. Für dieses Spiel wurden dem Jungen und seinen Freunden die Augen verbunden. Anschließend wurde einer nach dem anderen aufgefordert, die an einem Seil hängende, bunte, mit Spielzeug und Süßigkeiten gefüllte Puppe mit einem Stock zu schlagen. «Ich fürchtete mich, begann hysterisch zu weinen und lief in Panik weg», erinnert sich Oscar. Seine Eltern drohten und straften den Jungen, doch nichts konnte ihn dazu bewegen, an diesen furchterregenden Schauplatz zurückzukehren.

Später beobachtete sein Vater, daß Oscar vor anderen Jungen flüchtete, die ihn schlagen wollten. Dieser Mangel an Männlichkeit war nach Ansicht seines Vaters eine Schande für die Familie. Den Jungen boxen zu lehren wäre die «beste Medizin» dagegen. Immerhin hatte Oscars Großvater eine Generation zuvor dasselbe mit ihm getan, als er sich «unmännlich» betragen hatte.

Lebhaft erinnert sich der junge Mann an seine ersten Boxversuche im zarten Alter von 5 Jahren. «Das Match begann, und das nächste, an das ich mich erinnere, war WHAM – der erste Hieb landete auf meiner Nase.» Mit Tränen in den Augen lief Oscar nach Hause. «Von diesem Zeitpunkt an lernte ich, meine Ängste unter Kontrolle zu halten», erinnert sich der Boxer.

Angespornt von seinem Vater, unterzog sich Oscar, wie so viele andere Jungen, einem Abhärtungsprozeß, indem er eine Sportart trainierte, bei der er sowohl seelischem als auch körperlichem Schmerz widerstehen mußte. Fest entschlossen, niemals wieder Angst zu fühlen oder zu zeigen, war Oscar bereits im Alter von 5 Jahren ein «richtiger» Mann.

Unempfindlichkeit gegen Schmerz als Risiko des Abhärtungsprozesses

Im Zuge des Abhärtungsprozesses sind Jungen bereit, körperlichen und seelischen Schmerz klaglos zu ertragen, sie setzen sogar ihr Leben aufs Spiel, um die Anerkennung ihrer Altersgenossen zu gewinnen. Mitunter erreicht die Abhärtung einen so hohen Grad, daß Jungen gegen den erlittenen Schmerz unempfindlich werden.

Studien ergaben, daß ein Zehntel aller Jungen bis zu ihrem Eintritt in die High-School einen Tritt in die Weichteile erhalten haben, und obwohl 25% dieser Jungen dabei tatsächlich verletzt wurden, erwähnte die Mehrheit von ihnen diesen Vorfall niemals einem Erwachsenen gegenüber. Ein Jahr nach dem Trauma zeigten 25% Anzeichen von einer Depression, und 12% ließen posttraumatische Syndrome erkennen. Im Zuge einer kürzlich von der amerikanischen Marine in Auftrag gegebenen Untersuchung, die die Geschichte sexuellen Mißbrauchs weiblicher Rekruten im Kindesalter erforschen sollte, stießen die Wissenschaftler auf das gänzlich unerwartete Ergebnis, daß 39% der *männlichen* Rekruten bis zu ihrem achtzehnten Lebensjahr von ihren Eltern (über Prügel hinausgehende) physische Gewalt in verschiedenster Form erfahren hatten. Die Statistik ist an sich schon besorgniserregend, wird jedoch noch erschreckender, wenn man bedenkt, daß die Mißhandlung der Jungen nur durch den Forschungsauftrag der Marine ans Licht gekommen ist. Dank ihrer Abhärtung verbergen Jungen ihren Schmerz häufig so meisterlich, daß wir als Gesellschaft ihn nicht mehr erkennen.

Leitfaden für Eltern:
Maßnahmen gegen einen veralteten Verhaltenskodex

Auch wenn die Gesellschaft noch immer an einem unzeitgemäßen Verhaltenskodex für Jungen festhält, können wir vieles tun, um unsere Söhne vor den Folgen dieser unseligen konventionellen Zwänge zu bewahren. Dazu einige grundlegende Richtlinien:

Schenken Sie Ihrem Jungen zumindest einmal pro Tag Ihre ungeteilte Aufmerksamkeit.

Versuchen Sie täglich etwas Zeit zu reservieren, in der Sie Ihrem Jungen Ihre ungeteilte Aufmerksamkeit schenken. Dies bedeutet, daß Sie gleichzeitig mit keiner anderen Person sprechen und auch nicht versuchen, nebenbei noch zu kochen, zu putzen, zu lesen oder eine andere Aufgabe zu erfüllen. Hören Sie konzentriert zu. Ihre Aufmerksamkeit gilt Ihrem Sohn. Auch wenn er nicht immer sprechen will, sondern ein Spiel vorzieht, Hilfe bei den Hausarbeiten benötigt oder sich über Routinearbeiten beschweren möchte, zeigt ihm Ihre Aufmerksamkeit, daß Sie für ihn da sind, ihn lieben und ihm täglich Zeit einräumen, in der er etwas mit Ihnen teilen kann. Nicht immer muß er tiefgreifende Gefühle bei Ihnen abladen. Mitunter genügt es, anzudeuten, daß er zu einem späteren Zeitpunkt über gewisse Dinge sprechen möchte. Wichtig ist jedoch, daß Ihr Sohn regelmäßig Ihre liebevolle Anwesenheit fühlt und weiß, daß Sie an den Geschehnissen seiner Welt interessiert sind.

Ermutigen Sie Ihren Sohn, die gesamte Palette seiner Gefühle zum Ausdruck zu bringen.

Vom Augenblick seiner Geburt an und während seines ganzen Lebens ist es für einen Jungen entscheidend, zu erfahren, daß all seine Empfindungen zulässig sind. Im Babyalter bedeutet dies, daß wir all seine Gefühle widerspiegeln sollen. Anstatt ein Baby zu zwingen, ständig zu lächeln oder zu lachen, sollten wir ihm zeigen, daß wir auch für seine Trauer, seine Angst und andere schmerzliche Gefühle empfänglich sind. Wenn Ihr Baby verwundert die Augenbrauen hebt, gähnt, sich wehrt oder weint, sollten Sie nicht durch ein fröhliches Gesicht versuchen, es «aufzuheitern», «die Sache zu glätten» oder seinen offenkundigen Kummer zu ignorieren. Statt dessen sollten Sie es durch Ihr Mitgefühl, Ihre Worte, Ihren Gesichtsausdruck und Ihre Gesten wissen lassen, daß Sie seine ureigenen Gefühle verstehen und respektieren. Bei Kleinkindern und Schuljungen müssen wir Fragen stellen: «Was ist geschehen?», «Bist du aus irgendeinem Grund traurig?», «Erzähle mir, was dich unglücklich macht!» Wiederum ist es wichtig, unser Mitgefühl auszudrücken. «Oh, das klingt unfair!», «Es tut mir leid, daß dich das so schmerzt». Im Gespräch über Empfindungen sollten wir uns die gesamte Skala von Gefühlsausdrücken zunutze machen – wie etwa glücklich, traurig, enttäuscht, verängstigt oder nervös – und uns nicht auf Worte wie «Wut» beschränken, die Jungen zwingen, die Vielfalt ihrer Empfindungen auf ein Wort und ein Gefühl zu reduzieren.

In der für unsere Söhne reservierten Zeit sind wir aufgerufen, seinen Worten und seinem Verhalten unsere volle Aufmerksamkeit zu schenken. Wenn sich Ihr Sohn beschwert, seine Ängste ausdrückt, weint oder durch andere Emotionen zeigt, daß er verletzt ist, sollten Sie ihn fragen, was in ihm vorgeht, und ihn von all seinen Erlebnissen erzählen lassen. Ältere Jungen sollten Sie nach ihren Beziehungen zu Mädchen, zu anderen Jungen, zu seinen Geschwistern, Lehrern, Freunden und anderen Bekannten befragen. Fordern Sie Ihren Sohn auf, Ihnen nicht nur das zu erzählen, was in diesen Beziehungen gutgeht, sondern auch das, was nicht so gut läuft. Fragen Sie ihn, was ihm gefällt und was ihm Schwierigkeiten bereitet. Indem Sie sich nach den «positiven» und «negativen» Seiten dieser Beziehungen erkundigen, stimulieren Sie ältere Jungen, über ein breiteres Spektrum von Gedanken und Gefühlen zu diskutieren.

Vermeiden Sie spöttische Bemerkungen, wenn Ihr Sohn schmerzliche Empfindungen ausdrückt.

Wenn Sie Ihre Söhne lehren wollen, daß man schwierige Situationen oftmals mit Humor am besten meistern kann, seien Sie vorsichtig, daß Sie den Schmerz Ihres Kindes nicht durch Spott «beschneiden». Wenn ein Junge zum Beispiel nach Hause kommt und sich darüber beklagt, daß sein Lehrer ihn aufgefordert hätte, sich wieder einmal die Haare schneiden zu lassen, sollten Sie diese Beschwerde nicht mit einer spöttischen Bemerkung über sein Aussehen quittieren. Anstatt ihn damit necken zu wollen, daß er «wie ein Wollknäuel aussieht», sollten Sie ihn fragen, wie er sich bei den Worten des Lehrers gefühlt hat. Lassen Sie ihn ausreden und teilen Sie ihm mit, daß Sie die Bemerkung des Lehrers nicht schätzen. Wenn Ihr halbwüchsiger Sohn niedergeschlagen verkündet, daß seine Freundin ihm soeben «den Laufpaß erteilt hat», sollten Sie nicht über sein «gebrochenes Herz» scherzen, sondern ihn fragen, ob er darüber sprechen möchte. Ist dies der Fall, sollten Sie aufmerksam zuhören, was er Ihnen mitteilt, und versuchen, auf mitfühlende Weise die von ihm offenbarten Gefühle widerzuspiegeln. Spott und Neckereien haben noch selten die Wunden eines Jungen geheilt. Durch Ihr Mitgefühl lernt er jedoch, eine breite Palette von Gefühlen auszudrücken und mit ihnen umzugehen.

Vermeiden Sie beschämende Formulierungen im Gespräch mit einem Jungen.

Forschungen und Beobachtungen aus dem Alltag enthüllten, daß Eltern ihren männlichen Kindern gegenüber häufig, wenn auch unabsichtlich, beschämende Ausdrücke verwenden, die sie Mädchen gegenüber nicht gebrauchen. Wichtig ist, daß Sie eine Sprache finden, die den Jungen nicht demütigt und auf die er antworten kann. Wenn ein Junge etwas tut, das Sie überrascht oder beunruhigt, ist es eine natürliche Reaktion, zu fragen: «Wie konntest du das tun?» Durch diese Worte unterstellen Sie jedoch, daß die gesetzte Handlung falsch war, und drängen den Jungen in die Rolle des Übeltäters. Statt dessen könnten Sie Fragen stellen wie «Was ist los?» oder «Was ist passiert?». Damit drücken Sie aus, daß Sie sich über die zur Diskussion stehende Situation noch kein Urteil gebildet haben.

Wenn ein Junge mit keineswegs glänzenden Zensuren nach Hause kommt, können ihn die verständlicherweise besorgten Eltern herausfordern und ihn unter Druck setzen: «Du wirst härter arbeiten müssen. Mit diesen Zensuren schaffst du es niemals auf eine gute Universität.» Der Junge weiß zweifellos, daß seine Leistungen schlechter sind als die seiner Mitschüler und auch schlechter, als ihm lieb ist. Eine bessere Antwort könnte daher lauten: «Du kämpfst noch immer mit Mathematik, nicht wahr? Wie können wir dir helfen?»

Nehmen wir an, ein Junge weist die Einladung, einen Freund zu besuchen oder auf eine Party zu gehen, ab. Statt einer Aussage wie «Es würde dir aber guttun, einmal aus dem Haus zu kommen, und der Junge ist doch wirklich nett» sollten Sie versuchen herauszufinden, warum Ihr Sohn nicht mehr mit seinem Freund zusammensein möchte – «Ist irgend etwas zwischen euch beiden vorgefallen?» – oder was ihm an der Party nicht gefällt – «Wird jemand auf der Party sein, mit dem du nicht gut auskommst?»

Eine verletzende Sprache wirkt sehr schnell beschämend auf Jungen und verunsichert sie in ihrer Selbsteinschätzung.

Blicken Sie hinter die Fassade aus Wut, Aggression und Unbändigkeit

Vielfach sind Wut und Aggression ein indirekter Hilferuf. Wenn Sie an einem Jungen ein derartiges Verhalten bemerken, sollten Sie versuchen eine Atmosphäre zu schaffen, in der es ihm leichtfällt, mit Ihnen zu sprechen, und ihn dann fragen, was mit ihm los ist. Bei einem kleinen Jungen sind viele direkte Fragen kaum möglich. Vielleicht ist er auch selbst noch nicht in der Lage, seine Gefühle in klare Worte zu fassen. Versuchen Sie dennoch alles, um einen Eindruck von seinen Gefühlen zu bekommen. Wenn Ihr Sohn beispielsweise in letzter Zeit häufig verärgert scheint, könnten Sie etwa folgende Fragen stellen: «Du wirkst aufgeregt. Ist alles in Ordnung? Lief es in letzter Zeit nicht so gut für dich?» Wenn Ihnen als Lehrer ein Junge auffällt, der ständig Unruhe stiftet und andere Kinder provoziert, sollten Sie ihn nicht strafen, sondern befragen, wie die Dinge bei ihm zu Hause stehen. Versuchen Sie herauszufinden, was ihn aufregt und ob sich hinter seiner Wut und seinem unbändigen Benehmen eine tiefere Verletzlichkeit verbirgt. Erklären Sie ihm, daß wir uns mitunter, wenn wir gereizt oder aggressiv handeln, in Wahrheit traurig fühlen oder verwirrt sind.

Drücken Sie Ihre Liebe und Ihr Mitgefühl offen und großzügig aus.

Allen wohlmeinenden Ratschlägen aus Ihrer Umgebung zum Trotz: Sie müssen Ihren Sohn nicht «loslassen», Sie brauchen keine Angst vor einer zu engen Bindung zu haben. Vertrauen Sie auf Ihren Instinkt. Wenn Sie Ihrem Sohn die Zuneigung und Unterstützung entziehen oder ihn unvorbereitet zwingen, «auf eigenen Füßen zu stehen», kann sich das – wie wir in diesem Kapitel gesehen haben – traumatisch auf den Jungen auswirken.

Umarmen Sie Ihren Sohn und sagen Sie ihm, sooft Sie wollen, daß Sie ihn lieben, auf ihn stolz sind und er Ihnen viel bedeutet. Bleiben Sie mit seinem Gefühlsleben in Kontakt. Schaffen Sie die Möglichkeit, ihm einige Augenblicke spielerisch nahe zu sein und seine Gefühle mit ihm zu teilen. Wenn er Sie bittet, ihn allein zu lassen, geben Sie ihm den benötigten Raum, versichern Sie ihm aber, daß Sie ihn lieben und für ihn da sind, wenn er mit Ihnen Zeit verbringen möchte. Durch ein Übermaß an Liebe und Aufmerksamkeit können Sie Ihren Sohn nicht «verderben», und durch eine enge Beziehung zu Ihnen wird er keineswegs «mädchenhaft» oder «feminin». Denn etwas wie ein Zuviel an Liebe gibt es einfach nicht!

Lassen Sie Jungen wissen, daß es nicht notwendig ist, «unbeugsam wie eine Eiche» zu sein.

Bereits im frühen Kindesalter glauben viele Jungen, daß sie immer stark sein müssen. Probleme zu Hause, Enttäuschungen über die eigene Schwäche, Erwartungen von anderen und vieles mehr lassen sie sich widerstandslos auf ihre Schultern laden, weil sie glauben, daß sie stark genug sein müssen, um alles zu tragen, und in jeder Situation «ihren Mann stehen» müssen. Von keinem Jungen sollte eine solche Stärke erwartet werden. Erklären Sie Ihrem Sohn, daß er sich nicht wie eine unbeugsame Eiche verhalten muß. Sprechen Sie ehrlich zu ihm über Ihre eigenen Ängste und Grenzen, und ermutigen Sie ihn, dasselbe zu tun. Wenn er erkennt, daß er bei Ihnen ganz er selbst sein darf, wird er darauf achten, sich nicht heillos zu überfordern.

Schaffen Sie für Ihren Sohn ein facettenreiches Bild von Männlichkeit.

Als Gegengewicht zu den gängigen Vorstellungen darüber, wie ein Junge zu sein hat, die auf der Straße, in der Schule, im Fernsehen und an vielen anderen Orten verbreitet werden, können Sie Ihrem Sohn helfen, ein eigenes, möglichst umfassendes Bild von Männlichkeit zu formen. Wie unsere Mädchen sollten wir auch unsere Jungen in erster Linie als Menschen und dann erst als Vertreter eines bestimmten Geschlechts betrachten. Dadurch sind wir aufgefordert, sie bei all ihren Interessen, Beziehungen und Aktivitäten zu ermutigen und ihnen mitzuteilen, daß «große Jungen sehr wohl weinen». Es bedeutet aber auch, daß wir unsere Jungen mit Menschen in Kontakt bringen, die die strengen geschlechtsspezifischen Regeln der Gesellschaft übertreten, wie zum Beispiel mit männlichen Krankenschwestern, weiblichen Klempnern, Mädchen, die eine Karriere als Jockey machen, und Jungen, die leidenschaftlich gerne kochen und so weiter. Wenn Sie Ihrem Jungen am Beispiel erwachsener männlicher Vorbilder zeigen, daß es nicht nur eine einzige Art von Männlichkeit gibt, helfen Sie ihm, seiner eigenen Bestimmung zu vertrauen. Auf diese Weise versichern Sie ihm, daß er, unabhängig davon, wie und mit wem er am liebsten seine Zeit verbringt und welche Gefühle er empfindet, in jedem Fall ein «echter Junge» und auf dem Weg zu einem «richtigen Mann» ist.

Kapitel 3

Jungen: Die Wahrheit hinter den Mythen

«Nur weil du ein Junge bist, behandeln dich die Menschen manchmal wie einen kleinen Rowdy. Würden sie ihre Augen öffnen, würden sie erkennen, daß die meisten von uns eigentlich ganz nette Kerle sind.» (Dirk, 17 Jahre)

Den klischeehaften Vorstellungen darüber, wie ein Junge zu sein und sich zu benehmen hat, ist scheinbar mit nichts beizukommen. Sie halten sich beharrlich – auch in den Köpfen der Progressivsten –, obwohl die meisten von uns in ihren Herzen wissen, daß diese abgedroschenen Ideen schlichtweg unwahr sind. Darüber hinaus besitzen wir heute Untersuchungsergebnisse, die unser instinktives Wissen bestätigen.

Es sind vor allem drei Mythen, die sich in unserer Kulturgemeinschaft so tief eingebettet haben, daß sie uns den Blick auf den echten Jungen verstellen und uns der Fähigkeit berauben, Jungen so wahrzunehmen und zu lieben, wie sie sind.

Der erste Mythos: Jungen sind nun einmal Jungen – Natur und Testosteron siegen über unsere Erziehung

Jüngste Studien, unter denen sich auch meine eigene befindet, widerlegen die Annahme, daß es größtenteils die Natur ist, die das Verhalten eines Jungen bestimmt. Bisher galt: Wo es Jungen gibt, gibt es Testosteron, und wo es Testosteron gibt, gibt es Aggression, und wo es Aggression gibt, findet sich auch Gewalt oder zumindest das Potential dazu. Die Phrase «Jungen sind nun einmal Jungen» erklärt unsere männlichen Kinder zu Gefangenen ihrer biologischen Anlagen, die ihr Benehmen vorherbestimmen und ein ererbter Teil ihres Wesens sind. So geht man allgemein davon aus, daß das typische Verhalten eines Jungen Gefühllosigkeit und die Bereitschaft zum Risiko einschließt. Darauf wird auch verwiesen, wenn ein kleiner Junge mit seinem Baseball eine Fensterscheibe einschlägt und lachend davonläuft, wenn ein Jugendlicher mit seinem Skateboard durch den Verkehr saust, mit knapper Not einen Zusammenprall verhindert und wieder verschwindet, oder ein älterer Jugendlicher bis vier Uhr früh Karten spielt und sich am nächsten Tag übermüdet in die Schule schleppt.

Den Ausspruch «Jungen sind nun einmal Jungen» hört man jedoch nicht, wenn ein kleiner Junge seinem Lehrer ein Geschenk bringt oder seine weinende Mutter umarmt. Er bleibt auch ungesagt, wenn ein Halbwüchsiger von Schuldgefühlen geplagt wird, weil er die Beziehung zu seiner Freundin abgebrochen hat – es sei denn, er tarnt seine Gefühle überzeugend durch Gleichgültigkeit –, oder wenn ein älterer Junge bei einem sterbenden Elternteil im Krankenhaus wacht – es sei denn, er nutzt die Gelegenheit, am Fernseher im Krankenzimmer ein Footballspiel zu sehen.

Die von diesem Mythos ausgehende Gefahr besteht darin, daß er viele Menschen zu der Annahme veranlaßt, daß sie die Persönlichkeit, das Verhalten und die emotionale Entwicklung eines Jungen in wesentlich geringerem Ausmaß beeinflussen können, als dies tatsächlich der Fall ist.

Die erste Wahrheit: Das Verhalten eines Jungen wird durch die Menschen, die ihn lieben, stärker beeinflußt als durch die Natur

Dem Mythos, daß «Jungen nun einmal Jungen sind», liegt eine falsche Vorstellung über die Rolle von Testosteron zugrunde. Dieses Hormon trägt zwar zu dem natürlichen Verhaltensmuster eines Jungen bei, ist aber nicht zwangsläufig der bestimmende Faktor in seinem Benehmen.

Tatsächlich sind viele Jungen gerne aktiv. Den meisten kleinen Jungen bereitet es großen Spaß, über ein Spielfeld zu laufen, mit einem Fußball zu spielen oder eine Rutsche hinabzusausen. Wie ich hinzufügen darf, haben auch viele kleine Mädchen an denselben

Aktivitäten Vergnügen. Den Ausspruch «Jungen sind nun einmal Jungen» wenden wir jedoch erst auf ein «typisches» Verhalten von Jungen an, nämlich dann, wenn es übermütige und leichtsinnige Formen annimmt. Wenn das Laufen in einen Wettstreit ausartet, mit dem Ball auf eine Person gezielt wird oder der Junge sich so weit über den Rand der Rutsche beugt, daß er zu fallen droht.

Bedauerlicherweise gestattet uns dieser Mythos, unsere Verantwortung abzulegen, sobald das Verhalten des Jungen die Grenze zwischen aktiv und aggressiv überschreitet. Dann neigen wir dazu, hilflos die Hände zusammenzuschlagen und zu rufen: «Wir können nichts dagegen tun – so sind Jungen nun einmal!» Meiner Ansicht nach können wir das Verhalten eines Jungen aber sehr wohl formen, das heißt seinen natürlichen Tatendrang ermutigen und befriedigen, jeden auf Gewalt oder Aggression orientierten Impuls unterbinden und in eine kreative, positive Richtung umleiten. Kyles Fall bestätigt meine Überzeugung.

Kyle war 6 Jahre alt, als seine Schwester Charlotte geboren wurde. «Wir erwarteten, daß Kyle die übliche geschwisterliche Eifersucht zeigen würde. Doch der Junge verhielt sich dem Baby gegenüber weit schlechter, als wir es uns vorgestellt hatten», erklärt seine Mutter Roberta. «Kyle ließ weder Freude noch Zuneigung für das neue Familienmitglied erkennen. Er stieß sie mit seinem Spielzeug und schnitt Grimassen, als wäre ihm ihre Existenz zutiefst zuwider.

Eines Tages legten wir Charlotte für den Mittagsschlaf in ihr Bettchen. Da sie länger als üblich schlief, sah mein Mann Don nach ihr. Er traf Kyle in ihrem Zimmer an, die Hände um den Hals des Babys gelegt. Es sah so aus, als würde er seine kleine Schwester würgen. Als Don nach dem Jungen griff, erkannte er, daß Kyle alles nur vorgespielt hatte. Dem Baby fehlte nichts, es war noch nicht einmal aufgewacht. Doch Don und ich verloren vollständig die Beherrschung.

Ich schreie meine Kinder selten an, doch diesmal verlor ich die Kontrolle. Ich hatte das Gefühl, daß mein Sohn nicht ganz normal war, daß er ein gewalttätiges Wesen oder dergleichen besaß und daß dieser Vorfall seine wahre Natur offenbart hatte. Ich versuchte erst gar nicht zu verstehen, was seine Handlung ausgelöst hatte, sondern betrachtete mein kleines Mädchen als hilfloses Opfer und meinen Jungen als Aggressor.»

Roberta erzählte den Vorfall ihren Freunden und bat sie um Rat. «Ich fürchtete um Charlottes Wohl. Don war ein Einzelkind und ich das jüngste Kind in meiner Familie. Daher konnte sich keiner von uns in das hineinfühlen, was Kyle durchmachte. Schließlich half mir meine Freundin Gloria, die Gefühle des Jungen zu verstehen.»

Gloria, selbst das älteste von drei Kindern, erklärte, wie sich ihr Leben durch die Geburt ihrer beiden Geschwister verändert hatte. Wie es häufig geschieht, war sie in die Entscheidung für weitere Kinder nicht eingebunden worden. Durch die Ankunft ihrer Geschwister verlor Gloria ihren Status als besonderes und einziges Kind. Sie erhielt wesentlich weniger Aufmerksamkeit als zuvor und mußte ihre Eltern und deren begrenzte Energiereserven mit zwei anderen Kindern teilen. «Durch Gloria erkannte ich, um wieviel besser die Situation für Kyle vor der Geburt seiner Schwester gewesen war. Er hatte unsere ungeteilte Aufmerksamkeit besessen, während es jetzt schwierig geworden war, die nötige Zeit und Energie zu finden, um mit ihm zu spielen.»

Roberta und Don entschieden sich, mit Kyle zu arbeiten, sein Verhalten gegenüber Charlotte zu ändern, seine «Aggression» zu zügeln und ihm die Gewißheit zu geben, daß sie ihn als Eltern weiterhin genauso liebten wie bisher. Gemeinsam lasen sie Geschichten über die Beziehungen zwischen großen Brüdern und kleinen Schwestern, aus denen sich viele Gespräche ergaben. «Sobald wir Kyle überzeugt hatten, daß wir ihm wegen seiner natürlichen Gefühle keine Vorwürfe machen und ihn nicht strafen würden, öffnete er sich», erinnert sich Don. «Wir führten einige wirklich gute Gespräche mit ihm und erklärten ihm, daß er immer unser ganz besonderer Junge bleiben würde.»

«Kyle wurde ein liebevoller Bruder», erzählt Roberta heute. «Eines Tages verbrachte er viele Stunden, um ein Bild von unserer Familie, einschließlich Charlotte, zu malen, das er seiner kleinen Schwester schenken wollte. Heute ist er ein Bruder, wie ich ihn erhofft hatte. Er weiß, daß wir ihn wegen Charlotte nicht im Stich lassen werden, und fühlt sich sicher genug, um uns mit ihr zu teilen. Ich kann sogar lachen, wenn ich mich daran erinnere, wie er vorgab, Charlotte zu würgen, da ich heute weiß, daß er so etwas niemals tun würde oder könnte. Er ist kein gewalttätiger Mensch. Er befand sich lediglich in einer schwierigen Situation, in der er seine Gefühle nicht ausdrücken konnte. Und wir waren ihm dabei gewiß keine Hilfe.»

Sowohl meine eigene klinische Erfahrung und Forschung als auch die Arbeiten von Kollegen haben erwiesen, daß die meisten Jungen, die selbst liebevoll aufgezogen werden, ihrerseits Zuneigung und Mitgefühl für andere zeigen. Wir erkannten, daß die elterliche Erziehung eine zumindest ebenso starke Wirkung auf das Verhalten eines Jungen ausübt wie der Hormonhaushalt. Die Art, wie wir einen Jungen behandeln, bestimmt in nicht unbeträchtlichem Ausmaß sein zukünftiges Wesen. Insofern ist er ebenso ein Produkt seiner Erziehung wie der Natur.

Falsche Vorstellungen über die Wirkungsweise von Testosteron

Die Vorstellung, daß ein hoher Testosterongehalt gleichzusetzen ist mit einer hohen Gewaltbereitschaft, geht von der irrigen Annahme aus, daß Testosteron die einzige Kraft ist, die Jungen zu aktivem, wildem Spiel und gewalttätigem Verhalten anregt. Dies ist nicht der Fall. Tatsächlich spielen Jungen anders als Mädchen. Doch ihre unterschiedliche Art zu spielen ist nicht ausschließlich auf Testosteron zurückzuführen und kann keineswegs als Beweis für eine Neigung zur Gewalt herangezogen werden. Im allgemeinen bevorzugen Jungen Aktivitäten mit Wettbewerbscharakter, bei denen körperliche Kraft und Anstrengung erforderlich sind. Sie lieben Spiele in großen Gruppen und weiten Räumen (wie etwa Spielfelder, Turnhallen und Stadien) mit festgelegten Regeln und hierarchischen Strukturen. Mädchen geben üblicherweise interpersonellen und körperlich weniger aggressiven Spielen (häufig zu zweit) den Vorrang.

Obwohl Wissenschaftlern das unterschiedliche Spielverhalten von Jungen und Mädchen bereits seit langem bekannt ist und die Diskussionen über die evolutionären und hormonellen Einflüsse anhalten, waren sie bisher nicht in der Lage, eine eindeutige Verbindung zwischen dem rauhen Spiel von Jungen einerseits und Aggression und Gewalt andererseits zu belegen.

Testosteron trägt tatsächlich zum Tatendrang von Jungen bei, ist aber nur einer von vielen biologischen Faktoren (einschließlich Serotonin), die aggressives Verhalten beeinflussen. Darüber hinaus wirkt sich Testosteron auf verschiedene Weise auf das Benehmen eines Jungen aus. Bei einem verursacht ein hoher Testosteronspiegel, daß er ein Schachmatch mit großer Intensität und Wachsamkeit spielen kann, bei einem andern liefert er die Energie und Konzentration, um die komplizierten Vorbereitungen für eine politische Versammlung zu treffen, und einen dritten regt er an, sich an einem Faustkampf zu beteiligen. Die im Kreislauf eines Jungen vorhandene Testosteronmenge hängt, ähnlich wie der Puls, vom Zeitpunkt der Messung und der jeweiligen Aktivität ab. Bei älteren Männern variiert die Wirkung von Testosteron individuell. Untersuchungen ergaben weiter, daß ältere Männer durch Testosteronbeigaben ruhiger und weniger aggressiv werden. Im Gegensatz dazu werden Athleten, die Anabolika einnehmen (dem Testosteron verwandte Verbindungen), streitsüchtiger und leichter reizbar. Bis heute konnte keine eindeutige wissenschaftliche Verbindung zwischen dem Testosteronspiegel und der Neigung zu aggressivem und gewalttätigem Verhalten hergestellt werden.

Das Hormon Testosteron hat einen geringeren Einfluß auf das Verhalten von Jungen als die Liebe, Erziehung und Zuwendung, die er von seinen Eltern und dem gesellschaftlichen Umfeld erfährt. Das Hormon bestimmt möglicherweise, über wieviel Energie ein Junge verfügt, in welche Bahnen diese jedoch gelenkt und ausgelebt wird, liegt in unseren Händen.

Die Fähigkeit, Beziehungen aufzubauen: Eltern besitzen die Macht, das Gehirn ihrer Söhne zu beeinflussen

Eltern und andere Personen, die Jungen lieben und sich intensiv um sie bemühen, werden sehr bald bemerken, daß Jungen diese Zuwendung erwidern, weil auch sie ein großes Verlangen nach inniger Nähe haben. Das, was sich zwischen beiden Seiten ereignet, bezeichne ich als die *Macht der Beziehung*. Eine Beziehung, die sich auf Liebe gründet, kann den Mythos zerstören, daß Jungen stärker von ihrer Natur als von der Erziehung beeinflußt werden. Im Gegenteil – unser Umgang mit Jungen und die Beziehungen, die wir zu ihnen unterhalten, können die Biologie, das Gehirn und das soziale Verhalten eines Jungen dauerhaft beeinflussen. Wissenschaftliche Untersuchungen ergaben, daß eine frühzeitige emotionale Interaktion die vom Gehirn gesteuerten biologischen Prozesse eines Jungen tatsächlich verändern kann.

Im Gegensatz zu anderen Primaten ist das Gehirn eines Jungen (beziehungsweise Mädchens) zum Zeitpunkt der Geburt nicht vollständig entwickelt. Im ersten Lebensjahr verdoppelt sich die Größe des kindlichen Gehirns, und im zweiten Lebensjahr wiederholt sich dieser Vorgang. Im Alter von 2 Jahren besitzt das kindliche Gehirn ebenso viele Synapsen (Verbindungen zwischen Gehirnzellen) wie das eines Erwachsenen. In diesem Zeitraum ist das menschliche Gehirn sehr geschmeidig und plastisch und in hohem Maße aufnahmebereit für emotionale und kognitive Erlebnisse (diese Fähigkeit ist beim Menschen stärker ausgeprägt als bei anderen Arten). In diesen ersten Lebensjahren kann das menschliche Gehirn durch das Lebensumfeld bleibend verändert werden. Wissenschaftlern gelang der Nachweis, daß die potentielle Entwicklung des menschlichen Gehirns bei der Geburt noch nicht endgültig feststeht, sondern daß das Nervensystem erst nach der Geburt – mit nachhaltigen Konsequenzen für seine Funktionalität während des gesamten Lebens – seine festen Konturen annimmt.

Wie wir mit unseren männlichen Säuglingen und Kleinkindern umgehen – die Art, wie wir sie umarmen, küssen, beruhigen, lehren, trösten und lieben –, verhilft einem Jungen nicht nur zu einem gesunden emotionalen Start ins Leben, sondern beeinflußt sein charakteristisches Verhalten und die Entwicklung seines Gehirns tiefgreifend. Unser eigenes Auftreten wirkt sich grundlegend, und mitunter unwiderruflich, auf die Nervenverbindungen, die Chemie des Gehirns und die biologischen Funktionen eines Jungen aus. Die Fähigkeit, Sprache einzusetzen, Kummer zu akzeptieren, Gefühle zu zeigen und zu benennen, ebenso wie die Angst vor Neuem oder die Neugier, Unbekanntes zu erforschen, hängen in hohem Maß von der emotionalen Umgebung des Jungen während seiner frühen Kindheit ab. Einerseits hängt das Verhalten von Jungen also tatsächlich von biologischen Faktoren ab – und zwar in einem stärkeren Maß als bisher angenommen –, andererseits besteht ein naturgegebener Spielraum, die Ausbildung des Charakters durch aktive Interaktion zu beeinflussen, der all unsere bisherigen Vorstellungen übersteigt.

Bruce Perry, ein Entwicklungsneurobiologe am Baylor College of Medicine, faßt es folgendermaßen zusammen: «Die Fähigkeit eines Kindes, zu denken, zu lachen, zu lieben, zu hassen und zu sprechen, ist ein Ergebnis seiner Interaktion mit der Umgebung. Sensorische Erlebnisse wie Berührungen [...] stimulieren buchstäblich die Gehirnaktivität und das Wachstum der Nervenstrukturen.»

Menschen, die im Leben eines Jungen eine Rolle spielen, wie Mütter, Väter, Lehrer, Geschwister, Trainer, Pfarrer, Tagesmütter und Ärzte, können einen ebenso großen Einfluß auf die Entwicklung eines Jungen ausüben wie Testosteron, indem sie nicht nur seine Empfindungen, sondern auch seine Gehirnstruktur und seine Neurotransmitter formen. Die Fähigkeit, Beziehungen aufzubauen, ist also nicht nur abhängig von einem stabilen und geborgenen Umfeld, sie hängt auch davon ab, auf welche Weise sich dieses Umfeld auf die biologische Entwicklung des Gehirns eines Babys oder Kleinkindes auswirkt. Die moderne Wissenschaft wies nach, wie leicht aus Pflege und Erziehung Natur werden kann: Zwischen diesen beiden Einflüssen besteht keine feste Grenze.

Daher sollten wir uns von dem Mythos befreien, daß Jungen niemals ihrem biologischen Schicksal entgehen können. In Wirklichkeit besitzen wir zahllose Möglichkeiten, das Verhalten eines Jungen zu formen. Wir können nach Methoden suchen, die Energie unserer Jungen zu feiern und sie in positive und produktive Aktivitäten leiten. Wenn sie das Verlangen spüren, gegen etwas zu schlagen, sollten wir ihnen einen Punchingball schenken und sie boxen lehren. Wenn sie brüllen und schreien wollen, sollten wir ihnen ein Spiel vorschlagen, in dem sie lautstark jubeln dürfen. Wenn sie gerne streiten, sollten wir sie zu einem Gespräch einladen, in dem sie ihre Diskussionsfähigkeiten entwickeln können. Und wenn sie sich gegen den Zeitplan der Familie wehren, sollten wir sie herausfordern, einen alternativen Plan auszuarbeiten.

Der zweite Mythos: Jungen müssen immer Jungen sein

Die Forderung, daß «Jungen immer Jungen sein müssen», daß sie also stets dem Rollenbild des dominanten männlichen Machos entsprechen sollen, hindert viele Eltern und ihre Söhne daran, auf natürliche Weise zusammenzuleben. Der männliche Verhaltenskodex bestimmt, daß Jungen stark sein, von anderen Respekt verlangen und niemals «wie ein Mädchen» handeln sollen. Sobald ein Junge ein Verhalten zeigt, das als unmännlich betrachtet wird und die Grenzen des Verhaltenskodexes überschreitet, stößt er auf den Widerstand der Gesellschaft. Möglicherweise starrt man ihn lediglich an, oder man lästert über ihn, möglicherweise wird er aber auch beleidigt, erhält einen Schlag in den Magen und wird entsetzlich gedemütigt.

Als der 8jährige Ethan seinem Sportlehrer erzählte, daß er lieber seilspringen würde, anstatt mit den anderen Jungen Basketball zu spielen, konnten einige seiner Klassenkameraden das Lachen nicht unterdrücken. Der Lehrer selbst lächelte nachsichtig, drängte den Jungen jedoch energisch in Richtung des Basketballfeldes.

Als der 13jährige Steven mit einer hautfarbenen Aknelotion, die einen peinlich großen Pickel auf seiner Nase abdecken sollte, in der Schule erschien, riefen seine Mitschüler spöttisch, wie «bezaubernd» er aussähe. Sie demütigten ihn, indem sie ihn fragten, ob er nicht vergessen hätte, Lippenstift aufzutragen, und welches Kleid er zum Tanzabend tragen würde.

Als der 17jährige Brad im Englischunterricht mit dramatischer Intensität ein Gedicht vorlas, ertönte ein verhaltenes Kichern aus der letzten Reihe. Später ahmt der Spötter seinen Vortrag mit übertriebenem Lispeln nach und flüsterte für alle hörbar das Wort «Schwuler».

Verhält sich ein Junge nicht auf konventionell männliche Weise, sind sowohl seine männlichen als auch seine weiblichen Altersgenossen rasch zur Stelle, um die Bänder der geschlechtsspezifischen Zwangsjacke fester anzuziehen. Einige Eltern, Lehrer, Trainer und andere Mentoren verstärken durch ihr Handeln die gesellschaftlichen Männlichkeitsmythen, indem sie Jungen zu erkennen geben, wann sie gegen den Verhaltenskodex verstoßen.

Die 36jährige Jennifer studierte Kinderentwicklung in Wellesley und Harvard und arbeitet heute als Lehrerin an einer Vorschule in der Umgebung von Boston. Sie bat mich wegen des 4jährigen Benjamin, eines ihrer Schüler, um Rat. «Er spielt noch immer gerne die Mutter und schmückt sich in der Garderobe mit Ketten», erklärte sie. «Wenn ich ihm etwas anderes vorschlage, beginnt er vor allen anderen Kindern zu weinen. Abgesehen davon scheint er völlig gesund zu sein. Nun frage ich mich, ob er für den Kindergarten nicht noch zu jung ist.»

«Hat Lisa nicht gestern einen Cowboyhut getragen und ihr Bein mit einer Gerte geschlagen, als wäre es ihr Pferd?» fragte ich. «Ja, aber alle Mädchen tun das», lautete Jennifers Antwort.

Selbst diese gut ausgebildete, höchst kompetente und einfühlsame Lehrerin war von dem Mythos, daß «Jungen immer Jungen sein müssen», beeinflußt. Mutter spielen zu wollen und Schmuck anzulegen gilt bei einem Jungen als nicht «gesundes» Verhalten.

Einen ähnlichen Fall beobachtete ich in einem anderen Privatkindergarten, der sich seiner progressiven Einstellung rühmte. Dort war unter dem Titel «Boxen bietet Sicherheit» ein Programm für Jungen und Mädchen eingeführt worden, das Kindergartenkindern helfen sollte, ihre Wut auszudrücken. Bei einem dieser Kindergartenboxkämpfe sah ich, wie der kaum einen Meter große 5jährige Michael den hilflosen Versuch unternahm, einen Hieb zu landen. «Nicht so, Michael», tadelte ihn sein Trainer, «du schlägst ja wie ein Mädchen!»

Es ist schwierig, den Schaden zu ermessen, den derartige Vorwürfe bei Jungen verursachen. Als Psychotherapeut, der sowohl mit Kindern und Jugendlichen als auch mit Erwachsenen arbeitet, blicke ich auf zahllose Sitzungen zurück, in denen sich erwachsene Männer unter Schmerzen daran erinnerten, wie oft sie sich im Kindesalter geschämt hatten, weil sie angeblich nicht «männlich» genug gewesen waren oder sich nicht «wie die anderen Jungen» verhalten hatten. Insbesondere bei kleinen Jungen hinterlassen derartige Demütigungen das Gefühl, eingeengt zu sein.

Ohne einen sicheren Ort, an dem sie ihren Schmerz äußern und über ihre Scham und Verlegenheit sprechen können, härten sich viele Jungen zu kleinen Männern ab. Sie werden von ihren eigenen Gefühlen getrennt, und ihre Worte stimmen nicht mehr vollständig mit ihren Gefühlszuständen überein.

Nahezu ebenso schwer, wie es für die Jungen selbst ist, diesem Abhärtungsprozeß durch Scham ausgesetzt zu sein, fällt es Eltern, ihn mitanzusehen. Um sich vor ihrem eigenen Schmerz und ihrer eigenen Verzweiflung zu schützen, klammern sich Erwachsene an den Mythos, daß sie nichts dagegen tun können, daß nun mal «Jungen immer Jungen sein müssen». Indem wir den Mythos akzeptieren und uns einreden, daß Jungen lernen müssen, sich wie Männer zu verhalten und ihre Angelegenheiten allein zu lösen, betrachten wir diesen erschütternden Prozeß als notwendigen und natürlichen Entwicklungsabschnitt im Leben eines Jungen. Erwachsene Männer stützen sich vermutlich auf diesen Mythos, um sich nicht daran erinnern zu müssen, welcher Schmerz ihnen durch diesen «Abhärtungsprozeß» in ihrer eigenen Kindheit zugefügt wurde.

Die zweite Wahrheit: Es gibt zahlreiche Arten, ein Junge zu sein – Die Vielfalt der Männlichkeit

Der Verhaltenskodex für Jungen ist ein Klischee, in dem sich unsere Kultur und unser Zeitalter spiegeln, aber es gibt nicht nur einen richtigen Weg zu einer gesunden Männlichkeit. Die gesellschaftlichen Erwartungen an Jungen und Männer werden in anderen Ländern und Kulturen ganz anders definiert. So gibt es zum Beispiel Kulturräume, in denen von Jungen und Männern ausdrücklich erwartet wird, daß sie weinen können. Der in unserer Gesellschaft verbreitete Mythos über das Mannsein löst bei vielen Eltern Unbehagen aus: Einige wissen instinktiv, daß der Verhaltenskodex der seelischen Entwicklung ihrer Söhne schadet, und andere sind nicht länger bereit, sich den überkommenen Verhaltensnormen zu beugen, weil sie die Gültigkeit des Mythos grundsätzlich in Frage stellen. Alle, die sich dem Klischee auf die eine oder andere Art widersetzen, helfen ihrerseits ihren Söhnen, sich von dem Kodex zu lösen.

Sobald Jungen die Gewißheit haben, daß sie weder von Mädchen noch von anderen Jungen gedemütigt werden, bereitet es vielen von ihnen großes Vergnügen, an verschiedensten spielerischen, ausdrucksvollen und kreativen Aktivitäten teilzunehmen. Auf diese Weise gelang es einem jungen Mann namens Kip, sich selbst ein wundervolles Leben zu schaffen. Auf der High-School verbrachte Kip jede Minute, die er nicht mit Hausaufgaben oder Hilfsarbeiten im kleinen Betrieb seines Vaters beschäftigt war, beim Basketballtraining. Er lebte und atmete für diesen Sport und träumte davon, einmal ganz groß rauszukommen. Da er wirklich begabt war, erhielt Kip ein Basketballstipendium für die Duke University. Während des ersten Spiels der Saison jedoch nahm die kaum begonnene Karriere des Studenten ein jähes Ende. Durch einen Stoß in die Rippen fiel er zu Boden und zog sich eine schwere Knieverletzung zu. Noch in derselben Nacht teilten ihm die Ärzte mit, daß sein Knie niemals wieder völlig ausheilen werde und er den Traum vom Profisport aufgeben müsse. Monatelang bemitleidete sich Kip. Immer wieder durchlebte er den Augenblick, in dem ihn der Schlag traf, und immer wieder fragte er sich, ob er dem verhängnisvollen Ellbogen nicht hätte ausweichen können. Schließlich mußte er sich damit abfinden, daß er kein Basketballstar werden würde. So beschloß er, sich selbst «neu zu erfinden». Ihm war klar, daß seine Leistungen zu mittelmäßig waren, um als Student an der Wirtschaftsfakultät aufgenommen zu werden.

Eines Tages kam ihm die Erleuchtung. Neben dem Basketball besaß er eine weitere Fähigkeit, die er niemals wirklich ernst genommen hatte. Er war ein phantasievoller Koch. Der Junge war in einer liebevollen italienischen Familie aufgewachsen und hatte häufig in der Küche geholfen. Seine Mutter hatte stets sein kulinarisches Talent gelobt und erzählte ihren Freunden mit großer Freude von seinen Fähigkeiten im Umgang mit Bruschetta, frischer Pasta und Osso Bucco. Kip fragte sich, ob dies eine ausreichende Grundlage für eine Laufbahn als Küchenchef und eine akzeptable Karriere für einen Ex-Basketballspieler und Draufgänger wäre.

Als der Junge seinem Vater gegenüber diese Idee erwähnte und auch vorsichtig auf seine Bedenken hinwies, reagierte dieser positiv: «Es gibt nichts daran auszusetzen, eine Schürze zu tragen. Wie Basketballhosen ist auch sie eine Uniform, nur vielleicht besser. Und wer glaubt, daß ein Mann kein Koch sein kann, hat noch niemals wirklich großartige *Fettuccine Alfredo* gekostet.»

Einen Monat später schrieb sich Kip in der Cordon-Bleu-Kochschule in Paris ein. Fünf Jahre danach zählte der junge Mann zu den gefeiertsten Küchenchefs von Denver und erhielt Angebote von drei New Yorker Restaurants. Eine bekannte Gourmet-Zeitschrift pries ihn als einen der größten Stars der amerikanischen Küche. Hätte jemand Kip im Alter von 10 Jahren erzählt, daß er eines Tages Küchenchef werden würde, hätte er vermutlich spöttisch die Nase gerümpft. «Heute tue ich etwas, das ich mir als Kind nicht hätte vorstellen können, aber ich glaube, meine Auffassung darüber, was ein Mann mit seinem Leben beginnen soll, war ziemlich begrenzt. Nun erscheint mir der Beruf des Kochs um nichts weniger männlich als der eines Angreifers.»

Unterschiedlichste Pfade führen zu einer gesunden und reifen

Männlichkeit. Gute Schulen und Elternhäuser sollten die Botschaft verbreiten, daß Aktivitäten wie Sport, die Teilnahme an einem schulischen Theaterstück und die freiwillige Arbeit im lokalen Pflegeheim unterschiedslos erfolgversprechende Wege für die Reise vom Kindes- zum Mannesalter darstellen.

Eltern, die angesichts der Bedürfnisse, Wünsche und Ziele ihrer Söhne verunsichert sind, rate ich stets, ihrem Instinkt zu folgen. Mütter und Väter müssen die Gewißheit besitzen, daß es ein Zuviel an Liebe und Verständnis für ihren Sohn nicht geben kann. Innerhalb angemessener Grenzen ist es unmöglich, einen Jungen zu verderben, nur weil wir ihm unsere Zuwendung zeigen oder ihm die Freiheit gewähren, seinen eigenen Weg zu gehen.

Der dritte Mythos: Jungen sind gefährlich – der Anti-Junge

Der dritte Mythos über Jungen ergibt sich aus den ersten beiden, besitzt aber eine unvergleichbar größere Zerstörungskraft. Die Gesellschaft sieht Jungen nicht nur als Gefangene ihrer biologischen Veranlagung (Jungen sind nun einmal Jungen) und fest in ihre geschlechtsspezifische Zwangsjacke eingeschlossene Wesen (Jungen müssen immer Jungen sein), sondern als auf gewisse Weise von Natur aus gefährliche, emotional nicht sozialisierbare Kreaturen, die sich ihrer Taten nicht bewußt sind.

Karen entschied sich, ihre Tochter Alison auf eine Mädchenschule zu schicken, während ihr Sohn in einer gemischten Schule blieb. Sie begründete diesen Entschluß damit, daß ihre Tochter lernen sollte, ihre Begabungen frei von Rollenzwängen zu entfalten, und ihr Sohn durch die Gemeinschaft mit Mädchen «einfühlsamer werden und einen besseren Schliff erhalten» sollte. Zugespitzt ausgedrückt könnte man sagen: Die Anwesenheit von Jungen übt einen schädlichen Einfluß auf ihre Tochter aus, während Mädchen dazu beitragen können, die gefährliche Veranlagung ihres Sohnes abzuschwächen. Barbara, eine andere Mutter, drückte ihre Abneigung gegen Jungen etwas direkter aus: «Von Mädchen geht eine zivilisierende Wirkung aus.»

Derartige Ansichten stellen eine Diskriminierung von Jungen dar, werden jedoch von anderen Eltern oder Lehrern kaum angefochten, da die weitverbreitete Legende Jungen tatsächlich für gefährlich erklärt. Der Mythos zeigt sich sowohl auf subtile als auch auf dramatische Weise. Wenn ein 7jähriger Junge impulsiv eine etwas unwillige Spielgefährtin küßt, wird er als Sexualattentäter gebrandmarkt und von der Schule verwiesen. Ein 5jähriger, der eben «Sexualunterricht» erhalten hat, scherzt, daß der herabhängende Gürtel eines Mädchens wie ein Penis aussieht, und wird «sexueller Belästigung» beschuldigt. Mitunter scheint es, als befänden wir uns inmitten einer irrationalen, die gesamte Gesellschaft durchdringenden Bewegung gegen Jungen und junge Männer.

Wir sollten für den Augenblick von der offensichtlichen Doppelmoral absehen, daß die spöttischen Bemerkungen von Mädchen über die «Ausbeulung» in den Hosen der Footballspieler kaum als sexuelle Belästigung gewertet werden, und uns fragen, warum wir das spielerische kindliche Forschen mit dem Fehlverhalten von Erwachsenen verwechseln. Zweifellos überschreiten einige Komponenten kindlichen Spiels die Grenzen des Zulässigen und müssen umgeleitet oder sogar bestraft werden. Bei einem Jungen scheint es jedoch, als vergäßen wir sein Bedürfnis, zu spielen, zu forschen und seine Grenzen zu erproben. Statt dessen reagieren wir auf ihn, als wäre er ein echter Aggressor.

Die dritte Wahrheit: Jungen besitzen Einfühlungsvermögen

Einfühlungsvermögen gilt zwar als eine Domäne der Mädchen, aber eine Vielzahl von Untersuchungen belegt, daß sich auch Jungen in hohem Maß in andere einfühlen können. Eine Studie, die unter Jungen durchgeführt wurde, die in einem Haushalt mit zwei Elternteilen aufwuchsen, wobei der Vater die hauptsächliche Bezugsperson war, ergab folgendes: Zusätzlich zu all den anderen typischen Eigenschaften wohlerzogener männlicher Kinder wie Selbstbewußtsein, Lebendigkeit und Tatendrang, erwiesen sich diese Jungen als flexibler in ihrer Persönlichkeit und positiver und offener in ihrem Verhalten und ihren Beziehungen zu Mädchen. Somit zeigte sich, daß Männer imstande sind, ihre Söhne so zu erziehen, daß sie in all ihren Beziehungen einfühlsam handeln. Selbst ohne eine dominierende weibliche Person können Jungen lernen, empfindsam zu sein, und echte Anteilnahme für andere Menschen (einschließlich Mädchen) und deren Gefühle entwickeln.

Seth' Freunde zählten zu dieser Art von Jungen.

Der schmächtige 16jährige Seth war ein ausgezeichneter Fußballspieler; in seinem ersten Jahr an der High-School wurde er zum stellvertretenden Kapitän des Fußballteams gewählt und von seinen Teamkollegen respektiert. Darüber hinaus erbrachte er als Musterstudent beachtliche akademische Leistungen. Die Traurigkeit in seinen Augen und sein unsicheres Verhalten schienen jedoch im Widerspruch zu seiner Beliebtheit und seinem körperlich selbstbewußten Auftreten zu stehen. Die Ursache seiner Niedergeschlagenheit war allgemein bekannt: Bei seiner Mutter, einer warmherzigen aktiven Frau namens Cindy, war eine bösartige und rasch wachsende Form von Brustkrebs diagnostiziert worden.

Seth, seine 13jährige Schwester Amy, sein Vater und seine Mutter hatten gemeinsam den behandelnden Onkologen aufgesucht. Von diesem Treffen berichtet der Junge mit großer Ergriffenheit. Sein Vater, ein selbständiger Versicherungsagent, brach das Eis, indem er den Arzt um klare Auskunft über Cindys Zustand und ihre Chancen bat.

«Es ist nicht angenehm, Ihnen das mitzuteilen», begann der Arzt. «Ihre Frau leidet an einer bösartigen Form von Brustkrebs. Wir werden alles in unserer Macht Stehende tun, aber die durchschnittliche Lebenserwartung bei dieser Tumorart beträgt weniger als fünf Jahre.»

Die Familie stand Cindy bei, so gut sie konnte. Insbesondere Seth schien ihr viel Trost und Hilfe bieten zu können. In seinen Bemühungen wurde er von unerwarteter Seite unterstützt. Die Mitglieder seines Fußballteams übernahmen die zahllosen alltäglichen Aufgaben, die bei der Pflege eines schwerkranken Menschen anfallen. Darüber hinaus veranstalteten sie einen Kuchenverkauf, um Geld für das Krankenhaus zu sammeln, und spendeten den Erlös. Ihr vermutlich bedeutendster Beitrag bestand jedoch darin, Seth eine tröstende Schulter zu bieten, an der er sich ausweinen konnte. Und das tat er auch. Als seiner Mutter durch die Chemotherapie das Haar ausfiel und die Bestrahlungen nicht wirkten, mußte Seth seine Verzweiflung nicht verbergen. Er weinte offen und unabhängig davon, wo er gerade war – im Speisesaal, in der Bibliothek oder auf dem nachmittäglichen Weg zum Fußballtraining. Stets begleiteten ihn ein, zwei, mitunter auch drei oder vier, seiner Freunde, denen ebenfalls die Tränen über die Wangen liefen.

Vier Jahre später, in Seth' zweitem Studienjahr an der Yale University, starb seine Mutter. Auch wenn diese Nachricht nicht unvorbereitet kam, traf sie ihn wie ein Schlag gegen die Brust. Er erinnert sich, daß er sich vor Schmerz krümmte und sich fragte, wie er bis zum Begräbnis durchhalten sollte. In dieser Nacht rief er Bill, seinen besten Freund aus der Zeit der High-School, an, der inzwischen in Stanford studierte.

«Mache dir keine Sorgen, Seth, wir werden für dich da sein», versicherte ihm Bill. Seth nahm an, daß Bill damit andeutete, daß seine Freunde in Gedanken bei ihm sein würden, doch am Tag des Begräbnisses fanden sich nahezu alle der fünfundzwanzig jungen Männer von Seth' Fußballteam in der Kirche ein. Auf dem Platz vor der Kirche schlossen sie sich zu einem Kreis aus geteilter Liebe und geteiltem Leid zusammen, ließen ihrer Trauer freien Lauf und gaben Seth die Kraft, die er benötigte, um die Zeremonie durchzustehen.

Der Priester bemerkte mir gegenüber, daß er niemals zuvor etwas Derartiges gesehen hätte. «Mich berührt nicht nur ihre offene Anteilnahme, sondern auch die Tatsache, daß sie von Jungen kommt», erklärte er.

«Das sind Männer», erwiderte ich, «richtige Männer.»

Kapitel 4

Liebe durch Taten ausdrücken: Wie Jungen Beziehungen eingehen

«In Wirklichkeit unterscheiden wir uns nicht sehr von Mädchen. Wir tun die Dinge nur auf etwas andere Art.» (Tim, 13 Jahre)

Die Sehnsucht nach Liebe und Zuneigung

Jungen haben enorm viel Liebe zu verschenken und sehnen sich weit stärker nach Beziehungen, als wir bisher annahmen, doch unsere Gesellschaft weigert sich, sowohl die Liebenswürdigkeit als auch die Liebesbedürftigkeit von Jungen zur Kenntnis zu nehmen. Jungen haben fast keine Chance, ihren Wunsch nach zwischenmenschlicher Nähe mitzuteilen, ohne mißverstanden zu werden. Dies hat folgenden Grund: Wenn Jungen liebevoll und zärtlich sind und ihre Gefühle offenbaren – also eine Art Beziehungen eingehen, die traditionellerweise als «weiblich» betrachtet wird –, versagt die Gesellschaft ihnen ihre Anerkennung, da sie dieses Betragen als Verstoß gegen den männlichen Verhaltenskodex wertet, der es einem Mann verbietet, sich auszuliefern. Wenn ein Junge nun versucht, seine Zuneigung und Liebe auf andere Weise auszudrücken, wird sein Verhalten oft überhaupt nicht als ein Annäherungsversuch wahrgenommen.

In diesem Kapitel werden wir erfahren, daß einige Jungen ihre Liebe und Zuneigung auf traditionelle Weise äußern, die meisten jedoch auf ihre eigene «Jungenart». Anstatt ihre Liebe durch Worte direkt auszudrücken, sprechen viele Jungen indirekt durch ihre Handlungen, indem sie mit oder für andere etwas tun. So sagt ein Junge seiner Mutter anläßlich des Muttertags nicht, daß er sie liebt, sondern fragt sie einfach, ob sie mit ihm an diesem Tag ins Kino gehen möchte. Einem Menschen Schutz gewähren ist eine weitere Form, in der Jungen ihre Zuneigung ausdrücken. Befindet sich eine geliebte Person in Schwierigkeiten oder in einer verletzlichen Position, eilen sie zu Hilfe und tun alles in ihrer Macht Stehende, um diese Person aus ihrer mißlichen Lage zu befreien. Eine dritte Möglichkeit, mit der Jungen ihre Liebe ausdrücken und ihren Wunsch nach einer Beziehung kundtun, besteht darin, daß sie freiwillig Arbeitseinsätze übernehmen. Anstatt großer Worte reparieren sie die Toilettenspülung, bessern das Dach aus oder fahren den jüngeren Bruder zur Trompetenstunde. Schließlich dokumentieren viele Jungen ihr Bedürfnis nach Liebe und Nähe auch durch einen Akt der Gerechtigkeit oder des tätigen Mitleids. Sie nehmen sich der Sache älterer oder bedürftiger Menschen an oder machen sich für den Schutz von benachteiligten Minderheiten stark.

Liebe durch Taten ausdrücken

Bereits in jungen Jahren äußern Jungen ihre Liebe häufiger durch Taten als durch Worte. Die frühe Fähigkeit eines Kindes, «sich zu binden» – ein Fachausdruck aus der Psychologie –, bezieht sich auf die Gabe, innige und tragfähige emotionale Beziehungen zu anderen, wie etwa zu seinem Vater, seiner Mutter und Gleichaltrigen, einzugehen. Forschungen ergaben, daß Jungen im selben Maß über diese Fähigkeit verfügen wie Mädchen, allerdings unterscheidet sich die Art, wie sie das tun.

Beispielsweise drücken Jungen und Mädchen die Gefühle für ihre Eltern auf verschiedene Weise aus. Während ein Mädchen den Kontakt zu seiner Mutter sucht, indem es sich an sie schmiegt, sie küßt, ihr über das Haar streicht oder einfach mit ihr spricht, bittet ein Junge seine Mutter vermutlich, etwas mit ihm gemeinsam zu unternehmen, wie zum Beispiel ein Spiel zu spielen oder irgendwohin zu fahren. Möglicherweise bekundet er seine Liebe auch indirekt, indem er ihr einen spielerischen Klaps versetzt und in der Hoffnung wegläuft, daß sie ihn verfolgt. Ein älteres Mädchen könnte den Kontakt zu seiner Mutter durch eine Umarmung oder ein kleines Geschenk aufnehmen. Typischerweise knüpft ein älterer Junge die Beziehung zu seiner Mutter an, indem er ihr anbietet, Aufgaben zu übernehmen, die er üblicherweise meidet, wie etwa den Müll hinauszutragen, sein Zimmer aufzuräumen, eine Besorgung zu erledigen oder seine Wäsche zu waschen. Vielleicht schlägt er ihr auch eine gemeinsame Aktivität vor, wie einen Radausflug oder einen Kinobesuch. Zu ihrem Vater könnte ein Mädchen die Beziehung suchen, indem sie ihn bei den Hausaufgaben um Hilfe bittet. Ein Junge aus derselben Familie könnte seinen Vater necken – eine weitere indirekte Form, Liebe zu zeigen – oder mit ihm einen Ringkampf beginnen.

Ähnlich unterschiedlich ist die Annäherung von Jungen und Mädchen an andere enge Vertrauenspersonen wie Lehrer. So nehmen Mädchen möglicherweise Kontakt zu ihren Lehrern auf, indem sie ihnen Komplimente machen, während Jungen eher fragen, ob sie nach dem Unterricht beim Reinigen der Tafeln helfen sollen. Insgesamt neigen Jungen eher dazu, Beziehungen nicht direkt durch Worte, sondern indirekt durch Taten anzuknüpfen.

Liebe in Aktion: Die Klasse von Mrs. Koslowski

Mrs. Koslowski war erstaunt, als die Schüler ihres ausschließlich von Jungen besuchten Englischkurses Fragen zu ihrer bevorstehenden Hochzeit stellten. Sie erzählte mir die folgende rührende Geschichte:

«Ich wußte bereits, daß diese Jungen Mut besaßen, denn sie wählten ein Unterrichtsfach, das sich der Poesie widmet, doch so etwas hätte ich niemals erwartet.» Die Jungen hatten sich Sorgen gemacht, daß ihre Lehrerin nicht die Zeit finden würde, die passenden Schuhe und den Schleier für das Hochzeitskleid zu kaufen. So übernahmen sie freiwillig die Aufgabe, das Klassenzimmer zu säubern und einige zusätzliche Kapitel aus ihrem Lehrbuch zu lesen, so daß sie sich einen Tag freinehmen konnte. Zwei Jungen boten sich sogar an, sie zu begleiten.

«Ich wußte, daß sie mich mochten, aber ich hätte mir niemals vorgestellt, daß sie sich so eng mit mir verbunden fühlen, daß ihnen meine Angelegenheiten etwas bedeuten!»

Mütter berichten immer wieder, wie Jungen durch ihre Handlungen das Gefühl von Nähe fördern. Jamie, ein ernsthafter Schüler und bereits mit 14 Jahren Kapitän des lokalen Fußballclubs, nimmt sich jeden Morgen die Zeit, seiner Mutter vom Computer der Schulbibliothek aus per E-Mail eine liebevolle Botschaft zu schicken. Während der «Halbzeit» am Nachmittag ruft er sie an, um sich zu erkundigen, wie ihr Arbeitstag verlaufen ist.

«Er weiß, daß dieser neue Job im Krankenhaus sehr anstrengend ist, und da wir einander nahe verbunden sind, will er mich wissen lassen, daß er an mich denkt», erklärte Jamies Mutter.

«Bei seiner Geburt sagte seine Großmutter zu mir, daß er ein wunderschönes Kind sei, aber daß sich Jungen, sobald sie heranwüchsen, nicht so sehr um ihre Mütter kümmern würden wie Mädchen. Damals betete ich, daß meine Mutter unrecht haben würde – heute weiß ich es.»

Eine indirekte Annäherung an Freunde

Um eine Freundschaft zu beginnen oder zu vertiefen, greifen Mädchen zumeist auf das direkte und persönliche Gespräch zurück. Jungen hingegen wählen verschlungenere Pfade. Wünscht sich ein Junge eine Freundschaft mit einem anderen Jungen, lädt er ihn vermutlich so beiläufig wie möglich zu einem Basketballspiel, einer Saxophonprobe oder einfach zu einem Streifzug durch die Stadt ein. Dabei wird er vorgeben, daß es nichts ausmacht, wenn der andere seinen Vorschlag nicht aufgreift. Auch wenn sich die Methoden von Jungen und Mädchen unterscheiden, sind die ihnen zugrundeliegenden Gefühle – die Sehnsucht nach Nähe – dieselben.

Mitunter überraschen uns Jungen durch den Einfallsreichtum, mit dem sie Beziehungen beginnen. Der Fall von Jason und Aaron ist ein Beispiel für einen solch kreativen Annäherungsversuch.

Ein sicherer Ort für Jungen

Jason bat den Direktor seiner High-School um einen Raum, an dem die Jungen außerhalb des Unterrichtes und in Eigenregie eine «Mitschüler-Unterstützungsgruppe» einrichten könnten. «Wir sind so vielen Belastungen ausgesetzt und besitzen keinen Platz, um darüber zu sprechen. Ich dachte, wenn wir einen Ort für Jungen hätten, an dem die Regel gilt, daß niemand einfach so hereinkommen und sich über die Aussagen anderer lustig machen kann, das heißt an dem wir einander zuhören und uns gegenseitig helfen, könnten wir uns von einem Teil des auf uns lastenden Drucks befreien.»

Jasons Schule setzte den Vorschlag in die Tat um. Bald schon erwies sich diese Idee als so erfolgreich, daß zusätzliche Gruppen gegründet werden mußten. «Wer hätte gedacht, daß sich Jungen einen eigenen Ort wünschen, um miteinander in Kontakt zu kommen?» bemerkte Mr. Hanritty, der Direktor der Schule, mir gegenüber erstaunt.

Aaron Spencer, ein anderer High-School-Schüler, verwirklichte sein eigenes Projekt zur Förderung von Beziehungen. Er ertrug es nicht länger, daß die genialen, aber leicht verrückten Wissenschaftsfans der zehnten Klasse als «Streber» abqualifiziert wurden, und gründete daher als Klassensprecher ein Forum, das aus Jungen und Mädchen, beliebten und unbeliebten Schülern, Genies, Draufgängern, Feministen, Cheerleadern, «Strebern», «Künstlern», Liberalen und Konservativen bestand. Er brachte alle zum Gespräch zusammen und ermutigte sie, Beziehungen einzugehen, die ihre grundsätzlichen Unterschiede überschritten. Aarons Programm stellte sich als großer Erfolg heraus. Als größte Überraschung fand Aaron in Jake, einem «Wissenschaftsstreber», einen neuen Freund.

«Wir sind im Forum ins Gespräch gekommen, gingen dann gemeinsam ins Kino und unternehmen heute die unterschiedlichsten Dinge gemeinsam», erklärte Aaron. «Ich habe erkannt, daß ich, wenn ich einen echten Freund finden möchte, schon ein wenig aus mir herausgehen muß.»

All diese Geschichten zeigen, daß Jungen, wenn wir ihre Signale richtig verstehen und sie ermutigen, nicht nur zu engen Beziehungen bereit sind, sondern sich auch darauf verstehen, diese äußerst kreativ einzufädeln. Entgegen dem weitverbreiteten Vorurteil, daß enge freundschaftliche Beziehungen für Jungen keine zentrale Bedeutung haben, sehnen sie sich ebenso danach wie Mädchen. Selbstvertrauen, Autonomie und Einsamkeit sind eben nicht die einzigen Werte, nach denen «richtige» Männer streben.

Die beschützende Liebe

Jungen entwickeln aus Liebe mitunter einen erstaunlichen Beschützerinstinkt. Ein Mittelschullehrer erzählte mir die folgende Geschichte. Jeremy, einer seiner Schüler, hörte aus der Cafeteria ein Streitgespräch. Als er sich durch die Menge drängte, sah er inmitten der Gruppe zwei Mädchen, die einander wütend anschrien. Es schien, als würden sie im nächsten Augenblick aufeinander losgehen.

Eines der Mädchen war Jeremys Schwester Cassie, die die erste Klasse besuchte. Das andere Mädchen war größer, hieß Tara, besuchte bereits die zweite Klasse und zählte zu den beliebtesten Kindern der Schule. Jeremy war einige Male mit ihr ausgegangen und hätte diese Beziehung gerne fortgesetzt, doch Tara war nun regelmäßig mit einem Oberstufenschüler zu sehen.

Für Jeremy war die Situation schwierig. Einerseits sorgte er sich um seine Schwester, da sie jedoch sehr unabhängig war, würde sie sein Eingreifen in diesen Streit möglicherweise nicht schätzen. Andererseits verspürte er nicht das geringste Verlangen, vor Tara eine Szene zu machen. Alle wußten, daß er sie mochte und sie ihn hatte abblitzen lassen. Er wollte keineswegs nochmals in Verlegenheit gebracht werden. Der Streit spitzte sich zu. Jeremy wußte, daß Tara regelmäßig mit Gewichten trainierte und Cassie körperlich schwer verletzen konnte, wenn sie wollte.

Die Konfrontation erreichte einen kritischen Punkt. Da der Junge nicht zulassen wollte, daß seine Schwester in einen Kampf verwickelt wurde, trat er in den freien Kreis und rief: «Hey Tara!» Verwundert blickte das Mädchen zu ihm. «Was willst du?»

«Hast du Lust, am Samstag abend mit mir auszugehen?» fragte Jeremy. «Ich sagte dir doch, daß ich nicht mehr mit dir ausgehen möchte», erklärte Tara, aus ihrem Gleichgewicht gebracht. Die Menge kicherte nervös.

«Wahrscheinlich ziehst du es vor, meine kleine Schwester zu schlagen», gab er ruhig zurück. Diesmal lachten die Umstehenden mit ihm. «Du hast recht, so ist es», spottete das Mädchen. «Das macht mehr Spaß, als mit dir auszugehen.» Die Zuseher brachen in schallendes Gelächter aus.

«Was hat dir Cassie getan, daß du mit ihr kämpfen möchtest?», fragte Jeremy weiter. «Das geht dich nichts an», gab Tara zurück. «Tja, ich kann mir einfach nicht vorstellen, wie jemand, der so clever ist wie du, ein Mädchen aus der ersten Klasse schlagen will. Warum löst du die Angelegenheit nicht mit Worten?»

«Halte dich einfach heraus», beharrte Tara und wandte sich zu Cassie. Jeremy sah zu seiner Schwester. Sie behauptete ihren Platz gut, schien aber nichts gegen ein wenig Hilfe einzuwenden zu haben, um aus dieser Zwangslage zu gelangen. «Komm mit», sagte der Junge und nahm sie einfach am Arm. «Das ist Unsinn. Laß uns gehen.»

Die beiden bahnten sich ihren Weg durch die Menge und ließen Tara allein zurück. Während das Mädchen den Geschwistern nachsah, fragten sich die Zuschauer, was sie wohl tun würde. «Wenn er seine Schwester so sehr liebt, ist er vielleicht doch kein so schlechter Kerl», meinte sie schließlich mit widerwilliger Bewunderung. Die umstehenden Schüler lachten.

«Ich hätte das auch allein geschafft», erklärte Cassie ihrem Bruder im Weggehen. «Ich weiß», sagte dieser.

«Aber danke. Das war wirklich lieb von dir.»

«Ich mußte es tun», gab Jeremy lächelnd zurück. «Du bist meine Schwester, und ich liebe dich, nicht wahr?»

«Ja, ich glaube, das tust du», stellte Cassie verwundert fest. Darüber hatte sie noch niemals wirklich nachgedacht.

Einerseits erwartet man, daß ein Bruder seine Schwester, und insbesondere seine jüngere Schwester, verteidigt, andererseits erfordert es viel Mut von einem Jungen, sich in eine Auseinandersetzung von zwei Mädchen einzumischen, da er sich schnell den Vorwurf einhandeln kann, ein Macho zu sein. Jeremy entschied sich dafür, einzugreifen und seiner Schwester seine Liebe und Unterstützung zu zeigen. Und er fand einen Weg, der sie weder unfähig noch lächerlich erscheinen ließ.

Auch die Geschichte von Kim, der sich um einen schwerkranken Nachbarsjungen kümmerte, ist ein Beispiel von beschützender Zuneigung. «Als ich zehn Jahre alt war, bot ich an, mich um Michael, einen Jungen aus meiner Straße, zu kümmern. Irgend etwas war mit seiner Wirbelsäule nicht in Ordnung, und so mußte er ein ganzes Jahr lang einen Gipsverband tragen. Eigentlich kannte ich ihn nicht wirklich, aber seine Mutter fragte meine Mutter, ob ich nicht einmal hinüberkommen wolle, und ich stimmte zu. Als ich Mike das erste Mal sah, war mir die ganze Sache etwas zu unheimlich, und ich wollte sofort wieder nach Hause gehen. Ich dachte, daß wir niemals Freunde werden könnten. Der Junge war krank und konnte nicht gehen. Doch dann entdeckten wir, daß wir beide gerne Karten spielten. Kartenspielen war auch das einzige, was Mike außer fernsehen tun konnte. Sobald wir zu spielen begannen, lernte ich ihn besser kennen und mögen. Ab diesem Augenblick kümmerte ich mich wirklich um ihn. Manchmal ging ich nur hinüber und las ihm etwas vor. Dann wieder schob ich ihn in seinem Spezialwagen die Einfahrt hinunter und die Straße entlang. Denn obwohl Mike nicht gehen konnte, war er gerne im Freien. Wenn irgend jemand ihn seltsam ansah, traf ihn mein böser Blick, und wenn in der Schule jemand etwas Schlechtes über ihn sagte oder über ihn lachte, befahl ich ihm aufzuhören und sagte ihm, daß Michael mein Freund sei.»

Kim gefiel es, Mike zu helfen und ihn zu beschützen. Er fühlte sich Mike sehr nahe und zeigte dies, indem er ihn unterstützte und ihn gegen andere verteidigte. «Ich fühlte mich bei alledem sehr wohl», erklärte Kim. «Freundschaft bedeutet zum Teil auch, es andere wissen zu lassen.»

Arbeiten aus Liebe

Jungen (und Männer) drücken ihre Gefühle für andere häufig durch das aus, was wir Arbeit nennen. Die Bereitschaft von Jungen, schwere Arbeiten, Pflichten und Verantwortung (traditionell «männliche» Eigenschaften) zu übernehmen, wird gezielt gefördert. Dies geschieht nicht nur, um sie zu guten akademischen Leistungen anzuspornen, sondern auch, um ihnen die Möglichkeit zu geben, ihre Zuneigung zu anderen auf disziplinierte Weise auszudrücken.

So wie erwachsene Männer auf ein Ziel hinarbeiten, von dem sie annehmen, daß es einer geliebten Person gefallen oder Schutz gewähren wird, nehmen Jungen Projekte und Aufgaben mit ähnlichen Absichten in Angriff. Mitunter konzentrieren wir uns lediglich darauf, daß eine Aufgabe erledigt wird, anstatt uns bewußt zu machen, daß diese Arbeit oft einen Akt selbstloser Großzügigkeit und Liebe eines Jungen darstellt.

Bob und Tim waren Mrs. Summers immer schon zugeneigt gewesen. Als eine der engagiertesten und aufmerksamsten Lehrerinnen an der King-Grundschule erfreute sie ihre Schüler gerne mit Geschichten von ihren Urlaubsabenteuern und brachte jedesmal ein lebendes Tier einer anderen Spezies mit. Im Lauf der Jahre verwandelte sich das Klassenzimmer in einen Zoo. In zahlreichen Käfigen saßen kleine flauschige Geschöpfe, deren lateinische Namen sich die Jungen nicht merken konnten. Wenn sie noch mehr Tiere mitbrächte, müßten ihnen die Kinder weichen, scherzte Mrs. Summers gerne. Auf diese

Weise schuf sie eine warme, einladende und liebevolle Erziehungsumgebung.

An einem Winterwochenende schlichen sich Vandalen in die Schule. Als Mrs. Summers' Schüler am Montag morgen den Klassenraum betraten, glich er einem Schlachtfeld. Alle Käfige waren geöffnet worden. Die meisten Tiere waren entflohen, einige sogar getötet. Mrs. Summers zeigte sich ebenso erschüttert und niedergeschlagen wie die Kinder. Sie sprachen über das, was geschehen war, und die Gründe dafür. Noch an diesem Tag stellten die Mädchen aus Fotos der Tiere eine Collage zusammen und hingen sie an der Anschlagtafel auf. Einige Schüler wollten eine Party geben, um Mrs. Summers aufzuheitern, doch Tim und Bob schlugen eine andere Idee vor.

Die beiden Jungen erledigten in ihrer Nachbarschaft Gelegenheitsarbeiten wie Schnee schaufeln, Rasen mähen, Hunde ausführen und babysitten. Auf diese Weise sparten sie wöchentlich fünf Dollar, die sie auf ihr eigenes Konto einzahlten. Sie hatten ihren Eltern versprochen, Geld beiseite zu legen, um etwas zu den Kosten ihrer College-Ausbildung beizutragen. Erst überlegten die Jungen, dieses Geld abzuheben und es Mrs. Summers für den Ankauf neuer Tiere zu schenken. Nach eingehender Beratschlagung entschieden sie, daß es keinen Sinn ergäbe, wenn sie ihr gesamtes hart verdientes Geld spendeten. Darüber hinaus hatten sie ihren Eltern ein Versprechen gegeben.

Schließlich kam ihnen eine brillante Idee. In ihrem Wochenplan fand sich zusätzliche Zeit, die sie ebenfalls kleinen Arbeiten widmen konnten. Sie warben weitere Jungen aus ihrer Klasse an und gaben ihre Dienste auf Plakaten bekannt. Ihre Einkünfte würden sie dem Summers-Fonds für wilde Tiere zur Verfügung stellen, damit Mrs. Summers im Klassenzimmer wieder ein Reich für Tiere errichten könnte. Sie entwarfen sogar eine Website mit ihren detaillierten Dienstleistungen und ermöglichten ihren Klassenkameraden damit, ihren Fortschritt mitzuverfolgen.

Drei Monate lang widmeten Bob, Tim und ihre Freunde jeden Samstag- und Sonntagnachmittag der Arbeit für den Wildtierfonds. Bis Juli hatten sie 75 Dollar eingenommen. An ihrem letzten Schultag überraschten die Jungen Mrs. Summers mit einem Scheck. Sie war überwältigt. «Ihr Jungen seid unglaublich!» rief sie und umarmte sie, während ihr Tränen über die Wangen liefen. «Ich habe noch nie so schwer arbeitende liebe Kerle gesehen.» Daß ihre harte Arbeit von der Person geschätzt wurde, die ihnen so viel bedeutete, bereitete Bob und Tim unendliche Freude.

Die beiden Jungen hatten durch ihre harte Arbeit eine Möglichkeit gefunden, ihre Zuneigung für Mrs. Summers auszudrücken und ihr zu helfen. Ihre Lehrerin hatte die Botschaft deutlich verstanden. 75 Dollar waren auch für eine Lehrkraft an einer öffentlichen Schule keine große Geldsumme, aber daß fünf Jungen drei Monate lang ihre Freizeit zur Verfügung stellten, bedeutete nicht nur ein echtes Opfer, sondern einen gewaltigen Einsatz an Liebe und Energie. Und dies alles, um ihr zu helfen. Kein Wunder, daß sie weinte.

Wir alle sollten uns bewußt sein, daß Jungen ihre Liebe häufig durch Arbeitseinsätze ausdrücken, und ihr Engagement würdigen und annehmen. Wenn Vater und Sohn ihre Kräfte in einem Projekt für Obdachlose vereinigen oder Brüder die verschneite Auffahrt eines behinderten Nachbarn freiräumen, so sind dies Beispiele für die Verschmelzung von traditioneller männlicher Arbeitsethik und Zeichen von Liebe und Zuneigung.

Der Kampf für Gerechtigkeit – ein Zeichen der Zuneigung

Durch ihren starken Sinn für Fairneß und Gerechtigkeit bringen Jungen ihre Liebe auf eine Weise zum Ausdruck, die ebenfalls alle stereotypen Erwartungen übersteigt. Um Menschen gegenüber, die sie lieben, fair zu handeln, opfern Jungen häufig ihre persönlichen Interessen. Eine Eigenschaft, die mich stets aufs neue überrascht. «Ich wollte tatsächlich zu diesem Spiel gehen», erzählte mir ein Junge, «aber meine Mutter brauchte mich, damit ich auf meine Schwester aufpasse. Das ist nur fair, da sie letzte Woche, als ich eine schreckliche Grippe hatte, von einer Einladung nach Hause kam, um mich zu pflegen.»

Indem Jungen ihr eigenes Verhalten an dem messen, was allen Beteiligten gegenüber fair und gerecht erscheint, zeigen sie, wie wichtig ihnen diese Beziehung ist. Sie lassen die Bereitschaft erkennen, ihre persönlichen Interessen hintanzustellen und Opfer zu bringen, um zu einer Person, die sie lieben, respektieren und beschützen wollen, eine emotionelle Bindung aufrechtzuerhalten oder um ein Prinzip zu verteidigen, das sich auf die Lebensqualität geliebter Menschen auswirkt.

So suchte mich beispielsweise Eric auf, als er vor einem moralischen Problem stand. Der Junge versuchte zu entscheiden, ob er dem Unterricht unerlaubt fernbleiben sollte, um an einer Demonstration in Washington, D.C., gegen ein militärisches Eingreifen der USA im Irak teilzunehmen. Als liebevoller Sohn und ausgezeichneter Schüler war er stark an Politik und Ethik interessiert. Seine Eltern hatten ihn gelehrt, stets «richtig» zu handeln und «Gutes» zu tun. In der Sache selbst stimmten sie mit ihm überein, allerdings lehnten sie es ab, daß er den Unterricht ausfallen ließ und an der Demonstration teilnahm, in der er ein Plakat tragen und Flugzettel austeilen sollte.

«Warum brauchen sie gerade dich für diese Aufgabe?» fragte seine Mutter. «Das kann doch jeder tun.» Und sein Vater fügte hinzu: «Darüber hinaus ist es gefährlich. Möglicherweise kommt es zu Unruhen und zum Einsatz von Tränengas.»

Der Junge quälte sich mit der Entscheidung. Einerseits litt er unter der Aussicht, daß unschuldige Frauen und Kinder getötet werden würden, sollten die USA den Irak angreifen, und andererseits wollte er nicht dem Wunsch seiner Eltern zuwiderhandeln. Er liebte sie und respektierte ihren Standpunkt. So besprach er die Situation mit seinen beiden Schwestern. Auch sie waren über die Lage beunruhigt und fühlten mit dem irakischen Volk, das unschuldig Opfer einer Militäraktion werden würde.

Eric verspürte nicht das Bedürfnis, über das Problem zu sprechen oder zu weinen, ihn drängte es, das Unrecht zu verhüten, das seiner Ansicht nach verübt werden würde. Er wollte seine Anteilnahme durch sein Handeln ausdrücken. «Ich hoffe, daß Sie mir helfen, die Dinge zu klären», meinte Eric. «Mein Gewissen sagt mir, daß ich an dem festhalten muß, was ich für richtig halte. Wie mein Vater zu sagen pflegt: ‹Taten sprechen lauter als Worte.›»

Das in seiner Kindheit gesäte Gefühl für Gerechtigkeit und moralische Verantwortung erhob sich nun. Er fühlte sich gezwungen, an diesem Protestmarsch aktiv teilzunehmen. Eine eventuelle negative Beurteilung seines Verhaltens wegen unerlaubten Fernbleibens vom

Unterricht und die Auseinandersetzung mit seiner ihn liebenden Familie müßten den zweiten Platz hinter dem einnehmen, was er für richtig hielt.

Viele Jungen drücken ihren Sinn für Fairneß ähnlich aus wie Eric. Sie versuchen, Probleme zu lösen, Entscheidungen zu treffen und dann rasch und konsequent zu handeln. Mädchen reagieren in derselben Situation gänzlich anders. Sie sprechen beispielsweise mit Erwachsenen über ihre Gefühle oder untereinander über ihre Empörung. Mitunter erwarten Erwachsene ein gleichartiges Verhalten von Jungen und mißdeuten ihre Vorgehensweise, die der Suche nach Gerechtigkeit dient, als reines Protzgehabe. Wenn wir Jungen genau beobachten, erkennen wir, daß es vielen von ihnen wichtig ist, im Leben der von ihnen geliebten Menschen eine bedeutende Rolle zu spielen und das «Richtige» für sie zu tun. Zumeist planen und verwirklichen sie dafür praktische aktive Maßnahmen und versuchen so, ihre Liebe durch Taten zu beweisen.

Echte Jungen behandeln Mädchen mit liebevollem Respekt

Mit geeigneter Unterstützung entwickeln Jungen einen liebevollen Respekt für andere im allgemeinen und eine platonische Zuneigung für das andere Geschlecht im speziellen. In koedukativen Gruppen, in denen sich Jungen gezwungen fühlen, um die Aufmerksamkeit der Mädchen zu wetteifern, erwecken sie zumindest an der Oberfläche mitunter den Eindruck, als würden sie Mädchen nicht respektieren. In einem derartigen Milieu könnten Jungen Mädchen beispielsweise necken und verspotten oder vor anderen Jungen über ihre Beziehung zu Mädchen und Frauen prahlen. Werden sie jedoch in ein Umfeld versetzt, in dem sie nicht befürchten müssen, wegen ihres Respekts für Mädchen belästigt zu werden, oder in eine Umgebung, in der mit den geschlechtsspezifischen Unterschieden einfühlsam umgegangen wird, wie eine ausschließlich von Jungen besuchte Schule oder Pfadfindergruppe, zeigen die meisten von ihnen Verständnis und Mitgefühl für das, was Mädchen und Frauen verwundbar und unsicher macht. Entsprechend ermutigt, bringen Jungen diesen Gefühlen von Mädchen und Frauen auf natürliche Weise Anteilnahme und Respekt entgegen.

Guy, ein für seine akademischen Leistungen ausgezeichneter 16jähriger Schüler einer reinen Jungenschule, erklärte mir im Gespräch, daß Ellen, das Mädchen, das er durch seine jüngere Schwester auf einem Tanzfest kennengelernt hatte, vor allem ein «guter Freund» wäre. Auf beiden Seiten hätte es allerdings eine romantische Spannung gegeben, führte er weiter aus. «Ich erkannte aber, daß Ellen Angst vor Berührung hatte und Raum benötigte. Daher haben wir nur geredet.» Diese Unterhaltung sollte all seine Vorstellungen übersteigen. «Ellen besitzt eine Art, zuzuhören und sich für das, was ich sage, zu interessieren, die ich niemals erwartet habe. Sie gibt mir das gute Gefühl, ihr wirklich etwas zu bedeuten. Dadurch verspüre ich ebenfalls den Wunsch, mich ihr mitzuteilen. Das ist für mich eine neue und großartige Sache.»

«Hast du anderen Jungen von Ellen erzählt?» fragte ich Guy.

«Einige Jungen verstehen es. Auch sie kennen Mädchen, zu denen sie eine enge, aber keine romantische Beziehung besitzen. Andere spotten darüber und drängen mich, ihnen zu erzählen, was wir tun und ob wir miteinander Sex haben. Ich sage ihnen einfach, daß das nicht ihre Angelegenheit ist. Ellen ist ein großartiges Mädchen, und ich bin froh, sie zu kennen. Für den Augenblick ist es mir recht, so wie es jetzt ist.»

Viele Jungen sind weniger widerstandsfähig als Guy und versuchen, sich selbst davon zu überzeugen, daß Mädchen lediglich Gegenstände sind, die zum eigenen Nutzen verwendet werden können. Auf die Frage, ob sie das tatsächlich glauben, lautet die Antwort zumeist Nein. Der Druck, «cool» und «hart» zu sein, und das Gemeinschaftsgefühl untereinander drängen viele männliche Jugendliche und junge Männer dazu, ihre innersten Gefühle zu verbergen, ihre natürliche Anteilnahme zu tarnen und die Rolle gedankenloser Sexualraubtiere einzunehmen. Wenn es uns gelingt, das Leben unserer Jungen von diesem Druck zu befreien, würden sie sich meiner Ansicht nach sicher genug fühlen, um Mädchen und Frauen ihren Respekt zu bezeugen, und versuchen, mit ihnen enge und bedeutungsvolle Beziehungen anzuknüpfen.

Die Stimme jedes Jungen ist einzigartig

Nicht nur ein einziger gesunder Weg führt zu einer reifen Männlichkeit. Das Selbstvertrauen von Jungen ist für ihr emotionelles Wachstum und ihre akademischen Leistungen ebenso wichtig wie für Mädchen und hängt nicht von Machogehabe und wettkampfmäßiger Aggression ab. Vielmehr ist es eine Frage, ob ihre «wahren» Stimmen gehört werden und ihrem natürlichen Wesen mit tiefem Verständnis begegnet wird.

Wenn wir ihnen Trost gewähren, ihnen vor Scham und Demütigung eine Zuflucht bieten und sie wissen lassen, daß wir all ihre Eigenschaften und Sehnsüchte nicht nur anerkennen, sondern lieben und schätzen, werden wir an unseren Jungen überraschende Seiten entdecken. Ein als «scheu» geltender Junge rezitiert plötzlich mit Überzeugung und Lebhaftigkeit einen Shakespeare-Monolog, ein anderer, der bisher keinen Kontakt zu seinem Vater fand, geht auf ihn zu und schließt eine neue, starke Beziehung. Ein als Unruhestifter gebrandmarkter Junge bricht in Tränen aus und spricht zum ersten Mal über die Alkoholsucht seiner Mutter und seine eigene Einsamkeit. Wenn wir Jungen die Gelegenheit geben, all ihre Gedanken und Hoffnungen mit uns zu teilen, uns bemühen, die verschiedenen Wege zu verstehen, über die sie ihre Sehnsucht nach Nähe und Kontakt ausdrücken, und ihnen unsere uneingeschränkte Unterstützung zu sichern, so daß sie genau das tun können, was sie selbst wollen, legen sie schließlich ihre Masken ab, und wir entdecken die Eigenschaften unserer «wahren Jungen». In diesem Augenblick erkennen wir auch, daß vieles von dem, was Jungen für und mit uns tun, mehr als nur ziellose Aktivitäten ist, es ist der Weg, über den so viele von ihnen Beziehungen aufbauen – der Weg, ihrer Liebe Ausdruck zu verleihen.

Teil 2

Die Bindung zu unseren Söhnen stärken

Kapitel 5

Mütter und Söhne

«Ohne sie wäre ich wohl nicht viel.» (Clint Westfield, 15 Jahre)

Gutes kann niemals zuviel sein

Mütter sind unverzichtbar, damit aus Jungen «richtige» Männer werden. Im Gegensatz zu den traditionellen Bedenken der Gesellschaft in bezug auf eine enge Beziehung zwischen Mutter und Sohn bin ich der Ansicht, daß Jungen von der Liebe ihrer Mütter in hohem Maß profitieren. Die Liebe einer Mutter schwächt Jungen keineswegs, sondern kräftigt sie sowohl emotional als auch psychologisch; sie macht nicht abhängig, sondern bietet Trost, Geborgenheit, Schutz und Sicherheit. Es kann nicht oft genug betont werden, daß Mutterliebe nicht «verweiblicht», sondern – ganz im Gegenteil – wesentlichen Anteil daran hat, daß Jungen eine gesunde männliche Identität entwickeln können.

Dies gilt vor allem für unsere moderne Welt, in der Jungen und Männer in bezug auf ihre Männlichkeit auf ein in sich widersprüchliches Wertsystem verpflichtet werden. Einerseits sollen sie auf konventionell «männliche» Weise durchsetzungsstark und unerschütterlich auftreten, andererseits werden sie bestraft, wenn sie sich nicht ausreichend «sensibel», «liebevoll» und «mitfühlend» verhalten. Angesichts dieser unvereinbaren Anforderungsprofile – dies ergab zumindest meine Forschung – haben einfühlsame, aktive und unverzagte Mütter am ehesten die Chance, ihren Söhnen beizustehen, den für sie richtigen Weg zu wählen. Anders ausgedrückt: Mütter sind nicht nur die ersten Frauen, die das Gefühlsleben der meisten Jungen nachhaltig prägen, sondern auch deren erste Lehrmeister. Vom ersten Tag an vermitteln sie ihnen ein Bild von Männlichkeit. Sie lehren die

Jungen, die beiden Komponenten eines gespaltenen Männlichkeitsideals zu vereinen, und sie statten sie mit jenem Selbstvertrauen gegenüber ihren eigenen Gefühlen und Zielen aus, das notwendig ist, damit sie zu emotional ausgeglichenen und zufriedenen Männern heranwachsen können.

Meine Forschungen belegen, daß Jungen, die ohne die Bindung an eine liebevolle Mutter aufwachsen mußten, weniger selbstbewußt sind und als Erwachsene häufig Schwierigkeiten haben, vertrauensvolle Beziehungen einzugehen. Aus diesem Grund bin ich – wie im ersten Teil bereits besprochen – nicht der Ansicht, daß die Trennung eines Jungen von seiner Mutter im frühen Kindheitsalter und später erneut in der Pubertät gutgeheißen werden sollte. Im Gegenteil, ich spreche mich entschieden dafür aus, den Einfluß der Mutter nicht zu verringern, sondern zu verstärken. Wir sollten Mütter ermutigen, ihre eigenen Instinkte über die Bedenken der Gesellschaft zu stellen, denn indem wir die Mütter unterstützen, helfen wir auch den Söhnen. Starke Mütter sind der Schlüssel, mit dessen Hilfe wir die in der Gesellschaft herrschende Verwirrung über männliche Rollenbilder lösen und einen neuen Verhaltenskodex für «richtige» Jungen schaffen können.

Clint: Ein starker Junge, der seine Mutter braucht

Der 15jährige Clint Westfield berichtet mit großer Leidenschaft, daß seine Mutter ihm Kraft und Mut schenkt, um der Zukunft zu begegnen: «Wenn ich die Nerven verliere, läßt meine Mutter alles stehen und liegen und hilft mir. Sie erklärt mir die Dinge und tröstet mich. Dann fühle ich mich wieder stark. Mitunter bin ich so verwirrt, daß ich nicht mehr aus dem Haus gehen möchte und mich lieber in meinem Zimmer verberge. Meine Mutter meint, daß das, was ich jetzt durchmache, ganz normal ist. Nachdem wir einige Zeit gemeinsam verbracht oder einige ihrer Freundinnen in der Nachbarschaft besucht haben, fühle ich mich wieder sicher genug, um mich mit meinen Freunden zu treffen.»

«Weswegen ängstigst du dich am meisten?» fragte ich ihn, überrascht über die Offenheit dieses großen, kräftigen Teenagers, der aussah, als wäre er der stärkste Junge in der ganzen Nachbarschaft.

«Wegen meines Vaters. Ich meine, mein Vater ist der Beste. Aber er ist ein FBI-Agent und verläßt häufig sehr früh das Haus für einen dieser gefährlichen Aufträge. Dann legt er seine kugelsichere Weste an und steckt seine Waffe in den Gürtel. Das beunruhigt mich und meine Mutter ebenfalls. Abends erzählt er wilde Geschichten über seine verwundeten Freunde. Ich liebe diese Geschichten, aber sie ängstigen uns, da sein Leben ständig auf dem Spiel steht. Mitunter arbeitet mein Vater im Büro, dann muß ich mich nicht fürchten. Aber an den Tagen, an denen er seine kugelsichere Weste trägt, weiß ich, daß etwas Schreckliches passieren könnte. Wenn seine Weste nicht im Schlafzimmerschrank hängt, ist das für mich ein Zeichen, daß etwas geschehen wird.»

«Hast du jemals einen Arbeitstag mit deinem Vater verbracht?»

«Das ist nicht erlaubt. Jedenfalls will ich kein FBI-Agent werden. Mein Großvater war bereits beim FBI und nun auch mein Vater.»

«Wirst du auf irgendeine Art gedrängt, selbst ein Agent zu werden? Ängstigt dich auch das?»

«Tja, ich sehe schon zu meinem Vater auf, und auf gewisse Weise wünscht er sich wahrscheinlich, daß auch ich zum FBI gehe. Aber meine Mutter sagt, daß ich jeden Beruf ergreifen kann, der mir gefällt. Wenn wir über meine Zukunft sprechen, erklärt sie mir stets: ‹Du mußt nicht wie dein Vater dein Leben aufs Spiel setzen, um ein Mann zu sein. Du bist ein ebensolcher Mann, wenn du ganz du selbst bleibst und das tust, was *dir* am leichtesten erscheint und die meiste Freude bereitet. Das solltest du dann tun.›»

«Das klingt gut.»

«Ja. Meine Mutter ist wirklich *cool.* Sie weiß immer, wodurch ich mich besser fühle. Ohne sie wäre ich wohl nicht viel.»

«Und hast du schon eine Vorstellung von deiner Zukunft?»

«Ich überlege, Rechtswissenschaften zu studieren. Vielleicht werde ich ein Strafverteidiger. Mir gefällt die Welt der Kriminalermittlung, solange ich nicht das durchzustehen habe, was mein Vater tut. Aber eigentlich denke ich noch nicht so oft über meine Karriere nach.»

«Das ist auch sinnvoll», erklärte ich Clint.

«Ich mache mir mehr Sorgen, ob ich einmal das richtige Mädchen finden werde. Es wäre großartig, wenn ich jemanden fände wie meine Mutter.»

Clints Geschichte ist insofern wichtig, als sie aufzeigt, daß eine Mutter nicht nur offen mit ihrem Sohn sprechen und ihn lehren kann, mit seinen verwundbarsten Gefühlen umzugehen, sondern ihm auch beistehen kann, selbstbewußt zu sein und sich als guter, fähiger und «normaler» Junge zu fühlen. Indem sie ihn (trotz der traditionellen Bindung der Familie an das FBI) ermutigt, einen Beruf zu wählen, der ihm gefällt, vermittelt sie Clint die Botschaft, daß er ein Mann nach eigenen Vorstellungen werden kann.

Was ist die Aufgabe einer Mutter? Der Junge der Zukunft

Glücklicherweise werden die gängigen Klischees über Männlichkeit heute von vielen Müttern in Frage gestellt. Immerhin wuchs die derzeitige Generation von Müttern im Zeitalter der Frauenbewegung auf, die für die Rechte der Frauen und die Gleichstellung der Geschlechter eintrat. Viele der heutigen Mütter haben sich das Recht auf Arbeit erkämpft, sind finanziell unabhängig, durchsetzungsstark und im täglichen Wettbewerb ihren männlichen Konkurrenten durchaus gewachsen. Sie haben erreicht, daß ihre Töchter selbstbewußt auftreten, mit Erfolg am Mathematikunterricht teilnehmen und sogar Fußball spielen dürfen, wenn sie es wollen. Und zu Hause kämpfen sie dafür, auch ihre Partnerschaft auf eine ausgeglichenere Basis zu stellen. Diese Generation von Müttern erwartet von Vätern mehr als Windeln wechseln und Staub saugen – sie fordert Anteilnahme und Empfindsamkeit.

Dennoch fiel mir auf, daß diese in vielen geschlechtsspezifischen Fragen so selbstbewußten Frauen häufig unsicher sind, wenn es um die Erziehung ihrer eigenen Söhne geht. Immer wieder drücken Frauen mir gegenüber ihre Verunsicherung aus. Einerseits wollen sie ihre Jungen so erziehen, daß sie anderen gegenüber Empfindsamkeit zeigen, mit Mädchen spielen können, sich ihrer eigenen Verwundbarkeit bewußt sind und keine Angst haben, sie auszudrücken. Andererseits wollen sie verhindern, daß ihre Söhne als Schwächlinge gebrandmarkt werden, ständig dem Spott und den Schlägen anderer Jungen ausgesetzt sind, keine Freunde besitzen und in der High-School keine Freundinnen finden. Wie können wir einen Sohn zu einem einfühlsamen Mann erziehen, mit dem wir gerne eine Beziehung hätten, der aber gleichzeitig dem unerbittlichen Druck seitens seiner Altersgenossen in der Grundschule und während der Jugendjahre standhalten kann? Und wie weit dürfen wir uns von der vorgeschriebenen Linie entfernen? So lauten die Fragen dieser Frauen.

Mütter, die geschlechtsspezifische Klischees konsequent ablehnen, begeben sich häufig auf einen steinigen Pfad. Die Gesellschaft läßt sie rasch spüren, daß Abweichungen vom männlichen Verhaltenskodex äußerst unerwünscht sind. Sei es, daß der kleine Junge weinend nach Hause kommt, weil ihn seine Spielkameraden wegen seines langen lockigen Haars verspotten; sei es, daß sich der jugendliche Sohn empört beschwert, weil die alternativen Konfliktlösungsstrategien seiner Mutter in der Schule einfach nicht zum Ziel führen; oder seien es gar die eigenen Familienangehörigen einschließlich des Ehemanns, die sie ständig bedrängen, den Jungen nicht so zu «verweichlichen» – die Außenwelt konfrontiert Mütter ständig mit den konventionell festgelegten Regeln für die Erziehung von Jungen, denen sich zu unterwerfen auch von ihnen erwartet wird.

Ellen und Jack

Betrachten wir zum Beispiel Ellen, die entdeckte, daß die Beziehung zu ihrem Sohn ihren Ehemann Jack beunruhigte. Als ich die Familie kennenlernte, herrschte zwischen den Eltern Uneinigkeit über die Frage, auf welche Weise sie ihrem 14jährigen Sohn Christopher «Grenzen setzen» sollten. Jeder der beiden sprach sich für eine andere Disziplinierungsmaßnahme bei einem Fehlverhalten des Jungen aus.

Als Ellen und Jack die Angelegenheit miteinander besprachen, erkannten sie, daß sich unter dem disziplinären Problem eine brisantere und emotional stärker belastete Meinungsverschiedenheit verbarg. Ellen und Jack waren über die Verhaltensregeln in bezug auf Zärtlichkeit zwischen Mutter und Sohn und die möglichen Auswirkungen auf Christophers Entwicklung unterschiedlicher Meinung:

«Bei dir kann sich Christopher aber auch wirklich alles erlauben», meinte Jack. «Und all diese Umarmungen in der Öffentlichkeit. Der Junge hängt an dir wie ein liebestoller Affe – so etwas gehört sich nicht.»

«Das ist eine der wundervollsten Eigenschaften unseres Sohnes», antwortete Ellen leidenschaftlich. «In einer Welt von Waffen und

Gewalt auf dem Fernsehschirm besitzt Christopher nach wie vor die Fähigkeit, seine Liebe offen zu zeigen, indem er mich und seine Freunde umarmt. Wir sollten diese freundliche und liebevolle Seite an ihm schätzen und fördern.»

Ich versuchte, mich in beide Elternteile einzufühlen. Einerseits ging es darum, Ellen in ihrem mutigen Standpunkt zu unterstützen, und andererseits, ihrem Ehemann zu helfen, die Vorzüge dieses Verhaltens anzuerkennen. Widerwillig gestand Jack ein, daß er es seinem Sohn sehr wohl gönne, von Ellen geliebt zu werden. Ihm fiele es lediglich schwer, sich von seiner Angst um die Männlichkeit des Jungen und dem quälenden Gefühl zu befreien, daß irgend etwas an dieser körperlich zum Ausdruck gebrachten Zuneigung «unpassend» wäre.

Grace und Dino

Mütter berichten mir immer wieder, daß sie sowohl von privater als auch von institutioneller Seite – durch Altersgenossen, Lehrer, Trainer, Verwandte, Großeltern und Väter – unter Druck gesetzt werden, die enge Beziehung zu ihren Söhnen aufzugeben. Jahrelange psychologische Untersuchungen bestätigen, was wir alle wissen. Je mehr Liebe ein kleines Kind von seiner Mutter erhält, desto mehr Selbstvertrauen gewinnt es als Individuum. Die Liebe einer Mutter kann dazu beitragen, daß ein Junge ein stärkeres Selbstbewußtsein und größere Abenteuerlust entwickelt.

Zahllose Studien beweisen, daß kleine Kinder mit einer engen Beziehung zu ihrer ersten Vertrauensperson (sogenannte sicher verbundene Kinder) psychologisch gesünder und stärker sind. Je mehr Aufmerksamkeit und Zuneigung ein Kind erhält, desto mutiger kann es werden. Eine sichere Bindung an die Mutter wirkt als Puffer gegen neue und angsteinflößende Situationen, folgerte Megan Gunnar von der University of Minnesota. Und Gunnars Kollege Alan Stroufe entdeckte, daß Personen, die in ihrer Kindheit eine sichere Bindung an ihre Mütter besaßen, selbstsicherer sind, bessere schulische Leistungen erbringen, seltener unter psychopathologischen Störungen leiden und ihr gesamtes Leben hindurch ein stärkeres Selbstwertgefühl aufweisen.

Trotz all dieser Erkenntnis: Angesichts des unermüdlichen gesellschaftlichen Drucks, sich von ihren Söhnen zu lösen, verspüren selbst die einfühlsamsten Mütter das Bedürfnis, ihre Liebe einzuschränken.

Grace, eine Mutter von zwei Söhnen, sprach mit mir über ihr Schuldgefühl und ihre Verwirrung. «Mein erster Junge stand mir so nahe wie nur irgend menschenmöglich. Auf eine schwierige Schwangerschaft folgten nach der Geburt einige harte Monate. Doch wir fühlten uns einander wirklich verbunden. Als Alexander vier Jahre alt wurde, bemerkte ich, daß er, wenn er mit mir im Badezimmer war, mitunter eine Erektion bekam. Beunruhigt fragte ich mich, ob ich etwas falsch gemacht hätte.»

«Wie gingen Sie mit Ihrer Sorge um?» fragte ich Grace.

«Ich wandte mich an meinen Mann Dino. Doch er war keine große Hilfe. Gemeinsam mit seinen Eltern schien er nur auf eine Gelegenheit gewartet zu haben, mich zu fassen zu bekommen.»

«Was genau meinen Sie damit?»

«Nun, Dino sagte mir: ‹Selbstverständlich – was erwartest du? Du verhätschelst ihn zu sehr. Er schleppt noch immer die Babypuppe mit sich herum, die du ihm vor Jahren gekauft hast. Wenn wir nicht sofort etwas unternehmen, wird er noch ein echter Weichling. Du mußt ihm mehr Raum geben. Ich schreibe ihn zum Karateunterricht ein. Wenn er dich bittet, ihn auf den Schoß oder abends ins Bett zu nehmen, versuche es zumindest zu unterbinden.› Gleichzeitig forderten mich seine Eltern auf, Alexander nicht weiter zu verwöhnen.»

«Was sagte Ihnen Ihr eigenes Gefühl?»

«Nun, ich befolgte alle Ratschläge, und Alex schien etwas selbständiger zu werden. Er ging, ohne großes Aufheben zu machen, allein zur Vorschule, bat mich nicht mehr, ihm in der Badewanne das Haar zu waschen, und vergaß die Babypuppe, als ihm sein Vater einen Batman schenkte. In seinen Augen und meinem eigenen Herzen konnte ich jedoch eine subtile Trauer erkennen, als ob ein kleines flackerndes Licht verlöschte. Heute ist er ein netter, gesunder junger Mann, der das College besucht. Aber unsere Beziehung ist begrenzt, und wir scheinen immer weniger miteinander über die wirklich wichtigen Dinge im Leben zu sprechen.»

Das Dilemma der Mütter

Die gesellschaftlichen Konventionen führen häufig dazu, daß sich eine Mutter wie Grace oder Ellen, die ihren Sohn auf gesunde Weise erziehen will, schließlich in einer schwierigen Situation befindet. Einerseits ist sie für die seelische Entwicklung ihres Sohnes verantwortlich, und andererseits erwartet die Gesellschaft von ihr, daß sie ihn von sich weist, damit er lernt, in einer Kultur zu überleben, die Jungen demütigt, wenn sie jene Gefühle zeigen, die ihre Mütter sie ausdrücken lehrten. Von ihr erwartet man, daß sie in ihrer körperlichen Zuneigung zurückhaltend ist und daß sie – je älter ihr Sohn wird – die emotionale Intensität ihrer Beziehung zu ihm beschränkt. Dennoch soll sie das Selbstbewußtsein ihres Jungen konsequent nähren, so daß er mit dem männlichen Verhaltenskodex zurechtkommt.

Für Mütter bedeutet dies schmerzliche Einschränkungen. Immer wieder fragen sie mich wie Ellen und Grace: «Wie kann ich meinem Jungen die Liebe und Aufmerksamkeit schenken, nach der er sich sehnt, und ihn dennoch auf diese harte männliche Kultur vorbereiten?»

Sind nur Mütter verwirrt oder wir alle?

Auch wenn viele Mütter wissen, daß ihr Instinkt sie nicht trügt, kämpfen sie nicht um das Recht, mit ihren Söhnen eine enge Verbindung aufrechtzuerhalten. Der Grund für ihre Zurückhaltung ist zum Teil die Übermacht der gesellschaftlich wirksamen Mythen über Jungen, zu denen vor allem die schon besprochenen «Jungen sind nun einmal Jungen» und «Jungen müssen immer Jungen sein» gehören.

Viele Mütter heben resigniert die Hände, murmeln etwas von Testosteron und wenden sich mit der Frage, wie sie ihre Söhne erziehen sollen, an ihre Ehemänner oder an andere «Experten». Zumeist erhalten sie ähnliche Ratschläge wie Grace und Ellen: «Gib ihm mehr Raum und sei nicht so gefühlsbetont ihm gegenüber», «Höre auf, ihn so zu verwöhnen» und «Lasse ihn unabhängiger werden». Vermutlich fällt Müttern der Kampf für das Wohl ihrer Töchter leichter. Wir wissen, was kleine Mädchen brauchen, erklären sie unumstößlich. Aber Jungen, nun, bei Jungen ist das eine andere Geschichte. Ihre Verunsicherung führt schließlich dazu, daß sie sich dem gesellschaftlichen Druck beugen.

Michael Gurian, ein Anführer der Bewegung für neue Männer, ist der Ansicht, daß Mütter, was Jungen anbelangt, einfach verwirrt sind. «Wir bilden Mütter nicht ausreichend aus, um Kinder und insbesondere Jungen aufzuziehen. Mütter wachsen in keiner Männerkultur auf und besitzen keinen männlichen Körper. Daher ist es für sie schwieriger. Wir klären sie nicht darüber auf, wie aktiv ihre kleinen Jungen sind und inwieweit Testosteron ihr Verhalten beeinflußt. Jungen benehmen sich vielfach auf eine Art, die für sie keinen Sinn ergibt.»

Ich stimme mit dieser Aussage nicht überein. Das Problem besteht nicht darin, daß Mütter das Verhalten von Jungen verwirrt, sondern daß sie durch die gesamte Geschichte hindurch bis zum heutigen Tag selbst nur *Teil* einer Kultur sind. Tatsächlich ist aber unsere *gesamte Kultur* verunsichert, was Männlichkeit und die Erziehung von Jungen betrifft. Mütter sind angesichts der widersprüchlichen Mitteilungen über Jungen und Männlichkeit ebenso ratlos wie Lehrer, Trainer, Geistliche, Großeltern, Kinder und *Männer selbst*. Wenn wir Müttern, die üblicherweise hauptverantwortlich für die Erziehung unserer Söhne in frühen Jahren sind und sich als erste mit den verschiedenen Aussagen über Jungen und Männlichkeit auseinandersetzen müssen, Hilfe leisten wollen, sind wir als gesamte Gesellschaft aufgerufen, den besten Weg aufzuzeigen, unseren Jungen bei ihrer Entwicklung zu Männern beizustehen.

Eine neue Art Mutter, eine neue Art Junge

Wenn wir eingehend darüber nachdenken, erkennen wir, daß es sich bei vielen Eigenschaften, die heutige Mütter in ihren Jungen zu fördern versuchen, keineswegs um «weibliche» Charakterzüge oder Merkmale handelt, die Frauen bei den Männern, die sie lieben, ablehnen würden, sondern um jene Wesenszüge, die die heutigen Frauen in ihren männlichen Partnern suchen. Ich bin der festen Überzeugung, daß der Augenblick gekommen ist, an dem die Gesellschaft Frauen ermutigen muß, bei der Erziehung von Jungen auf ihre Instinkte zu vertrauen. Wenn die Gesellschaft Wert auf «emotional intelligente», ausdrucksfähige, einfühlsame und liebevolle Männer legt, führt der Weg zu diesen «neuen Männern» über ein neues Erziehungskonzept für Jungen. Sobald wir offiziell beginnen, den männlichen Verhaltenskodex zu revidieren, so daß diese besonderen Qualitäten als Pluspunkt für Jungen und Männer betrachtet werden, sollten wir ihn auch dahingehend überarbeiten, daß eine enge Beziehung zu den Müttern wünschenswert ist.

Aber wie könnte dies geschehen? Wie können wir den Verhaltenskodex einfach ändern, werden Sie fragen. Was, wenn ich meinen Sohn lehre, empfindsam und mitfühlend zu sein, und er kommt mit einer gebrochenen Nase nach Hause?

Auch wenn dies gewiß nicht leicht ist, finden viele Mütter Mittel und Wege, sich zu verweigern, sich gegen den Kodex aufzulehnen und Söhne zu erziehen, die sowohl eine enge Beziehung zu ihnen unterhalten als auch sich erfolgreich in die heutige Kultur Gleichaltriger einfügen.

Sarah und Evan

Sarah, eine Frau Mitte Vierzig und Mutter zweier Kinder, ließ sich durch den männlichen Verhaltenskodex verleiten, ihre Gefühle für ihren älteren Sohn Max zurückzuhalten. Viele ihrer Freunde ebenso wie ihr erster Ehemann hatten sie gerügt, weil sie ihren Sohn zu sehr «umklammere», weshalb sie sich letztlich entschloß, Abstand von dem Jungen zu nehmen und ihn weniger «sanft» zu behandeln. Max hatte sich ihr entfremdet, kam mit Drogen in Kontakt und besuchte schließlich ein College, das einige tausend Kilometer von seinem Zuhause entfernt lag. Enttäuscht, daß sie bei der Erziehung ihres Sohnes auf die altmodischen Regeln der Gesellschaft gehört hatte, beschloß sie, bei ihrem Sohn aus zweiter Ehe in bezug auf ihre Mutterrolle auf ihre eigene Intuition zu vertrauen:

«Diesmal ging ich anders an die Dinge heran. Evan ähnelte Max stark. Er war kaum zu bändigen und sprühte vor Energie. Trotz all seiner wilden Spiele lief er immer wieder gerne zu mir zurück, damit ich ihm über das Haar strich und ihm Geschichten über seine Kindheit erzählte. Bei Max durfte ich mir dies nicht erlauben. Mein Mann hätte es niemals zugelassen. Mein zweiter Mann Jim hingegen ermutigt mich. Heute ist Evan zwölf, und uns verbindet eine enge Beziehung.»

«Es scheint, als hätten Sie in der zweiten Runde ausgezeichnete Arbeit geleistet», bemerkte ich Sarah gegenüber, die stolz zurücklächelte.

«Nun, es war nicht immer einfach, aber wir schafften es. Ich werde niemals den Tag vergessen, als Evan in der dritten Klasse war und mir seine Lehrerin besorgt mitteilte, daß er sich gerne an ‹Mädchenspielen› beteilige und daß er sich für die Schulaufführung *Der Zauberer von Oz* um die Rolle der bösen Hexe beworben habe.»

«Das klingt ziemlich schwierig. Wie haben Sie reagiert?»

«Insgeheim dachte ich, o Gott, das kann ja heiter werden, aber mit dem Lehrer und den anderen Eltern wurde ich fertig. Evan und ich besaßen immer schon eine bedeutende Beziehung, die wir deren Unverständnis keineswegs opfern wollten. Ich mußte mich nur daran erinnern, wie schwierig es mit Max geworden war, um den Mut zu finden, in die Schule zu gehen und zu erklären, daß Evan, soweit es mich betraf, den Zauberer, die Vogelscheuche oder Dorothy selbst spielen könne.»

«Anscheinend haben Sie die Situation gut bewältigt.»

«Ich erinnere mich, daß ich Evan unter vier Augen erklärte, daß die Gesellschaft mit Jungen oft recht hart umgeht und daß Mädchen heutzutage im allgemeinen ausdrucksstärker und experimentierfreudiger sein dürfen. Hätte irgend jemand sich darüber aufgeregt, wenn ein Mädchen den Zauberer hätte spielen wollen? Und hätte es jemand getan, hätte man ihn vermutlich als ‹Sexisten› abgestempelt. Warum sollte Evan daher nicht eine weibliche Rolle spielen, wenn sie ihm am interessantesten erschien? Ich sagte ihm, daß er womöglich verspottet würde, wenn er die Hexe spielen würde, daß ich damit aber einverstanden wäre.»

«Und wie entschied er sich?»

«Nachdem wir darüber gesprochen hatten, wie andere vermutlich auf ihn reagieren würden, war es ihm die Schwierigkeiten nicht wert, er wählte statt der Hexe den Löwen. Ich war mit mir zufrieden, da ich ihn nicht angefahren und ihm nicht befohlen hatte, eine andere Rolle zu spielen. Wir hatten offen über die Situation diskutiert, und er hatte seine eigene Entscheidung darüber getroffen, wie die Angelegenheit am besten zu regeln sei.»

«Nicht schlecht für einen Jungen, der zu diesem Zeitpunkt gerade erst die dritte Klasse besuchte», meinte ich.

«Das können Sie wohl sagen. Heute als Teenager ist er noch stets derselbe großartige Junge. Unter seinen Alterskollegen scheint er beliebter zu sein, als Max es war. Er unterhält auch engen Kontakt mit einigen Mädchen, und sein Lehrer berichtet, daß sein Verhalten vorbildlich ist und er zu den sozialsten Jungen der gesamten Klasse zählt.»

Selbstverständlich fürchten Sarah und andere Mütter, die sich gegen geschlechtsspezifische Klischees auflehnen, daß ein so herrlich mitfühlender Junge in der Kultur seiner Altersgenossen kaum überlebensfähig ist. Das Streben nach Konformität und die Erwartungshaltung jungen Männern gegenüber könnten einen Jungen, dessen emotionale Ausdrucksfähigkeit und Empfindsamkeit noch intakt sind, stark unter Druck setzen. Diese Situation stellt für Mütter eine wahre Herausforderung dar. Sarah zeigt uns jedoch, daß sie nicht unlösbar ist. Indem sie Evan wegen seines Bedürfnisses nach Nähe nicht demütigte, seine Sehnsucht nach einer engen Beziehung zwischen Mutter und Sohn erfüllte und sich gegen die Lehrerin erhob, als diese ihm die geschlechtsspezifische Zwangsjacke umlegen wollte, machte Sarah ihrem Sohn ein wundervolles Geschenk, das ihn ein Leben lang begleiten wird: starke soziale Fähigkeiten, Mitgefühl für andere und jene positive selbstbewußte Persönlichkeit, die Freunde anzieht. Da Evan seiner Mutter verbunden blieb und gerne mit ihr seine Probleme besprach, wird er vermutlich reichere und befriedigendere Beziehungen zu Frauen knüpfen als die meisten anderen Männer. Ohne die Einschränkungen des strengen Männlichkeitskodexes wird sich der Junge voraussichtlich eine größere Flexibilität in seinem Verhalten bewahren.

Es ist jedoch kein Geheimnis, daß Liebenswürdigkeit – eine sogenannte weibliche Tugend – nach wie vor nicht überall als überlegen anerkannt wird, und zwar ganz besonders nicht unter männlichen Jugendlichen. Aus Unsicherheit im Umgang mit derartigen Emotionen verbergen sie diese vorsichtshalber hinter einer Maske gespielter Überlegenheit und verspotten jeden, der diese Pose ablegt. Ich bin der Ansicht, daß Frauen wie Sarah auch solchen heranwachsenden Jugendlichen eine wichtige Stütze sein könnten, weil sie nicht von ihnen verlangen würden, sich offen gegen die Kultur der Gleichaltrigen und den männlichen Verhaltenskodex zu stellen.

Wir dürfen nicht vergessen, daß freundliche und zurückhaltende Jungen wie Evan sich nicht immer und überall so präsentieren müssen. Sie können selbst entscheiden, wann und in welcher Form sie ihre gesamten emotionalen Fähigkeiten zeigen. So entschied sich

Evan bewußt gegen die Rolle der Hexe, um dem Spott zu entgehen, der ihn vermutlich bei seiner ursprünglichen Wahl getroffen hätte. Ebenso können Jungen lernen, ihre Verwundbarkeit vorübergehend zu verbergen, wenn sie mit dem Footballteam unterwegs sind, und sich dafür aber in einem sichereren Umfeld, wie etwa im Kreis ihrer engsten Freunde und ihrer Mütter, freier äußern.

Auf ähnliche Weise lernten Frauen, sich in vormals ausschließlich männlichen Domänen zu behaupten. Die neu übernommenen Verhaltensregeln wenden sie in einem begrenzten Umfeld an, wie etwa am Arbeitsplatz. Ein weiblicher Bankdirektor weint nicht am Arbeitsplatz, auch wenn sie vermutlich in Tränen ausbricht, wenn eine enge Freundin in Konkurs geht und ihre Schulden nicht mehr bezahlen kann. Kurz gesagt: Frauen erweiterten ihr emotionales Repertoire und passen heute ihre Reaktionen der jeweiligen Situation an. Offenbar sind Jungen dazu ebenfalls imstande.

Evan wird sich im Umgang mit geschlechtsspezifischen Zwängen vermutlich freier fühlen als andere Jugendliche. Er wird seinen jeweiligen Interessen voraussichtlich freier nachgehen, ob es sich nun um Football, Kochen oder eine weibliche Rolle in einer Theateraufführung handelt. Wenn ihn seine Leidenschaften anspornen, die strengen Grenzen des männlichen Verhaltenskodexes zu überschreiten, besitzt er ein ausreichend starkes Selbstbewußtsein, um sich gegen abgedroschene Klischees mit Humor und Schlagfertigkeit zur Wehr zu setzen.

Wenn ich sage, daß es Jungen möglich sein sollte, selbst darüber zu entscheiden, wann und wem sie ihre verletzliche Seite zeigen, bedeutet das nicht, daß sie ansonsten, wie ich das zuvor beschrieben habe, eine Maske – im Sinne einer aufgezwungenen Persönlichkeit – anlegen sollen, um sich vor Demütigung und Unsicherheit zu schützen. Zwischen diesen beiden Vorgängen besteht ein entscheidender Unterschied. Evan ist nicht aus Angst vor Schande gezwungen, eine Maske zu tragen. Dadurch, daß er ein eigenes, tiefverwurzeltes Selbstvertrauen entwickeln durfte, kann er frei und gezielt entscheiden, wann es für ihn sicher ist, die außerhalb des männlichen Verhaltenskodexes liegende Seite seines Wesens zu offenbaren.

Einige Eltern unterstützen ihre Jungen und versuchen auch andere Erwachsene für die negativen Seiten der geschlechtsspezifischen Einschränkungen zu sensibilisieren. Aus dem weiteren Gespräch mit

Sarah erfuhr ich, daß sie, als sie bei Evans Klassenlehrerin auf Widerstand stieß, ein Zusammentreffen mit ihr und Evans anderen Lehrern organisierte. Sorgfältig dachte sie darüber nach, wie sie ihre Position verständlich machen könnte. Schließlich erklärte sie den Lehrkräften ihres Sohns, daß sie seine Kreativität und seine sozialen Qualitäten schätze und daß sie sich Mühe gegeben habe, damit er sie entfalten konnte. Sarah führte einige der Eigenschaften auf, die sie an Evan liebte, und nach einer Weile stimmten seine Lehrer ihr zu und bestätigten, wie kooperativ, einfühlsam und kontaktfreudig Evan war. Dann bat Sarah die Lehrer, sie bei der Entwicklung dieser Eigenschaften zu unterstützen und mit ihr darüber zu reden. «Eigentlich glaube ich nicht, ihre Ansichten auch nur im geringsten verändert zu haben. Ich weiß auch nicht, ob ich dazu imstande gewesen wäre. Aber ich löste eine gute Diskussion aus, und heute geht es Evan ausgezeichnet.»

Wie Sarah können auch andere Mütter weniger aufgeschlossenen Menschen ein Beispiel für eine neue Erziehungsmethode geben und mithelfen, die Welt zu einem sichereren Ort für empfindsame Jungen zu machen. Ihre Liebe und bedingungslose Unterstützung für ihren Sohn können zu einem mächtigen Gegengewicht gegen das demütigende Verhalten der Gesellschaft werden.

Jungen mit alleinerziehenden Müttern

Einige unserer besten Lehrer auf diesem Gebiet sind Frauen, die ihre Söhne aufgrund von Scheidung, dem Tod des Partners oder aus anderen Gründen allein aufziehen. Da sie häufiger mit der ablehnenden Haltung unserer Kultur gegenüber einer engen Mutter-Sohn-Beziehung konfrontiert sind als Frauen, die in Familien mit zwei Elternteilen leben, setzen sich alleinerziehende Mütter besonders eingehend mit Erziehungsfragen und den möglichen Auswirkungen auf die Entwicklung ihrer Söhne auseinander.

Alleinerziehende Mütter geben an, daß sie im allgemeinen den Rat erhalten, ein männliches Vorbild für ihre Jungen zu suchen, als ob sie als Mütter nicht allein in der Lage wären, ihre Söhne zu erziehen und sie in die entscheidenden Geheimnisse der Männlichkeit einzuführen. Nur weil kein Vater im Haushalt wohnt, werden alleinerziehende Mütter besonders vor körperlicher Zuneigung zu ihren

Söhnen gewarnt, als ob jeder Körperkontakt automatisch sexuell wäre. Viele dieser Mütter erleben es als besonders schwierig, einerseits auf ihre erzieherischen Fähigkeiten zu vertrauen und andererseits ihren Söhnen auf angenehme Weise ihre Zuneigung zu zeigen. In der Folge neigen sie häufiger dazu, die Vertrautheit zu ihren Söhnen zu lockern. Dies ist um so bedauerlicher, da diese Jungen keinen zweiten Elternteil besitzen, zu dem sie eine enge Beziehung aufbauen könnten.

Meiner Ansicht nach verfügen die meisten alleinstehenden Mütter über einen ausgezeichneten Instinkt. Sie wissen, was sie sagen und tun müssen und wann sie andere um Hilfe bitten müssen, so daß ihre Söhne zu gesunden jungen Männern heranwachsen. Auf diese Weise können uns alleinstehende Mütter einiges über Jungen und Männlichkeit lehren.

Olivia und George

Nur ein einziges Mal bat Olivia ihren Exmann und Vater des inzwischen 14jährigen Sohnes George in Erziehungsdingen um Hilfe. «Als George auf die Toilette gehen übte, rief ich meinen Mann an und sagte: ‹Wenn du das nächste Mal hier bist, könntest du George dann zeigen, wie man an der Toilette stehend sein Geschäft macht? Er erreicht nun ein Alter, in dem er das tun kann, aber er hat noch nie einen nackten Mann gesehen, woher soll er dann wissen, wie es geht?›»

Gewiß hätte sich Olivia auch in anderen Erziehungsfragen die Unterstützung ihres Ehemanns gewünscht, und welcher Mann und welche Frau würde nicht gerne gelegentlich die Schwierigkeiten der Elternschaft an andere delegieren? Olivia erinnert sich noch, wie widerwillig sie mit ihrem Sohn über Sexualität sprach.

«Das vergesse ich nie. Vor einem Jahr, als George dreizehn Jahre alt war, traf ich ihn mit seiner Freundin allein in seinem Zimmer an, als ich von der Arbeit nach Hause kam. Ich wußte, daß ich *bald* wieder mit ihm über Sexualität reden mußte. In diesem Augenblick wünschte ich mir sehnlichst, sein Vater wäre hier. Ich hätte mich am liebsten unauffällig entfernt, um das Abendessen zu richten, und gesagt: ‹Liebling, regle du das. Du weißt, wie man mit Jungen umgeht›. Aber das war nicht möglich.»

«Was haben Sie schließlich unternommen?» fragte ich.

«Nun, die positive Seite ist, daß wir ein gutes Gespräch über Sexualität und Beziehungen führten. Soviel haben wir geschafft. Und wenn wir das hinter uns bringen konnten, stehen wir alles durch!»

Andere alleinstehende Mütter übernehmen die Verantwortung

Olivias Fall einer alleinstehenden Mutter ist kein Einzelschicksal. Eine andere Mutter erzählte mir, daß es ihr als Frau schwerfällt, beim Sport, einer weiteren Hochburg der Männlichkeit, einzugreifen. Doch sie meisterte die Lage gut. Als ein Trainer ihren Sohn Chad verbal angriff, nachdem er gefallen war und sich verletzt hatte, trat Deborah in Aktion:

«Ich rief den sportlichen Leiter der Schule an, etwas, das kaum eine Mutter tut und zweifellos nicht leichten Herzens. Das gesamte folgende Jahr sprachen mich Eltern darauf an und meinten, daß dies eine mutige, aber auch riskante Tat gewesen wäre.»

«Auf jeden Fall sehr mutig», stimmte ich zu.

«Sportlehrer und Trainer sehen es nicht gerne, wenn sich Mütter einmischen. Sie behandeln sie häufig herablassend und belehrend. Und Eltern fürchten, daß solch ein Einschreiten Folgen für ihre Söhne hat. Tatsächlich erbrachte es ein positives Ergebnis. Der Trainer entschuldigte sich bei Chad, und der sportliche Leiter der Schule arbeitet nun an neuen Trainingsmethoden. Noch liegt ein weiter Weg vor ihnen, aber ich bin froh, für meinen Jungen eingetreten zu sein.»

Die Autorität alleinstehender Mütter wird häufig nicht nur von Trainern und anderen Eltern, sondern mitunter sogar von den eigenen Söhnen angegriffen. Deborah mußte sich zum Beispiel mit Chads Neigung auseinandersetzen, der Mann in der Familie sein zu wollen: «Gelegentlich versuchte Chad, mich zu beraten, wie ich mit dem Familieneinkommen umgehen oder mein Geschäft führen sollte. Irgendwie hatte er die Idee, daß ein Mann die Verantwortung für die Familie tragen muß. Ich tolerierte das, und so gab er es auch bald wieder auf. Schließlich erkannte er, daß ich es auch so ganz gut schaffe.» Indem alleinerziehende Mütter diese Schwierigkeiten überwinden und sich gegen das Klischee wehren, daß Frauen keine Söhne aufziehen können, öffnen sie uns allen neue Wege.

Selbstverständlich soll das nicht heißen, daß ein zweites Paar Hände und die Anwesenheit eines zweiten Erwachsenen bei der Kindererziehung nicht hilfreich wären. Wenn die beiden Erwachsenen zudem einander ergänzende Fähigkeiten besitzen, läßt sich die Arbeit besser verteilen, und die Kinder erhalten ein Vorbild für eine erweiterte Palette von Verhaltensformen. In vielerlei Hinsicht ist das Geschlecht dieser Personen jedoch weniger wichtig als bisher angenommen.

Für den Sohn einer alleinerziehenden Mutter (beziehungsweise den Sohn jeder Mutter) ist nicht die Anwesenheit oder Abwesenheit eines Mannes im Haus das eigentliche Problem, sondern das Verhalten der Mutter Männern im allgemeinen gegenüber. Eine Frau, die Männern feindlich gesinnt ist, kann das sich in einem Jungen entwickelnde Gefühl für sein eigenes Geschlecht negativ beeinflussen. Ebenso verwirrt es einen Sohn, wenn sich seine Mutter in passive Abhängigkeit von einem Mann begibt oder sich mit einem dominanten und aggressiven Mann einläßt. (Ähnlichen Schaden leidet die Entwicklung eines Sohns, wenn Väter ungesunde Seiten der Männlichkeit ausleben, indem sie sich etwa ihren Frauen gegenüber dominant und aggressiv verhalten.) Zusammenfassend kann gesagt werden, daß eine alleinstehende Mutter mit dem entsprechenden Selbstwertgefühl und einer gesunden Einstellung gegenüber Männern ein wundervoller Elternteil für einen Sohn sein kann.

Während des Zweiten Weltkriegs, als viele Väter jahrelang von ihren Söhnen getrennt wurden, erlebten wir, daß Mütter durchaus in der Lage sind, die Rolle des Familienoberhauptes zu übernehmen. Diese Jungen wurden durch die vorwiegend weibliche Welt, in der sie lebten, keineswegs unmännlich oder verweiblicht, sondern waren sehr gut imstande, eine gesunde Haltung zu ihrer Männlichkeit zu entwickeln. In diesem Fall dürfte die unermeßlich positive Einstellung der Mütter ihren Soldatenvätern gegenüber hilfreich gewesen sein. Die gesamten USA, einschließlich der Mütter, waren stolz auf ihre Männer und sicher, daß sie mit all ihrer männlichen Tapferkeit für eine gute Sache kämpften.

Mütter mit einer positiven Einstellung zu anderen Männern in ihrem Leben lassen diese in ihre Mutter-Sohn-Beziehung eingreifen und erweitern auf diese Weise die Erfahrungen des Jungen mit Ersatzvätern. Der Vorteil hierbei liegt nicht darin, daß alleinstehende

Mütter ansonsten die Entwicklung der Männlichkeit beeinträchtigen oder daß Jungen testosterongeladene Vorbilder benötigen, sondern daß erwachsene männliche Freunde in das Leben eines Jungen mehr Liebe einbringen. Indem eine alleinstehende Mutter ihren Sohn mit verschiedenen mitfühlenden väterlichen Freunden in Kontakt bringt, gibt sie ihm Halt auf seinem Weg zu einer gesunden Männlichkeit.

Die persönliche Verwirrung – wie wir an unserem eigenen Bild von Jungen arbeiten müssen

Die meisten alleinstehenden und nicht alleinstehenden Mütter wissen genau, welche Art von Junge sie aufziehen möchten. Ihre Schwierigkeit besteht nun darin, ihre eigene Vorstellung mit der gesellschaftlichen Erwartungshaltung an Männer in Übereinstimmung zu bringen. Mitunter sind es jedoch nicht nur gesellschaftliche Widerstände, die die Einstellung einer Mutter beeinträchtigen, sondern ihre ganz persönliche Verwirrung darüber, was sie selbst unter einem guten, gesunden und «männlichen» Jungen versteht. In manchen Fällen können Mütter das Ideal von der Gleichheit der Geschlechter nicht vorleben, weil sie eine ungeklärte Position zur Männlichkeit haben. Möglicherweise sagt eine Mutter, daß sie an ihrem Sohn seine Empfindsamkeit schätzt, während sie sich unbewußt einen starken und athletischen Jungen wünscht. Ebenso könnte eine Frau erklären, einen freundlichen, sensiblen Mann als Partner zu bevorzugen, während sie sich konsequent mit Machos im Stil eines Rhett Butler verabredet. Sie könnte die zwiespältigen Signale der Gesellschaft über Männlichkeit so verinnerlicht haben, daß sie ihrem Sohn nur mit Mühe eine einheitliche und hilfreiche Botschaft übermitteln kann. Da ein Junge diesen widersprüchlichen Aussagen seiner Mutter über das, was einen Mann ausmacht, nicht gerecht werden kann, steigert sich seine Verwirrung und sein Schamgefühl der eigenen Männlichkeit gegenüber.

Um diesem Dilemma vorzubeugen, rate ich Müttern, ihre persönlichen Vorstellungen von Männlichkeit zu überprüfen. Diese Reise findet erst ihr Ende, wenn sie ihre eigene Vergangenheit betrachten und sich mit ihren Vätern auseinandersetzen, den Männern, die ihre Vorstellung von Männlichkeit wohl am nachhaltigsten prägten. Wenn eine Frau mit einem stillen oder abwesenden Vater aufgewachsen ist, wie es beispielsweise in den 50er Jahren üblich war, könnte sie sich bei ausdrucksstarken Männern unbehaglich fühlen. Möglicherweise hindert sie ihren Sohn dann unbewußt, aber beharrlich daran, seine Gefühle auszudrücken.

Nur eine Generation zuvor war es sehr verbreitet, daß Väter eine Beziehung zu ihren Töchtern herstellten, indem sie «ihr kleines Mädchen» bewunderten und in aller Öffentlichkeit Bemerkungen über ihr Aussehen, ihre Kleidung und ihre Figur machten. Ellen Kaschak ist der Ansicht, daß diese «verstohlene Verführung» viele Frauen unserer Gesellschaft schädigte, da sich in ihnen der Gedanke festsetzte, daß ihr Selbstwertgefühl von ihrer Fähigkeit abhängt, auf Männer attraktiv zu wirken. Eine Mutter mit einer derartigen Vergangenheit könnte unbewußt mit ihrem heranwachsenden Sohn flirten, da sie dieses Benehmen tief in ihrem Inneren als einzige Möglichkeit betrachtet, mit einem Mann eine Beziehung zu unterhalten.

Viel häufiger als die sexuell verführerische Mutter findet sich aber die Mutter, die sich aus Angst vor einer unangemessenen Beziehung oder einfach aus einem Mangel an Nähe von ihrem Sohn zurückzieht. Selbst die wohlmeinendste Mutter ist sich nicht immer sicher, wie sie eine Vertrautheit zu einem Jungen aufbauen soll, insbesondere wenn er in die Pubertät kommt und plötzlich wie ein Mann auszusehen beginnt. Die Angst vor Freuds Ödipuskomplex plagt die gesündesten Mutter-Sohn-Beziehungen. Doch gerade in dieser überaus wichtigen Lebensphase benötigt ein Junge seine Mutter als Bezugsperson.

Viele der inneren Konflikte und Unsicherheiten von Müttern ließen sich vermeiden, wenn wir als Gesellschaft in der Lage wären, unsere Erwartungen an den Mann klar zu definieren, und endlich für sie einstünden. Es ist nämlich keineswegs der Wunsch von Eltern, daß ihre Jungen das gesamte Land durchqueren, irgendwo in weiter Entfernung leben und niemals anrufen, auch wenn es zu einer mythischen Ansicht von Männlichkeit gehört, daß Jungen ein einsames Abhärtungsritual durchlaufen müssen – eine Art heroische Mission –, um ihren Mut zu beweisen und ihre Männlichkeit zu festigen. In der griechischen Legende ist Odysseus 20 Jahre von seiner Familie und seinem Sohn Telemachus getrennt, da sich die Heimreise vom Trojanischen Krieg durch seine zahlreichen Abenteuer verlängert. In jüngerer Zeit haben wir mythische Helden wie den Lone Ranger geschaffen, die unabhängig von Frauen und Kindern durch den Westen reiten und Heldentaten begehen. Und auch die Werbung präsentiert uns den wahren Mann als körperlich gestählten, über jeden Zweifel erhabenen Gewinnertyp.

Diese mythischen Bilder einsamer Männer nützen uns heute nichts mehr. Wir leben in einer *interdependenten* Welt, in der der Aufstieg und Fall auch der größten Manager – heroischer Männer mit Tatendrang und großem Weitblick – von ihrer Fähigkeit zur Kooperation abhängt. Darüber hinaus leben wir in einer Welt, in der selbst große Entfernungen relativ rasch und einfach zu überwinden sind (eine Kommunikation über diese Entfernungen ist sogar noch rascher und einfacher), so daß wir unsere Jungen nicht mehr darauf trainieren müssen, lange, einsame und gefährliche Reisen zu überstehen. Es ist an der Zeit, unsere altmodischen männlichen Archetypen – den «zähen Krieger», den «einsamen Abenteurer» und den «furchtlosen Helden» – als Leitfiguren aufzugeben und neu zu bestimmen, was wir wirklich von unseren Jungen und Männern erwarten.

Ich vermute, daß die meisten Menschen mit dem Bild eines gesunden Mannes jemanden verbinden, der in seinem Beruf, auf dem Sportplatz *und* in Beziehungen erfolgreich ist und darüber hinaus noch Windeln wechselt. Wir wünschen uns, daß unsere Jungen zu starken, unverfälschten Individuen heranwachsen, die heldenhaft handeln und gleichzeitig beständige und gefühlsbetonte Beziehungen zu ihren Ehepartnerinnen, Kindern, Eltern, Mitarbeitern, Nachbarn und Freunden eingehen.

Wenn dem so ist, dann sollten wir unseren heranwachsenden männlichen Kindern und Jugendlichen endlich die Fähigkeiten vermitteln, die sie brauchen, um dieser Erwartungshaltung als Erwachsene gerecht zu werden. Anstelle von Konkurrenzbewußtsein sollten sie Mitgefühl, Verhandlungstalent und Kompromißbereitschaft erlernen; anstatt sie aufzufordern, ihren Schmerz allein zu bewältigen, sollten wir sie ermutigen, sich verletzbar zu zeigen und ihre Sorgen zu teilen. Mütter spielen hierbei eine Schlüsselrolle. Wenn sie sich weigern, die überholten Mythen anzuerkennen und ihre Söhne frühzeitig von sich zu stoßen, vermitteln sie ihnen die Botschaft, daß es besser ist, eine Beziehung zu bewahren, als sie abzubrechen. Darüber hinaus leben sie ihnen vor, daß es nicht erstrebenswert ist, sich selbst abzuhärten und einer von jenen emotional isolierten männlichen Erwachsenen zu werden, die viele Frauen ablehnen.

Carl: Ein wahrer Junge

Ein gutes Beispiel für einen wahren Jungen ist Carl, ein intelligenter, vergnügter und athletischer Schüler aus der Abschlußklasse der High-School, der seiner weitläufigen Familie russisch-jüdischer Herkunft sehr nahe steht und sich in ihr meisterlich bewegt. Er erzählte mir von seinem Entschluß, ein angesehenes College in einem Nachbarstaat zu besuchen.

«Mein Schulberater erklärte, daß mir mit meinen Zensuren und meinen Leistungen im Football eine Reihe von Möglichkeiten offenstünde. Das war großartig, erschwerte aber meine Entscheidung», erläuterte Carl. «Als ich meinen Eltern beim Abendessen davon erzählte, brach am Tisch Chaos aus. Mein Vater meinte, daß ich versuchen sollte, in einem College der Ivy League aufgenommen zu werden. Er selbst ist mit zwölf Jahren als blinder Passagier auf einem Schiff in die USA gekommen und hat sich seitdem kaputt gearbeitet. Ich konnte geradezu sehen, wie Sterne in seine Augen traten, als er an Yale dachte.»

«Dann griff meine Mutter ein», fuhr der Junge fort. «Sie rühmte die lokale Universität, die zwar gut ist, aber nicht so gut, wie sie gerne glauben wollte. An ihrem Gesicht konnte ich den Gedanken ablesen: ‹Mein Baby zieht in die Ferne.›»

«Mein Bruder Danny rief mir zu, daß ich ein College mit einem guten Footballteam wählen sollte. Sie wissen schon, woran er dachte. Er wollte mich als Star sehen, so daß er es all seinen Freunden erzählen konnte. Es war wirklich lustig, all diese Menschen durcheinanderreden zu sehen, während jeder versuchte, mir zu sagen, was er sich für mich wünschte. Ich begann, sie zu necken. ‹Ach, Papa›, sagte ich, ‹du möchtest doch nur mit diesem großen Yale-Aufkleber auf deinem Auto herumfahren. Du, Danny, willst mich auf dem Bildschirm sehen. Und Mama, du glaubst nicht, daß ich auch ohne deine Kochkunst überleben kann.› Schließlich lachten alle, und ich wählte natürlich keine der von ihnen vorgeschlagenen Universitäten. Allerdings werde ich auf eine Universität gehen, auf die mein Vater stolz ist und die so nahe liegt, daß ich an den Wochenenden nach Hause kommen kann. Was Football spielen betrifft, wer braucht das wirklich? Auf College-Niveau wird es einfach zu rauh.»

Carl beeindruckte uns durch die Tatsache, daß Halt gebende Beziehungen keineswegs die Fähigkeit eines Jungen beeinträchtigen, sein eigenes individuelles Wesen zu entwickeln. Der Junge ist trotz der Nähe zu seiner Familie und ihrer übergroßen Bereitschaft, ihre Meinungen vorzubringen, mühelos imstande, seine eigenen Interessen zu entdecken und dementsprechend zu handeln.

Damit bestätigt er die Forschung, die Rosalind Barnett am Wellesley College durchgeführt hat. Ihre Studie ergab, daß junge Männer, die eine enge Beziehung zu ihren Eltern unterhalten, seltener unter psychologischen Spannungen leiden und ihre Eltern seltener als zu aufdringlich empfinden. Offenbar gelang es diesen Männern, das Näheverhältnis zu ihren Eltern weiterzuführen und sich auf gesunde Weise auf diese Beziehung zu stützen, um im Erwachsenenalter zu bestehen.

Interdependenz: Ein heikles Gleichgewicht zwischen Eltern und Sohn

In einer gesunden Mutter-Sohn-Beziehung scheint es so etwas wie ein Übermaß an Liebe nicht zu geben. Mitunter bildet sich zwischen Müttern und Söhnen ein Verhältnis, das in ungesunder Weise zwischen extremer Unabhängigkeit und Abhängigkeit schwankt. Dennoch bin ich der Ansicht, daß die meisten Mütter und deren Söhne imstande sind, eine starke und gesunde Beziehung aufzubauen, die auf *Interdependenz* basiert. Dies bedeutet, daß jeder von uns Bindungen zu anderen Menschen besitzt und sich auf diese stützt, gleichzeitig aber für sein Handeln und sein Wesen selbst die Verantwortung trägt. Eltern müssen lediglich darauf achten, ihre eigenen Wünsche und Sehnsüchte nicht über die ihres Sohns zu stellen und nicht den Versuch zu unternehmen, seine Gefühle zu manipulieren, indem sie ihn durch Schuld oder Scham dazu bewegen, ihrem Wunsch gemäß zu handeln. Angesichts von fordernden oder dominanten Eltern sieht sich ein Junge möglicherweise gezwungen, sich entweder unterzuordnen oder an das andere Ende des Landes zu übersiedeln, ohne eine Nachsendeadresse zu hinterlassen.

Sowohl Mütter als auch Väter müssen das Verhältnis zwischen der für das Kind notwendigen Unterstützung und seinem Bedürfnis nach Unabhängigkeit immer wieder von neuem ausbalancieren. Mütter wissen instinktiv am besten, wann sie eingreifen und wann sie Freiraum gewähren müssen. In den meisten Fällen ist das Kind selbst der zuverlässigste Führer. Wenn Eltern lernen, auf die Signale eines Kindes zu achten, entsteht ein stabiles Gleichgewicht. Sie schalten sich nicht ein, solange das Kind allein gut zurechtkommt, und sie ziehen sich nicht zurück, wenn das Kind Trost sucht. Sie flüchten auch nicht, wenn sie vorübergehend zurückgestoßen werden. Das durch den alltäglichen Kontakt erworbene Wissen über das eigene Kind ist für beide Eltern der beste Wegweiser.

Die in der Theorie so einfach erscheinende Entwicklung zu einer gesunden Unabhängigkeit wird augenblicklich gehemmt, wenn Mutter und Sohn dem unentrinnbaren Einfluß des männlichen Verhaltenskodexes erliegen. Wie wir im zweiten Kapitel erfuhren, hätte der kleine Johnny Martin die Unterstützung seiner Mutter auch weiterhin dringend benötigt, doch dieses Gefühl war ihm an seinem ersten Tag im Kindergarten nicht gestattet. Er wurde aufgrund der Intensität einer normalen Abhängigkeit gedemütigt, die er als 5jähriger nach Meinung anderer – einschließlich aller Fachleute – nicht hätte besitzen sollen. Als Folge zieht sich der Junge selbst von seiner Mutter zurück. Der Druck der Gesellschaft, den Jungen «gehen zu lassen», lastet nicht nur auf der Mutter, sondern auch auf dem Jungen selbst. Bevor er eine gesunde Unabhängigkeit entwickeln konnte, wurde er abrupt und auf ungesunde Weise gezwungen, seine Abhängigkeit aufzugeben. Diese traumatische Erfahrung hat weitreichende Konsequenzen. Der Junge weist nicht nur seine Mutter, sondern auch die Emotionalität, die sie ihn zu lehren versuchte, weit von sich. In der Folge wird er zu einem Mann heranwachsen, der seinerseits darauf beharren wird, daß seine Söhne lernen müssen, ohne diese «weiblichen» Fähigkeiten auszukommen.

Unterschiedliche Arten und Ausdrucksformen von Liebe: Worte gegen Taten

Jungen entwickeln einen eigenen Stil, ihre Liebe und Zuneigung auszudrücken, der sich im allgemeinen deutlich von dem der Mädchen (und daher auch dem ihrer Mütter) unterscheidet. Auch diese Eigenschaft ist, wie an anderer Stelle bereits ausgeführt, auf den männlichen Verhaltenskodex zurückzuführen. Eine Mutter sollte diesen Umstand niemals vergessen, da ihr Junge selbst nach einer traumatischen Trennung versuchen könnte, den Kontakt zu ihr wiederaufzunehmen. Seine Annäherung ähnelt jedoch keineswegs dem, was sie selbst tun würde, um eine Beziehung wiederzubeleben. Ein Junge wird nicht das Gespräch suchen, sondern seine Mutter auffordern, mit ihm gemeinsam etwas zu unternehmen. Die gemeinsame spielerische Aktivität ist seine Art, Liebe, Zuneigung und Anteilnahme auszudrücken. Mütter verkennen leicht die Bedeutung dieser dem Anschein nach belanglosen Unternehmung, da sie kaum jene verbale Vertrautheit eines Gesprächs beinhaltet, die die meisten Frauen schätzen. Vielen Jungen vermittelt eine solche Unternehmung jedoch das Gefühl von Nähe, Trost und Geborgenheit. Im Idealfall stellt sich eine Mutter auf diese Tatsache ein.

Autofahren als Therapie – die Wiederaufnahme einer Beziehung

Gwen erfuhr nur durch Zufall von der besonderen Art ihres Sohnes, Kontakt aufzunehmen. Sie war enttäuscht gewesen, daß ihr 13jähriger Sohn David nicht mehr so offen mit ihr sprach wie früher. All ihre Versuche, an diesem Zustand etwas zu ändern, endeten in einer Sackgasse. Als ihr Mann einmal spätabends arbeitete, übernahm sie die Aufgabe, David zu seinem Hockeytraining zu fahren. Auf der Rückfahrt begann der Junge im Auto zu erzählen – erst von einer Schlägerei, dann über seine Freunde im Team, und schließlich verwandelte sich das Gespräch in eine Diskussion über Marihuana.

Gwen war erstaunt, als ihr Sohn sich so stark öffnete. «Es muß an dem Auto liegen», überlegte sie. «Die Dunkelheit draußen und die Behaglichkeit in der Kabine, und wenn er will, kann er das Gespräch einfach unterbrechen und zum Fenster hinaussehen – all das trug zu einer Stimmung bei, in der es ihm leichter fiel, zu sprechen.» Von nun an würde sie die Aufgabe, David zu fahren, mit ihrem Mann teilen. «Autofahren ist Therapie für uns beide», erklärt sie lachend.

Viele Mütter erkennen, daß sich ihre Söhne bei gemeinsamen Unternehmungen öffnen und zu sprechen beginnen. Claudia beispielsweise berichtete, daß ihr 10jähriger Sohn Scott häufig in «wirklich schlechter Stimmung» nach Hause kam. «Wenn er sich in dieser Verfassung befindet, scheint er lediglich den Fernseher einschalten und sich aus der Wirklichkeit ausschalten zu wollen», erklärt sie. «Wenn ich ihn frage, was mit ihm ist, ignoriert er mich, oder er fordert mich auf, ihn in Ruhe zu lassen.» Rasch entwickelte Claudia eine Strategie, mit der sie Scott dazu bewegen konnte, ihr mitzuteilen, warum er sich in dieser Stimmung befand. «Üblicherweise wird er aufgeschlossener, wenn ich ihn einlade, etwas mit mir zu unternehmen, wie zum Beispiel Tischtennis oder Frisbee zu spielen. Sobald wir damit beginnen, ändert sich sein Verhalten. Wenn wir dann eine Weile gespielt haben, kommt er zu mir und beginnt über seine Angelegenheiten zu sprechen. Er erzählt mir nicht immer alles, was in ihm vorgeht, aber ich bekomme häufig das Gefühl, daß er durch diese Gespräche die emotionale Entlastung erhält, die er wirklich benötigt.»

Das zeitbegrenzte Schweigen von Jungen

Mütter sind im allgemeinen gerne bereit, sich mit ihren Kindern auseinanderzusetzen und über ihre Gefühle zu sprechen. Daher wirkt das Verhalten eines Jungen, das sich in Beziehungsfragen deutlich von dem eines Mädchens unterscheidet, frustrierend auf sie. In gewisser Weise läßt es sich jedoch vorhersagen und planen.

Die schwierigste Gesprächssituation, in der Mütter und Söhne am leichtesten den Kontakt zueinander verlieren (auch wenn sie sich in ihren Herzen stärker denn je nach Nähe sehnen), ergibt sich, wenn Jungen ihre Mütter verletzen. Wird das Selbstvertrauen eines Jungen angegriffen, oder fühlt er sich aus anderen Gründen traurig oder enttäuscht, folgt er häufig einem Muster, das ich als «zeitbegrenztes Schweigen» bezeichne.

Als erste Reaktion zieht sich ein Junge zurück und pflegt seinen Schmerz. Bedrängt ihn seine Mutter in diesem Moment mit besorgten Fragen, verstärkt dies nur sein Gefühl von Scham und bewirkt, daß er sich noch weiter verschließt. In vielen Fällen ist er erst, wenn er eine gewisse Zeit mit seinem Schmerz allein war, bereit, zurückzukehren und zu sprechen. Seine Annäherung erfolgt jedoch möglicherweise auf so subtile Weise, daß seine Mutter sie übersehen könnte. Verpaßt der Elternteil diesen Augenblick, ergibt sich erst viel später erneut eine Gelegenheit, über diese Angelegenheit zu reden.

Selbst eine liebevolle Mutter könnte dieses Muster mißverstehen. Wenn ihr Sohn offensichtlich aufgebracht nach Hause kommt, verspürt sie vermutlich den Wunsch, unmittelbar mit ihm zu reden. Reagiert der Junge auf ihre Bemühungen dann mit einem Ausspruch wie «Laß mich doch in Ruhe», fühlt sie sich abgewiesen. Sie ist enttäuscht darüber, daß ihre Hilfe derart rüde abgelehnt wird. Kehrt ihr Sohn nun nach einer gewissen Zeit aus seinem Schneckenhaus zurück und signalisiert verhaltene Gesprächsbereitschaft, kann es gut sein, daß die Mutter seine zaghafte Botschaft übersieht, und zwar vor allem dann, wenn sie durch seine schnöde Zurückweisung noch verletzt oder verärgert ist. Das schroffe «Laß mich in Ruhe» zu Anfang könnte zum einen ein Indiz dafür sein, wie tief der Junge verletzt ist, zum anderen könnte es auch eine indirekte Aufforderung an die Mutter enthalten, ihm beizustehen – aber später.

Maria und Carlos

Maria Cortiz, eine in Boston lebende Mutter, schilderte mir im Rahmen meiner Studien folgendes Ereignis:

«Eines Tages kam Carlos nach Hause und erzählte mir, daß er ein Fußballspiel in der Schule verloren hätte. Wenn bisher etwas Ähnliches geschehen war, hatte ich stets versucht, ihn zum Sprechen zu bewegen. ‹Laß mich in Ruhe. Ich will nicht darüber reden›, lautete zumeist seine Antwort. Wenn ich dann weiter auf ihn eindrang, wurde er wütend, stürmte in sein Zimmer und warf die Tür ins Schloß.»

«Und wie haben Sie die Sache diesmal angepackt?» fragte ich.

«Nun, diesmal versuchte ich etwas anderes. Ich sagte bloß, ‹Es tut mir leid, das zu hören›, und wartete auf eine Gelegenheit, mit ihm gemeinsam etwas zu unternehmen. Nachdem er sich geduscht und seine Kleidung gewechselt hatte, fragte ich ihn, ob er Lust hätte, spazierenzugehen und ein Eis zu essen. Wir machten uns auf den Weg und scherzten über einige verrückte Menschen auf der Straße. Als ich den Eindruck hatte, daß er sich wohl fühlte, sagte ich einfach, ‹Tut mir leid, daß es mit dem Spiel heute nicht so gut lief›.»

«Wie wirkte das?» forschte ich weiter.

«Ich konnte es nicht glauben», erklärte Maria kopfschüttelnd mit weitaufgerissenen Augen. «Carlos sah mir mit seinen lieben Hundeaugen direkt ins Gesicht und sagte, ‹Mama, ich fühle mich entsetzlich, wie ein echter Versager›. Daraufhin umarmte ich ihn kräftig. Gemeinsam einen Spaziergang oder Ähnliches zu unternehmen ist das beste Mittel, meinen Sohn zum Sprechen zu bewegen. Von nun an werde ich es immer auf diese Weise versuchen!»

Wie Maria erkannte, reagieren Jungen auf die Kontaktangebote ihrer Mütter dann am besten, wenn sie den Zeitpunkt selbst bestimmen können, das heißt, wenn sie frei entscheiden, wann auf eine Phase des Rückzugs eine Phase der Annäherung folgen soll. Dies gilt ganz besonders für Jungen in der Pubertät, die ein starkes Bedürfnis nach Privatsphäre und persönlichem Freiraum haben. Mütter müssen aufmerksam auf die subtilen Signale ihrer Söhne achten und in dem Augenblick gesprächsbereit sein, den der Junge auswählt.

Die Sprache der Mütter

Selbstverständlich ist auch die für Frauen typischere Art, Kontakt durch Sprache aufzunehmen, hilfreich. Mitunter wird es einer Mutter gelingen, die Verbindung zu ihrem Sohn durch einen verbalen Austausch von Gefühlen herzustellen. Diese Gabe ist für einen Jungen ebenfalls nützlich. Meiner Ansicht nach sollten Frauen jede Gelegenheit nutzen, um Jungen die «Sprache der Mütter» zu lehren, wie sie der Psychoanalytiker Jim Herzog bezeichnet. Sie sollten Jungen sanft dazu drängen, ihre Gefühle in Worte zu fassen. Im Idealfall beginnt dieser Prozeß im frühen Kindesalter. Eine Mutter könnte beispielsweise sagen: «Ich weiß noch, wie entsetzlich ich mich fühlte, als ich nicht in das Softballteam aufgenommen wurde. Damals hielt ich mich für den größten Versager.» Oder sie könnte beschreiben, wann und warum sie Traurigkeit und Scham empfand. «Es kränkte mich tief, als mich mein Vorgesetzter während der Besprechung heute vormittag vor allen Anwesenden kritisierte.» Auf diese Weise zeigt eine Mutter, daß Verwundbarkeit ein natürliches und im Alltag manchmal unvermeidliches Gefühl ist, das etwas von seinem Schrecken verliert, wenn man es in Worte faßt und einem Freund mitteilt. Schließlich kann eine Mutter ihre besonderen Fähigkeiten nutzen, um ihrem Sohn zu helfen, die richtigen Worte für seine innersten Gefühle zu finden. Wenn beispielsweise ein Junge wütend nach Hause kommt und Türen knallt, kann sie ihn durch gezielte Fragen lehren, daß sich hinter seiner Wut womöglich Selbstzweifel und Enttäuschung verbergen. In diesem Fall könnte sie zum Beispiel fragen: «Ist alles in Ordnung? Bist du über irgend etwas enttäuscht? Bedrückt dich etwas?»

Mütter und Väter – gemeinsam gegen Klischees

Die beste Erziehung, die ein Junge von seinen Eltern erhalten kann, ist die Erziehung durch ein überzeugendes Vorbild – dann nämlich, wenn Vater und Mutter geschlechtsspezifische Zwänge in Worten und Taten überwinden. Unglücklicherweise besitzen Ehepaare in der Realität die Neigung, Aufgaben zu teilen, so daß jeder der Partner das tut, wobei er oder sie sich am wohlsten fühlt. Dies kann zu dem fatalen Muster führen, daß Mütter die tägliche Pflege und Sorge übernehmen und Väter vorwiegend für die Disziplinierung ihrer Kinder zuständig sind. Das eigentliche Problem derartiger Muster besteht darin, daß sie die strengen Rollenklischees verstärken, die zu überwinden wir unsere Jungen lehren wollen. Einige Mütter tragen unbewußt zum Bestehen geschlechtsspezifischer Stereotype bei, indem sie die Rolle des Torwächters übernehmen und Väter daran hindern, in die Erziehung einzugreifen.

Nina und Mark

Nina und Mark sind ein Musterbeispiel für das Torwächterproblem, das ich in Kapitel 6 eingehender besprechen werde. Als sie zum ersten Beratungsgespräch kamen, beschwerte sich Nina bitter, daß Mark sich nicht stärker für die Kinderbetreuung engagierte.

«Was soll ich tun? Jedes Mal, wenn ich zu helfen versuche, sagt sie mir, daß ich etwas falsch mache», explodierte Mark.

«Was genau meinen Sie damit?» fragte ich ihn.

«Als ich zum Beispiel gestern versuchte, die Windel des Babys zu wechseln, blieb der Klettverschluß an seinem Bein kleben, und es stieß einen kleinen Schrei aus. Im nächsten Augenblick tauchte Nina auf, nahm mir das Baby aus den Händen und fragte mich: ‹Was hast du mit ihm getan?› – so als hätte ich den Kleinen gequält.»

«Wie haben Sie darauf reagiert?»

«Ich verließ Nina und das Baby und versuchte Matthew, unserem 9jährigen Sohn, bei seinen Schularbeiten zu helfen. Doch bevor ich mich's versah, kritisierte sie auch das. Ich würde ihm zu viel helfen und ihm alle Antworten vorsagen. Wann immer ich etwas tue, sehe ich, wie sie im Hintergrund zusammenzuckt, als würde ich die Kinder für ihr gesamtes Leben verderben.»

«Haben Sie das Gefühl, bei Ihren Jungen eine wichtige Rolle zu spielen?» erkundigte ich mich.

«Das einzige, was sie mir zugesteht, ist, den Bösewicht zu verkörpern. Wenn ich nach Hause komme, fordert sie mich auf, mit Matthew über sein Verhalten zu reden. Warum kann sie das nicht selbst?»

«Du bist der Vater», antwortete Nina. «Du kannst besser mit Jungen sprechen als ich.»

In diesem Fall mußten wir uns auf Ninas Bestreben konzentrieren, ihren Kindern eine perfekte Mutter zu sein. Als ehemals berufstätige Frau hatte sie sich wegen ihrer beiden Jungen entschlossen, zu Hause zu bleiben. Ihr fiel es schwer, sich einzugestehen, daß ihr Mann, der seine Kinder nur abends und am Wochenende sah, als Elternteil ebenso erfolgreich sein konnte wie sie. Tatsächlich behielt Nina auch recht mit ihrer Behauptung, daß Mark weniger geübt war, das Baby körperlich zu versorgen oder die emotionalen Bedürfnisse seines älteren Sohns zu deuten.

Mark hingegen erkannte schließlich, daß er mitunter mit Nina gemeinsame Sache machte, wenn er sich in der Kinderpflege ungeschickt anstellte, so daß sie die Angelegenheit übernahm und er zu seiner Zeitung zurückkehren konnte. Es ist jedoch hervorzuheben, daß Mark die Möglichkeit – und auch das Recht – zugestanden werden muß, seinen eigenen Stil im Umgang mit den Kindern zu entwickeln. Im Verlauf einiger Wochen lernte Nina, Mark bei den Kindern um Hilfe zu bitten und weniger wachsam zu beobachten, wie er seine Aufgabe erfüllte. Sie entdeckten, daß es am besten funktionierte, wenn Nina den Raum verließ, denn dann mußte Mark auf irgendeine Weise mit der Situation alleine klarkommen. Mark hingegen erkannte, daß die zunehmende Vertrautheit im Umgang mit seinen Kindern und den anfallenden Aufgaben ihn mit Stolz erfüllte.

Nina und Mark mußten sich auch mit dem auseinandersetzen, was sie in ihren eigenen Familien über die Rollenverteilung der Eltern gelernt hatten. Ninas Vater war ein strenger, distanzierter Mann gewesen. Sie erinnerte sich, daß sie, wenn ihr Vater sie gescholten und bestraft hatte, anschließend stets trostsuchend zu ihrer Mutter gelaufen war. Nun übernahm sie dieselbe Aufteilung, blieb auf diese Weise immer der gute, liebevolle Elternteil und drängte Mark in die Rolle des Buhmanns. Dadurch nahm sie ihm schließlich die Chance, eine innige Beziehung zu seinen Kindern aufzubauen. Mark seinerseits lehnte die Rolle der Autoritätsperson ab, da sein Vater sie keineswegs wirkungsvoll erfüllt hatte. In den seltenen Fällen, in denen Marks Vater zu Hause gewesen war, hatte er den Kindern aus einem Buch vorgelesen und ihnen anschließend so geistesabwesend einen Gutenachtkuß gegeben, daß sich der Junge niemals sicher war, ob sein Vater wußte, welches Kind nun vor ihm stand. Marks Mutter hatte das Haus mit fester Hand geführt. Aus diesem Grund fühlte Mark unbewußt, daß Nina sich um Disziplinprobleme kümmern sollte.

Die Ehepartner waren imstande, diese Verhaltensmuster zu erkennen und ihre Situation schrittweise zu verbessern. Nina lernte, sich selbst Grenzen zu setzen, und Mark erweiterte seine Kompetenz in allen Bereichen der Kinderpflege und -erziehung. Selbstverständlich wurden sie nicht auf magische Weise gleichberechtigte Partner. Verglichen mit Marks gelassener Art, wird Nina stets übervorsichtig mit ihren Jungen umgehen. Ein typisches Verhalten zu ändern erfordert konsequente Arbeit. In diesem wie in vielen anderen Fällen wird die Mühe durch das gesteigerte Kameradschaftsgefühl zwischen den Eltern und die tiefere Vertrautheit mit den eigenen Kindern belohnt. Zusätzlich lernen Kinder, daß die Rollenverteilung zwischen ihren Eltern nicht von Natur aus vorgegeben, sondern frei aushandelbar ist.

Eltern sollten miteinander über das Thema Männlichkeit diskutieren und zu einem prinzipiellen Einverständnis über die Erziehung ihrer Söhne gelangen. Allerdings sollten sie nicht beunruhigt sein, wenn sie die Dinge nicht auf dieselbe Weise tun. Wie das Beispiel von Nina und Mark zeigt, können sich Eltern in ihrem Verhalten deutlich unterscheiden. Indem ein Sohn von jedem Elternteil andere Eindrücke erhält, erweitert sich schließlich seine eigene Perspektive.

Leitfaden für Mütter: Wie sie ihren Söhnen nahe bleiben und sie dennoch auf die harte Realität vorbereiten können

Wie wir gesehen haben, müssen Mütter bei der Erziehung von Jungen verschiedene Hürden überwinden. Erstens müssen sie sich gegen die gesellschaftliche Konvention zur Wehr setzen, sich von ihren Söhnen zu einem Zeitpunkt zu trennen, zu dem diese sich nach Nähe sehnen. Zweitens werden sie vor die schwierige Situation gestellt, ihre Söhne einerseits zu liebevollen und sensiblen Wesen zu erziehen und sie andererseits auf die «Welt der Wirklichkeit» vorzubereiten, in der sie geneckt, verspottet und gedemütigt werden können, sobald sie ihre liebevolle und sensible Seite zeigen. Und drittens müssen Mütter damit umgehen lernen, daß sich ihre heranwachsenden Söhne als Reaktion auf das, was die Gesellschaft ihnen an Demütigung zumutet, abhärten und daher dem Versuch ihrer Mütter widerstehen, ihnen nahe und verbunden zu bleiben. Um mit diesen Herausforderungen umzugehen und eine engere und erfolgreichere Beziehung zu ihren Söhnen aufrechtzuerhalten, rate ich Müttern häufig zu den folgenden Strategien:

Sprechen Sie offen über den männlichen Verhaltenskodex. Es ist nahezu unmöglich, ein Problem zu überwinden, wenn es niemals besprochen wird. Teilen Sie Ihrem Sohn mit, was Ihnen an ihm gefällt und mißfällt. Diskutieren Sie mit ihm die widersprüchlichen Erwartungen an Männlichkeit, denenzufolge Jungen einerseits aufgefordert werden, sich wie «nette Kerle» zu benehmen, und andererseits dazu gedrängt werden, den «starken Max» zu markieren. Reden Sie über Ihre Situation als Elternteil. Erklären Sie ihm, wie sehr Sie sich wünschen, daß er ein mitfühlender, liebevoller Mann wird, vergessen Sie aber nicht, ihn auch über die «Welt der Wirklichkeit» und ihre Härten aufzuklären. Wenn Ihr Sohn der Überzeugung ist, daß Sie tatsächlich verstehen, was es für ihn bedeutet, in einem Umfeld zu leben, in dem die Gesetze des männlichen Verhaltenskodexes Gültigkeit haben und Grenzverletzungen mit Hohn und Spott quittiert werden, wird er bereitwilliger all jene emotionalen Fähigkeiten erlernen, die Sie ihm wahrscheinlich gerne vermitteln.

Das bedeutet aber auch, daß Sie sich mitunter eine Niederlage eingestehen müssen. Anders ausgedrückt: Es könnte sein, daß sich Ihr Lösungsvorschlag für ein Problem, das zwischen Ihrem Sohn und seinen Altersgenossen besteht, als untauglich erweist. Zum Beispiel: Das kompromißbereite Verhalten Ihres Sohnes wird von seiten seines besten Freundes mit bissigen und spöttischen Bemerkungen kommentiert. Nehmen wir weiter an, Sie raten Ihrem Sohn in dieser Situation, seinem Freund zu zeigen, wie sehr ihn ein solches Verhalten verletzt. Stellen Sie sich nun vor, Ihr Sohn kommt nach Hause und erzählt Ihnen, daß er Ihren Rat befolgt hat, die verbalen Angriffe daraufhin aber lediglich zugenommen hätten.

Jetzt müssen Sie aufpassen. Ihr Sohn wird sich verraten und in seinem Schmerz allein gelassen fühlen, wenn Sie weiterhin darauf beharren, daß die von Ihnen vorgeschlagene Lösung funktioniert. Lassen Sie Ihren Sohn statt dessen wissen, wie leid es Ihnen tut, daß Ihr Vorschlag ihm nur eine weitere Demütigung eingebracht hat. Präsentieren Sie weitere Ideen, oder – noch besser – fragen Sie Ihren Sohn, wie er gedenkt, das Problem zu behandeln. Unterstützen Sie ihn, so gut Sie nur können, auch wenn sich seine Vorstellungen von Ihren unterscheiden. Vielleicht wird er versuchen, seinen Freund einige Zeit lang zu ignorieren; vielleicht wird er seinem Kumpel auch auf etwas handfestere Weise klarmachen, daß es ihn teuer zu stehen kommen wird, wenn er seine Anmerkungen nicht unterläßt. Möglicherweise fühlen Sie sich nicht gänzlich wohl bei dem Vorschlag Ihres Sohnes, aber wir dürfen nicht vergessen, daß Ihr Sohn sein Bestes gibt, um mit dem männlichen Verhaltenskodex und all seinen strengen Regeln über Männlichkeit fertig zu werden. Ebenso wichtig, wie die veralteten Vorschriften für Männer mit Ihrem Sohn zu diskutieren, ist es auch, sich daran zu erinnern, daß auf Ihrem Sohn der gewaltige Druck lastet, diese zu erfüllen. Sprechen Sie offen über den männlichen Verhaltenskodex und unterstützen Sie Ihren Sohn darin, sich gegen ihn aufzulehnen oder innerhalb seiner Grenzen erfolgreich zu sein.

Sprechen Sie auch mit anderen über die unselige Wirkung des männlichen Verhaltenskodexes.

Wenn Mütter mit dem überholten männlichen Verhaltenskodex konfrontiert werden, reagieren sie häufig mit einem resignierten Stoßseufzer und fügen sich dem scheinbar unabänderlichen Gesetz. Ständig höre ich Äußerungen wie «Jungen kann man nicht ändern!», «Wenn sie in der Schule davon erfahren, ist alles aus» oder «Sobald sie in die Pubertät kommen, liegt es ihnen im Blut!». Derartige hilflose Aussagen leiten sich direkt von den bereits besprochenen Mythen über Jungen ab.

Meiner Ansicht nach können Mütter einiges tun, um Veränderungen zu bewirken. Vorrangig ist hierbei, daß Sie mit Ihren Freunden, Nachbarn und Familienmitgliedern über den männlichen Verhaltenskodex sprechen. Teilen Sie ihnen mit, wie er funktioniert und auf welche Weise er unsere Jungen begrenzt. Erklären Sie, wie Sie persönlich mit ihm umgehen.

Zusätzlich sollten Sie die Erzieher Ihres Sohnes fragen, wie sie zu dem Verhaltenskodex für Jungen stehen. Wie wir an anderer Stelle in diesem Buch besprechen werden, müssen auch Lehrer und Schuleinrichtungen die Jungenkultur kennenlernen. Immerhin verbringen Jungen viele Jahre ihres Lebens in diesen Institutionen. Wenn Sie der Ansicht sind, daß Ihr Sohn eine Schule besucht, die die emotionalen Bedürfnisse von Jungen nicht ausreichend berücksichtigt und in der die alten Rollenklischees konserviert werden, sollten Sie sich die Zeit nehmen, Ihr Wissen an die Männer und Frauen weiterzugeben, die Ihre Söhne tagtäglich unterrichten.

Zu guter Letzt ist Ihr eigener aktiver Widerstand gegen die strengen gesellschaftlichen Vorschriften in bezug auf Jungen und Männlichkeit das beste Vorbild für andere. Nur sachlich über sie zu sprechen ist einfach nicht genug. In diesem Kapitel erfuhren wir von verschiedenen Müttern, die sich erfolgreich gegen Klischees zur Wehr gesetzt haben. So wie Mütter ihren Töchtern das Tor zu neuen Möglichkeiten öffneten, könnten sie auch ihren Söhnen den Weg weisen und ihnen helfen, ein neues Verständnis von Männlichkeit zu etablieren.

Sprechen Sie mit Ihrem Sohn über Männer, die Sie schätzen oder lieben, und begründen Sie Ihre Gefühle. Eine der besten Methoden, Ihrem Sohn eine klare und gesunde Botschaft über Männlichkeit zu vermitteln, besteht darin, auf *positive* Weise über die Männer zu sprechen, die Sie und er schätzen, wie Ihren Ehemann, Ihren Vater, einen Onkel, einen engen Freund der Familie und so weiter. Während Ihr Sohn versucht, mit den widersprüchlichen Erwartungen der Gesellschaft über Männlichkeit zurechtzukommen, können Sie ihm Orientierung bieten, wenn Sie ihn wissen lassen, welche Eigenschaften Sie an Männern bewundern: «Dein Onkel ist wirklich ein warmherziger Mensch» oder «An deinem Vater liebe ich besonders, daß er die Meinung anderer über seine Kleidung ignoriert und seinen eigenen Weg geht. Magst du seinen lustigen Hut nicht auch?» oder «Du kennst doch Pete von nebenan? Ich finde es phantastisch, wenn er beim Rasenmähen mit voller Lautstärke Opernmusik durchs Fenster hört. Was für ein netter, kreativer Junge!» Ihr Sohn kann unter den verschiedenen Vorbildern auswählen und sich so leichter ein eigenes Bild davon machen, wie er selbst gerne wäre. Er lernt die starren Denkmuster zu durchbrechen, mit denen er tagtäglich konfrontiert wird.

Andererseits sollten Sie die Verwirrung Ihres Sohns nicht steigern, indem Sie ihm mitteilen, was Ihnen an den Sie umgebenden Männern mißfällt – zumindest nicht in einem abfälligen Ton. In begrenztem Rahmen könnte es angebracht sein, ihn wissen zu lassen, welche Aspekte an verschiedenen Männern Sie nicht mögen, das männliche Selbstvertrauen Ihres Sohnes könnte jedoch Schaden leiden, wenn er ständig gezwungen ist zu hören, daß Sie fast alles an fast allen Männern ablehnen. In kleinen Dosen sind Aussprüche wie «Es verletzt mich, wenn dein Großvater so still und unnahbar wird» oder «Ich verstehe diese Bodybuilding-Zeitschriften nicht. Begreifen diese Männer nicht, wie großartig sie auch ohne das Training aussehen!» erlaubt. Nicht zulässig sind negative Bemerkungen über die Männer, die Ihrem Sohn am nächsten stehen, wie «Dein Vater ist ein Dummkopf, wenn er vorgibt, alles zu wissen!» oder «Dein älterer Bruder hält sich für Herkules. Ich wünschte, er würde endlich aufhören, seine Zeit mit Gewichtheben zu vergeuden», oder subtilere Aussagen, wie «Hält sich dein Freund John wirklich für cool, wenn er seine Schuhbänder nicht zubindet?» oder «Die Blumen, die dein Vater mir mitbrachte, sind kein Ausgleich dafür, daß er immer so spät von der Arbeit nach Hause kommt». Ähnliche negative Bemerkungen über Männer könnten der Entwicklung eines Jungen ernstlich schaden und überdecken das, was Sie sich wirklich für Ihren Sohn wünschen. Versuchen Sie daher, sie soweit wie möglich zu unterlassen.

Bilden Sie mit dem Vater Ihres Sohnes ein Team.
Wenn es irgendwie möglich ist, sollten Sie sich in die Aufgaben der Kindererziehung mit Ihrem Partner teilen. Überlassen Sie nicht stets Ihrem Mann die Rolle des strengen Erziehers, während Sie selbst dafür zuständig sind, Trost zu spenden. Wenn jeder Elternteil auf geschlechtsneutrale Weise die verschiedenen Aufgaben der Kindererziehung übernimmt, vermitteln Sie Ihrem Sohn die Botschaft, daß Sensibilität und Nachsicht nicht ausschließlich eine «weibliche Angelegenheit» und Konsequenz und Strenge nicht ausschließlich eine männliche sind. Die Art und Weise, wie Eltern ihre Pflichten aufteilen, prägt die Vorstellungen über geschlechtsspezifische Rollenbilder. Wenn wir unsere Jungen auffordern, freundlicher und sensibler zu sein, die gesamte darauf abgestimmte Erziehung aber den Müttern überlassen, dürfen wir uns nicht wundern, wenn sie zu der Einsicht gelangen, daß dies ein rein weiblicher Tagesordnungspunkt ist. Wenn sich hingegen auch Väter daran beteiligen, die sensible Seite eines Kindes zu trainieren, und Mütter Aufgaben und Pflichten übernehmen, die traditionell von Vätern erfüllt werden, entwickelt der Junge eine weniger einseitige Vorstellung von männlicher Identität.

Wenn Ihr Sohn verletzt wirkt, zögern Sie nicht, ihn zu fragen, ob er mit Ihnen sprechen will.
Auch wenn Ihr Sohn nicht sogleich reagiert, ist es kein Fehler, ihn zu fragen, wie die Dinge laufen und ob er mit Ihnen darüber reden will. Ihn einfach zu einem offenen Gespräch auf-

fordern hilft ihm häufig, sich durch schwierige Gefühle hindurchzuarbeiten. Mitunter zeigt ein vorsichtiger Vorstoß Erfolg. Statt «He, du bist offenbar in einer schrecklichen Stimmung. Willst du über deine Gefühle reden?» sollten Sie etwas sagen wie: «Wir haben schon lange nichts gemeinsam unternommen oder miteinander gesprochen. Hättest du Lust, den Nachmittag gemeinsam mit mir zu verbringen?» Wenn Sie den Kontakt zu Ihrem Sohn suchen, sollten Sie nicht seine Probleme in den Mittelpunkt rücken, sondern Ihre Absicht, gemeinsam mit ihm Zeit zu verbringen. Von seiner Persönlichkeit und seinen gegenwärtigen Gefühlen wird es abhängen, ob er Ihr Angebot annimmt oder ablehnt. Abwarten können, bis er zu einem Gespräch mit Ihnen bereit ist, ist hierbei der Schlüssel zum Erfolg.

Vermeiden Sie es, Ihren Sohn zu demütigen, wenn er nicht mit Ihnen sprechen will.

Wenn Ihr Sohn erkennen läßt, daß er nicht sogleich mit Ihnen sprechen will, sollten Sie ihm daraus keinen Vorwurf machen. Beispiele für typisch demütigende Aussagen sind «Oh, du bist genau wie dein Vater» oder «Wenn du wüßtest, was gut für dich ist, würdest du dich sofort setzen und mit mir reden». Auch wenn Sie beleidigt hinausgehen und die Tür krachend ins Schloß fallen lassen, beschämen Sie Ihren Sohn – immerhin ist an seinem Bedürfnis, einige Zeit allein sein zu wollen, nichts Schlechtes. Selbst wenn Sie sich zurückgewiesen fühlen oder es Sie drängt, ihm augenblicklich zu helfen, sollten Sie ihn nicht unter Druck setzen.

Achten Sie das Bedürfnis Ihres Sohns nach einem zeitbegrenzten Schweigen.

Wenn Ihr Sohn es vorzieht, nicht sogleich zu sprechen, sollten Sie ihm die Gelegenheit geben, eine Weile allein zu sein. Möglicherweise wird er still, sieht fern, hört Musik oder geht fort, um nachzudenken. Stören Sie ihn nicht in diesem Augenblick. Geben Sie ihm die Gewißheit, daß Sie da sein werden, wenn er Sie braucht.

Wenn Ihr Sohn zu Ihnen Kontakt aufnehmen möchte, sollten Sie alles tun, um für ihn da zu sein.

Sobald Ihr Sohn die Isolation aufgibt, ist es wichtig, daß Sie ihm zur Verfügung stehen. Da er Ihnen womöglich nur ein kurzes «Beziehungsfenster» gewährt, müssen Sie ihn aufmerksam beobachten, um zu erkennen, wann er den Kontakt zu Ihnen sucht. Seine Annäherung kann auf subtile Weise durch eine Frage wie «Wann essen wir zu Abend?» oder durch ein direktes «Können wir reden?» erfolgen.

Versuchen Sie durch gemeinsame Aktivitäten Verbindung aufzunehmen.

Statt Ihrem Sohn sofort ein Gespräch aufzudrängen, sollten Sie ihn zu einer gemeinsamen Aktivität einladen. Bei einer Routinearbeit im Haushalt, einer sportlichen Tätigkeit, einem Spaziergang oder einem anderen gemeinsamen Ereignis ergibt sich häufig die Gelegenheit für ein vertieftes Gespräch. Dieses Vorgehen ist nicht nur eine gute Methode, die Beziehung zu Ihrem Sohn wiederaufzunehmen, sondern zeigt ihm, daß Sie seine Art, Kontakt zu schließen, verstehen, respektieren und auf sie eingehen.

Halten Sie Ihre Gefühle nicht zurück.

Zu guter Letzt ist es besonders wichtig, daß Sie sich niemals von dem Gefühl leiten lassen, sich zurückhalten zu müssen. Es ist wundervoll, wenn Sie Ihrem Sohn gegenüber Ihre Liebe und Zuneigung ausdrücken. Dadurch stärken Sie ihn und steigern seine Fähigkeit, mit der Außenwelt umzugehen. Es ist richtig, Eltern, die extrem dominant und kontrollierend sind, können ihre Kinder in einer ungesunden Abhängigkeit halten. Meine jahrelange Arbeit mit Jungen und ihren Eltern bestätigt aber, daß dieses Phänomen – das in der psychologischen Fachliteratur häufig thematisiert wird – in der Realität keine so große Rolle spielt. Mütter können also unbesorgt sein: Ihre Liebe ist von unschätzbarem Wert. Sie sorgt dafür, daß Jungen zu selbstbewußten, tatkräftigen und erfolgreichen Männern heranwachsen können.

Kapitel 6

Wahre Männer – wahre Väter: Einfühlsame Beziehungen zwischen Vätern und Söhnen

«Ich besitze einige recht gute Freunde, auf die ich bei unbedeutenderen Angelegenheiten zählen kann. Bei einem größeren Problem oder wenn ich wirklich niedergeschlagen bin, wende ich mich an die Person, die mich wirklich versteht und mir helfen kann – an meinen Vater.»
(Tyler Williams, 12 Jahre)

Die besondere Rolle der Väter

Väter sind keine männlichen Mütter. Wie bekannt, ist die Interaktion zwischen Vater und Sohn von entscheidender Bedeutung für das Leben eines Jungen, sie unterscheidet sich jedoch häufig von der zwischen Mutter und Sohn. Väter entwickeln einen eigenen liebevollen Stil, ihre Jungen anzuregen, zu führen und mit ihnen zu spielen.

Begeisterung: Das Spiel zwischen Vater und Sohn

Forschungen ergaben, daß Mütter dazu neigen, ihre Kinder zu beruhigen und sie vor einer zu starken Stimulation zu schützen, während der durchschnittliche Vater Gefühle weckt und den Jungen durch begeistertes Spielen anregt.

Professor Ross Parke vom Riverside Center for Family Studies der University of California entdeckte im Rahmen seiner Studie über die Interaktion zwischen Vätern und ihren Babys, daß Väter ebenso auf kindliche Hinweise eingehen wie Mütter. Im Umgang mit ihren Söhnen zeigen sich jedoch bemerkenswerte Unterschiede: Beim vertrauten Spiel mit ihren männlichen Babys gelingt es Vätern, ihren Babys ein breiteres Spektrum an Emotionen zu entlocken und sie zu intensiveren Reaktionen zu bewegen.

Sobald das Baby laufen kann, steigern Väter ihre Stimulation, indem sie mit ihren Söhnen Fangen spielen oder Ringkämpfe veranstalten. Der Kinderpsychiater Martin Greenberg bezeichnet die frühzeitige emotionale Investition eines Vaters in seinen neugeborenen Sohn als «Vertiefung». Ich verwende den Ausdruck *Begeisterung* für das aktive Spiel zwischen Vater und Sohn, denn meiner Erfahrung nach begeistert sich der Sohn für die liebevolle, spielerische Aufmerksamkeit seines Vaters ebenso, wie diesen die Reaktionen seines Sohnes in Begeisterung versetzen.

Die ausgeprägte Fähigkeit der Väter, ihren Söhnen verschiedene emotionale Reaktionen zu entlocken, ist für Jungen von unschätzbarem Wert. Mit ihrer Hilfe lernen sie eine breitere Palette lebendiger Verhaltensweisen kennen. Wenn sich Väter die Zeit nehmen, mit ihren Söhnen während ihrer Kindheit und Jugend begeistert zu spielen, benötigen Jungen während der Adoleszenz im Umgang mit schwierigen Gefühlen seltener die Unterstützung von Erwachsenen und sind eher imstande, emotional intensive Situationen auf elegante und sozial annehmbare Weise zu lösen.

Die Vorteile von Vater-Sohn-Spielen: Jungen lernen, die Gefühle anderer zu deuten

Die von Jim Herzog, einem Psychiater der Harvard University, als «Kamikazeunterhaltung» bezeichneten lebhaften väterlichen Spiele treiben Mütter mitunter zur Verzweiflung, besitzen aber viele Vorteile für die Entwicklung eines Kindes (und insbesondere eines Jungen). Durch sie lernen sie, ihre Gefühle im Umgang mit unterschiedlichen Vertrauenspersonen zuzulassen und zu steuern, darüber hinaus können sie diese Empfindungen deutlicher identifizieren und sich an eine Vielzahl komplexer sozialer Situationen anpassen.

Wie geht dieser Lernprozeß vor sich? Das ausgelassene Spiel des Vaters zwingt den Jungen, die Gefühle seines Vaters zu deuten. «Scherzt er bloß, oder ist er wirklich auf eine Schlägerei aus?» könnte sich ein Junge fragen, während er anhand von Gesichtsausdruck und Körpersprache seines Vaters dessen wahre Stimmung zu ergründen versucht. Das Spiel mit dem Vater regt den Jungen überdies an, seine eigenen wechselnden Gemütszustände Erwachsenen und anderen Kindern mitzuteilen. Wird das Spiel dem Jungen zuviel, könnte er dies durch Weinen ausdrücken. Wird es ihm zu langweilig, könnte er sich zurückziehen und dadurch signalisieren, daß er mehr Stimulation benötigt.

Der vermutlich wichtigste Aspekt an der Interaktion zwischen Vater und Sohn ist jedoch, daß Jungen lernen, auf ihre eigenen Gemütszustände zu hören, und dadurch feststellen können, welche übermächtig, außer Kontrolle, erträglich oder unerträglich sind.

Gefühlsmanagement

Das Spiel mit dem Vater führt zu der wichtigen Fähigkeit, Emotionen zu beherrschen. Wenn ein Vater seinen Sohn zu einer Interaktion herausfordert, die seine Grenzen auslotet und seinen Gefühlsbereich erweitert, verstärkt er dessen Fähigkeit, eine Veränderung in seiner Umgebung herbeizuführen, seine Empfindungen zu analysieren und sie seinen Eltern und anderen Personen zu übermitteln.

«Mein Vater und ich spielen oft sehr rauh und albern gerne», erzählte mir der 9jährige Bradley im Rahmen meiner jüngsten Studie. «Wenn wir ringen, muß immer einer aufgeben. Manchmal lache ich und manchmal weine ich, wenn ich unterliege. Das ist gut, denn dann fürchte ich mich in der Schule vor nichts und niemandem und weiß, wann ich zu weit gehe!»

Diese frühen väterlichen Lektionen in Gefühlsmanagement bleiben ein Leben lang von Bedeutung. Sie stehen mit den späteren Fähigkeiten eines Jungen in Beziehung, Enttäuschungen zu überwinden, sich auf unbekannte Situationen einzustellen und auf akademischen Problemlösungen zu beharren. Ross Parke und andere Experten setzen sie sogar mit dem Geschick älterer Jungen in Verbindung, «soziale Begegnungen» zu meistern und Uneinigkeiten nicht durch Kampf, sondern durch Kommunikation und Kooperation zu schlichten. Einfach ausgedrückt: Die rauhen Spiele zwischen Vater und Sohn, die so manche Mutter zusammenzucken lassen, lehren den Jungen, mit seinen Aggressionen konstruktiv umzugehen. Jay Belsky von der Penn State University, ein Pionier in der Erforschung des Einflusses von Vätern auf ihre Kinder, drückt es scherzhaft wie folgt aus: «Wäre Adam ein besserer Vater gewesen, hätten sich die Dinge für Kain und Abel anders entwickelt.»

Die einfühlsamen Beziehungen zwischen Vätern und Söhnen

Zusätzlich zu der entscheidenden Fähigkeit, Gefühle zu beherrschen, vermitteln Väter ihren Söhnen durch ihre warmherzige, spielerische und einfühlsame Beziehung das Gefühl der Sicherheit und des Wohlbefindens und bestärken dadurch deren männliches Selbstvertrauen. Der 12jährige Jackson erzählte mir die folgende Geschichte: «Samstags muß ich zu diesen Nachhilfestunden im Lesen. Ich glaube nicht, daß ich diese dummen Stunden brauche, aber wenn mein Vater mich fährt und wartet, bis ich fertig bin, macht mir das nicht wirklich etwas aus.» Der 7jährige Tommy erklärte: «Ich mag es gerne, wenn mein Vater zu meinen Baseballspielen kommt. Denn wenn er mir zujubelt, habe ich das Gefühl, einen Homerun geschafft zu haben, selbst wenn ich aus bin!»

Sich in ein Kind einfühlen zu können scheint eine natürliche Gabe der meisten Väter zu sein. Studien ergaben nun, daß Väter darüber hinaus auch den Wunsch besitzen, eine enge Beziehung zu ihren Kindern zu unterhalten. Dies wurde nicht immer als gegeben angenommen. In älteren Untersuchungen, die die Reaktion von Vätern und Müttern auf das Weinen eines Babys maßen, schienen Mütter sensibler und liebevoller zu sein. Jüngere Forschungen, die die *biologischen* (und nicht die verhaltensmäßigen) Merkmale empathischer Reaktionen, wie Herzschlag und Herzrhythmus, Veränderungen des Blutdrucks, Schweißausscheidung und so weiter, untersuchen, kommen zu dem überraschenden Ergebnis, daß sich die Reaktionen von Männern und Frauen auf das eindringliche Weinen eines Kleinkindes nicht unterscheiden. Möglicherweise erscheinen Frauen äußerlich mitfühlender und fürsorglicher in bezug auf die Gefühle ihrer Babys (zumindest nehmen Forscher ihr Verhalten auf diese Weise wahr), tatsächlich besitzen jedoch Männer wie Frauen eine breite Palette biologisch begründeter empathischer Reaktionen ihren Söhnen gegenüber.

Unsere gesellschaftlichen Ansichten über Jungen und Männer, die sich aufgeschlossen, liebevoll und expressiv verhalten, hemmen viele Väter, ihre *natürlichen* Gefühle für ihre Söhne insbesondere in der Öffentlichkeit zu zeigen. Oberflächlich könnte dadurch der Eindruck entstehen, daß Väter ihren Söhnen nicht so nahe sein können, wie es Mütter häufig sind. Eine der überraschendsten Erkenntnisse meiner

20jährigen Tätigkeit mit Jungen und Männern ist hingegen, daß Väter und Söhne einander ihr Leben lang durch ein echtes und tiefes Gefühl verbunden bleiben. Meiner Ansicht nach empfinden Jungen und ihre Väter große Zuneigung füreinander und sehnen sich danach, innigere Beziehungen zueinander zu entwickeln.

Der 12jährige Marco drückt es folgendermaßen aus: «Ich besuche jeden Tag gerne die Schule. Doch am liebsten gehe ich nach Hause, erledige mit meiner Mutter meine Hausaufgaben und warte dann, bis mein Vater nach Hause kommt. Wenn er durch die Tür tritt, ist das ein ganz besonderes Gefühl.»

Jack, ein Vater, den ich im Rahmen meiner Studie kennenlernte, berichtet: «Ich hasse es, wenn ich Überstunden machen muß. Das Gefühl, auch nur einen dieser außergewöhnlichen Augenblicke mit meinem Sohn zu verlieren, ist einfach unerträglich. Ich möchte einfach nach Hause gehen, mit ihm spielen und das ganz besondere Leuchten in seinen Augen sehen, wenn ich ihn zu Bett bringe.»

So wie sich Jungen nach jener besonderen Form der Kameradschaft und Zuwendung sehnen, die viele Väter ihnen bieten, sehnen sich Väter nach der Gelegenheit, am emotionalen Leben ihrer Söhne aus nächster Nähe teilzunehmen. Sie wünschen sich eine innige und verständnisvolle Beziehung zu ihren Söhnen, die sie in den meisten Fällen zu ihren eigenen Vätern vermißten. In unserem heutigen sozialen und familiären Umfeld bleiben diese natürlichen wechselseitigen Bedürfnisse aus verschiedensten Gründen teilweise oder gänzlich unerfüllt. Meine Untersuchungen weisen jedoch nach, daß viele Väter und Söhne neue Wege entdecken, um eine enge, aktive und liebevolle Beziehung zu knüpfen.

«Hier bin ich!»: Der generative Vater

Väter (wie Mütter) besitzen eine natürliche Eigenschaft, die der bekannte Psychoanalytiker Erik Erikson als «generativ» bezeichnet. Ein generativer Vater ist ein Mann, der sich eingehend mit der nächsten Generation beschäftigt und bemüht ist, seinen Kindern alles Erdenkliche zu geben, so daß sie produktiv, kreativ und glücklich sind. Er genießt es, wenn seine Kinder ihn brauchen, und blüht auf, wenn er ihnen das zukommen lassen kann, was sie benötigen. Traditionsgemäß setzen Väter ihre generativen Impulse in die Tat um, indem sie fleißig arbeiten, nach beruflichem Erfolg und finanziellem Wohlstand für die Familie streben. Zunehmend richten Väter ihre generativen Bemühungen jedoch auch darauf, eine enge, vertraute und zutiefst liebevolle Beziehung zu ihren Töchtern und Söhnen zu entwickeln.

Wenn ich über die Beziehung von Vätern und Söhnen nachdenke, fällt mir der biblische Stammvater Abraham ein. Im alten hebräischen Text der Bibel gibt es eine unvergleichlich poetische Phrase, die immer dann wiederholt wird, wenn Gott Abraham auffordert, sein geistiger Sohn zu sein. Abraham antwortet: *«Heneini»* – «Hier bin ich!» Auf einer anderen Ebene ist dieser Ausspruch Abrahams nicht nur eine Antwort an Gott, sondern auch ein Vermächtnis an Isaak, seinen einzigen und vielgeliebten Sohn, den Erben aller Verheißungen an die Hebräer und den Begründer einer Ahnenlinie, die von den Anfängen bis in die christliche Welt des Neuen Testaments führt. *«Heneini»* – «Hier bin ich!» Die meisten Väter heute versuchen ihren Söhnen ebenfalls die Gewißheit zu schenken, daß sie für sie da sind – bereit, sie zu lieben, zu trösten und zu beschützen.

Eine jüngst erhobene Statistik widerspiegelt diesen Wunsch. In einer breitangelegten Umfrage für die Zeitschrift *Newsweek* geben 55% der Befragten an, daß Kindererziehung für sie weit bedeutender ist, als sie es für ihre eigenen Väter war. Über 60% sind der Ansicht, diese Aufgabe besser zu erfüllen als ihre Väter, während 20% meinten, daß ihre Väter «weit besser» gewesen seien. 70% erklärten, mehr Zeit mit ihren Kindern zu verbringen als ihre Väter mit ihnen, und 86% der Frauen, die die Kindererziehung mit diesen Männern teilen, stuften deren Beitrag als «gut» bis «sehr gut» ein.

Wie diese Ergebnisse belegen, verspüren die meisten Väter heutzutage nicht nur den Wunsch, ihren Söhnen näher zu sein, sondern sie sind es auch tatsächlich, und sie werden von ihren Frauen darin unterstützt. Meine Untersuchung bestätigt ebenfalls, daß die heutigen Väter die alten Formen passiver Vaterschaft zunehmend ablegen, sich vertrauensvoll ihren Söhnen zuwenden und laut und deutlich rufen: *«Heneini»* – «Hier bin ich!»

Die anhaltende Wirkung von Vätern

Ein Junge, dessen Vater ihm während seiner frühen Kindheit nahe ist, profitiert ein Leben lang von dieser grundlegenden Vater-Sohn-Beziehung. Die Bereitschaft des Vaters, sich in seinen Sohn einzufühlen und in einem frühen Stadium in dessen Erziehung einzugreifen, macht sich sein gesamtes Leben, und insbesondere während der turbulenten Jugendjahre, bezahlt.

Die Arbeit von Leslie Brody von der Boston University zeigt zum Beispiel auf, daß Jungen, deren Väter aktiv in das Leben ihrer Söhne eingebunden sind, ein weniger aggressives und wettbewerbsorientiertes Verhalten aufweisen und Gefühle wie Verletzlichkeit und Traurigkeit besser ausdrücken können. Brodys Ergebnisse lassen den Schluß zu, daß Jungen mit aktiven, liebevollen Vätern nicht das Bedürfnis verspüren, sich auffällig oder aggressiv zu verhalten, um die Liebe und Aufmerksamkeit ihrer Väter zu gewinnen. Darüber hinaus beobachten sie, wie ihre Väter verschiedene Lebenssituationen bewältigen, und lernen auf diese Weise mit derartigen Situationen vernünftig und angemessen umzugehen. Hardesty und ihre Forschungsgruppe von der Morehead State University in Kentucky bestätigten diese Ergebnisse anhand einer Auswahl von Jungen im Alter zwischen 7 und 12 Jahren. Männliche Jugendliche, die eine innige Verbindung zu ihren Vätern haben, sind flexibler in ihrer Lebensgestaltung und in ihrer Erwartungshaltung dem anderen Geschlecht gegenüber. Eine an der University of Santa Clara durchgeführte Studie zeigte, daß Erstkläßler, deren Väter sich an ihrer Erziehung beteiligen, mehr Einfühlungsvermögen erkennen lassen. Eine weitere Untersuchung von Vorschulkindern und ihren Vätern in Alabama bestätigte, daß Söhne von Vätern, die intensiv an der Kindererziehung mitwirken, ein stärkeres Selbstwertgefühl und eine geringere Neigung zu Depressionen aufweisen.

Der tiefgreifende und anhaltende Einfluß von Vätern auf die seelische Entwicklung ihrer Söhne wurde zudem anhand verschiedener Langzeitstudien nachgewiesen, die dieselbe Gruppe von Jungen und Männern über einen Zeitraum von mehreren Jahrzehnten beobachtete. Robert Sears' Forschungen ergaben, daß 23jährige Männer, deren Väter wesentlichen Anteil an ihrer Erziehung gehabt hatten, am besten in der Lage waren, Konflikte durch Kompromisse zu lösen. Als das Einfühlungsvermögen und die Bindungsfähigkeit derselben

Männer im Alter von 31 Jahren und im Alter von über 40 Jahren erneut bewertet wurde, zeigte die Gruppe der «von väterlicher Seite gut versorgten Jungen» im Vergleich zu anderen noch stets den guten Einfluß der frühzeitigen Beziehung zu ihren Vätern.

Zu einem ähnlichen Ergebnis gelangte die Glueck-Studie, die erstmals vor über 40 Jahren mit 240 Vätern und ihren Söhnen in der Umgebung von Boston durchgeführt (und später von John Snarey an der Harvard University fortgesetzt) wurde. Sie wies nach, daß Jungen, deren Väter ihre «soziale und emotionale Entwicklung» während der ersten zehn Lebensjahre unterstützten, in High-School und Universität ausgezeichnete Leistungen erbrachten. Wenn Väter ihre erzieherischen Aufgaben auch auf die Jugend ausdehnten, beeinflußte dies den beruflichen Erfolg ihrer Söhne positiv. Ein Zuviel an väterlicher Anteilnahme war nicht nachweisbar. *Je mehr Zeit Väter und Söhne in enger Beziehung verbrachten, desto besser entwickelten sich die Jungen.*

Eine Beziehung der anderen Art: Liebe durch Taten ausdrücken

Da in der Vergangenheit relativ wenige Männer Väter besaßen, die sich an der tagtäglichen emotionalen Entwicklung ihrer Kinder beteiligten, wissen viele nicht genau, wie sie eine enge Beziehung zu ihren eigenen Söhnen aufbauen sollen. Sie sprechen oft mit großer Leidenschaft von ihrem Wunsch, ihren Söhnen nahe zu sein, sind sich aber nicht darüber im klaren, wie sie dabei vorgehen sollen. Trotz ihrer Liebe und Anteilnahme sind sie unsicher, auf welche Weise sie ihre Gefühle übermitteln sollen.

Was wir für Mütter bereits besprochen haben, gilt auch für Väter: Es stellt sich häufig als besonders wirkungsvoll heraus, wenn sie sich einfach an den Aktivitäten ihrer Söhne beteiligen. Einen Nagel einschlagen, ein Modellauto zusammenbasteln oder am Fluß einen Damm bauen sind schwierige Aufgaben, die einiges an Energie und harter Arbeit erfordern und die Jungen gerne mit der Hilfe und Unterstützung ihrer Väter in Angriff nehmen. Väter erkennen häufig, daß sie am tiefsten in die emotionale Welt ihrer Söhne vordringen können, wenn sie ihnen bei derart arbeits- und zielorientierten Aktivitäten beistehen.

Auch wenn die Gesellschaft der verbalen Gefühlsäußerung – dem weiblichen Weg der Annäherung – große Wertigkeit zumißt, bewies meine Forschung, daß Söhne sehr stark auf die Taten ihrer Väter reagieren. Kleine Jungen genießen die innige Kameradschaft, wenn sie zum Beispiel ihren Vätern helfen, die Windel eines jüngeren Geschwisterchens zu wechseln, gemeinsam Fußball spielen oder ein Saxophon kaufen. Ältere Jungen freuen sich, mit ihren Vätern eine lange Radtour zu unternehmen, ins Kino zu gehen oder Sonntag morgens einen phantastischen Überraschungsbrunch für die ganze Familie vorzubereiten. Die Handlung selbst ist weniger wichtig als die Beziehung, die sich durch eine gemeinsame Aktion entwickelt. Mitunter werden Gedanken und Gefühle offen durch Worte ausgetauscht, manchmal ist es jedoch einfach das «Zur-selben-Zeit-am-selben-Ort-Sein», das Vater und Sohn einander näherbringt.

Besonders in der stürmischen Jugendzeit ist die Fähigkeit eines Vaters, sich «einzuklinken» und tatkräftig an den täglichen Aktivitäten seines Sohns teilzunehmen, von besonderer Bedeutung. Eine 11 Jahre andauernde Studie, die 7- bis 11jährige Jungen bis ins Alter von 18 und 22 Jahren begleitete, ergab, daß das emotionale Gleichgewicht und die Leistungsfähigkeit der Jugendlichen von der Häufigkeit gemeinsamer Vater-Sohn-Aktivitäten abhängt. Und Jungen, die aus gut funktionierenden Familien mit zwei Elternteilen stammten, berichteten selbst, daß sie von ihren Vätern mehr emotionale Unterstützung erhalten als von ihren Müttern.

Wenn Väter auf eine harte Disziplinierung ihrer Söhne verzichten und auf die unvermeidlichen Provokationen, mit denen Jungen ihre sich entwickelnde Männlichkeit testen, nicht überreagieren, können sie das rebellische Verhalten ihrer Söhne neutralisieren und sie (und oftmals auch die Mütter) die auf Taten ausgerichtete Sprache väterlicher Liebe lehren: Ein intelligenter frecher 13jähriger verwickelt sich in eine schwierige Debatte mit seinem Vater, ein 15jähriger streitet über Ausgangssperre, und ein 17jähriger zieht wegen der Probleme mit seiner Freundin schreiend durch das Haus und verflucht insgeheim seine Mutter und seine Schwester. Bevor für einen dieser Jungen die Hölle losbricht, packt ihn sein Vater und sagt: «Laß uns hinausgehen und ein paar Körbe werfen.» Ein in die Erziehung und das Leben seiner Kinder eingebundener Vater wird angesichts einer Aggression, die außer Kontrolle zu geraten droht, eine liebevolle und

Halt gebende Atmosphäre schaffen. Gutmütig wird er an vernünftigen Erwartungen festhalten und seine Liebe durch seine Handlungen ausdrücken.

Jerome und die väterliche Liebe ohne Worte

Neben gemeinsamen Unternehmungen mit seinem Sohn, die als echte Kameradschaft erlebt werden, kann ein Vater seine Liebe auch durch nonverbale Gesten mitteilen, indem er etwas *für* seinen Sohn tut. Jerome, ein 49jähriger Afroamerikaner und Vater zweier Jungen, erinnert sich an seinen eigenen Vater: «Wir sprachen nie viel miteinander [...], mein Vater war kein großer Redner. Was er *tat*, war wichtig. Als kleiner Junge brachte mich manchmal etwas so durcheinander, daß ich nichts anderes tun konnte, als in mein Zimmer zu gehen und zu weinen. Kurz nachdem ich mich zurückgezogen hatte, hörte ich ein Klopfen an der Tür und wußte, daß es Vater war.»

«Was würde Ihr Vater sagen, wenn er Sie heute besuchen würde?» fragte ich. «Er würde nichts sagen», gab Jerome zurück. «Ohne ein einziges Wort würde er an mein Bett treten und mir sanft *über den Rücken reiben*. Das war ein kräftiges, wohltuendes Gefühl, als wüßte er, daß ich verletzt war. Keiner mußte etwas sagen [...] Ich bin nicht sicher, ob wir es gekonnt hätten. Aber ich wußte, daß mein Vater für mich da war und daß er sich um mich kümmerte. Doch mein Vater ist heute tot – er starb an Krebs, als ich fünfzehn war. Wenn ich an ihn denke, erinnere ich mich noch stets an diese Rückenmassage. Er mußte nicht ‹Ich liebe dich› sagen – irgendwie wußte ich das ohnehin immer.»

Jeromes Geschichte hatte mich berührt, und ich sagte ihm, daß ich verstand, warum diese Rückenmassage für ihn so unvergeßlich ist. Dann begann er über seine Erfahrungen als Soldat während des Vietnamkrieges zu sprechen. Patrouillen waren zu nächtlichen Missionen ausgeschickt worden, um Schützenlöcher zu graben, in denen sie zu zweit und zu dritt lagen und darauf warteten, den Feind in einen Hinterhalt zu locken. Das Warten war quälend, die Spannung unerträglich, und die Männer mußten sich relativ ruhig verhalten, um kein feindliches Feuer auf sich zu ziehen. Da Jerome und seine Kameraden nicht sprechen durften, blieb ihnen nur ein einziges Mittel, um sich wechselseitig ihrer Nähe zu versichern – sie massierten sich gegenseitig den Rücken. Dies erfüllte Jerome mit einem Gefühl brüderlicher Liebe und Sicherheit, wie er es seit Jahren nicht mehr empfunden hatte. Heute, wenn seine eigenen Jungen einen schweren Tag hatten oder miteinander in einen für Jugendliche üblichen Streit über Macht und Kontrolle geraten waren, wartet er oft bis zum Abend, klopft dann leise an ihre Tür und fragt, ob er ihnen den Rükken massieren soll. «Nicht ein einziges Mal haben sie es abgelehnt», erklärte er.

Kindererziehung im Tandem: Väterliche Unterstützung für die Mutter

Väter festigen die Beziehung zu ihren Söhnen auch indirekt, indem sie das Verhältnis der Kinder zu ihren Müttern fördern. Eine wichtige Komponente einer effektiven Vaterschaft ist die Fähigkeit, sich auf unaufdringliche Weise immer wieder in die Beziehung des Sohns zur Mutter ein- und auszuschalten. Ein Vater, der über diese Gabe verfügt, spürt, wann er sich in einen drohenden Streit beruhigend einmischen soll, um Mutter und Sohn zu helfen, und wann er ihnen Raum geben muß, den Konflikt alleine auszutragen. Auch wenn er selbst in eine Auseinandersetzung mit seinem Sohn verwickelt ist, erkennt er, daß es bisweilen besser ist, sich elegant zurückzuziehen und es der Mutter zu überlassen, einen Ausweg zu finden.

Mütter und Väter müssen ihre geschlechtsspezifischen Festungen verlassen und für beide Seiten annehmbare Vereinbarungen über die Erziehung ihrer Söhne treffen. Ihre Frauen und ihre Kinder durch ihre körperliche und emotionale Anwesenheit zu unterstützen ist für Väter ebenso wichtig, wie von ihren Frauen zu lernen, mit einem Neugeborenen umzugehen und ein kleines Kind zu pflegen. Männer müssen akzeptieren, daß Frauen sie in den erzieherischen Fertigkeiten unterweisen können, und Frauen müssen anerkennen, daß die männliche Methode der Elternschaft eine wichtige Ergänzung zur weiblichen darstellt.

Im letzten Kapitel wurde die zentrale Rolle von Müttern und Frauen für die Entwicklung der männlichen Identität von sehr kleinen Jungen und männlichen Teenagern angesprochen. Eine der bedeutendsten Voraussetzungen für eine gute Beziehung zwischen Mutter und Sohn ist jedoch die Fähigkeit des Vaters, zu wissen, wann er sich in dieses Verhältnis einschalten soll. Im Idealfall besteht der väterliche Erziehungsanteil nicht darin, den Sohn zu einer frühzeitigen Abnabelung zu drängen, sondern darin, ein sicheres Gespür für seine Bedürfnisse in bezug auf Selbständigkeit und Kontakt zu *beiden* Elternteilen zu entwickeln. Dieser «Wir-Aspekt» ist eine wichtige Erfahrung für den Reifungsprozeß eines männlichen Teenagers. Jungen sollten ermutigt werden, die Grenzen ihrer Autonomie zu erforschen, gleichzeitig aber die Gewißheit haben, daß sie jederzeit zu Vater oder Mutter zurückkehren können.

Hindernisse in der Vaterschaft

Die vorzeitige Trennung eines Jungen von der Mutter ist für die Beziehung zwischen Vater und Sohn Krise und Chance zugleich. Viele wohlmeinende Väter, die gerne an dem Leben ihrer Söhne teilhaben wollen, entdecken dann jedoch, daß sie schlecht darauf vorbereitet sind, einem Jungen in dieser heiklen Phase Halt und Anleitung zu geben. Die Schwierigkeiten der Väter, sich ihrer jungen Söhne anzunehmen, sind auf eine Vielzahl interner und externer Faktoren zurückzuführen, wie zum Beispiel, ob er Vertrauen in seine väterlichen Fähigkeiten hat, ob die Mutter seine Annäherungsversuche unterstützt und vieles mehr. Einige dieser Hindernisse sind leicht zu überwinden, andere erfordern mehr Mühe.

Wenn dem Vater der Vater fehlte: Der Hunger nach dem eigenen Vater

Vielen Vätern fällt es schwer, für die Erziehung ihrer Söhne einzustehen, da ihnen selbst ein Vater fehlte, der diese Art der Nähe gesucht hätte. «Es ist schwer, ein Vater zu sein», erklärte Steven, ein Vater, mit dem ich im Rahmen meiner Studie sprach. «Oft waren unsere eigenen Väter nicht auf die von uns erwünschte Weise für uns da. Darüber hinaus gibt es so wenige Vorbilder.»

Eine Untersuchung zum Thema männliche Sexualität der Soziologieforscherin Shere Hite ergab, daß von den mehr als 7000 befragten Männern kaum einer auf eine enge Beziehung zu seinem Vater verweisen konnte. Zu einer ähnlichen Aussage gelangte der Psychologe Jack Sternback aus Massachusetts. Eine unverbindliche Umfrage unter 71 seiner Patienten zeigte auf, daß nahezu ein Viertel einen körperlich abwesenden Vater gehabt hatte, weitere 40% stuften ihren Vater als psychologisch und emotionell abwesend ein, während 15% ihn gar als angsteinflößend und gefährlich erlebten.

Ohne Vater, beziehungsweise ohne aktiven Vater aufzuwachsen hinterläßt zwangsläufig Spuren. In einer von mir kürzlich durchgeführten Studie äußerte die Mehrheit der untersuchten Männer übereinstimmend den Wunsch, selbst ein besserer Vater sein zu wollen, als es ihre eigenen Väter waren. Hinter dieser Absichtserklärung verbirgt sich eine unerwiderte Sehnsucht, die für Generationen von Männern typisch ist und die der Psychiater Jim Herzog als «Vaterhunger» bezeichnet. Der Vorsatz dieser Männer, ihren eigenen Söhnen ein besserer Vater zu sein, ist nicht bloße Rhetorik oder der Versuch, den eigenen Kindheitshunger stellvertretend zu befriedigen, sondern – davon bin ich überzeugt – Ausdruck für einen aufrichtigen Wunsch, der oftmals entgegen aller Wahrscheinlichkeit in die Tat umgesetzt wird.

Die Abwesenheit von Vätern wird zu Recht mit einer Reihe schädlicher Auswirkungen auf Jungen in Verbindung gebracht: geringes Selbstwertgefühl, Depressionen, Kriminalität, Gewalt, die Zugehörigkeit zu einer Gang, mangelhafte akademische Leistungen und Probleme, emotionale Bindungen einzugehen. Zusätzlich erhalten Jungen ein verzerrtes Bild von Elternschaft, das heißt, sie lernen nicht, die gängigen Rollenklischees kritisch zu hinterfragen.

Männer, deren Väter nicht für sie da waren, müssen einige wichtige Schritte unternehmen. Zunächst sollten sie die Gesellschaft anderer Väter suchen. Sie können sich ganz informell an verschiedenen Unternehmungen von Freunden oder Familien aus der Nachbarschaft beteiligen oder aber sich der Vätergruppe der lokalen Schule, Kirche, Synagoge oder Sozialeinrichtung anschließen. Ähnlich wie Frauen, die sich in Gruppen zusammenschließen, um Unterstützung bei der Arbeit, der Kindererziehung und anderen Themen zu finden, können auch viele Väter – insbesondere unerfahrene – in hohem Maß von dem Austausch von Geschichten, Ideen und Sorgen mit anderen Vätern profitieren. Zusätzlich sollten sie sich bemühen, Hinweise der Mütter aufzunehmen. Indem ein Vater beobachtet, wie sich die Mutter in verschiedenen Situationen mit einem Jungen verhält, und die Vorgehensweise der Mutter in seine eigene väterliche Art «übersetzt», kann ein Vater das notwendige Selbstvertrauen und Wissen gewinnen, um – wenn es an ihm ist – seinem Sohn Halt und Anleitung zu geben. Das Auftreten der Mutter zu studieren und anhand dieses Modells sein eigenes Vaterbild zu schaffen ist ein guter Weg, um die Unsicherheit als Vater zu verlieren. Zudem erhält die Mutter auf diese Weise eine gesunde Dosis liebevoller Bestätigung, wodurch die beiden Elternteile einander zusätzlich näherkommen.

Mütter, die ihre Kinder vor dem Vater abschirmen

Gemeinsam die Aufgaben der Kindererziehung zu erfüllen kann die Beziehung zwischen Vater und Mutter festigen. Mitunter ergeben sich jedoch Verhaltensmuster, die eine Distanz zwischen beiden etablieren und es ihnen erschweren, sich in ihrer Rolle als Eltern wohl zu fühlen. Mütter, die unwissentlich die Funktion von «Torwächtern» übernehmen, hindern Väter, sich intensiv an der Erziehung ihrer Söhne zu beteiligen. Wie im letzten Kapitel besprochen, unterhalten Mütter mitunter entgegen besten Absichten eine so enge Beziehung zu ihren Söhnen, daß dem Vater kein Raum bleibt, um eine bedeutende Rolle zu spielen. Das emotionale «Tor» bleibt verschlossen. Meist geschieht dies auf sehr subtile Weise, indem die Mutter das Baby dem Vater zum Beispiel in einem ungeeigneten Augenblick übergibt und dann sagt: «Ach, Liebling, halte es doch nicht so» oder «Mit dieser Art, das Baby zu wiegen, wirst du es nie beruhigen». Ein Vater, der sich ohnehin überfordert fühlt, wird so sehr schnell unbewußt zum Komplizen seiner Frau, indem er ihr das Kind eilig zurückgibt und sich zurückzieht. Aufgrund angenommener oder tatsächlicher Unzulänglichkeiten fühlt der Vater Scham und geht einer weiteren Beziehung zu seinem Sohn aus dem Weg.

Obwohl es die traditionelle Arbeitsteilung zwischen Männern und Frauen immer seltener gibt und beide häufig auch die finanzielle Verantwortung für die Familie gemeinsam übernehmen, fällt es Frauen manchmal schwer, die Kontrolle über den Bereich, der historisch betrachtet ihre Domäne war, nämlich den Haushalt und die tägliche Kinderpflege, abzugeben. Einerseits überfordern sie damit sich selbst – insbesondere wenn sie Haushalt und Beruf zu bewältigen haben –, und andererseits verunsichern sie durch ihr Verhalten speziell jene Väter, deren eigene Väter sich kaum an den häuslichen Pflichten und der Kindererziehung beteiligten. Da sie den Ansprüchen ihrer Frauen nicht gerecht werden können, fühlen sie sich schnell inkompetent und überflüssig, wenn nicht gar unerwünscht.

Drei Maßnahmen verhindern diese Mutter-Vater-Dynamik. Erstens, Mütter sollten versuchen, die Aufgaben, bei denen der Vater tatsächlich Hilfe benötigt, von jenen zu trennen, die er allein ausgezeichnet erfüllt. Wird ein Baby zum Beispiel nicht gestillt, sondern erhält Fertigmilch, könnte der Vater Anweisungen benötigen, wenn er die Nahrung zum ersten Mal zubereitet. Hat der Vater diese Aufgabe jedoch erlernt und erfüllt er sie gut, ist eine Erklärung beim nächsten Mal, wenn er sich anbietet, das Baby zu füttern, wahrscheinlich überflüssig. Zweitens, Mütter und Väter müssen über ihre wechselseitigen Erwartungen sprechen. Wenn die Tore der Kommunikation weit geöffnet bleiben und beide bereit sind, voneinander zu lernen, können Väter und Mütter Umgangsformen entwickeln, die keinen von beiden demütigen oder verletzen. Statt «Liebling, du wirst ihn noch umbringen, wenn du ihn so sein Bäuerchen machen läßt» könnte der kompetentere Elternteil etwas entspannter vorschlagen: «Liebling, sieh nur, was ich herausgefunden habe. Wenn du ihn so hältst, fühlt er sich wohler, und das mit dem Aufstoßen funktioniert auch prima.» Drittens, jeder Elternteil sollte die Gelegenheit haben, einige Zeit allein mit dem Kind zu verbringen, um das Selbstvertrauen in die eigenen Methoden und Fähigkeiten zu stärken. Wenn es gefüttert oder getröstet werden muß, ist es daher das Beste, ein Elternteil übernimmt die Aufgabe und erfüllt sie allein, ohne die Gegenwart des anderen. Indem einem Vater die Gelegenheit geboten wird, im direkten Kontakt mit seinem Kind Erfahrung zu sammeln, löst sich das Problem des «Torwächters» von selbst, da Vater und Mutter auf diese Weise Selbstvertrauen und Vertrauen in den anderen entwickeln.

Ein weiteres Hindernis auf dem Weg zu echter Vaterschaft: Die Flucht in den Nestbau

So wie Mütter häufig unwillentlich die Rolle von Torwächtern übernehmen, verwickeln sich viele Väter in einen unbewußten Parallelprozeß, den ich als «Nestbau» bezeichnen möchte. Dieser setzt oftmals mit der Geburt des Babys ein und hält bis in dessen frühe Kindheit an. Meine Untersuchungen ergaben, daß viele Väter der Ansicht sind, ihnen falle vor allem die Aufgabe zu, die «Brötchen zu verdienen». Sie schmücken das Nest mit Federn, indem sie unermüdlich arbeiten, um durch ein gesteigertes Einkommen und einen höheren Rang ein gemütliches Heim für Frau und Kind zu schaffen.

Dieses Vorgehen hat vor allem den negativen Aspekt, daß es die Unsicherheit des Vaters in allen häuslichen Dingen verstärkt. Ein leitender Angestellter berichtete: «Ich glaube, ich flüchtete mich manchmal in die Arbeit. Ein Team zu leiten und einen Geschäftsplan zu erstellen sind Dinge, die ich beherrsche, aber einem Baby die Windeln zu wechseln und mit meinem Sohn über seine Gefühle zu sprechen ist eine andere Sache. Seine Mutter ist darin so gut, daß ich mich wie ein Dummkopf fühle.»

Diese Art des Nestbaus mag zwar ein natürlicher Instinkt von Vätern sein, widerspricht jedoch genau dem, was sich die meisten Mütter, und gewiß auch die Kinder, wünschen. Mütter erklären, daß sie die emotionale Abwesenheit des Vaters am meisten belastet, wenn die Kinder noch sehr klein sind. In meinen Gesprächen mit Vätern wurde vorwiegend die Tatsache beklagt, daß sie zuwenig Zeit bekämen, um mit ihren Söhnen eine enge Beziehung aufzubauen. So scheint es, als würden Ehemänner für ihre Frauen und Ehefrauen für ihre Männer ständig Opfer bringen, die nichts mit ihren wahren Sehnsüchten zu tun haben.

Das Dilemma des Nestbaus läßt sich auf zwei Arten lösen. Zum einen müssen beide Elternteile offen darüber sprechen, wie sie sich die gemeinsame Kindererziehung vorstellen, und die jeweiligen Verantwortlichkeiten klar aufteilen. Es ist zu spät, wenn Mütter bei der Schulabschlußfeier ihres Sohnes über die emotionale Abwesenheit des Vaters klagen. Die getroffenen Vereinbarungen müssen immer wieder überprüft werden, damit die Unzufriedenheit des Vaters über seine harte Arbeit und die der Mutter wegen seiner Abwesenheit nicht erst nach Jahren zur Sprache kommt. Zum anderen müssen sich beide darüber klarwerden, wieviel sie arbeiten möchten, welche beruflichen und finanziellen Ziele sie anstreben, wie wichtig es jedem einzelnen ist, wertvolle Zeit mit ihren Kindern zu verbringen und so weiter. Vielfach stellt sich heraus, daß beide Elternteile zum Beispiel gerne auf den Hausanbau oder das neue Auto verzichten würden, wenn sie dadurch mehr Zeit als Familie erleben könnten. Finden derartige, die Werte bestimmenden Gespräche nicht statt, dann trifft jeder Elternteil eigenständige Entscheidungen, und es kommt zu keiner Übereinkunft auf der Grundlage gemeinsamer Ziele und Absichten. Auf diese Weise arbeitet der Vater weiterhin rund um die Uhr, um die Raten für den Anbau aufzubringen, während die Mutter Abend für Abend die Tür betrachtet und sich im stillen wünscht, daß der Vater früher nach Hause kommen und Zeit mit der Familie verbringen würde (anstatt sich wegen des zusätzlichen Geldes zu sorgen). Durch die Offenlegung der gegenseitigen Erwartungen und Wünsche sind Väter und Mütter imstande, die Tragödie abzuwenden, die sich ansonsten aus dem Nestbau ergeben könnte.

Der Mythos des Macho-Vaters

Einige Väter lehnen eine intensive Beteiligung an der Kindererziehung ab, weil sie den Mythen über Jungen erliegen. Sie fürchten, daß sie ihre Söhne schwächen und «verweiblichen», wenn sie sich nicht gemäß den Vorschriften des männlichen Verhaltenskodexes benehmen. Sie glauben, daß es notwendig ist, ihre Söhne so früh wie möglich zur Unabhängigkeit zu drängen, damit sie aufs Leben gut vorbereitet sind. Es sind die eigenen Erfahrungen, als Junge, Sohn und Mann, die sie veranlassen, so zu handeln. Untersuchungen ergeben eindeutig, daß viele Männer eine «Wunde» fühlen, wenn sie sich an ihre eigenen Väter erinnern. Angesichts derart schmerzlicher Erlebnisse erachten die meisten Männer es für notwendig, sich erst mit diesen Erinnerungen auseinanderzusetzen, ehe sie daran arbeiten, «neue Väter» zu werden.

Häufig erfolgt diese emotionale Arbeit am besten mit der Unterstützung eines qualifizierten Therapeuten oder im Rahmen einer Vätergruppe. Männer können jedoch auch aus dieser geschlechtsspezifischen Zwangsjacke ausbrechen, indem sie sich bewußt gegen sie entscheiden. Die Geschichte von Bill Sandburg ist ein Beispiel, wie ein Mann, der seine inneren «Dämonen» ehrlich betrachtete und sie kreativ zu überwinden versuchte, sich selbst und seinem Sohn half, den strengen Vorstellungen der Gesellschaft über Jungen und

Männlichkeit zu entfliehen, und mit einer engen Vater-Sohn-Beziehung belohnt wurde.

Bill war in einer Familie mit einem alkoholkranken Vater aufgewachsen. Wenn sein Vater getrunken hatte, wurde er üblicherweise still, zog sich zurück und wollte kaum etwas mit seinem Sohn zu tun haben. Wenn sein Vater tatsächlich über die Stränge schlug, was, wie Bill sich erinnert, ein- bis zweimal pro Woche geschah, brüllte er den Jungen unkontrolliert an und holte mit dem Kanupaddel nach ihm aus. In einem freundschaftlichen Gespräch teilte mir Bill mit, daß er sich noch stets einer bestimmten Begebenheit entsann. Im Alter von 16 Jahren hatte er seine Eltern gefragt, ob er, statt Fußball zu spielen, wie er es jeden Herbst tat, an einem Keramikkurs im lokalen Gemeindezentrum teilnehmen durfte. Möglicherweise aus Angst vor eventuellen Reaktionen anderer verbot ihm sein Vater nicht nur, an diesem Kurs teilzunehmen, sondern bombardierte seinen Sohn eines Abends, nachdem er getrunken hatte, mit den Fragen, warum er an Keramik interessiert sei und ob er vielleicht homosexuell sei. Bill verteidigte sich, indem er versuchte, die auf den männlichen Mythen (und teilweise auf dem Einfluß des Alkohols) basierenden Fragen zu ignorieren, den Keramikkurs zu vergessen und weiterhin Fußball zu spielen.

Als inzwischen stolzer Vater des 14jährigen Alex mußte sich Bill eingestehen, wie schwer es ihm fiel, mit dem neuentdeckten Interesse seines Sohnes an Malerei und Bildhauerei umzugehen. Er gab zu, daß die Erinnerungen an seinen Vater wiederkehrten und er ironischerweise besorgt war, daß Alex womöglich einen Weg einschlagen könne, bei dem ihm viele schamerfüllte Jahre als nicht gänzlich männlicher Erwachsener bevorstehen. Andererseits beneidete er seinen Sohn, da diesen die kreative Arbeit mit seinen eigenen Händen, die ihm verboten worden war, offenbar sorglos glücklich machte. Obwohl es für ihn schmerzlich war, hielt sich Bill aufgrund seines zwiespältigen Herzens von seinem Sohn fern:

«So gerne ich Alex nahe bin, fühle ich zur Zeit eine unüberwindliche Wand zwischen uns. Ich weiß, daß er tun dürfen sollte, was immer ihm gefällt, aber ich könnte ihn jedes Mal anbrüllen, wenn er eine dieser Skulpturen oder Malereien mit nach Hause bringt. Ihm erscheint alles so einfach. Ich hingegen höre immer wieder in meinem Kopf die Worte meines Vaters und denke – *wenn ich nicht eingreife, wird Alex womöglich unmännlich.* Ich fühle mich als echter Heuchler, denn ich weiß, daß ich meinen Sohn lieben sollte für das, was er ist.»

Die Pointe dieser Geschichte liegt in der Lösung, die Bill für sich und Alex fand. Mit etwas freundschaftlicher Ermunterung meinerseits und viel Liebe und Unterstützung seitens seiner Frau entschloß sich Bill, eine Töpferscheibe und einen Brennofen zu kaufen und sich in einen Keramikanfängerkurs für Erwachsene einzuschreiben. Er schloß auch Alex in seinen Lernprozeß ein und gestattete dem Jungen, nach der Schule soviel Zeit, wie er wollte, an der Töpferscheibe zu verbringen. Nach kurzer Zeit hielten sich Vater und Sohn häufig einen ganzen Abend im familieneigenen Keramikkeller auf, wo sie in Teamarbeit eine Vielzahl von Keramiken produzierten. Durch diese Lösung linderte Bill nicht nur den Schmerz über die Behandlung, die er als Kind von seinem Vater erhalten hatte, sondern war zu Recht stolz auf die Art, wie er seine irrationalen Gefühle Alex gegenüber überwunden hatte. Darüber hinaus fanden Vater und Sohn ein Hobby, das sie beide meisterlich beherrschen und gemeinsam außerordentlich genießen.

Ein gesellschaftliches Problem

Nicht immer sind es nur die verinnerlichten Gefühle eines Vaters, die ihn zurückhalten, eine emotionale Beziehung zu seinem Sohn einzugehen. Die traditionell von der Gesellschaft an Männer gestellten Erwartungen und die Art, wie auch heute noch viele Betriebe geführt werden, erschweren es den Männern, ausreichend Zeit und Energie für ihre Söhne zu finden. So muß ein Vater trotz bester Absichten mitunter einige Hürden überwinden, wenn er sich aktiv an der Erziehung seiner Kinder beteiligen möchte. Familienfreundliche Arbeitsprogramme sind weiterhin vorwiegend auf Frauen ausgerichtet. Wenn einem Mann tatsächlich die Gelegenheit geboten wird, die Familie über die Arbeit zu stellen, lehnen viele Männer ab, weil sie Angst haben, daß man sie am Arbeitsplatz nicht mehr für voll nehmen und sie von Beförderungen und Gehaltserhöhungen ausschließen wird.

Als meine Tochter Sarah geboren wurde, arbeitete ich im Universitätskrankenhaus der medizinischen Fakultät von Harvard, einer vorgeblich flexiblen Institution. Doch obwohl das noch keine 10 Jahre zurückliegt, gab es weder «Vaterschaftsurlaub» noch irgendeine andere Regelung für junge Väter. Ich erinnere mich, wie erleichtert ich war, als ich durch Flüsterpropaganda männlicher Kollegen erfuhr, daß ich mich krank melden konnte, um die Geburt meines Kindes und seine frühe Entwicklung mitzuerleben.

Eine jüngst durchgeführte Studie wies nach, daß die Gehaltserhöhungen graduierter Betriebswirte, die wöchentlich zwei Stunden weniger arbeiteten, um an der Erziehung ihrer Kinder mitzuwirken, um 20% geringer waren als die von Männern, die ihre Söhne dem Beruf opferten. Derartige gesellschaftliche Strukturen entmutigen die meisten Männer, sich der Kindererziehung zu widmen. Sie müssen verändert werden, wenn wir seelisch gesunde und liebevolle Jungen aufziehen wollen, die als Erwachsene der nächsten Generation richtige Väter sein können.

Weitere externe Faktoren können ebenso zu einer Trennung von Vater und Sohn führen. Wenn zum Beispiel das Familienmodell weniger traditionell ist, die Eltern geschieden sind und der Vater an einem anderen Ort lebt, wird es selbstverständlich schwieriger, die Bedürfnisse von Vater und Sohn zu befriedigen. Eine Schätzung in den USA ergab, daß 59% der Söhne der Babyboomgeneration zumindest einen Teil ihrer Kindheit ohne Vater verbringen werden. 1990 lebten 36% aller Kinder von ihrem Vater getrennt, wobei die Mehrheit der Väter ohne Sorgepflicht für ihre Kinder innerhalb von 3 Jahren nach ihrem Auszug die Beziehung zu ihren Söhnen langsam lockerten und mitunter völlig lösten. 1994 wurde im Rahmen einer Untersuchung des Instituts für Volkszählung festgestellt, daß über sechzehn Millionen Kinder mit ihrer Mutter allein leben und 40% dieser Kinder ihren Vater seit mindestens einem Jahr nicht mehr gesehen hatten.

Um uns von den negativen Aussagen dieser Statistiken nicht überwältigen zu lassen, nun einige gute Nachrichten. Während ältere Studien feststellten, daß die meisten Väter im Vergleich zu den Müttern bedeutend weniger Zeit mit ihren jungen Söhnen verbrachten, entwickelt sich der Trend heute gegenläufig. So stieg die Beteiligung des Vaters an allen Familienangelegenheiten in den letzten 10 Jahren um 20%. Heutige Väter verbringen etwa 30% ihrer Zeit mit Tätigkeiten, die einen Bezug zur Familie haben (Mütter etwa 70%). Wenn man die Studie genauer analysiert und alle familiären Routinearbeiten ausschließt, die nicht direkt die Kinderpflege betreffen, wie etwa die Babykleidung waschen oder Lebensmittel einkaufen, zeigt sich, daß der proportionale Anteil an Zeit, den Väter mit ihren Kindern verbringen, sogar noch größer ist.

Wichtiger ist jedoch, daß trotz der nach wie vor begrenzten Zeit, die Männern neben ihrem Beruf zur Verfügung steht, immer mehr Väter bedeutende Schritte unternehmen, um in den ihnen verbleibenden Stunden des Tages eine enge emotionale Beziehung zu ihren Söhnen aufzubauen. Meine Untersuchungen zeigen auf, daß bei vielen Vätern, die nach einem Gleichgewicht zwischen Beruf und Kindererziehung suchen, die *Qualität* der mit ihren Kindern verbrachten Zeit Vorrang hat vor der *Quantität.* So besaßen viele stark in ihrem Beruf engagierte und mit ihrer Arbeit zufriedene Väter – ich bezeichne sie als «berufszufriedene Väter» – einen direkten und positiven Einfluß auf das Selbstwertgefühl und die emotionale Stabilität ihrer Söhne. Ein im Rahmen meiner Studie befragter junger Anwalt, der große Anstrengungen unternahm, um als Partner in eine Sozietät aufgenommen zu werden, reservierte Zeit, um jeden Mittwochabend mit seinem kleinen Sohn zu Abend zu essen und jeden Sonntagmorgen mit ihm zu frühstücken. Diese besondere «Vater-Sohn-Zeit» war ebenso unantastbar wie ein religiöses Ritual. Lediglich ein extremer Notfall oder Krankheit durfte sie stören. Da berufszufriedene Väter trotz ihrer anderen Verpflichtungen wertvolle Zeit mit ihren Kindern verbringen, sind sie imstande, das allgemeine Wohlbefinden ihrer Söhne außerordentlich zu steigern.

Wenn der Vater die Nr. 1 ist

Die sogenannten Hausmänner, also Väter, die nicht nur einen Teil, sondern den größten Anteil der anfallenden Elternarbeit übernehmen, während ihre Frauen berufstätig sind, sind ein interessantes Phänomen unserer Zeit. Kyle Pruett, ein Kinderpsychiater an der Yale University, untersuchte mehrere dieser männlichen primären Versorgungspersonen und ihre Familien über einen Zeitraum von 10 Jahren. Die Beobachtung dieser Hausmänner erbrachte erstaunliche Ergebnisse. Sie zeigte, welch prägende emotionale Wirkung ein Mann, in diesem Fall ein Vater, auf ein anderes männliches Wesen, in diesem Fall seinen Sohn, ausüben kann. So setzten diese hauptberuflichen Väter im Vergleich zu traditionellen Vätern häufiger das Spiel ein, um ihren Söhnen moralische Werte, Respekt und Verhaltensregeln zu vermitteln. Jungen, die eine solch hohe Dosis an liebevoller Zuwendung von ihren Vätern empfangen, identifizieren sich bereits frühzeitig mit dieser Erziehung und verhalten sich ihren Freunden und Geschwistern gegenüber selbst aufmerksamer.

Pruett entdeckte überdies, daß sich die Disziplinierungsmaßnahmen dieser Väter von denen der Mütter unterscheiden. «Wenn ich meinen kleinen Bruder ärgere oder nicht gehorche, sagt meine Mutter, ‹Was glaubst du, wie ich mich jetzt fühle?›», erklärte ein Junge im Rahmen dieser Studie. Anders ausgedrückt: Seine Mutter drängte den Jungen mit ihrer Frage dazu, darüber nachzudenken, wie sehr sie selbst von seinem Fehlverhalten betroffen ist. Im Gegensatz dazu reagierte der Vater, indem er die Auswirkungen des Fehlverhaltens auf andere in den Mittelpunkt rückte. «Mein Vater fordert mich auf, damit aufzuhören, da es ansonsten so aussieht, als würde ich meinen Bruder nicht lieben [...]. In manchen Situationen sagt mein Vater einfach ‹Nein›, in denen sich meine Mutter fürchterlich aufregt», erläuterte der Junge. Während die Mutter das Verhalten des Jungen auf ihre eigenen Empfindungen bezieht, um den Jungen aufzufordern, seine Motivationen zu überprüfen, schlug der Vater aus Pruetts Studie einen eher praktischen, sachlichen Weg ein, um dem Jungen sein Verhalten vor Augen zu führen.

Jungen mit einer Extradosis väterlicher Erziehung scheinen auch in der Frage der geschlechtsspezifischen Rollenbilder aufgeschlossener zu sein. Sie zeigen keine Angst, die traditionellen Regeln der Männlichkeit zu überschreiten, und bewahren sich doch ihr Selbstbewußtsein. Durch das Vorbild eines anwesenden Vaters fühlen sie sich als Jungen sicherer und von gesellschaftlichen Zwängen unabhängiger. Bei ihrem Eintritt in die Vorschule zum Beispiel fühlten sich die Jungen aus Pruetts Studie in der Puppenecke mit den Mädchen ebenso wohl wie bei den Bauklötzen mit anderen Jungen. Während ihres Heranwachsens knüpften sie auch enge Freundschaften mit Mädchen und schlossen sie nicht von Spielen aus, die «nur für Jungen» waren. Ein Junge aus der achten Klasse meinte: «Mir gefällt es, wie unterschiedlich Mädchen und Jungen über etwas sprechen [...]. Das ist einfach toll.»

Die beeindruckende Reife und Flexibilität im Hinblick auf die Geschlechter beeinträchtigte keineswegs das deutliche Gefühl der Jungen für ihre eigene Identität. «Als Gruppe scheinen sie sich ihres eigenen Wesens besser bewußt zu sein [...]. Sie besitzen die Sicherheit, als das akzeptiert zu werden, was sie wirklich sind», erklärt Pruett. Im Gegensatz zu unseren Mythen über Jungen und Männer – und insbesondere im Gegensatz zu der Vorstellung, daß Jungen, die nur mit Männern zu tun haben, rauhe und rüde Umgangsformen entwickeln – zeigt sich, daß Jungen, deren primäre Bezugsperson der Vater ist, flexibler und einfühlsamer sein können als Jungen ohne diese zusätzliche Dosis Vaterliebe.

Aktive Väter, glückliche Söhne: Vom beiderseitigen Nutzen einer intensiven Vaterschaft

Zu den guten Nachrichten, daß aktive, liebevolle Väter die Entwicklung ihrer Söhne ein Leben lang positiv beeinflussen und als primäre Bezugsperson überaus gut angepaßte, selbstbewußte Jungen aufziehen, kommt eine weitere: Diese liebevollen Männer scheinen von ihren Bemühungen als Väter auch selbst reichlich zu profitieren. Unsere Studie wies nach, daß das Selbstwertgefühl von Vätern, die ihren Söhnen die Aufmerksamkeit, Zeit und Liebe zukommen ließen, nach der sie sich selbst als Jungen vergeblich gesehnt hatten, im persönlichen emotionalen Bereich beträchtlich stieg. Sie gaben etwas an die nächste Generation von Jungen weiter – ein Erbe – und brachten gleichzeitig etwas aus ihrer eigenen Kindheit in Ordnung.

«Ein Vater zu sein half mir, mich von meiner Ichbezogenheit zu lösen. Heute empfinde ich meine Identität als vollständig», erklärt ein Vater. «Mitten in der Nacht aufzustehen und meinem Sohn die Windel zu wechseln [...] gibt mir das Gefühl, ein Held zu sein», berichtet ein anderer Vater, der von seinem eigenen Vater wenig Liebe erhalten hatte.

Ein dritter Vater, dessen eigener Vater von seiner Arbeit so besessen war, daß er «niemals nach Hause kam, solange ich als Kind noch wach war», sagt zu seiner Entscheidung, nur noch 70% zu arbeiten: «Es ist, als würde mein Sohn eine Leere in mir ausfüllen. Zumindest wird mein Kind seinen Vater kennen!»

Darüber hinaus erbrachte meine Studie das vielleicht überraschende Ergebnis, daß eine aktive Vaterschaft für das berufliche Fortkommen des Mannes von Vorteil sein kann. So ergaben meine Forschungen, daß liebevolle Väter, denen es gelingt, ein ausgeglichenes Verhältnis zwischen dem Bedürfnis ihrer Söhne nach Autonomie und ihrer Sehnsucht nach Zugehörigkeit herzustellen, auch im Beruf erfolgreicher sind. Mit anderen Worten: Der Erziehungserfolg zu Hause korrespondiert mit dem beruflichen Erfolg.

Da der «neue» Arbeitsplatz ebenso wie die «neue» Zwei-Eltern-Familie mehr Flexibilität, Kommunikationsfähigkeit und weniger Hierarchie erfordert, ergibt dieser Zusammenhang einen Sinn. Zu den heute gefragten Führungsqualitäten gehören Empathie, Teamfähigkeit und die Bereitschaft, das Eigeninteresse den Zielen der Gruppe unterzuordnen. Dies alles sind Eigenschaften, die aktive und anteilnehmende Väter tagtäglich üben. Ich habe mir sogar den Scherz erlaubt zu behaupten, daß generative Väter die besten leitenden Angestellten des nächsten Jahrhunderts sein könnten und daß Väter ihre Söhne um Empfehlungsschreiben bitten sollten.

Professor Snarey kam in seiner Analyse der Glueck-Langzeitstudie zu einem ähnlichen Ergebnis: «Männer, die als aktive Väter ihre Söhne erzogen haben, sind die besseren Manager, Vertrauensleute und Mentoren, da sie sich mit der [nächsten] Generation befassen. Damit tragen sie zum Leben in der Gesellschaft und zum Fortbestand der Werte in ihren eigenen Familien bei.» Zusätzlich erwiesen sich die Ehen der generativen Väter der Glueck-Studie als dauerhafter und die Männer selbst im mittleren Lebensalter als glücklicher. Eine von Barnett und Marshall am Wellesley College durchgeführte umfangreiche Studie über Doppelverdienerpaare wies aus, daß die positive Beziehung von Vätern zu ihren Kindern die beste Voraussetzung für eine gute physische Gesundheit von Männern darstellt.

Allem Anschein nach handelt es sich bei der aktiven Vaterschaft um eine Investition mit garantierten Zugewinnen. Wenn sich Väter frühzeitig an der Erziehung ihrer Söhne beteiligen und dieses Engagement auch während der Jugend aufrechterhalten, gewinnen nicht nur ihre Jungen auf emotionaler und intellektueller Ebene, sondern die Väter selbst fühlen sich in ihrem Selbstbewußtsein bestärkt, genießen die zweite Chance für eine Vater-Sohn-Beziehung, empfinden ihre Ehe als befriedigender und werden mit persönlichem und beruflichem Erfolg belohnt.

Pioniere einer neuen Vaterrolle

Männer aller Lebensbereiche, sozialer Klassen, Rassen und Religionen bemühen sich, eine generative und mit ihren Kindern verbundene «neue und andere Art von Vater» zu werden. So lehnte Jeffrey Seiler es im Alter von 49 Jahren ab, die Präsidentschaft von American Express zu übernehmen. Er verzichtete auf einen der angesehensten Posten in den USA, um mehr Zeit mit seinen vier Kindern verbringen zu können und Vater zu sein. Als wir ihn 6 Monate später befragten, arbeitete Mr. Seiler noch stets eifrig als Berater, hielt sich jedoch um 60% länger zu Hause auf, aß häufiger gemeinsam mit seinen Kindern zu Abend, traf sich mit ihren Lehrern und fühlte sich «weit stärker in ihr Leben eingebunden».

Es ist niemals zu spät. Glenn McCloud, Manager einer kanadischen Bank, fand, daß er während der Kindheit seiner Söhne zu oft unterwegs gewesen war. So entschloß er sich, einen ganzen «Arbeitstag» pro Woche seinen heute halbwüchsigen Jungen zu widmen. Er wurde sogar ihr Pfadfinderführer. In den darauffolgenden Jahren sah McCloud, wie die Beziehung zu seinen Söhnen an Stärke gewann. Dies vermittelte ihm ein besseres Gefühl als Vater und Mann.

Robert Reich, der ehemalige Arbeitsminister der USA, verließ seinen Posten, um ein aktiverer Vater zu sein. Er erläutert seine Prioritäten folgendermaßen: «Es gibt zahllose Möglichkeiten, mich zu zweihundert Prozent in Arbeit zu ertränken, doch nur eine, der Vater eines zwölfjährigen und eines fünfzehnjährigen Sohns zu sein.»

Peter Lynch, der erfolgreiche Manager der Investmentgesellschaft Fidelity, erklärte, daß er die gesamte Geschäftswelt mit seinem Rücktritt erschüttert hätte, aber «Hunderte» Briefe von Männern erhalten hätte, die seine Aktion unterstützen. Auch seine Entscheidung erfolgte zutiefst persönlich. An seinem sechsundvierzigsten Geburtstag erinnerte er sich, daß sein Vater in diesem Alter gestorben war. Ihm fiel ein alter Ausspruch ein, der erst vor kurzem wieder durch den verstorbenen Senator Paul Tsongas berühmt geworden war: «Noch kein Mann hat jemals an seinem Sterbebett gesagt: Ich wünschte, ich hätte mehr Zeit im Büro zugebracht!» Peter Lynchs Vater starb, als er selbst erst 10 Jahre alt war: «Ich habe [...] nur ein verschwommenes Bild von ihm. Er war als Mathematikprofessor und später als oberster Rechnungsprüfer stets sehr beschäftigt [...]. Ich hatte mit ihm nicht viel zu tun. Wir gingen niemals gemeinsam bergsteigen oder zelten. Ich erinnere mich, daß ich ihn einmal im Zug traf und neben ihm herging [...]. Vielleicht mache ich so viele Fotos, weil ich selbst keine von ihm mit der Familie besitze.»

Leitfaden für Väter: Wie sie eine gute Beziehung zu ihren Söhnen aufbauen können

Viele Männer sind angesichts der Erwartungen an einen generativen, in die Kindererziehung eingebundenen Vater verwirrt. Im Zuge meiner Forschungstätigkeit und meiner Workshops zum Thema «Väter und Söhne» werde ich von Vätern immer wieder mit einer Vielzahl von Fragen überhäuft, wie etwa: Wie kann ich die Beziehung zu meinen Söhnen wiederaufnehmen? Wie soll ich ihnen meine Liebe zeigen? Wie steht es mit disziplinären Maßnahmen? Wieweit soll ich mich um ihre schulischen Belange kümmern? Obwohl es unmöglich ist, in dem vorliegenden Buch auf all diese Probleme einzugehen und Vätern die persönliche Antwort zu geben, die sie benötigen, werde ich an dieser Stelle einige wichtige Ratschläge auflisten, die ich durch Gespräche mit Jungen und ihren Vätern, Müttern, Geschwistern, Lehrern und anderen Fachleuten zusammengetragen habe.

Bleiben Sie ungeachtet aller Hindernisse in Kontakt.
Meine Untersuchungen und meine Praxiserfahrung verweisen immer wieder auf einen zentralen Punkt: Beteiligen Sie sich an der Erziehung und bleiben Sie in Kontakt. Ich betone es noch einmal – Jungen können niemals zuviel Liebe erhalten! Die Art, wie Sie Ihre Liebe und Zuneigung zeigen, wird sich im Verlauf der Entwicklung Ihres Kindes vom Kleinkind zum Teenager verändern und kann sich von der aller Frauen, die im Leben Ihres Sohnes eine Rolle spielen, unterscheiden. Dennoch sollten Sie nicht vergessen, daß Ihre beständige Beteiligung und Liebe essentiell sind. Lassen Sie sich von Ihrer mangelnden Erfahrung oder der Entfremdung von der Mutter Ihres Sohns nicht abschrecken. Ihr natürliches Verlangen und die Kenntnisse, die Sie sich von anderen erziehenden Eltern oder durch Vaterschaftskurse aneignen, werden Ihnen den Weg weisen.

Was selbst die kleinste Geste von Liebe oder Zuneigung in einem Jungen bewirken kann, ist erstaunlich. Auch wenn sie beruflich und durch andere Verpflichtungen stark in Anspruch genommen werden, sollten Sie sich zumindest einmal pro Tag einige Augenblicke freinehmen, um Ihrem Sohn zu zeigen, daß Sie ihn lieben und er Ihnen wirklich etwas bedeutet. Wenn dies nicht persönlich möglich ist, sollten Sie zum Telefon greifen. So banal es klingen mag, auch eine kleine Liebe geht einen weiten Weg. Jede noch so kurze Zeitspanne, die Sie täglich mit Ihrem Sohn verbringen, ist besser, als aufzugeben und ihn gar nicht zu sehen.

Verlorene Väter? – Die Wiederaufnahme der Beziehung nach einer Trennung.

Alleinstehende Väter sind besonders gefährdet, den Kontakt mit ihren Söhnen zu verlieren. Daher sollten Sie mit aller Kraft versuchen, dies zu verhindern. Sofern Sie die Beziehung nicht für den Konflikt mit Ihrer Exfrau mißbrauchen, braucht Ihr Sohn Sie nach wie vor. Viele Männer, die sich mit ihren Frauen auch von ihren Söhnen getrennt haben, vertrauen mir an, daß es sie schmerzt, die Beziehung zu ihren Söhnen eingebüßt zu haben. Aus irgendeinem Grund lassen sie sich jedoch einreden, daß es «so für alle Beteiligten das Beste» sei. Dies trifft nur in den seltensten Fällen zu. Sie und Ihr Sohn sehnen sich nach demselben innigen Kontakt. Es ist wichtig, daß Sie beide dieses Bedürfnis nicht verleugnen.

Mark Bryan von der Harvard Graduate School of Education spricht vielsagend von dem «verlorenen Vater», da 50% aller geschiedenen Väter ihre Kinder nur einmal pro Jahr sehen und 30% niemals oder äußerst selten. Bryan zufolge wünschen sich sogar noch die nahezu erwachsenen Söhne dieser Männer, ihre Väter wieder in ihr Leben aufzunehmen. Er zitiert eine der von ihm befragten Personen: «Wenn der Schuft lediglich sagen würde, daß es ihm leid tut und daß er mich liebt, könnte ich ihm alles verzeihen.»

Meiner Ansicht nach sind die meisten der verlorenen Väter in Wahrheit gebrochene Väter – deprimiert und verwirrt wegen der Trennung von ihren Jungen. Viele würden sich freuen, einen gesunden, aufrichtigen Weg zu finden, um zurückzukehren. Sobald sie eine Möglichkeit entdecken, die Beziehung zu ihren Söhnen wiederaufzunehmen, fühlen sie sich selbst wohler, der mentale und emotionale Zustand ihrer Söhne bessert sich, und sie tragen dazu bei, daß sich die Welt für «richtige Jungen» und für uns alle, die wir sie lieben, ändert.

Wenn Sie vorübergehend von Ihrem Sohn getrennt sind, sollten Sie alles in Ihrer Macht Stehende unternehmen, um ein neues Verhältnis zu ihm aufzubauen und es zu bewahren. Auch wenn es gewiß nicht einfach ist, werden Sie wahrscheinlich langfristig Erfolg haben, wenn Sie sich aufrichtig für die Beziehung zu Ihrem Sohn einsetzen und kreative Lösungen suchen.

Betrachten wir das Beispiel von Patrick Lynn, dem Vater dreier Kinder, dessen Frau Deborah ihn kürzlich wegen eines anderen Mannes namens Art verlassen hatte. Nach der Trennung und anschließenden Scheidung von Deborah verfiel Patrick in Depressionen. Obwohl er seine ehemalige Frau nach wie vor liebte, wußte er, daß es das Beste war, diese Beziehung zu beenden. Da er die Trennung von Deborah nicht herbeigeführt hatte, hatte er gehofft, die alleinige Vormundschaft für die Jungen zu erhalten. Tatsächlich wurde ihm jedoch nur eine gemeinsame Vormundschaft zugesprochen.

Die drei Jungen pendelten anfangs zwischen Patricks und Arts Haus, in dem Deborah nun lebte. Da Art in derselben Stadt wohnte, konnten die Jungen einige Nächte bei ihrer Mutter und einige bei ihrem Vater verbringen. Als Deborah und Art 6 Monate später in eine einige Kilometer entfernte Stadt übersiedelten, blieben die Jungen bei ihnen, da die Schulen dieser Stadt besser schienen als ihre bisherigen. Mit Patrick wurde vereinbart, daß er die Jungen an jedem zweiten Wochenende besuchen könnte.

Eine Weile funktionierte diese Abmachung ausgezeichnet. Doch im Laufe der Zeit steigerte sich Patricks Groll. Er bemerkte die wachsende emotionale Distanz zwischen sich und seinen Söhnen. Wenn er sie am Wochenende traf, vermittelten sie ihm den Eindruck, als würden sie ihn nicht mehr lieben. Sie waren still und wirkten abwesend und benommen. Patricks Kummer wuchs. Nach einigen Monaten gab er die Besuche auf und überwies auch die Unterhaltszahlungen für die Kinder nicht mehr regelmäßig.

Als er hilfesuchend zu mir kam, drückte er seine tiefe Bestürzung aus: «Ich kann es nicht ertragen, die Jungen nicht mehr zu sehen. Sie verhalten sich, als würden sie mich nicht mehr lieben. Es ist so schmerzvoll. Die Sache scheint es einfach nicht wert zu sein.»

Patrick litt an einer schweren Depression und benötigte einige Monate Therapie, ehe er imstande war, sich mit der Übersiedlung der Jungen auszusöhnen. Indem er diese Veränderung akzeptierte, festigte sich in ihm ein neuer Entschluß und verstärkte seinen Wunsch, die Beziehung zu jedem seiner Jungen zu kräftigen. Patrick erkannte, daß es nicht genug war, die Jungen nur an den Wochenenden zu treffen. Das förderte in ihnen und ihm lediglich das Gefühl von Entfremdung und Ferne. Nachdem er sich anfänglich geweigert hatte, das Haus zu verlassen, in dem er mit Deborah und den Kindern das gemeinsame Familienleben begründet hatte, rang er sich zu der mutigen Entscheidung durch, in dieselbe Stadt zu ziehen, in der Deborah und Art nun lebten. Jeden Abend spielte Patrick mit seinen Jungen und verbrachte die Wochenenden mit ihnen gemeinsam in seiner neuen Wohnung.

Sobald sich seine Depression löste, war er mit seinem umgestalteten Leben zufrieden. «So schwierig es auch war, mit all diesen Veränderungen fertig zu werden, fühle ich mich meinen Söhnen heute näher als jemals zuvor», erklärte er mir. «Als Deborah und ich noch zusammenlebten, stritten wir so häufig über die Jungen, daß es kaum möglich war, mit ihnen eine friedliche Zeit zu verbringen. Jetzt sehe ich sie häufiger und allein, und es läuft einfach großartig zwischen mir und den Jungen. Ich liebe sie über alles und habe nun das Gefühl, daß sie mich auch mögen.»

Müttern zur Seite stehen.

Neben der eigenen Beziehung zu ihren Söhnen ist es wichtig, daß Väter ihre Jungen zu einem engen Kontakt mit ihrer Mutter ermutigen. Ein Vater, der die mütterliche Liebe für den Sohn respektiert und seinen Sohn nicht in Verlegenheit bringt, weil er diese Liebe annimmt, trägt dazu bei, das Trauma der gesellschaftlich erzwungenen frühzeitigen Trennung von der Mutter zu verhindern beziehungsweise abzuschwächen. Indem der Vater die Beziehung des Jungen zu seiner Mutter achtet und unterstützt, lehrt er seinen Sohn, welche Bedeutung dem männlichen Respekt gegenüber Mädchen und Frauen zukommt.

Der Mutter beizustehen bedeutet nicht nur, sie zu verteidigen, wenn sie ihren Sohn straft oder verweist. Im Idealfall greift ein Vater nach jeder Gelegenheit, um das Verhältnis zwischen Mutter und Sohn zu stärken. Anstatt Ihren verängstigten 5monatigen Sohn zu necken, wenn er nach seiner Mutter weint, sollten Sie ihn wissen lassen, daß seine Mutter in der Nähe ist. Bringen Sie ihn zu ihr, wenn er allem Anschein nach eine Dosis ihrer Liebe und Aufmerksamkeit benötigt. Wenn Ihr 3jähriger Sohn für seine Mutter ein Bild malt, sollten Sie ihm sagen, was Ihnen an dem Bild gefällt und wie lieb es ist, daß er seiner Mutter dieses Geschenk macht. Wenn sich Ihr 12jähriger Sohn an der Schulter seiner Mutter ausweint, sollten Sie jedes Wort vermeiden, das ihn in Verlegenheit bringen könnte. Fragen Sie ihn statt dessen, ob Sie ihm auf irgendeine Weise helfen können. Und wenn er die Hilfe seiner Mutter vorzieht, sollten Sie ihm versichern, daß seine Entscheidung gut und keineswegs unmännlich ist. Teilen Sie ihm mit, daß Sie die Beziehung zu seiner Mutter für wichtig und wertvoll erachten und daß es großartig ist, sie in solch schwierigen Augenblicken um sich zu haben. Dadurch, daß Sie die natürliche Sehnsucht Ihres Jungen, seiner Mutter nahe sein zu wollen, liebevoll anerkennen und unterstützen, vermitteln Sie ihm, daß er sowohl zu seiner Mutter als auch zu Ihnen eine bedeutende Beziehung haben kann.

Das Wesen Ihres Sohnes ist wichtiger als seine Taten.
Geben Sie Ihr Bestes, um Ihren Sohn wegen seines Wesens und nicht wegen seiner Taten zu schätzen. Dies bedeutet, daß Sie Ihren Jungen nicht für eine besondere Eigenschaft oder Fähigkeit lieben sollten, die Sie sich an ihm wünschen, sondern ihn im Idealfall für Eigenschaften und Fähigkeiten lieben, die er von Natur aus besitzt.

Die Eltern zu enttäuschen ist für jedes Kind eine unwahrscheinlich schmerzvolle Erfahrung. Die Erwartungen des eigenen Vaters nicht zu erfüllen ist für die meisten Jungen jedoch besonders entsetzlich. Wenn Sie als Vater strenge Richtlinien festlegen, wie Ihr Junge sich verhalten muß und was ihn «gut» und «männlich» macht, geschieht es nur allzu leicht, daß er Sie ständig enttäuscht. Wenn Sie ihm hingegen vor Augen führen, daß Sie ihn immer für seine eigene Persönlichkeit lieben werden und nicht nur für sein Wohlverhalten, bewahren Sie ihn vor dem quälenden Gefühl, versagt zu haben.

Durch diese Art der Aufgeschlossenheit tragen Väter dazu bei, die Macht des männlichen Verhaltenskodexes zu brechen. Anstatt das große Rad der Klischees ins Rollen zu bringen, dem zufolge sich Jungen ständig aggressiv und wettbewerbsorientiert verhalten müssen, können Sie Ihre eigenen kreativen Regeln über Zusammenarbeit, Verhandlungsbereitschaft und Freundschaft aufstellen.

Betrachten Sie Ihren Sohn nicht mißbilligend, wenn er nicht klug, athletisch und hart genug ist, sondern konzentrieren Sie sich darauf, festzustellen, was Ihren Jungen so besonders macht. Sei es seine Begeisterung für Einzeiler, sein Instinkt, wenn es darum geht, anderen zu helfen, sein gewinnendes Lächeln oder etwas anderes. Wenn Sie Ihrem Sohn als erstes und wahrscheinlich wichtigstes männliches Vorbild bedingungslose Liebe schenken und ihm die Gewißheit geben, daß er durch und durch männlich und ein «richtiger Junge» ist, wird er sich wohler fühlen, die Herausforderungen des Lebens mit mehr Selbstvertrauen in Angriff nehmen und Ihnen näher verbunden bleiben.

Entwickeln Sie Ihren eigenen Stil.

Entwickeln Sie beim Spielen, Lehren und Erziehen Ihres Sohnes einen eigenen Stil. Untersuchungen weisen nach, daß Ihr persönlicher Stil, auch wenn er sich von dem Ihrer Ehefrau unterscheiden mag, für Ihren Sohn außerordentlich wertvoll ist. Von der Mutter Ihres Sohns, von Freunden oder Familienmitgliedern im Bereich der Kindererziehung Tips zu übernehmen ist eine ausgezeichnete Idee, aber die Art, wie Sie eine Beziehung zu Ihrem Jungen aufbauen, ist Ihre eigene Kreation und muß mit keiner anderen übereinstimmen.

Wenn es Ihnen gefällt, mit Ihrem Sohn ein ruhiges Gespräch zu führen, sollten Sie diese besonderen Vater-Sohn-Diskussionen genießen. Wenn sich die Sprache der Taten als erfolgreicher erweist, um mit Ihrem Sohn emotional Kontakt zu schließen, sollten Sie diesen Weg wählen. Wie die von uns besprochene Studie zweifelsfrei darlegte, ist es das Wichtigste, daß Sie etwas Positives mit Ihrem Sohn unternehmen. Im Idealfall wählen Sie Aktivitäten, die Sie beide genießen. Wenn Ihr Sohn sich zum Beispiel für Kontaktsport interessiert und Sie ruhigere Sportarten wie Golf oder Bowling bevorzugen, sollten Sie sich als Kompromiß für einen Sport wie Tennis entscheiden, bei dem Sie sich beide wohl fühlen. Wenn Ihr Sohn Kultur liebt und Sie mehr zu Sport und Fischen neigen, sollten Sie eine Aktivität finden, wie etwa ins Kino zu gehen oder am Sonntagmorgen Vögel zu beobachten, die Ihnen beiden Spaß bereitet. Im Vordergrund steht nicht die Aktivität selbst, sondern das Erlebnis, etwas gemeinsam mit Ihrem Sohn zu unternehmen, ihm Ihre Freundschaft zu zeigen und das für die meisten Väter und Söhne natürliche Bedürfnis nach einer Beziehung zu erfüllen.

Vermeiden Sie es, als Polizist aufzutreten.
Vermeiden Sie, die Rolle eines «harten» oder «bösen» Cop zu übernehmen. Arbeiten Sie statt dessen eng mit Ihrer Ehefrau zusammen und widmen Sie sich gemeinsam der Aufgabe, Ihre Söhne zu disziplinieren. Indem Sie in Übereinstimmung mit ihr klare Regeln und Grenzen aufstellen, entgehen Sie der Falle, immer der Elternteil zu sein, der straft und die persönliche Freiheit Ihres Jungen einschränkt. Sie werden vermutlich erkennen, daß es einfacher ist, eine enge und liebevolle Beziehung zu Ihrem Sohn zu entwickeln, sobald Sie die disziplinären Pflichten teilen.

Eine von Professor Anja Jain, Professor Jay Belsky und Professor Keith Crnic am Penn State Institute durchgeführte Studie arbeitete vier Grundkategorien von Vätern heraus: den Versorger, den Spielkameraden und Lehrer, den strengen Erzieher und den nicht engagierten Vater. *Ausschließlich Vertreter des Versorger- und Spielkamerad/Lehrer-Typs übten eine posi-*

tive Wirkung auf ihre Söhne aus. Den als strenge Erzieher und nicht engagierte Väter eingestuften Männern fiel es schwer, ein enges Verhältnis zu ihren Söhnen aufzubauen. Meiner Ansicht nach gibt es keinen Grund, warum der Vater der einzige Elternteil sein sollte, der tadelt und straft. In einer Familie mit zwei Elternteilen sollten sich beide vollständig und in geeigneter Weise an der Disziplinierung des Jungen beteiligen. Dadurch lernt der Junge nicht nur, die Autorität seiner Mutter zu verstehen und zu respektieren, sondern sieht auch seinen Vater nicht als klischeehaft harten Kerl, der weniger Zuneigung empfindet.

Taten sprechen deutlicher als Worte.
Ein Vater, der in das Leben seiner Kinder gut eingebunden ist und die Fallstricke eines «Hauspolizisten» vermeidet, hat die wichtige Aufgabe, seinen Kindern durch seine *Taten* und nicht nur durch seine *Worte* Botschaften zu vermitteln. Besonders Jungen lernen, indem sie dem folgen, «was sie sehen», und nicht dem, «was sie hören». Indem Sie ein Vorbild geben, wie Dinge getan werden müssen, und etwa durch Ihre Handlungen zeigen, daß Sie an den Aktivitäten und Unternehmungen Ihres Sohnes interessiert sind, verhindern Sie es, herablassend zu wirken. Statt dessen fördern Sie eine enge, wechselseitige und auf Vertrauen gegründete Beziehung zu Ihrem Sohn.

Wenn Sie Ihren Sohn zum Beispiel lehren wollen, wie bedeutend es ist, Mädchen und Frauen zu respektieren, sind Aussprüche wie «Sprich nicht auf diese Art mit deiner Mutter!» oder «So behandelst du deine Schwester?» wahrscheinlich weit weniger wirksam, als wenn Ihr Sohn sieht, daß Sie selbst Ihre Frau oder Tochter respektvoll, freundlich und aufmerksam ansprechen, wenn eine der beiden Sie verärgert oder enttäuscht hat. Wenn Sie selbst viel fernsehen, zu Ihrem Sohn aber sagen: «Statt fernzusehen, solltest du lieber deine Hausaufgaben machen», ist das wenig überzeugend. Die Botschaft kommt eher an, wenn Sie an seiner Seite ein Buch lesen und ihm bei seinen Hausaufgaben Gesellschaft leisten.

Seien Sie sich Ihrer eigenen Vater-Sehnsüchte bewußt. Da unsere Erziehung eine derart mächtige Wirkung auf unser Verhalten als Elternteil ausübt, ist es wichtig, sich als Vater seiner eigenen «Vater-Sehnsüchte» und auch des Schmerzes und der Verwirrung bewußt zu sein, die einem vom eigenen Vater zugefügt wurden. Viele Männer tragen die Erinnerung in sich, von ihren Vätern verspottet oder mißhandelt worden zu sein, weil sie angeblich nicht «männlich» genug waren oder die Erwartungen ihrer Väter anderweitig enttäuscht haben. So schwierig es auch sein mag, Sie sollten versuchen, den Mut aufzubringen, diese Erinnerungen zu überwinden. Nur dann können Sie es vermeiden, eine ähnlich begrenzte, auf Scham basierende Erziehung bei Ihren eigenen Söhnen zu wiederholen.

Wahre Männer zeigen Gefühle. Verbergen Sie Ihre eigenen Emotionen nicht vor Ihrem Sohn, sondern lassen Sie ihn in geeigneter Dosierung an Ihren Gefühlen teilhaben. Andernfalls kann er nicht den Mut finden, sich Ihnen zu öffnen. Lassen Sie Ihren Sohn wissen, daß auch Sie als Erwachsener mitunter einsam und verletzlich sind, Angst empfinden, Tränen vergießen, sich nach einer Umarmung sehnen und sich am liebsten irgendwo verbergen würden. Zeigen Sie ihm, daß «wahre Männer» wie Sie alle Arten von Gefühlen empfinden und ausdrücken dürfen. Erklären Sie Ihrem Jungen, daß alle Männer, ebenso wie alle Jungen, fehlbar sind, daß es keinen Helden ohne Achillessehne gibt und daß sich eine reife Männlichkeit durch die Fähigkeit auszeichnet, sich seine Fehler und auch das Bedürfnis nach Liebe und Unterstützung einzugestehen.

Indem sich Väter und Söhne ihre menschliche Beschränkung gegenseitig eingestehen, verändern sie die Erwartung an einen «richtigen Jungen» oder «wahren Mann». In Homers *Odyssee*, diesem bedeutsamen westlichen Epos über den abwesenden, durch die Welt streifenden und an seine Pflichten gebundenen Vater und den zurückgebliebenen Sohn, gemahnt der antike Dichter in poetischen Worten zur Bescheidenheit.

Sind wir und unsere Väter dazu bestimmt, unbesiegbar zu sein, oder sind wir lediglich Sterbliche und somit verletzbar?

Odysseus sagt seinem Sohn: «Nein, ich bin kein Gott [...]. Aber ich bin dein Vater [...]. Kein anderer Odysseus wird jemals zu dir zurückkehren. Aber *ich bin hier*, und bin so, wie du mich vor dir siehst. Nach vielen Entbehrungen und Leiden bin ich [...] in mein eigenes Land heimgekehrt.» Daraufhin «schloß der Sohn seinen heldenhaften Vater in die Arme, klagte und vergoß Tränen [...] und in beiden wuchs die Sehnsucht zu trauern; und sie schrien gellend [...] und die Tränen benetzten ihre Augen.»

Kapitel 7

Die Feuerprobe der Jugend

«Du mußt immer deine Deckung hoch halten. Tust du das nicht, erzählen sie anderen, daß du nicht cool bist.» (Ian, 14 Jahre)

Das zweite Trennungstrauma oder der Weg zur Selbstbestimmung

Während seiner Jugend versucht ein Junge naturgemäß, seine eigene Identität zu definieren, seine Unabhängigkeit zu festigen und zu bestimmen, welche Art Mann er werden möchte. Nach Ansicht der Gesellschaft muß ein Junge seine Familie verlassen, um zu lernen, auf eigenen Füßen zu stehen. Ich vertrete den Standpunkt, daß ein Junge den Schritt in die Selbständigkeit auch ohne Trennung von seiner Familie vollziehen kann. Die – wie ich meine – beste und wahrscheinlich *einzige* Methode, eine starke, unabhängige Persönlichkeit und eine klare männliche Identität zu entwickeln, gründet sich auf die Hilfe, Unterstützung und Liebe der Familie, Freunde, Lehrer und anderer Vertrauenspersonen.

Sie erwarten doch auch nicht von einem Baby, daß es sich ohne Hilfe erhebt, seine ersten Schritte setzt und ungeachtet der zahllosen Stürze und Stöße gegen Einrichtungsgegenstände einfach gehen lernt. Schließlich setzen Sie auch kein 5jähriges Kind auf ein Fahrrad und erwarten, daß es bis in den nächsten Bezirk fährt. Nein, Sie stehen dem Radfahranfänger bei, um ihn vor Schaden zu bewahren, ihm Stütze zu bieten, ihn zu lehren, das Gleichgewicht zu halten, ihn zu weiteren Versuchen zu ermutigen, ihn für seinen Erfolg zu loben und sich mit ihm gemeinsam über seine neu erlernte Fähigkeit zu freuen. Dennoch erwarten viele von uns, daß unsere Teenager die viel komplexeren Bereiche Sexualität, Beziehungen, Berufswahl,

Druck von Gleichaltrigen und akademische Leistungen ohne ähnliche Unterstützung, Anleitung und «Rückversicherung» bewältigen.

Der Begriff Adoleszenz hat sich im Lauf der Jahre stark verändert. Um die Jahrhundertwende, als dieser Begriff erstmals verwendet wurde, verstand man darunter eine Periode des Übergangs von der Kindheit zum Mannesalter. Beschützt und beschirmt, wurden Jungen aus der Welt des Spielzeugs und der Bücher gelöst und in die Welt der Arbeit und Familie eingeführt.

Heute ist die Adoleszenz keineswegs eine Zeit der Sicherheit oder des Schutzes. Häufig ist sie sogar der gefährlichste und verwirrendste Abschnitt im Leben eines Jungen. In diesen Jahren versucht ein Junge, ein klares Bewußtsein für sein Selbst zu entwickeln. Er fragt sich, wer er ist, was ihn antreibt und was er sich für sein Leben erhofft. Dem Psychoanalytiker Erik Erikson zufolge muß ein Kind während der Adoleszenz wählen, ob es eine kohärente Identität formen oder Verzweiflung und Verwirrung zum Opfer fallen will.

Wie meine jüngsten Untersuchungen der männlichen Adoleszenz aufzeigten, sind vor allem zwei psychologische Faktoren für die Verwirrung während der Jugendjahre verantwortlich. Zum einen erhalten Jungen einander widersprechende Botschaften über Männer und Männlichkeit aus der Gesellschaft, von ihren Altersgenossen und selbst von ihren Eltern. Einerseits schreibt die Gesellschaft vor, daß Jungen cool, zuversichtlich und stark sein sollen, und andererseits verlangt sie, daß sie Mädchen und Frauen als gleichberechtigt anerkennen, sich sensibel verhalten und ihre Gefühle offen zeigen. Den meisten Jungen, die auf dem Weg zu sich selbst sind, bereitet es angesichts dieser widersprüchlichen Leitmotive Schwierigkeiten, ihr eigenes Bild von Männlichkeit zu entwerfen. Dieser oft schmerzliche Prozeß der inneren Klärung erfolgt größtenteils unbewußt.

Zum anderen stehen Jungen dem Erwachsensein mit gemischten Gefühlen gegenüber. Sie sind sich nicht vollkommen sicher, ob es eine solch großartige Erfahrung ist, ein Mann zu sein. Möglicherweise spricht sie keines der männlichen Vorbilder in ihrer Umgebung an. Müssen sie sich ein Leben lang an eine Arbeit ketten, die sie nicht lieben, um eine Familie zu ernähren? Vielleicht fürchten sie auch, daß man sie drängen wird, Karriere zu machen, zu heiraten oder eine Familie zu gründen.

Die Ambivalenz eines Jungen gegenüber der Männlichkeit und

seine Verwirrung über die höchst widersprüchlichen Erwartungshaltungen werden durch das Aufleben seiner Sexualität und die sie begleitenden Gefahren wie ungewollte Schwangerschaft oder sexuell übertragbare Krankheiten – insbesondere Aids – zusätzlich gesteigert. Ist es angesichts dieser Umstände verwunderlich, daß Jungen die Unterstützung, Anleitung und Liebe ihrer Eltern dringend benötigen?

So schwierig die Adoleszenz für Jungen und ihre Familien auch sein kann, sie bietet beiden auch die Chance, eine wundervolle und besonders reiche Zeit miteinander zu verbringen. Während ein Junge seinen intellektuellen und emotionalen Horizont erweitert, erkennen viele Eltern, daß sich die Beziehung zu ihren Söhnen auf neue Weise faszinierend und lohnend entwickelt. Wenn ein Junge beginnt, seine eigenen und originellen Ideen über Menschen, die Gesellschaft und die Welt als Ganzes zu formulieren, kann das die Eltern zu neuartigen Gedanken anregen. Der Junge kann nun Interessen entwickeln – von Sport über freiwillige soziale oder politische Arbeit bis zu akademischen Studien –, die die Eltern besonders gerne beobachten und fördern. Möglicherweise entwickelt der Junge in einem bestimmten Bereich besondere Fähigkeiten, die die Eltern mit Stolz und Respekt erfüllen. In der Adoleszenz beginnt ein Junge, seinen persönlichen Beitrag für die Welt zu leisten. Überrascht stellen die Eltern fest, daß ihr Sohn von seinen Freunden, Lehrern und anderen Mitgliedern der Gemeinschaft aufrichtig geschätzt wird. Während dieser Jugendzeit trägt die Erziehung der vorangegangenen Jahre erste sichtbare Früchte, und Sie erkennen die Konturen jenes Mannes, zu dessen Formung Sie beigetragen haben.

Unterschiedlichste Erwartungen an den idealen Mann

Wie bereits angesprochen, gibt es innerhalb unserer Kultur zwei dominante, sich wechselseitig aber ausschließende Idealvorstellungen von Männlichkeit. Das herkömmliche Bild zeigt einen Mann, der seine Gefühle unter Kontrolle hat und Frauen gegenüber die traditionelle Rolle bevorzugt. Der «neue Mann» ist einfühlsam, emanzipiert und sensibel. Wie bei allen Klischees gibt es niemanden, der ein hundertprozentiges Abziehbild von der einen oder der anderen Vorstellung anvisiert, dennoch können wir die Existenz dieser Bilder nicht verleugnen, denn sie beeinflussen unser Gedankengut. Ständig messen unsere Jungen ihr eigenes Verhalten und das anderer an diesen Klischees, um Übereinstimmungen oder Abweichungen zu erkennen. Gleichzeitig tun Altersgenossen, Lehrer, Eltern und die Gesellschaft «im allgemeinen» dasselbe. Wir beurteilen, inwieweit unsere Jungen diesen Modellen gerecht werden. Meist erfolgt dieser Prozeß unbewußt, und selbst wenn wir uns seiner bewußt sind und versuchen, keine Vergleiche anzustellen, ist es schwierig, mit dieser Angewohnheit zu brechen.

Es ist, als würde sich im Verhalten unserer Söhne unsere eigene Ambivalenz gegenüber der Männlichkeit widerspiegeln und als würden wir ihnen die Aufgabe zumuten, die gegensätzlichen Ansichten über das Mannsein zum Ausgleich zu bringen. Meine Untersuchungen liefern zumindest den Beweis, daß männliche Jugendliche unter der Last unseres Zwiespalts leiden und daß die Verwirrung und Unsicherheit auf dem Weg zur Männlichkeit ihr Selbstwertgefühl massiv angreift.

«Oft habe ich das Gefühl, zwei verschiedene Persönlichkeiten besitzen zu müssen», erzählte mir der 16jährige Jamie.

«Was genau meinst du damit?» fragte ich.

«In unserem Sozialkundeunterricht veranstalteten wir ein Forum über geschlechtsspezifische Rollenbilder. Der Lehrer hatte einen weiblichen Flugzeugpiloten und einen männlichen Visagist mitgebracht. Nach dem Vortrag der Redner diskutierten wir in Gesprächsrunden und schrieben anschließend einen Aufsatz. Ich schrieb etwas über Gleichberechtigung und Ähnliches, von dem ich wußte, daß es dem Lehrer gefallen würde.»

«Inwiefern ließ das in dir das Gefühl entstehen, zwei Persönlichkeiten vereinen zu müssen?» forschte ich weiter.

«Unsere Diskussionsrunde bestand ausschließlich aus Jungen, und unsere wahre Meinung über den Visagisten lautete: ‹O mein Gott. Was für ein Weichling!› Keiner von uns würde jemals einen derartigen Beruf ergreifen. Aber ich wußte, daß ich das in dem Aufsatz nicht schreiben durfte. Ich mußte behaupten, daß alle Berufe für Männer und Frauen offenstehen sollten, daß beide den gleichen Lohn erhalten sollen und daß viele Männer in traditionellen Frauenberufen und viele Frauen in traditionellen Männerberufen hervorragende Arbeit leisten. In Wirklichkeit will ich niemals Visagist werden und halte den Kerl für einen Dummkopf. Aber ich wußte, was unser

Lehrer hören wollte. So mußte ich zwei Rollen spielen, eine vor den Jungen und eine vor dem Lehrer.»

Der Verdienst dieser Übung liegt meiner Meinung nach darin, daß sich die Ansichten der Schüler über geschlechtsspezifische Modelle im Beruf erweiterten. Im Falle von Jamie wurde dieser Lernprozeß von dem unangenehmen Gefühl überschattet, zwei einander widerstreitende Rollen übernehmen zu müssen. Möglicherweise bewirkt dieses unangenehme Gefühl letztlich, daß er eingehender über seine Reaktion auf den Visagisten nachdenkt, vorerst stürzt es ihn jedoch in Ärger und Verwirrung. Die mit diesem inneren Konflikt einhergehenden Probleme sind möglicherweise für andere Jungen weit schwerwiegender, da sich viele dieses Kampfes gar nicht bewußt sind. Indem sie nicht erklären können, was ihnen Kummer bereitet, fühlen sie sich um so verlorener und verwirrter.

Sexualität – zwischen Softie und Macho

Im Bereich der Sexualität wird es besonders schwierig, mit den unterschiedlichen Erwartungshaltungen umzugehen. Bei welchem anderen Thema fühlen sich Jungen vor Mädchen so verletzlich, offen und nackt? Auf welchem anderen Gebiet empfinden Jungen soviel Angst und werden doch als Aggressoren betrachtet?

Einerseits wandelt sich der Junge zum Mann und erhält den Körper und das sexuelle Verlangen eines Mannes. Er fühlt sich von der Gesellschaft und seinen Altersgenossen dem Druck ausgesetzt, sich als Mann zu betragen, auszugehen, eine Freundin zu haben und Geschlechtsverkehr zu vollziehen. Andererseits ermutigen wir als Eltern und Lehrer unsere Jungen, sich auf die emotionale Bindung zu Mädchen und jungen Frauen zu konzentrieren. Wir fordern sie auf, die Gefühle ihrer weiblichen Altersgenossen über das, was sie am sexuellen Verhalten als richtig, angenehm und angemessen empfinden, zu respektieren. Als Folge fragen sich Jungen, wann der geeignete Zeitpunkt gekommen ist, ihr sexuelles Leben zu beginnen, und wie sie damit umgehen sollen. Was werden ihre Altersgenossen denken, wenn sie die Wünsche eines Mädchens respektieren und «warten»? Was werden die Eltern denken, wenn sowohl der Junge als auch das Mädchen dem Geschlechtsverkehr zustimmen?

«In der Schule lehrt man uns, Mädchen zu respektieren», erklärt der 16jährige Ralph. «Wir sollen sie wie Frauen behandeln. Darüber hinaus unterrichtet man uns über Aids, eine wirklich erschreckende Sache. Man sagt uns, daß wir uns nicht in den Sex stürzen sollen. Und wenn wir Geschlechtsverkehr haben, sollen wir ein Kondom tragen. Alle hören aufmerksam zu und sind während des Unterrichts einverstanden. Danach prahlen einige Jungen, mit wieviel Mädchen sie es schon getan haben. Jeder will wissen, ob auch du schon gepunktet hast. Es gibt einfach einen riesigen Druck, mit einem Mädchen zu schlafen.»

«Wie gehst du mit diesem Druck um?»

«Nun, ich glaube, daß ich noch warten will, aber ich weiß eigentlich nicht warum. Ich empfinde das alles als sehr verwirrend.»

Die Entscheidung, ob und wann Geschlechtsverkehr stattfinden soll, ist wohl die schwierigste, die ein männlicher Jugendlicher im Bereich der Sexualität zu treffen hat. Darüber hinaus ist sein Leben von tausend anderen Fragen und Sorgen darüber erfüllt, wie er sich in Situationen verhalten soll, die mit Mädchen und Sexualität zu tun haben.

Ein Großteil seiner Angst und Unsicherheit könnte mit dem allgemeinen Unterschied der physischen Reife zwischen Jungen und Mädchen zusammenhängen. Insbesondere im Alter zwischen 12 und 15 Jahren sind Mädchen körperlich und mitunter auch emotional reifer als Jungen. Im Gegensatz zu Mädchen, deren sexuelle Reife eindeutig durch die einsetzende Menstruation festgelegt ist, haben Jungen keine klare Vorstellung darüber, wann sie tatsächlich körperlich zum Geschlechtsverkehr imstande sind. Der Übergang zur Pubertät erfolgt bei Jungen langsamer, und die körperlichen Änderungen sind subtiler. Seine Stimme wird tiefer, sein Schamhaar wächst, und seine Muskeln und sein Oberkörper nehmen an Umfang zu. Keine einzige dieser Veränderungen deutet jedoch direkt darauf hin, wann Jungen zu Geschlechtsverkehr und Fortpflanzung fähig sind. Die einzige Methode, um das herauszufinden, ist, tatsächlich Geschlechtsverkehr zu haben. Dadurch verstärkt sich der Druck, Geschlechtsverkehr als Beweis der eigenen Reife zu vollziehen, und steigert sich die mit diesem ersten Akt verbundene Angst. Jungen sind besorgt, in der Liebe nicht gut zu sein. Die Furcht vor Impotenz, der größten Demütigung, beherrscht die Gedanken jedes Jungen.

Wenn wir nun einen derart verunsicherten und verwirrten Jungen mit einem Mädchen zusammenbringen, das körperlich um mehrere

Jahre früher reift, können wir uns vorstellen, wie eingeschüchtert er sich fühlt. Leider neigen Jungen, wie wir wissen, dazu, ihre Unsicherheit zumeist durch besondere Waghalsigkeit und Prahlerei zu kompensieren. Dann reduzieren sie Mädchen zu Objekten und protzen im Gespräch mit der Anzahl ihrer Eroberungen.

Besonders ungünstig wirkt sich die Tatsache aus, daß Jungen und Mädchen an ihren ersten Geschlechtsverkehr sehr unterschiedliche Hoffnungen knüpfen. Mädchen betrachten ihn als Akt der Liebe und als Zeichen einer innigen Verbindung. Jungen neigen zumindest teilweise dazu, ihn als Möglichkeit anzusehen, ihre Männlichkeit unter Beweis zu stellen. Erst wenn sie sich in ihren sexuellen Fähigkeiten sicher fühlen und die Gewißheit besitzen, daß der Sexualakt sie in keiner Weise in Verlegenheit bringen wird, entspannen sie sich und öffnen sich emotional. Mädchen wünschen sich jedoch, daß Jungen bereits *vor dem Geschlechtsverkehr* liebevoll und einfühlsam sind. Aufgrund ihres unterschiedlichen Tempos und ihrer Angst ist es Jungen aber erst *nach dem Sexualverkehr* (und mitunter lange danach) möglich, ihre Gefühle zu zeigen.

Das Schweigen von männlichen Jugendlichen zu emotionsgeladenen Themen und ihre scheinbar weniger gefühlsorientierte Haltung der Sexualität gegenüber brachte ihnen bei Mädchen und Eltern einen schlechten Ruf ein. Diese sind nur allzu gerne bereit, Jungen als Sexualraubtiere anzusehen, die nur daran interessiert sind, das Herz und die Jungfräulichkeit eines Mädchens zu rauben und dann wieder im Unterholz zu verschwinden. In der gegenwärtigen Diskussion über Safer Sex, Vergewaltigung und sexuelle Belästigung werden Jungen verstärkt als Sexualtäter betrachtet, deren heftiger biologischer Sexualtrieb sie zu allerlei primitiven Handlungen treibt.

Deshalb ist es wichtig, die Einstellung von männlichen Jugendlichen gegenüber der Sexualität zu verstehen. Wir müssen uns daran erinnern, daß sie nach einem anderen und mitunter schwierigen Kodex handeln. Ihr Verhalten ist ein Kompromiß zwischen ihrer Sehnsucht nach einer Beziehung und ihrer Angst vor einer Zurückweisung. Zusätzlich werden diese Empfindungen durch die unbewußte, schamerfüllte Frucht einer früheren Ablehnung angefacht. Zu dem Zeitpunkt, zu dem Jungen möglicherweise die größte Demütigung als Mann bevorsteht und ihnen das geringste Maß an wahrer Aufrichtigkeit zugestanden wird, durchleben sie eine außerordentlich schwierige Lebensphase.

Nun schlage ich nicht vor, daß wir unseren Jungen aus lauter Verständnis die Botschaft vermitteln sollen, daß ein aggressives Sexualverhalten in Ordnung ist. Ich betone lediglich, daß wir die Motive der Jungen verstehen müssen, wenn wir mit ihnen Kontakt aufnehmen und ihnen helfen wollen, eine reife und verantwortliche Haltung gegenüber der Sexualität zu entwickeln. Als Kulturgemeinschaft sind wir eher geneigt, den Druck, den Mädchen in bezug auf Sexualität empfinden, zu verstehen. Die Verwirrung der Jungen wird kaum thematisiert. Wir sind nur allzu gerne bereit, Mädchen unseren Rat anzubieten und Jungen verantwortlich zu machen. Wenn Sie dies bezweifeln, sollten Sie in einer High-School oder einem College an einer Erziehungsgruppe über Safer Sex, sexuelle Belästigung und Vergewaltigung teilnehmen. Mädchen werden zu Recht ermutigt, ihre Gefühle zu erforschen und selbstbewußt für sie einzustehen, während Jungen belehrt werden, daß ihre Aufgabe darin besteht, das Nein eines Mädchens zu respektieren. Offenbar ist man allgemein der Ansicht, daß Jungen keine Verwirrung kennen und selbstsichere Sexmaschinen sind, die jederzeit losgehen können.

Der 17jährige Martin verließ ein derartiges Treffen verunsichert darüber, welches Verhalten zulässig ist, und verängstigt, daß man ihn für gefährlich halten könne. «Man sagte uns, daß wir ein Mädchen immer fragen sollten, bevor wir ihr auch nur einen Kuß geben. Das gilt jedoch nicht für beide Seiten. Mädchen fragen nicht. Es scheint, als müßten die Jungen für jeden Schritt die Initiative ergreifen. Nur Jungen haben Angst, etwas zu tun, was Mädchen nicht wollen, und nur Jungen müssen darüber nachdenken, *was* Mädchen wollen. Die gesamte Gesellschaft scheint so zu denken. Irgendwie ist es seltsam und altmodisch, daß Jungen stets die Aktiven sein müssen und Mädchen nur die Aufgabe bleibt, etwas anzunehmen oder abzulehnen.» Martin weiß sich keinen Rat, wie er diese Situation ändern solle. «Du mußt damit umgehen und leben lernen. Wenn dir das nicht gelingt, gerätst du in große Schwierigkeiten.»

Wiederum stoßen wir auf die widersprüchlichen Erwartungen, die Jungen einerseits drängen, sich sexuell zu «beweisen», und sie andererseits strafen, wenn sie es tatsächlich tun. «Ein Junge zu sein ist nicht einfach», erzählt Peter. «Nie weißt du, wann du jemanden beleidigst, und ständig mußt du aufpassen, was du tust. In Beziehungen ist es noch schwieriger. Noch immer müssen Jungen bei Mädchen den ersten Schritt tun. Wenn du dreizehn oder vierzehn Jahre alt bist, oder auch später noch, weißt du nie genau, was du tun sollst. Du hast das Bedürfnis, mit einem Mädchen zu sprechen, aber du weißt nicht wie. Du hast das noch nie zuvor versucht. Der gesamte Druck lastet auf dir, und du weißt, daß du es wagen mußt.»

Damit ist nicht gesagt, daß es nicht auch Jungen gibt, die ihre körperliche Überlegenheit einsetzen, um einem Mädchen sexuelle Gewalt anzutun. Selbstverständlich sollten sämtliche Erziehungsprogramme den Einsatz physischer Gewalt in jedem Zusammenhang verurteilen. Die Mehrheit der Jungen sucht jedoch auf ehrliche Weise nach einer Bindung und ist auch zu echten Beziehungen imstande.

Betrachten wir zum Beispiel Mitchell, den Sohn meiner Freunde Dick und Jennifer Harrington, die in einem sozial «progressiven» Mittelklassevorort von Boston wohnen. Beide Elternteile sind ganztags berufstätig. Dick arbeitet als Buchhalter und Jennifer in der Public-Relations-Abteilung eines großen Bostoner Unternehmens.

An einem Samstag gingen Mitchell und seine Klassenkameradin Liz abends eine Pizza essen und ins Kino. Für beide war es die erste «richtige» Verabredung. Als der Junge nach Hause kam, fragte ihn sein Vater, wie es gelaufen war. «Ganz gut», erklärte Mitchell ein wenig verlegen und zurückhaltend, «und ein wenig verrückt.»

«Was meinst du mit verrückt?» erkundigte sich Dick.

«Ich wußte nicht, ob ich für die Pizza zahlen sollte oder ob wir uns die Rechnung teilen sollten.» – «Was hast du getan?» – «Wir haben sie geteilt, aber ich glaube, daß sie erwartet hatte, eingeladen zu werden.»

«Nun, das klingt nicht allzu verrückt.»

«Als ich sie dann nach Hause fuhr, gingen uns irgendwie die Gesprächsthemen aus. Ich glaube, sie erwartete, daß ich ihr einen Kuß geben würde oder etwas Ähnliches.»

«Warum glaubtest du das?» forschte sein Vater nach.

«Ich weiß nicht. Die ganze Sache mit dem Gutenachtkuß – verstehst du? Manchmal habe ich das Gefühl, als wäre es verboten, ein Mädchen zu berühren, wenn sie es nicht will. Ich war mir nicht sicher, ob sie es von mir wollte. Dann dachte ich darüber nach, ob sie mich wegen sexueller Belästigung beschimpfen würde, wenn ich versuchen würde, sie zu küssen.»

«Und hast du sie geküßt?»

«Nein, ich war so verwirrt, daß ich mir nicht einmal klarwerden konnte, ob ich es überhaupt noch wollte. Daher hielt ich es für besser, mich einfach von ihr zu verabschieden und sie abzusetzen. Nun hält sie mich wahrscheinlich für einen Weichling, oder sie glaubt, daß ich sie nicht mag», erklärte Mitchell mit einem Seufzer.

Mitchell konnte sich nicht entscheiden, ob er die Rolle des souveränen und forschen Mannes spielen sollte, der sich gewandt dem wartenden Mädchen zuwendet, oder die des gleichberechtigten, freundlichen und sensiblen Mannes, der wartet. Am meisten verunsicherte ihn jedoch, daß er nicht wußte, wie er sich wirklich fühlte. Wollte er sie küssen? Mochte er sie tatsächlich?

Mitchell befand sich in der glücklichen Lage, daß seine Eltern ihm bei dem Problem zu helfen versuchten. «Der neue Manager in meinem Unternehmen ist eine Frau. Als sie bei uns zu arbeiten begann, stand ich vor demselben Problem. Ich wußte nicht, ob ich ihr die Tür aufhalten sollte, und fürchtete, daß sie mich verklagen würde, wenn ich sie versehentlich an der Schulter berühren würde. Ich wußte nicht einmal, ob ich sie zu einem Bier einladen sollte. Aus Angst, daß sie mich falsch verstehen könnte, erzählte ich ihr keine Witze. Ich brauchte lange, um all diese Fragen zu lösen, und arbeite noch immer daran», erzählte Mitchells Vater.

Als Jennifer die Geschichte von dem Rendezvous hörte, kam sie mit einem Vorschlag. «Vielleicht solltest du Liz einfach fragen, was sie denkt. Frage sie, ob du die Pizza bezahlen sollst und ob du sie küssen darfst. Sprich mit ihr. Ich bin mir ziemlich sicher, daß sie dir eine eindeutige Antwort gibt.»

Gestärkt durch diese Beratung lud Mitchell Liz ein, mit ihm gemeinsam auf ein Rockkonzert zu gehen. Er fragte sie, ob er sie zu dem Ereignis einladen dürfe, und sie nahm begeistert an. Als die beiden gegen Ende des Abends in ihre Einfahrt einbogen, hatten sie, wie ich hörte, keine Schwierigkeiten, sich zu einigen, daß ein Kuß annehmbar wäre.

Wenn Eltern, wie die von Mitchell, Verständnis für die Probleme ihres Sohnes aufbringen, mit ihm in Kontakt bleiben und ihr Mitgefühl auf liebevolle und aufmerksame Weise vermitteln, helfen sie nicht nur ihrem Sohn, seine Verwirrung zu überwinden, sondern bringen die gesamte Familie einander näher.

Wir sprechen einfach nicht darüber

Mitchell befand sich in der glücklichen Lage, Eltern zu haben, die bereit waren, über das Thema Sexualität zu sprechen. Viele Jungen berichten, daß sie beim Einsetzen der Pubertät wenig bis nichts über Männlichkeit, Verabredungen, Sexualität und Geschlechtsverkehr wüßten. Ihr Kummer wird zudem durch das Gefühl verstärkt, daß niemand begreift, was mit ihnen geschieht, und sie mit niemandem über ihre Empfindungen angesichts der Veränderungen in ihrem Körper sprechen können. Eine jüngst durchgeführte Umfrage ergab, daß annähernd die Hälfte der männlichen 15- bis 19jährigen der Ansicht ist, daß der heutige durchschnittliche Jugendliche nicht ausreichend über Sexualität und Fortpflanzung unterrichtet wird.

Der Mangel an Information über Geschlechtsverkehr hält Teenager jedoch nicht davon ab, ihn zu vollziehen. Neueste Forschungen anhand der Daten des Alan Guttmacher Institute und des National Center for Health Statistics belegen, daß der Großteil der Jugendlichen erstmals im Alter zwischen 15 und 20 Jahren Geschlechtsverkehr hat. In der Altersgruppe der 18jährigen waren dies 56% der jungen Frauen und 73% der jungen Männer. (Zu Beginn der 70er Jahre berichteten 35% der jungen Frauen und 55% der jungen Männer, bis zum Alter von 18 Jahren erstmals Geschlechtsverkehr gehabt zu haben.) Der Prozentsatz stieg bei den unter 12jährigen um 9%, bei den unter 18jährigen um 70%. Insgesamt vollziehen somit vier von fünf Teenagern vor ihrem 20. Geburtstag Geschlechtsverkehr. Nur jeder Fünfte entschließt sich, länger zu warten.

Selbst Eltern, denen diese Statistiken bekannt sind, nehmen sie nicht zum Anlaß, um über Sexualität und Geschlechtsverkehr zu sprechen. Viele Jungen erklären, daß sie sich mit dem Erlebnis der Pubertät und den Entscheidungen über ihr sexuelles Leben allein gelassen fühlen. «Als ich meinen ersten feuchten Traum hatte, wußte ich nicht, was geschah», erzählt der 17jährige Chad. «Ich dachte, ich hätte im Bett uriniert. Es war ein wirklich seltsames Gefühl. Ich erinnere mich, daß mir der Traum gefallen hatte, und dafür schämte ich mich. Ich glaubte, ich hätte ein psychologisches Problem. Doch wen hätte ich fragen sollen – meine Mutter?»

Der 16jährige Ramón berichtete die folgende Geschichte: «Als ich aus der Dominikanischen Republik in die USA übersiedelte, war ich dreizehn Jahre alt und sprach kein Englisch. Mein Vater war gestorben, als ich sechs war, und so kam ich mit meiner Mutter und meiner älteren Schwester. Als ich mich erstmals selbst berührte, war ich nicht sicher, ob das in Ordnung ist. Ich dachte, daß ich vielleicht verrückt sei. Ich war nicht einmal sicher, warum es sich so gut anfühlte und was geschah, wenn ich es tat. Ich konnte mich niemandem mitteilen. Ich sprach damals kein Englisch, hatte keine Freunde und hätte darüber niemals mit meiner Mutter oder Schwester geredet. Ganz und gar allein, fragte ich mich, was mit mir nicht stimmte. Ich hielt es für falsch und glaubte, daß es mich oder meine Mutter irgendwie in Schwierigkeiten bringen würde. Ich hatte einfach keine Ahnung.»

Der 16jährige Lionel erzählte mir: «Meine Mutter begann zu arbeiten, als ich etwa acht Jahre alt war. Da sie nicht zu Hause war, verbrachte ich in meiner Pubertät viel Zeit allein. Mit meinen Eltern war ich lediglich manchmal am Abend oder am Wochenende zusammen. Es schien, als würden sie nur mit mir sprechen, wenn sie auf mich böse waren oder wollten, daß ich etwas Bestimmtes tat.»

Diese Aussagen belegen, daß zahlreiche Jungen zu Beginn der Pubertät und während ihrer Jugend nicht die Beziehung zu ihren Eltern besitzen, die sie einst hatten oder gerne gehabt hätten. Viele fühlen sich von ihren Eltern getrennt, glauben, daß diese stets böse auf sie sind, und empfinden es als unangenehm, mit ihnen über Sexualität und Geschlechtsverkehr zu sprechen.

Ich glaube, daß der Graben, der sich zwischen Eltern und ihren pubertierenden Söhnen auftut, weil beide Seiten Schwierigkeiten haben, über Sexualität zu sprechen, von den Vätern und Müttern nicht gewollt ist. Im Gegenteil, sie wünschen sich weiterhin eine enge Beziehung zu ihren Söhnen, die ihnen jetzt häufig Desinteresse und Unzugänglichkeit zum Vorwurf machen. «Ich tue alles, um mich meinem Jungen wieder nahe zu fühlen», berichtete ein Vater über seinen heranwachsenden Sohn. «Ich weiß einfach nicht, was mit uns geschehen ist. Inmitten all dessen, was er in der Schule und mit seinen Freunden erlebt, scheinen wir nicht mehr imstande zu sein, Kontakt zueinander zu finden.»

Dies muß nicht so sein. Eltern und Söhne können offen über Sexualität sprechen, und die vertraute Nähe, nach der sich beide Seiten sehnen, muß durch die Pubertät nicht zerstört werden. Um sich als Individuum fühlen zu können, bedarf es keiner Trennung. In Wahrheit benötigt ein männlicher Jugendlicher auch weiterhin seine Eltern und sie ihn. Wenn beide Seiten das Bedürfnis des anderen nach Freiheit ohne Trennung akzeptieren, könnten wir das Schweigen rund um die Sexualität durch einen lebendigen Dialog ersetzen und den Schmerz und die Einsamkeit unserer Jungen an der Schwelle zum Mannesalter verringern.

Was geschieht, wenn wir nicht sprechen: Das Schreckgespenst Drogen

Wenn wir über Themen, die unseren heranwachsenden Jungen Sorgen bereiten, nicht sprechen und sie zu einer Trennung zwingen, anstatt sie auf ihrem Weg zu einer eigenständigen Persönlichkeit zu unterstützen, könnten sie sich vollständig hinter ihre Maske zurückziehen, die schließlich zu ihrer zweiten Natur wird. Wie Mitchell, der nicht mehr wußte, was er tatsächlich für Liz empfand, könnten sie schließlich den Kontakt zu ihren wahren Gefühlen verlieren.

Die Maske erschwert es Eltern und ihren Söhnen, offen über Sexualität und Geschlechtsverkehr zu sprechen. Darüber hinaus verleitet diese Tarnung – wie ich im weiteren zeigen werde – Jungen dazu, die Risiken von Alkohol und Drogen auf sich zu nehmen. Solange aufgrund dieser Maske alles in Ordnung zu sein scheint, erkennen (oder akzeptieren) Eltern häufig nicht, daß ihr Sohn bereits mit diesen Gefahren in Kontakt gekommen ist. Der jüngsten landesweiten demographischen Studie über die physische und mentale Gesundheit von Jugendlichen zufolge sind über 25% der Jugendlichen zur Zeit Raucher, annähernd 10% der Schüler geben an, zumindest einmal pro Woche Alkohol zu trinken, und etwa 18% erklären, häufiger als einmal im Monat Alkohol zu sich zu nehmen. Mehr als ein Viertel der befragten jugendlichen Schüler führt an, zumindest einmal in ihrem Leben Marihuana geraucht zu haben, mehr als 12% mindestens einmal im vergangenen Monat.

Untersuchungen, die sich mit den Aussagen von Jugendlichen über den Drogenmißbrauch ihrer Altersgenossen auseinandersetzen, kommen zu einem weit erschreckenderen Ergebnis: So erklärten 56% der amerikanischen Jugendlichen, die 1997 im Rahmen einer von der Kommission für Drogenmißbrauch durchgeführten Studie befragt wurden, daß sie jemand kennen, der Kokain, Heroin oder LSD verwendet (1996 lag dieser Anteil noch bei 39%). Unter den befragten 12jährigen berichteten 23,5% von einem Freund oder Mitschüler, der diese harten Drogen zu sich nimmt.

Mit dieser großangelegten Studie in Verbindung stehende Statistiken über Schüler der achten Klasse ergaben, daß sich der Heroinmißbrauch zwischen 1991 und 1996 verdoppelte. Ebenfalls unter Schülern dieser Altersklasse stieg der beständige Alkoholgenuß, mit dem Ziel, sich zu betrinken, von 12,8% im Jahr 1992 auf 15,6% im Jahr 1996. Die Studie verzeichnete weiter, daß die Wahrscheinlichkeit für Teenager, die sogenannte Einstiegsdrogen (Tabak, Alkohol und Marihuana) konsumieren, auf härtere und gefährlichere Drogen umzusteigen, 17mal höher liegt als bei Jugendlichen, die keine Drogen nehmen. Betrachtet man dieses Ergebnis nach Geschlechtern getrennt, so ist die Wahrscheinlichkeit für Jungen, auf derartige Drogen umzusteigen, 29mal so hoch (für Mädchen 11mal so hoch).

Viele Jungen greifen zu Drogen und Alkohol, um schmerzliche Gefühle, wie die Trennung von ihren Eltern, das geringe Selbstwertgefühl, Probleme in der Schule, mit Gleichaltrigen oder mit ihrer aufkeimenden Sexualität, zu betäuben. Einige versuchen so den Schmerz des Erwachsenwerdens zu lindern und die damit einhergehenden Verwirrungen durch angenehmere Gefühle zu ersetzen. Durch den Konsum von Drogen wie Marihuana oder Kokain begehren sie gegen den männlichen Verhaltenskodex auf, der sie zwingt, sich hinter einer Maske zu verbergen, und ihnen vorschreibt, wie sie sich zu verhalten haben. Der Drogenrausch gewährt ihnen für kurze Zeit die emotionale Sicherheit, mit ihren wahren Empfindungen und Sehnsüchten in Kontakt zu treten.

Drogen und Alkohol können einen Menschen allerdings nur kurzfristig von seinen Sorgen und Ängsten befreien. Sobald der Rausch nachläßt, zieht sich der Junge hinter die Maske zurück, die Zwangsjacke schließt sich um ihn, und er unterdrückt erneut sein wahres Wesen. Um ganz er selbst zu sein, ist er nun zusätzlich abhängig von Drogen. Drogen und Alkohol lösen keines der grundlegenden Probleme, bringen jedoch eine Reihe neuer Schwierigkeiten und Gefahren mit sich: Die Leistungsfähigkeit des Jungen läßt nach, er wird depressiv, sein Selbstbewußtsein sinkt, er wird von nichttrinkenden Altersgenossen gemieden, ist anfällig für Verletzungen und Unfälle, wird möglicherweise von der Schule verwiesen, kriminalisiert und weiteres mehr.

Wenn der Kontakt zu den Eltern verlorengeht

Für Eltern und andere Vertrauenspersonen ist es schon schwierig genug, mit der Maske umzugehen. Einem Jungen beizustehen, sie abzulegen, ist eine noch größere Herausforderung für die Beziehung, wenn sich der Junge Drogen und Alkohol zugewendet hat. Zumeist trifft es Eltern unvorbereitet, wenn ihr bisher so offener und gesprächsbereiter Junge plötzlich verschwindet. Viele Eltern fühlen sich dann von ihren Söhnen zurückgewiesen und sind verwirrt über die plötzliche Härte und Respektlosigkeit. «Er verhält sich wie ein kleiner chauvinistischer Idiot und spricht nicht mehr mit mir über die wirklich wichtigen Dinge», meinte eine Mutter über ihren 16jährigen Sohn. «Manchmal möchte ich ihm sagen: ‹Du warst so ein netter Kerl und heute bist du ein großer Eisblock. Warum schlüpfst du nicht aus dieser Rolle und wirst wieder du selbst!›»

«Jeden Nachmittag kommt mein Junge nach Hause, wirft seine Sachen in sein Zimmer und zieht los, um sich mit seinen Freunden im nahegelegenen Park zu treffen», erzählte eine andere Mutter. «Ich vermute, daß er Drogen nimmt. Wenn er heimkehrt, sieht er müde aus und verschwindet sofort in seinem Zimmer. So fremd und verärgert, wie er sich in letzter Zeit verhält, scheint es nicht der Mühe wert, ihn darauf anzusprechen. Wahrscheinlich wird er dann bloß wütender.»

Naturgemäß könnte man in einer solchen Situation dazu neigen, aufzugeben und den Jungen seinen Weg gehen zu lassen, aber leider löst sich das Problem nicht von allein. Aus meiner jahrelangen Beratungstätigkeit für männliche Jugendliche und ihre Eltern weiß ich, daß es stets besser ist, für seinen Sohn da zu sein und wie Abraham zu sagen: «Hier bin ich!» Als Eltern müssen wir unseren Söhnen zur Seite stehen, denn es ist zu gefährlich, sie sich selbst zu überlassen. Möglicherweise werden wir gezwungen, uns mit Drogen, Depressionen, Aids, Gewalt und Ähnlichem auseinanderzusetzen, aber unsere Söhne müssen wissen, daß wir immer für sie da sind und stets unser Bestes tun, um ihnen einen Ort zu schaffen, an den sie zurückkehren können, wenn sie Liebe, Wärme und Nähe suchen. Wir müssen ihnen helfen zu verstehen, daß die Jugendjahre nur durch die Macht einer guten Beziehung – und gewiß nicht durch Drogen und Alkohol – zu einem Lebensabschnitt werden, in dem sich eine starke Persönlichkeit formt und sich richtige Jungen in wahre und erfolgreiche Männer wandeln.

Robert Frost drückte es treffend wie folgt aus: «Zuhause ist der Ort, an dem man dich einläßt, wenn du an die Tür klopfst.»

Der Druck seitens der Altersgenossen

Selbst wenn Eltern einen Jungen in seinem Kampf um Individualität unterstützen, sind dessen Altersgenossen nicht immer so hilfreich. Ein Jugendlicher, der seine Freizeit im Kreis Gleichaltriger verbringt, bekommt gelegentlich das Gefühl, in eine andere Welt mit einer eigenen Sprache und eigenen Gesetzen einzutreten.

«Als ich in die Mittelschule kam, veränderte sich alles», erklärte ein Junge. «Nette Kerle, mit denen ich befreundet war, verhielten sich plötzlich cool. In der siebenten Klasse begannen einige von ihnen, zu trinken und zu rauchen. Sie waren nicht mehr die Jungen, die ich in der Grundschule kennengelernt hatte. Ich wußte, daß ich aus der Gruppe ausgeschlossen würde, wenn ich mich nicht ebenso verhalten würde.» Ein anderer Junge berichtete: «Wenn du erst einmal älter als dreizehn Jahre bist, kannst du in der Schule nicht mehr dieselbe Person sein wie zu Hause. Das wäre nicht *cool.*» Darüber hinaus lehnt der Kreis der Gleichaltrigen alles ab, was auf irgendeine Weise weiblich oder homosexuell erscheint. Aus diesem Grund härten sich Jungen ab und vermeiden jede Person oder Situation, die sie in Verlegenheit bringen könnte.

Die vermutlich größte Demütigung erlebt ein männlicher Jugendlicher, wenn er den männlichen Verhaltenskodex verletzt. «Es heißt, daß Jungen hart und gemein sein müssen. Das ist lächerlich, denn einige Jungen sind tatsächlich hart, andere aber nicht. Dann gibt es auch Mädchen, die hart sind. Und nur weil du ein Junge bist, bedeutet das nicht, daß du das stärkste Kind der Welt oder der härteste Kerl bist», erklärte der 15jährige Ken.

Die Forderung, cool zu sein, drängt Jugendliche zu einem gefährlichen und selbstzerstörerischen Verhalten. «Auf Partys sah ich, wie sogenannte coole Kerle andere zum Trinken verleiten wollten. Sie drohten ihnen mit Ausschluß aus der Clique, wenn sie nicht trinken würden», berichtete ein Junge.

Daß Jungen aufgrund des auf ihnen lastenden Drucks ihre wahre Identität verbergen und den Kontakt zu dem verlieren, was ihnen im Leben wirklich Vergnügen bereitet, ist eine der traurigsten Konsequenzen des männlichen Verhaltenskodexes. Um sicherzugehen, daß er als cool angesehen wird, verkneift sich der Junge bestimmte Gefühle und hütet sich davor, sich an Tätigkeiten zu beteiligen, die als unangemessen gelten. Somit verändert er bewußt sein Benehmen, um der Demütigung zu entgehen, den Verhaltenskodex zu übertreten, auch wenn er dafür sein wahres Wesen opfert.

«Meine Schwester und ich nahmen gerne an Seilspringwettbewerben teil», erzählt der 12jährige Steward. «Doch als ich deswegen verspottet wurde, hörte ich damit auf. Das war die Sache nicht wert.»

Der 15jährige Lionel berichtet folgendes: «Ich sprach immer recht viel über alles, was geschah oder was ich tat. Aber wenn du heute in der Schule zu viel sprichst, fordert man dich auf, den Mund zu halten. Die Mädchen bevorzugen harte Kerle, die nicht viel sagen. Daher versuche ich, in der Schule weniger zu reden. Zu Hause quassel ich dann meinem Bruder die Ohren voll.»

«Ich glaube, es geschah, als ich elf Jahre alt war», erinnert sich der 17jährige Jake. «Die Jungen begannen, sich miteinander zu messen und auf kleinere loszugehen. Wenn du ein auffälliges Hemd trugst, versuchten alle dich niederzumachen. Mein Vater arbeitete bei einer Zeitung und forderte mich auf, stets eine Art von Tagebuch zu führen. Das gefiel mir, denn ich wollte über die Menschen und die Ereignisse um mich herum und meine Empfindungen schreiben. Als sich die Dinge in der Schule dann aber zuspitzten, gab ich es auf. Ich fürchtete, daß irgend jemand das Tagebuch finden und ich in große Schwierigkeiten geraten könnte!»

In der Jugend werden Jungen die Regeln des männlichen Verhaltenskodexes mit Nachdruck aufgezwungen, und der Unterschied zwischen denen, die in dieses Modell passen, und denen, die dies nicht tun, tritt in extremer Form hervor. Dies kann einen Jungen nicht nur von seinem wahren Selbst trennen, sondern auch seine engsten Freundschaften untergraben und sogar zerstören.

Matt und Zachary: Eine Freundschaft zerbricht am männlichen Verhaltenskodex

Der redegewandte 15jährige Matt Green erzählte mir die ergreifende Geschichte von sich und seinem ehemals besten Freund Zachary Miller. Die beiden Jungen wurden durch den männlichen Verhaltenskodex getrennt.

Während der Grundschule und Unterstufe der Mittelschule war Zachary Miller der beste Freund von Matt. Mit dem Wechsel in die Oberstufe löste sich die Beziehung zwischen den beiden Jungen langsam auf. «Zachary spielt Theater und trägt gerne verrückte Kleidung», erklärte Matt. «Sport interessiert ihn überhaupt nicht, er sieht nicht fern, verabredet sich nicht mit Mädchen und geht niemals tanzen. Das mag alles in Ordnung sein, aber er ist auch bei allem so empfindlich. Wenn andere Jungen ihm das Leben schwermachen, weiß er nicht, wie er darauf reagieren soll. Dann wird er nervös und richtig verrückt. Ich mag ihn sehr, aber viele Jungen halten ihn für homosexuell und können nicht verstehen, warum ich mich mit ihm abgebe.»

Für Matt war es schwierig, seine anderen Freunde zu behalten und gleichzeitig den Kontakt zu Zachary nicht zu verlieren. «Ich glaube, ich hätte auch weiter zu ihm gehalten, wenn er mit dem Spott besser umgegangen wäre. Als einer der Jungen seinen Hut nahm und ihn nicht zurückgeben wollte, ging er zu unserem Lehrer. Er hätte darüber lachen oder irgend jemand schlagen oder sonst etwas tun sollen, aber er wurde lediglich hochrot und spazierte davon.»

«Was wäre nötig, um diese Freundschaft wieder zu kitten?» fragte ich.

«Es ist mir egal, daß Zachary Theater spielt und purpurrote Hosen trägt. Niemand kümmert sich wirklich darum. Aber er muß einen Weg finden, er selbst zu sein, und auch lernen, mit allen anderen umzugehen», meinte Matt. «Es tut mir leid. Wenn ich ihn auf dem Gang oder sonstwo treffe, grüße ich ihn immer noch, aber ich kann jetzt nicht sein Freund sein. Wenn ich das täte, würden mich die anderen Jungen ebenfalls angreifen.»

Einige Jungen widerstehen dem Druck der Gleichaltrigen und wehren sich

Das ermutigendste Ergebnis meiner Studie *Auf die Stimmen der Jungen hören* ist die Tatsache, daß viele Jungen nach Möglichkeiten suchen, um dem Druck zu widerstehen, den der auf Scham und Demütigung gegründete Verhaltenskodex erzeugt. Für einige Jungen bedeutet dies, daß sie sich einen sicheren Zufluchtsort schaffen, an dem sie ungehindert sie selbst sein dürfen. In Kapitel 4 sprachen wir beispielsweise über Jason, der an seiner Schule einen «Ort für Jungen» einrichtete, an dem sich Schüler mit unterschiedlichen Persönlichkeiten und Interessen treffen und untereinander austauschen konnten.

Der clevere 16jährige Isaiah hat einen Rat für kleinere Jungen: «Bleibt einfach ihr selbst und tut nichts, was euch nicht gefällt. Denn langfristig ist es das einfach nicht wert, wenn ihr euch verstellt und euch mit Jungen trefft, die ihr nicht wirklich mögt. Ihr seid nur einmal jung. Ihr solltet das tun, was euch Spaß macht, denn nur dann seid ihr glücklich. Ihr müßt einfach ihr selbst sein!»

John, ein anderer Junge, den ich im Rahmen meiner Studie befragte, erklärte: «In gewissen Dingen sollten Jungen gut sein. Jungen sollten Sport treiben, an Mädchen interessiert sein und Bier trinken. Doch viele Jungen sind anders. Ihnen gefällt es, sich mit dem Computer zu befassen, zu malen, Musik zu hören, als Freiwillige zu helfen oder wandern und zelten zu gehen. Ich halte diese Klischees für falsch. Alles, was jemand tut, sollte respektiert werden. Ein Junge sollte keinen Sport treiben, wenn er es nicht wirklich will, sondern das tun, was ihm Spaß macht.»

Für dieselbe Auffassung trat Aaron ein, der eine beeindruckende Sensibilität für gesellschaftliche Zwänge und die Bedeutung von Schimpfwörtern wie «Schwuler» und «Weichling» zeigt. «Einige wenige meiner Freunde verhalten sich, als müßten sie durch ihre ablehnende Einstellung beweisen, daß sie nicht schwul sind. Du mußt behaupten, Schwule zu hassen, damit alle eindeutig wissen, daß du selbst nicht schwul bist, und dich in Ordnung finden.»

Anfangs hatten sich Aaron und einige andere seiner Freunde an dieser Verspottung beteiligt. Doch dann eröffnete ihm sein Freund Bobby eine andere Perspektive. «Bobby ist der beste Sportler und ein phantastischer Junge. Alle lieben und respektieren ihn. Obwohl er selbst nicht homosexuell ist, erklärte er mir, daß es falsch sei, Homosexuelle zu verhöhnen. Schwul sein sei völlig normal. Warum sollten wir uns darüber lustig machen? Dies brachte mich zum Nachdenken. Er hatte einfach recht. Jetzt verbreite ich diese Nachricht auch und sage den Leuten, daß es albern ist, Homosexuelle zu verspotten. Je mehr Menschen das verkünden, desto mehr erfahren diese Botschaft und hören damit auf, Schwule zu beschimpfen», schloß Aaron.

Jungen wie Isaiah, John, Aaron und Bobby fühlen, daß es falsch ist, zu einer klischeehaften «männlichen» Verhaltensweise gezwungen zu werden, und zeigen, daß sie bereit sind, sich gegen die Zwänge der Gesellschaft zu wehren. Der Widerstand gegen den männlichen Verhaltenskodex ist jedoch nicht einfach. Die Jungen meiner Studie erklärten, daß sie sehr vorsichtig vorgehen müßten.

«Ich wähle meine Kämpfe gut», erklärte Aaron und meinte damit, daß er sorgfältig abwägt, bevor er Themen aufgreift, die ihn bei seinen Altersgenossen in Verruf bringen könnten. Gute Beziehungen zu Gleichaltrigen sind für heranwachsende Jungen von entscheidender Bedeutung. Viele Jungen berichten, daß enge Freunde – sowohl Jungen als Mädchen –, die sie unterstützen, ihren guten Namen hochhalten und ihnen zur Seite stehen, wenn sie sich gegen den männlichen Verhaltenskodex auflehnen, unendlich wichtig sind. Für Jungen, die dem Spott ihrer Altersgenossen ausgesetzt sind und den Mut aufbringen, sich gegen die gesellschaftlichen Zwänge zu wehren, bedeutet es die größte Hilfe, wenn sie wissen, daß ihre Freunde und ihre Familien für sie da sein werden.

Das öffentliche und das private Wesen: Die Zweiteilung eines Jungen

Der Unterschied zwischen dem, wie sich ein Junge insgeheim gerne verhalten würde, und dem, wie er glaubt, in der Öffentlichkeit auftreten zu müssen, ist verwirrend. Erstaunt stellt er fest, daß er sich im Kreise seiner engsten Familienmitglieder und Freunde anders betragen darf, als seine Altersgenossen es von ihm erwarten. Was im privaten Rahmen seiner Familie erlaubt ist, könnte im Umfeld der Gleichaltrigen zu Schwierigkeiten führen. Wie einer der oben angeführten Jungen erklärte: «Du kannst nicht in der Schule und zu Hause dieselbe Person sein.» Zwischen der öffentlichen Schulhofkultur und der privaten Familienkultur besteht eine unüberwindliche Kluft.

Das private Wesen – die Persönlichkeit, die einem Jungen ursprünglich zu eigen ist und die von Müttern und Vätern gefördert wird – würde gerne freundlich, spielerisch und liebevoll auftreten und ein weites Spektrum von Gefühlen zeigen. Doch der Druck, dem die Jungen durch die gesellschaftlichen Erwartungen im allgemeinen und durch die Gleichaltrigen im besonderen ausgesetzt sind, verlangt von ihnen, sich stark, sportlich, wortkarg und unverwundbar zu präsentieren. Manche, für die der Druck zu groß wird, greifen zu extremen Maßnahmen: Sie verspotten und verhöhnen ihre Mitschüler und greifen sie womöglich sogar an – nur um sich als cool zu erweisen und den Respekt ihrer Altersgenossen zu erringen.

Der 17jährige Scott Adams berichtete, wie verwirrend es sein kann, wenn die von den Eltern vermittelten Wertvorstellungen und die Gesetzmäßigkeiten, die auf dem Schulhof gelten, miteinander in Konflikt geraten: «Die schlimmste Zeit erlebte ich, als ich mit Doug Santos um Sharon kämpfte», begann er. «Sharon ging mit Doug aus, verabredete sich aber auch mit mir. Dies machte den beliebten Doug ziemlich wütend. Eines Tages umringten mich Doug und eine Reihe anderer Jungen aus seiner Nachbarschaft auf dem Parkplatz, wo sich auch Sharon befand. Seine Freunde riefen ihm zu: ‹Komm schon, Doug, verpasse Scott eine Tracht Prügel. Er kann ja doch nicht kämpfen!›»

«Was hast du daraufhin getan?»

«Ich versuche mich von Schlägereien fernzuhalten. Meine Mutter sagte mir stets, daß ich meine Worte und nicht meine Hände gebrauchen sollte. Daher erklärte ich Doug, daß ich nicht kämpfen wolle. Ich sagte ihm, daß ich davon überzeugt sei, daß man das Problem auch ausdiskutieren könne.»

«Das war eine großartige Antwort», fiel ich ein.

Scott rollte die Augen: «Nein, das war es nicht. Doug begann, mich herumzustoßen und mich anzubrüllen: ‹Du verdammter Schwächling, du kleiner Schwuler, komm schon, zeige uns, wie du kämpfst.›»

«Was geschah daraufhin?»

«Nun, kein Lehrer war in der Nähe, und ich hatte niemals wirklich gelernt zu boxen oder Ähnliches, aber ich holte so kräftig aus, wie ich nur konnte, und versetzte Doug einen Hieb. Ich nehme an, ich traf ihn an der richtigen Stelle, denn er stieß einen Schrei aus, knickte zusammen und fiel zu Boden. Seine Freunde starrten mich an und sagten: ‹Wow, Adams, du hast ihn aber gut erwischt.›»

«Hast du deinen Eltern davon erzählt?»

«Ja, sie fanden es heraus. Meine Mutter tadelte mich, aber mein Vater lächelte bloß. Dennoch bin ich verwirrt. Ich glaube nicht, daß ich das Richtige getan habe. Meine Mutter ist der Ansicht, daß ich falsch gehandelt habe, für meinen Vater war es eine Art Spaß. Jedenfalls belästigte mich Doug nicht wieder.»

Der Konflikt zwischen dem privaten und dem öffentlichen Verhalten kann ernsthaftere Folgen nach sich ziehen als eine kleine Auseinandersetzung auf dem Parkplatz der Schule. Forschungen ergaben, daß «in zwei geteilte» Jungen besonders gefährdet sind, Lernstörungen zu entwickeln, in schwere Depressionen zu verfallen und ein impulsives und zwanghaftes Verhalten an den Tag zu legen, das von Drogenmißbrauch und ungeschütztem Geschlechtsverkehr bis zu Wutanfällen im Klassenzimmer und Selbstmord reichen kann.

Meine eigenen Untersuchungen belegen, daß Jungen hart darum ringen, die Spaltung zu überwinden, sich selbst nicht zu verleugnen und all ihre verletzlichen und schmerzlichen Empfindungen auszuleben – und dies, obwohl sie unter dem entsetzlichen Druck stehen, bei ihren Altersgenossen «gut anzukommen».

Jungen werden mißverstanden, wenn sie den harten Mann markieren

Ob ein Junge sich nun am Vorbild des harten oder des sensiblen Mannes orientiert, scheint einerlei, denn in jedem Fall gerät er in Schwierigkeiten. Wenn sie sich das Machogehabe aneignen, das die Gesellschaft ihrer Ansicht nach von jungen Männern erwartet, werden sie von Erwachsenen (und insbesondere ihren Eltern) als unnahbar, rauh und gefühllos abgelehnt; das heißt, in dem Augenblick, in dem es einem Jungen gelingt, das Verhalten anzunehmen, das vorgeblich von ihm gefordert wird, muß er erkennen, daß er dafür nicht bewundert, sondern zurückgewiesen und getadelt wird.

Der 16jährige Ross faßt es folgendermaßen zusammen: «Heute ein Junge zu sein ist eine schwierige Sache. Nie weißt du, wann du jemanden kränkst. Was auch immer du tust, immer ist einer verärgert oder enttäuscht. Wenn du ein Junge bist, scheint es, als wärest du schlechthin der Feind der Gesellschaft.»

Der doppelte Maßstab, dem Jungen und Männer gerecht werden sollen, verwirrt und ärgert auch nachdenkliche junge Männer wie Craig, einen Schüler der Abschlußklasse. Einerseits erwarten seine Altersgenossen von ihm Unerschrockenheit – «Darum geht es doch in dieser Schule. Du versuchst ständig, dich wie ein harter Kerl zu verhalten, weichst beim Sport oder einer Auseinandersetzung keinen Schritt zurück, sondern forderst deinen Gegner heraus» –, und andererseits fühlt er sich als männlicher Teenager angegriffen, weil sein Auftreten als zu unnachgiebig angesehen wird.

«Die Menschen reagieren, als wären Jungen meines Alters die Hälfte ihrer Zeit lediglich auf Schwierigkeiten aus», beklagt sich Craig und führt dazu zwei Beispiele an. «Am letzten Wochenende ging ich zur Bank, und nur weil ich mein Sparbuch nicht bei mir hatte, bezweifelten die Angestellten meine Identität. Hätten sie dasselbe auch bei einem Mädchen getan? Das glaube ich nicht. Sie stellten mir eine Reihe von Fragen nach meinen Eltern, meiner Adresse und meinem Alter. Nach einiger Zeit hatte ich den Wunsch, sie zu fragen: ‹Warum zweifeln Sie noch immer an mir? Habe ich etwas Falsches getan?› Sie stellen sich vor, daß ein männlicher Teenager auf die eine oder andere Weise wahrscheinlich immer etwas Böses im Schilde führt.

Ein anderes Mal, ich war eben im Begriff, nach einem Spiel der Red Sox im Fenway Park von meinem Parkplatz wegzufahren, hielt mich ohne ersichtlichen Grund ein Polizist an. Ich glaube, nur weil ich ein männlicher Jugendlicher war, überhäufte er mich mit Fragen. Er wollte wissen, ob auf mich ein Haftbefehl oder Ähnliches ausgestellt sei. Mir erschien es seltsam, daß er so etwas grundlos tat. Einem Mädchen würde etwas Derartiges wohl auch nicht passieren.»

Jungen werden auch mißverstanden, wenn sie sich zuvorkommend geben

Jungen geraten ebenfalls in Schwierigkeiten, wenn sie sich einfühlsam, freundlich und aufgeschlossen zeigen, das heißt, wenn sie sich auf eine Weise verhalten, die von der feministischen Lehre als gesund und wichtig befürwortet wird.

«Bei all den feministischen Ideen und Gleichheitsgrundsätzen in diesem Land bleiben Jungen manchmal auf der Strecke», meint der 16jährige Toby. «Jungen tun mitunter etwas, das mir und ihnen in keiner Weise falsch erscheint, und doch werden sie dafür angegriffen. Wenn du zu einem Mädchen nicht freundlich bist, glaubt sie, daß du sie nicht magst. Wenn du jedoch freundlich bist, vermutet sie, daß du etwas von ihr willst. Mädchen und Jungen verstehen einander nicht allzu gut.»

Ich bat Toby, mir ein Beispiel zu nennen, das er selbst erlebt hätte. «Eines Tages kam meine Exfreundin zu einem unserer Basketballspiele. Nach dem Spiel ging ich zu ihr und begrüßte sie und einige andere Freunde. Später erzählte mir jemand, daß sie mich eben umarmen wollte, als ich mich umwandte, um jemand anderen zu grüßen. Ich hatte nicht einmal bemerkt, was sie vorhatte, aber sie glaubte, ich hätte sie ignoriert, und hielt mich für einen gefühllosen Kerl. Hätte ich sie jedoch zuvor umarmt, wäre sie auf mich wütend gewesen, denn ich hätte etwas gegen ihren Willen getan. Statt dessen war sie auf mich böse, weil ich sie nicht umarmte, obwohl ich nicht einmal wußte, was vor sich ging.

Es ist eine verwirrende Sache, denn jeder ist unterschiedlich und nimmt die Dinge anders wahr. Manchmal erwartet man von uns, daß wir männlich sein sollen, und dann wieder sollen wir es nicht sein. Es läßt sich nicht wirklich vorhersagen, wie das eine oder andere Mädchen in bestimmten Situationen reagieren wird. Das kann ganz und gar verschieden sein. Mädchen wünschen sich, daß du sensibel bist, aber Jungen bezeichnen dich als Tunte oder Weichling, wenn du dich auf eine bestimmte Weise verhältst. Wie in meinem Fall. Ich respektiere sämtliche Lehrer und Erwachsenen und bin stets freundlich, weil ich so erzogen wurde. Aber immer wieder werfen mir meine Freunde vor, daß ich ein Kriecher wäre, nur weil ich höflich bin und mit Erwachsenen spreche. Ich sage dann, daß ich einfach nur freundlich bin, doch sie antworten: ‹O nein, du bist ein Schleimer.› Das ärgert mich.»

Wie soll sich ein Junge nun verhalten?

Ein Großteil meines jüngsten Forschungsprojektes bestand aus ausgedehnten Interviews, von denen ich viele hier auszugsweise wiedergebe. Darüber hinaus unterzog ich 150 Jungen im Alter zwischen 12 und 18 Jahren psychologischen Prüfungen. Die Untersuchung umfaßte zwei Tests, mit deren Hilfe ich die *bewußte* und die *unbewußte* Einstellung von Jungen darüber ermitteln konnte, wie sich ein Junge zum Mann wandeln soll und welches Verhalten für einen Mann in unserer Gesellschaft angebracht ist. Die erste Versuchsgruppe bestand aus Kindern einer mittelgroßen Stadt an der Ostküste der USA. Ich vermutete, daß diese Kinder sich dem Gedanken der Gleichberechtigung gegenüber aufgeschlossen zeigen würden, und ich sollte mit meiner Erwartung recht behalten.

Bei einem Test, der von den Forschern King und King entwickelt wurde, um die Einstellung zum Gleichheitsgrundsatz von Mann und Frau zu bewerten, schnitten die Jungen gut ab. Dies bedeutete, daß sie Aussagen wie «Männer und Frauen sollten in der Berufsausbildung gleiche Chancen erhalten» und «Haushaltskurse sollten für männliche und weibliche Studenten gleichermaßen zulässig sein» zustimmten und Phrasen wie «Der Mann sollte das Oberhaupt der Familie sein» oder «Für eine Mutter ist es passender, einem Baby die Windeln zu wechseln, als für einen Vater» heftig ablehnten. Dieses Ergebnis überraschte mich nicht, sondern bestätigte lediglich, daß Jungen geschlechtsspezifische Rollenklischees ablehnen und dem neuen Männlichkeitsmodell offen gegenüberstehen.

Dann unternahm ich jedoch etwas Außergewöhnliches. In der Vergangenheit konzentrierten sich Untersuchungen darauf, den Fortschritt zu ermessen, den Jungen in bezug auf die Gleichberechtigung der Geschlechter gemacht hatten. Dafür wurde mit Hilfe von Fragebögen analysiert, inwieweit Jungen Eigenschaften befürworteten oder ablehnten, die für das traditionelle Männlichkeitsideal typisch sind. Somit hatten die meisten Studien nur ein Merkmal im Visier; sie zielten darauf, auf einer Skala abzulesen, wie egalitär die Einstellung ihrer Versuchspersonen ist.

Meine eigene Theorie, daß Jungen sowohl zu einem egalitären als auch zu einem traditionellen Verhalten gedrängt werden, war der Auslöser dafür, mich dem Thema anders anzunähern. Ich fragte mich, was wir entdecken würden, wenn wir die Einstellung der Jungen hinsichtlich beider Werte überprüfen würden. Daher unterzogen wir die Jungen dem Test zur Gleichberechtigung der Geschlechter ebenso wie dem Pleck-Test über das traditionelle männliche Verhalten. Indem dieselbe Versuchsgruppe beide Tests durchführte, erhielten wir durch meinen Forschungsansatz die Möglichkeit einer parallelen Messung anstelle einer Entweder-Oder-Entscheidung.

Die Ergebnisse dieses Versuchs belegten, daß dieselben Jungen, die egalitäre Werte guthießen, sich ebenso stark für das traditionelle Männlichkeitsbild aussprachen. Sie schlossen sich den folgenden Aussagen an: «Ich bewundere einen Jungen, der vollkommen selbstsicher ist», «Für einen Jungen ist es wichtig, von anderen respektiert zu werden», «Ein Mann verdient stets den Respekt seiner Frau und seiner Kinder», «Es ärgert mich, wenn sich ein Junge wie ein Mädchen verhält» und «Männer sind immer zum Sex bereit».

Wenn männliche Jugendliche die Gelegenheit erhalten, ihre Seelen offen darzulegen, enthüllen sie, ohne es selbst zu wissen, eine Kluft in ihrem Inneren, eine Zerrissenheit in ihrer Vorstellung von Männlichkeit. Bei einem Test, der ihre Offenheit gegenüber dem Gleichheitsgrundsatz mißt, bekennen sie sich zu diesem. Bei einem anderen Test, der ihre Einstellung zur traditionellen Auffassung von Männlichkeit erfaßt, befürworten sie eine große Anzahl traditioneller Werte und Eigenschaften. Dieses Ergebnis ist ein Beweis dafür, daß unsere Jungen nicht in der Lage sind, die unterschiedlichen Leitbilder innerhalb unserer Gesellschaft für sich zu vereinen. Besäßen sie eine eindeutige Haltung ihrer Männlichkeit gegenüber, würden sie auf jeweils nur einer Skala hoch und auf der anderen gering punkten. Da ihre Wertungen jedoch in diesen beiden einander genau gegensätzlichen Bereichen hoch liegen, enthüllen sie einen tiefgreifenden inneren Konflikt.

Erwachsen sein – nicht gerade rosige Aussichten

Größtenteils aufgrund dieser in ihnen schwärenden Verwirrung stehen viele männliche Jugendliche der Entwicklung zum Mann mit einem zutiefst ambivalenten Gefühl gegenüber. Wie sollen sie sich auf das Erwachsenenalter freuen können, solange sie unsicher sind, was es bedeutet, ein Mann zu sein? Dieser Frage ging ich in einem anderen Teil meiner Untersuchung nach. Ich versuchte herauszufinden, was Jungen tatsächlich fühlen angesichts der Aussicht, ein erwachsener Mann zu werden. Hier eine Aussage zu erzielen ist nicht einfach, da Jungen, wie wir gesehen haben, dazu neigen, ihre tiefsten und schmerzlichsten Gefühle zu verbergen.

Eine Methode, die Psychologen nutzen, um die unbewußt oder bewußt unterdrückten Emotionen einer Testperson freizulegen, besteht darin, ihr Karten mit Abbildungen vorzulegen, auf denen Menschen in ganz unterschiedlichen emotionalen Stimmungen und Situationen dargestellt sind. Anschließend wird die Testperson aufgefordert zu beschreiben, welche Gefühle ebendiese Bilder in ihr hervorrufen. In meiner jüngsten Studie zeigte ich Jungen zwei solche Karten und forderte sie auf, eine Geschichte über den Hauptdarsteller jeder Abbildung zu schreiben, wobei sie sich auf ihre eigenen Gefühle konzentrieren sollten. Diese Methode stützt sich auf ein vor mehreren Jahrzehnten von Henry Murray entwickeltes und allgemein anerkanntes psychologisches Instrument zur Persönlichkeitsdiagnostik. Ich entschloß mich, sie zu verwenden, um hinter die Maske der Jungen blicken zu können, und entdeckte, daß viele Jungen ihrer Zukunft als Mann mit großer Angst entgegensehen.

Wie Jungen die Arbeit eines Mannes sehen

Das Bild, das die stärksten Reaktionen hervorrief, war ein Schwarzweißfoto und zeigte einen Mann in weißem Hemd und Krawatte, der Pläne studierte und offenbar bei der Arbeit war. In diesem Ausschnitt saß er mit neutralem Gesichtsausdruck an einem Schreibtisch und blickte ungefähr in Richtung eines auf dem Tisch stehenden Fotos, auf dem eine Frau und zwei Kinder (ein Junge und ein Mädchen) zu erkennen waren, die seine Familie darstellen konnten. Lesen wir, welche Gedanken der 17jährige Hamilton zu diesem Bild niederschrieb.

«Dieser Kerl hat es satt, zu arbeiten. Er möchte mit seinem Job und seiner Familie nichts mehr zu tun haben und fragt sich, wie das Leben wäre, wenn er nicht geheiratet hätte. Der Gedanke, ständig arbeiten zu müssen, quält ihn, und er wünscht sich, er könnte einfach aufstehen, allein sein und Spaß haben. Doch er wird noch weitere 25 Jahre arbeiten, es hassen und dann in Pension gehen. Die Kinder werden das Haus verlassen, und er wird erkennen, wie trübe und langweilig sein Leben war. Wenn er dann alt ist, wird er nicht viel vorzuweisen haben.» – Hamiltons düstere Geschichte ruft das Bild eines depressiven, emotional erschöpften männlichen Arbeitstiers hervor, das an seine Familie gekettet ist, aber jede Beziehung zu seinem eigenen Ich verloren hat.

Roger, ein Schüler der neunten Klasse, konzentrierte sich auf die beruflichen Verpflichtungen, die den abgebildeten Mann von seiner Familie trennen und seine wichtigsten Beziehungen untergraben: «Dies ist die Geschichte eines von seiner Frau geschiedenen Technikers, der Pläne betrachtet [...]. Nun blickt er zu dem Bild, denkt über seine Familie nach und fragt sich, wie er zu ihr zurückkehren könnte. Wahrscheinlich wurde er geschieden, weil er abends immer zu lange arbeitete und niemals zu Hause war.»

Die beiden Aussagen widerspiegeln die Angst der Jungen, daß sie durch die Arbeitsbelastung von der emotionalen und vertrauten Welt ihrer Familien getrennt werden könnten. Wie meine Untersuchungen aufzeigen, bringen männliche Jugendliche dem Leben als erwachsener Mann und den damit anscheinend verbundenen Pflichten und Einschränkungen sowie der vorhergesehenen Einsamkeit gemischte Gefühle entgegen.

Männliche Jugendliche zum Thema Arbeit

Als ich die Reaktionen der befragten Jungen analysierte, erkannte ich, daß sich die Ergebnisse fünf verschiedenen thematischen Kategorien zuordnen ließen. Einer von ihnen sind die positiven Emotionen zugeordnet, während sich die anderen mit dem bevorstehenden Schmerz und den Belastungen des erwachsenen Mannes bei der Arbeit auseinandersetzen:

Der glückliche, zufriedene Familienmann.

15% der Jungen erzählten Geschichten, die in diese erste und einzig positive Kategorie fielen. Diese Jugendlichen sahen einen glücklichen, zufriedenen Familienmann, der während seiner Arbeit Tagträumen nachhing. Sie drückten es etwa folgendermaßen aus:

«Dies ist John, ein Ingenieur, der in seiner Arbeit recht erfolgreich ist. Nach einem harten Tag gönnt er sich jetzt eine kurze Pause und träumt von seiner Familie. Bald ist sein Arbeitstag zu Ende, und er kehrt zu seiner Frau und seinen Kindern zurück»;

«Dieser Mann empfindet es als befriedigend, daß er für seine Frau und seine Kinder sorgen kann.»

Der einsame, karriereorientierte Versorger.

35% der befragten Jungen verfaßten Geschichten, die sich dieser zweiten Kategorie zuordnen ließen. Sie beschrieben die abgebildete Person als einen karriereorientierten Mann, der als alleinverantwortlicher Versorger seiner Familie hart arbeiten muß, aber auch sehr erfolgreich ist. Seine Rolle gewährt ihm ein hohes Maß an Autonomie, macht jedoch auch vorübergehende Trennungen von seiner Familie erforderlich. Sie boten die folgenden Geschichten an:

«Da er sich auf Geschäftsreise befindet, vermißt er seine Familie. [...] Er ist gezwungenermaßen von seiner Familie getrennt»;

«Um mehr Geld zu verdienen, muß er Überstunden machen und vermißt daher seine Familie»;

«Der Architekt betrachtet das Foto seiner Familie. [...] Er fragt sich, ob er genug Geld verdient, um seine beiden Kinder gut zu versorgen und ihnen die Ausbildung auf einem College zu finanzieren.»

Der entfremdete Ernährer.

Die etwa 24% der Jungen, deren Geschichten dieser Kategorie zuzurechnen sind, sahen einen Vater, der seine Rolle als Ernährer erfüllt, sich dabei aber von seinen Freunden und seiner Familie entfremdet. Im Gegensatz zu der vorigen Gruppe betonten diese Jungen, wie unglücklich sich der Mann in seiner Rolle fühlt. Im weiteren einige Beispiele:

«Ein Mann ist bei der Arbeit [...] er blickt auf das Bild seiner Familie. Er vermißt sie sehr, da die Arbeit all seine Zeit in Anspruch nimmt. Seine Frau wünscht sich mehr Aufmerksamkeit. [...] Gerne würde er mehr Zeit mit seinen Kindern verbringen, doch das ist unmöglich. Er ist deprimiert. Diese Gedanken lassen ihn nicht mehr los [...] vielleicht sollte er versuchen freizubekommen. [...] Er hat die Hoffnung noch nicht vollständig aufgegeben»;

«Er liebt seine Familie sehr, muß jedoch arbeiten, um sie zu ernähren [...]. Daher verbringt er nicht genug Zeit mit ihr [...] und fühlt sich schuldig.»

Der Verlierer.

Annähernd 21% der Jungen beschrieben einen Vater, der einen Verlust erlitten hat – den Tod eines Familienmitglieds oder eine andere Tragödie – oder durch Scheidung und Ähnliches von seiner Familie getrennt ist. Der Großteil dieser Jugendlichen stellt den Vater als verletzliches Wesen dar, der Versöhnung sucht und Beziehungen wiederaufnehmen möchte. Hören Sie sich zum Beispiel diese Geschichten an:

«Er betrachtet bei seiner Arbeit das Bild seiner Familie [...] und fühlt sich sehr einsam. Vielleicht wurden sie getötet, oder er ist geschieden. Er wünscht sich, daß seine Familie zurückkehrt. Vielleicht will er versuchen, sie zu retten»;

«Er arbeitete zuviel, und deshalb hat ihm der Richter seine Familie weggenommen. Darüber ist er sehr traurig. Er hofft auf eine zweite Chance, denn er will seine Familie zurückbekommen»;

«Alan betrachtet das Foto und erinnert sich, wie glücklich er einst mit seiner Familie gewesen ist. Da er wegen seiner Arbeit selten zu Hause war, setzte sich die Mutter betrunken in den Wagen, und die gesamte Familie starb bei einem Unfall. Der Kummer überwältigt ihn, und er wünscht sich seine Familie zurück.»

Der dauerhaft getrennte Mann.
Schließlich erzählten etwa 5% der untersuchten Jungen eine Geschichte über einen Vater, der durch Umstände, die nicht in seiner Macht lagen, ständig von seiner Familie getrennt wurde. In einigen Fällen berichteten die Jugendlichen in neutralem Stil, in anderen, wie etwa in der Geschichte des 12jährigen Jamie, stellen sie eine Verbindung zu einem tiefen Gefühl des Schmerzes und der Sehnsucht her:

«Bill blickt auf das Foto seiner Familie, die ihn verlassen mußte. Er schreibt ihr einen Brief, in dem er ihr all seine Gefühle ausdrückt und mitteilt, wie sehr er sie vermißt und daß er sich danach sehnt, wieder mit ihr vereint zu sein. Er sagt: ‹Ich hoffe, daß wir uns wiedersehen und wieder zusammenleben, damit ich Euch meine Liebe zeigen kann›»;

«Harry betrachtet die Menschen, die er liebt. Sie sind gestorben, und er quält sich mit Fragen, wie er sie hätte retten können. Er möchte sein Leben fortsetzen, aber das gelingt ihm nicht. Wahrscheinlich wird er wegen seiner Probleme einen Arzt aufsuchen müssen»;

«Meinem Gefühl nach ist dieser Mann verloren. Seine Familie lebt weit entfernt. [...] Er empfindet eine Art von Schmerz [...] bedauert vielleicht, daß er das Sorgerecht für seine Kinder verloren hat.»

Mit Ausnahme der Jungen der ersten Kategorie erzählt die überwiegende Mehrzahl der Jugendlichen Geschichten über Trennung, Isolation und Einsamkeit. Meiner Ansicht nach berichten diese Jungen, wie sie sich selbst fühlen und wie sie ihre Väter und andere Männer in ihrem Leben sehen. Sie beschreiben zudem ihre Erinnerungen an die vorzeitige Trennung von ihren Müttern und anderen frühen Bezugspersonen. Möglicherweise sprechen sie auch die Sehnsucht an, eine enge Beziehung zu ihren Eltern und nahen Verwandten aufrechtzuerhalten. Vielleicht sagen sie uns indirekt: «Ich habe Angst [...] ich bin nicht bereit, ein Mann zu werden und zur Arbeit zu gehen [...] ich bin nicht bereit, von meinen Freunden und meiner Familie getrennt zu werden.»

Wie sich Jungen selbst sehen

Als wir die Antworten der Jungen auf das zweite Bild auswerteten, wurden ihre tiefgreifende Angst und ihre verborgene Sehnsucht nach Kontakt zu anderen Menschen und die damit verbundenen Gefühle des Verlustes und der Einsamkeit offenkundig. Die zweite Abbildung war ein Farbfoto von einem kleinen blonden Jungen, der an der Schwelle der geöffneten Tür eines alten Holzhauses sitzt. Die Sonne wirft ihr strahlendes Licht über den Jungen und die Fassade des Hauses, hüllt jedoch alles, was sich jenseits der offenen Tür im Inneren befindet, in dunkle Schatten. Der Junge hockt, die Ellbogen auf die Knie gestützt und das Kinn in beide Hände gelegt, allein auf der Schwelle. Sein Gesichtsausdruck ist schwierig zu deuten. Er scheint sich zu konzentrieren, vielleicht läßt ihn aber auch die Sonne ein wenig blinzeln.

Wieder war es möglich, die Interpretationen zu diesem zweiten Bild fünf großen thematischen Kategorien zuzuordnen. Während sich die ersten beiden Kategorien auf neutrale Weise mit Themen zur Entwicklung eines Jungen auseinandersetzten, die weder besonders positive noch negative Emotionen beinhalteten, betonten die drei anderen Kategorien ein intensives Gefühl von Verlust.

Ein Junge im Wandel.

13% der befragten Jungen erzählten Geschichten, die der ersten Kategorie zuzuweisen sind und sich mit dem Thema Wandel befassen. Sie beschrieben das Bild folgendermaßen:

«Dies ist ein Junge, der im Begriff steht, von einem Ort an einen anderen zu übersiedeln»;

«Der Fotograf machte dieses Foto, während der Junge darauf wartete, irgendwohin zu gehen»;

«Der Junge wartet auf jemanden.»

Ein nachdenklicher Junge.

Etwa 27% der Jugendlichen, deren Texte dieser zweiten Kategorie zugeordnet wurden, konzentrierten sich auf mögliche Überlegungen des Jungen:

«Ein kleiner Junge sitzt auf der Türschwelle und denkt über etwas nach. Er grübelt über eine wichtige Sache»;

«Dieser Junge überlegt heftig [...] er sitzt und versucht, seine Gedanken zu ordnen»;

«[Er] möchte einfach im Schatten sitzen und nachdenken.»

Ein verlassener Junge.

Die 24% der Jungen, deren Geschichten in diese dritte Kategorie fielen, betonten das Element des Allein-Gelassen-Werdens:

«Dieser Junge wurde allein zurückgelassen und wartet nun auf die Rückkehr seiner Lieben»;

«Arnie ist ein kleiner Junge, der allein, verlassen und hungrig auf der Schwelle sitzt. [...] Seine Eltern haben ihn verstoßen. [...] Nun wünscht er sich nur noch etwas zu essen und Liebe. Wird er einsam auf der Straße sterben?»;

«Seine Eltern sind in eine andere Stadt gezogen und haben ihn zurückgelassen. [...] Er wird in einem Pflegeheim landen»;

«Ein kleiner, einsamer Junge. Seine Familie besitzt nicht genug Geld und hat ihn deshalb zurückgelassen. Er ängstigt sich und fühlt sich allein. Nun wünscht er sich jemanden, der ihn liebt und für ihn sorgt. Vielleicht wird er adoptiert»;

«Der Junge sitzt deprimiert und enttäuscht auf der Schwelle. [...] Er hat soeben einen unerreichbaren Ball geworfen, aber sein Vater war nicht hier, um es zu sehen. All die anderen Väter scheinen anwesend gewesen zu sein. [...] Daß sich sein Vater entschuldigt, ändert nichts an der Sache»;

«Er weint, weil er seine Mutter vermißt.»

Der isolierte Junge.

Die vierte Kategorie, der 19% der Befragten zuzuordnen sind, befaßte sich mit Geschichten über Isolation.

«Dieser Junge ist allein und traurig»;

«Ein kleiner Junge sitzt ganz allein an der Tür [...] er fühlt sich einsam [...] ist sehr ernst»;

«Dieser Junge ist einsam [...] er hat keine Freunde um sich»;

«Er ist traurig, völlig allein und weint.»

Der Junge als Opfer.

Die Jugendlichen der letzten Kategorie sahen den abgebildeten Jungen als Opfer. Etwa 17% interpretierten das Foto folgendermaßen:

«Dieser Junge wird von seinem Vater ständig getadelt. Er mag seinen Vater nicht besonders»;

«Der Junge hat angeblich etwas Falsches getan, weshalb sein Vater zum Gürtel griff und ihn mehrmals schlug. Er wird sein ganzes Leben gefühlsmäßig gezeichnet sein»;

«Sein Vater ist betrunken und schlägt ihn und seine Mutter»;

«Dieser Junge wurde geschlagen und vernachlässigt [...] Er hat keine Mutter und niemanden, der ihn tröstet [...] Von jetzt an wird er den Menschen aus dem Weg gehen»;

«John wurde soeben mißhandelt und rannte in seine Hütte, um dem Täter zu entgehen. Er ist sehr niedergeschlagen [...] Gedanken an Selbstmord steigen in ihm auf.»

Diese Deutungen lassen den Schluß zu, daß viele männliche Jugendliche den Übergang von der Kindheit zum Mannesalter als sehr schmerzbelastet empfinden. Ein Junge steht seinem Schicksal gänzlich allein gegenüber. Er ist ruhelos und einsam, fühlt sich verlassen und von seinen Eltern zurückgewiesen. Er fürchtet, zu Unrecht verletzt zu werden, und ist anfällig für Depressionen und Selbstmordgedanken.

Meine Forschungsergebnisse stehen nicht allein. Eine 1996 durchgeführte landesweite Untersuchung von Jugendlichen durch die Horatio Alger Association ergab, daß sich weit mehr Mädchen als Jungen vorstellen können, den Großteil ihres Lebens glücklich zu sein (32% der Mädchen, aber nur 23% der Jungen). Auch auf die Frage nach ihren Zukunftsplänen antworteten 67% der Mädchen im Vergleich zu nur 54% der Jungen, daß sie erwarteten, eine 4jährige Collegeausbildung abzuschließen. Wie uns der 15jährige Calvin in Kapitel 2 erzählte, sind die von der Gesellschaft an männliche Jugendliche gestellten Forderungen nicht nur widersprüchlich, sondern oftmals inhuman: «Es ist schwierig, ein Junge zu sein. Es gibt so viele Dinge, die ein normaler Mensch wahrscheinlich tun würde, die einem Jungen aber einfach verboten sind oder nicht von ihm erwartet werden.» Um es mit den Worten auszudrücken, die ein amerikanischer Indianerstamm für den Initiationsritus ihrer Jungen verwendet: Für viele Jungen ist die Adoleszenz das Große Unmögliche.

Durch eine enge Beziehung lassen sich die Probleme des zweiten Traumas ebenso überwinden wie die des ersten

Wie ich entdeckte, sind bedeutungsvolle Beziehungen zu Freunden, Eltern und anderen Familienmitgliedern für Jungen die wichtigste Grundlage, um das Große Unmögliche zu bezwingen, dem Druck der Altersgenossen und den gesellschaftlichen Zwängen standzuhalten und mit den anderen Sorgen der Jugend fertig zu werden. Die Aussage, daß Jugendliche, und insbesondere männliche Jugendliche, sich von ihren Familien trennen müssen und wollen, ist ein weiterer gefährlicher Mythos über Jungen. Gewiß kämpfen Jugendliche mit den Problemen der Identität und des Wachstums und stoßen mitunter mit uns zusammen oder weisen uns sogar zurück. Ebenso wünschen sie sich, einige Zeit fern von zu Hause zu verbringen, um ihre eigene individuelle Persönlichkeit zu entwickeln. Dennoch wollen unsere Söhne nur in den seltensten Fällen die Bindung zu uns lösen und von uns getrennt allein sein. Tatsächlich benötigen die meisten Jungen dringend ihre Eltern, Familien und die erweiterte Familie der Trainer, Lehrer, Priester und Rabbis, die ihnen beistehen, Halt geben, mit Verständnis begegnen und eine lebende Mauer der Liebe bilden, an die sie sich anlehnen und von der sie sich abstoßen können. Sie sehnen sich nicht nach Trennung, sondern nach Individuation. In einer gesunden männlichen Adoleszenz dreht sich alles um die Entwicklung eines reiferen Wesens in einem Umfeld liebevoller Beziehungen, die psychologische Nabelschnur wird gedehnt und nicht durchtrennt.

Meinen Forschungen zufolge sind sich unsere Jungen dessen deutlich bewußt. Auf die Frage, wie er mit dem Trennungsschmerz umgeht, den viele Jungen erleiden, antwortet Seth heiter:

«Ich glaube [...] das hat mit der *Nähe* innerhalb meiner Familie zu tun. Meine Eltern erzogen mich so, daß ich gerne ein Teil der Familie bin. Ich liebe es, nach Hause zu kommen und mit meiner Mutter und meinem Vater Zeit zu verbringen. Für mich ist es kein Problem, das gesamte Wochenende nicht mit meinen Freunden, sondern mit meiner Familie zusammenzusein», erklärt Seth. «Mitunter ziehe ich es einfach vor, bei meiner Familie zu bleiben. Wenn ich bei meinen Freunden bin, sage ich manchmal, daß ich lieber zu Hause wäre.»

Um die Adoleszenz gut zu durchleben, muß ein männlicher Jugendlicher wissen, daß ihn ein liebevolles Zuhause erwartet. In meiner Studie betonten Jungen immer wieder, wie wichtig die Familie für sie ist, um Kraft zu schöpfen. Ich bin der festen Überzeugung, daß es die Stärke familiärer Bindungen ist, die unsere heranwachsenden Jungen vor emotionalem Schaden bewahrt und ihnen den nötigen Rückhalt in einer *coolen* Jugendwelt bietet.

Auch andere Psychologen betonen die zentrale Rolle familiärer Beziehungen während der Adoleszenz. Feldman und Wentzel von der Stanford University stellten fest, daß das Bild, das Jungen von der ehelichen Zufriedenheit ihrer Eltern besitzen, sich direkt auf ihre soziale Anpassung in der Jugend auswirkt. Blake Bowden vom Kinderkrankenhaus in Cincinnati entdeckte, daß Jugendliche, die fünfmal pro Woche gemeinsam mit ihren Familien zu Abend essen, kaum anfällig sind für Drogenmißbrauch oder Depressionen und die größten Aussichten für ausgezeichnete schulische Leistungen und ein gesundes Sozialleben besitzen. Die jüngste nationale Langzeitstudie über die Gesundheit der Jugend kommt ebenfalls zu dem Ergebnis, daß das soziale Umfeld – und hierbei vorrangig die Familie – das Verhalten eines Jugendlichen entscheidend beeinflußt. Dieser Untersuchung zufolge ist ihre Neigung zu Drogen- und Alkoholmißbrauch sowie bis zu einem gewissen Grad auch zur Gewalttätigkeit wesentlich von der Bindung an Eltern und Familie abhängig. Zu den Faktoren, die ein solches Verhalten beeinflussen, zählt die Studie die Anwesenheit der Eltern während der entscheidenden Abschnitte des Tages und die akademischen Erwartungen, die sie an ihre Söhne und Töchter stellen. Diese Faktoren verblassen jedoch angesichts der Bedeutung des Beziehungsaspekts. Den Begriff Beziehung definiert diese Studie als «Näheverhältnis zu Mutter beziehungsweise Vater, das Wissen, ihnen wichtig zu sein und von ihnen geliebt zu werden, und den Wunsch, ein Mitglied dieser Familie zu sein».

Rollenvorbilder: Wahre Helden für Jungen

Alle Eltern oder anderen Familienmitglieder, die an ihrem positiven Einfluß auf den heranwachsenden Jungen zweifeln, sollten versuchen festzustellen, zu wem der Junge seiner eigenen Aussage nach aufblickt und wen er als sein wahres Vorbild betrachtet. Im Gegensatz zu der vorherrschenden Meinung, daß die Helden eines Jungen ferne olympische Gestalten wie Sportler, Astronauten und muskelbepackte Actionfilmstars sind, zeigen meine Forschungen auf, daß die meisten männlichen Teenager ihre Helden in ihrem engeren Umfeld finden – unter ihren Brüdern, Schwestern, Müttern und Vätern. In Familien mit einer weniger traditionellen Struktur, wie etwa Familien mit einem Elternteil oder Familien, in denen die Eltern geschieden sind oder getrennt leben, finden Jungen diese Helden oftmals unter den Mitgliedern der erweiterten Familie, wie Tanten, Onkeln und Großeltern. Diese Ergebnisse werden durch die Daten anderer Untersuchungen, wie der bereits erwähnten Horatio-Alger-Studie, untermauert, die nachweist, daß die Mehrzahl männlicher Jugendlicher ihre Eltern nicht nur respektiert, sondern daß über 10% der Befragten ihre Eltern als Helden ansehen. Hören Sie sich an, was die Jungen unserer Studie antworteten, als man sie fragte, wem sie nacheifern oder wen sie als Helden betrachten und aus welchen Gründen.

Der nahezu ausschließlich von seiner geschiedenen Mutter allein erzogene 16jährige Curtis nennt sie als wichtigstes Vorbild und Quelle seiner Inspiration: «Meine Mutter bedeutet für mich alles. Sie opfert so vieles, damit ich auf eine gute Schule gehen kann. Sie war es auch, die mich mit Kunst in Kontakt brachte, etwas, das mich vorantreibt und von dem ich hoffe, es eines Tages zum Beruf machen zu können. Sie öffnete mir eine Reihe von Türen. Alle Möglichkeiten, die ich heute besitze, verdanke ich ihr.»

Michael sprach über das stärkende Mann-zu-Mann-Verhältnis zu seinem Bruder: «Wer mein Held ist? Mein Bruder, eindeutig mein Bruder. Da er älter ist, blickte ich immer schon zu ihm auf. Ich versuche nachzuahmen, was er in seinem Leben tut. Als er auf das Hillside College ging, bestand für mich kein Zweifel, daß auch ich einmal dorthin gehen werde. Noch heute spreche ich mit ihm mehr als mit meinen Eltern. Ich rufe ihn im College an, und wir reden viel miteinander. Wir sind die besten Freunde, und ich habe stets zu ihm aufgesehen. Er ist wirklich mein Vorbild.»

Harry ist seiner Mutter dankbar: «Nun, meine Mutter tat alles für mich. Sie weckte mein Interesse für Baseball und nahm mich überallhin mit. Obwohl sie immer arbeitete, tat sie alles, was du dir nur wünschen kannst, und war immer für mich da.»

In einigen Fällen waren die Eltern der von mir untersuchten Jungen nicht ständig anwesend. Dadurch wurde die ältere Familiengeneration zum Vorbild der nächsten, wie ein Junge erklärte, als ich ihn nach seinen Helden befragte: «Wenn mein Vater nicht hier war [...] lehrte mich [mein Großvater], den Baseball zu werfen. Er war [...] meine Vaterfigur, und ich blicke bis heute zu ihm auf. Er ist eindeutig mein väterlicher Freund [...] einfach ein phantastischer Kerl.»

Ein anderer Junge berichtet: «Ich mag meine Großeltern sehr – sie bedeuten alles für mich. Sooft ich konnte, verbrachte ich meine Zeit mit ihnen. Ich bewundere meinen Großvater [...] und meine Großmutter ebenfalls. Aber ich bewundere sie für vollkommen unterschiedliche Eigenschaften. Mein Großvater war Polizist, ein großartiger Mann, der viel liest und stets Scherze macht, um die Situation aufzulockern. Er war gerne mit Menschen zusammen, und alle liebten ihn. Es schien, als würde er niemals jemanden verletzen oder Ähnliches. Er nahm mich immer mit in den Park und spielte Baseball und andere Spiele mit mir. Wenn ich Schwierigkeiten in der Jugendliga hatte, half er mir, und dasselbe tat er, wenn ich in der Schule Probleme hatte.

Meine Großmutter ist ganz anders. Sie ist wirklich clever. Ständig liest sie und forderte auch mich auf zu lesen. Als ich noch klein war, las sie mir verschiedenste Geschichten vor. Meine Großmutter ist auch eine phantastische Köchin. Jedes Mal, wenn ich zu meinen Großeltern gehe, gibt sie mir sechs oder sieben Mal täglich zu essen.» Und wir können sicher sein, daß die Nahrung, die dieser Junge erhielt, nicht nur kulinarischer Natur war.

Wie diese Aussagen belegen, suchen heranwachsende Jungen ihre Vorbilder in ihrer unmittelbaren Umgebung. Allen Eltern und anderen Familienmitgliedern, die an ihrem Einfluß auf ihren sich rasch entwickelnden Sohn zweifeln, sei zu ihrer Beruhigung gesagt, daß sie es sind und nicht irgend jemand anders, zu dem diese Jungen auf ihrer Suche nach Führung, Liebe und Unterstützung aufblicken. Auch wenn Eltern den Umgang mit ihren heranwachsenden Söhnen mitunter als schwierig, anstrengend und auch frustrierend erleben, ist es ungemein wichtig, daß Eltern weiterhin auf die Stimmen ihrer Söhne eingestellt bleiben und jede Möglichkeit suchen, mit ihnen die Kraft ihrer Beziehung zu teilen. Eltern, die dies tun, legen das Fundament für ein stabiles Verhältnis zu ihren Söhnen, das auch dann noch von Wärme und Vertrauen gespeist wird, wenn ihre Söhne längst erwachsene Männer sind.

Leitfaden für Eltern und Familienmitglieder: Was sie tun können

Wenn mich Eltern fragen, wie sie starke, dynamische und tragfähige Beziehungen zu ihren jugendlichen Söhnen aufbauen können, betone ich einige wichtige Punkte:

Sprechen Sie ehrlich über die Schwierigkeiten der Jugend. Es entspricht zwar einem natürlichen Wunsch, die zwischen Söhnen und ihren Eltern während der Adoleszenz des Jungen aufkeimenden komplexen Gefühle vermeiden zu wollen, dennoch sollten Sie alles daran setzen, diese Empfindungen offen anzuerkennen. Seien Sie ehrlich in bezug auf die verwirrenden Gefühle, die Ihr Junge empfinden könnte, und ebenso in bezug auf Ihre eigenen gemischten Gefühle. Wenn Ihr Sohn zum Beispiel zum Abschlußball seiner Schule aufbricht und in diesem Augenblick in Ihnen Eifersucht hochsteigt, sollten Sie ihm sagen: «Du wirst es nicht glauben, aber ich wünschte, ich wäre jung genug, dich zu begleiten.» Oder wenn Ihr Sohn ständig unterwegs ist und Ihnen die vertrauten Momente mit ihm fehlen, sollten Sie ihm sagen, daß Sie sein Bedürfnis nach mehr Unabhängigkeit respektieren, ihn aber in letzter Zeit vermissen. Es gibt einen großen Unterschied zwischen Eltern, die versuchen, ihren jugendlichen Sohn zu kontrollieren und zu manipulieren, und solchen, die offen ihren Wunsch nach Nähe ausdrücken. Ungeachtet der harten Schale, die Ihr Sohn gelegentlich nach außen präsentiert, können Sie davon ausgehen, daß auch Ihr zum Mann entwickelter Sohn es aufrichtig schätzt, wenn er erfährt, daß Sie gerne mit ihm etwas Zeit verbringen. Wenn beide Seiten lernen, ihre jeweiligen Bedürfnisse nach Unabhängigkeit in einem Gleichgewicht zu halten, werden die Jugendjahre Ihres Sohnes für Sie beide wesentlich einfacher.

«Verabreden» Sie sich regelmäßig mit Ihrem Sohn. Eltern verbringen beim Spiel mit ihren kleinen Jungen viel Zeit, die sie später für gemeinsame Unternehmungen mit ihren heranwachsenden Söhnen nicht mehr einplanen. Gerade in der Jugend ist es besonders wichtig, sich mit Ihrem Sohn zu Fami-

lienaktivitäten zu verabreden. Gemeinsam ein Eis essen gehen, Sport treiben oder zu Hause eine Lieblingssendung ansehen – dies alles sind Gelegenheiten, um das Zusammengehörigkeitsgefühl und Ihre Beziehung zu vertiefen. Wie bereits angesprochen, fällt es Jungen bei einer gemeinsamen Unternehmung mit einer geliebten Person am leichtesten, sich emotional zu öffnen und Kontakt zu schließen. So essentiell es auch ist, daß Sie das Bedürfnis Ihres Sohnes, gelegentlich allein zu sein, respektieren, sollten Sie ihn dennoch regelmäßig zu gemeinsamen Unternehmungen einladen.

Warten Sie nicht mit einem Gespräch über Sexualität, Drogen und andere schwierige Themen.

Wie wir erfuhren, hilft es nicht, heikle Fragen wie Sexualität, Aids, Drogen, Depressionen und Selbstmord einfach zu verdrängen, da sie sich dadurch weder für Sie noch für Ihre Söhne lösen. Wenn Sie diese Themen ignorieren, verstärken Sie womöglich bei Ihrem Sohn das Gefühl der Scham und fördern unkluge Entscheidungen. Verlieren Sie daher keine Zeit. Sobald Sie Ihren Sohn für reif genug halten (und dieses Alter variiert von Kind zu Kind), sollten Sie den für Ihren Sohn geeigneten Ort und Augenblick wählen und sich dann direkt in das Gespräch stürzen! Sprechen Sie mit Ihrem Jungen offen über das, was Sie über die Gefahren und Herausforderungen der Jugend wissen (und nicht wissen). Bieten Sie an, ihm alles zu erklären, worauf er neugierig ist.

Wenn Sie Angst haben oder es Sie in Verlegenheit bringt, über diese Themen zu sprechen, sollten Sie ihm auch das sagen. Ihre Ehrlichkeit in bezug auf Ihre eigene Unsicherheit macht es ihm leichter, mit Ihnen zu sprechen. Wenn Ihnen das Gespräch allein schwerfällt, sollten Sie es gemeinsam mit Ihrem Partner führen, ein Familientreffen mit den anderen Geschwistern des Jungen (sofern er welche besitzt) einberufen oder sich mit engen Freunden und Nachbarn treffen, um diese Probleme in der Gruppe zu erörtern.

Selbstverständlich ist es weder für Sie noch für Ihren Jungen einfach, Themen wie Geschlechtsverkehr unter Teenagern und Drogenmißbrauch anzusprechen. Beide Seiten sind unsicher, wieviel sie sagen sollen, und erleben Augenblicke der Scheu und Verlegenheit. Diese hemmenden Gefühle zu überwinden ist jedoch am Ende weit weniger belastend, als sich mit den nachteiligen und sogar tödlichen Entscheidungen Ihres Sohnes auseinanderzusetzen, nur weil er zum richtigen Zeitpunkt keinen Ansprechpartner fand. Ihr gutes Beispiel ist der erste Schritt auf einem langen Weg. Indem Sie für Ihren Sohn zahllose Gelegenheiten schaffen, mit Ihnen zu sprechen, Ihnen Fragen zu stellen und Ihnen seine Sorgen mitzuteilen, helfen Sie ihm nicht nur bei der Lösung seiner Probleme, sondern lehren ihn, sich emotional zu öffnen.

Bestätigen Sie Ihren Sohn häufig in seinem Wesen.
Lassen Sie keine Gelegenheit aus, Ihrem Jungen zu sagen, daß Sie ihn lieben, und betonen Sie in sorgfältig gewählten Worten alles, was Sie an ihm schätzen. Gehen Sie einfühlsam mit der inneren Scham Ihres Sohnes um. Selbst nach außen selbstsicher und selbstbewußt auftretende Jungen sind verletzlich und benötigen die Bestätigung ihrer Eltern. Wie wir erfuhren, überdeckt der zur Schau gestellte Panzer aus Mut und Tollkühnheit oft Unsicherheit, Einsamkeit und ein geringes Selbstwertgefühl. Einem Jungen auf ehrliche und unverhüllte Weise all die Dinge zu sagen, die wir an ihm schätzen, ist eine der einfachsten Methoden, ihm beizustehen, diese Dämonen zu überwinden.

Und ganz besonders das in dem Jungen aufkeimende Gefühl für seine Identität als Mann bedarf der Bestätigung. Unsere Söhne sehnen sich nach klaren Aussagen über unsere Erwartungen im Hinblick auf ihre Männlichkeit, und sie erhoffen sich von uns ermunternde Worte, die ihr Selbstbewußtsein in dieser Übergangsphase zum Mannesalter stärken. Wenn Ihr jugendlicher Sohn mit Verhaltensweisen zu experimentieren beginnt, von denen er annimmt, daß wir sie als «maskulin» empfinden, sollten Sie seine Bemühungen anerkennen und ihm keine Botschaften übermitteln, die ihn verwirren oder beschämen könnten. Sagen Sie ihm beispielsweise, wie gut er aussieht (auch wenn sein Schnurrbart noch etwas flaumig ist), beglückwünschen Sie ihn für persönliche

Leistungen (unabhängig, ob er sie auf typisch männlichen oder weiblichen Gebieten erzielte) und unterstützen Sie ihn bei seinen ersten Verabredungen. Im Gegensatz dazu sollten Sie es unterlassen, ihn zu necken, wenn er das erste Mal mit einem Mädchen nach Hause kommt, ihn wegen seiner wortkargen und coolen Haltung zu kritisieren, die er im Beisein seiner Altersgenossen mitunter zur Schau stellt, oder ihn als Macho oder unsensiblen Kerl zu tadeln. Darüber hinaus sollten Sie es vermeiden, ihn zu einem Sport zu drängen, der ihm nicht gefällt, ihm zu sagen, daß er seltsam riecht, wenn er das Rasierwasser seines Vaters verwendet, oder ihn aufzufordern, sich wieder «in den Griff» zu bekommen, wenn er eines Tages weinend nach Hause kommt. Unterschiedliche Botschaften, die ihn einerseits drängen, dem Idealbild des neuen Mannes zu entsprechen, andererseits aber von ihm verlangen, die konventionellen Regeln der Männlichkeit zu befolgen, und seine kühnen Versuche verspotten, all dem einen Sinn zu geben, erschweren es einem Jungen, eine eigene, gesunde und ausgeglichene Männlichkeit zu entwickeln.

Zeigen Sie ihm, daß Sie die Probleme der Jugend verstehen.

Ihrem Sohn ist es eine Hilfe, wenn Sie ihn wissen lassen, daß auch Sie als Überlebender der Jugend begreifen, wie hart dieser Lebensabschnitt sein kann. Wenn Sie das Gefühl haben, über die Erfahrungen heutiger Jugendlicher nicht Bescheid zu wissen, sollten Sie sich, so rasch und umfassend wie möglich, informieren. Personen, die Jungen lediglich dazu auffordern, «nein zu sagen» und «niemals an einem Kampf teilzunehmen», können kaum überzeugen, da diese allzu einfachen Anweisungen die tatsächlichen Erfahrungen von Jungen im alltäglichen Leben mit Gleichaltrigen nicht berücksichtigen. Im Idealfall sollten Sie versuchen herauszufinden, welche Mühen ein Junge auf sich nehmen muß, um *cool* zu sein, von einer Clique anerkannt und nicht als «Schwächling» verhöhnt zu werden. Wenn Sie Ihren Sohn schützen wollen, müssen Sie sich in seine Welt einfühlen.

Jungen profitieren in hohem Maß, wenn Sie ihnen zeigen,

daß Sie ihre Bemühungen schätzen, mit dem Druck der Altersgenossen, den Erwartungen der Gesellschaft und anderen Herausforderungen der Jugend umzugehen. Solange Sie Ihrem Sohn nicht auf belehrende Weise einen Vortrag halten und ihn nicht durch mitleidigen Sarkasmus beschämen, ist es häufig das Beste, Ihre Liebe und Ihr Verständnis durch Erfahrungsberichte aus Ihrer eigenen Jugendzeit zu übermitteln. Indem Sie als Erwachsener Ihre eigene Verwundbarkeit preisgeben, fühlt sich der heranwachsende Junge nicht mehr allein und erkennt seine Gefühle als normal. Häufig ist dies für einen Jungen der Anfang, seine eigenen Erlebnisse mitzuteilen. «Aber bei mir ist das *anders*», könnten seine ersten Worte sein, mit denen er jenen offenen Austausch von Gefühlen in Gang setzt, der für sein Glück und sein Wohlbefinden so entscheidend ist.

Hören Sie aufmerksam zu.
Wenn Ihr Sohn seine eigenen Erfahrungen ausdrückt, sollten Sie aufmerksam und einfühlsam zuhören, ohne ihn zu unterbrechen. Ein Junge, der den Mut aufbringt, seine Maske abzulegen und seine Verletzlichkeit zu offenbaren, benötigt vor allem einen geduldigen, urteilsfreien und ganz und gar aufmerksamen Zuhörer. Auch wenn Sie gerne augenblicklich mit einem Ratschlag eingreifen oder den Jungen «aufheitern» möchten, sollten Sie einfach nur zuhören und Ihren Sohn wissen lassen, daß Sie Anteil nehmen an dem, was er im Augenblick durchzustehen hat. Dadurch verhindern Sie, daß er sich wieder hinter seine Maske zurückzieht und seinen Schmerz verbirgt, der sich – wie wir bereits wissen sollten – bis zur Depression steigern kann. Durch eingehende Fragen nach seinen Erlebnissen oder ein einfaches «Was kann ich tun, damit es dir bessergeht?» wird der Junge vermutlich selbst Lösungen vorschlagen, die seine Situation verbessern.

Machen Sie Ihr Zuhause zu einem sicheren Zufluchtsort.
Schließlich sollten Sie sich bemühen, Ihre Familie und Ihr Zuhause zu einem Zufluchtsort zu machen, und zwar sowohl vor der Kultur der Gleichaltrigen als auch vor den ambivalenten Forderungen der Gesellschaft an einen jungen Mann. Indem Sie eine Sicherheitszone schaffen, in die Sie sich je nach Lage

der Dinge ein- und ausschalten, bieten Sie Ihrem Sohn eine Zuflucht, an der er, geschützt vor Scham und Spott, seine wahren Emotionen und seine eigene Verletzlichkeit erkunden kann.

Gewähren Sie Ihrem Sohn das, was ich als «Drehtür» bezeichne: Vermeiden Sie es, ihn zu belästigen, anzutreiben oder sich ihm aufzudrängen, wenn er nicht zum Gespräch bereit ist. Teilen Sie ihm aber mit, daß er, wenn er dazu bereit ist, immer gerne für einen Augenblick der Nähe durch diese Tür kommen kann. Wenn Sie Ihrem heranwachsenden Sohn auf diese Weise die Kontrolle übergeben, das heißt ihm die Wahl überlassen, wann und wieweit Kontakt zwischen Elternteil und Sohn hergestellt wird, ermöglichen Sie es Ihrem Jungen, seine Persönlichkeit im eigenen Tempo zu entwickeln. Was wie eine emotionale Achterbahn aussehen könnte, in der Sie Ihrem Sohn gestatten, zu drücken und zu ziehen, festzuhalten und loszulassen, Kontakt zu knüpfen und abzubrechen, ist weit effektiver als eine unbeteiligte Laisser-faire-Einstellung.

Einer der weisesten Ratschläge in diesem Zusammenhang stammt von dem verstorbenen Chaim Ginott: «Tun Sie nichts. Bleiben Sie einfach hier stehen!»

Kapitel 8

Die Welt der Jungen und ihre Freundschaften

«Ich erzähle ihm alles. Alles Gute und alles Schlechte, das mir widerfährt, einfach alles. Es ist wichtig, jemanden zu haben, mit dem man über alles sprechen kann.»
(Shawn, 17 Jahre, über seinen besten Freund John)

Jungen sind keine Einzelgänger

Da in unserer Gesellschaft das mythische Bild existiert, Jungen und Männer seien vor allem Einzelgänger, die die Einsamkeit lieben, neigen wir dazu, Freundschaften zwischen Jungen entweder mißzuverstehen oder gar nicht erst wahrzunehmen. Auch Psychologen haben lange nicht erkannt, wie deutlich Jungen ihrer Sehnsucht nach Nähe und Freundschaft Ausdruck verleihen. Sie verkannten das Ausmaß, in dem das Überleben eines Jungen von seinen engsten Freunden – männlichen *und* weiblichen – abhängt. Meine Untersuchungen ergaben, daß enge Freundschaften für Jungen wahrscheinlich weit wichtiger sind, als wir bisher annahmen.

Wir halten Jungenfreundschaften oft deshalb für nicht so bedeutungsvoll, weil sie auf den ersten Blick emotional weniger tiefgreifend und verbindlich erscheinen als die von Mädchen. Bei näherer Betrachtung zeigt sich jedoch, daß Freundschaften zwischen Jungen Tiefe und eine außerordentliche Intensität besitzen. Sie folgen lediglich anderen Gesetzen und werden anders zum Ausdruck gebracht als Mädchenfreundschaften.

Um eine männliche Freundschaft in vollem Umfang schätzen zu können, müssen wir uns von den traditionellen weiblichen Maßstäben in bezug auf Intimität und Nähe trennen. Überrascht könnten wir dann auf das stoßen, was der Psychiater Harry Stack Sullivan als

«Kumpelbeziehung» bezeichnet – jenes besondere Gefühl von Jungen für Kameradschaft und Liebe. So bedienen sich Jungen in der Öffentlichkeit und besonders unter den beobachtenden Blicken ihrer Altersgenossen häufig einer actionorientierten Verhaltensweise, um ihre Beziehung zu anderen Jungen zu zeigen. Indem sie miteinander um die Wette laufen, zusammen einen Baum erklettern oder gegeneinander Tennis spielen, «tun sie etwas gemeinsam» und zeigen ihre Freundschaft durch Taten. In diesem Rahmen verzichten Jungen üblicherweise auf das persönliche Gespräch, das zu einer Mädchenfreundschaft ganz selbstverständlich dazugehört. Auch Jungen teilen miteinander Augenblicke der Nähe, doch geschieht dies zumeist im privaten Bereich und fern der Gruppe, wo eine derart demonstrativ vertraute Kommunikation sie beschämen und in Verlegenheit bringen könnte.

Wie meine Forschungen nachweisen, entwickeln die meisten Jungen neben den gleichgeschlechtlichen Freundschaften auch gesunde, positive und tiefgreifende Beziehungen zu Mädchen. Diese Entdekkung untergräbt den Mythos, daß Jungen vor der Adoleszenz «weniger reif» seien als Mädchen gleichen Alters und daß sie aufgrund ihrer unterschiedlichen Spielstile keine bedeutenden Beziehungen zueinander aufbauen könnten. Es stimmt auch nicht, daß männliche Jugendliche an einer Freundschaft mit Mädchen nicht interessiert oder für sie ungeeignet sind; so wie es ebenfalls unzutreffend ist, daß Jungen dieser Altersstufe Gefühle wie Liebe, Zuneigung und Einfühlsamkeit ausschließlich im Zusammenhang mit sexuellen Eroberungen vermitteln. Meinen Untersuchungen zufolge sind Jungen nicht nur imstande, wichtige platonische Freundschaften mit Mädchen einzugehen, sondern sie sehnen sich sogar danach und betrachten diese Beziehungen als eine emotionale Stütze und Stärkung für ihr Selbstwertgefühl.

Stütze dich auf mich: Jungen helfen Jungen

Das Gesicht des 17jährigen Shawn entspannt sich, wenn ich ihn nach seinen Freunden frage. «Meine Freunde helfen mir wirklich durch alles hindurch», sagt er leise. Als afroamerikanischer Junge in einer vorwiegend weißen Stadt wurde Shawn mit Vorurteilen und Ignoranz konfrontiert. Aufgrund seiner schmächtigen Gestalt wurde er überdies von anderen Jungen häufig verspottet.

«In den letzten zwei Jahren ist es für mich leichter geworden», erklärt der Junge, «denn heute besitze ich Freunde, die mich akzeptieren, wie ich bin. Ich mußte mein Verhalten nicht ändern, um dazuzugehören.» Seinem besten Freund John, den er seit der fünften Klasse kennt, ist er besonders dankbar. Jeden Abend telefonieren die beiden Jungen. «Ich erzähle ihm alles. Alles Gute und alles Schlechte, das mir widerfährt, einfach alles. Es ist wichtig, jemanden zu haben, mit dem man über alles sprechen kann.»

Darüber hinaus schätzt Shawn an seinem Freund John die in Jahren enger Freundschaft erworbene Fähigkeit, wortlos zu kommunizieren. «Er weiß alles von mir. Es ist wirklich erstaunlich. Er kennt mich besser als ich mich selbst. Ich muß ihm noch nicht einmal alles erzählen. Selbst wenn wir verschiedene Dinge tun und uns dann wieder treffen, ist es, als wären wir immer zusammen gewesen.»

Die beiden Jungen haben gute und schlechte Zeiten miteinander erlebt. Shawn weiß, daß John immer für ihn da sein wird, was auch geschehen mag. Er beteuert sogar, daß John ihm das Leben gerettet hat. «Als wir dreizehn oder vierzehn Jahre alt waren, prahlten wir vor diesen älteren Jungen darüber, wieviel wir vertragen würden. Nachdem wir einige Flaschen Bier getrunken hatten, wurde mir schrecklich übel. Ich verlor das Bewußtsein und übergab mich. John sorgte damals für mich, trug mich auf dem Rücken zu ihm nach Hause und legte mich in sein Bett. Das war eine große Sache. Ich meine, im Grunde rettete er mich. Die Nacht war ein einziger Kampf. Was wäre wohl geschehen, wenn ich bei diesen älteren Jungen geblieben wäre, die ich kaum kannte? Ich hätte sterben können.»

John spielt eindeutig eine zentrale Rolle in Shawns Leben. Er ist sein Vertrauter, sein bester Freund und mitunter sein Beschützer. Das Bemerkenswerteste an dieser Geschichte ist jedoch, daß sie für heutige Jungen nicht untypisch ist. Nahezu alle Jungen, die ich im Rahmen meines Forschungsprojekts *Auf die Stimmen der Jungen hören* befragte, erzählten von dem einen oder anderen Freund, dem sie sich besonders nahe fühlten. Bereitwillig beschrieben sie diese Freunde als Personen, die sie unterstützten, sich um sie kümmerten und sie auf eine Weise verstanden, wie kein anderer es tat.

Jungen sehnen sich nach der Freundschaft zu anderen Jungen. Wenn wir im Rahmen unserer Untersuchungsgespräche die Frage stellten: «Welchen Rat würdet ihr aufgrund eurer Erfahrung als männliche Jugendliche jüngeren Jungen geben?», konzentrierten sich die Antworten ausnahmslos auf das Thema Freundschaft:

«Frühzeitig enge Freundschaften schließen [...] denn wenn andere Jungen dich verspotten und du einen guten Freund besitzt, hörst du nicht auf diese Dinge. Vielleicht hast du nur wenige Freunde, aber was wirklich zählt, ist die Kraft dieser Freundschaften.»

«Wenn du jünger bist, solltest du mit verschiedenen Gruppen von Jungen befreundet sein. Ich glaube, das half mir durchzuhalten. [...] Du solltest auch versuchen herauszufinden, wie die Menschen wirklich sind, und sie nicht einfach in eine Schublade stecken.»

«Lasse dich nicht mit den falschen Leuten ein. Respektiere deine Freunde, denn sie sind deine Rückendeckung. Wenn du sie verlierst, verlierst du so ziemlich alles.» Freundschaften zwischen Jungen folgen eigenen Verhaltensregeln und Gerechtigkeitsmaßstäben. Unsere Studien wiesen nach, daß dieser Kodex Richtlinien für Freunde beinhaltet wie «Bleibe cool», «Nur nicht aus der Fassung geraten» und «Trete für deine Kumpel ein».

Der 17jährige Michael berichtet, wie ihm sein Freund durch die düstersten Tage seiner Jugend half. Er lernte Chris vor 5 Jahren kennen, als sie dieselbe Schule besuchten. «Es geschah am ersten Tanzabend in der siebenten Klasse. Ich stand einfach so da und dachte: ‹O mein Gott, überall Mädchen.› Bis dahin hatte ich ein sehr behütetes Leben geführt. Die Mädchen standen auf der einen Seite und die Jungen auf der anderen, wie es bei den Tanzfesten jüngerer Schüler so ist. Chris stand auf der anderen Seite, er war einer der zwei oder drei Jungen, die sich unter die Mädchen gemischt hatten. Ich dachte: ‹Wow, ich könnte schon einige Ratschläge gebrauchen.›» So knüpfte Michael mit diesem cleveren Jungen eine Freundschaft in der Hoffnung, von ihm etwas über den Umgang mit Mädchen zu lernen.

Obwohl die Freundschaft aus funktionellen Gründen geschlossen wurde, widerstand sie allen Krisen und den Abnützungserscheinungen der Zeit. Als Michael im vergangenen Jahr eine depressive Phase durchlebte, stand ihm Chris zur Seite. Er hörte ihm zu, ohne ihn zu beschämen. «Chris ist ein Mensch, dem ich immer vertrauen konnte und der immer imstande war, mir zu helfen. Er war immer für mich da. Ich weiß, daß ich mich auf ihn verlassen kann.» In letzter Zeit fiel es Michael schwer, sich seinen Eltern anzuvertrauen, deshalb ist er um so mehr auf die Unterstützung von Chris angewiesen. «Ich erzähle ihnen nicht soviel, denn sie behandeln mich wie einen kleinen Jungen. Sie wollen mich stets beschützen. Sie würden auch gar nicht verstehen, warum ich so niedergeschlagen war, es würde sie einfach umwerfen.»

Michael ist überzeugt, daß ihn die Freundschaft zu Chris vor weiteren Traurigkeitsanfällen bewahrt. «Wenn irgend etwas wirklich Schlimmes geschieht, fühlst du dich natürlich schlecht, aber in deinen Freunden hast du eine Art *Sicherheitsnetz*, das dich davon abhält, immer von neuem in deinem Kummer zu versinken.»

Das Band zwischen Chris und Michael zeigt, wie sehr Jungen ihre Freundschaften ehren und schätzen. Meine Untersuchungen ergaben, daß Jungen stark auf Freunde angewiesen sind, um ihre emotionalen Höhen und Tiefen zu überwinden. Im Gegensatz zu dem Bild des einsiedlerischen, ungeselligen Mannes besitzen die meisten Jungen ein paar gute Freunde, auf die sie sich verlassen können.

Geschlechtsspezifische Zwänge und Homophobie

In erster Linie unterschätzt unsere Kultur Jungenfreundschaften, weil wir dazu neigen, *alle* emotionalen Bedürfnisse und Fähigkeiten unserer Jungen zu verkennen. Wie wir bereits besprachen, werden schon sehr kleine Jungen in Verlegenheit gebracht, wenn sie auch nur das geringste Anzeichen von Abhängigkeit, Trauer oder Verletzlichkeit erkennen lassen. Die Gesellschaft lehrt uns, daß Jungen und Männer keinen besonderen Wert auf Freundschaften und persönliche Beziehungen legen und daß sie – vor allem nicht in aller Öffentlichkeit – über ihre Sorgen, Zweifel und Ängste reden wollen.

«Ich erzähle Kevin, was mit mir los ist», erklärt der 12jährige Alan, «aber nur an den Wochenenden, an denen wir schulfrei haben. Würden wir in der Schule über diese Dinge sprechen, würden die anderen uns als Mädchen oder Weichlinge bezeichnen.»

Diese Angst, als weibisch, Tunte und Schwächling gebrandmarkt oder als homosexuell betrachtet zu werden, hindert Jungen häufig daran, miteinander ernsthafte Gespräche über ihre Gefühlswelt zu führen. Ja, sie hält sie allzuoft sogar davon ab, sich gegenseitig ihre Zuneigung einzugestehen. Und natürlich verhindert diese Angst auch, daß ein Junge einen anderen wissen läßt, daß er ihn körperlich anziehend findet.

Vor kurzem wurde ich Zeuge einer traurigen Episode im Leben zweier Schüler der dritten Klasse. Dieses Ereignis belegt, wie häufig eine offen gezeigte Zuneigung zwischen Jungen mißinterpretiert wird. Tommy und Charlie wurden im Sommer nach der dritten Klasse enge Freunde. Als sie entdeckten, daß sie im Herbst dieselbe Klasse besuchen würden, sahen sie dem Schulbeginn mit Freude entgegen.

Am ersten Schultag kam Charlie etwas zu spät und betrat den Raum, als sich die Klasse gerade gesetzt hatte. Kaum entdeckte Tommy seinen Freund in der Tür, stürmte er auf ihn zu und umarmte ihn herzlich. Als sich die Lehrerin, Mrs. Hutchins, erstaunt umwandte, nahm sie etwas wahr, das sie als «Kämpfen und Ringen vor der gesamten Klasse» bezeichnete. Bestürzt schickte sie die beiden Jungen direkt in das Büro des Direktors.

«Wir haben nicht gekämpft», erklärten die Jungen dem Schulleiter Mr. Atkins. «Wir haben einander nur umarmt.» Um dies zu demonstrieren, küßte Charlie Tommy auf die Stirn. «Wir sind enge Freunde. Wir mögen einander», fügte er noch hinzu.

Mr. Atkins war keineswegs beeindruckt. «Ich glaube, Mrs. Hutchins täuschte sich, als sie dachte, daß ihr kämpft. Aber ein solches sexualisiertes Verhalten ist für den Klassenraum ungeeignet. Ich schicke euch nun in die Klasse zurück, aber ich möchte, daß ihr diese Briefe von euren Eltern unterschreiben laßt.»

Charlies Eltern, Mr. und Mrs. Simmons, waren gänzlich verwirrt, als sie den Brief erhielten. «Was bedeutet das, daß du dich in der Klasse sexuell unpassend verhalten hast, Charlie? Was genau ist geschehen?»

«Ich habe Tommy einfach umarmt.» – «Das ist kein Problem», erklärten Charlies Eltern. Am nächsten Morgen saß Mrs. Simmons in Mr. Atkins' Büro. «Dies ist die Art von liebevollem Verhalten, die wir an unserem Sohn schätzen. Warum strafen Sie ihn dafür?»

«Wie Sie im Handbuch für Schüler nachlesen können, sind unpassende Berührungen und das Ausdrücken sexueller Gefühle unmißverständlich verboten», gab der Schuldirektor zurück.

«Sie meinen also, daß Mrs. Hutchins' Angst vor Gewalt hätte, wenn zwei Mädchen der vierten Klasse, die gemeinsam an einem Projekt arbeiten, einander umarmen, und daß sie sie wegen sexueller Handlungen nach Hause schicken würde?»

Mr. Atkins' Augen weiteten sich, und er zögerte einen Augenblick. «Wir würden die Umstände dieser besonderen Situation abwägen», erklärte er schließlich. Mrs. Simmons ging in der Hoffnung, daß der Schulleiter seine Einstellung überdenken würde. Traurig fragte sie sich, ob sie ihrem Sohn raten sollte, seine Zuneigung für Tommy in der Schule nicht mehr offen zu zeigen, um weitere Schwierigkeiten zu vermeiden.

Unglücklicherweise ist Mr. Atkins' Annahme, daß die Freundschaft der Jungen sexuell unpassend war, kein Einzelfall. Geschlechtsspezifische Zwänge in Kombination mit der absurden Verbindung, die häufig zwischen der Zuneigung von Jungen und der Homosexualität von erwachsenen Männern hergestellt wird, schaffen ein Klima, in dem es schnell zu unangebrachten Überreaktionen kommt. Oftmals werden Jungen auseinandergedrängt, wenn sie auch nur das geringste Zeichen einer unverhohlenen echten Liebe oder Zuneigung füreinander zum Ausdruck bringen. Diese unsinnige Vorstellung – eine Form von Homophobie – ist besonders bedauerlich, weil sie uns verleitet, Jungenfreundschaften zu untergraben, bevor sie überhaupt begonnen haben.

Ist es verwunderlich, daß eine Gesellschaft, die Jungenfreundschaften mit Mißtrauen begegnet, erwachsene Männer hervorbringt, die nicht wissen, wie sie mit Frauen freundschaftlich umgehen sollen? Wenn wir kleine Jungen trennen und demütigen, sobald sie einander ihre Zuneigung zeigen, wie können wir dann Männern vorwerfen, daß sie unfähig sind, nichtsexuelle Beziehungen mit Frauen einzugehen? Wie können wir es Männern anlasten, daß sie nicht imstande sind, einfühlsam mit Frauen umzugehen, wenn wir Jungen verbieten, ihre Freunde zu umarmen? Die Antwort auf all diese Fragen führt uns zu den unseligen geschlechtsspezifischen Klischeevorstellungen und zu dem Schamgefühl, mit dem wir die Jungen überhäufen, die sich gegen sie auflehnen. Seit langem erscheint mir ein Junge, der dazu fähig ist, seine Gefühle offen auszudrücken, keineswegs als Schwächling oder Feigling, sondern als *wahrer Held.* Dabei sollte keine Heldentat erforderlich sein, um sich gegenseitig seine Liebe und Zuneigung mitzuteilen. Im Idealfall wäre eine solche Gefühlsäußerung normal für jeden «richtigen Jungen» und gehörte zu den Dingen, die wir an ihm schätzen.

Wie Jungen spielen

Bei einem meiner letzten Ausflüge auf den Pausenhof einer Grundschule beobachtete ich, wie sich die meisten Jungen zu einem rauhen Kickballspiel zusammenfanden. Auf dem Mal stand ein kleiner, nervös wirkender Junge namens Steve. «Hey, Steve, Steve, Steve, hey Steve, gleich läuft's bei dir schief», rief ihm ein größerer Junge vom Außenfeld zu. Der Außenfeldspieler grinste angesichts seiner im Rapstil vorgetragenen Worte und begann von neuem: «Wir werden dich schlagen, diesen Druck kannst du nicht ertragen.» Schon bald fielen die anderen Spieler seines Teams in seine Parolen ein. Der aufstrebende Rapper aus dem Außenfeld war mit sich sehr zufrieden, bis ihm einer von Steves Teamkollegen «Hey Phil, halt die Klappe still» zurief. Als Steve einen kurzen, regelwidrigen Ball trat, brachen Phil und seine Freunde in wilde Spottrufe aus.

Die Mädchen spielten anders. Vier Mädchen hasteten die Leiter des Klettergerüsts hinauf und flogen, üblicherweise zu zweit und eng umschlungen, gemeinsam aufschreiend die Rutsche hinab. Eine zweite Gruppe von drei Mädchen spielte in der Nähe des Gebäudes. Eines der Mädchen zeigte mit vollem Ernst einen Tanz vor. Sie wirbelte mit ihren Händen durch die Luft, klopfte mit ihren Füßen auf den Boden und warf ihren Kopf dramatisch in den Nacken, eine echte Schulhof-Rumbakönigin. «In Ordnung, jetzt versucht ihr es», forderte sie die anderen auf, sobald sie geendet hatte. Die anderen beiden Mädchen imitierten ihre Schritte mit heftigem Kichern und wesentlich weniger Überzeugung. Die Tänzerin klatschte in die Hände und lachte. «Großartig!» Bald schon klopften und wirbelten sie gemeinsam.

Derartige Szenen wiederholen sich auf sämtlichen Schulhöfen des Landes. Wissenschaftler, die das Spielverhalten von Grundschülern untersuchen, stoßen stets auf dieselben Muster. Jungen und Mädchen finden sich zu getrenntgeschlechtlichen Gruppen zusammen. Das Spiel innerhalb dieser Gruppen unterscheidet sich beträchtlich. Jungen neigen zu aktiven, wettbewerbsorientierten Spielen, Mädchen zu kooperativen Spielen in kleineren Gruppen. Jungen lieben strukturierte Spiele mit festgelegten Regeln und Abläufen. Spott, Prahlen und Zweikämpfe untereinander gehören zu dieser Art von Vergnügen. Sie streiten auch häufig während eines Spiels, das dadurch aber nur selten beendet wird. Wenn sie keine Übereinstimmung erzielen, berufen sie sich auf die Regeln oder wiederholen das Spiel einfach. Sie scheinen die Regeln und Abläufe zu schätzen, die das Spiel bestimmen und es für alle Teilnehmer gerecht machen. Wie ein Lehrer es ausdrückte, lernen sie auf diese Weise «zu streiten, ohne einander zu grollen». Mit anderen Worten: Jungen sind offenbar gut darin, sich darauf zu einigen, daß es ihnen an Übereinstimmung mangelt. Ihre Freundschaften sind unverwüstlich und überleben selbst die rauhesten Spiele und Auseinandersetzungen.

Die Spiele der Jungen sind vorwiegend wettbewerbsorientiert und schließen andere mit ein. Sie schaffen eine offene Arena, in der jeder seine eigenen Fähigkeiten an denen der anderen messen kann. Dieses Wettbewerbsverhalten durchdringt auch andere Lebensbereiche eines Jungen. Wie uns ein Schüler der Oberstufe einer reinen Jungenschule erklärte: «Überall gibt es unter Jungen Wettbewerb – im Klassenzimmer, auf dem Sportplatz. Überall sehen Sie den Kampf um Positionen. Wer ist besser? Wer sieht am besten aus? Wer ist die Nummer eins? Was auch immer du tust, stets mißt du dich in irgendeiner Sache mit einem anderen Jungen.»

Ziel dieser zahllosen Wettbewerbe ist jedoch weniger der Triumph des einen über den anderen als vielmehr die wechselseitige Herausforderung. Seite an Seite schwitzend versuchen Jungen – wie wir in Kapitel 11 über den Sport erfahren werden – ihre persönliche Bestleistung zu erreichen. Ganz offensichtlich tut Jungen diese Art von Aktivität gut. Untersuchungen weisen nach, daß Männer, die sich im Spiel mit anderen sicher fühlten, als Erwachsene ein höheres Selbstwertgefühl besitzen. Umgekehrt leiden Männer unter einem geringen Selbstwertgefühl, die sich in ihrer Jugend von der Freundschaft mit anderen Jungen ausgeschlossen und ungeliebt fühlten oder die glauben, im wettbewerbsorientierten Spiel versagt zu haben. Donnie, einer der jüngeren Teilnehmer unserer Studie, drückt es folgendermaßen aus: «Was unsere Freundschaft ausmacht, ist unser gemeinsames Interesse an Phantasie. Wir sind beide ziemlich clever und können gut miteinander sprechen [...] [Aber] da wir auf dieselbe Schule gehen, gibt es zwischen uns auch Wettbewerb [...] allerdings eine *sehr, sehr gemäßigte* Form von Wettbewerb.»

Weniger offensichtlich als das Wettbewerbselement im Spiel von Jungen sind die ernsthaften und intimen Beziehungen, die Jungen im gemeinsamen Spiel aufbauen. Viele großartige Freundschaften entstehen aus den gemeinsamen Erlebnissen auf dem Basketballfeld oder während des Pfadfinderausflugs. Der in einer irischen Kleinstadt angesiedelte schrullige Kurzfilm *Krieg der Knöpfe* illustriert dies auf wundervolle Weise. In diesem Film teilt sich eine Gruppe von Jungen in zwei kriegführende Lager. Ihre Pseudokämpfe sind ernst zu nehmen und schwerwiegend. Widerfährt einem Jungen das Mißgeschick, vom Feind gefangengenommen zu werden, verliert er seine Knöpfe, seine Krawatte und seinen Gürtel. Am Ende bleiben die beiden Anführer Jerome und Fergus allein zurück. «Warum kämpfen wir überhaupt?» fragt Jerome. «Aus Spaß natürlich», gibt Fergus ungezwungen zurück. Eine wilde Polsterschlacht beginnt. Die letzte Szene ist eine Aufnahme von Jerome, der Fergus' Kopf unter dem Arm eingeklemmt hält, während beide Jungen hemmungslos lachen. Das Publikum fühlt die kraftvolle Beziehung zwischen den beiden. Männerfreundschaften können sich unter den ungewöhnlichsten Umständen entwickeln. Trotz des Kampfes, der Beleidigungen und der gegenseitigen Verschwörungen wuchs zwischen diesen beiden Jungen Respekt und Zuneigung.

Mädchenspiele konzentrieren sich stärker auf Gespräche und das Zusammensein im kleinen Freundeskreis. Die Freundschaft zwischen Mädchen wird durch geteiltes Vertrauen bestärkt. Sie ziehen die ruhige Diskussion lautem Johlen und Spott vor. Taucht ein Konflikt auf, halten Mädchen in ihrem Spiel inne, bis das Problem zur Zufriedenheit aller Mitspielenden gelöst ist. Im allgemeinen versuchen sie, Meinungsverschiedenheiten auszudiskutieren, ehe sie in einem Regelbuch nachsehen. Freundschaftliche Gefühle sind wichtiger, als das Spiel fortzusetzen. Auf die Frage, wann Mädchen mit sich zufrieden sind, erwähnen sie zumeist eine Begebenheit, in der sie einem Freund helfen konnten. Überall dort, wo sich Jungen vorwiegend um Fairneß und das Befolgen und Durchsetzen von Regeln kümmern, steht bei Mädchen ihre Stellung gegenüber ihren Freunden im Mittelpunkt. Ihnen ist es besonders wichtig, geliebt und in die Aktivitäten ihrer Freunde eingeschlossen zu werden.

Die Aussprüche der Tochter eines Freundes über ihren Beanie Baby Club sind vielsagend. «Wir gründeten diesen Beanie Baby Club, weil wir diese Puppen gerne sammeln und tauschen», erzählt die 7jährige Jessie Streeter. «Es macht Spaß, denn wir unternehmen etwas gemeinsam und bekommen mehr Beanie Babys, obwohl unsere Eltern uns keine weiteren kaufen wollen.»

«Wir denken nun über unsere Mitgliederzahl nach. Bisher besitzen wir vier Mitglieder und versuchen nun, ein weiteres Mitglied zu wählen, ohne die Gefühle anderer Mädchen zu verletzen. Denn wir wollen nicht, daß der Club zu groß wird, weil es dann weniger Spaß macht», erklärt Jessies Zwillingsschwester Allison.

«Der gesamte Vorgang ist überaus kompliziert», erläutert ihre Mutter. «Seit sie vor einigen Wochen diese Idee hatten, verbringen sie jeden Nachmittag am Telefon, planen Aktivitäten, setzen Versammlungen an und durchlaufen einen ausgefeilten Entscheidungsprozeß über die Aufnahme weiterer Mitglieder.»

«Ich und Ellie wollten Sarah, aber Allison wollte Perry», erzählt Jessie. «Hätten wir uns für Sarah entschieden, wäre Cynthia verärgert gewesen, denn sie ist Sarahs beste Freundin. Und hätten wir Perry gewählt, wären Ellie und ich verärgert gewesen, da sie uns zu herrisch ist.» Mrs. Streeter hatte der Vorgang erheitert, aber auch beeindruckt. «Wir führten einige gute Gespräche darüber, Menschen aufzunehmen, Kompromisse zu schließen und die Gefühle anderer zu respektieren.»

Wie den Zwillingen Streeter und ihren Freundinnen bereiten die Verhandlungen über ein Spiel vielen Mädchen eine ebenso große Freude wie das Spiel selbst. Sie konzentrieren sich nicht so sehr auf das Ergebnis als auf die Frage, wer an dem Spiel teilnehmen soll und inwieweit sich dies auf die anderen Mädchen auswirkt.

Selbstverständlich läßt sich das Spiel von Jungen und Mädchen nicht einfach in Kategorien einteilen. Wir alle kennen Jungen, die wilde Spiele verabscheuen, und Mädchen, die mit Feuereifer Basketball, Fußball und Hockey spielen und sich an anderen Wettkampfsportarten beteiligen. Zahlreiche Mädchen sind betont wettkampforientiert, und zahlreichen Jungen ist es wichtig, die Zuneigung anderer zu besitzen und in die zentrale Spielgruppe aufgenommen zu sein. Die geschlechtsspezifischen Unterschiede zwischen den Spielstilen sind jedoch von Bedeutung, da sie zu unseren falschen Vorstellungen über Freundschaften beitragen.

Immerhin werden Jungenfreundschaften häufig im wilden Spiel geschlossen. Wenn es wirklich zur Sache geht, streben sie in Gesellschaft ihrer Kameraden nach Höchstleistungen und nehmen auf diese Weise Kontakt zueinander auf. Harry Stack Sullivan erkannte die Bedeutung dieser engen «Kumpelbeziehung». Er beschreibt Jungenfreundschaften als eine Form von «Liebe». Dank dieser «Liebesbeziehungen» entwickeln Jungen seiner Ansicht nach eine bessere Selbsteinschätzung, ein sichereres Gefühl für den eigenen Wert und ein stabileres Selbstbewußtsein.

Vertrautheit zwischen Jungen und zwischen Mädchen

Ein integraler Bestandteil einer echten Freundschaft ist Vertrautheit. Wie wir sahen, erreichen Jungen einen bedeutenden Grad an Vertrautheit in ihren Beziehungen zu anderen Jungen, auch wenn sie diese oftmals anders erleben als Mädchen. Aufgrund gesellschaftlicher Tabus, die offene Zeichen von Zuneigung zwischen Jungen unterbinden, werden ihre intimen Verbindungen in den Untergrund verdrängt. Die Vertrautheit erfolgt still, im privaten Umkreis und nahezu unsichtbar. Der Psychologe Scott Swain definierte die männliche Form der Vertrautheit als «versteckte Intimität», die sich unauffällig und lautlos ausdrückt.

Wenn ein Junge seinen besten Freund über den Sommer verläßt, wird er ihm vermutlich leichter eine Umarmung zum Abschied geben, wenn keine andere Person anwesend ist. Gelingt einem Quarterback ein phantastischer Paß, mit dem er das Spiel zum Abschluß bringt, werden ihm seine Teamkameraden eher kurz anerkennend auf die Schulter klopfen und ihm knappe lobende Worte wie «Großartiger Paß» oder «Gut gemacht» zurufen, als ihm zu erklären, daß sie stolz auf ihn sind. Der Psychologe Scott Swain definiert die Vertrautheit von Jungen als ein «Verhalten im Rahmen einer Freundschaft, das den Beteiligten ein positives und wechselseitiges Gefühl von Bedeutung vermittelt». Mit anderen Worten: Vertrautheit ist jedes Benehmen, das Menschen das Gefühl von Nähe vermittelt.

Jungen zu unterstützen, diese Augenblicke einer engen Beziehung zu erleben, ist überaus wichtig. Daher ermutige ich Eltern, sie vorsichtig zu fördern. Väter können zum Beispiel Geschichten über ihre eigenen Kameraden erzählen, Mütter über die besonderen Freundschaften ihrer Kinderzeit zu Jungen und Mädchen. Das Verhalten von Jungen läßt sich auch durch Aussprüche, wie «Das war wirklich nett, wie du Bobby zu seinem großartigen Paß gratuliertest» oder

«Welch ausgezeichnete Idee, Hal zum Abendessen einzuladen – er ist sicher froh über eure Freundschaft, jetzt wo sein Vater ausgezogen ist», bestärken. Ohne einen Jungen in Verlegenheit zu bringen, teilen wir ihm mit, daß Beziehungen zwischen Jungen wertvoll sind und daß die von ihm erreichte Vertrautheit nicht nur zulässig, sondern lobenswert ist.

Jungen sprechen sehr wohl miteinander

Wieviel diese angeblich nonverbalen Jungen tatsächlich miteinander sprechen, ist eine der größten Überraschungen meiner Interviews. Nach eigener Aussage stehen einigen Jungen dem Telefongebrauch ihrer Schwestern um nichts nach.

Guy erzählte uns, daß er zumindest zweimal täglich mit seinem besten Freund Conor telefoniert. «Sobald ich von der Schule nach Hause komme und bevor ich schlafen gehe. Bevor er mich am Morgen zur Schule abholt, ruft er mich aus dem Wagen an. Ja, wir reden eine ganze Menge.» Diese beiden Jungen geben alles mit der Intensität beliebiger Mädchen weiter. «Wir sprechen über alles, über Sport, Mädchen, die Schule, unsere Eltern. Da wir uns stark ähneln, kann Conor eine bestimmte Situation mit meinen Augen betrachten.»

Der 16jährige Ed erklärt, daß Humor und Gespräche das Bindemittel seiner Freundschaft zu Jamal darstellen. «Wir denken genau dasselbe und bringen einander oft zum Lachen. Ich halte ihn für den lustigsten Kerl, den ich kenne, und er mich. Mit ihm zu sprechen ist einfach. Ich weiß, ich kann ihn einfach anrufen und über nahezu alles mit ihm reden. Manchmal möchte ich einfach über nichts sprechen, dann scherzen wir bloß und lachen, und manchmal brauche ich ihn, um ihm Fragen zu stellen: Was sollte ich in dieser Situation tun, und was denkst du darüber? Gewisse Dinge besprichst du nicht so gerne mit dem erstbesten, da ist es gut, mit ihm reden zu können.»

Auch in diesen Gesprächen findet sich der Aspekt des Verborgenen. Ed spricht zu Jamal über Dinge, die er keiner anderen Person erzählen kann. Guy und Conor sprechen miteinander in der geschützten Zurückgezogenheit ihres Zuhauses. Vielleicht mit Ausnahme der Telefongesellschaft und der Eltern, die die Telefonrechnung bezahlen, ist sich niemand bewußt, in welchem Ausmaß diese Jungen ihre Gefühle austauschen.

Jungen erwarten sich von ihren Gesprächen mitunter anderes als Mädchen. Insbesondere drücken sie ihr natürliches Mitgefühl auf unterschiedliche Weise aus. Wenn Jungen traurig sind, erwarten sie, daß ein Freund mit ihnen spricht und sie aufheitert. «Ich habe immer Leute um mich, die mich aufheitern, damit ich nicht so oft niedergeschlagen bin. Wenn etwas schiefläuft, rede ich es mir bei meinen Freunden von der Seele», erzählt der 15jährige Curtis.

«Wenn meine Freunde traurig sind, versuche ich, mit ihnen zu sprechen und sie ein wenig aufzurichten, denn ich weiß, wie sehr mir das hilft. Es gibt nichts Schlimmeres, als traurig und frustriert zu sein und niemanden zum Reden zu haben», erklärt Shawn.

Ist ein Junge niedergeschlagen, erwartet er nicht immer von seinen Freunden, daß sie ihm mitfühlend zuhören. Im Gegenteil necken und beleidigen Jungen einander oftmals, wenn sich ihr Inneres in Aufruhr befindet. Als Paul eine schwierige Zeit durchlebte, wandte er sich an Tim. «Zumeist läuft es darauf hinaus, daß wir mit unseren Problemen auf komische Weise umgehen», meint Paul. «Wir versuchen immer, es locker zu nehmen. Auf diese Weise ist es leichter, damit fertig zu werden.»

Jeremy erzählt, wie Brett mit ihm scherzt, um ihn aufzuheitern. «Eines Tages war ich in wirklich schlechter Stimmung. Ich hatte an diesem Morgen meinen Wagen zu Schrott gefahren und kam eine Stunde zu spät. Brett neckte mich wegen verschiedener Dinge, die nichts mit meinem Wagen zu tun hatten. Ich zog meine Schuhe aus, und einen Augenblick später waren sie verschwunden. Daraufhin wurde ich wütend und wollte gehen. ‹Gib sie mir einfach zurück›, forderte ich ihn auf. Doch er behielt sie, und schließlich mußte ich lachen und versetzte ihm ein paar Hiebe.»

Jungen müssen sogar mit Widerspruch von ihren engsten Kumpeln rechnen. Dieser Widerspruch dient mitunter dazu, die Perspektive eines Freundes zu emotionsgeladenen Themen zu erweitern. «Miteinander zu sprechen halte ich für sehr wichtig», erklärte Tony. «Auch wenn deine Freunde anderer Meinung sind, hilft es und es ist immer gut zu wissen, was sie über gewisse Dinge denken [...] Es regt dich an, deine Entscheidung nochmals zu überdenken, und das ist nützlich.»

Im allgemeinen vermeiden Jungen es, ihr Mitgefühl direkt auszudrücken. Ein Ausspruch wie «Ach, du Armer» wird von einigen Jungen als herablassend aufgefaßt, so als ob einem etwas fehlen würde. Die meisten für Scham empfindlichen Jungen wollen sich nicht zu ausgedehnt mit ihrem Problem befassen, auch wenn sie es in Ordnung finden, einem engen Freund ihre Schwäche anzuvertrauen. Von ihren Freunden bevorzugen sie Phrasen wie «Was für ein Idiot!», «Keine Chance! Das ist lächerlich!», «Unsinn! Laß uns ein paar Körbe werfen», «Was kann ich tun, damit du dich besser fühlst?» oder «Wie wirst du das durchstehen?».

Ist ein Junge verwirrt oder aufgeregt, zieht er möglicherweise einen direkten Rat vor. Jeremy wendet sich an Brett, wenn er bei einem Problem Hilfe benötigt. «Ich kann ihm alles erzählen, denn es ist beinahe, als würde er es selbst erleben. Mit ihm kann ich über viele verschiedene Situationen sprechen, und er findet immer eine ehrliche Antwort. Ich bin mir absolut sicher, daß er mir immer seinen besten Rat gibt.»

Voreingenommenheit und Schwächen: Weitere Gründe, warum wir Jungenfreundschaften nicht richtig schätzen

Die Tatsache, daß wir Jungenfreundschaften nicht genügend schätzen, ist vor allem darauf zurückzuführen, daß wir uns von Vorurteilen und von verbreiteten Auffassungen leiten lassen, die wir uns ungeprüft zu eigen machen. Fachleute auf dem Gebiet kindlichen Verhaltens sind gewiß nicht gegen diese Einflüsse gefeit. Allgemein ist vielen Forschern die Wichtigkeit von Jungenfreundschaften entgangen, da sie ihr Wissen über Beziehungen zwischen Mädchen und Frauen als Maßstab für Verhältnisse zwischen Jungen anwendeten. Wenn bereits die Wissenschaft das Verhalten von Jungen mißdeutet, werden wir als Gesellschaft oftmals verleitet, dieselben irrigen Standpunkte einzunehmen.

Um einen Einblick zu gewinnen, inwieweit hochgebildete Forscher unser Bild von Jungen verzerren, sollten wir die Arbeit der bekannten Psychologin Eleanor Maccoby betrachten, die in einer 1990 in Zeitschriften häufig zitierten Studie die Unterschiede in der Kommunikation von Jungen und Mädchen untersuchte. In dieser Studie kommt Maccoby zu dem Schluß, daß Jungen Sprache für egoistische Funktionen einsetzen, wie etwa um ihr Revier abzugrenzen oder zu verteidigen. Unter Mädchen ist Kommunikation ihrer Ansicht nach ein Mittel für einen sozialen Bindungsprozeß, mit dessen Hilfe eher das Gefühl von Zusammengehörigkeit geschaffen als das von Rivalität ausgedrückt wird.

Sie bezeichnet die Sprachmuster von Jungen als *restriktiv*, das heißt darauf ausgerichtet, eine Interaktion zum Scheitern zu bringen. «Beispiele sind etwa, einen Partner zu bedrohen, direkt zu widersprechen oder zu unterbrechen, die Erzählung des Partners auszuschmücken, zu prahlen oder sich in anderer Form selbst darzustellen», schreibt sie. Im Gegensatz dazu charakterisiert sie die Sprachmuster von Mädchen als *einladend*. Indem Mädchen die «Aussagen anderer anerkennen oder ihre Zustimmung ausdrükken», verlängern sie das Gespräch. Ihre Schlußfolgerung lautet: «Da Frauen und Mädchen häufiger Sprachstile verwenden, die zum Gespräch einladen, sind sie zu intimeren und integrierenderen Beziehungen fähig. Weiter bin ich der Ansicht, daß dem restriktiven Interaktionsstil von Männern und ihrem Mangel an Selbstenthüllung der männliche Revier- und Herrschaftsgedanken, zugrunde liegt, der jedes Zeichen der Schwäche einem anderen Mann oder Jungen gegenüber verbietet.»

Die Schlußfolgerungen von Maccoby basieren auf weitverbreiteten Annahmen, die nicht näher hinterfragt werden. Sie behauptet, der auffordernde Gesprächsstil der Mädchen verlängere die Kommunikation und führe dadurch zu einer größeren Vertrautheit. Diese Ansicht enthält die Vermutung, daß Gespräch mit Vertrautheit gleichzusetzen ist. Wie wir erfuhren, kann Vertrautheit bei jeder Tätigkeit entstehen, die Menschen einander näherbringt, zum Beispiel dadurch, daß sie *etwas gemeinsam tun*. Maccoby geht zudem davon aus, daß «Widerspruch» oder «das Ausschmücken einer Geschichte» zwangsläufig ein Gespräch behindern. Für Jungen, die möglicherweise mehr daran gewöhnt sind, einander zu necken, kann ein Widerspruch eine gutgemeinte Auseinandersetzung sogar *verlängern*. Die Geschichte eines anderen auszuschmücken kann eine Aufforderung sein, weitere Begebenheiten zu erzählen.

Auch andere Forscher sind schnell bereit, kleinen Mädchen zu bescheinigen, daß sie in Beziehungsangelegenheiten die unangefochtenen Expertinnen sind, neben denen sich Jungen wie Beziehungsmuffel ausnehmen. Deborah Tannen, die Autorin des Buchs *Du kannst mich einfach nicht verstehen,* forderte Mädchen und Jungen der zweiten Klasse auf, über «Ernsthaftes» zu sprechen. Die Mädchen erzählten von Unfällen und Krankheiten, die Menschen betrafen, die sie liebten. Die Jungen konnten sich offenbar nicht soweit beruhigen, daß sie über irgend etwas «Ernsthaftes» hätten sprechen können. Sie liefen umher, erzählten obszöne Witze, hielten Ausschau nach möglichen Spielen, neckten und verspotteten einander und versuchten, «irgend etwas zu tun». Tannen interpretiert diese Geschehnisse als Beweis für die natürliche Fähigkeit von Mädchen, Beziehungen einzugehen, während bei Jungen das vorherrschende Bedürfnis nach Status, Unabhängigkeit und Action einer Beziehung im Wege stünde.

Tannen und Maccoby sind anscheinend der Ansicht, daß Jungen aufgrund ihrer Agilität und der Leidenschaft für den Wettbewerb die Gefühle anderer einfach überrollen und die Fähigkeit verlieren, mit anderen auf bedeutungsvolle Weise eine Beziehung einzugehen.

Sobald wir die einzelnen Entwicklungsstufen von Jungen verstehen, betrachten wir diese Verhaltensweisen aus einem anderen Blickwinkel. Ich behaupte beispielsweise, daß die Jungen aus Tannens Studie keine mit Macht und Herrschaft beschäftigten machiavellischen Prinzen sind, sondern ganz normale «richtige Jungen», die versuchen, Freundschaften zu schließen, von der Gruppe akzeptiert zu werden und Zurückweisungen und Demütigungen aus dem Weg zu gehen. Wenn wir unser Augenmerk nicht nur auf das richten, was wir unter Freundschaft verstehen, sondern von einem übergeordneten Standpunkt aus auch jene Verhaltensweisen wahrnehmen, die Psychologen als «prosoziale Aktivität» bezeichnen – das heißt positive Handlungen mit oder für einen Freund –, dann erkennen wir, daß sich diese Jungen im Frühstadium dessen befinden, was ich als «etwas gemeinsam tun» definiere und was für den Psychologen Ronald Levant bei erwachsenen Männern eine Form der «Aktionsempathie» ist.

Ein Junge weiß, daß er gegen den männlichen Verhaltenskodex verstoßen würde, wenn er völlig unvermittelt zum Beispiel über seine enttäuschenden Zensuren, die Krankheit seiner Mutter oder die einsamen Wochenenden spräche, nur um den Wunsch einer Forscherin zu erfüllen, die ihn auffordert, über Ernstes zu reden. Warum sollte ein Junge Schande und Demütigung riskieren, indem er seine Schutzmaske vor einer Wissenschaftlerin ablegt, die er kaum kennt und der er wahrscheinlich nicht vertraut? Die meisten Jungen setzen in so einem Fall wahrscheinlich ihre gesamte Energie ein, um der Aufforderung *nicht* Folge zu leisten. Der rebellische Ausbruch und die obszönen Bemerkungen könnten die Spannungen angesichts eines unmöglichen Auftrages widerspiegeln.

Häufig basiert das Verhalten von Jungen in der Gruppe auf derartigen kompensatorischen Reaktionen. Jungen lernen, daß sie eine Rolle spielen müssen, um zu überleben, und daß sie die Maske eines harten Kerls tragen müssen, um nicht ausgelacht zu werden. «Wenn dich jemand verspottet, kannst du nicht einfach nachgeben», erklärt Shawn. «Du mußt aufstehen und zeigen, daß du härter bist als dein Angreifer.»

Warum sollte ein durch Taten ausgedrücktes Einfühlungsvermögen weniger tief und bedeutungsvoll sein als die zwischen Mädchen und jungen Frauen geteilten Augenblicke intimer Gespräche? Warum sollte es weniger bedeutsam sein, wenn sich John und Hal mit entblößtem Oberkörper über ein Motorrad beugen, um die Drosselklappe einzustellen, als wenn Amy und Ellen während des gemeinsamen Gymnastiktrainings über die Schwierigkeiten sprechen, die Andrea mit ihrem neuen Freund hat. Jungen scheinen ihrer eigenen Formel von Freundschaft zu folgen. Sie beginnen mit Action und Energie und mischen Loyalität, Spaß und gemeinsame Aktivitäten darunter. Fügen Sie nun noch verbal zum Ausdruck gebrachte Zuneigung, Ernsthaftigkeit und verborgene körperliche Berührungen hinzu, und Sie erhalten einen guten Freund. Auch wenn sich diese Formel von der einer Mädchenfreundschaft deutlich unterscheiden mag, ist sie deshalb um nichts weniger echt oder intim.

Ein gemeinsamer Kinobesuch mit einer weiblichen Forscherin wurde für mich zum eindrücklichsten Beweis für die Voreingenommenheit von Wissenschaftlern gegenüber Jungenfreundschaften. Der 1986 gedrehte Streifen *Stand by Me* ist meiner Ansicht nach einer der authentischsten und realistischsten Filme, die je zum Thema Männerfreundschaft gedreht wurden. Vier Jungen machen sich auf, den Leichnam eines vermißten Freundes zu suchen. Sie werden mit äußeren und inneren Gefahren konfrontiert. Ihre Gespräche drehen sich um den Tod eines Bruders, den Verrat eines Lehrers und ihre Ängste vor der Zukunft. Sie trösten und beschützen einander und kommen einander näher als jemals zuvor.

Meine weibliche Kollegin war überrascht und fühlte sich auf gewisse Weise von den gezeigten Jungenfreundschaften abgestoßen. Verwundert beobachtete sie, wie sich diese Jungen, die sich selbst als gute Freunde bezeichneten, gegenseitig mit Beleidigungen und Spott überhäuften. (Zugegebenermaßen war auch ich von der Anzahl und Vielfältigkeit der Schimpfwörter beeindruckt, die diese Jungen einander an den Kopf warfen.) Besonders traf sie die Textzeile: «Neue und möglichst widerwärtige Methoden zu finden, um die Mutter eines anderen zu erniedrigen, wurden hoch geschätzt.» Ebenso erschütterte es sie, wie oft diese sogenannten guten Freunde einander körperlich angriffen, indem sie sich gegenseitig in schlammige Sümpfe tauchten, in den «Schwitzkasten» nahmen oder mit spielerischen Stößen, Fußtritten und Faustschlägen traktierten. Kurz gesagt erschien ihr der Film über diese Jungen als Vorgänger des Streifens *Herr der Fliegen*.

Ich diskutierte nicht mit ihr. Das, was sie abschreckte, war genau das, was ich für eine gekonnt realistische Darstellung der Verhaltensweisen von 12jährigen hielt. Ich sah ihre Interaktionen in völlig anderem Licht und verließ das Kino mit dem angenehmen Gefühl, einen Film über eine innige Freundschaft zwischen Jungen gesehen zu haben. Nach der letzten Zeile des Films zu urteilen – «Ich besaß nie wieder Freunde wie die, die ich hatte, als ich zwölf Jahre alt war» –, empfand der Autor dasselbe. Mich bewegten die Bereitwilligkeit, mit der diese Jungen einander Hilfe gewährten, und die zwischen ihnen herrschende Wärme. Die Schimpfworte, Beleidigungen und körperlichen Übergriffe waren nicht böswillig, sondern Teil ihrer Art, Gefühle füreinander im «Actionmodus» auszudrücken. Hinter der Körperlichkeit sah ich Zuneigung.

Wir müssen die Freundschaft zwischen Jungen und die Vertrautheit, die sie mit sich bringt, an ihren eigenen Maßstäben messen. Im allgemeinen gehen Jungen nicht Arm in Arm und sagen einander: «Ich liebe dich.» Statt dessen entwickeln sie Strategien, die ebenso gut funktionieren und von ihnen verstanden werden. Gewiß müssen auch wir versuchen, sie zu verstehen.

Die in der Gesellschaft vorherrschende Ansicht, daß Jungen grundsätzlich gefährlich sind, bildet eines der größten Hindernisse auf dem Weg zur Anerkennung von Jungenfreundschaften. Als Folge sorgen sich einige Eltern über den verderblichen Einfluß anderer

Jungen auf ihre Söhne, anstatt die konstruktive und heilende Wirkung von Jungenfreundschaften zu begreifen. Eltern sind beunruhigt, wenn ihr Junge in der Grundschule seine ersten Schimpfworte oder Karatetritte lernt. In seiner Jugend ängstigen sie sich, daß ältere Jungen ihn drängen könnten, Drogen zu nehmen, Geschlechtsverkehr zu vollziehen, betrunken Auto zu fahren, von einem steilen Kliff zu springen, sich auf Eisenbahngleise zu legen oder an sonst irgendeiner jener unglaublich riskanten Unternehmungen teilzunehmen, die wir mit halbwüchsigen Jungen in Verbindung bringen. Darüber hinaus neigen viele Menschen unglücklicherweise dazu, jede Gruppe von Jungen im Alter von über 10 Jahren als «Gang» und damit als asozial zu betrachten, bis das Gegenteil erwiesen ist.

Thomas Berndt von der Purdue University entdeckte, daß neben einigen wenigen Jungen, die tatsächlich in schlechte Gesellschaft geraten, die überwiegende Mehrzahl der Jungen einen positiven und gesunden Einfluß aufeinander ausüben. Berndt gelangte zu der Schlußfolgerung, daß Jungen mit gesunden Freundschaften seltener zu riskanten Verhaltensweisen neigen und in der Schule bessere Leistungen erbringen. Tatsächlich schützen Jungen einander durch ihre Freundschaften.

Der Verhaltenskodex für Freundschaften

Welcher Verhaltenskodex liegt Jungenfreundschaften zugrunde? Jungen begreifen ihn, auch wenn der Beobachter ihn womöglich nicht erkennt. Wie bereits angesprochen, lag meiner Studie *Auf die Stimmen der Jungen hören* ein umfassender Begriff von Freundschaft zugrunde. Ich wollte etwas erfahren, über die Aktivitäten, die Jungen gerne gemeinsam unternehmen, über die Gespräche, die sie untereinander führen, und über die Art, wie sie mit der Trauer und Enttäuschung eines anderen umgehen, wie sie Konflikte und Wettkämpfe austragen und wie sie sich durch ihre pure Anwesenheit gegenseitig ihrer Loyalität versichern.

Ganz offensichtlich sind Gespräche nicht die einzige Methode, die Jungen einsetzen, um sich einander anzunähern. Der 16jährige Phil drückt es folgendermaßen aus: «Wir reden miteinander, aber es ist nicht so, daß wir uns dafür niedersetzen und ein Gespräch führen. Wir reden, während wir etwas gemeinsam tun. Wir unterstützen einander stets und halten zusammen. Meine Freunde würden alles tun, um mir zu helfen.» Der erste wichtige Schritt in einer Jungenfreundschaft ist es demnach, jemanden zu finden, dem man genug vertraut, um mit ihm zusammensein zu wollen. Shawn erklärt, daß seine Freunde ihn so kennen und akzeptieren, wie er ist. Freundschaft ist ein Ort, an dem man die Maske ablegen oder sie zumindest ein wenig sinken lassen darf. Einem Freund kann ein Junge seine Verletzlichkeit offenbaren, ohne dafür gedemütigt zu werden. Jungen akzeptieren von Freunden tatsächlich ein bestimmtes Maß an gutgemeinten Neckereien, Beleidigungen und spielerischen Mißhandlungen. In ihren Spielen lernen sie, Auseinandersetzungen nicht zu persönlich aufzufassen. In Streitfragen berufen sich Jungen gerne auf ein Regelbuch, oder sie greifen auf bewährte Prinzipien zurück. Dieser gutentwickelte Sinn für Fairneß ist nur eine Art, wie Jungen einander schützen.

Jungen und Männer müssen lernen, auf einem schmalen Grat zu gehen. Sie müssen Vertrautheit ohne Sentimentalität, Nähe ohne lange Gespräche und Mitgefühl ohne Worte ausdrücken. Sobald wir diesen Kodex für Jungenfreundschaften entziffern, erkennen wir, daß Jungen auf einem Fußballfeld in eine ungezwungene Aktivität verwickelt sind, aus der bedeutungsvolle Freundschaften entstehen.

Wie ich bereits mehrfach betonte, müssen wir Jungen Einfühlungsvermögen entgegenbringen, wenn wir sie zu einem mitfühlenden Verhalten uns gegenüber erziehen wollen. Aus diesem Grunde müssen wir Jungenfreundschaften respektieren. Sie nützen unseren Söhnen und sind für sie von lebenswichtiger Bedeutung. Angesichts der Scham, mit der die Gesellschaft Jungen überhäuft, sobald sie nach Nähe suchen, verdient die in Jungenfreundschaften erzielte Tiefe unsere Bewunderung und Anerkennung.

Platonisch, aber tief: Freundschaften zwischen Jungen und Mädchen

Daß viele heranwachsende Jungen und Mädchen großartige Freunde sind, die einander auf nichtromantische Weise tief verbunden sind, ist eines der bestgehüteten Geheimnisse unserer Zeit. Im Zuge meiner Interviews erfuhr ich, daß nahezu alle befragten Jungen wichtige und besondere Freundschaften zu Mädchen in ihrem Umfeld aufrechterhalten. Vielfach stimuliert und reaktiviert diese nichtsexuelle intime Freundschaft zu einem Mädchen die «verlorene Hälfte» der Gefühle, die Jungen durch das Trauma der vorzeitigen Trennung von ihren Müttern hatten begraben müssen. Durch diese platonischen Beziehungen zu Mädchen finden Jungen erneut Zugang zu längst vergessenen und zurückgedrängten Aspekten ihres Wesens und erhalten die Möglichkeit, emotional zu wachsen. Die Bedeutung dieser tiefen platonischen Freundschaften zwischen Jungen und Mädchen kann gar nicht hoch genug eingeschätzt werden.

Julian und Alyssa

Julian erfuhr die schlechte Nachricht am Mittwoch nach dem Fußballtraining. Seine Eltern riefen ihn zu sich und teilten ihm mit, daß sie sich scheiden lassen würden. Julian war am Boden zerstört. Als er sein «beschämendes Geheimnis» seinem vertrauten Schulberater John Simpkins erzählte, riet ihm dieser, für einen begrenzten Zeitraum an einer Psychotherapiegruppe für Schüler der neunten Klasse teilzunehmen, die mit ähnlichen Problemen kämpften. Obwohl Julian der Gedanke nicht zusagte, gemeinsam mit einer «Horde von Verlierern» seine Gefühle zu besprechen, entschloß er sich aufgrund seines überwältigenden Schmerzes, es zu versuchen. So fand er sich am Samstag morgen in der Cafeteria der Schule in einer Diskussionsgruppe über familiäre Probleme mit drei Jungen, drei Mädchen und dem Schulberater wieder. Seine Nervosität, vor den Mädchen über seine Schwierigkeiten zu sprechen, schwand, als er plötzlich Alyssa Garrity sah, seine beste Freundin aus Kindertagen, die auf der anderen Straßenseite wohnte.

«In unserer Vorschulzeit waren wir so eng befreundet, daß wir sogar unsere Geburtstage gemeinsam feierten. Doch dann unternahm ich etwas mit anderen Jungen, versuchte mich im Fußball, sie ging zu Ballettstunden, und bevor du weißt, was geschieht, sagst du nur noch alle paar Monate ‹Hallo, wie geht es dir?›», erzählte Julian. «Als ich sie diesen Herbst in meinem ersten Oberstufensemester im Englischkurs wiedersah, fühlte ich tief in mir etwas Seltsames. Es war, als wäre sie eine Schwester oder Cousine oder jemand, den ich vermißt hatte, ohne es zu wissen. In der Gruppe hatte sie etwas anderes an sich. Es war die Art, wie sie über Dinge sprach. Sie konnte den Schmerz, den ich in meinen Eingeweiden fühlte, in Worte kleiden. Wir begannen wieder, uns als Freunde zu treffen, und wenn unsere Eltern uns verrückt machten, sprachen wir stundenlang am Telefon. Es war wie früher. Etwas Tiefes kam zurück. Sie half mir, über meine Probleme zu sprechen und lockerer zu werden. Ich glaube, ich half ihr auch, denn manchmal hatte ich das Gefühl, daß sie zuviel nachdachte. Sie war regelrecht von ihren Gedanken besessen. In solchen Augenblicken fragte ich sie, ob sie mit mir ein Eis essen gehen wolle. Ich brachte ihr sogar bei, Basketball zu spielen. Es schien sie aufzuheitern. Ich war wirklich auf diese Freundschaft angewiesen.»

Jungen und Mädchen: Die zwei Hälften eines Ganzen

Freundschaften zu Mädchen helfen Jungen, ihre Maske abzulegen und sich auf Gefühle und Unternehmungen einzulassen, die ihnen ansonsten durch den männlichen Verhaltenskodex verboten sind. Wie wir sehen, leben wir in einer Gesellschaft, die die Ausprägung von Eigenschaften, die wir uns für unsere Kinder eigentlich wünschen sollten, durch geschlechtsspezifische Zwänge begrenzt. Carol Gilligan beobachtete, daß Jungen in der Erziehung Werte wie Fairneß und Gerechtigkeit als wichtig vermittelt werden, während Mädchen zur Zuneigung und Fürsorglichkeit angehalten werden. Historisch betrachtet darf jedes Geschlecht lediglich die Hälfte dessen ausleben, was eine gesunde Persönlichkeit ausmacht.

In jüngster Zeit wurden Mädchen ermutigt, sich ein weites Spektrum an bisher unzulässigen Verhaltensweisen zurückzuerobern, während wir Jungen weiterhin den starren Zwängen der Männlichkeitsmodelle des 19. Jahrhunderts unterwerfen. Für Jungen sind Freundschaften zu Mädchen eine Chance, die hinter die Maske verbannte Hälfte ihres Wesens wieder zum Vorschein zu bringen.

Einerseits ängstigt Jungen der Gedanke an eine Freundschaft zu einem Mädchen, andererseits sehnen sie sich verzweifelt danach. Sie fürchten die Zurückweisung vielleicht noch stärker als Mädchen. «Die meisten meiner Freunde sind Jungen», erzählt der 14jährige Brian, «aber ich mag auch dieses eine Mädchen, Rachel. Sie ist wirklich cool. Ich würde gerne versuchen, mit ihr zusammenzusein, aber wenn sie das nicht will, könnten die Leute über mich zu reden beginnen und mich einen Verlierer nennen, und dann würde ich mich wie ein totaler Idiot fühlen.»

Jungen tragen noch stets die Wunden der ersten vorzeitigen Trennung von ihren Müttern. Damals lernten sie, daß sie alles Weibliche verachten und von sich abspalten müssen, um ein Mann zu werden. Wenn Jungen den Kontakt zu Mädchen wiederaufnehmen, brechen diese alten Ängste und unverheilten Wunden erneut auf, aber wenn es ihnen gelingt, tatsächlich eine Beziehung zu einem Mädchen aufzubauen, entdecken sie, daß sie sich wieder vollkommen fühlen. Sie erhalten eine zweite Chance, sich mit der Welt weiblicher Fürsorge wiederzuvereinen, aus der sie als kleine Kinder auf traumatische Weise vorzeitig verstoßen wurden.

Ein Entwicklungsprozeß – Wiedervereinigung erfordert Zeit

In diesen gemischten Freundschaften gibt es entwicklungsbedingt eine beträchtliche Variationsbreite. Viele Jungen unter 14 Jahren betrachten Freundinnen als gute Gefährtinnen bei Spiel, Spaß und Abenteuer, mit denen sie im allgemeinen keine ausführlichen Gespräche führen. Der verbale Austausch beschränkt sich vorwiegend auf gemeinsame Interessen und dreht sich vielleicht auch mal um Schwierigkeiten mit den Eltern.

Der 10jährige Robert zum Beispiel besitzt in Marianne einen guten Freund. Ihre Vertrautheit ist so groß, daß sie miteinander unterwegs sein und gemeinsam etwas unternehmen können, ohne miteinander zu sprechen. «Da wir beide komische Filme mögen, kommt sie oft zum Fernsehen herüber. Uns gefällt auch dieselbe Musik. Im Grunde ist sie wie die anderen Jungen.»

Ältere Jungen hingegen erwarten sich von einer Freundschaft zu einem Mädchen die Gelegenheit zu einem intensiven Gedankenaustausch. Sie erleben eine solche Beziehung, die frei von romantischen und sexuellen Erwartungen ist, als einen Zufluchtsort, an dem sie die Regeln des männlichen Verhaltenskodexes gefahrlos übertreten können.

Der 16jährige Chen zum Beispiel zählt Liz zu seinen besten Freunden. «Wir sprechen miteinander über alles und jedes. Sie ist wirklich ein guter Freund. Ich kann Mädchen all meine Gefühle mitteilen, wie ich es männlichen Freunden gegenüber niemals könnte. Mädchen haben damit keine Probleme. Ich glaube, ich bin auf meine weiblichen Freunde stärker angewiesen.»

Eine vollkommen neue Welt:
Eine andere Art von Freundschaft

Nach jahrelangem Spiel in Gruppen seines eigenen Geschlechts benötigt es einige Zeit, um sich auf den Stil der Mädchen einzustellen. Einige Jungen sprechen noch immer davon, daß sie sich in der Gegenwart von Mädchen nicht so wohl und entspannt fühlen wie in der von Jungen. Der 15jährige Dwayne erklärt: «Ich bin nicht nervös oder so, wenn ich mit einem Mädchen spreche, ich habe nur persönlich das Gefühl, daß es einfacher ist, sich einem Jungen zu öffnen. Manchmal allerdings fühlst du dich ein bißchen unbehaglich wegen der Dinge, die du einem deiner männlichen Freunde mitgeteilt hast.»

Michael erkannte, daß er gesprächiger sein müßte, um eine Freundschaft zu einem Mädchen aufzubauen. «Ich glaube, die Freundschaft zu einem Mädchen kostet viel Anstrengung. Du mußt sie stets anrufen und fragen, ‹Hey, wie geht es?›, ansonsten werden sie böse auf dich.» Anfangs empfand er es als lästige Pflicht, doch das Ergebnis schien es ihm wert gewesen zu sein. Heute zählt er mehrere Mädchen zu seinen engsten Freunden und schätzt ihre unterschiedlichen Ansichten über das Leben. Nachdem er sich der Mühe unterzogen hatte, die Trennungslinie zwischen den Geschlechtern zu überschreiten, ist er nun problemlos in der Lage, Gesprächsthemen aufzugreifen, die üblicherweise als typisch weiblich gelten. «Mit Mädchen sprechen wir mehr über unsere Probleme und trösten einander.»

Einige Jungen, die Freundschaften zu Mädchen anfangs ablehnend gegenüberstanden, wie etwa Justin, begriffen schon bald ihre Vorzüge. «Manchmal glaube ich, Mädchen besitzen nicht mein intellektuelles Niveau, weshalb sie meine Gefühle besser verstehen als meine Gedanken. Aber das stimmt nicht immer. Vielleicht öffne ich mich ihnen mehr, weil sie sich mehr auf Emotionen und Beobachtungen konzentrieren. Wenn ich sage, daß mich die Schule oder etwas anderes wirklich belastet, ist die Wahrscheinlichkeit groß, daß sie verständnisvoll antworten.» Zunächst behauptet Justin, daß Mädchen ihm aufgrund ihrer intellektuellen Unterlegenheit bei seinen

Problemen nicht helfen könnten, dann aber stellt er diese Behauptung in Frage und gesteht sich ein, daß Mädchen ihn ausgezeichnet verstehen und daß er diese Fähigkeit schätzen sollte. «Sie betrachten Situationen ein wenig anders», erzählt Alex. «Von Mädchen erhältst du eine unterschiedliche Reaktion.»

Andere Jungen sind sich der Vorteile, ein Mädchen zum Freund zu haben, deutlicher bewußt. «In den letzten Jahren habe ich zu einigen Mädchen Freundschaften entwickelt», erklärt der 16jährige Patrick. «Mädchen eröffnen dir einen anderen Blickwinkel als Jungen. Mitunter sind sie in ihren Ratschlägen einfühlsamer. Wenn ein Junge dir einen Rat gibt, bekommst du die eine Hälfte eines Bildes, und wenn dir ein Mädchen einen Rat gibt, die andere. Wenn du dir aber von beiden Seiten Rat holst, erhältst du das gesamte Bild.»

Eltern, die sich dieser neuen Freundschaften zwischen Jungen und Mädchen bewußt sind, betrachten diese Abkommen zwischen den Geschlechtern mit Respekt und Bewunderung. Cynthia Reeves ist auf den Freundeskreis ihres 13jährigen Sohns Greg stolz. «Ich kann gar nicht gut genug über sie sprechen. Es freut mich besonders, daß er so gute Freundinnen hat – Mädchen, die wie Schwestern zu ihm sind.» In ihrer eigenen Jugend unterhielt sie keine derartigen Freundschaften mit Jungen. «Die Beziehungen heute unterscheiden sich grundlegend von denen in meinen Teenagerjahren. Sie sind ungezwungen und warm. Nach einem Fußballspiel läuft seine Freundin Nina zu Greg, umarmt ihn und gibt ihm einen Kuß. Sie kommen gemeinsam nach Hause und sehen sich einen Film an. Eine so angenehme Beziehung zwischen den Geschlechtern zu beobachten ist wundervoll.»

Verschiedene Eltern erzählten mir, daß ihre halbwüchsigen Kinder unter den wachsamen Augen der Eltern auf völlig platonische Weise bei ihren andersgeschlechtlichen Freunden übernachten. Ein Vater erinnert sich: «Als Andreas mir zum ersten Mal sagte, daß ihn ein Mädchen eingeladen hätte, in ihrem Haus zu übernachten, geriet ich außer mir. Ich war mir sicher, daß es sich um eine Art Sexparty handeln würde, und verbot es ihm. Damals war er erst fünfzehn Jahre alt. Danach erfuhr ich von anderen Eltern, daß sie es ihren Kindern erlaubt hatten und daß alles rein platonisch wäre. Schwer zu glauben! So etwas hätte es in meiner Kindheit niemals gegeben», schloß er kopfschüttelnd.

Eltern sowie auch Jungen und Mädchen sollten sich über die Vorzüge inniger platonischer Freundschaften zwischen den Geschlechtern klarwerden. Sie bieten den beiden Seiten die Gelegenheit, die Verletzlichkeit des jeweils anderen kennenzulernen. Dies nennt Judy Jordan von der Harvard University «Empathie zwischen Geschlechtern». Mädchen gelingt es, hinter dem lautstarken Auftreten von Jungen die verspielte, sich nach Bindung sehnende und einfühlsame Persönlichkeit zu entdecken. Jungen empfinden Mädchen als weniger bedrohlich und bewundern ihre Fähigkeit, auf emotionaler Ebene zu kommunizieren. Dieses Einfühlungsvermögen zwischen den Geschlechtern wird zum Vorbild für eine heterosexuelle Liebesbeziehung zwischen Erwachsenen.

Wenn die Liebe erblüht

Die Mehrheit jugendlicher Freundschaften zwischen Jungen und Mädchen bleiben platonische Beziehungen. Mitunter entwickelt sich jedoch unbewußt das Fundament für eine spätere heterosexuelle Liebesbeziehung. Im Rahmen der Studie *Auf die Stimmen der Jungen hören* entdeckte ich, daß es von der jeweiligen Persönlichkeitsentwicklung und dem Alter abhängig war, ob die Freundschaft eine Tiefe erreichte, die auch schwärmerische Facetten einschloß.

Im speziellen erfuhr ich, daß Jungen aus diesen schwärmerischen Beziehungen im allgemeinen viel Kraft schöpften, wobei sich einige, vor allem wenn sie noch relativ jung waren, durch ein Zuviel an Romantik auch verunsichern ließen. Mitunter verwirrte oder erschöpfte sie das Bedürfnis der Mädchen nach Kommunikation und einer innigen Beziehung, bevor ein intimes Verhältnis begründet wurde. Der 14jährige Tony brach nach zwei Jahren die Freundschaft zu einem Mädchen ab. «Ich war erschöpft und konnte damit einfach nicht umgehen. Ich sagte ihr, daß ich gehen müsse, und sie beharrte darauf, daß ich noch etwas länger bleiben solle.»

Älteren Jungen fällt es leichter, Mädchen auf halbem Weg entgegenzukommen, indem sie sich mit ihnen gemeinsam an bestimmten Aktivitäten beteiligen, aber auch die Fähigkeit ihres weiblichen Partners schätzen, über Gefühle zu sprechen und emotionale Unterstützung zu gewähren. Die fürsorgliche Art seiner Freundin Theresa empfindet Justin als ein besonders wohltuendes Gegengewicht zum

Umgang mit seinen männlichen Freunden. «Ich spreche jeden Abend mit ihr und erzähle ihr im Grunde alles, was in meinem Leben vorgeht. Wenn etwas Schlechtes geschieht, diskutieren wir darüber. Auf diese Weise teile ich jemandem etwas mit, der nicht mit einem ‹Ach ja› antwortet, sondern versteht, woher ich komme. Ich würde niemals mit meinen männlichen Freunden über die Dinge sprechen, die ich Theresa erzähle.»

Theresa erfüllt viele von Justins emotionalen Bedürfnissen. Sich mit ihr im vergangenen Jahr zu verabreden half ihm sogar, eine Teenagerdepression zu überwinden. Ihre Zuneigung vermittelte ihm emotionale Grundkenntnisse, die er zuvor vermißte. Es fällt ihm nicht leicht, mir zu erklären, warum sie für ihn so wichtig ist. «Es geht einfach darum, jemanden zu haben, von dem du weißt, daß er immer an dich denkt. Jemanden zu haben, der dich mag und immer für dich da ist. Freunde kommen und gehen, doch deine Freundin ist immer bei dir.»

In dieser Aussage lassen sich der Schatten und das Echo der vorzeitig verlorenen Beziehung zu der ersten nährenden Mutter in neuer, jugendlich gekleideter Form erkennen. Dieser schmerzliche Verlust erklärt auch die «sexuelle» oder liebesbezogene Macht, die einige weibliche Jugendliche über Jungen zu besitzen scheinen. Einer Studie von Thorne und Michaelieu zufolge wird die Selbstachtung eines Jungen vorrangig durch die Angst gefährdet, die Liebe des von ihm umschwärmten Mädchens nicht erringen zu können. Denn Jungen sind keine unabhängigen Einzelgänger, sondern Personen, die sich nach Beziehungen sehnen und Sicherheit suchen, um das frühere Trauma des vorzeitigen Verlustes zu überwinden.

Eltern können die zwischen Jungen und Mädchen aufkeimenden tiefen Bindungen fördern. Wir sollten versuchen, sichere Orte für die engen platonischen Beziehungen unserer Söhne zu schaffen und sie nicht zu sexualisieren. Bemühen Sie sich auf unaufdringliche Weise, mit Ihrem Jungen zu sprechen. Laden Sie seine Freundin in Ihr Zuhause, zu einem Ausflug oder Ähnlichem ein. Väter sollten der Versuchung widerstehen, diese Art der Kameradschaft ihres Sohnes als Beginn eines sexuellen Verhältnisses zu betrachten. Mütter sollten sich vor der natürlichen Eifersucht hüten, daß ihre kleinen Jungen jetzt bei einem anderen weiblichen Wesen Wärme und Unterstützung suchen.

Schließlich ist es unsere Aufgabe, gemeinsam aus Klischees auszubrechen und nach Wegen zu suchen, unsere Fähigkeit zu engen Beziehungen auszuweiten. Jungen sollten lernen, ihre Verletzlichkeit vor anderen auszudrücken und einander auch körperlich ihre Zuneigung zu zeigen. Im Idealfall sollten auch Mädchen jene actionorientierten nonverbalen Beziehungen und Kameradschaften begreifen lernen, die sich aus Wettbewerbsspielen ergeben.

John Bednall fordert in seiner Arbeit über die Erziehung in eingeschlechtlichen Schulen zur «Zweisprachigkeit» unter den Geschlechtern auf. Mit anderen Worten: Wir sollten jedes Geschlecht die Sprache des anderen lehren. Im Rahmen ihrer Erziehung sollten Jungen eine zweite Sprache der Liebe und Freundschaft erlernen. «Diese Sprache würde sie befähigen, mit Vertretern des weiblichen Geschlechts in einen intimen und respektvollen Dialog zu treten, aus diesem Dialog zu lernen und die weibliche Perspektive als bereichernd und wichtig für ihre eigene Entwicklung zu einem vollständigen männlichen Wesen zu betrachten», erklärt Bednall. «Dafür müssen sie nicht auf ihre männliche Sprache verzichten. Sie werden in bezug auf die Geschlechter lernen, zweisprachig zu sein, was sie befähigt, die weibliche Sprache mit derselben Einfühlsamkeit und Vertrautheit zu verstehen und zu sprechen wie ihre männliche.»

Aber nicht nur Jungen sollten eine zweite Sprache sprechen, sondern wir alle. Ich bin davon überzeugt, daß sich Jungen stärker respektiert fühlen, wenn wir ihre nonverbale Kommunikation der Vertrautheit erlernen. Indem wir Taten ebenso hoch schätzen wie Worte und indem wir beide Sprachen verstehen und sprechen, tragen wir dazu bei, daß sich unsere Beziehungen zu beiden Geschlechtern reicher und befriedigender gestalten.

Kapitel 9

Anders sein, homosexuell sein: Jungen und Homosexualität

«Ich glaubte, sie würden mich verstoßen und mir mitteilen, daß ich von nun an nicht mehr zur Familie gehöre.» (Robert, 14 Jahre)

«Ich wußte immer, daß ich anders war als andere Jungen», erklärte mir der 17jährige Bill. «Wenn ich mit Freunden ins Kino ging, taten die meisten Jungen alles, um neben einem hübschen Mädchen zu sitzen. Niemand schien es zu bemerken, aber ich hoffte wirklich, daß ein gutaussehender Junge neben mir Platz nehmen würde. Ich glaube, niemand hatte eine Ahnung, was ich durchmachte.»

Der 18jährige David berichtet von einer ähnlichen, aber noch früheren Erinnerung. «Als ich zehn Jahre alt war, besuchte ich ein Theaterstück, das von den Kindern einer nahegelegenen Schule aufgeführt wurde. Es handelte sich um einige Szenen aus dem Musical *Oliver*. Sobald ich den Jungen sah, der die Hauptrolle des Oliver spielte, und hörte, wie er von seiner Suche nach Liebe und Selbstfindung sang, konnte ich meinen Blick nicht mehr von ihm abwenden. Monatelang ging mir dieser kleine Junge nicht aus dem Kopf. Ich sehnte mich danach, ihn zu treffen. Ich glaube, ich wollte ihn halten, ihn als meinen Freund gewinnen. Das war so ein einsames, trauriges Gefühl. Ich erinnere mich, daß ich dachte, daß es wohl auf der ganzen Welt niemanden gäbe, der so fühlte wie ich.»

Der 16jährige Nigel erzählt eine andere Geschichte von Isolation und Einsamkeit: «Seit meinem zwölften Lebensjahr wußte ich, daß ich anders war. Ich wußte nicht, daß ich tatsächlich homosexuell war, aber ich genoß es, mit anderen Jungen zusammenzusein, und ich träumte davon, einen von ihnen ganz fest zu umarmen. Das war eine schwierige Zeit. Alle Jungen aus meiner Klasse machten sich über mich lustig. Sie schienen zu wissen, daß etwas nicht stimmte, und riefen mir Schimpfnamen hinterher. Ich wußte, daß ich meinen Eltern nichts davon erzählen durfte, denn sie sind streng religiöse Baptisten. Ich stellte mir vor, daß sie mich fortschicken und vielleicht sogar in eine Nervenklinik einweisen würden. Da ich glaubte, der einzige zu sein, der so empfand, bemühte ich mich, meine Gefühle mit aller Kraft zu unterdrücken. Schließlich wollte ich einfach Selbstmord begehen.»

Der 19jährige Jackson schilderte eine etwas andere Geschichte. «Eine ganze Weile fühlte ich mich wirklich gut. Ich war Kapitän der High-School-Fußballmannschaft, stand in meiner Klasse ganz oben und war bei allen beliebt. Zu Ende des ersten Jahres der Oberstufe gewann ich die Preise für den «bestaussehenden» und «wahrscheinlich erfolgreichsten» Jungen. Doch dann begann ich zu trinken. Anfangs hielt ich es für cool, zu den echten Kerlen zu gehören, doch dann erkannte ich, daß ich trank, weil ich mich *nicht* wie einer dieser Jungen fühlte. Es kostete mich einige Zeit, ehe ich bemerkte, daß ich mich seit drei Jahren zu diesem einen Jungen im Fußballteam hingezogen fühlte. Ich glaube, ich war tatsächlich in ihn verliebt. Ich fürchtete, wenn andere das herausfänden, würden sie mich nicht mehr mögen. Ich dachte, wenn ich meinen Freunden erzählen würde, daß ich mich in einen Kerl verliebt hatte, würden sie mich gewiß als ‹Tunte› bezeichnen und nichts mehr mit mir zu tun haben wollen. Vielleicht war ich auch nicht wirklich homosexuell. So unterließ ich es, irgend etwas deshalb zu unternehmen, weihte auch meine Freunde nicht ein und begann statt dessen viel zu trinken.»

Von den «wahren Männern» aller Religionen, Nationalitäten, Rassen und Ethnien, die auf diesem Erdball leben, entdecken etwa 5 bis 10% als Jungen oder Jugendliche, daß sie homosexuell sind. Homosexuell oder «schwul» zu sein bedeutet natürlich, daß sich ein Junge im Zuge seiner Entwicklung zum Mann in erotischer Hinsicht vorwiegend von anderen Männern angezogen fühlt. Anstatt sich in Frauen zu verlieben und sich nach einer weiblichen Partnerin zu sehnen, verlieben sich homosexuelle Männer in andere Männer und hoffen, einen Mann zu finden, mit dem sie ihr Erwachsenenleben teilen können. Und ebenso wie heterosexuelle Jungen sich nicht für ihre Heterosexualität entscheiden, sondern es sind, entscheiden sich auch homosexuelle Jungen nicht für ihre Homosexualität, sondern sind es. Weder die einen noch die anderen wählen als Erwachsene absichtsvoll einen heterosexuellen oder homosexuellen Lebensstil. Aufgrund meiner Beratungserfahrung mit Jugendlichen und Erwachsenen gelangte ich zu der Überzeugung, daß heterosexuell oder homosexuell zu sein etwas ist, das Jungen und Mädchen, Männer und Frauen an sich selbst *entdecken*. Es ist ein natürlicher Teil unseres individuellen Wesens.

Die eigene Homosexualität führt dazu, daß sich Jungen in der Adoleszenz im Vergleich zu anderen Jungen ihres Alters als «anders» empfinden. Heute wissen wir, daß Jungen, die sich als homosexuell erkannten, zu ebenso glücklichen, gesunden und erfolgreichen Männern heranwachsen können wie heterosexuelle Jungen, wenn wir ihnen dieselbe Liebe, Unterstützung und Anteilnahme zukommen lassen. Genau daran aber mangelt es meistens. Während viele Jugendliche in der Pubertät beginnen, Fragen über ihre sexuelle Identität zu stellen, wagen es nur die wenigsten homosexuellen Jungen, mit ihren Altersgenossen oder ihren Eltern über ihre Ängste und ihre Verwirrung zu sprechen. Fast alle haben sie eine unüberwindliche Angst vor den Reaktionen ihrer engsten Freunde und Familienmitglieder, nahezu alle fürchten sich vor Zurückweisung. Der Druck, «normal» zu sein, dem Jungen in dieser Situation von Gleichaltrigen, Familienmitgliedern, Lehrern und dem Verwaltungspersonal der Schule ausgesetzt sind, ist unvorstellbar groß.

Glücklicherweise gibt es heute in einigen Schulen und Gemeinschaftseinrichtungen Bewußtseinsprogramme, die Teenager über das Thema Homosexualität aufklären. Einige Staaten wie Massachusetts besitzen Sonderkommissionen, die sich der Entwicklung sozialer und erziehungstechnischer Programme widmen, die speziell auf die Bedürfnisse homosexueller Jugendlicher abgestimmt sind. In einigen Schulen bestehen nachmittägliche Diskussionsgruppen für Schüler, die homosexuell sind oder vermuten, homosexuell zu sein. Einige dieser Gruppen werden von Lehrern geleitet, die selbst homosexuell sind und ihren Schülern als Rollenvorbild dienen. Andere werden von einfühlsamen Eltern geführt, die Schülern bei ihren Problemen helfen wollen.

In den meisten Schulen und Gemeinschaftseinrichtungen fehlen jedoch derartige Sonderprogramme, Kommissionen, nachmittägliche Diskussionsgruppen und sich offen zu ihrer Homosexualität bekennende Lehrer. Möglicherweise verfügen diese Institutionen nicht über die nötigen Ressourcen für derartige Programme, wahrscheinlicher ist jedoch, daß sie die Notwendigkeit dafür noch nicht erkannten. Bedauerlicherweise ist Homosexualität innerhalb unserer Gesellschaft noch immer mit einem Stigma behaftet, sind homosexuelle Menschen noch immer Anfeindungen und sogar Haß ausgesetzt. Viele homosexuelle junge Menschen (oder heterosexuelle, die als homosexuell betrachtet werden) berichten, mit Gewalt bedroht oder tatsächlich angegriffen und geschlagen worden zu sein. Es ist also verständlich, wenn männliche Jugendliche, die sich die Frage stellen, ob sie homosexuell sind, das Leben in dieser Gesellschaft als außerordentlich bedrohlich empfinden.

«Ich hatte das Gefühl, mich an niemanden wenden zu können», erinnert sich Eric, heute Student im ersten Semester an der Harvard University. «Ich wuchs in einer Kleinstadt in Iowa auf, in der die Menschen vermutlich nicht einmal wissen, wie man Homosexualität schreibt. Als ich mit dreizehn Jahren erstmals vermutete, homosexuell zu sein, wurde ich völlig verrückt. In der gesamten Stadt gab es nur eine Person, von der man annahm, daß sie homosexuell sei, und das war der Junge, der im lokalen Videoverleih arbeitete und über den sich jeder unglaublich lustig machte. Ich wagte es nicht, meinen Eltern von meinen Gefühlen zu erzählen, und erkannte, daß ich auch mit keinem meiner Lehrer darüber sprechen konnte, da sie sich vermutlich sogleich an meine Eltern wenden würden. In unserer Stadtbibliothek gab es Bücher über Homosexuelle. Ich glaubte tatsächlich, der einzige Junge meiner Schule zu sein, der diese Art von Empfindungen besaß. Es gab einfach niemanden, mit dem ich hätte reden können oder bei dem ich die Unterstützung gefunden hätte, die ich brauchte. Ich erinnere mich, daß ich täglich nach der Schule sogleich auf mein Zimmer ging und stundenlang allein weinte. Für mich war das eine wirklich traumatische Zeit.»

Das tiefe Gefühl von Isolation, Angst, Scham und Selbsthaß, das Jungen wie Eric empfinden, wenn sie entdecken, daß sie homosexuell sind, und erfahren müssen, daß sie von niemandem Ermunterung und Unterstützung erwarten können, veranlaßt viele, eigene Lösungen für ihren Schmerz zu suchen. Möglicherweise laufen sie von zu Hause fort, geraten in Kontakt mit Alkohol und Drogen, zeigen in der Schule ein auffälliges Verhalten, verwickeln sich in Kämpfe, stürzen sich in häufig wechselnde Sexualbeziehungen, versinken in Depressionen oder – das schlimmste von allem – erwägen oder begehen Selbstmord.

Die Selbstmordrate homosexueller Teenager ist erschreckend hoch und darf meiner Ansicht nach nicht ignoriert werden. Einer jüngst ausgearbeiteten Studie zufolge werden *30%* aller Selbstmorde im Jugendalter von homosexuellen Teenagern verübt. Eine andere Untersuchung über heterosexuelle und homosexuelle männliche Jugendliche ergab, daß nahezu *ein Drittel* zumindest einen Selbstmordversuch unternommen hat.

Wenn wir diese erschütternden Statistiken betrachten und die Einsamkeit und Angst vieler homosexueller Jugendlicher anerkennen, könnten wir überhastet zu der Schlußfolgerung gelangen, daß die Homosexualität die vorrangige Ursache dieser Schwierigkeiten darstellt. Ich erkannte jedoch, daß diese Probleme nicht durch die Homosexualität verursacht werden, sondern durch das mangelnde Verständnis der Gesellschaft für Homosexualität. Und dies erkläre ich auch Eltern, die mich dazu befragen. Noch immer werden Homosexuelle stigmatisiert, und die Klischees, die sich um sie ranken, verleiten viele Erwachsene zu einer irrationalen Angst vor Homosexuellen, die sich bis zu einem durch keine rationalen Gründe belegten Haß steigern kann. Ich gelangte zu der Überzeugung, daß es die sogenannte Homophobie ist – und nicht die Homosexualität selbst –, die schwulen Männern das Leben so erschwert. Wenn wir Jungen helfen wollen, die sich ihrer Sexualität nicht sicher sind, müssen wir ihnen zeigen, daß wir sie lieben, und zwar ungeachtet dessen, was sie über sich selbst herausfinden werden. Darüber hinaus müssen wir alle homosexuellen und nicht homosexuellen Jungen lehren, daß sie Homosexualität keineswegs fürchten oder gar hassen müssen. Wir müssen unseren Söhnen beistehen, die alten Mythen über Homosexualität niederzureißen, und sie aufklären, daß sie ungeachtet ihrer sexuellen Orientierung erfolgreiche, liebenswerte, glückliche und «wahre» Männer sein können.

Unseren Söhnen diese Wahrheiten weiterzugeben dürfte einigen Eltern aufgrund ihrer eigenen Ängste und Zweifel über Homosexualität nicht leichtfallen. Wenn wir ihnen diese Botschaft jedoch nicht vermitteln, kann sie das in ernsthafte psychologische, wenn nicht gar physische Gefahr bringen. Ich werde niemals die Worte von Susan Wallace vergessen, deren einziger Sohn Alex sich im Alter von 15 Jahren erhängte: «Ich wünschte, Alex hätte uns mitgeteilt, was er durchmachte. Hätte er das getan, hätte ich ihm gesagt, daß sein Vater und ich ihn sehr lieben. Und auch Jessicah liebte ihn. Wir hätten ihn auch weiterhin geliebt und wären glücklich gewesen, solange er es gewesen wäre.»

Homosexualität: Eine normale Variante menschlicher Sexualität

Generationenlang verstanden Psychologen und Psychotherapeuten das Wesen der Homosexualität nicht vollständig. In Zeiten, in denen es schwierig bis unmöglich war, sich zur Homosexualität öffentlich zu bekennen, muß es für Psychologen und Psychiater eine wahre Herausforderung gewesen sein, homosexuelle Männer und Frauen kennen und begreifen zu lernen. Da sie kaum Erfahrung besaßen, was es bedeutete, als Homosexueller aufzuwachsen und zu leben, gründeten diese Fachleute ihr Wissen über Homosexualität auf vage Vermutungen. Viele ihrer Annahmen stellten sich angesichts neuester psychologischer und biologischer Forschungen als unrichtig heraus.

Aufgrund zahlreicher Studien namhafter amerikanischer und internationaler Wissenschaftler ist uns heute die überaus wichtige Tatsache bekannt, daß Homosexualität nicht als psychologische «Störung» oder «Krankheit» zu betrachten ist. Freud stellte bereits 1935 fest, daß Homosexualität «nicht als Krankheit klassifiziert werden kann». Damals hielten die meisten traditionellen Psychoanalytiker jedoch an dem Grundgedanken fest, daß das «gesellschaftlich am stärksten angepaßte» Verhalten als das «gesunde» aufzufassen sei. Da Heterosexualität häufiger auftrat, galt sie als normal, während Homosexualität als «abnormal» und «heilungsbedürftig» angesehen wurde. Die meisten Fachleute auf dem Gebiet der Psychologie haben jedoch bereits vor Jahrzehnten begonnen, ihre Ansichten über Homosexualität zu revidieren. 1980 endlich wurde das Stichwort «Homosexualität» aus dem Handbuch für Diagnostik und Statistik der amerikanischen psychiatrischen Vereinigung gestrichen, da unter Fachleuten Einigkeit herrschte, daß Homosexualität nicht länger als Verhaltensstörung betrachtet werden könne. Heute anerkennen sogar die konservativsten Psychoanalytiker, daß Homosexualität ein normaler Bestandteil menschlichen Lebens ist und daß Psychologen nicht davon ausgehen sollten, sie ändern zu müssen (oder ändern zu können).

Diese gravierende Wendung in der wissenschaftlichen Betrachtungsweise der Homosexualität ist vor allem darauf zurückzuführen, daß man inzwischen größere Klarheit über die Ursachen der Homosexualität gewonnen hat. Zwar ist es der Wissenschaft bisher nicht gelungen, die genauen Ursachen der Homosexualität exakt zu bestimmen, dennoch aber herrscht breite Übereinstimmung, daß Homosexualität «konstitutionell» ist, das heißt, daß Homosexualität ebenso wie Heterosexualität ein natürlicher, unveränderlicher Teil der inneren Veranlagung eines Menschen ist. Diese Erkenntnis, die wir an alle Jungen und jungen Männer weitergeben sollten, ist deshalb von solcher Bedeutung, weil sie die Betroffenen vom Vorwurf der «Schuld» befreit und Eltern und Erzieher der Verantwortung enthebt, die homosexuelle Neigung ihres Kindes in irgendeiner Weise begünstigt oder verursacht zu haben. Eltern können nichts Falsches tun und auch nichts Richtiges unterlassen, um in ihrem Kind Homosexualität *hervorzurufen*. Umweltfaktoren wie die elterliche Pflege und Erziehung beeinflussen selbstverständlich die entwicklungsmäßigen Erfahrungen jedes heterosexuellen und homosexuellen Jungen, wirken sich jedoch kaum darauf aus, ob sich der Junge als erwachsener Mann zu einer Frau oder zu einem Mann hingezogen fühlt.

Diese wissenschaftliche Erkenntnis führte innerhalb der Gesellschaft zu einem Einstellungswandel gegenüber der Homosexualität. Da sich inzwischen zunehmend mehr Männer und Frauen offen zu ihrer Homosexualität bekennen können und nicht nur untereinander, sondern auch mit ihren heterosexuellen Freunden, Familienmitgliedern und Arbeitskollegen über ihr Leben sprechen können, wird den Vorurteilen über Homosexualität allmählich der Boden entzogen. Viele von uns lernen Homosexuelle im Berufs- und Geschäftsleben kennen. Möglicherweise ist unser Hausarzt, Kongreßabgeordneter, Postbote, Klempner, Priester, Buchhalter, Rechtsanwalt oder Vorschullehrer offen homosexuell. Einige von uns besitzen homosexuelle Familienmitglieder oder Freunde. Andere, die noch nicht persönlich mit einem Homosexuellen in Kontakt gekommen sind, kennen die Namen berühmter Persönlichkeiten, die sich als homosexuell «geoutet» haben, wie zum Beispiel Ellen DeGeneres oder Elton John, oder aber sie hörten von Menschen, die sich mit Homosexuellen solidarisch erklären, wie Whoopi Goldberg, Richard Gere oder Elizabeth Taylor. Allem Anschein nach sind weltweit immer mehr Personen bereit, homosexuelle Männer und Frauen nicht nur zu tolerieren, sondern zu akzeptieren und zu integrieren. Die Forscher Clellan Ford und Frank Beach untersuchten weltweit 76 Gesellschaftssysteme. Ihre Studie ergab, daß die Mehrheit dieser Gesellschaften Homosexualität entweder als sozial annehmbar oder als normal empfindet. Sogar die katholische Kirche spricht heute Worte der Unterstützung aus. In einer kürzlich veröffentlichten Pressemitteilung ermutigte die Nationalkonferenz katholischer Bischöfe Eltern, ihren homosexuellen Söhnen und Töchtern ihre Liebe zu zeigen und «eine homosexuelle Orientierung als gegeben und nicht freiwillig gewählt» zu akzeptieren.

Es ist also an der Zeit, daß wir das, was wir über Homosexualität wissen, nicht nur an junge Leute weitergeben, sondern auch in unserer alltäglichen Lebenspraxis umsetzen. Auch wenn es anfänglich schwierig erscheint – die allermeisten Eltern, mit denen ich arbeitete, waren sehr bald von dem aufrichtigen Wunsch erfüllt, ihren Söhnen ihre gesamte Liebe und Unterstützung zu schenken. Wenn Eltern vermuten, daß ihr Sohn homosexuell ist, oder sie es von ihm erfahren haben, rate ich ihnen im allgemeinen, nicht darüber nachzudenken, wie sie ihn ändern könnten. Hilfreicher ist es, wenn sie sich darauf konzentrieren, was ihnen ihr Sohn über seine Beziehungen berichtet, wie sie ihm ihre Anteilnahme zeigen und ihn unterstützen können, damit er zu einem emotional stabilen und selbstbewußten Mann heranwachsen kann, der sich – homosexuell oder nicht – in seiner eigenen Haut wohl fühlt.

Die Wurzeln der Homosexualität

Bei der Suche nach dem Ursprung der menschlichen Sexualität wird nach und nach deutlich, daß Menschen wahrscheinlich mit einer vorherrschenden Orientierung auf das andere oder das eigene Geschlecht geboren werden. Umweltfaktoren und die elterliche Pflege und Erziehung könnten sich zwar darauf auswirken, wie rasch und erfolgreich eine Person ihre angeborene Sexualität akzeptiert und ihr entsprechend handelt, es ist ihnen aber nicht möglich, diese Veranlagung zu ändern oder auszulöschen. Äußerliche Einflüsse wie ein passiver Vater, eine dominante Mutter oder ein gemeiner älterer Bruder können einen homosexuell geborenen Jungen zwar dazu anregen, seine Homosexualität früher zu offenbaren, als das andere Homosexuelle üblicherweise tun, sie können auch dazu führen, daß er seine Sexualität gänzlich zu ignorieren versucht, aber keiner dieser Umstände läßt einen Jungen homosexuell werden.

Heute besitzen wir Hinweise, die vor allem durch die Zwillingsforschung bestätigt wurden, daß die sexuelle Orientierung zu einem großen Teil erblich ist. Professor Kallman konnte mit seinen Forschungen nachweisen, daß, wenn ein Zwilling eines eineiigen Zwillingspaares homosexuell war, bei dem anderen dieselbe Veranlagung auftrat. Die Übereinstimmung betrug 100%. Im Gegensatz dazu waren bei zweieiigen Zwillingen, von denen ein Zwillingskind homosexuell war, nur 11,5% der anderen Zwillinge ebenfalls homosexuell. In nachfolgenden Zwillingsstudien zeigte sich bei eineiigen Zwillingen immer wieder eine hohe (allerdings nicht 100%ige) Übereinstimmung in bezug auf die homosexuelle Veranlagung.

Eine zweite Untersuchung befaßte sich mit eineiigen Zwillingspaaren, die nach der Geburt getrennt wurden und ohne Kontakt zueinander in völlig verschiedenen Familien aufwuchsen. Eine dieser älteren Studien ergab, daß eineiige Zwillinge, die getrennt voneinander aufgewachsen waren, dennoch die gleiche sexuelle Orientierung hatten. Dieses Ergebnis ist deshalb von entscheidender Bedeutung, weil es den Nachweis liefert, daß Umweltfaktoren keinen Einfluß darauf haben, ob Menschen homosexuell oder heterosexuell sind.

Vor kurzem wurden zwei weitere, voneinander getrennt aufgewachsen, eineiige Zwillingspaare untersucht. Wiederum zeigte sich eine bemerkenswerte Übereinstimmung in bezug auf Homosexualität. Bei dem einen Paar wurden beide Zwillingskinder ausschließlich homosexuell, während bei dem anderen einer der Zwillinge ausschließlich homosexuell wurde und der andere eine Frau heiratete, als Erwachsener jedoch homosexuelle Erfahrungen sammelte. An dieser Stelle möchte ich betonen, daß die genannten Studien nicht den Nachweis liefern, daß Homosexualität zu 100% angeboren ist, sie verweisen jedoch darauf, daß die sexuelle Orientierung stark vom Erbgut beeinflußt ist.

Einige Wissenschaftler sind der Ansicht, daß sich der genetische oder biologische Einfluß auf Homosexualität auch nachweisen läßt, indem man sich anschaut, wie ein Homosexueller als Kind gespielt hat. Indem diese Forscher den Spielstil von Kindern mit dem in Verbindung bringen, was wir heute aus tierischen und menschlichen Untersuchungen über die Wirkungsweise von Testosteron und andere Hormone wissen, erhielten sie beeindruckende Hinweise darauf, daß die Anwesenheit oder Abwesenheit dieser Hormone zu kritischen Zeiten vor und nach der Geburt, beziehungsweise während der frühen Kindheit, nicht nur den Spielstil von Kindern untereinander beeinflußt, sondern auch deren sexuelle Orientierung. Diese Forschungsergebnisse sind komplex und daher nur schwer präzise zusammenzufassen, sie zeigen jedoch grundsätzlich, daß Homosexuelle als Jungen jene rauhen Spiele mieden, die zumindest teilweise durch den Einfluß von Testosteron und anderen männlichen Hormonen in kleinen Jungen begünstigt werden. Ein derartiger Unterschied zwischen dem Spiel «prähomosexueller» und «präheterosexueller» Jungen scheint in verschiedenen Ländern und Kulturen aufzutreten. (Wie ich im weiteren erläutern werde, bedeutet ein unterschiedlicher Spielstil *nicht* zwangsweise, daß ein Junge homosexuell wird.) Ebenso berichtet ein kleiner Anteil der weiblichen Homosexuellen, daß sie sich als Mädchen lieber an rauhen Jungenspielen als an den ruhigeren Aktivitäten anderer Mädchen beteiligt haben. Durch die Verbindung dieser Erkenntnisse mit unserem heutigen Wissen über die Hormonproduktion im Gehirn und den Einfluß dieser Hormone auf die sexuelle Entwicklung im allgemeinen zeigten die Fachleute auf, daß Hormone und ähnliche biologische Faktoren bei der Formung der sexuellen Orientierung wahrscheinlich ebenfalls eine bedeutende Rolle spielen.

Darüber hinaus versuchen Wissenschaftler derzeit herauszufinden, ob die Gehirne von Homosexuellen anders geschaltet sind als die von Heterosexuellen. In seiner kürzlich durchgeführten und in der Öffentlichkeit interessiert aufgenommenen Studie wies Professor Simon LeVay nach, daß das Volumen bestimmter aus dem Hypothalamus (dem Teil des Gehirns, der die Hormonproduktion, die Sexualität und die Gefühle kontrolliert) entnommener Zellkerne bei heterosexuellen Männern größer war als bei homosexuellen Männern oder heterosexuellen Frauen. Da LeVays Untersuchung bislang für sich allein steht, geht man allgemein davon aus, daß sie strukturelle oder funktionelle Unterschiede zwischen den Gehirnen von homosexuellen und heterosexuellen Männern und Frauen nicht definitiv nachweist. Die Bedeutung dieser Studie lag jedoch in der Annahme, daß derartige Unterschiede existieren könnten, und öffnete auf diese Weise das Tor zu weiteren Forschungen über den biologischen Einfluß auf die Entwicklung des Gehirns und dessen Auswirkungen auf unsere sexuelle Orientierung und unser Verhalten.

Wenn wir die heute vorliegenden Forschungsarbeiten betrachten, scheint eindeutig festzustehen, daß der Biologie eine wichtige Aufgabe bei der Formung der menschlichen Sexualität zukommt. Die Untersuchungen eineiiger Zwillinge, der wirkungsmächtige Einfluß der Hormone und möglicherweise vom Gehirn ausgehende Unterschiede lassen den Schluß zu, daß unsere sexuelle Orientierung – auch wenn sie genetisch womöglich nicht so eindeutig festgelegt ist wie etwa die Augenfarbe eines Menschen – maßgeblich durch biologische Prozesse bestimmt wird. Es finden sich sogar Hinweise, daß Homosexualität evolutionsbiologisch betrachtet als wichtige und positive adaptive Eigenschaft für menschliche Wesen auftrat. So ist der Evolutionsbiologe E.O. Wilson beispielsweise der Ansicht, daß Homosexualität eine «normale» Eigenschaft ist, die «sich als wichtiges Element früher menschlicher Sozialorganisation entwickelte. Homosexuelle könnten die genetischen Träger einiger seltener altruistischer Impulse der Menschheit sein.» Unabhängig davon, ob wir Professor Wilsons Aussage zustimmen, daß Homosexuelle aus evolutionsbiologischen Gründen «altruistischer» sein müssen als Heterosexuelle, scheint es unwiderlegbar, daß Homosexualität schon immer ein wesentlicher Bestandteil des menschlichen Lebens war, daß es in allen Ländern und Kulturen homosexuelle Jungen gibt und daß in einem liebevollen und fürsorglichen Umfeld aufwachsende Homosexuelle zu Erwachsenen heranreifen können, die ein gesundes, normales und erfülltes Leben führen und einen ebenso wichtigen Beitrag zur Gesellschaft leisten wie Heterosexuelle.

Was soll ich tun, wenn mein Sohn homosexuell ist?

«Ich bin sehr besorgt», erklärte eine Mutter unlängst einem meiner Kollegen. «Mein sechsjähriger Sohn Timmy spielt noch immer lieber mit Mädchen. Er haßt es, sich seine Hände schmutzig zu machen, und weigert sich, mit den anderen Jungen aus der Nachbarschaft zu spielen.»

«Vielleicht ist Timmy in diesem Augenblick glücklicher, wenn er mit Mädchen spielt. Daran ist nichts falsch. Es gibt immer Jungen, die an turbulenten Spielen weniger interessiert sind, und Mädchen, die sich bei ruhigen Spielen langweilen und sich lieber Jungen anschließen», erklärte mein Kollege.

«Ja», begann Timmys Mutter erneut, während sie errötete, «aber ich mache mir Sorgen, daß Timmy vielleicht homosexuell werden könnte, Sie wissen schon, schwul oder so.»

Angesichts der in unserer Gesellschaft noch immer weitverbreiteten Vorbehalte gegenüber Homosexualität und anhaltender Homophobie überrascht es nicht, daß viele Eltern beunruhigt reagieren, wenn sie vermuten, daß ihr Junge homosexuell sein könnte. Da sie sich für ihre Kinder aus ganzem Herzen eine glückliche Zukunft wünschen, reagieren sie mit Besorgnis darauf, daß ihr Junge als Erwachsener aufgrund seiner Homosexualität mehr Leid erfährt, als wenn er heterosexuell wäre. Als praktizierender Psychotherapeut, der vorwiegend mit Jugendlichen und Erwachsenen arbeitet, werde ich häufig von Eltern angesprochen, die annehmen, daß ihr jugendlicher Sohn homosexuell ist. Einige Eltern bemerken das auffallende Interesse ihres Sohnes an Beschäftigungen, die gemeinhin als «weiblich» gelten, wie zum Beispiel das Lesen von Modezeitschriften, Kochen oder Singen. Andere sind verblüfft, wenn ihr Sohn einem anderen Jungen gegenüber seine Zuneigung zeigt oder ihn auf eine Weise anblickt, die eine erotische Anziehung widerspiegeln könnte. In mehreren Fällen entdeckten Eltern von älteren Teenagern, daß ihre Söhne heimlich Pornozeitschriften für Homosexuelle kauften, oder sie überraschten ihren Jungen tatsächlich beim Sexspiel mit einem männlichen Freund. Kollegen, die vorwiegend mit kleineren Jungen arbeiten, werden üblicherweise dann von Eltern auf Homosexualität angesprochen, wenn ihre Söhne häufig mit Mädchen spielen, jede Teilnahme an rauhen Spielen ablehnen, ihrer Mutter besonders stark verbunden zu sein scheinen oder über Eigenschaften wie Freundlichkeit, Stille und Herzlichkeit verfügen, die im allgemeinen als für Mädchen typisch gelten.

Die Erfahrung zeigt, daß Eltern, die mit derartigen Sorgen an mich oder meine Kollegen herantreten, am besten durch zwei entscheidende Schritte geholfen werden kann.

Zunächst scheinen Eltern es zu schätzen und in hohem Maß davon zu profitieren, wenn sie alles erfahren, was über Geschlechter und Homosexualität bekannt ist. Wie ich noch eingehender erklären werde, vermuten Menschen oftmals ein Problem mit der sexuellen Orientierung, wenn es sich in Wirklichkeit um geschlechtsspezifische Verhaltensweisen und die Einstellung der Gesellschaft diesen gegenüber handelt. Vielfach besteht kein oder nur ein geringer Zusammenhang zwischen dem sogenannten verweiblichten Verhalten eines Jungen und Homosexualität. Zumeist drückt ein Junge lediglich den Wunsch aus, die Beziehung zu seiner Mutter nicht zu verlieren, die Liebe und Aufmerksamkeit seines Vaters zu erringen oder einfach er selbst zu sein.

Sobald Eltern unterscheiden können zwischen Phänomenen, die im Zusammenhang mit der geschlechtsspezifischen Rollenerwartung stehen, und solchen, die sich auf die sexuelle Orientierung beziehen, rate ich ihnen zum zweiten Schritt. Ich fordere sie auf, ihre eigenen Gefühle zu untersuchen und sich kritisch zu fragen, inwieweit die eigenen Empfindungen ihr Verhalten zu ihrem Sohn beeinflussen. Zu oft konzentrieren Therapeuten ihre Aufmerksamkeit auf den Jungen und vergessen, die Erfahrungen der Eltern einzubeziehen. Sollte sich ihr Sohn tatsächlich als homosexuell herausstellen, ermutige ich Eltern, sich mit anderen Eltern eines homosexuellen Kindes zu treffen. Wenn sie keine solchen Eltern kennen oder, was häufig der Fall ist, vor einer Begegnung zurückschrecken, profitieren viele von lokalen Beratungsstellen, die vielfach auch Rat und Unterstützung für die Familienangehörigen und Freunde von Homosexuellen anbieten.

Üblicherweise teile ich Eltern zu Beginn meiner Beratungstätigkeit die heutigen Forschungsergebnisse über Homosexualität mit und versuche, ihnen klarzumachen, daß sie nicht die Ursache für die sexuelle Orientierung ihres homosexuellen oder heterosexuellen Sohnes sind. Ich lege ihnen die Erkenntnisse dar, die auf eine biologische Festlegung der sexuellen Orientierung deuten, und betone, daß bei Jungen und männlichen Jugendlichen ein «weibliches» Verhalten oder die Neigung zu «mädchenhaften» Spielen kaum unumstößliche Vorzeichen auf Homosexualität darstellen. Eine große Zahl homosexueller Männer gibt zwar an, in ihrer Kindheit ruhigere Aktivitäten dem typischen rauhen Spiel der meisten Jungen vorgezogen zu haben, andere Homosexuelle erinnern sich jedoch an keine derartigen Vorlieben. Um die Angelegenheit weiter zu komplizieren, geben auch viele heterosexuelle Männer an, daß sie sich weitaus lieber an sanften Spielen beteiligten als an den wettbewerbsorientierten Jungenspielen. Ebenso stellt sich nur ein geringer Anteil der männlichen Jugendlichen, die «feminine» Verhaltensweisen annahmen, später als homosexuell heraus. Die übrigen sind es nicht. Und während einige männliche Jugendliche, die sich mit Mädchen verabreden und intime Beziehungen zu ihnen unterhalten, später ihre Homosexualität entdecken, bemerken andere Erwachsene, die sich in ihrer Jugend für homosexuell hielten, daß sie heterosexuell sind.

Wenn wir das frühe Verhalten von Jungen mit ihrer sexuellen Orientierung als Erwachsene in Verbindung bringen, sind wir versucht, ein Ursache-Wirkung-Phänomen zu sehen, obwohl uns die Wissenschaft mitteilt, daß kein solches besteht. Jungen, die Sport lieben, Kampfspiele genießen und sich hart und unnahbar verhalten, können als Erwachsene ausschließlich und glücklich homosexuell sein. Jungen, die das nährende Reich ihrer Mütter bevorzugen, rauhe Spiele ablehnen und dieselben Aktivitäten schätzen wie die meisten Mädchen, können als Erwachsene ausschließlich und glücklich heterosexuell sein. Wenn wir unsere «verweiblichten» Söhne auffordern, sich abzuhärten und «männlicher zu handeln», werden wir die Wahrscheinlichkeit, daß ein Junge homosexuell wird, weder steigern noch senken. Damit unterstützen wir lediglich klassische geschlechtsspezifische Einschränkungen und bewirken, daß sich unsere Söhne wegen ihres Wesens und ihrer Vorlieben schämen.

Vor nahezu 12 Jahren bat mich die damals 35jährige Jackie Jefferson um Hilfe. Ihr 15jähriger Sohn Kenny wurde von seinen Altersgenossen wegen seiner Vorliebe für auffällige Seidenhemden ständig als «Tunte» und «Schwuler» verspottet. Jackie fragte mich, ob ich einem gemeinsamen Treffen mit Kenny zustimmen würde, um ihm bei seinen «Sexualitätsproblemen» zu helfen. In unseren ersten Sitzungen arbeiteten wir ausschließlich an der Frage, wie hart es für Kenny war, mit den Belästigungen in der Schule fertig zu werden, und wie schwierig für Jackie, zuzusehen, daß ihr Sohn auf diese Weise mißhandelt wurde. Kenny sprach davon, daß er dieser Beschimpfungen überdrüssig sei, während Jackie zum Ausdruck brachte, daß sie sich machtlos fühle und nicht wisse, wie sie ihrem Sohn helfen könne. Diese Gespräche schienen sowohl Mutter als auch Sohn zu helfen.

Nach mehreren Wochen, in denen Kenny und seine Mutter mir von ihren Problemen erzählten, erklärten beide übereinstimmend, daß die Dinge nun besser liefen und sie sich entschieden hätten, die Therapie zu beenden. Während all der Sitzungen hatten wir nicht ein einziges Mal über das Thema sexuelle Orientierung gesprochen, da sich der Umgang mit geschlechtsspezifischen Zwängen – dem männlichen Verhaltenskodex und der Scham, mit der ein Junge überhäuft wird, der sich ihm widersetzt – als das Kernproblem von Kenny und seiner Mutter herausgestellt hatte. In all unseren Gesprächen beschäftigte sich Kenny niemals mit dem Gedanken, andere Jungen zu lieben, und er erwähnte auch nicht, sich zu ihnen hingezogen zu fühlen. Er sprach ausschließlich darüber, daß er wegen persönlicher Eigenschaften und Interessen verspottet wurde.

Wie sich herausstellte, ist Kenny heterosexuell. Erst vor kurzem traf ich seine Mutter in einem Kaufhaus. Sie zeigte mir nicht nur Bilder eines glücklich wirkenden 27jährigen Mannes, sondern auch Fotos von seiner Frau Amy und ihrer neugeborenen Tochter Crystal.

Die Geschichte von Kenny zeigt, daß sich ein Junge, dessen Mutter fürchtete, er könne Probleme mit seiner sexuellen Orientierung haben, in Wirklichkeit gegen die gesellschaftlichen Vorstellungen in bezug auf die Geschlechter auflehnte. Natürlich gibt es auch den umgekehrten Fall. Da wir als Gesellschaft dazu neigen, ein «verweiblichtes» Verhalten mit «Homosexualität» gleichzusetzen, bemerken einige Eltern nicht, daß ihre klassisch «männlich» erscheinenden Söhne in Wahrheit mit ihrer sexuellen Identität kämpfen.

So ersuchten mich zum Beispiel vor kurzem Dennis und Sharon Cotton, eine Sitzung mit ihrem Sohn Owen zu vereinbaren, da er deprimiert zu sein schien, wie sie zugaben. Der 17jährige Owen sah ihrer Ansicht nach «etwas zu dünn» aus und verbrachte «jeden Tag zuviel Zeit grübelnd in seinem Zimmer». Als ich meine Sitzungen mit Owen begann, war mir die Quelle seiner Depressionen ein Rätsel. Er war ein hochgewachsener, gutentwickelter junger Mann, der eher einem College-Footballspieler ähnelte als dem abgezehrten Teenager, den ich nach Aussage seiner Eltern erwartet hatte.

«Deine Eltern schickten dich zu mir, weil sie sich sorgen, daß du Gewicht verlierst und es dir gefühlsmäßig womöglich nicht gutgeht.» – «Ja, ich habe mit dem Lacrossetraining aufgehört und bin einfach in letzter Zeit nicht besonders hungrig», begann Owen.

«Warum spielst du nicht mehr Lacrosse? Ist bei einem der Spiele etwas schiefgelaufen? Oder hast du Probleme mit dem Trainer oder einem deiner Teamkollegen?»

«Nein, nicht wirklich. Ich wurde sogar zwei Jahre hintereinander zum besten Spieler gewählt und komme mit allen gut aus. Ich habe einfach keine Lust mehr, dort hinzugehen.»

Wochen vergingen, bis sich Owen wohl genug fühlte, um sich zu öffnen. Dann erst stellte sich der Grund für seine Niedergeschlagenheit heraus. Owen litt an Depressionen – und Anorexie, wie ich bald feststellte –, weil er versuchte allein damit fertig zu werden, daß er sich nach einigen seiner Teamkollegen sehnte und daß sich diese Sehnsucht nicht nur auf Freundschaft, sondern auch auf etwas Intimes und Sexuelles bezog. Er fühlte es, wenn er mit den anderen Jungen im Umkleideraum war, wenn sich das Team nach einem gewonnenen Spiel umarmte oder wenn er mit seinen Mannschaftskollegen gemeinsam ausging und sich einige von ihnen «aufreizend» benahmen. Nach mehreren Therapiegesprächen mit mir erkannte Owen, daß er die Liebe und Zuneigung anderer junger Männer gewinnen mußte, um glücklich zu sein. Wie sich herausstellte, war Owen homosexuell.

Bisexualität, sexuelle Experimente und die Verwirrung von Jungen

Wenn sich ein Junge erstmals die Frage stellt, ob er homosexuell ist, fällt es ihm häufig nicht leicht, eine Antwort zu finden, und zwar nicht nur deshalb, weil ihn die Aussicht auf ein Leben als Homosexueller ängstigen könnte. Aus intellektueller Sicht mag es praktisch sein, anzunehmen, daß jedes menschliche Wesen entweder zu 100% homosexuell oder zu 100% heterosexuell ist und daß es lediglich darum geht, zu entscheiden, welcher Kategorie man angehört. Es gibt jedoch gute Gründe zu vermuten, daß Homosexualität und Heterosexualität nichts Absolutes sind, sondern daß beträchtliche Grauzonen existieren. Nicht jeder Mensch ist zu 100% homosexuell oder heterosexuell. Zusätzlich zu «bisexuellen» Personen, die sich von beiden Geschlechtern in erotischer Hinsicht stark angezogen fühlen, gibt es Homosexuelle mit mitunter heterosexuellen Gefühlen und Erfahrungen und viele Heterosexuelle mit mitunter homosexuellen Gefühlen und Erfahrungen.

Wenn wir erklärtermaßen davon ausgehen, daß sich Homosexuelle *vorwiegend* von Vertretern desselben Geschlechts angezogen fühlen, bedeutet dies, daß sich einige Homosexuelle – beziehungsweise ein kleiner Teil nahezu jedes Homosexuellen – bis zu einem gewissen Grad von Vertretern des anderen Geschlechts angezogen fühlen. Wenn wir schließlich unsere sexuelle Orientierung bestimmen, finden wir keine einfachen Schwarz-Weiß-Antworten. Unsere sexuelle Identität ist beinahe immer komplex, unklar und verwirrend. Und wenn es uns Erwachsenen schwerfällt, unsere eigene sexuelle Orientierung zu enthüllen, müssen unsere präpubertären oder pubertären Jugendlichen beträchtliche Ambivalenz und Unsicherheit erleben.

Ein Großteil der von vielen Menschen empfundenen Verwirrung geht auf die weitverbreitete Annahme zurück, daß sich die sexuelle Orientierung einer Person bestimmen läßt, indem man einfach die sexuellen Handlungen betrachtet, die diese Person vollzieht. Dies ist ein Irrtum, da sich Homosexualität und Heterosexualität vorwiegend auf das bezieht, was ein Mensch *fühlt*, und weniger auf das, was er oder sie zu einem bestimmten Zeitpunkt *tut*. Ein Heterosexueller ist nicht weniger heterosexuell, wenn er keine sexuelle Beziehung mit Vertretern des anderen Geschlechts unterhält, und ein Homosexueller ist nicht weniger homosexuell, auch wenn er oder sie tatsächlich noch keine sexuelle Erfahrung mit einem Vertreter desselben Geschlechts gemacht hat. Dies ist für einen Jungen (und oftmals seine Eltern) besonders verwirrend, da er in vielen Fällen eine Sache *tut*, aber etwas anderes *fühlt*. Wenn dies geschieht, zweifelt er zwangsläufig an seiner wahren sexuellen Orientierung.

Betrachten wir beispielsweise den 17jährigen Scott Schindler. Seine Mutter Arlene hatte entdeckt, daß er und Benson Hawthorne, ein Teenager, der nur wenige Häuserblocks von der Familie Schindler entfernt wohnte, den gesamten Nachmittag gemeinsam verbracht, Bier getrunken und anschließend gemeinsam masturbiert hatten. Daraufhin war Arlene ohne Scott zu einem Vorgespräch in meine

Praxis gekommen und hatte mich angefleht, «alles zu unternehmen, damit Scott dieses unschickliche Verhalten ablegt».

Ich erklärte Arlene, daß ich Scott gerne beistehen würde, seine Gefühle zu erforschen, betonte jedoch, daß ich keineswegs bereit wäre zu versuchen, Scott zu ändern, unabhängig davon, was sich als sein wahres Wesen herausstellen sollte. «Wenn Ihr Sohn homosexuell ist – was nicht eindeutig feststeht –, bin ich nicht bereit, den Versuch zu unternehmen, ihn heterosexuell zu machen.»

«Das ist in Ordnung», gab sie zurück. «Ich möchte lediglich, daß Scott sich durch diese Sache hindurcharbeitet, denn weder ich noch mein Mann David wissen, was wir damit anfangen sollen. David und ich wünschen uns bloß, daß Scott jemanden zum Reden bekommt, damit er herausfindet, was hier geschieht. Allerdings muß ich eingestehen, daß es mir nicht recht ist, wenn Scott diese Treffen mit Benson fortsetzt.»

«Wenn Scott ein Gespräch mit mir für gut hält, würde es mich freuen, mich mit ihm zu treffen», erwiderte ich.

Während der Sitzungen schien Scott anfangs nervös und zeigte kein besonderes Interesse, mit mir zu sprechen. Als wir nach und nach ein Vertrauensverhältnis zueinander aufbauten, begann er, sich zu öffnen, und teilte mir mit, worum es in seinem Leben ging. Er erzählte mir, was ihm an der Schule gefiel und mißfiel, von Mädchen, mit denen er versucht hatte, sich zu verabreden, und von seinen engsten Freunden. Bei unserem dritten Treffen begann Scott eine Diskussion über Benson: «Ich weiß, warum meine Mutter mich zu Ihnen schickte. Sie ertappte mich, als ich mit Benson Unsinn trieb, und ist deswegen jetzt völlig verstört.»

«Bist du selbst deshalb auch besorgt?» fragte ich.

«Nicht wirklich», erklärte Scott. «Ich meine, wir haben das nur einige Male getan, und es ist keine große Sache.»

«Das heißt, du fühlst dich wegen deiner Erfahrungen mit Benson wohl – warst deshalb überhaupt nicht niedergeschlagen?»

«Nun, als wir das erste Mal zusammenkamen und Unsinn machten, dachte ich, daß ich vielleicht homosexuell wäre», gestand Scott. «Ich fühlte mich deshalb sehr seltsam. In Wahrheit macht es einfach Spaß, wenn ich mit Benson zusammen bin und wir etwas gemeinsam tun, aber ich bin eindeutig auf Mädchen eingestellt. Ich meine, ich denke an Mädchen, wenn ich das mit ihm tue.»

Anfangs fragte ich mich, ob Scott nicht unbeabsichtigt die Wahrheit unterdrückte und vielleicht tatsächlich homosexuell war. Nach mehreren Wochen gemeinsamer Gespräche stellte sich jedoch heraus, daß Scott sich vorwiegend von Mädchen angezogen fühlte. Daß er Bensons Körper erforscht hatte und er Benson gestattet hatte, ihn zu berühren, hatte mehr mit Scotts allgemeiner Sehnsucht zu tun, seine «sexuelle Energie» freizusetzen, als mit einer tatsächlichen körperlichen Anziehung zu Benson. Scotts Phantasien drehten sich ausschließlich um Frauen. Als der Schulball nahte, entschloß sich Scott ohne Zögern, Sharon, eine Klassenkameradin, einzuladen, auf die er seit Monaten «ein Auge hatte». Scotts Treffen mit Benson hörten noch vor Ende des vorletzten Schuljahrs auf. Zuletzt hörte ich von Scott, daß er glücklich mit einer Frau zusammenlebt, mit der er sich seit Jahren getroffen hatte. Soweit ich es beurteilen kann, ist Scott heterosexuell.

Wenn ich an meine Arbeit mit Scott denke, ist es schwierig, mich nicht auch an Samson Kim zu erinnern, einen 32jährigen Patienten, der als Radiologe in einem Krankenhaus der Stadt arbeitete. Samson suchte mich auf, während er sich noch mit Susan traf, der Frau, mit der er seit 6 Jahren eine Beziehung hatte. Während seines gesamten Lebens hatte Samson ausschließlich zu Frauen sexuelle Beziehungen unterhalten. Er genoß es, mit Frauen zusammenzusein. «Aber ich fühlte mich niemals wirklich vollkommen – es war stets, als ob etwas fehlte», erklärte er.

Samson erinnerte sich, daß er sich als Teenager und junger Mann stark zu anderen Männern hingezogen gefühlt hatte. «Ich glaube, ich war bisher nicht bereit, mir dies einzugestehen, aber wenn ich zurückdenke – richtig verliebt habe ich mich ausschließlich in Männer. Ich habe viele Frauen geliebt, sie wirklich innig geliebt, aber ich habe mich niemals richtig in sie *verliebt* oder mich so nach ihnen gesehnt, wie ich es bei einigen meiner männlichen Freunde erlebte.»

«Haben Sie Ihre Gefühle jemals einem dieser Männer mitgeteilt?»

«Ich versuchte es, aber meine Angst war stets zu groß. Außerdem dachte ich, wenn mir Sex mit Frauen gefällt, bin ich vielleicht nicht homosexuell. Ich glaubte, ich hätte einfach ‹warme Empfindungen› für diese Männer, wäre aber grundsätzlich heterosexuell.»

Als Samson Jason kennenlernte, einen gutaussehenden talentierten Herzchirurgen, der am selben Krankenhaus arbeitete, fühlte er sich veranlaßt, mich wieder aufzusuchen. Samsons Gefühle für Jason waren so übermächtig, daß er sie nicht länger verbergen konnte. Aus unseren Sitzungen ergab sich, daß Samson tatsächlich homosexuell war. Da er ein aufrichtiger, liebevoller Mann war, der tief für die Frauen empfand, mit denen er sich traf, hatte er eine Reihe bedeutender sexueller Beziehungen zu diesen Frauen erlebt. Wenn er jedoch sein wahres Wesen und das betrachtete, was ihm die größte Freude und Befriedigung brachte, war es sein Verlangen nach Männern. Schließlich ging Samson eine ernste Beziehung zu Jason ein, während er zu seiner früheren Freundin eine enge Freundschaft weiterführte.

Scotts und Samsons persönliche Lebensgeschichten sind wichtige Beispiele dafür, daß es nichts Ungewöhnliches ist, sexuelle Beziehungen einzugehen, die nicht wirklich den ureigensten Sehnsüchten entsprechen. In einigen Fällen dauern diese Beziehungen ein Leben lang an. Bei manchen Menschen bewirkt dies nur ein schwaches Gefühl von Verlust; andere Menschen hingegen drängt es ständig, außerhalb ihres üblichen Umfeldes heimlich Beziehungen zu suchen. Sie werden von Angstzuständen und Depressionen geplagt oder leiden an akuten körperlichen und seelischen Problemen wie Migräne, Schlaflosigkeit, Eßstörungen und Medikamentenmißbrauch. Im allgemeinen ist es außerordentlich schmerzhaft und ungesund, wenn ein Mensch seine wahren Bedürfnisse verleugnet. So ist es zwar keineswegs ungewöhnlich, daß ein homosexueller Mann heiratet und ein Leben führt, in dem ihn die Außenwelt als heterosexuell betrachtet, es wäre jedoch sehr ungewöhnlich, wenn ihn dieses Leben vollständig glücklich machen und erfüllen würde. Ebenso ist nicht zu erwarten, daß ein heterosexueller Mann, der eine sexuelle Beziehung zu einem anderen Mann eingeht, obwohl seine grundlegenden Sehnsüchte auf Frauen ausgerichtet sind, mit dieser gleichgeschlechtlichen Beziehung gänzlich zufrieden ist.

Wenn mich Eltern fragen, wie sie mit der Verwirrung ihres Sohnes angesichts seiner sexuellen Orientierung umgehen sollen, ermutige ich sie, ihrem Jungen zu helfen, indem sie mit ihm nicht nur über die Personen sprechen, die er anziehend findet oder zu denen er eine sexuelle Beziehung unterhält, sondern auch über jene, die er mag – oder liebt. Unsere Jungen entdecken nur dann die Wahrheit über ihre sexuelle Orientierung, wenn sie erkennen, zu wem sie eine Liebesbeziehung eingehen wollen, anstatt lediglich zu beobachten, mit wem sie sich verabreden oder sexuelle Erfahrungen sammeln. Da sexuelle Orientierung mit dem gleichzusetzen ist, was wir *in unseren Herzen* empfinden, helfen wir unseren Jungen am besten, wenn wir sie ermutigen, uns und sich selbst gegenüber in bezug auf ihre wahre Leidenschaft, die Personen, die sie aufrichtig lieben, und ihre innersten Wünsche ehrlich zu sein.

Was soll ich sagen, wenn er mir erzählt, daß er homosexuell ist?

Wenn ein Teenager seine Homosexualität erkennt, ist es vermutlich einer der schwierigsten Schritte auf dem Weg zur Anerkennung seiner eigenen Sexualität, den Mut aufzubringen, sich seinen engsten Freunden und Familienmitgliedern mitzuteilen. Da die Gesellschaft Homosexualität nach wie vor nicht allgemein akzeptiert und der homosexuelle Teenager die haßerfüllten homophoben Botschaften in seiner Umgebung nicht ignorieren kann, leidet er zwangsläufig an einem geringen Selbstwertgefühl und fürchtet besonders die möglichen Antworten auf seine Enthüllung. Sobald er erstmals feststellt, daß er sich vorwiegend von anderen Männern angezogen fühlt, könnte er sich entschließen, seine Gefühle zu unterdrücken, in der Hoffnung, daß sie vorübergehen. Er könnte sich in sich zurückziehen und versuchen, jedes äußerliche Zeichen seiner Orientierung zu tarnen – das alles wäre selbstzerstörerisch. Vor allem die Angst, von den eigenen Eltern zurückgewiesen zu werden, ist oftmals übermächtig, da der Teenager nicht nur auf ihre Liebe und Anerkennung angewiesen ist, sondern sie ihm auch das Heim bieten, in das er jeden Tag zurückkehrt.

«Ich glaubte, sie würden mich verstoßen und mir mitteilen, daß ich von nun an nicht mehr zur Familie gehöre», erzählte der 14jährige Robert.

«Bevor ich es meinen Eltern sagte, fuhr ich mit dem Fahrrad zu der Brücke am Charles River. Ich stieg vom Rad und starrte auf den Fluß hinaus. Stunden schienen zu vergehen», erinnert sich Peter. «Ich glaubte wirklich, daß es besser wäre, alles dort zu beenden und einfach in den Fluß zu springen. Es schien einfacher, als es meinen Eltern sagen zu müssen.»

«Ich konnte mich nicht dazu aufraffen, es meinem Vater mitzuteilen», erklärte Jerome. «Doch als er an Krebs erkrankte und wir wußten, daß er sterben würde, wollte ich ihn wissen lassen, wer ich *wirklich* war. Ich war fast achtzehn Jahre alt, hatte mein Examen mit Auszeichnung bestanden und stand kurz davor, mit einem Stipendium in Bates zu studieren. Darüber hinaus war ich heftig in Skip Thompson verliebt, einen Jungen aus meiner High-School-Klasse. Mein Vater kannte Skip und mochte ihn sehr. Ich wollte nicht, daß mein Vater starb, ohne zu wissen, wie glücklich ich mich fühlte und wie nahe Skip und ich einander gekommen waren.»

Richard erinnert sich, wie schwer es ihm gefallen war, seiner Mutter zu erklären, daß er homosexuell war. «Als ich eines Tages weinend aus der Schule kam, fragte mich meine Mutter, was los wäre. Die Wahrheit lautete, daß ich es einfach nicht mehr ertragen konnte. Ich wußte, daß ich homosexuell war, und ich hatte es den beiden Menschen, die ich auf der gesamten weiten Welt am meisten liebte, noch nicht mitgeteilt. Meine Mutter ist eine wirklich phantastische Sozialarbeiterin und mein Vater ein Pfarrer, den alle lieben. Was die Frage Homosexualität betraf, waren sie immer cool, aber ich wußte, daß es sie enttäuschen würde, wenn *ich* homosexuell wäre. Sobald ich an diesem Nachmittag meine Mutter erblickte, konnte ich die Tränen nicht zurückhalten», fuhr Richard fort. «Als sie sah, wie heftig ich weinte, schien sie zu wissen, was zu tun war. Sie setzte sich zu mir in unser Wohnzimmer, legte ihren Arm um mich und erklärte mir, wie sehr sie mich liebte. Ich stieß die Worte ‹Mama, ich bin homosexuell› hervor und fing haltlos zu weinen an. Ich glaube, ich fürchtete, daß sie mich auffordern würde, das Haus zu verlassen oder Ähnliches. Statt dessen umarmte sie mich kräftig und sagte: ‹Wir lieben dich so sehr, Richard. Was auch kommen mag, wir werden dich lieben und wir sind sehr stolz auf dich.›»

Eine wirklich perfekte Art zu reagieren, wenn uns ein Teenager seine Homosexualität mitteilt, gibt es nicht. In dieser Situation ist es vielleicht das Wichtigste, den Jungen daran zu erinnern, daß wir ihn lieben und schätzen, so wie er ist, stolz auf ihn sind und sich nichts in unserer Beziehung zu ihm ändern wird – wie Richards Mutter es tat. In diesem Augenblick fürchtet ein Junge vor allem, daß wir ihn irgendwie in Verlegenheit bringen, strafen oder fortschicken. Meiner

Ansicht nach wäre eine derartige Reaktion ein entsetzlicher Fehler, der mit höchster Wahrscheinlichkeit bei dem Jungen ein Trauma auslösen und ihn auf eine Weise verletzen würde, die er niemals vergessen oder vergeben könnte.

«Ich habe seit zehn Jahren nicht mehr mit meinen Eltern gesprochen», erklärte Evan niedergeschlagen, «denn als ich ihnen sagte, daß ich homosexuell bin, warfen sie mich aus dem Haus. Ich war damals erst fünfzehn Jahre und wußte nicht wohin. Schließlich blieb ich bei Freunden, die verstanden, was ich durchmachte. Als ich einige Monate später nach Hause zurückkehren durfte, war es nicht mehr dasselbe. Mein Vater sprach nie wieder mit mir, und meine Mutter wiederholte ständig, daß ich in ihren Gedanken nur ein ‹Pensionsgast› wäre und nicht länger ihr Sohn. Ich habe das niemals überwunden und war jahrelang deprimiert. Meine Eltern nicht mehr zu sehen war die einzige Möglichkeit, mit ihnen fertig zu werden.

Heute sind meine Eltern alt und hinterlassen hin und wieder eine Nachricht auf meinem Anrufbeantworter», berichtete Evan weiter. «Sie bitten mich, nach Hause zu kommen und mich mit ihnen zu treffen. Doch sosehr ich sie auch sehen möchte, kann ich mich nicht aufraffen, es tatsächlich zu tun. Sobald sich die Ferien nähern, schmerzt es besonders.»

Es wäre einfach, Evans Eltern als gedankenlos und gleichgültig zu betrachten. In Wirklichkeit glaubten sie vermutlich, daß ihr Sohn sich irgendwie «entscheiden» würde, nicht mehr homosexuell zu sein, wenn sie ihm ihre Liebe und Zuneigung vorenthielten. Aber die sexuelle Orientierung ist konstitutionell festgelegt, sie ist ein wesentlicher Bestandteil der Persönlichkeit eines jeden Menschen und keine «Entscheidung», die wir bewußt kontrollieren oder auf Wunsch unserer Eltern revidieren könnten. Da sich ein Junge zu dem Zeitpunkt, zu dem er den Mut findet, über seine Sexualität zu sprechen, in einem extrem angespannten Gefühlszustand befindet, ist es von entscheidender Bedeutung, ihm, sobald er uns seine Empfindungen offenbart, zu vermitteln, daß er noch immer durch und durch geliebt wird und sich unsere Bewunderung und unser Respekt für ihn auf keine Weise verringert. Dies zu hören ist für den Jungen das Wichtigste.

Wenn wir diese Zusicherung unterlassen, riskieren wir, einen Jungen ernstlichen emotionalen und sogar physischen Gefahren auszusetzen und ihn auf die eine oder andere Weise zu verlieren. Erhält der Junge in diesem entscheidenden Augenblick die so dringend benötigte Liebe und Unterstützung und versichern wir ihm, daß seine sexuelle Orientierung niemals unsere Ansichten über ihn und unsere Zuneigung zu ihm ändern werden, tun wir das Beste, um sein Selbstwertgefühl wieder aufzurichten und seine Überzeugung zu festigen, daß er uns auch bei seinen schwierigsten Empfindungen und Kämpfen vertrauen kann. Damit tragen wir überdies dazu bei, daß seine Liebesbeziehungen als Erwachsener – unabhängig, ob homosexuell oder heterosexuell – so glücklich, gesund und befriedigend sind wie nur irgend möglich. Erst dann wird er begreifen, daß es – entgegen weitverbreiteter Mythen – keine Verbindung gibt zwischen Homosexualität oder Heterosexualität und der Fähigkeit, ein «richtiger Junge» oder ein «wahrer Mann» zu sein.

Einige Gedanken zu Jungen und Aids

Wenn wir mit unseren Söhnen die Themen Sexualität und Geschlechtsverkehr zur Sprache bringen, bereitet uns der Gedanke an Aids gewiß Sorgen.

So schwierig es für uns auch sein mag, den Tatsachen ins Auge zu sehen, Aids *(acquired immune deficiency syndrome* – erworbene Immunschwäche) ist eine extrem ernsthafte Gesundheitsstörung, die weltweit Millionen von jungen Menschen betrifft. Früher klärten einige Eltern und Schulen ihre Kinder nur widerwillig über Sexualität, Geschlechtsverkehr und insbesondere Homosexualität auf. Diese Haltung können wir uns angesichts von Aids, einem Leiden, das das menschliche Leben bedroht, nicht länger leisten. Wir haben die Verantwortung, unsere Kinder über diese Dinge in Kenntnis zu setzen, und wir müssen mit ihnen frei und offen über Aids sprechen.

Die weltweiten Auswirkungen von Aids sind verheerend: Schätzungen zufolge lebten im Dezember 1997 weltweit 30,6 Millionen Menschen mit dem HIV-Virus oder bereits ausgebrochenem Aids. Unter diesen befanden sich 29,5 Millionen Erwachsene und *1,1 Millionen Kinder unter 15 Jahren.* Im Verlauf des Jahres 1997 betrug die weltweite Anzahl von Todesfällen in Verbindung mit dem HIV-Virus und Aids etwa 11,7 Millionen, wovon 9 Millionen Erwachsene und

2,7 Millionen Kinder waren. Seit Ausbruch der HIV/Aids-Epidemie wurden weltweit annähernd 8,2 Millionen Kinder unter 15 Jahren durch den vorzeitigen Tod ihrer HIV-infizierten Eltern zu Waisen!

Die speziell auf die USA bezogenen Statistiken sind ebenfalls erschütternd. Bis Juni 1997 wurden bei den Gesundheitsämtern der USA 612.078 Fälle von voll ausgebrochenem Aids gemeldet. Von diesen entfielen 511.934 (84%) auf männliche Kranke über 13 Jahren, 92.242 (15%) auf weibliche Kranke über 13 Jahren und *7.902 (1%) auf Kinder unter 13 Jahren.*

Heute wissen wir, daß das HIV-Virus gegenüber der sexuellen Orientierung eines Menschen blind ist – es infiziert Homosexuelle und Heterosexuelle gleichermaßen. In den USA zog sich jedoch die überwiegende Zahl von Männern das Virus bei homosexuellem Geschlechtsverkehr zu. Einer 1996 in den USA durchgeführten Studie zufolge infizierte sich der Großteil (50%) der Personen, bei denen Aids diagnostiziert wurde, bei gleichgeschlechtlichem Sexualkontakt, gefolgt von Drogeneinnahme durch Injektion (23%).

Bevor wir daraus schließen, daß Aids in den USA vorwiegend eine «Homosexuellenkrankheit» ist, möchte ich betonen, daß die Verbreitung des HIV-Virus unter *Heterosexuellen* in den USA beständig steigt. Zwischen 1988 und 1995 wuchs der Anteil der Aids-Fälle in den USA, die heterosexuellem Sexualkontakt zugeschrieben werden, von 4,8% auf 17,7%. In der Altersgruppe zwischen 25 und 44 Jahren ist Aids in den USA die zweithäufigste Todesursache.

All diese Statistiken verweisen auf die unwiderlegbare Tatsache, daß wir tatsächlich um unsere Kinder besorgt sein und sie über Aids aufklären müssen. Angesichts der Tatsache, daß viele Erwachsene noch immer zögern, ihre Kinder über Sexualität und Aids zu unterrichten, schrieb die wissenschaftliche Leiterin des *Allgemeinen medizinischen Berichts über Aids und HIV für das Jahr 1993:* «Es ist zweifellos schmerzlich, über die Versuchungen und Gefahren nachzudenken, denen unsere Kinder täglich ausgesetzt sind. Aber Geschlechtsverkehr und Drogen sind Tatsachen des Lebens. Wir können sie ebensowenig ignorieren wie den Tod selbst. Deshalb müssen wir unsere Kinder vorbereiten, sich in ihrem Leben mit der Wirklichkeit von Aids auseinanderzusetzen.»

Da jeder fünfte der gemeldeten Aids-Fälle in der Altersgruppe zwischen 20 und 29 Jahren diagnostiziert wird und wir wissen, daß die gemittelte Inkubationszeit zwischen der HIV-Infektion und der Diagnose von Aids annähernd 10 Jahre beträgt, steht heute fest, *daß die meisten Menschen, bei denen in ihren 20ern Aids diagnostiziert wird, sich wahrscheinlich als Teenager mit der Krankheit infizierten.* Dies bedeutet schlicht und einfach, daß sich jährlich unzählige unserer Söhne und Töchter im Teenageralter mit dem HIV-Virus infizieren und viele von ihnen im Alter von über 20 Jahren die Symptome von Aids entwickeln.

Wie wir in diesem Kapitel erfuhren, hält Angst viele Jungen davor zurück, über ihre Sexualität zu sprechen. Wenn sie homosexuell sind, fürchten sie die Reaktionen ihrer Eltern, Freunde, Lehrer und anderer. Der Gedanke, zurückgewiesen oder gar verstoßen zu werden, hemmt sie. Sie verfallen in Schweigen. Es war eigentlich noch nie eine annehmbare Option, das Schweigen unserer Söhne hinzunehmen und sie mit ihren Angelegenheiten allein fertig werden zu lassen, aber in der jetzigen Situation ist dieses Verhalten fahrlässig. Wir schulden es unseren Söhnen und Töchtern nicht nur, offen mit ihnen über ihre Ängste und Sorgen in bezug auf ihre Sexualität und über die Frage ihrer sexuellen Orientierung zu sprechen, sondern wir sind auch verpflichtet, ihnen zu erklären, was Aids für Homosexuelle und Heterosexuelle bedeutet, wie es übertragen wird und welche Maßnahmen getroffen werden müssen, um die Ansteckungsgefahr auszuschließen. Die notwendigen Schutzmaßnahmen anzuwenden ist einfach, darüber zu sprechen könnte schwieriger sein. Aber ich glaube, daß wir unsere Bedenken einfach überwinden müssen.

Immerhin handelt es sich um nichts weniger als um eine Frage von Leben und Tod.

Kapitel 10

Im Dschungel der Schule: Selbstbehauptung im Klassenzimmer

«Mädchen fällt es leichter als Jungen, sich zu öffnen und zu kommunizieren. Viele Jungen fürchten sich, ihre Meinung zu sagen, da sie nicht albern erscheinen möchten.» (Kevin, 14 Jahre)

Schule: Eine völlig neue Welt

Für Alexander war es der erste Schultag in der dritten Klasse. Seine Mutter und seinen Vater hinter sich her ziehend, eilte er zehn Minuten zu früh zur Bushaltestelle. Er plauderte fröhlich mit den anderen wartenden Kindern und gab seinen Eltern nur einen flüchtigen Abschiedskuß auf die Wange, als der Bus kam. Ohne zu zögern, stieg er ein, spazierte durch den Mittelgang und ließ sich neben einem seinen Eltern unbekannten Kind in den Sitz fallen. Als der Bus anfuhr, winkten ihm seine Eltern nach, doch er war so in sein Gespräch mit dem unbekannten Sitznachbarn vertieft, daß er nicht zurückwinkte. «Welch ein Unterschied zu seinem ersten Tag im Kindergarten!» bemerkte seine Mutter dem Vater gegenüber, während sie dem Bus nachblickten. «Damals hatte ich das Gefühl, als würde ich ihn verlassen. Heute habe ich das Gefühl, er verläßt uns!» Am Nachmittag fragte die Mutter Alexander, wer das Kind neben ihm gewesen sei. «Ach, nur ein Junge, den ich aus dem letzten Jahr kenne», gab Alex zurück und stürmte zur Tür hinaus. «Wohin gehst du?» fragte seine Mutter. «Nirgendwohin, mache dir keine Sorgen», lautete seine Antwort.

Wie Eltern sehr rasch erfahren, ist Schule weit mehr als ein Haus, in dem man lesen, schreiben und rechnen lernt. Schule bedeutet eine völlig neue Welt, ein Ort, an dem unsere Söhne mit vielen der wichtigsten sozialen, emotionalen und psychologischen Problemen ihrer

Kindheit kämpfen werden. Dort wird ein Junge sein Wissen erweitern, Beziehungen aufbauen, seine Fähigkeiten und Grenzen erforschen und – wie wir inbrünstig hoffen – ein starkes Selbstwertgefühl entwickeln.

Für Eltern sind die Aussichten auf diese neue Welt der Schule aufregend, weil sie sich wünschen, daß ihre Kinder eine umfassende Förderung erhalten. Andererseits sind sie auch besorgt, weil sie von nun an die Aufgabe der Kindererziehung mit Fachleuten, wie Lehrern, Aufsichtspersonen, Schulberatern und anderen Mitgliedern des Lehrinstituts, teilen werden. Im Alter zwischen 6 und 18 Jahren werden unsere Jungen den Großteil ihrer wachen Stunden in der Schule verbringen. In jeder beliebigen Woche wird ein Junge seinen Mathematiklehrer häufiger sehen als seinen Vater oder seine Mutter. Er wird sich vermutlich länger auf dem Schulhof als im Wohnzimmer der Familie aufhalten. Die Schule ist der Ort, an dem der Junge mit vielen der Schwierigkeiten konfrontiert wird, die er im Verlauf seiner Entwicklung zum erwachsenen Mann meistern muß.

Aufgrund der bedeutenden Rolle, die die Schule im Leben eines Jungen spielt, sollten sich die Eltern die Fragen stellen: Herrscht in der Schule meines Sohnes genügend Verständnis für die emotionalen Probleme von Jungen auf ihrem Weg zu selbstbewußten, erfolgreichen Männern? Ist den Lehrern und Aufsichtspersonen dieser Schule der männliche Verhaltenskodex bekannt? Verstehen sie das Wesen der Maske? Besitzen sie ein ausreichend großes Einfühlungsvermögen für Jungen? Werden in dieser Schule Gegenstände gelehrt und Unterrichtsmittel verwendet, die meinen Jungen interessieren? Werden Lehrmethoden eingesetzt, die ihn stimulieren und in ihm den Wunsch zu lernen wecken? Ist diese Schule ein Ort, an dem sich mein Sohn sicher, glücklich und angemessen beschäftigt fühlt, ein Ort, an dem er sich gerne aufhält?

Ich fürchte, daß die Antwort auf diese Fragen allzu häufig *Nein* lautet. Im allgemeinen bilden unsere Schulen kein ausreichend freundliches Umfeld für unsere Jungen und tun nicht alles in ihrer Macht Stehende, um die einzigartigen sozialen, akademischen und emotionalen Bedürfnisse unserer Jungen zu befriedigen. Typische gemischte Schulen besitzen heute Lehrer und Aufsichtspersonen, die Jungen gegenüber oft nicht besonders einfühlsam sind, auch wenn dies nicht in ihrer Absicht liegt. Sie verwenden Lehrpläne, Unterrichtsmaterial und Lehrmethoden, die nicht dem Lernverhalten von Jungen entsprechen. Zusätzlich sind viele dieser Schulen kaum ein Ort, an dem unsere Jungen gerne ihre Zeit verbringen. Einfach ausgedrückt: Ich bin der Ansicht, daß unsere Schulen unseren Jungen nicht gerecht werden.

Sie scheitern in zumindest vier wichtigen Bereichen: Erstens erfüllen sie ihre Aufgabe offenbar nur schlecht, die Probleme vieler Jungen in bestimmten Unterrichtsfächern wie Lesen und Schreiben zu erkennen. In der Folge besitzen viele Jungen auf diesen Gebieten gegenüber Mädchen einen Rückstand, der ihr Selbstbewußtsein als Schüler untergräbt. Zweitens scheinen unsere Schulen und Lehrer in bezug auf die besonderen sozialen und emotionalen Bedürfnisse unserer Söhne ungenügend ausgebildet zu sein, weshalb sie mit den Jungen oftmals auf unangemessene und unzulängliche Weise umgehen. Viele Schulen bringen den besonderen Schwierigkeiten von Jungen, die wir in diesem Buch besprochen haben – wie dem starren männlichen Verhaltenskodex, der Maske und dem verhängnisvollen Kreislauf aus Scham und Abhärtung –, nur unzureichendes Verständnis entgegen oder ignorieren sie vollständig.

Drittens bietet eine bedeutende Anzahl unserer Schulen Jungen keineswegs ein warmes oder freundliches Umfeld. Speziell wenn Jungen sich schlecht benehmen, wird ihr Verhalten vorwiegend als disziplinäres Problem betrachtet, anstatt daß die wahren emotionalen Bedürfnisse erforscht würden, die sich hinter dem unkorrekten Benehmen verbergen. Da der Mythos, daß Jungen gefährlich sind, nach wie vor in vielen Schulen tief verwurzelt ist, nehmen Lehrer und Aufsichtspersonen Jungen gegenüber oft eine beinahe feindselige Haltung ein. Auf diese Weise untergraben sie das Selbstwertgefühl unserer Söhne und verursachen Leistungsverweigerung und andere Verhaltensstörungen.

Viertens verfügen unsere Schulen im allgemeinen nicht über Lehrpläne und Unterrichtsmethoden, die auf die besonderen Bedürfnisse und Interessen von Jungen eingehen. Bis zum heutigen Tag unternahmen gemischte Schulen wenig, um festzustellen, wie sie den Unterricht für Jungen stimulierend gestalten könnten. Sie entwickelten keine Lehrmaterialien, die Jungen gerecht werden, zeigten keine Kreativität, die bestehenden Unterrichtshilfen für Jungen interessant zu machen, und berücksichtigten den einzigartigen Lernstil von Jungen nicht in ihren Lehrmethoden. Zudem herrscht in den meisten Grund- und Mittelschulen ein Mangel an männlichen Lehrkräften. Dies vermittelt unseren Jungen frühzeitig den unzutreffenden Eindruck, daß Erziehung und Lernen in erster Linie etwas für Mädchen und Frauen ist.

Verständlicherweise setzen Eltern viel Vertrauen in Schulen und Lehrpersonal. Ob eine Schule unsere Jungen positiv formen und ihr Verhalten günstig beeinflussen kann, hängt davon ab, wie die Lehrpläne strukturiert sind, die Klasse geführt wird und welche Einstellung grundsätzlich gegenüber Jungen herrscht. Untersuchungen ergaben, daß Schulen, die das wahre Wesen von Jungen und ihre Bedürfnisse berücksichtigen, in hohem Maß dazu beitragen, daß ein Junge gute schulische Leistungen erbringt, sich sicher fühlt und eine starke und gesunde Männlichkeit entwickelt. So fördert eine positive Schulerfahrung das Selbstbewußtsein eines Jungen.

Im Gegensatz dazu kann eine Schule, die die besonderen Bedürfnisse von Jungen nicht berücksichtigt, unsere Söhne daran hindern, ihr akademisches Potential in vollem Umfang auszuschöpfen, in außerschulischen Aktivitäten wie Sport und Kunst erfolgreich zu sein und ein erfülltes Gemeinschaftsleben aufzubauen. Darüber hinaus könnte eine schwierige Schulerfahrung unsere Söhne zu einem schlechten Verhalten in der Klasse veranlassen, Depressionen verursachen, sie mit Drogen, Gewalt und Kriminalität in Kontakt bringen und sie zu unangemessenem oder ungeschütztem Geschlechtsverkehr verleiten. Die Qualität unserer Schulen ist für den akademischen und emotionalen Erfolg unserer Jungen entscheidend.

Viele der von mir besuchten Schulen unternehmen große Anstrengungen, und viele Lehrer und Aufsichtspersonen sind sehr um das Wohl der Jungen bemüht. Aufgrund mangelnder Mittel, unzureichender Aus- und Weiterbildung und fehlenden Bewußtseins sind jedoch unzählige Schulen nicht imstande, mit den besonderen Lehr- und Aufsichtsproblemen unserer Jungen gut umzugehen. Ihr Einsatz scheitert, weil sie nicht ausreichend über die Bedürfnisse von Jungen informiert sind und die Psychologie von Jungen mit der von Mädchen verwechseln. Dies ist das Thema des vorliegenden Kapitels. Während unsere Erwachsenengesellschaft in bezug auf Macht und Reichtum nach wie vor eine «Männerwelt» zu sein scheint, werden Jungen im allgemeinen in unseren Schulen vernachlässigt.

Jungen werden als Schüler vernachlässigt

In den letzten Jahren wurde viel über die relative Leistung von Jungen und Mädchen im Klassenzimmer diskutiert. Wir erfuhren, daß Mädchen oftmals benachteiligt wurden und daß die mangelnde Gleichberechtigung Frauen am intellektuellen Aufstieg in der Gesellschaft hindert. Diese Einwände sind größtenteils begründet. Im Zuge der hitzigen Debatte über Mädchen versäumten wir es jedoch, die leider geringen Leistungen unserer Jungen in öffentlichen gemischten Schulen zu analysieren.

Da insbesondere in den Bereichen Mathematik und Naturwissenschaften viele unserer brillantesten akademischen Stars Jungen sind, gehen wir von hohem schulischen Erfolg aus. Einer vielbeachteten Studie von Erziehungsforschern der University of Chicago zufolge finden sich unter den 10% besten Schülern auf den Gebieten Mathematik und Naturwissenschaften dreimal so viele Jungen wie Mädchen. Unter den 1% besten steigt das Verhältnis von Jungen zu Mädchen gar auf 7 zu 1. Bei einigen Naturwissenschafts- und Berufseignungstests erreichte keines der Mädchen auch nur die besten 3%. Diese wenigen Jungen betrachten wir als unsere akademischen Superstars. Indem wir uns auf sie konzentrierten, verzerrte sich unser Bild von der schulischen Leistung der Jungen im allgemeinen.

Dieselbe Studie kam zu der Erkenntnis, daß sich eine neue geschlechtsspezifische Kluft auftut und der Großteil der Jungen an das *Ende* des Leistungsspektrums zurückfiel. Die Untersuchung, die die Ergebnisse von sechs großen Studien mit einbezog und so ein Profil über die Leistungsfähigkeit von mehreren tausend Kindern über einen Zeitraum von 30 Jahren erstellen konnte, zeigte, daß Jungen in bezug auf die für das Funktionieren unserer Gesellschaft grundlegenden Fähigkeiten wie Lesen und Schreiben erheblich in Rückstand geraten sind. Im Leseverständnis, der Wahrnehmungsgeschwindigkeit und bei Wortassoziationen fanden sich doppelt so viele Jungen wie Mädchen am unteren Ende der Rangliste, und weit weniger Jungen als Mädchen erreichten ein Ergebnis in der Gruppe der besten 10%.

Der Jahresbericht des amerikanischen Erziehungsministeriums von 1997 über den Erziehungsstand in den USA bestätigt die Erkenntnisse der University of Chicago. Er erklärt, daß «weibliche Schüler auch weiterhin in allen Altersstufen männliche Schüler in ihrem Lesekönnen übertreffen». Dieser Mangel ist besonders besorgniserweckend, da der Bericht selbst betont, daß Lesen nicht nur für die schulische Leistung eines Jungen, sondern auch für seinen Erfolg im Leben eine absolut entscheidende Fähigkeit ist.

Zusätzlich zu diesem Leseproblem geraten Jungen durch ihre Schreibschwäche auch beim Lernen ins Hintertreffen. Die Studie der University of Chicago entdeckte derart große Unterschiede zwischen den Schreibfähigkeiten von Jungen und Mädchen, daß der Untersuchungsleiter Larry Hedges daraus schloß, daß «Jungen im Durchschnitt einen beträchtlichen Rückstand in dieser Basisfähigkeit aufweisen». Dies bekräftigt der Jahresbericht des Erziehungsministeriums. Ihm zufolge «übertrafen in den letzten 13 Jahren Frauen und Mädchen aller Altersstufen Jungen und Männer in der Fertigkeit des Schreibens». Der Bericht bezeichnet Schreiben als eine grundlegende Fähigkeit, die wir benötigen, um Informationen aufzunehmen und Gedanken zu verarbeiten. Er erklärt zudem, daß eine Schreibschwäche nicht nur den schulischen Erfolg einer Person beeinträchtigt, sondern auch seine Aussichten auf eine bedeutende Karriere.

Man könnte versucht sein, aus diesen Statistiken herauszulesen, daß Mädchen «von Natur aus» gut im Lesen und Schreiben sind und Jungen «von Natur aus» in Mathematik und Naturwissenschaften. Im Verlauf der Jahre haben Mädchen jedoch ihre Leistungen auf den Gebieten Mathematik und Naturwissenschaften gesteigert. Sie sind zwar an der Leistungsspitze unterrepräsentiert, machen aber beständige Fortschritte. Dasselbe läßt sich leider nicht über die Schreib- und Lesefertigkeit von Jungen sagen.

Der Rückstand der Jungen in diesen grundlegenden Fertigkeiten trägt zu einer Vielzahl schulischer Probleme bei. So ist die Wahrscheinlichkeit, daß männliche Schüler der achten Klasse ein Schuljahr wiederholen müssen, um 50% höher als die von weiblichen Schülern. In der High-School sind zwei Drittel aller Schüler in den Lernförderklassen Jungen. Statistiken enthüllen überdies, daß es Jungen im allgemeinen schwerer fällt, sich an den Schulalltag «anzupassen», und 71% aller Schulverweise auf sie entfallen.

Weiter sank der Prozentsatz von Jungen, die ein College besuchen, dramatisch. Vor 20 Jahren gingen mehr Jungen als Mädchen auf ein College. Heute setzen lediglich 58% der männlichen High-School-Absolventen im Vergleich zu 67% ihrer weiblichen Kollegen ihre

Ausbildung an einem College fort. Etwa 55% aller akademischen Diplome entfallen zur Zeit auf Frauen, und dieser Prozentsatz steigt weiter an.

Jüngste Untersuchungen zeigten den überwältigenden Trend, daß Mädchen nicht nur größeres Vertrauen in die eigene Leistungsfähigkeit haben, sondern auch zuversichtlicher die nächsten Schritte ihrer Karriere planen. Eine 1993 durchgeführte Studie des Erziehungsministeriums der USA wies nach, daß unter den Schülern der Abschlußklasse der High-School weniger Jungen als Mädchen daran denken, ihre Ausbildung an einer Universität weiterzuführen. 59% aller Universitätsabsolventen sind heute bereits Frauen, während der Anteil an Männern jährlich sinkt.

Diese Statistiken beweisen, daß sich *viel mehr Jungen auf der untersten akademischen Leistungsstufe befinden, als wir jemals annahmen beziehungsweise als man uns glauben machte.* Die Wirklichkeit sieht heute so aus, daß sich das Gros der Jungen, abgesehen von einer Handvoll herausragender Schüler, mit mäßigen Leistungen durchschlägt. Während eine Vielzahl von Anstrengungen unternommen wurde, um den Leistungsstandard der Mädchen in den naturwissenschaftlichen Fächern zu heben, wird die Lese- und Schreibschwäche von Jungen nur unzureichend zur Kenntnis genommen.

Schwache akademische Leistungen von Jungen sind ein globales Problem

Der offensichtliche Leistungsrückstand von Jungen ist nicht auf die USA beschränkt. Er existiert ebenso in Westeuropa und Australien. In England und Wales erzielen Mädchen bei standardisierten Tests im Alter von 5, 7, 9 und 11 Jahren wiederholt bessere Zensuren. Der standardisierte Leistungsmaßstab für 16jährige (GCSEs) zeigt auf, daß Jungen zwar im Teenageralter noch einen leichten Vorteil auf dem Gebiet der Mathematik aufweisen, aber 48% der Mädchen – gegenüber 39% der Jungen – in fünf oder mehr Fächern die besten Zensuren erhalten.

Wird zudem der Faktor Armut einbezogen, verdoppelt sich der Unterschied zwischen Jungen und Mädchen zugunsten der Mädchen. In der Europäischen Union schließen mehr Mädchen als Jungen eine höhere Schule ab, und in den meisten westeuropäischen

Ländern nehmen sie an allen Formen weiterführender Ausbildung länger teil. Im australischen New South Wales ergab eine Studie, daß Jungen bei Aufnahmeprüfungen für Hochschulen eine schlechtere Wertung erzielten und früher als Mädchen die Schule verließen.

Leistungsmangel führt zu einem verringerten Selbstvertrauen als Schüler

Hinter diesen beunruhigenden Statistiken verbirgt sich eine meiner Ansicht nach unwiderlegbare, aber kaum diskutierte Wahrheit: Jungen haben bedeutende Probleme mit ihrem Selbstvertrauen als Schüler.

Verschiedene weithin publizierte und großangelegte Untersuchungen wiesen nach, daß weibliche Teenager eine Selbstvertrauenskrise durchleben. Sie enthüllten, daß die Unzufriedenheit mit akademischen Leistungen bei Mädchen einen erheblichen Leidensdruck erzeugt. Sosehr ich es begrüße, daß diesen Studien in der Öffentlichkeit große Aufmerksamkeit zuteil wurde, so sehr bin ich jedoch besorgt darüber, daß die Erkenntnisse über die Schwierigkeiten der Mädchen viele zu der voreiligen Schlußfolgerung verleitet hat, daß es den Jungen gutgehen müsse, daß ihr Selbstvertrauen ungebrochen sei.

Eine andere Ursache, die uns den Blick darauf verstellte, daß auch Jungen von der Selbstvertrauenskrise betroffen sind, waren die verwendeten Untersuchungsmethoden. So wurden zum Beispiel sehr direkte Fragen gestellt, um das Selbstbewußtsein der befragten Schüler zu ermitteln, wie etwa: «Hast du das Gefühl, in Mathematik gut zu sein?» oder «Wie schätzt du deine Lesefähigkeiten ein?» Was bei diesem Vorgehen nicht berücksichtigt wurde, ist die Tatsache, daß Jungen im Vergleich zu Mädchen dazu neigen, derartige Fragen so zu beantworten, wie sie glauben, daß es von ihnen «erwartet» wird. Mit anderen Worten: Jungen kennen die Antworten, die den Eindruck erwecken, sie seien selbstbewußt – so wie es der männliche Verhaltenskodex vorschreibt –, und sie reagieren dementsprechend.

Im Zuge einer von Editha Notleman im Auftrag des Landesinstitutes für geistige Gesundheit durchgeführten Studie wurden Jungen und Mädchen aufgefordert, ihre akademischen Leistungen in Übergangsperioden ihrer Adoleszenz selbst einzuschätzen. Auch ihre Lehrer wurden gebeten, eine Wertung abzugeben. Zu den größten Unterschieden in der Einschätzung zwischen Schülern und Lehrern kam es stets bei Jungen. Vermutlich weil sie sich wegen ihrer Schwächen als Schüler schämten, neigten sie dazu, ihre Zensuren in die Höhe zu treiben und ihre Leistungen durch Prahlen «aufzublasen». Die Selbsteinschätzung der Mädchen überschnitt sich eher mit der Beurteilung ihrer Lehrer. Unter den zahlreichen Methoden, das Selbstvertrauen zu messen, gibt es einige, mit denen man die Neigung von Jungen zur Übertreibung unterlaufen kann. Der von William Purkey an der University of North Carolina entwickelte Test *Selbsteinschätzung als Schüler* verwendet indirekte Methoden, um das Selbstbild eines Schülers zu erkunden, indem er danach fragt, wie gut sie ihren Beitrag innerhalb des schulischen Umfelds bewerteten.

Als Purkey diesen Test einer Vielzahl durchschnittlich begabter städtischer und ländlicher Schüler der sechsten, siebenten und achten Klasse vorlegte, stieß er auf zwei wichtige Tatsachen. Zum einen erkannte er, daß bei allen Schülern – Jungen ebenso wie Mädchen – das Selbstvertrauen sank, je älter die Kinder waren, das heißt, je tiefer sie in der Pubertät steckten. Er berichtete aber auch, daß sich «zwischen männlichen und weiblichen Schülern bedeutende Unterschiede» ergeben hätten. In allen Schulstufen und Kategorien schnitten Mädchen besser ab als Jungen. Damit zeigte Purkey auf, daß das *Selbstvertrauen von Jungen stärker gefährdet* ist als das von Mädchen.

Joan Finger, eine von Purkeys Absolventinnen, entwickelte einen ähnlichen Test für afroamerikanische Mittelschüler. Sie entdeckte keine großen Unterschiede im Selbstbewußtsein von afroamerikanischen und kaukasischen Jungen. Allerdings stellte sie fest, daß afroamerikanische Jungen «generell» ein niedrigeres Selbstvertrauen aufwiesen als afroamerikanische Mädchen. Dies legt den Schluß nahe, daß Selbstvertrauen eher eine Frage des Geschlechts als der Rasse ist.

Purkeys Ergebnisse stimmen mit meiner eigenen Arbeit überein. Ich prüfte das Verhalten einer Gruppe von Jungen anhand des Coopersmith-Tests, einer für die Messung des Selbstbewußtseins von Kindern entwickelten Fragenreihe, und entdeckte, daß meine Gruppe von Jungen nach außen hin gut funktionierte und im allgemeinen eine durchschnittliche Bewertung ihres Selbstvertrauens erhielt. Allerdings hatten viele der Jungen sogenannte «falsche positive» Antworten gegeben. Bei einer «falschen positiven» Antwort reagiert ein Kind auf eine Frage in der Weise, die seiner Ansicht nach ein hohes Selbstbewußtsein widerspiegelt, zeigt aber, daß sich seine wahren Gefühle von dieser Antwort unterscheiden. Gibt ein Kind bei diesem Selbstbewußtseinstest mehrmals «falsche positive» Antworten, erkennt der Forscher, daß das Kind aus irgendeinem Grund nicht imstande ist, aufrichtig zu antworten. Die Skala der «falschen positiven» Antworten wird auch als «Lügenmaßstab» bezeichnet.

Die Jungen meiner Studie wiesen ein durchschnittliches, das heißt ein weder extrem hohes noch extrem niedriges Selbstvertrauen auf, wobei viele von ihnen «falsche positive» Antworten gaben. Das Ausmaß, in dem sie derartige falsche positive oder verteidigende Antworten gaben, stieg jedoch mit zunehmendem Alter bedeutend an. Auf einer Skala von 1 bis 8, auf der 1 für *wahre Antworten* und 8 für *falsche positive Antworten* steht, kletterten die Jungen im Verlauf der Zeit stets höher. Im einzelnen lagen Jungen von der siebten bis zur neunten Klasse zwischen 1,53 und 1,95; Jungen der zehnten Klasse bei 2,45; die der elften Klasse erreichten 3,0 und die der zwölften Klasse gar 5,0.

Diese Ergebnisse lassen den Schluß zu, daß Jungen im Verlauf ihrer Adoleszenz zunehmend unsicher werden, was das Vertrauen in die eigene Persönlichkeit angeht. Anders ausgedrückt: Mit fortschreitender Adoleszenz lastet ein stärkerer Druck auf ihnen, entsprechend der gesellschaftlichen Erwartung, ein «männliches Selbstbewußtsein» an den Tag zu legen, auch wenn sie sich in ihrem Inneren keineswegs so fühlen.

Die Tatsache, daß sich männliche Jugendliche genötigt fühlen, ihre Selbstvertrauenskrise zu tarnen, bedeutet jedoch nicht, daß sie keine durchleben. Im Gegenteil, sie wirkt sich bei ihnen – nicht anders als bei Mädchen auch – negativ auf ihre Lernfähigkeit und ihre schulische Leistung aus.

Das Schulsystem ist für unsere Jungen nicht immer geeignet

Die Lösung dieses Problems besteht selbstverständlich nicht darin, den Mädchen von nun an die Aufmerksamkeit zu entziehen, als vielmehr darin, sich verstärkt auch auf Jungen zu konzentrieren. Aufgrund gesellschaftlicher, kultureller und historischer Faktoren haben sich inzwischen jedoch vielfach Strukturen herausgebildet, die dazu führen, daß die Bedürfnisse der Mädchen an koedukativen Schulen eher erfüllt werden als die von Jungen. Die meisten Schulen werden den spezifischen sozialen und emotionalen Anforderungen von Jungen nicht gerecht und setzen sich nicht für Klassenaktivitäten und Lehrmethoden ein, die unseren Söhnen helfen würden, sich zu entfalten.

In einer kürzlich durchgeführten Studie untersuchten Valerie Lee und ihre Kollegen der University of Michigan den Einfluß des Schulklimas auf die Lernfähigkeit und -bereitschaft von Jungen und Mädchen, indem sie die Daten über den akademischen Fortschritt von mehr als neuntausend Schülern der achten Klasse analysierten. Sie erkannten, daß es zwischen der Geschlechtszugehörigkeit und der Leistungsfähigkeit eines Schülers oder einer Schülerin keine eindeutige Korrelation gibt – Jungen waren auf dem einen Gebiet besser, Mädchen auf einem anderen. Die überraschende Entdeckung war jedoch, daß sich Mädchen der achten Klasse im Unterricht stärker engagierten als Jungen, ein besseres Lernverhalten und eine höhere Aufmerksamkeit zeigten, ihre Hausaufgaben besser bewältigten und im allgemeinen ein positiveres auf den Unterricht orientiertes Benehmen aufwiesen. Die Leistung von Mädchen mag zwar in einigen Unterrichtsfächern (üblicherweise Mathematik und Naturwissenschaften) unter der der Jungen liegen, dennoch scheinen sie im Vergleich zu ihren männlichen Altersgenossen besser an die Schulen angepaßt zu sein.

Ist es tatsächlich wahr, daß Mädchen besser an die Schulen angepaßt sind, oder sind die Schulen besser an Mädchen angepaßt? Betrachten wir das folgende Beispiel:

Vor kurzem erhielt ich den Auftrag, eine in einem Vorort gelegene, angesehene öffentliche Grundschule zu beraten, deren Lehrkräfte eine Weiterbildung zum Thema «Gleichstellung der Geschlechter» absolviert hatten. Sie hatten eine nahezu besessene Wachsamkeit entwickelt, um sicherzustellen, daß in ihren Klassen die Belange der Mädchen nicht zu kurz kamen. Ich beobachtete mehrmals die vierte Klasse von Mrs. Callahan, einer besonders talentierten, aufgeschlossenen und liebenswerten Lehrerin, die bei ihren Schülern allgemein beliebt war. Mrs. Callahan hatte den Wunsch, daß sowohl Mädchen als auch Jungen von ihren Erfahrungen im Klassenzimmer profitieren können.

Als ich im Unterricht zugegen war, arbeiteten mehrere «Teams» aus Jungen und Mädchen gemeinsam an einem Schreibprojekt über Freundschaft. Erwachsene Freiwillige waren diesen Teams als Berater beigestellt und halfen mit ihren Computerfähigkeiten. Ich war überrascht zu sehen, daß Mrs. Callahans Aufmerksamkeit nicht dem Schreibprojekt galt, sondern nahezu ausschließlich der Disziplinierung der Jungen. Einige lebhafte Jungen verursachten in einer Ecke in der Nähe des Computers einen Tumult. Mrs. Callahan wies sie darauf hin, daß sie zuviel Lärm machten, und forderte sie auf, zu ihren Tischen zurückzukehren und dort zu warten, bis sie an die Reihe kämen.

Mit langen Gesichtern schlängelten sich die Jungen durch den Raum und ließen sich in ihre Stühle fallen. Einen Augenblick später konnte sich einer der Jungen nicht zurückhalten, laut etwas zu rufen. Mrs. Callahan ermahnte ihn ein zweites Mal streng. «Ich möchte euch nicht noch einmal verwarnen», erklärte sie. «Beim nächsten Mal geht es in das Büro des Direktors.»

Ich hatte diese Klasse bereits zuvor beobachtet und bemerkte nun, daß Robert und Shawn, zwei der kreativeren Schüler, fehlten. Daraufhin fragte ich Mrs. Callahan, ob sie krank wären.

«Nein. Robert ist für Gruppenarbeit zu unruhig. Er arbeitet an einem anderen Projekt.» Sie deutete auf ihn. Der Junge saß allein auf dem Boden, dem Blick der anderen entzogen und ausgeschlossen aus dem Teamgeschehen.

«Und wo ist Shawn?» fragte ich weiter.

«Er erzählte vorhin unangemessene Scherze über Albert Einstein und lenkte damit die gesamte Klasse ab. Daher übt er im Nebenraum Buchstabieren.» Mrs. Callahan seufzte. «Einige Kinder scheinen ungeeignet für diese teamorientierte Lehrmethode.»

Ich wünschte, ich hätte sie nach den Scherzen über Albert Einstein gefragt, aber ich war zu besorgt über ihre Einstellung zu diesen beiden Jungen. Sie war eindeutig der Ansicht, daß sie nicht «hinzupaßten» und «unfähig» seien, an dieser Arbeit in geeigneter Weise teilzunehmen, obwohl ich (und auch sie) wußte, daß es sich um intelligente Jungen handelte, die einiges zu bieten hatten. Mrs. Callahan hätte mir vermutlich nicht zugestimmt, doch dieser Tag war in bezug auf seine Lehrmethode völlig auf den von Mädchen bevorzugten Arbeitsstil abgestimmt, bei dem Jungen schnell ins Hintertreffen geraten.

Aufgrund ihrer eigenen Einschätzung, deren Fragwürdigkeit ihr selbst nicht bewußt war, hatte Mrs. Callahan an diesem Tag den Kontakt zu den Jungen abgebrochen. Die Schwierigkeiten der Lehrer, die Beziehung zu Jungen aufrechtzuerhalten, nehmen in der Regel zu, wenn diese in die Pubertät kommen. In der Grundschule fällt es den meisten Lehrern relativ einfach, ihre männlichen Schüler als das zu sehen, was sie sind – kleine Jungen mit Schwächen und verletzlichen Gefühlen. Sobald ein Junge jedoch physisch die Merkmale eines Mannes annimmt, wenn auf der Oberlippe Bartstoppeln auftauchen und er den Lehrer überragt, wird es für alle Pädagogen schwieriger, sich daran zu erinnern, daß in diesem reifen männlichen Körper noch immer ein kleiner Junge steckt. Ab diesem Zeitpunkt werden männliche und weibliche Lehrkräfte im Umgang mit Jungen stark durch die eigene ambivalente Haltung gegenüber Männern und Männlichkeit beeinflußt. Häufig fehlt ihnen der Abstand, um zu erkennen, daß sowohl ihr Verhalten als auch das der Jungen durch den männlichen Verhaltenskodex gesteuert wird, der den Aktionsradius beider Seiten beschränkt und einer offenen Beziehung im Wege steht.

Jungen müssen jedoch nicht nur von seiten der Lehrer mit unbedachten Reaktionen rechnen, sondern sie bekommen auch von ihren Klassenkameradinnen häufig ähnliche pauschale Vorhaltungen zu hören. «Jungen bringen alles durcheinander. Weil sie sich albern benehmen, wollen wir sie nicht in unseren Gruppen», erklärte ein 11jähriges Mädchen kürzlich.

Jungen leiden unter diesen vielfältigen Zurückweisungen. Der 14jährige Kevin erzählte mir, daß sich viele Jungen in der Schule fürchten, in irgend etwas verwickelt zu werden. «Ich weiß, daß viele meiner Klassenkameradinnen angeblich von Jungen eingeschüchtert werden. Aber ich glaube, *das Gegenteil* ist wahr. Mädchen fällt es leichter als Jungen, sich zu öffnen und zu kommunizieren. [...] Viele Jungen fürchten sich, ihre Meinung zu sagen, da sie nicht albern erscheinen möchten.»

Jacob, ein Schüler der achten Klasse, der nun eine reine Jungenschule besucht, spricht über den Einfluß von Mädchen auf seine Klasse: «Wenn Mädchen in der Nähe sind, verhältst du dich zwangsläufig anders. *Das Gute hier ist, daß du im Unterricht sagen kannst, was du willst, ohne dich albern zu fühlen.* Wir erzählen einander auch immer ehrlich unsere Meinung. Das ist wirklich wichtig. Es ist auch angenehm, nicht darauf achten zu müssen, wie du in der Schule aussiehst. Mädchen außerhalb der Schule oder am Wochenende zu sehen macht Spaß, aber ich glaube nicht, daß ich ganz ich selbst bleiben könnte, wenn es in dieser Schule Mädchen gäbe.»

Kleinere Jungen sind möglicherweise nicht imstande, die Wirkung des Verhaltens von Mädchen auf sie zu beschreiben, reagieren jedoch ebenfalls auf sie. Als zum Beispiel Randy in die zweite Klasse kam, konnte er bereits ausgezeichnet lesen. Bei der Einteilung der Klasse in sechs Lesegruppen war Mrs. Cohen jedoch der Ansicht, daß Randy nicht gut genug war für die aus drei Mädchen bestehende Spitzengruppe. Nach etwa 6 Wochen hatte Randy sein Können so verbessert, daß die Lehrerin nun meinte, daß er aufsteigen könne. Randy war begeistert, die Mädchen nicht. Ihnen war Randy nicht willkommen. Laura, das von allen als beste Leserin der Klasse und Leiterin der Spitzengruppe anerkannte Mädchen, zeigte ihm gegenüber offene Feindseligkeit. Wenn er beim Vorlesen einen Fehler machte, hielt sie den Atem an, kicherte oder rollte mit den Augen. Bei der Wahl eines Buches für die Gruppe setzte sich Laura stets durch. Sie lehnte Randys Vorschlag ab und gewann die Unterstützung der anderen Mädchen für ihr Buch.

Für Randy war es bereits anstrengend, mit dem gesteigerten Schwierigkeitsgrad im Lesen fertig zu werden, noch belastender war es, der einzige Junge in einer Gruppe von drei Mädchen zu sein, aber Lauras Spott und Ablehnung zu erdulden war zweifellos die härteste Aufgabe. Ein Großteil des auf ihm lastenden Drucks hätte vermieden werden können, hätte seine Lehrerin Mrs. Cohen eingegriffen. Aber auch sie betrachtete Randys Aufstieg in die Spitzengruppe im Lesen als Privileg. Hiermit nahm er eine Position ein, die ihrer unreflektierten Überzeugung nach «von Natur aus» Mädchen zukam. Die Statistiken über die Leistungen im Lesen und Schreiben unterstützen ihre Ansicht. Im Grunde entsprach die Behandlung, die Randy erfuhr, derjenigen, die ein Mädchen erhalten könnte, das einem ausschließlich aus Jungen bestehenden Sportteam beitritt. Er fühlte die Ablehnung und wußte, daß er nicht willkommen war. Ich bin der Überzeugung, daß eine derartige geschlechtsspezifische Feindseligkeit niemals toleriert werden sollte.

Geschlechtsspezifische Klischees im Klassenzimmer

Die geschlechtsspezifischen Klischees, die dazu führten, daß Randy schlecht behandelt wurde, entfalten ihre Wirksamkeit bereits im Kindergarten und bestimmen in der Schule die alltägliche Praxis. Ausgehend von vielen der besprochenen Mythen über Jungen, und hierbei insbesondere der Mythen, daß Jungen nur ein Verhalten kennen («Jungen sind nun einmal Jungen») und von Natur aus unbändige, sozial unreife Missetäter sind («Jungen sind gefährlich»), entwickeln viele Lehrkräfte starre oder irrige Ansichten, wie sie im Klassenzimmer mit Jungen umgehen sollen.

Wie jedes andere Mitglied der Gesellschaft neigen auch Lehrer dazu, Jungen geschlechtsspezifische Zwangsjacken anzulegen und jeden ihrer Ausbruchsversuche zu vereiteln. Betrachten wir beispielsweise, was die Erziehungspsychologin Linda Bakken von der Wichita State University vor kurzem in einem Kindergarten beobachtete. Als ein kleiner Junge vollständig ausgerüstet mit Halskette und Handtasche als Frau verkleidet erschien, schalt ihn seine Lehrerin wütend aus. «Kleine Jungen sollten nicht mit Halsketten spielen», erklärte sie und zog ihn aus dem Bereich der Mädchen.

Einer meiner Kollegen erzählte mir jüngst, daß die zwischen seiner Tochter und dem Sohn eines gemeinsamen Freundes aufkeimende Freundschaft beinahe durch die sarkastische Bemerkung ihrer Lehrerin erstickt wurde, die vor der ganzen Klasse sagte: «Adam, ich glaube, deine *Freundin* Sarah möchte neben dir sitzen.»

Lehrer, die sich über ihren begrenzten Blickwinkel keine Rechenschaft ablegen und die freundlichen, kreativen und empathischen Seiten vieler Jungen mißdeuten, behindern die emotionale und schulische Entwicklung jener Jungen, die im Hinblick auf ihr Benehmen, ihren Lernstil und ihre Entwicklung nicht den eingefahrenen Rollenklischees entsprechen.

Pädagogen, die unsere Söhne für die schwerwiegenden Probleme verantwortlich machen, mit denen Mädchen in letzter Zeit im schulischen Bereich kämpfen mußten, machen es sich zu einfach. Anstatt alles Nötige zu unternehmen, um den einzigartigen Verhaltensweisen, Sorgen und Träumen von Jungen Rechnung zu tragen, herrscht in Erziehungsinstituten die Tendenz, diese Bedürfnisse zu ignorieren. Jungen bleibt es überlassen, «zu schwimmen oder unterzugehen». Wenn sie mit Lehrern, Aufsichtspersonen oder anderen Schülern aneinandergeraten, werden sie häufig als Unruhestifter oder Problemfälle betrachtet. Sie gelten als «kleine (testosterongesteuerte) Ungeheuer», deren «Aggression» unter Kontrolle gehalten und gezügelt werden muß, anstatt als verletzbare kleine Jungen, die gefördert und ermutigt werden sollten. Dies erschwert es uns, neue, hilfreiche und kreative Lösungen für ihren Schulalltag zu finden.

Einige Jungen verursachen tatsächlich schwerwiegende Sicherheits- und Disziplinprobleme, aber der Großteil erhält meiner Überzeugung nach nicht die richtige Art (oder Menge) von Aufmerksamkeit oder Anleitung. Betrachten wir zum Beispiel Julia Winslow, eine Lehrerin, die seit 8 Jahren an der Mittelschule ihrer Heimatstadt Sozialkunde unterrichtet. «Als ich zu unterrichten begann, war ich entschlossen, einen anderen Weg zu wählen als die Lehrer meiner Jugend. Ich wollte Kindern wirklich zuhören, sie respektieren und niemals von oben herab oder schroff zu ihnen sprechen.»

Es sei ihr nur in einem begrenzten Maß gelungen, ihre Vorsätze zu verwirklichen, klagte Julia. «An manchen Tagen bin ich sehr zufrieden mit dem, was im Klassenzimmer geschieht. Die Kinder bauten eine Burg, um etwas über das Mittelalter zu lernen, oder wir führten eine gute Diskussion über ein aktuelles Thema. An anderen Tagen bin ich lediglich ein Schiedsrichter oder Zirkusdompteur mit achtundzwanzig Robben. Ich rufe Befehle, werfe einen Fisch und erteile Verweise. Niemand erhält, was er wirklich benötigt.»

Julia ist der Ansicht, daß die Jungen in ihrer Klasse häufig den höchsten Preis bezahlen. «Ich brülle die Jungen ständig an. Sosehr sie auch toben, weiß ich, daß es schmerzt, wenn ich sie zurechtweise. Mitunter vermute ich, daß ihr schlechtes Benehmen nicht unbegründet ist, aber ich habe weder die Zeit noch die Energie, mich damit auseinanderzusetzen.»

«Wie steht es mit den Mädchen?» fragte ich.

«Die Mädchen neigen dazu, auf sich selbst aufzupassen. Üblicherweise benötigen die Jungen mehr Hilfe bei der Arbeit, aber ich kann nicht an zehn Orten zugleich sein. So versuche ich einfach, den Tag zu überstehen, indem ich dem einen sage, daß er warten soll, dem anderen, daß er ruhig sein soll, und dem dritten, daß er mit diesem oder jenem aufhören soll.»

«Das klingt ziemlich schwierig für Sie», meinte ich.

«Nun, letztes Jahr hatte ich einen Jungen, mit dem ich nicht fertig wurde. Er blieb stets hinter dem Rest der Klasse zurück. Sobald ich aufblickte, sah ich, wie er ein Mädchen am Haar zog oder ein anderes Kind schlug. Ich riet, ihn in eine Klasse mit besonderer Lernförderung zu überweisen. Nachdem er die Klasse verlassen hatte, fühlte ich mich schrecklich. Er war keines der intelligentesten Kinder, aber mit mehr Hilfe und Geduld hätte er es vermutlich auf dem normalen Weg geschafft. Meine Entscheidung, ihn zur speziellen Lernförderung zu schicken, könnte ihm für alle Zeiten schaden. Das belastet mich.»

Während Julia über die Schwierigkeiten im Umgang mit den Bedürfnissen einiger Jungen klagt, geben andere Pädagogen Jungen als Quelle all unserer Probleme an und machen sie für die Komplikationen verantwortlich, die es zur Zeit mit Mädchen gibt. Vor kurzem erhielt ich ein Elternrundschreiben einer modernen gemischten Mittelschule mit der Titelzeile *Mädchen sagen ihre Meinung / Jungen und der Krieg der Sterne.* Einleitend war zu lesen, daß sich die Artikel dieses Rundschreibens mit zwei Themen befassen würden, da sich die Mädchen und Jungen nicht auf eines hätten einigen können. Die Jungen wollten sich auf den *Krieg der Sterne* konzentrieren, während die Mädchen über Frauenrechte schreiben wollten. Dementsprechend würde sich die Hälfte des Rundschreibens mit dem *Krieg der Sterne* und die andere mit dem auseinandersetzen, was es bedeutet, heute eine junge Frau zu sein.

«Mädchen bilden in dieser Schule den *guten Teil* der Zukunft», hieß es weiter in dem Rundschreiben. Die unausweichliche Schlußfolgerung ist natürlich, daß Jungen den *schlechten Teil* der Zukunft darstellen, wie sich schon anhand ihrer Begeisterung für alberne Filme wie *Krieg der Sterne* zeigt. Einer der Artikel, der von einem Mädchen verfaßt worden war, trug die Überschrift *Warum es so großartig ist, ein weibliches Wesen zu sein.* Daran wäre nichts auszusetzen gewesen, hätte dieser Artikel einfach die positiven Eigenschaften von Mädchen aufgelistet, anstatt sie im Gegensatz zu denen der Jungen anzuführen. Hier ein Auszug:

- *Mädchen sind überlegen in der nonverbalen Kommunikation*
- *Jungen sind scheinbar aktiver und athletischer [...] aber tatsächlich sind Mädchen die aktiveren Athleten*
- *Abgesehen von Muskeln und dem Skelett ist der weibliche Körper in jeder Hinsicht stärker als der männliche*

In dieser Tonart ging es weiter. Ein harmloser Spaß, könnten Sie meinen – aber würden wir lachen, wenn Mädchen auf diese Weise von Jungen herabgesetzt würden? Würden wir jemals ein Elternrundschreiben tolerieren, in dem zu lesen steht, daß Jungen den guten Teil unserer schulischen Zukunft darstellen?

Indem wir uns mit besten Absichten bemühten, Mädchen zu helfen, im Klassenzimmer ihre Meinung frei zu äußern, ist an unseren Schulen ein Klima entstanden, das sich unmittelbar gegen Jungen richtet. Das Ergebnis sind Erziehungsinstitute, die nicht auf die emotionalen und akademischen Bedürfnisse unserer Söhne eingehen und auch nur mit erschreckender Langsamkeit die Bereitschaft zum Wandel signalisieren.

Ein anderes Thema: Die charakteristischen Lernstile von Jungen

Bei vielen Verantwortlichen hat sich noch immer nicht die Erkenntnis durchgesetzt, daß viele Jungen tatsächlich anders lernen als Mädchen und daher auch auf eine andere Weise unterrichtet werden müssen. Forschungen bestätigen heute diese Unterschiede.

Richard Hawley von der University School in Cleveland und ehemaliger Vorsitzender der Internationalen Gemeinschaft von Jungenschulen erklärte seinen Pädagogenkollegen immer wieder, daß Jungen und Mädchen beim Lernen ein unterschiedliches Tempo und unterschiedliche Stile haben: «Geschlechtsspezifische Abweichungen im Lerntempo und im Lernverhalten lassen sich vom Kindergarten bis in die High-School-Jahre beobachten. Schülerinnen der Grundschule entwickeln früher die Fähigkeit, zu lesen und zu schreiben, als Jungen. [...] Sie erreichen den Gipfel ihrer pubertären Entwicklung ein bis zwei Jahre vor Jungen. Jeder dieser geschlechtsspezifischen physiologischen Unterschiede wird von bestimmten psychologischen und sozialen Anpassungsprozessen begleitet. Jungen entfalten ihre Sprachfähigkeiten [...] und ihre körperlichen Fähigkeiten in einem anderen Tempo als Mädchen, und zwar in einem, das ihrer eigenen Entwicklung entspricht.»

Hawleys Beobachtungen sind insofern bedeutend, als sich aus ihnen folgern läßt, daß Schulen, wenn sie eine für Jungen erfolgreiche Lernumgebung schaffen wollen, mit dem einzigartigen «Tempo» und dem Lernstil eines jeden Jungen in Kontakt bleiben müssen. Lehrer und Aufsichtspersonen müssen sich darüber im klaren sein, in welcher Entwicklungsphase sich die Jungen jeweils befinden, um sicherzustellen, daß die ausgewählten Aktivitäten ihrem derzeitigen Niveau entsprechen. *Wird das Tempo nicht berücksichtigt, kann dies bei Jungen zu schulischem Versagen und verringertem Selbstwertgefühl führen.*

Der spezifische Lernstil eines Jungen erfordert die besondere Aufmerksamkeit eines Lehrers. So beobachtete ich zum Beispiel, daß einigen Jungen das Lesen im Klassenzimmer so zuwider war, daß sie die Bücher zur Seite warfen, um sich mit praktischeren Aktivitäten zu befassen. Verschiedene dieser Jungen konnten jedoch in geeigneter Weise zum Lesen angeregt werden, indem man ihnen gestattete, einen Computer zu verwenden.

Ebenso erlebte ich, daß sich als «Lesemuffel» bekannte Jungen in aktive, geschickte Leser wandelten, sobald sie Lesematerial zu Themen (wie Sport, Abenteuergeschichten, Kriminalrätsel) erhielten, die sie tatsächlich interessierten. Donald Portoff, Professor für die Psychologie des Lesens an der State University in Allendale, Michigan, entdeckte im Zuge einer faszinierenden Studie eine Beziehung zwischen den geringen Lesefähigkeiten von Jungen und ihrer Assoziation, daß Lesen eine «weibliche» Fertigkeit wäre. Somit besteht kaum ein Zweifel, daß speziell auf die Interessen von Jungen abgestimmte Texte ihnen helfen würden, eine bessere Lesefähigkeit zu entwickeln.

In vielen Klassen erfolgt der Unterricht auf eine Weise, die Jungen einfach nicht fesselt. «Wenn sich Jungen nicht vollständig einsetzen, werden sie zu einem disziplinären Problem. Die Lösung ist, ihr Interesse wachzuhalten», erklärte ein High-School-Lehrer. Gloria Van Derhorst, eine Psychologin aus Maryland, erläutert ein ähnliches Konzept. Sie betont, daß sich Schulen oftmals nicht ausreichend auf «energiereiche Kinder» einstellen. «Traditionelle Klassenzimmer werden den Bedürfnissen von energiereichen Schülern nicht gerecht. [...] In den meisten Klassenzimmern werden Schüler davon abgehalten, von ihren Sitzplätzen aufzustehen. Man zwingt sie, durch Zuhören zu lernen. Dies wirkt sich frustrierend auf jene Schüler aus, die besser lernen, wenn sie sich Begriffe visualisieren und sich körperlich bewegen.» Obwohl Van Derhorst sich nicht speziell auf Schüler eines

Geschlechts bezieht, sind eindeutig viele der von ihr angesprochenen umherschwirrenden Kinder Jungen.

Einige Forschungsergebnisse lassen den Schluß zu, daß viele Mädchen es vorziehen, im Sitzen durch Zuhören zu lernen, während Jungen im allgemeinen am liebsten durch Taten und handlungsorientierte Aufgaben lernen. In einer Lernumgebung, die ihren Stärken widerspricht, verlieren Jungen leicht das Interesse. In diesem Fall versuchen sie, ihre Bedürfnisse zu befriedigen, indem sie negative Aufmerksamkeit auf sich ziehen – oder, wie ich es ausdrücken möchte, indem sie unwissentlich gegen die erzieherische Zwangsjacke protestieren, die ihr Wesen einengt. Dieser letzte verzweifelte Rebellionsversuch ist das letzte Glied in einer Kette von Mißverständnissen, denn nun werden diese Jungen als «verhaltensgestört», «Unruhestifter» und «hyperaktiv» klassifiziert. Wieder einmal bleiben die Sehnsüchte von Jungen und ihr Protest gegenüber unzweckmäßigen Konventionen unbeachtet.

Mitunter wirkt sich schon die Schulumgebung wie eine Zwangsjacke aus. Der 5jährige Eric besuchte eine gemischte Vorschulklasse, ehe er in einen progressiven Kindergarten aufgenommen wurde. Die Lehrer an seiner neuen Schule hatten Eric in seiner Vorschulklasse beobachtet und den Eindruck gewonnen, daß er über eine rasche Auffassungsgabe verfügte. Allerdings war ihnen an ihm auch eine gewisse besorgniserregende «Starre» aufgefallen, sobald er aufgefordert wurde, sich an einer Gruppenaktivität zu beteiligen, die ihm ein geringes Maß an körperlicher Anstrengung abverlangte. Ein Puppenspiel schien ihn in keiner Weise zu interessieren; er lehnte es ab, sich daran zu beteiligen, und es wirkte beinahe, als fürchtete er sich. Seine neuen Lehrer im Kindergarten ermutigten Eric, an Aufgaben teilzunehmen, die einen weit intensiveren Körpereinsatz forderten, wie etwa die Arbeit im Schulgarten, wo es galt, Erde umzugraben und in einer kleinen Schubkarre abzutransportieren. «Sich im Schulalltag so häufig unbehindert bewegen zu dürfen befreite Eric von seinem bisher stillen und zaghaften Verhalten», bemerkte sein Lehrer.

Es ist schwer nachzuvollziehen, warum sich bisher so wenige Pädagogen in ihrem Unterricht auf die besonderen Bedürfnisse von Jungen einstellen, denn das Wissen über die charakteristischen Lernstile ist meiner Ansicht nach weit verbreitet. In dieser Einschätzung wurde ich bestätigt, als ich an einer angesehenen Universitätsfakultät für Erziehungsfragen ein Seminar zum Thema «Verständnis für Jungen» abhielt. Ich bat die anwesenden Lehrer öffentlicher Schulen, mir den Lernstil von Jungen zu beschreiben. Ich forderte sie auf, für einen Augenblick alles zu vergessen, was sie bisher über die Gleichberechtigung der Geschlechter und «politisch korrektes Verhalten» gelernt hatten, und einfach aus dem Bauch heraus über ihre Erfahrungen mit Jungen in Klassenzimmern zu sprechen. Hier einige ihrer Kommentare:

«Kleinere Jungen sind nüchterner und konkreter als Mädchen.»

«Kleinere Jungen zeigen ihren Widerstand offener als Mädchen.»

«Jungen sind häufig schlechte Zuhörer, aber besser in kinästhetischen (handlungsorientierten) Aufgaben.»

«Jungen neigen stärker dazu, jemanden durch körperliche Stimulation zu überzeugen, in offene Konflikte zu geraten und sich ihren Weg ‹freizukämpfen›.»

«Jungen zeigen ihre Zuneigung häufig durch Taten oder durch einen handfesteren Körperkontakt.»

«Um neue Ideen aufzunehmen, benötigen Jungen die Freiheit, sie in Spielen mit selbst auferlegten Regeln auszuleben.»

«Jungen zeigen eine ganze Menge ‹intellektuellen Mut›, hinter dem sie ihre Unsicherheit verbergen. Das Prahlen benötigen sie jedoch, um ihren Platz zu behaupten.»

Diesen Aussagen liegen genaue und scharfe Beobachtungen zugrunde. Die befragten Lehrer und Lehrerinnen besaßen also ein sehr klares Bild von Jungen, und – was besonders wichtig ist – sie bewerteten die Eigenschaften der Jungen nicht negativ. Wenn sie weniger liebevoll und mitfühlend gewesen wären, hätten sie von Lernschwierigkeiten, körperlicher Aggression, Konzentrationsschwäche, Hyperaktivität oder gar krankhaften Auffassungsstörungen gesprochen.

Es gibt sie also, die Pädagogen, die imstande sind, die Signale richtig zu deuten. Sie verstehen, daß Jungen anders lernen als Mädchen und daß sie auf allen Gebieten, wie etwa Lesen und Schreiben, ihr Selbstbewußtsein als Schüler zurückgewinnen können, wenn ihren persönlichen Bedürfnissen angemessen Rechnung getragen wird. Sofern daran noch Zweifel bestehen sollten, ist die folgende Geschichte aus einer Schule in England geeignet, sie zu zerstreuen.

Der Club der toten Dichter: Das Umfeld von Jungen ändern

«Die meisten Leute glauben, daß Jungen wie ihr nicht imstande sind, romantische Poeten zu begreifen. Nun, wir werden ihnen das Gegenteil beweisen. Versteht ihr?» Auf diese Weise sprach Mr. Jekkells, ein Lehrer an der Kings School im englischen Winchester, zu einem mit Jungen gefüllten Klassenzimmer.

Zwei Jahre zuvor hatte der Direktor der Schule, Ray Bradbury, die Ergebnisse des GCSE-Tests analysiert, eines standardisierten Tests, der Schüler in verschiedenen Fächern von A bis F einstuft: 78% der Mädchen der Schule erzielten fünf oder mehr A bis C, die Jungen lagen mit nur 56% weit dahinter. Eine besonders schlechte Bewertung erhielten Jungen in Englisch. In diesem Fach erreichten um 27% weniger Jungen als Mädchen eine Beurteilung zwischen A und C. Mr. Bradbury war über diesen gewaltigen Unterschied sehr beunruhigt. Er beschloß, etwas dagegen zu unternehmen.

Er faßte die Jungen mit einem geringen Leistungsniveau in einer Jungenklasse zusammen, sprach sich jedoch dagegen aus, auch die Jungen von den Mädchen zu trennen, die ähnlich oder gleich gute Leistungen erbrachten.

«Den richtigen Lehrer für diese Jungenklasse zu finden war der wichtigste Bestandteil, um mit diesem Konzept Erfolg zu haben», erklärt Bradbury. «Daher wählte ich Rob Jeckells [...] einen sportlichen Lehrer, zu dem die Jungen leicht eine Beziehung aufbauen konnten. Bewußt gingen wir an die Planung der Lehrmethode heran. Die Klasse ist auf den Lehrstoff und den Lehrer ausgerichtet. Die Anforderungen sind hoch, und das Verständnis der Unterrichtsinhalte wird ständig überprüft. Diziplin ist klar definiert. Wer seine Hausarbeiten nicht vorweisen kann, muß sie nach dem Unterricht im Klassenraum vervollständigen. Darüber gibt es keine Diskussion.»

Obwohl einige der Jungen (und ihre Eltern) anfangs diese Vorgangsweise ablehnten, schien Mr. Jeckells zu wissen, daß die Wahrheit sie entwaffnen würde: «Ich legte den Jungen die statistischen Untersuchungen vor, die beweisen, daß sie in Gefahr waren, in erheblichen Rückstand zu geraten, und erläuterte, was ich von ihnen erwartete. Als sie erkannten, daß sie Teil eines Pilotprogramms werden sollten, das ihre Bedürfnisse berücksichtigt, änderten sie ihre Einstellung und verdoppelten ihre Motivation. Da der Direktor die Gruppe häufig besuchte und zuweilen auch beratende Besucher dazu einlud, empfinden die Jungen heute Stolz. Sie fühlen sich als etwas Besonderes.»

Mr. Jeckells erkannte rasch, warum seine ausschließlich aus Jungen bestehende Klasse so gut funktionierte: «In einer eingeschlechtlichen Klasse läßt sich eine Teamatmosphäre schaffen, in der die Jungen einander unterstützen. Wenn Mädchen anwesend sind, äußern die Jungen ihre Meinung nur widerwillig, da sie nicht als Weichlinge erscheinen wollen. Ihr Instinkt sagt ihnen, daß sie hart und unnahbar bleiben müssen. Unter Jungen ist es einfacher, derartige Beschränkungen niederzureißen. [...] Zudem kann ich Lehrmaterial wählen, das Jungen anspricht. Viele Mitglieder meiner Gruppe sind verrückt nach Football. [...] In einer gemischten Gruppe würden sie sich mit *Jane Eyre* langweilen. Ich kann ihnen hier Texte wie *Silas Marner* anbieten, die einen stärkeren Bezug zu ihnen aufweisen.»

Einer der Jungen aus der Klasse stimmt ihm zu: «Da es jetzt weniger Druck in der Klasse gibt, gefällt mir nun der Englischunterricht», erklärt der Junge. «Wenn du früher eine Bemerkung machtest, verspotteten dich die anderen Jungen, um dich vor den Mädchen dumm aussehen zu lassen. Heute unterstützen wir einander. Wir alle arbeiten hart daran, um zu zeigen, daß wir ebenso erfolgreich sein können wie die anderen Gruppen.»

Der Schulleitung zufolge ist Mr. Jeckells' Jungenklasse bereits nach zwei Jahren ein Erfolg. Bevor sie eingeführt wurde, schlossen nur 7 von 25 Schülern in englischer Literatur mit C oder besser ab. Ausgehend von einer kürzlich durchgeführten simulierten Prüfung, ist Mr. Jeckells der Ansicht, daß 25 von 34 Schülern seiner Jungengruppe zumindest ein C erreichen. Besonders beeindruckend ist die Tatsache, daß die Differenz zwischen Jungen und Mädchen, die fünf oder mehr A bis C erhielten, im letzten Jahr nur noch 1% betrug, obwohl sie zwei Jahre zuvor noch bei 22% gelegen war.

Mr. Jeckells' Kollegen sind von diesen Ergebnissen so ermutigt, daß sie ähnliche Jungenklassen für Mathematik und Naturwissenschaften einrichten.

Die richtige Ausstattung für Jungen

In einer landesweiten Langzeitstudie über die Gesundheit von Jugendlichen *(Protecting Adolescents From Harm 1997)* konnten Wissenschaftler nachweisen, daß neben einer engen Familienbindung eine «wahrnehmbare Beziehung zur Schule» einer der stärksten Schutzfaktoren ist, der Jugendliche vor emotionalen Problemen, Drogenmißbrauch und Gewalt bewahrt. Die beste Leistung erbringt ein Junge, der sich von seinen Lehrern akzeptiert und verstanden fühlt und erkennt, daß sie hohe akademische Erwartungen in ihn setzen. Indem Schulen eine für Jungen einladende Lernumgebung schaffen, können sie nicht nur seine akademischen Leistungen und sein Selbstbewußtsein steigern, sondern ihm auch Zuversicht und Hoffnungen für seine Zukunft vermitteln.

Ebenso wie wir besondere Maßnahmen ergriffen haben, um Mädchen zu helfen, von ihrer Schulzeit soviel wie möglich zu profitieren, können wir einiges tun, um Jungen in ihrem schulischen Erfolg zu unterstützen. Ein gutes Gleichgewicht zu finden zwischen dem, was einen Jungen als Individuum antreibt, und dem, was seine Schule ihm tatsächlich bietet, ist hierbei von entscheidender Bedeutung. Wenn ein Junge zum Beispiel am besten lernt, wenn er eine bestimmte Zeitspanne leise für sich allein liest – sagen wir, etwa eine halbe Stunde – und dann eine Pause macht, in der er sich einer intensiven körperlichen Aktivität, wie Umherlaufen oder einem anderen Sport, widmet, sollte seine Schule im Idealfall nicht von ihm fordern, vier Stunden an einem Unterricht teilzunehmen, in dem er nicht für sich allein lesen kann und motorische Aktivitäten nicht vorgesehen sind. Wenn ein anderer Junge am besten in Kleingruppen lernt, in denen Schüler gemeinsam unterschiedliche Aufgaben bewältigen, sollte dieser Junge idealerweise nicht mit einer großen Anzahl von Mitschülern in eine Klasse gezwängt werden, die Frontalunterricht erhält.

Viele von uns besitzen Erinnerungen an Lehrer und Erlebnisse aus der Schulzeit, die bei uns das Gefühl hinterließen, zu wenig stimuliert oder gar benachteiligt worden zu sein. Als ich den 35jährigen Barry Rosenman nach seinen Erfahrungen aus der Grundschule fragte, erinnerte er sich augenblicklich an Mrs. Ramedi, seine Lehrerin in der ersten Klasse.

«Mrs. Ramedi haßte mich!» rief Barry aus. «Und ich haßte sie!»

Ich fragte ihn nach dem Grund.

«Ich wuchs in einer Umgebung auf, in der ich unterstützt wurde. Meine Mutter war den ganzen Tag zu Hause und widmete sich uns drei Kindern. Bei schönem Wetter forderte sie mich und meine Geschwister auf, im Freien zu spielen oder im Bach in der Nähe unseres Hauses nach Kaulquappen zu suchen. Wenn ich über und über mit Schlamm bedeckt nach Hause kam, schüttelte meine Mutter leicht den Kopf, war aber keineswegs verstimmt. Meine Abenteuerlust gefiel ihr. An Regentagen stellte sie das Mikroskop aus ihrer Collegezeit in der Küche auf, so daß wir erforschen konnten, wie Salz, Zucker oder das Wasser aus dem Teich aussahen. Sie besaß ein Rezept für Teig, aus dem sich Figuren formen ließen, die dann mit einer Glasur versehen wurden, die im Ofen schmolz und wie erstarrtes Glas aussah. Als ich in die Schule kam, war ich daran gewöhnt, alles auszuprobieren, praktisch zu erkunden und, wann immer ich wollte, umherzulaufen.

Das entsprach eindeutig nicht Mrs. Ramedis Lehrstil», fuhr Barry fort. «Ich glaube, ich hielt es einfach nicht in einem Raum mit fünfundzwanzig oder fünfunddreißig Schulanfängern aus. Sie forderte, daß wir still in Reihen saßen und einen dieser Durchschläge ausfüllten, die man verwendete, bevor Kopiermaschinen aufkamen. Ich hatte meinen Durchschlag innerhalb von zehn Sekunden ausgefüllt, dennoch erwartete sie, daß ich weiterhin schweigend sitzen blieb. Es erschien mir wie Stunden, und ich langweilte mich zu Tode.»

Barry rebellierte. «Ich stieß kleine quietschende Laute aus, während die anderen Kinder ihre Durchschläge beendeten, und wurde lauter und lauter, bis sie mich hörte. Ich ließ Papierflugzeuge segeln oder verbreitete anderweitig Unruhe. Als meine Lehrerin eines Tages für einen Augenblick den Raum verließ, fand sie mich bei ihrer Rückkehr auf meinem Tisch stehend und laut brüllend vor. Das kam nicht besonders gut an!»

Im November wählten Barrys Eltern für ihren Sohn eine andere erste Klasse. «Meine Eltern hielten mich für ein wenig unbändig, wußten aber, daß das Problem nicht allein bei mir lag. Meine neue Lehrerin stellte mir Aufgaben, die mich stärker forderten, und so wurde ich etwas ruhiger.»

Wie Barrys Erinnerungen zeigen, kann eine Schule entweder auf die besonderen Bedürfnisse eines Jungen reagieren oder sie ignorieren. Barry benötigte kreative Herausforderung, handlungsorientierte Aufgaben und eine stimulierende Lernumgebung, wie seine Mutter sie zu Hause für ihn geschaffen hatte. Als er in eine erste Klasse kam, in der er sich langweilte und unterfordert fühlte, leistete er Widerstand. Er hatte Glück, daß er nicht als «gestörtes» oder als fälschlicherweise hyperaktiv eingestuftes Kind in eine Klasse mit besonderer Lernförderung überstellt wurde, sondern den Weg zu einer Lehrkraft fand, die besser auf seine Bedürfnisse eingehen konnte.

Wenden wir uns einem vergleichbaren Gespräch mit besorgten Eltern zu, die ebenfalls gegen die Lernumgebung ankämpften, der ihr Sohn zu Anfang zugewiesen worden war. Regina und Donald Lincoln hatten sich bemüht, ihren Sohn und ihre Tochter zu erziehen, ohne ihnen geschlechtsspezifische Klischees zu vermitteln. Im Gespräch mit mir gestanden sie sich jedoch ein, daß sie gleichwohl unterschiedliche Erwartungen an ihre Kinder herangetragen hätten. «Ohne mir dessen bewußt zu sein, verhielt ich mich meiner Tochter gegenüber beschützender, während ich meinen Sohn zu größerer Unabhängigkeit aufforderte», erklärte Regina Lincoln. «Beide Kinder sind intelligent und kreativ. Aber Corey ist eigensinniger und besitzt mehr Forschergeist, während Marissa fleißiger und bedächtiger ist.»

Die Eltern erkannten, daß der Lernstil der öffentlichen Schule in ihrer Nachbarschaft nicht dem ihres Sohnes entsprach. «Unabhängig von den Aufgaben, die Corey erhielt, wollte er die Schule wechseln. Während es Marissa Freude bereitete, endlose Arbeitsblätter auszufüllen, langweilte sich Corey zu Tode. Als sich seine Lehrer über seine Unbändigkeit in der Klasse beschwerten, erkannten wir rasch, daß er die Langeweile nicht ertrug.»

Das Ehepaar Lincoln wählte für den heute 11jährigen Corey eine auf Kunst konzentrierte Versuchsschule. «Diese Schule gefällt mir viel besser», erzählte mir Corey. «Wir stellen aus Ton Raumschiffe her, trommeln, spielen und vieles mehr.» Seine neue Schule widmet der Erholung täglich ebensoviel Zeit wie seine bisherige Schule, dennoch erfährt Corey den Tagesablauf als Mittel zum Selbstausdruck.

Die Eltern sind mit ihrer Entscheidung zufrieden. «Ich frage mich zwar, ob die Struktur von Marissas Schule für sie ideal ist, aber in Coreys Fall war es unumgänglich, ihn aus dieser Institution zu nehmen, wenn wir wollten, daß er sich entwickelte.»

Jungen wie Mädchen erbringen die beste akademische Leistung, wenn sie Schulen besuchen, in denen sie die Gelegenheit erhalten, an Lernaktivitäten teilzunehmen, die ihren persönlichen Interessen und Fähigkeiten entsprechen und ihnen die Möglichkeit bieten, sich als Individuen zu entfalten.

Wem mangelt es an Aufmerksamkeit – den Jungen oder uns?

Wenn Schulen es versäumen, sich auf die einzigartigen Lernstile von Jungen und ihre wahren Bedürfnisse einzustellen, können die Folgen verheerend sein.

In einigen Schulen könnte ein normal lebhafter Junge «bestraft» werden, indem er einer Klasse für lernbehinderte Kinder zugeteilt wird oder regelmäßig in einem abgesonderten Raum unbeaufsichtigt längere Perioden nachsitzen muß und dadurch wertvolle Zeit im Klassenzimmer verliert. Für den unglücklichen Jungen könnte dies den Beginn eines Lebens kennzeichnen, in dem er wirtschaftlich und intellektuell zu einem Bürger zweiter Klasse degradiert wird: In einem ersten Schritt wird er seines Selbstbewußtseins beraubt, und dann ist die Wahrscheinlichkeit hoch, daß man ihm in einem zweiten Schritt die unzutreffende Diagnose stellt, daß er an einer krankhaften Auffassungsstörung oder an einer anderen psychiatrischen Krankheit leidet. Selbst für Jungen, die diesem entsetzlichen Schicksal entgehen, kann die «falsche» Schule bedeuten, daß sie sich 12 Jahre lang wie ein viereckiger Stift in einem runden Loch fühlen. Sie winden sich vor überschüssiger Energie, die nicht genutzt, sondern unterdrückt wird, und sind akademisch und emotional erfolgloser, als sie es in Schulen wären, die ihren individuellen Anforderungen und Fähigkeiten entgegenkommen.

Gabriel: Wenn ein aktiver Junge als «hyperaktiv» diagnostiziert wird

Gabriel Bauer-Brown besuchte die dritte Klasse, als ihm seine Lehrerin erstmals eine krankhafte Auffassungsstörung bescheinigte.

«Sie sagte uns, daß er ständig spreche, wenn er nicht an der Reihe war, auf dem Spielplatz zu wild sei und den Unterricht störe», erinnert sich sein Vater Perry. «Ihrer Ansicht nach könne er sich niemals auf seine Arbeit konzentrieren, was vermutlich die Folge einer krankhaften Auffassungsstörung oder Hyperaktivität wäre.»

Auf den Rat der Lehrerin suchte das Ehepaar Bauer-Brown Hilfe bei ihrem Kinderarzt, der sofort das Medikament Ritalin verschrieb. Perry war wegen des Medikaments beunruhigt. «Mir gefiel der Gedanke nicht, aber wenn es half, war es die Sache wert. Wenn mein Kind Ritalin benötigte, um in der Schule gut mitzuarbeiten, dann mußten wir es ihm geben.» Unter dem Einfluß des Medikaments veränderte sich Gabriel. Anstatt durch Lebhaftigkeit aufzufallen, wurde er nun mürrisch und teilnahmslos. «Es war, als hätte ihn Ritalin auf einen anderen Planeten versetzt», erzählte Perry. «Er ließ im Unterricht nichts mehr von sich hören, konzentrierte sich aber auch nicht besser auf seine schulischen Aufgaben. Zu Hause war er benommen und wesentlich weniger mitteilsam als zuvor.»

Die Eltern entschieden sich, das Medikament abzusetzen und professionelle Hilfe für ihren Sohn in Anspruch zu nehmen. Zunächst wandten sie sich an den Sozialarbeiter der Schule. Nach einigen Monaten traf sich das Ehepaar mit einer auf Kinderpsychologie spezialisierten Therapeutin. «Was uns die Therapeutin mitteilte, schokkierte uns anfangs, später mußten wir jedoch eingestehen, daß wir es längst vermutet hatten», erzählte Perry.

«Wir hatten Gabriel im Alter von beinahe einem Jahr adoptiert. Er kam aus einem Waisenhaus in Brasilien, in dem besonders schlechte Zustände herrschten. Die Therapeutin war der Ansicht, daß Gabriel dort schwer vernachlässigt worden war. Sie erklärte, daß es richtig gewesen war, das Medikament Ritalin abzusetzen, und daß eine Therapie ihm helfen könne, seinen Schmerz auf konstruktivere Weise auszudrücken als durch seine bisherigen Gefühlsausbrüche.»

Der Fortschritt stellte sich schrittweise, aber kontinuierlich ein. «Er hat eine wirklich starke Beziehung zu seiner Therapeutin. Das gibt ihm stets mehr Sicherheit und Vertrauen. Seine Lehrerin hatte recht, als sie behauptete, daß er Hilfe bräuchte – aber gewiß nicht Ritalin.»

Den meisten Psychologen, die mit Jungen und Männern arbeiten, erscheint Gabriels Geschichte auf schmerzliche Weise vertraut. In den USA wird bei Jungen zehnmal häufiger eine krankhafte Auffassungsstörung diagnostiziert als bei Mädchen. Hierbei handelt es sich um ein schwerwiegendes Leiden, das ausgedehnte Beratung und starke Medikamente erfordert. Drei Viertel der einen Million Kinder, denen Ritalin verschrieben wird (ein starkes stimulierendes Mittel gegen krankhafte Auffassungsstörungen – *attention deficit disorder* ADD), sind Jungen. Neuesten Studien zufolge nehmen dreimal so viele Jungen wie Mädchen an Programmen zur besonderen Lernförderung teil, wobei der Jungenanteil in den «Sonderklassen» der High-School annähernd 70% beträgt. Bei vielen der diesen «Sonderklassen» und «Sonderprogrammen» zugewiesenen Jungen wurde die Diagnose «krankhafte Auffassungsstörung – ADD» gestellt.

Als klinischer Psychologe, der den schweren Schaden von in ihrer Kindheit fälschlicherweise nicht als ADD-Fälle diagnostizierten Personen und die wundersame Wirkung einer geeigneten psychologischen und medizinischen Behandlung auf Kinder und Erwachsene miterlebte, trete ich naturgemäß gegen jeden engstirnigen Angriff auf die Legitimität der Diagnose Hyperaktivität und ihrer notwendigen Behandlung auf. Selbst der große geschlechtsspezifische Unterschied (das Verhältnis von männlichen zu weiblichen Kranken beträgt 10 zu 1) entbehrt nicht einer komplizierten biologischen Grundlage. Dennoch bin ich angesichts der großen Zahl diagnostizierter Fälle und der Häufigkeit der von überforderten Lehrern und Kinderberatern initiierten Diagnosen besorgt. Die Wahrscheinlichkeit ist groß, daß viele gemäßigte Fälle von ADD normale Varianten des Temperaments eines Jungen sind, die von einem entsprechend ausgebildeten aufmerksamen Erwachsenen korrigiert werden könnten. Viele dieser Fälle würden erst gar nicht ans Tageslicht kommen, wäre der Unterricht sorgfältig auf das typische Temperament von Jungen abgestimmt. Ein geeigneter Unterricht müßte Jungen durch eine Vielzahl interessanter Lernaktivitäten motivieren und diese Aktivitäten auf das einzigartige Lerntempo der Jungen abstimmen. Darüber hinaus benötigen Jungen einen Lehrer, der versteht, daß die nach außen hin gezeigte Erregung und Unbändigkeit oftmals einen emotionalen Schmerz verdeckt.

Ich bin der Ansicht, daß ein Großteil der Verhaltensweisen, die vorschnell als krankhafte Auffassungsstörung bezeichnet werden, in Wahrheit eine Veräußerlichung der Empfindungen eines Jungen durch Taten darstellt. Taten sind oftmals die einzige Möglichkeit für einen Jungen zu sagen «Sieh mich an», «Schenke mir deine Liebe und Aufmerksamkeit» oder «Bitte, ich brauche deine Hilfe!». Ein auffälliges Benehmen ist nach meiner Überzeugung in den meisten Fällen ein Ruf nach Verständnis und Mitgefühl und nicht nach Diagnose und Medikamenten. Diese Jungen sagen uns «Ich schäme mich zu sehr, dir offen zu sagen, daß etwas nicht in Ordnung ist, deshalb teile ich es dir indirekt durch mein Verhalten mit».

Der offizielle Name der psychischen Erkrankung, die bei so vielen Jungen diagnostiziert wird, lautet *attention deficit and hyperactivity disorder* ADHD (Auffassungs- und Hyperaktivitätsstörung). Der Einfachheit halber wird er als ADD abgekürzt und schließt verschiedene wissenschaftliche Kategorien und Unterabteilungen ein, die für eine Diagnose erforderlich sind. Das zu identifizierende Verhalten liegt so nahe bei jenem Benehmen, das emotional gesunde Jungen häufig zeigen, daß es selbst für geübte Fachleute schwierig ist, eine ernste Lernstörung von der gewöhnlichen Ausgelassenheit eines Jungen zu unterscheiden.

In der Theorie wird es einem typischen ADD-Jungen schwerfallen, aufmerksam und konzentriert zu sein, im Unterricht still zu sitzen und zu warten, bis er an der Reihe ist. Er könnte impulsiv dazwischenrufen, zu viel reden, ungeordnet und abgelenkt handeln und vergeßlich sein. Möglicherweise zappelt er unruhig auf seinem Stuhl oder verläßt ihn, um sich nahezu unablässig zu bewegen. Auch die anderen zu unterbrechen ist bei ihm üblich.

Vermutlich erkennen Sie langsam, wie schwierig es ist, zwischen pathologischer Hyperaktivität und dem normalen wilden Spiel eines Jungen eine genaue Grenze zu ziehen. Welche Diagnose gestellt wird und welche Lösung man für sein Verhaltensproblem wählt, wird von der von ihm besuchten Schule, der Einstellung seines Lehrers, den Gewohnheiten im Klassenzimmer und der Ansicht seiner Eltern beeinflußt. So ist die Wahrscheinlichkeit, daß Johnny in einer Schule mit einer toleranteren und weniger starren Atmosphäre, in der zusätzliche Energie genützt wird, als ADD-Fall diagnostiziert wird, geringer als in einer überfüllten Klasse, in der durch ein strenges Regiment versucht wird, die Lebhaftigkeit des Jungen zu zügeln. Diese Faktoren könnten von entscheidender Bedeutung sein, wenn es um die Frage geht, ob ein Junge als «funktionsgestört» oder normal eingestuft wird und – sollte tatsächlich bei ihm eine leichte Form von Hyperaktivität oder eine andere Lernstörung diagnostiziert werden – ob sein Zustand in geeigneter Weise ausgeglichen wird. Wird er mit Pillen behandelt, in eine Sonderschule abgeschoben, oder werden seine Erzieher versuchen, kreativere Wege ohne Medikamente zu gehen? Sie könnten ihn zum Beispiel in eine «offene Klasse» überstellen, in der er an praktischen Aktivitäten teilnehmen kann, oder einen Beratungsplan mit regelmäßigen Sitzungen für ihn ausarbeiten. Von der Behandlung der Störung des Jungen hängt es ab, ob er jahrelang unter psychischen Problemen leiden wird oder ob er nach erfolgreicher Therapie ein unbeschwertes Leben wird führen können.

Marty Wolt: Ein Bilderstürmer oder ein «funktionsgestörter» Schüler

Marty Wolt wurde als Teenager als ADD-Fall gekennzeichnet. Seine Mutter Beth glaubte nicht an diese Diagnose und kämpfte gegen das Erziehungsestablishment an, damit Marty als «normaler» Junge behandelt wurde. Marty gehörte zu jenen Schülern, die typischerweise als «behindert» enden. In der Vorschule redete er unaufhörlich. In der Grundschule lief er stets hinter anderen Kindern her, benahm sich wild und stiftete seine Klassenkameraden zur Unruhe an. Die Lehrer und Verwaltungsbeamten der Schule erklärten Beth, daß ihr Sohn «krank» sei und Medikamente wie Ritalin benötige.

Beth widersetzte sich der Diagnose und der Behandlung. Sie bot sich an, am Unterricht teilzunehmen, um Marty zu beruhigen. Schließlich brachte sie ihn zu einer anderen Schule mit einer kreativeren Unterrichtsmethode und flexibleren Lehrern, wo sie einen verständnisvollen Berater fand, der bereit war, mit ihrem Sohn zu sprechen und ihn anzuhören. Sie kämpfte, damit Marty seine eigene exzentrische Form von Jungenhaftigkeit beibehalten konnte, ohne als «behindert» gebrandmarkt zu werden.

Für Marty war es entscheidend, daß er hilfreiche Erwachsene um sich hatte, die ihm verständnisvoll zuhörten. Über eine seiner Beraterinnen sagte er: «Sie hört mir zu. Ich mag es, wenn jemand mir zuhört. Wem würde das nicht gefallen?»

Martys Geschichte stellte sich als Erfolg heraus. Er steht im Begriff, seinen Abschluß an der High-School zu machen, und hofft, ein College besuchen zu dürfen. Heute erhält er gute Zensuren, arbeitet nebenbei und hat als Hobby begonnen, Theaterstücke zu schreiben –

über Erwachsene, die Kindern nicht zuhören wollen. Noch nicht einmal seine Mutter leugnet ab, daß sein Verhalten zu bestimmten Zeiten extrem war. Die Diagnose ADD und die entsprechende medikamentöse Behandlung könnten gerechtfertigt gewesen sein. Tatsächlich zeigen viele Jungen, die als ADD-Fälle bezeichnet werden, ein wesentlich weniger störendes Verhalten als Marty.

Marty zählte nicht zu den 5,4 Millionen Kindern, die 1995 in den USA als «behindert» eingestuft wurden. ADD wies mit einer Verdoppelung der Fälle zwischen 1990 und 1995 die höchste Zuwachsquote auf. Hierbei dürfen wir nicht vergessen, daß neun von zehn Kindern, bei denen ADD diagnostiziert wurde, Jungen sind!

Ich erachte es für wichtig, daß wir als Eltern sicherstellen, daß unsere Jungen nicht als «abnormal» gebrandmarkt und mit dem Etikett ADD versehen werden, bevor dies eindeutig gerechtfertigt ist. Wie die Psychologin Diane McGuiness von der University of South Florida warnt, sind viele Erziehungsinstitute größtenteils dafür verantwortlich, daß «etwas als Krankheit betrachtet wird, das für Jungen ganz normal ist». ADD ist tatsächlich eine echte nervenbedingte Verhaltensstörung, die, wie Forschungen nachwiesen, häufiger bei Jungen als bei Mädchen auftritt. Dennoch ist es die Antwort der Gesellschaft auf dieses Kindheitsdilemma, die das eigentliche Problem verschlimmert. In einigen Fällen wurden Jungen irrtümlich als *hyper*aktiv diagnostiziert, die lediglich *sehr* aktiv waren. In anderen Fällen, in denen sich ein Krankheitsbild erkennen läßt, das dem von ADD ähnelt, zeigt ein Junge in Wirklichkeit Symptome einer Depression. Einige zu Recht als ADD-Fälle diagnostizierte Jungen erhalten zu starke Medikamente. Andere eindeutige ADD-Fälle werden als Unruhestifter gekennzeichnet und erhalten keine Behandlung, sondern Strafen. Sowohl die hohe Anzahl als «hyperaktiv» eingestufter Jungen als auch die verständnislose Weise, wie auf diese Jungen reagiert wird, muß uns veranlassen, einen Augenblick innezuhalten und das Problem ADD nochmals zu überdenken.

Obwohl echte Hyperaktivität existiert und unseren gesamten Einsatz für eine nicht stigmatisierende Behandlung verdient, können wir zu Recht annehmen, daß vieles, was als krankhafte Auffassungsstörung bezeichnet wird, in Wirklichkeit auf die Unfähigkeit der Gesellschaft zurückgeht, die inneren Bedürfnisse, Sehnsüchte und Qualen von Jungen richtig wahrzunehmen. Wir sind schneller bereit, jemanden für krank zu erklären, als ihm *zuzuhören.* Es ist gut möglich, daß der Anstieg «hyperaktiven» Verhaltens bei Jungen, und insbesondere bei Jungen in den ersten Klassen der Grundschule, ein Symptom des von uns besprochenen Trennungstraumas und ein Protest gegen die emotionalen Einschränkungen der auf sie wartenden geschlechtsspezifischen Zwangsjacke darstellt.

Sobald wir eine Lernatmosphäre schaffen, die den Bedürfnissen unserer Söhne entspricht, wird sich die Anzahl von Pseudohyperaktivitätsfällen verringern, und gleichzeitig werden sich die Behandlungserfolge bei tatsächlichen Störungen verbessern. Dies ist der Weg, den wir gehen müssen, um unsere Söhne in ihrem Kampf um Anerkennung, Liebe und Leistung erfolgreich zu unterstützen.

Was wir von reinen Jungenschulen lernen können

Wenn wir uns aufmachen, die koedukativen Schulen besser auf die Bedürfnisse von Jungen anzupassen, sollten wir betrachten, welche Anstrengungen reine Jungenschulen im Interesse ihrer Schüler unternehmen. Ich weiß, daß die meisten Jungen keine reine Jungenschule besuchen wollen, und rate ihnen auch nicht dazu. Im Zuge meiner Beratungstätigkeit für einen landesweiten Querschnitt von Tagesschulen für Jungen erkannte ich jedoch, daß viele dieser speziell auf Jungen ausgerichteten Lehrinstitute ausgezeichnete Arbeit leisten, indem sie eine Atmosphäre schaffen, in der Jungen akademisch und emotional triumphieren können. Mit vielen dieser Schulen arbeitete ich zusammen, um eine für Jungen einfühlsame interne Kultur zu etablieren, die gegenüber dem auf Scham begründeten Abhärtungsprozeß sensibel ist und Verständnis dafür aufbringt, daß Jungen ihren wahren Kern oft hinter einer Maske verbergen. Viele dieser Schulen haben sich der rauheren und turbulenteren Welt der Jungen perfekt angepaßt. Einige setzen sich bewußt mit geschlechtsspezifischen Klischees und ihren einschränkenden Wirkungen auf die emotionale, akademische und berufliche Seite von Jungen auseinander. Im Gegensatz zu dem Mythos, daß reine Jungenschulen gefährliche Brutstätten von Frauenfeindlichkeit und Aggression sind, entdeckte ich, daß in vielen von ihnen ausgeglichene Jungen mit einer positiven Haltung Mädchen und Frauen gegenüber heranwachsen, die sich ebenso wohl fühlen, wenn sie freundlich und sensibel sind, wie wenn sie sich mit voller Wucht in ein Rugbyspiel stürzen.

Nahezu ein Jahrzehnt lang empfahlen Psychologen und Pädagogen reine Mädchenschulen als Institutionen, die Mädchen vor der wenig einladenden Atmosphäre gemischter Schulen bewahren sollten. Mädchenschulen wurden weithin für ihre Gabe gepriesen, die akademischen Leistungen von Mädchen zu erhöhen und ihr Vertrauen in sich und in die eigenen Fähigkeiten zu stärken. Meiner Ansicht nach ist nun die Zeit gekommen, um zu sehen, ob dasselbe auch für Jungen zutrifft, und, sollte dies der Fall sein, uns zu fragen, was wir von diesen Schulen lernen können und wie sich diese Erkenntnisse bestmöglich in einer gemischten Erziehungsumgebung umsetzen lassen.

Meine Untersuchungen zeigen, daß wir, obwohl wir uns an den Gedanken reiner Mädchenschulen gewöhnt haben und diesen unsere Unterstützung zukommen lassen, zumindest in den USA ein ähnliches Modell für Jungen noch nicht akzeptieren. Mit Befremdung reagieren wir auf Einrichtungen, die ausschließlich Jungen mit Lernstörungen und mangelndem Selbstwertgefühl vorbehalten sind; wir lehnen sogar traditionelle soziale Jungenorganisationen wie die Pfadfinder ab. Bedauerlicherweise wiesen die Bundesgerichte die gutgemeinten Bemühungen ab, besondere Akademien für Jungen zu schaffen, die jungen Afroamerikanern hätten helfen sollen, ihre Kenntnisse der englischen Sprache zu verbessern. Sie betrachteten diese «getrennten, aber gleichberechtigten» Einrichtungen als eindeutig verfassungswidrig. Unsere Töchter unterstützen wir, indem wir getrenntgeschlechtliche Erziehungseinrichtungen und Neigungsgruppen fördern. Unsere Söhne hingegen bringen wir lediglich zum Psychiater und integrieren sie zwangsweise in koedukative Schulen, die sich vor allem auf die Bedürfnisse der Mädchen konzentrieren und die der Jungen vernachlässigen. Ich frage mich, was uns davon abhielt, die Alternative reiner Jungenschulen für unsere Söhne zu untersuchen oder die dort gewonnenen Erkenntnisse auf unsere gemischten Schulen zu übertragen.

Jüngste Forschungen belegen, daß Jungenschulen unseren Söhnen tatsächlich eine Art geschützte Umgebung bieten können. 1997 schloß Diane Hulse, die Leiterin der Mittelschule an der Collegiate

School in New York, ihre Studie ab, in der sie das Verhalten von Jungen der fünften bis achten Klasse einer gemischten Schule mit dem der Schüler an einer Jungenschule verglich. Mit Hilfe einer Reihe empirischer Meßmethoden zeigte Hulse, daß Jungen einer reinen Jungenschule weniger defensiv waren, daß sie sich von ihren Altersgenossen nicht so leicht unter Druck setzen ließen und mit ihren «Aggressionen» besser umgehen konnten und darüber hinaus im Umgang mit Mädchen weniger Schwierigkeiten hatten. Im Vergleich zu ihren Altersgenossen aus gemischten Schulen betrachteten sie Männer und Frauen in höherem Ausmaß als gleichberechtigt.

Meiner Ansicht nach lassen sich aus diesen Erkenntnissen verschiedene Schlüsse ziehen. Wie Professor Richard Hawley vermutlich darlegen würde, werden die Schüler einer reinen Jungenschule in einer Weise unterrichtet, die ihrem Lernstil und ihrer Aufnahmegeschwindigkeit entspricht. Besonders wichtig erscheint mir, daß in gut geführten Jungenschulen unter den Gleichaltrigen eine Kultur entsteht, in der sich die Jungen wohl fühlen, Vertrauen in ihre Fähigkeiten erhalten und dadurch bessere schulische Leistungen erbringen. Besonders Jungen im Alter von über 10 Jahren finden ohne die Anwesenheit von Mädchen weniger Gründe, um zu prahlen, zu spotten und herumzutoben. Ohne Mädchen verringert sich unter Jungen das Wettbewerbsstreben, sie fühlen sich nicht mehr so verletzlich und treten daher auch untereinander weniger hart auf. Insgesamt scheint jeder einzelne ein stärkeres Selbstbewußtsein auszubilden und ist somit weniger darauf angewiesen, sich hinter einer Maske zu verbergen.

In gemischten Institutionen fürchten hingegen viele Jungen, daß sich ihre Lehrer oder andere Schüler über sie lustig machen werden, wenn sie ein bestimmtes Verhalten an den Tag legen, das möglicherweise als nicht vollkommen «männlich» betrachtet wird. Sie könnten zum Beispiel davor zurückschrecken, sich offen über die Gefühle zu äußern, die sich beim Lesen einer Geschichte oder eines Gedichtes einstellen, weil ihnen das als «weiblich» ausgelegt werden könnte. In einem solchen Fall verweigern sie möglicherweise die Antwort auf Fragen des Lehrers aus Angst davor, «albern» zu erscheinen. Sobald ein Junge in die Schule eintritt, werden ihm seitens der anderen Schüler und der Lehrer gleichermaßen geschlechtsspezifische Klischees aufgezwungen, die zu erfüllen sich der Junge verpflichtet fühlt. Diese Beschränkungen verleiten ihn zu einer «Überkompensation», die dazu führen kann, daß er den Unterricht stört, andere Schüler belästigt oder sich «unwissend» stellt und gänzlich verweigert.

Da die Ergebnisse der Hulse-Studie lediglich auf der Beobachtung zweier Schulen beruhen, sind aus Gründen der Fairneß möglicherweise weitere Untersuchungen erforderlich. Doch selbst wenn es uns nicht gelingt, die Vorteile von reinen Jungenschulen mit wissenschaftlicher Gewißheit nachzuweisen, enthält diese Studie ernstzunehmende Hinweise darauf, daß dieser Schultyp zumindest für einige Jungen von Nutzen wäre. Selbstverständlich wird auch zukünftig die Mehrzahl aller Jungen und Mädchen eine gemischte Schule besuchen. Es kann und soll wahrscheinlich nicht unsere Lösung sein, sämtliche Schulen nach Geschlechtern zu trennen. Wir sollten jedoch versuchen, die positiven Aspekte, die wir in reinen Jungenschulen kennengelernt haben, auf die Lehrmethoden und die Behandlung von Jungen in gemischten Schulen anzuwenden. Ebenso wie einige öffentliche Schulen ausschließlich Mädchen vorbehaltene Sonderprogramme in Mathematik und Naturwissenschaften entwickelten – eine Art eingeschlechtliche Akademie innerhalb eines gemischten Schulsystems –, verspreche ich mir großen Erfolg von ähnlichen Experimenten für Jungen in den Bereichen Lesen und Schreiben.

Um zu zeigen, wie vielversprechend ein solches Konzept ist, berichte ich hier die Geschichte von Jean Ellerbe, einer Lehrerin an einer gemischten öffentlichen Schule, die durch den puren Zufall, daß alle Schüler ihres Kurses in einem Semester Jungen waren, eine reine Jungenklasse in Englisch unterrichtete. Anfangs war sie darüber verärgert und versuchte, die Schulleitung dazu zu bewegen, an diesem Zustand etwas zu ändern, doch nach und nach erkannte sie die einzigartigen Möglichkeiten dieser Situation. Während sich in ihren gemischten Klassen die Mädchen stärker motiviert und gesprächsbereiter zeigten, schienen die Schüler ihres reinen Jungenkurses «entspannter» und «weniger verlegen, ihre Meinung zu äußern». Der Unterricht verlief allerdings auch lockerer und turbulenter, etwas, das sie erst nach einer Weile an ihren Jungen schätzen lernte. Ein Junge dieser Klasse kommentierte es folgendermaßen: «Mitunter wird es ein wenig laut bei all den Jungen, aber dafür fällt es ihnen leichter, ihre Meinung zu sagen. Wären Mädchen hier, würden wir fürchten, albern auszusehen.»

Wie dieser Ausspruch widerspiegelt, fühlen sich auch Jungen einer traditionellen gemischten Schule in einer reinen Jungenklasse, in der auf die typischen Lernstile und Lerngeschwindigkeiten von ihnen Rücksicht genommen wird, wohl genug, um ihre Rüstung abzulegen und ihr wahres Gesicht zu zeigen. Viele der von mir befragten Jungen, die entweder reine Jungenschulen besuchten oder in gemischten Schulen die Möglichkeit erhielten, an einer Jungen vorbehaltenen Klasse teilzunehmen, bestätigten, daß sie sich in dieser Umgebung frei genug fühlten, um ihre Maske abzulegen.

Der 17jährige Liam erklärte: «Wenn ich mit Mädchen in einer Klasse bin, bekomme ich mitunter das Gefühl, daß sie mich nur mögen, wenn ich cool bin. Intelligent zu sein ist aber nicht cool. Jungen, die von anderen als besonders cool betrachtet werden, sind in der Schule meist nicht so gut und melden sich niemals zu Wort. Ich selbst kann mich in einem reinen Jungenkurs besser auf den Unterricht konzentrieren», fuhr Liam fort. «Ich muß mir keine Gedanken machen, wie mich die Mädchen der Klasse wahrnehmen und ob sie mich für einen Schwächling oder Ähnliches halten. Heute arbeite ich hart und gebe eindeutig mein Bestes. Ich fühle mich wohl, wenn ich eine gute Zensur erhalte.»

Als ich mit Toby sprach, einem intelligent aussehenden 15jährigen Jungen in einem zerknitterten Hemd und Jeans, beschrieb er mir einige Vorteile der von ihm besuchten reinen Jungenschule. «Ich kann mich besser auf meine schulischen Aufgaben konzentrieren, denn hier gibt es keine Mädchen, die du beeindrucken müßtest. Im Unterricht kann ich die Hand heben und alles sagen, was ich will, da ich nicht durch das in Verlegenheit gebracht werden kann, was Mädchen untereinander über mich reden. Du mußt dich nicht um die normalen Dinge kümmern, wie etwa, wie deine Kleidung aussieht oder ob sie gebügelt ist. Ohne Mädchen ist das Arbeiten einfach viel leichter. In einer Jungenschule kann ich hinausgehen und meine Chancen ergreifen. Ich kann ein so guter Schüler sein, wie es mir nur irgend möglich ist.»

Toby bemerkte auch, daß Lehrer zu ihren männlichen Schülern eine engere Beziehung aufbauen, wenn keine Mädchen anwesend sind. «Lehrer, und insbesondere Lehrerinnen, mögen Mädchen immer lieber. Selbst wenn du ein Junge bist, kommst du deinen [männlichen und weiblichen] Lehrern hier näher.»

Er verglich seine jetzige Erfahrung mit den Jahren, die er in einer gemischten Schule verbracht hatte. «Ich glaube, von Mädchen erwartet man, daß sie klüger sind. Daher ist es für einen Jungen aufgrund seiner Ausgangsposition bereits schwieriger, gute Leistungen zu erbringen. Als ich noch eine gemischte Schule besuchte, brachten mich eine Menge Dinge in Verlegenheit, wie etwa eine falsche Antwort im Unterricht, ein Fehler auf dem Sportplatz oder wenn einer meiner Freunde vor anderen Schülern einen Scherz über mich machte.»

Lehrer und Aufsichtspersonen bestätigen die Aussagen dieser Jungen. So führten die beiden ehemals eingeschlechtlichen Schulen St. Stephen und St. Agnes aus Alexandria im Staat Virginia nach ihrer Wandlung in gemischte Schulen vor einigen Jahren das Experiment durch, einige Mathematik- und Naturwissenschaftskurse auch weiterhin nach Geschlechtern getrennt zu leiten. Die Ergebnisse waren positiv. «Jungen und Mädchen profitieren gleichermaßen von allen Vorteilen», meinte einer der Verwaltungsbeamten. «Den Lehrern bleibt es überlassen, den Unterricht in bezug auf die Häufigkeit von Gruppenarbeiten und individuellen Lernphasen selbständig anzupassen.»

Das von diesen beiden Schulen eingeführte Experiment ist ein exzellentes Beispiel für kreative Problemlösung. Solche Ansätze müssen wir aufgreifen, um unsere Schulen im Interesse unserer Jungen zu verändern. Selbst mit begrenzten Mitteln können öffentliche und private Schulen innovative Programme und Lehrmethoden einsetzen, die Jungen auf emotionalem und akademischem Gebiet fördern. Ich empfinde es als bedauernswert, wenn sich Schulen auf ihren Lorbeeren ausruhen, anstatt sich für notwendige Veränderungen stark zu machen. Meiner Ansicht nach ist es ebendiese Selbstzufriedenheit, die Jungen im Klassenzimmer zur Rebellion treibt und die dazu führt, daß die Diagnose «Verhaltensstörung» bei Jungen und männlichen Jugendlichen mit geradezu epidemischer Häufigkeit gestellt wird.

Leitfaden für Eltern: Was wir tun können, um unsere Schulen den Bedürfnissen unserer Söhne anzupassen

Um die negative Wirkung geschlechtsspezifischer Klischees und gegen Jungen gerichteter Voreingenommenheit auszugleichen, rate ich Eltern dringend, verschiedene Schritte zu unternehmen:

Loben Sie die schulischen Leistungen Ihrer Jungen.
So lebenswichtig es ist, die einzigartigen Talente und Stärken von Mädchen zu bestätigen, sehnen sich auch Jungen trotz ihres harten, unverwundbar und selbstbewußt erscheinenden Auftretens verzweifelt nach unseren lobenden und anerkennenden Worten für ihre akademischen Leistungen. Wir müssen *all* ihre schulischen Erfolge bestärken, nicht nur jene, die als typisch «männlich» betrachtet werden. Ein Kindergartenjunge, dem es gelingt, die Ingredienzien für Kekse in der Kochecke zusammenzurühren, sehnt sich ebenso und verdientermaßen nach einem Kompliment wie ein Junge, der aus Bauklötzen einen einen Meter hohen Turm baut. Dem Jungen, der den besten Aufsatz schrieb, steht ebenso Lob zu wie jenem, der erfolgreich sein Geometrieexamen ablegte.

Es ist einfach nicht möglich, einem Jungen zuviel positive Bestätigung zu geben. Wenn Eltern und Lehrer sehen, daß ein Junge seine Maske anlegt und sich hart und abweisend verhält, neigen wir dazu, dasselbe zu tun. Oft fürchten wir, den Jungen auf irgendeine Weise zu demütigen, wenn wir sein kühles, leidenschaftsloses Benehmen nicht widerspiegeln. Einerseits ist es richtig, einen Jungen nicht zu drängen, über etwas zu sprechen, wenn er nicht dazu bereit ist, andererseits sollten wir es ihm nicht gleichtun und uns ebenfalls abkapseln. Statt dessen sollten wir versuchen, seiner verborgenen Unsicherheit durch viel Liebe, Unterstützung und Bestätigung entgegenzuwirken. Wenn Ihr Sohn von der Schule nach Hause kommt und auf Ihre Frage, wie die Prüfung verlaufen ist, nur mürrisch knurrt, sollten Sie ihn wissen lassen, daß Sie unabhängig von seiner Zensur an ihn glauben.

Suchen Sie nach Gelegenheiten, Ihre Zustimmung spezifisch

auszudrücken. Wenn Sie beispielsweise eine von ihm geschriebene Geschichte lesen und sein beeindruckendes schriftstellerisches Talent bemerken, sollten Sie ihm sagen, wieviel Vergnügen es Ihnen bereitete, seine Geschichte zu lesen. Wenn er für seinen Biologieunterricht ein wissenschaftliches Experiment ausarbeitet und dazu einen Bericht mit schönen Grafiken erstellt, sollten Sie ihn für seine großartige Leistung bei der Zusammenstellung des Berichts loben und vor allem seine Grafiken hinreichend würdigen. Selbst wenn er Ihren positiven Kommentar mit einem Schulterzucken abtut, sollten Sie damit fortfahren. Dieses beständige warme Lob wird Ihren Sohn schützend begleiten – auch dahin, wo er weniger positive Aufmerksamkeit erhält.

Beteiligen Sie sich am schulischen Geschehen Ihres Sohnes und bleiben Sie beteiligt.

Beobachten und überwachen Sie den Fortschritt der Jungen in ihrem speziellen Schulsystem. Wie geht es den Jungen? Sind Lehrer und sonstige Betreuer aufgeschlossen für die Probleme von Jungen in unserer Gesellschaft? Rufen Sie Treffen und Workshops für Sponsoren ein, nehmen Sie am Nachmittagsprogramm der Schule teil und sorgen Sie dafür, daß die Schule sich selbst regelmäßig überprüft und kreative erfolgreiche Lösungen für die Entwicklung der Jungen anbietet. Fordern Sie, daß die Schule das einzigartige Lerntempo und den Lernstil Ihres Jungen anerkennt. Wenn er im Sprachbereich zusätzliche Hilfe benötigt, versichern Sie sich, daß er sie auch erhält. Wenn er Schreiben am besten mit Hilfe eines interaktiven Computerprogramms erlernt (anstatt Absätze aus einem Lehrbuch zu kopieren), sollten Sie sich dafür einsetzen, daß ihm ausreichende Zeit am Computer zur Verfügung gestellt wird. Wenn es Ihrem Sohn schwerfällt, länger als einen bestimmten Zeitraum bei einer Aktivität zu bleiben, sollten Sie sicherstellen, daß er an verschiedenen Projekten arbeiten kann.

Beobachten Sie seine seelische Entwicklung.

Zusätzlich zur Überprüfung der schulischen Leistungen anhand von Zeugnissen und anderen Bewertungsunterlagen sollten Sie beobachten, wie es Ihrem Sohn *Ihrer Meinung nach* auf emotionalem Gebiet in der Schule ergeht. Tun Sie alles, um ihm zu Hause einen sicheren Zufluchtsort zu schaffen, und setzen Sie sich dafür ein, daß dies auch in seiner Schule geschieht. Im Idealfall sollte ein Junge nicht einen ganzen Schultag durchstehen müssen, ohne an einem sicheren Ort die Gelegenheit zu erhalten, seine Verletzlichkeit ohne Angst vor Spott und Hohn zu zeigen. Fragen Sie Ihren Sohn beim Nach-Hause-Kommen so oft wie möglich, was ihm an der Schule gefällt und mißfällt. Erkundigen Sie sich nach seinen besten Freunden. Fragen Sie, welchen seiner Lehrer er bevorzugt. Wenn er sich Ihnen nicht sofort öffnet, sollten Sie ihm Ihre eigenen Schulerfahrungen schildern. Erzählen Sie ihm von der Prüfung, für die Sie zu lernen vergaßen. Erklären Sie ihm, wie sehr einige der anderen Kinder Sie verrückt machten. Berichten Sie von dem Lehrer in der fünften Klasse, den Sie nicht ertragen konnten. Wenn Sie Ihre eigene Verletzlichkeit zeigen, fühlt sich Ihr Sohn vielleicht sicher genug, auch seine zu offenbaren. Indem Sie die wahren Gefühle Ihres Sohnes über die Schule erfahren, können Sie nicht nur am besten feststellen, ob er in angemessener Weise behandelt wird, sondern auch erkennen, ob er selbst mit seinen schulischen Leistungen zufrieden ist. Wenn wir die Selbstbewußtseinskrise so vieler unserer Söhne überwinden wollen, müssen wir ihnen erst einen Ort bieten, an dem sie uns ihre Gefühle und Erfahrungen mitteilen können.

Lassen Sie es nicht zu, daß die Schule Ihren Jungen falsch beurteilt.

Wenn die akademische Leistung Ihres Jungen Mängel aufweist oder sein Verhalten unzulänglich ist, sollten Sie dafür Sorge tragen, daß seine Schule diese Mängel nicht als krankhaft betrachtet. Wenn er tatsächlich an ernsten Lernproblemen leidet oder zu Recht eine Auffassungsstörung oder Hyperaktivität diagnostiziert wird, sollte er einen sachkundigen Erziehungsspezialisten, Psychologen oder Psychiater aufsuchen, damit ihm kompetent geholfen werden kann. Vor jeder übereilten Beurteilung ist es jedoch wichtig, mit Ihrem Sohn ausreichend viel Zeit zu verbringen, um ihm die Gelegenheit zu bieten, sich zu öffnen und Ihnen zu erzählen, wie er den Schulalltag empfindet.

Wenn Ihr Junge nur widerwillig schlechte Prüfungsergebnisse bekanntgibt oder eingesteht, in der Schule mit anderen Schülern oder Lehrern «in Schwierigkeiten» geraten zu sein, sind in vielen Fällen die eigentlichen Probleme nicht auf die Pathologie des Jungen zurückzuführen.

Wie bereits besprochen, könnte der Mangel an der Schule liegen, die oftmals versäumt, eine Atmosphäre zu schaffen, in der der Junge erfolgreich sein kann: Mitunter sind die Vorschriften einer Schule zu rigide für einen Jungen, der eine offenere und stärker handlungsorientierte Unterrichtsmethode benötigen würde; vielleicht nimmt die Schule keine Rücksicht auf seinen persönlichen Lernstil, und die Unterrichtsgeschwindigkeit ist entweder zu niedrig oder zu hoch; eventuell ist der Unterricht eindimensional auf Zuhören und Auswendiglernen ausgerichtet; möglicherweise verhindert die Schule aufgrund geschlechtsspezifischer Klischees seine Teilnahme an für ihn interessanten Aktivitäten oder bezeichnet ihn voreilig als Unruhestifter. Wenn sich Ihr Sohn in der Schule unangemessen benimmt, rate ich dringend, nicht nur mit seinen Lehrkräften zu sprechen, sondern ebenso mit den Eltern anderer Kinder derselben Schule. Es wäre möglich, daß Sie erkennen, daß nicht nur Ihr Sohn in dieser Schule oder mit einem bestimmten ihrer Lehrer Schwierigkeiten hat. Sollten tatsächlich Verhaltensprobleme auftreten, ist es von entscheidender Bedeutung, alle zu dieser Situation möglicherweise beitragenden Faktoren zu untersuchen, ehe Sie der Schule gestatten, eine rasche Lösung vorzuschreiben, die vermutlich der Schule eher dient als Ihrem Jungen.

Tragen Sie dazu bei, den Auftrag der Schule festzulegen. Versuchen Sie sicherzustellen, daß die Schule Ihres Sohnes die einzigartigen Bedürfnisse von Jungen berücksichtigt. Eltern und Lehrer müssen eingreifen, wenn den Jungen geschlechtsspezifische Zwänge auferlegt werden. Fängt beispielsweise ein Lehrer die Bemerkung eines Jungen auf, daß «Poesie etwas für Weichlinge» ist, wird er im Idealfall einschreiten und erklären, daß Poesie zu lesen und zu schreiben nicht nur für Jungen passend ist, sondern sogar eine große Zahl unserer Lieblingsschriftsteller

Männer waren. Wenn Eltern erfahren, daß Wahlfächer in der High-School (wie Tech Art, Chor, Theater) als nach Geschlechtern getrennte Veranstaltungen angeboten werden, hoffe ich, daß diese Eltern den Mut finden, an die Schulleitung heranzutreten und zu fordern, daß Jungen und Mädchen gleichermaßen willkommen sind, sich in diesen Kursen zu versuchen.

Ich erachte es für hilfreich, wenn Eltern, Lehrer und die Schulleitung einander regelmäßig bei Eltern-Lehrer-Versammlungen, besonderen Workshops und Ähnlichem zusammentreffen, um zu untersuchen, auf welche Weise Jungen unterrichtet werden, und sicherzustellen, daß der Lehrplan auf die Anforderungen von Jungen abgestimmt ist. Jungen dürfen nicht zu einem politischen Spielball oder Ziel einer Gegenbewegung werden, weil wir versagten, die rechtmäßigen Ansprüche von Mädchen zu erfüllen. Statt dessen sollten die besonderen erzieherischen Bedürfnisse von Jungen ebenso eingehend geprüft werden wie die der Mädchen.

Die angewendeten Lehrmethoden müssen im Hinblick auf ihre Effizienz ständig kritisch hinterfragt werden. Dafür müssen wir auf dem laufenden bleiben, was unsere Jungen wirklich interessiert. So könnte der Einsatz verschiedener Medien, wie zum Beispiel Video und CD-ROM, das Interesse von so manchem Jungen wecken, der in Literaturtexten steckenbleibt. Integrierte Sportaktivitäten mit Trainern und Kunstprogramme mit Fachleuten könnten die sinkende Aufmerksamkeit eines vom Unterricht angewiderten Jungen neu entfachen oder verborgene Talente zu Tage fördern. Die Vielfalt kreativer Anreize für Jungen übersteigt den mir zur Verfügung stehenden Raum. Alles, was den Bedürfnissen unserer Jungen tatsächlich entspricht, ist geeignet.

Was Schulen und andere Lehreinrichtungen tun können

Mit und ohne den Impuls der Eltern müssen Schulen innovative Lehrmethoden entwickeln und umsetzen, die auf die besonderen Anforderungen von Jungen abgestimmt sind:

Jungenfreundliche Unterrichtsfächer.
Ebenso wie sich jeder Erwachsene in einer Buchhandlung für Bücher entscheidet, die seinen persönlichen Interessen entsprechen, müssen unsere Schulen Kurse anbieten, deren Inhalte für verschiedenartigste Jungen unterhaltend sind. Wie wir alle wissen, gibt es nicht nur eine Art von Jungen, weshalb es nicht einfach ist, Themen und Materialien zu wählen, die jeden Jungen stimulieren. Eine Schule kann ihre Kreativität unter Beweis stellen, indem sie eklektisches Unterrichtsmaterial entwickelt und eine breite Palette von Themen abdeckt, die die Aufmerksamkeit vieler Jungen (und Mädchen) auf sich ziehen. Im Englischunterricht bedeutet dies, die Bereiche Poesie, Erzählung, Novelle, Roman und andere Literatur männlicher und weiblicher Autoren zu traditionell «männlichen» und «weiblichen» Themen zu behandeln. In einem Fach wie Geschichte könnten Jungen stimuliert werden, indem man sie auffordert, Geschichte nicht nur aus der Perspektive von Männern, sondern auch aus der von Frauen zu betrachten. Es wäre so einfach, Unterricht für unsere Jungen spannend zu gestalten, daß es nicht einen überzeugenden Grund gibt, es nicht zu tun.

Verwenden Sie Lehrmethoden, die bei Jungen gut funktionieren.
Wie wir in diesem Kapitel erfuhren, besitzen Jungen in vielen Fällen einen von Mädchen verschiedenartigen Lernstil. Die Schulen müssen sicherstellen, daß sie sich dieses Unterschieds bewußt sind und dementsprechend handeln.

Bei kleinen Jungen könnte dies bedeuten, daß ihnen zahlreiche Gelegenheiten für praktisches und interaktives Lernen sowie angewandte Problemlösungen angeboten werden. Anstatt 8jährige aufzufordern, Mathematikaufgaben aus einem Buch zu bearbeiten, könnte ein Lehrer eine Art «Gameshow» inszenieren, in der die Jungen als Showteilnehmer die Aufgaben lösen. Anstatt kleinen Jungen eine Fabel vorzulesen, könnte ein Lehrer dieselbe Literatur durch ein Puppenspiel vermitteln, in dem die Jungen die Gelegenheit erhalten, während und nach der Aufführung mit den Puppen zu kommunizieren. In einem Poesiekurs könnte der Lehrer, anstatt jedes Kind aufzufordern, mehrere klassische Gedichte zu lesen und anschließend ein eigenes Werk zu verfassen, einen Gastredner einladen, der seine eigenen Gedichte vorträgt und die Schüler bei der Verfassung eines Gruppengedichts (über ein jungenfreundliches Thema) begleitet, das an der Tafel Gestalt annimmt.

Ältere Jungen benötigen als Schüler ebenfalls eine Vielzahl kreativer Möglichkeiten. In einer Englischstunde über Shakespeare könnte ein Lehrer einen weit größeren Erfolg erzielen, wenn er die Schüler auffordert, Teile des Stücks in der Klasse aufzuführen, als wenn er nur den Text von *Romeo und Julia* in verteilten Rollen lesen läßt. In einem Kurs über Wirtschaftskunde könnte der Lehrer innerhalb der Klasse eine Debatte inszenieren, auf die sich die Schüler in Kleingruppen vorbereiten, anstatt seine Schüler anzuweisen, das Für und Wider eines Themas schriftlich zu erörtern. Einem Jungen, der ruhelos wird, wenn er in seinem Stuhl sitzend einen Text zur Geschichte lesen muß, könnte ein Lehrer die Möglichkeit bieten, die geforderte Information mit Hilfe einer CD-ROM zu erlernen. Selbst mit beschränkten Mitteln kann eine Schule kreative Unterrichtsmethoden entwickeln, die das Interesse von Jungen aufrechterhalten und ihre Beteiligung am Unterricht sichern.

Respektieren Sie das Lerntempo jedes einzelnen Jungen. Es gibt kaum etwas Demütigenderes, als aufgefordert zu werden, einen bestimmten Unterrichtsstoff zu erlernen, bevor man bereit oder dazu imstande ist. Wie wir sahen, bleiben Jungen in der Schule und insbesondere in den Bereichen Lesen und Schreiben oftmals hinter Mädchen zurück. Deshalb erachte ich es für unerläßlich, daß Schulen auf das individuelle Tempo jedes Schülers eingehen. So ergibt es kaum einen Sinn, einen Jungen anzuweisen, eine Kurzgeschichte zu schreiben, wenn er nicht einmal einen Satz vervollständigen kann. Ebenso wäre es vergeblich, einen älteren Jungen Homer lesen zu lassen, wenn er auch zu einfacheren Texten keinen Zugang findet. Als praktische Maßnahme bedeutet dies, daß Schulen in jedem wichtigen Fachbereich ständig durch Tests feststellen müssen, wo sich ein Junge befindet, und dann die Unterrichtsstruktur, Aufgabenverteilung und das Lehrmaterial an das jeweilige Verständnisniveau der Schüler angepaßt werden muß. Einfach ausgedrückt, wenn einige Jungen zum Lernen mehr Zeit benötigen, müssen Schulen Geduld üben und ihnen diese Zeit zugestehen. Andernfalls lernen sie einfach nicht gut, und ihr Selbstbewußtsein als Schüler sinkt dramatisch.

Experimentieren Sie mit eingeschlechtlichen Kursen. Wie in diesem Kapitel bereits angeführt, gibt es Hinweise dafür, daß reine Jungenklassen zumindest in Bereichen, in denen Jungen langsamer als Mädchen lernen beziehungsweise geringere Leistungen erbringen, hilfreich sein können. Durch die Einführung von ausschließlich Jungen vorbehaltenen Klassen ermöglichen es Schulen ihren Lehrern, sich in positiver Weise auf die Bedürfnisse ihrer Schüler einzustellen und Unterrichtsmaterial, Lehrmethoden und Lerngeschwindigkeiten zu entwickeln, die auf diese besonderen Anforderungen abgestimmt sind. In Klassen, in denen Jungen unter sich sind, verringert sich der Druck beträchtlich – die Jungen fühlen sich freier, reagieren selbstbewußter und gewinnen mehr Vertrauen in ihre eigenen Fähigkeiten.

Stellen Sie mehr männliche Lehrkräfte ein. Besonders in Grundschulen, in denen sich Jungen erstmals eine Meinung zu geschlechtsspezifischen Verhaltensweisen bilden, ist es außerordentlich wichtig, daß Schulen sich bemühen, mehr männliche Lehrkräfte einzustellen. Obwohl ich darauf hingewiesen habe, daß Mütter und Frauen für die Entwicklung einer gesunden männlichen Identität unverzichtbar sind, kann es uns nicht recht sein, wenn Jungen in der Grundschule *ausschließlich* weibliche Vorbilder erhalten. Wir vermitteln ihnen sonst, daß Lernen nichts für Männer ist. Ebenso sollte natürlich auch an allen anderen Schulen ein ausgewogenes Verhältnis zwischen männlichen und weiblichen Lehrkräften herrschen. Am besten wäre es, wenn nicht alle Naturwissenschafts- und

Mathematikkurse von Männern unterrichtet und nicht alle Literatur- und Kunstkurse von Frauen abgehalten würden. Dies könnte sich langfristig darauf auswirken, daß sich Jungen in Bereichen engagieren, die sie bisher meiden, weil sie den Spott ihrer Mitschüler fürchten, wie etwa ein Haiku zu schreiben oder einen Saum zu nähen.

Richten Sie Mentorprogramme ein.
Jungen profitieren in hohem Maß von Mentoren, die ihnen Einfühlungsvermögen entgegenbringen und ihnen als Vorbilder für das dienen können, was zu erreichen möglich ist. Da es in naher Zukunft vielen Schulen nicht gelingen wird, sich wirksam auf die einzigartigen emotionalen und akademischen Bedürfnisse von Jungen einzustellen, halte ich Mentorprogramme für besonders wichtig.

Der Mentor für einen Jungen kann ein Mann oder eine Frau, ein Erwachsener (wie etwa ein Lehrer, Schulberater oder eine Aufsichtsperson) oder sogar ein älterer Schüler sein. Die Anteilnahme des Mentors im Hinblick auf das Wachstum und die Entwicklung des Jungen ist hierbei vorrangig. Im Idealfall besitzt er oder sie persönliche Interessen, die relativ gut mit jenen des Jungen übereinstimmen (so sollte ein Junge, der Football liebt, nicht mit einem Lehrer zusammengebracht werden, der sämtliche Sportarten verabscheut).

Meiner Ansicht nach kann der Mentor für den Jungen vieles tun. Zum einen kann er sich regelmäßig – mindestens einmal pro Woche – mit dem Jungen treffen, um zu sehen, wie es ihm emotional und schulisch ergeht. Um dem Mentor zu helfen, könnte die Schule eine Liste von Fragen vorbereiten, die dieser konsequent stellen sollte, wie etwa: «Wie geht es dir im Englischunterricht? Welche Hausarbeiten hast du erhalten? Kannst du mir zeigen, wie du sie bewältigtest? Wie läuft es mit den anderen Schülern deiner Klasse? Sind es nette Leute? Mit wem verbringst du deine Zeit? Wie ist der Lehrer? Gefällt dir der Unterricht bei diesem Lehrer?» Grundsätzlich sollten diese Fragen nicht nur einen Einblick in die schulischen Leistungen des Jungen gewähren, sondern auch seinen Gefühlsbereich erkunden.

Zweitens sollte sich der Mentor anbieten, dem Jungen, soweit wie möglich, in jenen Fächern zu helfen, in denen er schwächer ist. Zum einen geht es darum, dem Jungen tatkräftige Unterstützung anzubieten, zum anderen aber auch darum, mit dem entsprechenden Lehrer in Kontakt zu treten, ihn über die Sorgen und Bedürfnisse des Jungen zu informieren und mit ihm gemeinsam eine kreative Lösung des bestehenden Problems zu erarbeiten.

Schließlich sollte der Mentor dem Jungen einfach ein treuer Freund werden. Wenn der Junge weiß, daß er einen älteren Freund besitzt, dem sein sozialer und akademischer Fortschritt ein Anliegen ist, wird er an all seine Handlungen und Tätigkeiten innerhalb der Schule mit mehr Selbstbewußtsein herangehen. Ein mitfühlender Mentor, der auf die aktuellen emotionalen und akademischen Bedürfnisse eines Jungen achtet, kann eine starke positive Wirkung auf dessen schulische Leistungen ausüben und ist dann besonders wichtig, wenn der Junge zu Hause nicht die innige und liebevolle Aufmerksamkeit erhält, die er im Idealfall erhalten sollte, weil beispielsweise beide Elternteile berufstätig sind oder er mit einem überforderten Elternteil alleine lebt.

Schaffen Sie sichere Zufluchtsorte für Jungen.
So wie man mit großem Elan versuchte, Schulen zu einem Ort zu machen, an dem Mädchen sich wohl fühlen und ihre Gedanken und Meinungen frei äußern können, müssen Schulen nun die geeigneten Schritte einleiten, um auch für Jungen zu einem Hort der Sicherheit zu werden. Ihre zukünftige Aufgabe wird es sein, dem Prozeß der auf Scham gegründeten Abhärtung Einhalt zu gebieten, die geschlechtsspezifische Zwangsjacke zu lockern und Jungen zu lehren, wirkliche Beziehungen einzugehen – Beziehungen, die nicht nur ihren Geist anregen, sondern ihre Herzen und Seelen mit Liebe erfüllen.

Dazu bedarf es mehrerer Schritte: Zunächst muß die Schulleitung den Unterrichtsplan für die Jungen aller Altersstufen so abändern, daß er Zeit und Raum enthält, in der die Jungen sie selbst sein dürfen und sich von den üblichen Einschränkungen des Unterrichts befreit fühlen. Für kleinere Jungen bedeutet dies zum Beispiel, daß während des Tages ausreichend viele Pausen eingeplant werden, in denen sie ihr Bedürfnis nach Bewegung ausagieren können. Einige Schulen führten mit Erfolg das Experiment durch, den Sportunterricht nicht stets am Ende des Schultages anzusetzen.

Ältere Jungen brauchen Zeiten und Zonen, zu und in denen sie sich treffen können – im Idealfall betreut durch einen Mentor –, um nach Herzenslust zu reden, umherzutollen und Geschichten zu erzählen. Diese Zonen können entweder innerhalb eines Gebäudes eingerichtet werden oder auch wirkliche «Freiräume» außerhalb des Gebäudes sein. Von Vorteil ist natürlich, wenn es beide Alternativen gibt, so daß die Jungen je nach Neigung die Umgebung wählen können, die ihnen gerade zusagt. Wie häufig diese Zonen aufgesucht werden, muß im Einzelfall entschieden werden. Wichtig ist, daß Jungen oft genug die Gelegenheit erhalten, ihren eigenen Impulsen nachzugeben, ohne irgendwelche Instruktionen beachten zu müssen, damit sie emotional und intellektuell aufblühen können.

Zusätzlich sollte es an jeder Schule einen Ort geben, der Jungen dazu einlädt, sich mit Mädchen, anderen Jungen, Lehrern und anderen Betreuungspersonen über ihre Gefühle auszutauschen. Diese sicheren Zufluchtsorte können nach Geschlechtern getrennt oder gemischt sein, entweder von einem Erwachsenen betreut werden oder – falls gewünscht – ausschließlich den Schülern vorbehalten bleiben. Es genügt einfach nicht, daß Schulen die Verantwortung für die emotionalen Bedürfnisse der Jungen ausschließlich den Familien überlassen. Meiner Ansicht nach ist dies aus zwei Gründen weder den Jungen noch den Eltern gegenüber fair. Zum einen geben viele Eltern angesichts ihrer übrigen Verpflichtungen bereits ihr Bestes und schaffen es einfach nicht ohne die Hilfe der Schulen. Zum anderen können nicht alle Eltern jederzeit für die seelische Unterstützung ihrer Söhne zur Verfügung stehen, da sie entweder körperlich oder mental – manchmal auch beides – nicht anwesend sind.

Keine Schule darf die seelischen Bedürfnisse ihrer Schüler ausklammern. Erst dann, wenn sich Schulen auf ehrliche, konsequente und hingebungsvolle Weise auch um die seelischen Belange der ihnen anvertrauten Jungen kümmern, können Eltern sich darauf verlassen, daß die vielen Stunden des Tages, die ihre Söhne in der Schule verbringen, für sie eine größtenteils bereichernde, erfreuliche und gutgenützte Zeit ist, die ihnen hilft, zu glücklichen, intellektuell neugierigen, emotional erfüllten und erfolgreichen jungen Männern heranzuwachsen.

Die Einrichtung von effektiven Unterstützungsgruppen für Gleichaltrige, «sozialen Zentren», Diskussionsgruppen und Ähnlichem erfordert kaum zusätzliche Geldmittel oder Personal. Jede Schule sollte sich fragen: Wenn ein Schüler unserer Schule aus irgendeinem Grund unglücklich ist, sei es wegen schulischer Probleme oder wegen anderer, hat er dann einen Ort, an dem er *gerne* über seine Probleme sprechen würde? Sollte die Antwort auf diese Frage «Nein» lauten, hat die Schule ihre Verpflichtung noch nicht erfüllt.

Kapitel 11

Jungen – Sport, Spiel und Wandlung

«Da ist aber auch dieses wirklich warme Gefühl in dir. Ich weiß nicht, wie ich es erklären soll. Als ob wir alle gemeinsam etwas erlebten und es sogar in Ordnung ist, wenn wir verlieren.» (Martin, 16 Jahre)

Das Paradoxon Sport – er verstärkt und sprengt die Ketten des männlichen Verhaltenskodexes

Seit Menschengedenken gilt: Sport ist Entspannung. In der Arena werden die traditionellen gesellschaftlichen Beschränkungen gelockert, doch treten Jungen mit Teilen ihres wahren Wesens in Kontakt, die sie kaum anderswo erleben dürfen. Im besten Fall bietet Sport Jungen die Gelegenheit, in einer freien Atmosphäre zu spielen, sie selbst zu sein und das volle Spektrum ihrer Emotionen auszuleben – vom Hochgefühl des Tors in der letzten Minute bis zu der bitteren Enttäuschung über die Niederlage, von der Freude, derjenige zu sein, der unerwartet das Spiel herumreißt, bis zu der Demütigung, im letzten Viertel der Spielzeit kein einziges Mal den Ball gefangen zu haben.

Sport liefert Jungen die Bühne, auf der sie ihre Gefühle ungehindert ausdrücken können, einen Ort, an dem es in Ordnung ist, ausgelassen, gefühlsbetont und leidenschaftlich zu sein. «Während des Unterrichts müssen wir still sein und unsere Hand heben, wenn wir etwas sagen wollen», erläuterte der 12jährige Max. «Das ist langweilig, und mitunter bekomme ich das Gefühl, mit niemandem sprechen zu können. Nach der Schule Sport zu betreiben gefällt mir, weil wir dann alle zusammensein können. Wir laufen rasch, schreien Dinge hinaus, was auch immer. Dabei kann ich ganz *ich selbst* sein.»

Viele Jungen erleben beim Sport eine Art von aufrichtiger Vertrautheit, denn zumindest vorübergehend ist die starre Regel außer

Kraft gesetzt, daß Jungen weder Gefühle noch Zuneigung noch ihre Sehnsucht nach einer Beziehung zu anderen äußern dürfen. Sport kann im Leben unserer Söhne eine immense Wichtigkeit erlangen, weil es eine Aktivität ist, bei der sie mit sich und gleichzeitig auch mit anderen in Kontakt treten.

Sport bietet zwar die Chance, den männlichen Verhaltenskodex abzuschütteln, und erzeugt ein Klima von unmittelbarer Nähe und Offenheit, aber Sport birgt auch die Gefahr in sich, daß Jungen der Einsamkeit, der Scham und dem skrupellosen Wettkampf ausgesetzt werden. «Hier geht es rauh zu», erklärte mir ein High-School-Footballspieler vor kurzem. «Einige Kerle spielen so hart, wie es von ihnen erwartet wird. Aber andere wirken, als wollten sie dich zu fassen bekommen – sie versuchen dich zu zerstören.» Somit wird Sport auch zum Schauplatz für ungezügelte Aggressionen, zu einem Ort, an dem Emotionen wie Wut und Enttäuschung überborden und Jungen sich gegenseitig verletzen.

Und dann kann Sport Jungen in einen Wettkampfkult stoßen, dessen Ziel der Sieg um jeden Preis ist. Ein Streben nach narzißtischem Ruhm auf Kosten anderer. Dieser Wettkampfkult bewirkt, daß sich einige im Sport weniger erfolgreiche oder an ihm weniger interessierte Jungen ausgeschlossen, wertlos und beschämt fühlen.

Ich bin der festen Überzeugung, daß die Vorzüge von Sport für Jungen verblassen, sobald er seinen spielerischen Charakter verliert. Ein reiner Wettkampf zwischen Jungen trägt nichts zur Persönlichkeitsbildung bei und bringt Jungen einander kaum näher. Sport als Spiel hingegen kann sich auf Jungen überaus günstig auswirken. Der angesehene englische Psychoanalytiker D. W. Winnicott beobachtete, daß Spiel für Kinder die Grundlage einer gesunden umfassenden Entwicklung ist. «Spiel zeigt, daß [das] Kind imstande ist [...] einen persönlichen Lebensstil zu entwickeln [...] und schließlich eine vollständige Person wird [...] die von der gesamten Welt willkommen geheißen wird.»

Der verstorbene Baseballpräsident und Renaissanceforscher A. Bartlett Giamatti sprach über Sport als «das Streben [...] aus deinem Selbst genommen zu werden [...] für einen Augenblick mit einer Freude in Berührung zu kommen [...] und sich von allem befreit zu fühlen. Es ist kein Gefühl von Sieg, sondern von einem vollkommenen Spiel.» Wenn Sport die richtige Perspektive behält und in erster

Linie als Chance für Jungen betrachtet wird, im fröhlichen, lebhaften und energiereichen Spiel zusammenzukommen, hilft er ihnen, neue Fähigkeiten zu entdecken, ihr Selbstwertgefühl zu steigern, sie mit ihren wahren Empfindungen zu vereinen und den Kreis ihrer Beziehungen zu erweitern.

Sport als Mittel zur Wandlung

Mit der richtigen Einstellung und dem geeigneten Trainer kann Sport bei Jungen eine Wandlung herbeiführen. Sobald der männliche Verhaltenskodex gelockert und dic Maske abgelegt werden kann, dürfen unsere Söhne von zurückhaltenden, fernen und harten Wesen zu ausdrucksstarken, liebevollen und unverwüstlichen Jungen werden. Sport ändert Jungen in dieser Weise. Er öffnet sie und gibt ihnen neuen Schwung und neue Authentizität. Er macht viele Jungen einfach zu glücklicheren und erfüllteren Menschen.

Die Geschichte der beiden 13- beziehungsweise 15jährigen Brüder Tom und Phillip Marson ist ein eindrückliches Beispiel dafür, wie Sport die Welt eines Jungen verändern kann.

«Früher gab es hier nichts zu tun», erklärt Tom über die kleine, wirtschaftlich schwache Stadt, in der er und sein Bruder wohnten.

«Die Stadt besaß gerade eine Bowlingbahn, die am Wochenende geschlossen war. Besonders im Sommer wußten wir nichts mit unserer Zeit anzufangen», stimmte ihm Phillip zu.

«Vor nicht ganz einem Jahr starben drei unserer besten Freunde an einer Überdosis», fuhr Tom fort. Tatsächlich hatten sich im Herbst zuvor drei männliche Teenager in dieser verschlafenen Stadt bis zur Besinnungslosigkeit betrunken und anschließend einen tödlichen Cocktail aus verschiedenen Schlafmitteln zu sich genommen. Gewiß – diese Stadt hatte schon viele Probleme gesehen, wie hohe Arbeitslosigkeit, finanziell schlecht ausgestattete Schulen und viele zerbrochene Familien, doch dies war etwas anderes. Drei Jungen, der älteste erst 16 Jahre, waren für immer dahingegangen.

Im Sommer nach den Todesfällen lag noch immer eine düstere Stimmung über der Stadt. Tom und Phillip waren entschlossen, die Dinge zu ändern. «Wir wandten uns an den Bürgermeister und den Priester unserer Kirche und fragten, ob wir für die Kinder der Nachbarschaft ein regelmäßiges Sportprogramm einführen könnten», erläuterte Phillip.

«Eine Softball-Liga», ergänzte Tom.

«Was für eine ausgezeichnete Idee», warf ich ein.

«Ja. Anfangs waren wir nur zehn Jungen», berichtete Tom. «Aber dann wollten alle daran teilnehmen, auch Mädchen», erklärte Phillip. «Heute gibt es zu viele Kinder, die spielen wollen – über einhundert. Aber die Regierung des Staates sagte zu, uns mit Geld und Trainern zu helfen.»

«Diese neue Liga hat also etwas bewirkt?»

«Das kann man wohl sagen», antwortete Phillip. «Jetzt besitzen wir einen Zeitplan. Wir haben etwas zu tun.»

«Ich bin nicht sicher, ob ich ohne Liga noch hier wäre», fügte Tom hinzu. «Eine ganze Weile kam ich mit den Dingen nicht zurecht. Heute habe ich einen Ort, wohin ich gehen kann.»

Während Tom und Phillip uns zeigen, daß sich die Lebensqualität von Jungen durch Sport umfassend verändern kann, habe ich vier Hauptbereiche herausgefiltert, in denen Sport bei Jungen eine Wandlung herbeiführt: Sport befreit Jungen, so daß sie eine weitere Bandbreite an Gefühlen ausdrücken können; er gestattet Jungen, ihre Liebe und Zuneigung in einer von Scham freien Umgebung zu zeigen; er bestärkt ihr Selbstvertrauen; und er lehrt sie, in schwierigen Situationen flexibel zu sein und auch mit Niederlagen umzugehen. Da diese Bereiche in der Eltern zur Verfügung stehenden Literatur kaum behandelt werden, möchte ich sie gerne im einzelnen besprechen.

Sport und Wandlung: Der emotionale Ausdruck

Der erste Wandlungsbereich betrifft den emotionalen Ausdruck. Sport kann ein Forum darstellen, in dem Jungen lernen, offen mit dem Gefühl des Versagens, der Scham, der Trauer und der einfachen Wirklichkeit menschlicher Beschränkungen umzugehen.

Ob Football, Basketball, Baseball oder Golf, nahezu alle Sportarten bewirken beträchtliche Gefühlsbewegungen, Höhen und Tiefen. Mitunter sind unsere Siege und Niederlagen persönlicher Natur, wenn wir beispielsweise ein Eins-gegen-eins-Tennismatch gewinnen, beim Skifahren stürzen oder in einer Runde Golf weit unter dem Durchschnitt bleiben, mitunter aber auch gemeinschaftlicher Natur, wenn die Verteidigung eines Basketballteams im dritten Viertel schwerfällig wird oder eine Baseballmannschaft sich sammelt, um eine Reihe von Homeruns im letzten Inning eines Heimspiels zu erzielen. Diese Höhen und Tiefen umfassen eine Vielzahl von Emotionen, ob wir sie individuell oder im Team erfahren: Freude, Trauer, Stolz, Verlegenheit, Wut, Triumph, Demütigung. Sport hilft Jungen, mit diesen Gefühlen auf ähnliche Weise umzugehen, wie Väter es tun (wie wir in Kapitel 6 erfuhren), wenn sie ihre kleinen Jungen im wilden, ungezügelten Spiel lehren, mit intensiven Empfindungen zurechtzukommen.

Tatsächlich kann man bei Jungen auf dem Spielfeld oder dem Trainingsplatz oftmals beobachten, daß sie all die Gefühle, die sie sonst hinter der Maske verbergen, frei ausleben. «Üblicherweise würde ich niemals vor meinen Freunden weinen», erklärte Josh, der 17jährige Quarterback eines High-School-Footballteams, «aber wenn wir ein Spiel verlieren und es wirklich knapp war, habe ich schon eine Menge Jungen weinen gesehen. Manchmal kannst du die Tränen einfach nicht zurückhalten.»

«Wir hätten es beinahe in das Staatsfinale geschafft», erzählt der 15jährige Peter in bedauerndem Ton über die Niederlage seiner Leichtathletikmannschaft gegen ein anderes lokales Team. «Als wir im letzten Wettkampf erst im Stabhochsprung und dann im Fünfzehnhundertmeterlauf verloren, war unser Kapitän so erschüttert, daß er zu weinen begann.»

«Football ist ein ziemlich rauher Sport», erklärte der 17jährige Willis. «Vor einigen Wochen wurde einer unserer Spieler schwer verletzt und mußte mit dem Krankenwagen abtransportiert werden. In diesem wirklich langen Timeout versammelte sich unser Team, die Jungen drängten sich eng aneinander und sprachen gemeinsam ein Gebet für ihn. Einige der Jungen hatte der Vorfall schwer erschüttert.»

Für viele Jungen ist Sport der einzige Ort, an dem sie es für angemessen erachten, ihre wahren Gefühle und ihr wahres Wesen zu zeigen. Da die Quelle ihrer Gefühle äußerlich und für alle offenkundig ist – ein verfehltes Tor, ein großartiger Schuß, ein überlegener Sieg, eine knappe Niederlage –, kann mitunter die Scham entfallen, die sie üblicherweise empfinden, wenn sie diese Gefühle zeigen. Besonders bei einem Trainer, der sie für ihre Fehler nicht demütigt und sie ungeachtet ihrer Leistung stets ermutigt, fühlen sich Jungen frei genug, um ihre Empfindungen ohne Angst vor Verlegenheit ehrlich zu äußern. Sport hilft Jungen, Seiten an sich zu offenbaren, die sie in der Regel gezwungenermaßen verbergen.

Sport und Wandlung: Freundschaft und Zuneigung – Jungen lernen, Kontakte zu schließen

Sport kann Jungen Wege aus der Isolation weisen, und er eröffnet ihnen ganz zwanglos die Möglichkeit, ihre Zuneigung zu Kameraden zum Ausdruck zu bringen. Auf diese Weise trägt Sport dazu bei, Freundschaften zwischen Mädchen und anderen Jungen zu begründen, die ihrem eigenen physischen Wortschatz und ihren eigenen Regeln der Liebe folgen.

Lionel, der 16jährige Kapitän des stark umworbenen High-School-Basketballteams, sprach mit mir über die Gemeinsamkeit, die er an seinen Teamkollegen schätzt. «Wenn wir siegen, kommen wir in der Gruppe zusammen, umarmen einander und klopfen uns gegenseitig auf die Schulter. Als wir damals gegen diese bislang ungeschlagene Mannschaft gewannen, packte mich einer meiner Mitspieler einfach von hinten. Einen Augenblick lang glaubte ich, er wolle mich angreifen. In Wirklichkeit umarmte er mich einfach kräftig. Er konnte nicht glauben, daß wir gesiegt hatten!»

Sport bietet einigen Jungen die Gelegenheit zu einer emotionalen Nähe, die sie in anderen Lebensbereichen allzuoft vermissen. Hier dürfen Jungen innerhalb angenehmer Grenzen Wertschätzung, Liebe und Zusammengehörigkeit füreinander empfinden. Im Rahmen des Sports fällt es Jungen viel leichter, sich um andere zu kümmern und einander gegenseitig zu helfen. Zuneigung und Unterstützung sind Ausdruck von Teamgeist und gehören ganz selbstverständlich zu einer Gemeinschaft, die ein gemeinsames Ziel – nämlich der Sieg – eint. Als Teil einer Gruppe sammeln Jungen die stärksten liebevollen und intimen Erfahrungen. Sie äußern ihre Empfindungen mitunter durch Aussprüche wie «Läuft gut», «Mache dir keine Sorgen», «Alles in Ordnung?», zumeist jedoch durch körperliche Gesten wie ein Schulterklopfen, eine Umarmung, ein beglückwünschender Klaps auf das Gesäß oder den nach oben gestreckten Daumen.

Im Baseballroman von Mark Harris *Bang the Drum Slowly* drückt einer der Spieler seine Emotionen folgendermaßen aus: «Du empfandest ein warmes Gefühl ihnen gegenüber und sahst sie an, und sie sahen dich an, und ihr wart alle am Leben, und du hättest ebensogut sagen können: ‹Ist das nicht phantastisch? Ich meine, am Leben zu sein! Ist das nicht wirklich eine großartige Sache?› Und wenn sie Mädchen gewesen wären, hättest du sie geküßt. Doch so sprachst du es niemals laut aus und machtest einfach mit deinen Dingen weiter.»

Sport und Wandlung: Ein Impuls für das Selbstvertrauen – das Gefühl, gut zu sein

Wenn Trainer und Eltern gemeinsam daran arbeiten, daß die Teilnahme am Sport zu keinem emotional schädlichen Erlebnis wird, kann diese Aktivität Jungen die Möglichkeit eröffnen, in einem Bereich, in dem viele von ihnen eine natürliche Begabung aufweisen, erfolgreich zu sein und ein neues Gefühl von Überlegenheit zu gewinnen. Dies stärkt ihr Selbstbewußtsein. Insbesondere für Jungen, die keine guten schulischen Leistungen aufweisen, kann Sport einer der wenigen Bereiche sein, in denen sie Anerkennung finden. Bei Teamsportarten empfinden es Jungen als Erfolg, durch ihren persönlichen Einsatz – einen guten Paß, eine hervorragende Verteidigung oder einen geschickten Angriff – zum Sieg der Mannschaft beizutragen. Selbst wenn sie auf der Bank sitzen und in einem bestimmten Match nur eine untergeordnete Rolle spielen, erfüllt sie das athletische Können und der Erfolg der Mannschaftskollegen mit dem stolzen Gefühl des Siegers.

Sean: Selbstbewußtsein durch Hockey

«Ich hatte das Gefühl, nichts wirklich gut zu können», erzählte Sean. Sein ältester Bruder Nick war ein hervorragender Künstler, der mit seinen Zeichnungen landesweite Wettbewerbe gewann. Seine älteste Schwester Maura beeindruckte ihre Eltern und Großeltern stets aufs neue mit ihren Tanzaufführungen. Und seine ihm altersmäßig am nächsten stehende Schwester Christina war eine ausgezeichnete Flötistin in ihrer High-School-Band. Sean kämpfte mit schulischen Problemen und nahm im Alter von 13 Jahren auch zu Hause ein mürrisches und abweisendes Verhalten an.

Seans Eltern waren von der Intelligenz ihres Sohns überzeugt, dennoch blieb seine akademische Leistung stets mittelmäßig. Eine seiner Lehrerinnen zeigte besonderes Einfühlungsvermögen. «Sie sagte uns, daß Sean sich einfach nicht genug bemühe», erinnerte sich seine Mutter Lynn O'Hanley. «Er sei der erste, der in der Klasse seinen Bleistift niederlege, obwohl er imstande wäre, eine gute Arbeit zu schreiben. Er erledige alle Aufgaben hastig, und man sähe ihm an, daß er seine Hausarbeiten einfach nur hinter sich bringen wolle. Wir dachten ernsthaft darüber nach, Sean auf ADD untersuchen zu lassen, obwohl er zu Hause stundenlang still sitzen und mit seinen Legobauklötzen spielen konnte.»

Seans Vater John O'Hanley erinnerte sich gerne an die Eishockeyspiele seiner Kindheit und schlug vor, Sean mit Sport in Kontakt zu bringen, um sein Selbstvertrauen zu stärken. So nahm er den Jungen zu verschiedenen Sportveranstaltungen mit. Er zeigte ihm Basketball, Football, Baseball, Fußball und Eishockey, das Lieblingsspiel seiner Kindheit. Anschließend überließ er Sean die Wahl, sich für eine dieser Sportarten zu entscheiden. «Ich erkannte deutlich, daß Sean es genoß, mit mir allein etwas zu unternehmen. In einer großen Familie gibt es dazu wenig Gelegenheit», erzählte John. «Es bereitet mir große Freude, über Sport zu reden, und ich hätte ihm am liebsten davon erzählt, bis ihm die Ohren geglüht hätten, doch ich hielt mich zurück und berichtete nur von einigen wenigen Begebenheiten aus meiner Kindheit. Ich hatte mich entschlossen, Sean keinen Rat zu erteilen, war aber zugegebenermaßen überglücklich, als er Eishockey wählte.»

John nahm an jedem Eishockeytraining seines Sohnes teil und feuerte ihn von der Seitenlinie an. «Ich schloß einen weiteren Pakt mit mir. Ich würde Sean niemals wegen seiner Fehler tadeln, sondern lediglich seine Bemühungen loben», erläuterte John. «Selbst das Training der jüngsten Spieler wird bereits gut betreut. Auf diese Weise ist es einfach, als Elternteil etwas wie ein Assistenztrainer zu werden. Das gab es zu meiner Zeit nicht. Meine Eltern kamen zu dem Spiel, spornten mich an und sprachen ansonsten kein Wort über Hockey. Ich wußte, daß ich Sean nicht jeden Tag in die Schule begleiten konnte, doch dies war etwas, das wir miteinander teilen konnten.»

Bald schon wurde der Junge zu einem der stärksten Spieler in der

Mannschaft. «Auf der Autofahrt nach Hause erzählte Sean von seinen besten Spielen. Mir traten die Tränen in die Augen, wenn ich sah, wie zufrieden er mit sich war», berichtete John. Im Frühjahr besserten sich Seans Zensuren. «Ich bin der beste Hockeyspieler meiner Familie», verkündet Sean heute. «Sogar besser als mein Vater in meinem Alter!»

«Eishockey bot meinem Sohn die Gelegenheit, sich in einem Bereich mit aller Kraft einzusetzen, der ihm gefällt», bemerkte John. «Ich zweifelte, ob es richtig sei, ihn zu nachtschlafender Zeit für das Training zu wecken und mit ihm zu Spielen in weit entfernte Städte zu fahren. Aber dadurch kamen wir einander näher, und das ist unbezahlbar.» Seans Geschichte zeigt auf, daß Jungen unter geeigneter Anleitung im Sport die Möglichkeit erhalten, sich auf einem Gebiet zu beweisen, das ihnen leichtfällt. Hier erhalten sie Lob und Anerkennung, die ihnen in anderen Bereichen versagt bleiben. Dies steigert ihr Selbstbewußtsein beträchtlich.

Sport und Wandlung: Verlieren – eine Lektion in Durchhaltevermögen

Schließlich trägt Sport zu einer Veränderung von Jungen bei, indem sie lernen, *emotional durchzuhalten* und jene Angst vor Scham zu überwinden, die besonders in der Jugend zu einer Abhärtung führen kann. Durch die Erfahrung, im Sport auch zu *verlieren*, trainieren sie ihr Durchhaltevermögen und erwerben die Fähigkeit, mit dem Gefühl von Scham offen umzugehen. Im Sport dürfen Jungen ihren Kummer und ihre Enttäuschung über Niederlagen auf eine Weise ausdrücken, wie dies in anderen Lebensbereichen nicht gestattet wäre. Mit Verlusten umgehen bedeutet, mit Scham zurechtzukommen. Wie A. E. Housman erklärte, lernt man dadurch, daß «Ruhm rascher verwelkt als eine Rose». Unglücklicherweise versäumen es viele Eltern und Mentoren, die Jungen im Umgang mit Niederlagen zu unterweisen, so daß sie sie als Katastrophe fürchten.

Ginge es im Sport ausschließlich um glorreiche Siege und die Demütigung des Gegners (oder eines weniger begabten Mitspielers), wäre er kein geeignetes Mittel, um einem Jungen zu helfen, sich mit seinen Ängsten und seiner Verletzlichkeit auseinanderzusetzen und eine Wandlung herbeizuführen. Da der Sport aber immer auch mit

Niederlagen verbunden ist, kann er die Persönlichkeit eines Jungen tatsächlich verändern.

«Das ist nicht so schlimm», antwortete der 16jährige Martin, als ich ihn fragte, wie er sich fühlt, wenn seine Fußballmannschaft verliert. «Mitunter sind wir etwas niedergeschlagen [...] und wenn wir auswärts unterliegen, ist es auf der Rückreise im Bus gänzlich still. Da ist aber auch dieses wirklich warme Gefühl in dir. Ich weiß nicht, wie ich es erklären soll. Als ob wir alle gemeinsam etwas erlebten und es sogar in Ordnung ist, wenn wir verlieren.»

«Es gibt nichts Besseres, als zu gewinnen», erklärte Hamilton, Martins 17jähriger Mannschaftskollege. «Verlieren ist scheußlich. Du fühlst dich wie ein richtiger Idiot. Aber niemand im Team gibt dir die Schuld, denn jeder weiß, daß er beim nächsten Mal Fehler machen könnte. [...] Niederlagen gehören einfach zum Spiel. Sie sind Teil dessen, was es heißt, in der Mannschaft zu sein. Auf diese Weise lernst du auch, damit umzugehen.»

«Du kommst dir plötzlich sehr klein vor», fügte der 17jährige Benson hinzu. «Aber es ist besser, als in der Schule oder anderswo eine Prüfung nicht zu bestehen», beteuerte der 16jährige Arthur.

«Warum ist das so?» fragte ich.

«Nun, bei einer Prüfung bist du ganz allein, und wenn du schlecht abschneidest, erzählst du es wahrscheinlich niemandem. Du schmollst einfach und versuchst es dir nicht anmerken zu lassen. Aber wenn du ein Spiel verlierst, bedeutet das, in Ordnung, jeder weiß davon – und außerdem verlieren wir alle gemeinsam. Da gibt es kein Verbergen, und du versuchst gemeinsam mit den anderen Jungen damit fertig zu werden.»

Wie diese Aussagen widerspiegeln, erhält der einzelne beim Sport die Unterstützung der Gemeinschaft, wodurch die Enttäuschung über eine Niederlage erträglicher wird. Mit geeigneter Anleitung erkennen diese Jungen sogar, daß diese Gemeinschaft nicht nur ihre Mannschaftskollegen und Fans umfaßt, sondern auch ihre Gegner, wie ich es bei einem High-School-Footballteam beobachtete.

Die Hawks: Aus Niederlagen lernen

Die Hawks sind eine talentierte Gruppe von High-School-Footballspielern aus einem Mittelklassevorort einer großen, im Nordosten der USA gelegenen Stadt. Diese Jungen verstehen es nicht nur, Football zu spielen, sondern viele von ihnen erbringen auch ausgezeichnete schulische Leistungen. Ihr knapp 1,90 m großer Trainer Paul Santanello prahlt vergnügt mit seinem Team: «Wer mit mir und meinem Team eine Saison übersteht, besitzt eine neunundneunzigprozentige Chance, ein College zu besuchen.»

«Das ist phantastisch», erklärte ich Paul, der meiner Ansicht nach seine Mannschaft athletisch hervorragend zu trainieren wußte, darüber hinaus aber auch großes Verständnis für die Psychologie des Sports besaß.

«Ich weiß, wie ich sie psychisch auf ein Spiel vorbereiten und was ich ihnen über Sieg und Niederlage erläutern muß. Vor gut zwei Monaten spielten wir zum Beispiel gegen eine dieser Stadtmannschaften. Daher erklärte ich den Jungen vor Ankunft des anderen Teams einige wichtige Punkte. Erstens, daß die Mannschaft aus einer Schule mit geringeren Ressourcen als die unsere käme. Daher dürften sie nicht über ihre verschlissenen Uniformen oder zerbrochenen Helme lachen oder spotten. Zweitens, daß diese Mannschaft zu den Spitzenteams des Staates gehöre und sie darauf vorbereitet sein sollten, ihr Bestes zu geben. Und drittens, wenn sie verlieren, sollten sie kein böses Wort ihren Gegnern gegenüber verlauten lassen, sondern ihnen einfach die Hand schütteln und sagen, daß sie großartig gespielt hätten.»

«Das sind ausgezeichnete Ratschläge.»

«Nun, davon weiß ich nichts. Aber als es zum Spiel kam, verhielten sich die Jungen wirklich gut. Sie gaben hundert Prozent und taten ihr Bestes, obwohl sie von dem anderen Team völlig aufgerieben wurden. Doch kein Spieler meiner Mannschaft sagte etwas Falsches zu den anderen Jungen. Sie zeigten Respekt. Und als das Spiel vorüber war, gingen sie hinüber und gratulierten ihren Gegnern.»

«Das ist eine echte Leistung.»

«Meine Jungen waren von den anderen so beeindruckt», fügt Paul mit einem Lächeln hinzu, «daß sie mich baten, samstags gegen sie trainieren zu dürfen. Seit sechs Wochen finden nun jeden Samstagmorgen diese Treffen statt, und ich habe den Eindruck, daß sie meinen Jungen wirklich gefallen.»

«Das klingt nach einer großartigen Gelegenheit für die Jungen.»

«Ja, und nicht nur das», erklärt Paul stolz. «Ich hörte, daß einige

Spieler meiner Mannschaft den Jungen des anderen Teams bei ihren Aufnahmeprüfungen für das College helfen. Sie haben sich tatsächlich angefreundet und unterstützen einander gegenseitig. Ich würde sagen, die Jungen meiner Mannschaft haben seit dieser ersten Niederlage einiges gelernt!»

Wie die Geschichte der Hawks beweist, ist es im fairen Sport möglich, aus seinen Niederlagen zu lernen und Grenzen anzuerkennen. Im Gegensatz zu vielen anderen Lebensbereichen sind die Regeln im Sport offensichtlich und die Folgen im Falle einer Übertretung augenblicklich fühlbar. Wie der Psychiater der medizinischen Fakultät von Harvard und ehemalige Footballkapitän der Universitätsmannschaft Phillip Isenberg erklärte, lehrt Sport den Menschen, mit den Grenzen des Spiels und seines eigenen Körpers zu leben und seine *wahren* Talente zu erkennen. Ungeachtet seiner eigenen Fähigkeiten gibt es nahezu immer jemanden, der stärker, schneller oder besser koordiniert ist. Wie sehr man sich auch bemüht, bleibt der Sieg stets auch eine Frage des Zufalls, abhängig von dem verletzten Starspieler, den aufgeregten Fans oder dem Wind, der den Ball davonträgt. Und wie unfair es auch sein mag, gehört Verlieren einfach zur Wirklichkeit.

Sport verändert Jungen, die glaubten, das Gefühl von Verlust und Verletzlichkeit für alle Zeiten verbergen zu müssen, und zeigt ihnen, daß Niederlage und Schmerz ein Teil des Lebens sind. Er führt ihnen vor Augen, daß es wichtig ist, mit seinen Enttäuschungen ehrlich umzugehen, einfach wieder aufzustehen, zurück aufs Feld zu laufen und weiterhin sein Bestes zu geben.

Die emotionale Bedeutung des Trainers: Ein Vorbild für persönliche Bestleistung

Wie gut und «verändernd» beziehungsweise wie schlecht und schädlich Sport für einen Jungen ist, hängt zum einen von der Einstellung der Mitspieler ab, zum anderen davon, wie er behandelt wird, wenn er im Spiel erfolgreich ist oder versagt. Entscheidend für all diese Faktoren ist der Trainer. Er und das von ihm geschaffene emotionale Umfeld innerhalb des Teams sind für die Entwicklung des Selbstwertgefühls eines Jungen und seine Beziehung zu anderen essentiell. Seine Aufgabe ist es, die Jungen zu einem kooperativen Spiel anzuregen und sie zu lehren, weder eigennützig noch aggressiv oder gar rücksichtslos vorzugehen.

Trainer können Angestellte der lokalen Schule sein, Eltern, die sich freiwillig für das Nachmittagsprogramm melden, oder ältere Geschwister, die jüngere Kinder im athletischen Spiel anleiten. Wenn ich von Trainer spreche, beziehe ich mich auf jede Person, die Jungen bei sportlichem Spiel betreut. Ein Großteil der Erfahrungen, die ein Junge im Sport gewinnt, hängt von seinem Trainer ab. Wie bewußt und einfühlsam geht er mit Jungen um, wie gut leitet er sie, und wie reagiert er auf die Stärken und Schwächen, die Erfolge und Niederlagen eines Jungen?

Es liegt maßgeblich in den Händen des Trainers, ob Sport zu jener von mir beschriebenen, undenklich positiven und persönlichkeitsformenden Lernerfahrung wird. Durch den richtigen Trainer wird ein isolierter Wettkämpfer zu einem in die Gemeinschaft eingebundenen Mannschaftskameraden, und jemand, der einfach die anderen besiegen wollte, verwandelt sich in einen Sportler, der danach strebt, seine persönliche Bestleistung einzubringen.

Ein Trainer, der sicherstellt, daß Sport eine Aktivität bleibt, die Menschen einschließt, und Jungen mit unterschiedlichem Können zu einem Team formt, kann jedem einzelnen Jungen helfen, sich fähig, talentiert und wirklich wichtig für die Gruppe zu fühlen. Durch eine derartige Führung überwindet ein Junge nicht nur seine Einsamkeit und Isolation, sondern er erfährt die Macht tragfähiger Beziehungen. Ein Trainer hingegen, der Jungen angesichts ihrer Fehler auslacht oder demütigt, sie über ihre natürlichen Fähigkeiten hinaus fordert und nur dann lobende Worte findet, wenn sie tatsächlich siegen, setzt unsere Söhne dem schmachvollen Prozeß der Abhärtung durch Scham aus.

«Mr. Hanks ist ein großartiger Trainer», berichtet ein 15jähriger Junge über den Trainer seines High-School-Footballteams. «Bevor wir mit dem eigentlichen Footballtraining beginnen, macht die gesamte Mannschaft eine Stunde Gymnastik. Wir müssen etwa einhundert Sit-ups, Liegestütze, tiefe Kniebeugen, Hampelmannsprünge und eine ganze Reihe weiterer Übungen absolvieren. Aber Trainer Hanks brüllt uns nicht einfach seine Befehle zu, er trainiert selbst mit. Einerseits fordert er viel von uns, andererseits unterzieht er sich mit uns gemeinsam denselben Aufgaben.»

Ein weiterer Junge desselben Alters erklärt Ähnliches: «Er ist phantastisch, weil er uns mit seiner positiven Einstellung vorwärtsdrängt. Wenn wir an einem Tag nicht trainieren wollen, fordert er uns auf, trotzdem zu kommen. Dann läßt er uns getrennt von den anderen ein leichteres Training absolvieren. Aber wir sollen ihm gegenüber niemals behaupten, daß wir zu müde sind. Andere Trainer würden uns einfach anbrüllen oder noch mehr verlangen. Mr. Hanks hingegen ist realistisch. Er versucht niemals, uns zu schikanieren oder zu beschämen, wenn wir etwas nicht können. Statt dessen bemüht er sich, uns zu helfen, stets unser Bestes zu geben.»

Die von einem Trainer vermittelte moralische Haltung darf nicht autoritär oder unnachgiebig sein, sondern muß der liebevollen Anteilnahme für die ihm anvertrauten Jungen entspringen. Auf diese Weise werden sie zu wichtigen erwachsenen Vorbildern. «Seine goldene Regel lautet, niemals jemandem zu sagen, was er leisten oder nicht leisten kann – er lächelt bloß und zeigt dir, was tatsächlich in dir steckt», erklärt ein Junge die Einstellung seines Footballtrainers. «Niemand ist vollkommen. Das einzige, was du wirklich kontrollieren kannst, ist dein eigenes Spiel. Unser Trainer ist stets freundlich, eine Art Berater. Er meint, wenn wir gut spielen, inspirieren wir auch andere, ihr Bestes zu geben.»

«Wenn wir ein Match gewinnen, lädt uns Mr. Schroeder zu Doughnuts ein, und wir feiern. Und wenn wir verlieren, lädt er uns ebenfalls zu Doughnuts ein, doch dann geht es etwas ruhiger zu. Das finde ich großartig», meint ein Junge über denselben Trainer.

Als Mentor eines Jungen vertritt der Trainer in vielerlei Hinsicht Mutter und Vater. Selbst ein Junge mit besonders liebevollen Eltern könnte es vorziehen, den Nachmittag mit seinem Trainer anstatt mit seinen Eltern zu verbringen. Besonders für Jugendliche, die mitunter eine gewisse Distanz zu ihren Eltern empfinden, kann der Trainer einer der wenigen Erwachsenen sein, an den sie sich auf der Suche nach Anleitung, Unterstützung und Ermutigung wenden.

«Mr. Jensen half mir durch schwierige Zeiten», erzählte der 17jährige Glenn über seinen Basketballtrainer. «Um meine Sehfähigkeit zu korrigieren, mußte ich mich einigen Operationen unterziehen. Ich hatte große Probleme mit meinen Augen, und die anderen Jungen verspotteten mich, da eines meiner Augen etwas seltsam aussah. Trainer Jensen erklärte, daß jeder, der sich über mich lustig mache, aus dem Team ausgeschlossen würde. Zahlreiche Profispieler hätten ebenfalls Probleme mit ihren Augen. So setzte er mich in vielen Spielen ein und brüllte mich auch nicht an, wenn ich es vermasselte. Alle lieben Mr. Jensen. Er ist wirklich ein großartiger Kerl.»

Ein Trainer, der einen Jungen zu seiner persönlichen Bestleistung motiviert, seinen Sinn für Kooperation stärkt und auf beschämende Worte verzichtet, gibt ihm die Gelegenheit, seine physischen und emotionalen Grenzen zu testen und zu erweitern. Sport ist keine Männlichkeitsprüfung, kein Wettkampfkult oder narzißtische Glorifizierung, sondern eine Erfahrung persönlichen Wachstums.

Trainer, die Scham lehren

Bedauerlicherweise besitzen nicht alle Trainer die Fähigkeit, positiv zu wirken. Viele zeigen wenig Interesse, den Sport kreativ zu gestalten, so daß Jungen mit unterschiedlichen Voraussetzungen an ihm teilnehmen können. Anstatt die von ihnen betreuten Jungen zu unterstützen und zu bestätigen, greifen einige Trainer zum Mittel der Scham und ermahnen sie, «mit ihrem Schmerz zu spielen», «ihren Hintern in Bewegung zu bringen» oder «nicht wie ein Mädchen zu handeln». Der 18jährige Michael D'Amico erinnert sich an einen derart traumatisierenden Lacrossetrainer: «Er führte sich wie ein Armeeoffizier auf, wie ein echter Schleifer. Erst rief er deinen Nachnamen, und dann schimpfte er dich aus: ‹D'Amico – du machst die Liegestütze wie eine kleine Tunte. Bring deinen Hintern in Fahrt!› oder ‹D'Amico – was zum Teufel tust du? Kannst du das verdammte Tor nicht sehen? Für welche Seite spielst du überhaupt?›»

Ein Trainer, der seine Spieler zu einem Sieg um jeden Preis antreibt oder unbeherrschte Wut vorlebt, gibt an Jungen die Härte des reinen Wettbewerbsgedanken weiter, die die Seele verleugnet. Damit raubt er dem Sport das wichtige Element des Spiels, das die eigentliche Gelegenheit für persönliches Wachstum darstellt. Eltern müssen die Trainer ihrer Söhne kennenlernen und sicherstellen, daß es sich um Männer und Frauen handelt, die Sport als Spiel betrachten, Jungen ungeachtet ihrer jeweiligen Fähigkeiten ermutigen und jene Art von Wärme und Verständnis aufbringen, die notwendig ist, um den Umgang mit Sieg und Niederlage zu lernen. Ebenso wie sich Eltern nicht mit Lehrern zufriedengeben sollten, die ihre Söhne beschämen, sollten sie sich überzeugen, daß ihre Söhne beim Sport von fördernden und einfühlsamen Menschen betreut werden.

Wenn der männliche Verhaltenskodex erneut in Kraft tritt: Die Rückkehr zu Scham und Abhärtung

Selbst unter der Anleitung eines aufmerksamen Trainers können Jungen in Gefahr geraten, die Regeln des alten männlichen Verhaltenskodexes zu befolgen, die Männlichkeit gleichsetzen mit sportlichem Wettkampf und Erfolg. Diese Regeln verleiten einige Jungen, ihre gute sportliche Leistung einzusetzen, um andere, weniger begabte Jungen zu demütigen und sogar zu verurteilen.

Überall dort, wo Jungen vermittelt wird, daß nicht das Spiel, sondern eine gute Leistung und der Sieg das oberste Ziel eines Wettkampfes sind, tritt meiner Ansicht nach der männliche Verhaltenskodex wieder in Erscheinung. Sobald der Erfolg um jeden Preis angestrebt wird – oder die Demütigung des Verlierers beziehungsweise eines Mitspielers, der zur eigenen Niederlage beigetragen hat –, fühlen sich Jungen gezwungen, ihre emotionale Rüstung anzulegen, hart aufzutreten und jeden Jungen zu verspotten oder zu tadeln, der Schwäche oder Verletzlichkeit zeigt.

So kann Sport für Jungen nicht nur ein ihr Wesen veränderndes positives Erlebnis sein, sondern sie auch in eine Welt der Scham und Demütigung stürzen, in der sie sich vor Versagen fürchten, diese Angst aber um so tiefer verbergen müssen. Alle Väter und Mütter, die jemals ein Baseballspiel der High-School besuchten, kennen den über das Spielfeld hallenden Ruf: «Er ist ein lausiger Schlagmann! Er ist ein lausiger Schlagmann!» Anstatt daß dieser jugendliche Schlagmann errötet, in Tränen ausbricht, zurückbrüllt oder gänzlich aufgibt, straffen sich die Muskeln seines Gesichts, er ignoriert die Schmährufe um ihn herum und konzentriert sich intensiv auf den nächsten Ball. Viele Eltern haben selbst einen Sohn, der etwas weniger begabt ist als seine Altersgenossen und daher ständig der Demütigung ausgesetzt wird, als letzter des Sportteams in eine Mannschaft gewählt zu werden, oder immer wieder als «Schwächling» und «Verlierer» bezeichnet wird, wenn er vergeblich versucht, in einer bestimmten Sportart erfolgreich zu sein. Einige dieser Jungen vermeiden daraufhin jegliche sportliche Aktivität, andere wiederum härten sich gegen den Schmerz ab, immer wieder zurückgewiesen und gedemütigt zu werden.

Tommy: Der Unterricht beginnt früh

Als ich Tommy das erste Mal beobachtete, wirkte er verlassen inmitten der großen weißen Eisbahn. Ich hatte meine Tochter zu ihren Eislaufstunden gebracht. Da fiel mein Blick auf einen der wenigen 5jährigen Jungen, die unter einer Vielzahl von Mädchen Unterricht erhielten. In seiner Miniaturhockeyuniform wirkte der Junge, als wäre dies der letzte Ort auf Erden, an dem er sich in diesem Augenblick aufhalten wolle. Angefeuert von den Zurufen seines Vaters am Rand der Eisbahn, versuchte Tommy tapfer, aufrecht auf den Eisschuhen zu bleiben, doch seine zitterigen Beine versagten ihm immer wieder den Dienst.

Nach seinem vierten Sturz, bei dem seine bereits aufgeschundenen Knie zu bluten begannen, suchte der Junge bei seinem Vater in der Nähe der Zuschauertribüne Trost. «Kann ich für heute Schluß machen», flehte Tommy, «meine Knie schmerzen wirklich!»

«Nein [...] das tut nicht so weh», gab sein Vater zurück. «Versuche es weiter, du wirst dich doch nicht von einer Horde Mädchen schlagen lassen, oder?»

Es schmerzte, die Scham auf Tommys Gesicht zu sehen. Er wollte nicht, daß ihn die gesamte Welt als «Schwächling» betrachtete, der weniger Kraft besaß als die Mädchen. Nur mit Mühe gelang es ihm, die Tränen zurückzudrängen, dennoch stieß er sich von seinem Vater ab und fuhr zurück auf das Eis.

Plötzlich gab es ein lautes Krachen. Bevor Tommy sein Gleichgewicht hatte wiederfinden können, war er mit zwei aus verschiedenen Richtungen kommenden halbwüchsigen Mädchen zusammengestoßen. Seelisch und körperlich geschlagen, fiel Tommy auf das Eis.

Sein Vater half ihm aufzustehen. «Alles in Ordnung, Junge?» fragte er. Der kleine Junge sah aus wie Mohammed Ali nach zu vielen Runden und zu vielen Kämpfen. «Ich glaube schon», stammelte er. «Du bist in Ordnung. Das ist fein», rief sein Vater. «Gib nicht auf! *Ich weiß, was dir hilft. Bleibe auf dem Eis, das wird dich auflockern.*» Der kleine Junge gehorchte, wandte sich um, und weiter ging es, fahren ... stürzen ... fahren ... stürzen.

Etwa ein Jahr später besuchte ich die Eisbahn, als sich eine Gruppe von etwa zwanzig Jungen auf ein Hockeyspiel vorbereitete. Unter einem strahlendroten Helm und der dazu passenden Uniform, deren Schulterschützer viel zu groß waren für die schmächtige Gestalt, sah ich den kaum einen Meter großen Tommy De Santis mit den anderen Jungen hinter dem Puck herjagen.

Ich hatte dem Training erst wenige Minuten zugesehen, als sich das einige Monate zurückliegende Ereignis unvermeidlich wiederholte. Während Tommy mit dem Puck auf das gegnerische Tor zusteuerte, rammten ihn drei größere Jungen von allen Seiten. Tommy verlor das Gleichgewicht, und einer der Jungen vervollständigte seinen Fall, indem er den kleinen Tommy auf das Eis stieß.

Monate zuvor hätte ihn ein derartiger Vorfall erstarren und in Tränen ausbrechen lassen, doch heute stand Tommy einfach wieder auf, richtete seinen Helm, und weiter ging's. Da sich seine eisläuferischen Fähigkeiten bedeutend verbessert hatten, schnellte Tommy den Gegnern in wilder Fahrt hinterher. Sobald er den Jungen eingeholt hatte, steigerte er seine Geschwindigkeit noch. Als die beiden Körper mit den Köpfen voran aneinanderstießen, flog sein Gegner mit hartem Aufprall gegen die Bande.

«Was für ein Junge!» erklang es nur einige Schritte hinter mir. Mr. De Santis erhob sich, stieß einen Jubelschrei aus und hob die geballten Fäuste in die Luft, um seinem Sohn zu gratulieren. Als ob er seinen Vater nicht hören könnte, hielt Tommy seinen Blick starr auf das Eis gerichtet und eilte seinen Mannschaftskollegen hinterher.

Diese Geschichte erzählte ich verschiedenen Elterngruppen und lernte vieles aus ihren Reaktionen. Einige sahen in Tommys Erlebnissen und dem Verhalten seines Vaters nichts Falsches. Sie meinten, daß Tommy eben lernen müsse, «mit den großen Jungen härter zu spielen». Sie betrachten Sport als eine nützliche Erfahrung, die ihre Söhne lehrt, stark aufzutreten, Schmerz schweigend hinzunehmen, sich nicht unterkriegen zu lassen und auf klischeehafte Weise «männlich» zu handeln. Sie halten es für richtig, ihre Söhne diesem Abhärtungsprozeß zu unterziehen, denn «Kneifen» würden sie für sich selbst und ihre Söhne als demütigend empfinden. Möglicherweise gefällt es vielen Eltern nicht, den Jungen auf das Eis stürzen zu sehen oder die Stimme seines Trainers – in diesem Fall seines Vaters – zu hören, der ihn anspornt, hart zu sein und sich an den anderen Jungen zu rächen, dennoch empfinden sie diese Dinge auf eine bestimmte Weise als notwendig. Sie gehören einfach zum «Aufwachsen», zum Leben eines Jungen dazu.

Andere Eltern fühlen sich bei dem Gedanken an einen Abhärtungsprozeß durch Sport weniger behaglich. Sie erkennen, daß Tommy eine unattraktive Art von Rücksichtslosigkeit erlernt, die ihn zu einer Handlung zwingt, die nicht seiner Natur entspricht. Das Verhalten von Tommys Vater empfinden sie als widerlich. Sie stellen sich die Frage, warum er seinen Sohn *ermutigt*, sich damit abzufinden, verletzt zu werden, und ihn anfeuert, auch andere zu verletzen. «Ich bin stolz, wenn mein Sohn im Sport eine gute Leistung erbringt», erklärt eine Mutter. «Aber wenn er dafür all die damit verbundenen Grausamkeiten auf sich nehmen muß, ist es mir das nicht wert.»

«Ich verstehe, daß Jungen einander so etwas hin und wieder antun. Aber diese Eltern!» rief eine andere Mutter entsetzt aus. «Ich ertrage es nicht, wenn sie vom Spielfeldrand die gemeinsten Dinge rufen. Begreifen sie nicht, daß sie unsere Kinder verletzen und in Verlegenheit bringen?»

Die Mehrheit der Eltern fühlt sich zwischen ihren unterschiedlichen Wünschen hin und her gerissen. Einerseits hoffen sie, daß ihre Jungen im Sport hervorragende Leistungen erbringen, auf die rauhen Aspekte des Lebens vorbereitet werden und sich erfolgreich in ein Team integrieren, und andererseits wollen sie sie vor unnötiger Bösartigkeit, Gnadenlosigkeit und Gefühlskälte bewahren. Viele Eltern bedauern die emotional abhärtende Wirkung von Sport und würden sich freuen, wenn Sport für ihre Söhne ein positiveres, erhebenderes und das Selbstbewußtsein stärkendes Erlebnis darstellen würde.

«Wenn mein Sohn Keith als letzter beim Baseball aus war, konnte ich ihm regelrecht ansehen, wie schlecht er sich fühlte», erklärte mir ein Vater. «Die anderen Jungen sprachen nicht mit ihm, und auch sein Trainer blickte ihn nicht an und verlor nicht ein einziges Wort. Keith bemühte sich, dennoch entspannt zu wirken. In so einer Situation wünschte ich, ich könnte zu ihm gehen und ihm sagen, daß er ein großartiger Junge ist und ausgezeichnet gespielt hat, daß aber der Werfer auf der anderen Seite einfach verdammt gut war. Vermutlich hätte er sich dadurch nur noch miserabler gefühlt. Dann hätte ich ihn am liebsten umarmt, aber dadurch hätte ich ihn *wirklich* in Verlegenheit gebracht.»

Wie der Vater von Keith zögern viele Eltern, einzugreifen und etwas zu sagen, weil sie fürchten, die Scham ihrer Söhne zu verstärken. Meiner Ansicht nach versäumen sie damit eine Gelegenheit, die Dinge zum Besseren zu ändern. So natürlich es auch sein mag, «das Boot nicht zum Schwanken zu bringen» beziehungsweise die Lage nicht verschlimmern zu wollen, Eltern können das Wesen des Sports entscheidend beeinflussen, indem sie das auf dem Sportplatz und Spielfeld herrschende Klima ständig kontrollieren.

Im Rahmen meiner Tätigkeit lernte ich Elterngruppen kennen, die an Trainerlehrgängen und Konfliktlösungsseminaren teilnahmen und ihre Erkenntnisse in einem Handbuch zusammenfaßten, das zum Leitfaden für das Training neuer Jungenmannschaften wurde. Wenn Eltern regelmäßig, aber unauffällig in das Geschehen eingreifen und sicherstellen, daß während des Trainings eine gesunde Atmosphäre herrscht, tragen sie in hohem Maß dazu bei, daß Sport auf positive Weise gespielt und erfahren wird, verstärken seine wandelnde Wirkung und verringern die Möglichkeit, Scham als Trainingsmittel vor dem gesamten Team einzusetzen.

Unnötige Brutalität im Sport

Dieselben gesellschaftlichen Regeln des männlichen Verhaltenskodexes, die Jungen drängen, einander für ihre Fehler und Schwächen als Athleten zu verspotten, sanktionieren auch jene Brutalität, die mitunter in die Spiele von Jungen Einzug hält. Während verschiedene Sportarten wie Tennis und Golf eine derartige Brutalität nicht kennen, erweisen sich andere, wie Football, Hockey und Ringen, als überraschend grausam. Selbst Fußball, der üblicherweise als relativ gewaltfreies und faires Mannschaftsspiel betrachtet wird, kann in den falschen Händen entsetzlich gnadenlos werden.

Hören wir uns zum Beispiel die Geschichte des 17jährigen, 1,90 m großen und 75 kg schweren James an, der das High-School-Fußballteam verstärken sollte:

«Wenn dir früher irgend jemand etwas antat, durftest du zum Besten der Mannschaft nicht an ihm Vergeltung üben. Wenn heute jemand etwas gegen dich unternimmt, mußt du ihn um des Stolzes deiner Mannschaft willen zu fassen bekommen. Würde ich einen Schlag erhalten und eines der jüngeren Mitglieder meines Teams sähe, daß ich mich einfach abwende, ohne zurückzuschlagen, würde das stets im Raum hängen. Es würde heißen, daß ich kein Mann bin.»

James erinnert sich, daß er einmal beinahe einen Faustkampf gegen einen besseren Spieler begonnen hätte. «Wir stiegen beide hoch, um diesen Kopfball zu bekommen, und da stieß er mich in den Rükken. Ich fiel ziemlich hart zu Boden. Das löste in mir etwas aus. Ich schnellte empor, trat ganz nahe an ihn heran und fragte: ‹Was zum Teufel tust du da? Was soll das?› Und dann fingen wir an, uns herumzustoßen. – Früher handelte man nach der alten Regel, daß es nichts ausmacht, ob du gewinnst oder verlierst. Aber ich glaube, heute hält sich niemand mehr daran», fügte James hinzu.

Der zwanghafte Wettbewerbsgedanke im Sport

Unsere Gesellschaft toleriert und begünstigt es sogar, daß unsere Söhne Sport als eine Gelegenheit begreifen, bei der sie «im Eifer des Gefechts» ihre Wut herauslassen und sich rücksichtslos und gewalttätig verhalten können. Dieser Wettbewerbsgedanke verleitet unsere Jungen mitunter jedoch auch dazu, ihre eigenen Grenzen sträflich zu mißachten, indem sie zum Beispiel exzessiv trainieren oder ernsthafte Verletzungen ignorieren.

Peter: Besessen von sportlichem Erfolg

Peter Vincent, ein Schüler der Abschlußklasse einer stark wettbewerbsorientierten High-School, beschreibt sich als jemand, der «von einem Ziel besessen» war. Als er geboren wurde, waren seine Geschwister bereits 10 und 14 Jahre alt. Die Ehe seiner Eltern kriselte, und beide hatten gehofft, die zwischen ihnen aufbrechende Kluft durch die Ankunft eines weiteren Babys retten zu können.

Peters Aussage nach verlieh die Tatsache, daß er ein Junge war, diesen Erwartungen eine geschlechtsspezifische Note. «So lange ich mich erinnern kann, fühlte ich mich stets gedrängt, für meine Mutter, meinen Vater und sogar meine Geschwister ein Held zu sein. Sie erwarteten ein akademisches Genie und einen herausragenden Sportler. Um ihre Wünsche zu erfüllen, gab ich daher immer mein Bestes.»

Seine Anstrengungen wurden belohnt, er wurde im Football und Baseball als bester Spieler ausgezeichnet. In der darauffolgenden Saison aber war Peter nach nur zwei Spielen gezwungen, die Footballmannschaft zu verlassen. «Ich hatte mir im ersten Spiel das Knie verletzt, wollte es meiner Mutter und meinem Trainer jedoch nicht erzählen. Während des Aufwärmtrainings vor dem zweiten Spiel schmerzte es beträchtlich, aber ich hoffte einfach, daß es vorübergehen würde. Ich mußte spielen, siegen und auch dieses Jahr zum besten Sportler gewählt werden.»

In der ersten Hälfte verletzte sich Peter am selben Knie erneut und mußte vom Feld getragen werden. Sein Bein mußte für Monate in einen Gipsverband. «Nachdem das geschehen war, konnte ich meiner Mutter nicht mehr in die Augen sehen», erklärte Peter. «Wie hatte ich ihr das nur antun können? Ich hatte ihr Leben zerstört! Meine Geschwister lebten am anderen Ende des Landes, und mein Vater hatte die Familie vor Jahren verlassen. Seitdem war meine Mutter kein einziges Mal mehr ausgegangen und hatte sich niemals verabredet. Das einzige, worauf sie sich in diesem Herbst gefreut hatte, war meine Footballsaison.

Mein Vater besuchte mich zwar im Krankenhaus, doch seit damals habe ich ihn nicht wiedergesehen. Er behauptet, zu beschäftigt zu sein, aber ich weiß, daß auch er von mir erwartet hatte, in beiden Sportarten als bester Spieler ausgezeichnet oder zumindest lobend erwähnt zu werden wie er in seinem Abschlußjahr. – Manchmal stellte ich mir vor, in einen tiefen Teich zu springen und mich vom Gips in die Tiefe ziehen zu lassen», erklärte Peter. «Dann hätte ich die Enttäuschung meiner Eltern nicht länger ertragen müssen, und darüber hinaus bräuchte ich mir auch keine Sorgen darüber zu machen, auf welches College ich jetzt gehen werde.»

Peters Geschichte zeigt, daß das Gefühl, im Sport eine gute Leistung zu erringen und ein bestimmtes Niveau halten zu müssen, zwanghaft werden kann. Jungen steigern sich in die Vorstellung hinein, andernfalls einen unerträglichen Verlust zu erleiden. Peters Leben war bereits mehrmals von Verlust gekennzeichnet – seit seiner Geburt hatte er das Gefühl, nicht um seiner selbst willen geliebt zu werden, dann mußte er die Scheidung seiner Eltern verkraften und schließlich die Verletzung, die ihn zwang, den Sport aufzugeben. All diese Enttäuschungen verstärkten seine Angst, nun mit dem Ende seiner Karriere als Topathlet auch noch das letzte zu verlieren, das ihm das Gefühl von Macht und Erfolg verlieh.

Wenn sich Jungen gezwungen fühlen, im Sport Höchstleistungen zu erbringen, sind sie nicht nur imstande, Verletzungen zu verbergen, sondern sie fügen ihrem Körper tatsächlich Schaden zu. Die nachfolgende Geschichte über Brian illustriert, mit welchen Problemen Jungen in ihren frühen Mannesjahren kämpfen müssen, wenn der spielerische Gedanke des Sports einem zwanghaften Drang nach Erfolg weicht. Brians Streben, als Ringer zu triumphieren, wurde so übermächtig, daß er trotz seiner Siege nicht mehr wußte, wann und wieviel er aß.

Brian: Besessen von seinem Gewicht

Erst in seinem zweiten Jahr am College erkannte Brian anhand einer Fernsehdokumentation über die Eßstörungen einer Frau sein eigenes Verhalten. Seit Abschluß der High-School hatte er sich in einem beständigen Eßrausch befunden. Da er stets hatte abnehmen können, wann immer es nötig gewesen war, hatte er nicht daran geglaubt, ein Problem zu haben. Waren es überdies nicht ausschließlich Mädchen, die krankhaft hungerten?

In seiner High-School-Zeit war Brian ein recht erfolgreicher Ringer gewesen. Er hatte für Football nicht die geeignete Größe und für das Baseballteam nicht die erforderliche Koordinationsfähigkeit besessen, aber ihm gefiel die intellektuelle Herausforderung und der disziplinierte, strategische Eins-gegen-eins-Kampf im Ringen.

Sein Trainer vermittelte ihm eine unmißverständliche Botschaft: Bleibe bei deinem täglichen Training, lerne die richtigen Bewegungen, reduziere dein Gewicht, und du wirst deine Kämpfe gewinnen. Abzunehmen fiel ihm zu Anfang besonders schwer. Auf dem Höhepunkt seiner Wachstumsphase mußte Brian nahezu zehn Kilo verlieren, um für seine Größe in der idealen Gewichtsklasse kämpfen zu dürfen. In der Folge nahm er dieselben zehn Kilo während jeder Ringersaison ein Dutzend Male zu und wieder ab.

«Ich aß ein Erdnußbutter-Marmelade-Sandwich mit fünfzig Bissen, nur um das Gefühl des Essens so lange wie möglich hinauszuzögern», erklärte Brian. «Täglich trank ich mehrere Liter Wasser und setzte mich am Tag des Wettkampfes für eine Stunde in den Whirlpool, um das Wasser wieder auszuschwitzen. Ich tat alles, um eine Chance zu erhalten, in dem einen Sport zu siegen, in dem ich Erfolg haben konnte. – Unsportliche Jungen waren Schwächlinge. Sie wurden überall übergangen und besaßen kaum Freunde, geschweige denn Freundinnen. Das sollte mir nicht geschehen.»

Nach der vierten Ringkampfsaison wechselte Brian auf das College und verabschiedete sich vom Sport. «Ich erkannte, daß mir neben dem Studium nicht genug Zeit blieb. Und so war ich zu Anfang erleichtert, daß ich nicht darüber nachdenken mußte, wie lange ich im Whirlpool bleiben mußte, wenn ich statt eines Diätgetränks einen Doughnut gegessen hatte. Jetzt weiß ich, daß ich damals den entgegengesetzten Weg eingeschlagen habe. Von Anorexie zu ernsthaften Problemen aufgrund meines Eßrausches. Wegen des Wahnsinns Ringen kann ich bis heute nicht aufhören, mich vollzustopfen. Ich fürchte, niemals wieder normal essen zu können und schwer übergewichtig zu werden.»

Brians Geschichte scheint außergewöhnlich zu sein. Statistiken belegen jedoch, daß jährlich Dutzende Ringer im High-School-Alter ihrem Körper schaden, indem sie entweder in einen Eßrausch verfallen oder aufhören, normal zu essen. Da Jungen beim Ringen in derselben Größen- und Gewichtsklasse gegeneinander antreten, entwickelten Trainer die Strategie, kleinere Jungen «hochzuzüchten» (indem sie viel essen und Gewichte heben), damit sie stärker werden, während sie größere Jungen auffordern abzunehmen (durch radikale Diäten, aerobische Übungen und Wasserverlust in Saunas und Dampfbädern), damit sie im Ring gegen kleinere, schwächere Jungen antreten können. Einige dieser Jungen leiden lediglich unter geringeren gesundheitlichen Problemen, bei anderen treten tatsächlich Bulimie und Anorexie auf. Vor kurzem wurde die Nachricht veröffentlicht, daß in den USA jährlich dreißig High-School-Ringer aufgrund ihrer Eßprobleme sterben. Offensichtlich verleitet der intensive Wunsch, eine gute Leistung zu erbringen und für sportlichen Erfolg gerühmt zu werden, viele Jungen dazu, sich selbst Schaden zuzufügen.

Es geschieht schnell, daß Jungen im Sport einfach übertreiben. Als der 16jährige Scott erkannte, daß er Talent zum Laufen besaß, fühlte er sich verpflichtet, alles in seiner Macht Stehende zu tun, um erfolgreich zu sein: «Meist stehe ich um halb fünf oder fünf Uhr morgens auf, um laufen zu gehen. Für gewöhnlich laufe ich siebeneinhalb Kilometer und kehre dann wieder nach Hause zurück. Während der Wettkampfsaison laufe ich nach dem Sprinttraining mit der Mannschaft nochmals zwischen fünfzehn und zwanzig Kilometer. Am Wochenende laufe ich täglich zwischen fünfzehn und fünfundzwanzig Kilometer. Ich wollte schon immer gut im Sport sein. Nun, da ich eine Sportart gefunden habe, die mir liegt, bleibe ich dabei. Vielleicht versuche ich sogar den Boston-Marathon zu laufen.»

Der 17jährige Adam, der an Box- und Ringkämpfen teilnahm und in Karate einen schwarzen Gürtel besaß, erzählte die folgende Geschichte: «Für das Ringen esse, trinke und schlafe ich sehr viel. Dazwischen übe ich hin und wieder Karate. Während der Wettkampfsaison trainiere ich fleißig und gehe zu Kämpfen. Das ganze Jahr über hebe ich drei Stunden täglich Gewichte. Darüber hinaus sehe ich mir so viele professionelle Wettkämpfe im Ringen an wie nur möglich. Meine Mutter fordert mich stets auf, den Fernseher abzuschalten. Sie haßt Ringen.»

Oberflächlich betrachtet handelt es sich hier einfach um stark an Sport interessierte Jungen. Die Tatsache, daß sie sich für eine bestimmte Sportart einsetzen, sollte an und für sich gefördert werden. Mir scheint es jedoch wichtig, daß Personen, die Jungen betreuen und trainieren, wachsam unterscheiden zwischen einer gesunden Hinwendung zu einer Sportart und einer alles verzehrenden, selbstzerstörerischen Besessenheit, die mit dem Verlust des inneren Gleichgewichts und einem Mangel an Respekt vor den menschlichen Grenzen einhergeht. Im Idealfall sollte eine Sportart einen Jungen befähigen, neue Fertigkeiten zu entwickeln und daraus Selbstvertrauen zu beziehen. Wird dieser Sport jedoch zur einzigen Quelle für das Selbstvertrauen eines Jungen, so daß er jede wache Minute dem Training und dem sportlichen Wettkampf widmet, gerät er in Gefahr, sich oder andere zu verletzen. Sich selbst kann er Schaden zufügen durch körperliche Entbehrungen (wie etwa durch Essensverweigerung oder zu hartes Training nach einer Verletzung), durch Erschöpfung (indem er über seine Fähigkeiten hinaus trainiert) oder durch seelische Anspannungen (wenn eine Beschränkung in seinem Spiel zur Quelle intensiven Selbsthasses wird). Andere kann er verletzen, indem er ein Spiel übertreibt, Mitglieder seiner oder der gegnerischen Mannschaft verbal angreift oder gar körperlich attackiert.

Um unsere Jungen vor einem derart übersteigerten Verhalten zu bewahren, müssen wir sie lehren, daß Sport eine Art von Spiel ist. Ob sie diese Botschaft verinnerlichen, hängt wesentlich davon ab, wie wir sie an den Sport heranführen und wie gut wir jene Erwachsenen überwachen, die unsere Jungen trainieren.

Sylvia: Der Platz einer Mutter

Ich traf Sylvia Stanton in ihrem Appartement in San Francisco. Kleingewachsen und mittleren Alters, lag in ihren sanften braunen Augen der Ausdruck eines Menschen, der seinen Anteil an Kummer erhalten hatte. Ein alter, aber lebhafter Pudel und mehrere wunderschöne Papageien leisteten uns Gesellschaft.

«Seit Jonathans Tod gibt es nur noch die Tiere, Andrew und mich», erklärte sie mit einer Stimme, in der Trauer mitschwang. In der Familie ihres Mannes, eines beliebten Lehrers, kamen Herzerkrankungen häufig vor, und trotz aller Bemühungen und Vorsorgemaßnahmen war er vor drei Jahren im Alter von 49 Jahren an einem schweren plötzlichen Herzinfarkt gestorben. Damals war Andrew erst 12 Jahre, hatte die Belastung Sylvia zufolge aber gut überstanden.

Andrew hatte aufgrund seiner sportlichen Leistungen ein Stipendium erhalten, spielte in den Mannschaften seiner Mittelschule Fußball, Tennis und Football und erhielt auch in der High-School Auszeichnungen im Sport. Wir konzentrierten uns auf ein Ereignis in einem bestimmten Football-Sommerlager, an dem Andrew nur zwei Monate nach dem Tod seines Vaters teilgenommen hatte. Andrew hatte den Wunsch geäußert, an diesem Lager teilzunehmen, das von einer Reihe bekannter High-School- und Collegetrainer geleitet wurde, und sein Vater hatte zugestimmt. Sylvia schien es wichtig, Andrew durch Jonathans Tod nicht von seinem Ziel abzubringen, und entschloß sich, ihn jeden Tag 45 Kilometer zu fahren, so daß er an diesem Lager teilnehmen konnte.

Wie Sie sich vorstellen können, waren die Trainingseinheiten in diesem Lager zermürbend, und Andrew war am Ende des Tages immer völlig ausgepowert und fiel nach dem Abendessen sofort ins Bett. «Er beklagte sich nie, das ist nicht seine Natur. Dennoch verlor er in diesem Sommer eindeutig an Energie, was wir mit dem Kummer um den frühzeitigen Tod seines Vaters in Zusammenhang brachten.»

Als Sylvia am Freitag nachmittag im Lager eintraf, um Andrew abzuholen, war er nirgendwo zu finden. Schließlich entdeckte ihn seine Mutter in der Krankenstation, wo er zu einem kleinen Ball zusammengekauert einen Eisbeutel gegen seinen Knöchel preßte. Nur mit Mühe gelang es ihm, die Tränen zurückzuhalten. «Komm, Mama, laß uns hier fortgehen», seufzte er. Erst am Ende der langen Heimfahrt gelang es Andrews Mutter, die einzelnen Teile der Geschichte zusammenzufügen.

Sylvia war erzürnt. Wie es schien, hatte der Haupttrainer des Lagers, Mr. Biaggi, Andrew hart angefaßt. Der Junge hatte die vorgeschriebenen Liegestütze ausgeführt, dann jedoch, noch immer gezeichnet vom Tod seines Vaters, zu weinen begonnen. In diesem Augenblick hatte «Mr. Big», wie die Jungen ihn nannten, begonnen, Andrew zu verspotten. Er schimpfte ihn ein «Mädchen» und eine «Tunte», die «einfach nichts vertrug». «Wenn du dich wie ein Schwuler aufführst, kannst du dich gleich auf die Bank setzen», hatte er ihn vor all den anderen Jungen angebrüllt. Andrew gab nicht auf, sondern trainierte weiter. Plötzlich hörte er ein Krachen in jenem Knöchel, den er sich im Sommer zuvor verletzt hatte. Er schien wieder aus dem Gelenk gesprungen zu sein. Andrew zog das Bein an und fiel zu Boden.

«Stanton, warum zum Teufel unterbrichst du diesmal?» schrie Trainer Biaggi ihn an.

«Ich habe mir den Knöchel verstaucht. Diesmal kann ich nicht fertig trainieren.»

«Das ist deine Wahl, Junge. Aber ein Mann spielt sein Spiel zu Ende. Du kannst fünf weitere machen oder vom Feld gehen und nicht mehr zurückkehren.»

Andrew, der sich üblicherweise nicht leicht einschüchtern ließ, begann zu weinen. Da er nicht vom Training ausgeschlossen werden wollte, brachte er trotz seines Schmerzes und seiner Wut die Liegestütze zum Abschluß und meldete sich danach sofort in der Krankenstation.

Als sie zu Hause ankamen, war Andrews Fuß bereits stark geschwollen. Sylvia brachte ihren Sohn zum Kinderarzt, der einen Verband anlegte und dem Jungen die weitere Teilnahme am Trainingslager verbot. Auf dem Heimweg vom Arzt setzten Mutter und Sohn ihr Gespräch fort. Andrew war ebenso verärgert wie seine Mutter, fürchtete jedoch ihre Reaktion. Sylvia fühlte sich dadurch zurückgewiesen. Zusätzlich schmerzte es sie, ihren Jungen verletzt und aufgebracht zu sehen. Sie war unsicher, wie sie handeln sollte, denn sie wußte, daß Andrew sich selbst durch seine Welt lotsen und seine Kämpfe selbst ausfechten mußte. «Ich versuchte stets, ihm Spielraum zu geben, doch hier ging es nicht nur um Andrews Schicksal, sondern um etwas viel Grundsätzlicheres. Hier ging es um die Frage, wie ließ sich die Welt, in der diese Kinder aufwachsen, auch nur ein klein wenig verändern? Mein Sohn ist ein sensibles Kind, das mir nach wie vor eng verbunden ist. Zu Hause kann er noch immer seinen Kopf an meine Schulter legen und mit mir gemeinsam um seinen Vater weinen. In der Öffentlichkeit empfinden Jungen anders, das weiß ich, aber niemand sollte jemanden auf diese Weise behandeln, ohne ihn überhaupt zu kennen.»

Sylvia und Andrew sprachen weiter. Der Junge war anfangs aufgeregt und wütend, erkannte aber schließlich, daß seine Mutter recht hatte. Hier mußte etwas geschehen. Widerstrebend stimmte Andrew zu, daß seine Mutter mit dem Leiter des Lagers sprach.

Sam Donnatuck hatte viele Jahre damit zugebracht, Jungen und junge Männer in Football, dem Sport, den er über alles liebte, zu trainieren. So stand Sylvia eine schwierige Aufgabe bevor. Das Treffen mit Sam endete unentschieden. Weder kam es zu dem befürchteten Eklat, noch konnte Sylvia mit ihren Änderungsvorschlägen durchdringen. Der Leiter des Lagers teilte Sylvias Empörung über das, was ihrem Sohn geschehen war, nicht, stimmte aber augenblicklich mit ihr überein, daß Trainer Biaggi «übertrieben» hatte. Sam würde mit dem Trainer sprechen, und Andrew müßte nicht fürchten, jemals wieder auf diese Weise behandelt zu werden. «Sie müssen verstehen, Mrs. Stanton, daß andere Jungen, im Gegensatz zu Ihrem Sohn, sehr wohl einen Tritt in den Hintern benötigen, um wieder motiviert zu werden. Es ist das Wesen der Sache. Wir dürfen nicht zulassen, daß sie zu weich werden. Als Trainer sind wir dazu verpflichtet, sie über das hinaus anzutreiben, was sie selbst für möglich halten. Dies ist eine Lektion, die ihnen in ihrem gesamten Leben von Nutzen sein kann.»

Sylvia hörte ihn an. «Ich stimme dem nicht zu, Sam, denn ich bin der festen Überzeugung, daß es möglich ist, unsere Jungen auch auf positive Weise zu motivieren, ohne Härte, ohne ihre Gefühle zu verletzen und ohne sie zu mißhandeln.»

Noch an diesem Tag trat Sylvia dem Vorstand des lokalen Footballvereins für Jungen bei, und Andrew meldete sich für die Ausbildung zum Assistenztrainer der Jugenddivision an. «Irgendwo mußte ich anfangen, warum dann nicht hier», erklärte Sylvia.

Einigen Eltern mag der Gedanke an ein so entschlossenes Auftreten wie das von Sylvia nicht angenehm sein, in jedem Fall aber ist es ein Beweis dafür, daß es in unserer Macht steht, die Trainer unserer Söhne auf die eine oder andere Weise zu trainieren.

Die Trainer trainieren – was Eltern für ihre Jungen tun können

Nehmen Sie direkt an den sportlichen Aktivitäten Ihres Sohnes teil.

Ob Sie sich dem Sport Ihres Sohnes als Mannschaftskollege anschließen, als Trainer dienen oder Ihren Jungen von der Seitenlinie aus anfeuern (ohne ihn zu beschämen), Ihre aufmerksame Anteilnahme kann sich entscheidend auf den Umgangston auswirken und Gewähr dafür sein, daß Ihr Sohn Sport als etwas Positives erlebt.

Überwachen Sie den Trainer Ihres Sohnes.

Wenn Sie nicht die Zeit oder Neigung besitzen, sich direkt an den athletischen Aktivitäten Ihres Sohnes zu beteiligen, können Sie ihm beistehen, indem Sie seinen Trainer überwachen, was ich als «den Trainer trainieren» bezeichne. Ebenso wie kein Elternteil einen Lehrer tolerieren würde, der seine Aufgabe nur ungenügend erfüllt, sollten Eltern auch keinen Trainer hinnehmen, der Jungen beim Sport nicht gut betreut.

Lehren Sie Sport auf dieselbe Weise wie andere Fächer.

Sport sollte meiner Ansicht nach mit derselben Geduld und Aufmerksamkeit unterrichtet werden wie alle anderen Disziplinen auch. Somit sollten Jungen, die sich mit bestimmten Sportarten schwertun, nicht anders behandelt werden als Schüler, denen Mathematik, Lesen oder Schreiben Schwierigkeiten bereiten.

Daher sollten Sie als Trainer (oder wenn Sie einen Trainer überwachen) sicherstellen, daß jeder Junge ein geeignetes geduldiges Feedback und die Chance erhält, seine Fähigkeiten gemäß dem eigenen Tempo zu entwickeln. Wenn Sie Jungen im Sport beaufsichtigen, sollten Sie versuchen, jenem Trainer oder Lehrer nachzueifern, den Sie als heranwachsender Jugendlicher bewunderten, der Sie auf rücksichtsvolle Weise ermutigte und Ihnen tatsächlich half, zu lernen und zu wachsen.

Erinnern Sie sich an einen Lehrer, der Schülern Aufgaben zuwies, die sie mit etwas Anstrengung tatsächlich erfüllen konnten, der erklärte, warum eine Antwort falsch war (anstelle den Schüler, der sie gab, auszuschelten), und der jedem Kind, solange es sich ehrlich bemühte, half, sich über seinen akademischen Fortschritt zu freuen. Versuchen Sie sich dann vorzustellen, wie unterschiedlich Ihre Erfahrungen gewesen wären, wenn der Lehrer statt dessen Übungen ausgewählt hätte, die zu bewältigen für die meisten Schüler unmöglich gewesen wäre, und der falsche Antworten mit Aussprüchen wie «Dummkopf» und «Versager» kommentiert hätte. Die erste Art von Lehrer hilft sowohl sehr begabten als auch weniger begabten Schülern, mit den an sie gestellten Anforderungen zurechtzukommen. Sie wirkt sich positiv auf selbstbewußte und weniger selbstbewußte Schüler aus. Im Gegensatz dazu unterstützt die zweite Art lediglich die Schüler, die entweder über herausragende Begabungen oder über ein unglaublich dickes Fell verfügen.

Wenn Sie selbst Sport unterrichten oder einer anderen Person beratend zur Seite stehen, sollten Sie dafür sorgen, daß alle Jungen mit unterschiedlichsten Voraussetzungen in ein Spiel integriert werden, denn der Sieg ist nicht das einzige Ziel. Vergessen Sie niemals, daß Scham in Wort oder Tat eine Trainingsmethode ist, die Sie niemals akzeptieren dürfen.

Unternehmen Sie alles, um den wandelnden Einfluß des Sports zu fördern.

Fordern Sie Jungen auf, ihre Emotionen zu zeigen, warnen Sie sie aber vor einem übertrieben aggressiven oder feindseligen Verhalten anderen gegenüber; unterstützen Sie die enge, liebevolle Beziehung der Mannschaftskameraden untereinander, greifen Sie aber ein, wenn Jungen einander zu heftig necken oder verspotten; bieten Sie einen starken positiven Rückhalt, der das Selbstbewußtsein der Jungen stärkt, vermeiden Sie aber, daß sie von ihrer Stärke und ihrem Erfolg als Athleten besessen werden; und lehren Sie schließlich Jungen den Umgang mit Niederlagen, damit sie aus Schwächen und Fehlern lernen. Dies alles können Sie bewirken, indem Sie entweder direkt eingreifen oder beobachten, wie Ihr Sohn betreut wird.

Bestehen Sie auf Trainingsprogrammen, die auf die unterschiedlichen Fähigkeiten der Schüler abgestimmt sind.

Ebenso wie die meisten Schulen Schüler nach ihren relativen akademischen Fähigkeiten verschiedenen Klassen zuweisen, sollten sportliche Trainingsprogramme im Idealfall so aufgebaut sein, daß sie für Jungen aller Leistungsstufen geeignet sind. So stellte es sich im Rahmen des Schulsports zum Beispiel als hilfreich heraus, nicht nur ein Team, sondern drei, vier oder gar fünf Mannschaften zu gründen. In einigen Fällen sind die Mannschaften nach Leistungsstufen aufgeteilt, in anderen umfassen sie Spitzenathleten ebenso wie weniger talentierte Schüler. Eine weitere Möglichkeit bildet die Errichtung eines «internen» Systems, in dem Mannschaften, die noch nicht bereit sind, gegen andere Schulen anzutreten, gemeinsam mit solchen trainieren, die an außerschulischen Wettkämpfen teilnehmen. Bestehen Sie darauf, daß die Schule Ihres Sohnes kreative Programme entwickelt, die Jungen aller Leistungsstufen angemessene Möglichkeiten bietet.

Sportliche Aktivitäten setzen die Trennung nach Geschlechtern nicht voraus.

Oftmals ist es für Jungen und Mädchen eine bereichernde Erfahrung, gemeinsam Sport zu machen. Dies bedeutet nicht nur, Mädchen zu gestatten, in Jungenmannschaften und typischen Jungensportarten aktiv zu werden, sondern es heißt auch, Jungen die Möglichkeit zu bieten, sich in Mädchenteams und bisher ausschließlich Mädchen vorbehaltenen Sportarten zu engagieren. Mir sind einige Schulen bekannt, die Hockey, Lacrosse, Basketball und Volleyball als gemischte Sportveranstaltung anbieten. Gemischter Sportunterricht besitzt eine wunderbar wandelnde Wirkung auf Jungen (und Mädchen) und sollte energisch gefördert werden.

Lehren Sie Jungen im Sport, ihren Körper und ihre Grenzen zu respektieren.

Wie wir in diesem Kapitel erfuhren, gehen einige Jungen beim Training und im Spiel zu weit. Einige erschöpfen sich körperlich, andere zeigen beim Sport ein übertrieben aggressives oder rücksichtsloses Verhalten und verletzen sich oder andere. Wiederum andere schaden ihrem eigenen Körper, indem sie Eßstörungen wie Bulimie und Anorexie entwickeln. Darüber hinaus gibt es immer einige Jungen, die ihren Körper über seine natürlichen Grenzen hinaus beanspruchen. Wir dürfen es jedoch nicht zulassen, daß sich die Jungen selbst oder anderen Schaden zufügen. Deshalb, wenn die Dinge zu weit gehen, dürfen Sie nicht an der Seitenlinie stehenbleiben, sondern müssen einschreiten. Kurz nachdem sich ein 11jähriger Junge von einer schweren Verletzung auf der Laufbahn erholt hatte, erklärte er folgendes: «Ich habe wirklich gelernt, daß du nicht mehr tun kannst, als dein Bestes zu geben. Wie unser Trainer stets sagt: ‹Es gibt keine Ziellinie!›»

Die Griechen, deren Vermächtnis wir die Olympischen Spiele verdanken, glaubten, daß sich das Leben in einem beständigen Gleichgewicht befinden müsse und daß selbst die Helden (einschließlich Sporthelden) neben Ruhm und Sieg auch Tragödien und Niederlagen erleiden müßten. Wenn Sport unter der Führung eines weisen Trainers richtig verstanden wird, kann er Jungen aufrichten und niederschmettern. In einem Augenblick befinden sie sich am Höhepunkt ihrer Leistungsfähigkeit, und nahezu gleichzeitig werden sie mit Verletzungen, Verlust und Niederlage konfrontiert. Auf diese Weise trägt Sport dazu bei, Jungen in starke, gesunde und selbstbewußte Männer umzuwandeln:

Und jener, der sich in seiner Jugend einen hübschen Vorteil sicherte, gewinnt Hoffnung und fliegt ungeachtet der Kosten auf den Schwingen männlicher Taten. Das Glück der Männer ist eine Frucht, die allzu früh reift und erschüttert von Widrigkeiten zu Boden stürzt.

Männer fühlen sich verpflichtet. Was ist ein Mann? Ein Mann ist wie der Traum von einem Schatten. Doch durch göttlichen Vorteil gewinnen Männer Glanz und ein reiches Leben. (Pindar, Oden)

Teil 3

Wenn die Verbindung zu unseren Söhnen reisst

Kapitel 12

Traurigkeit, Depression und Selbstmord

«Als Junge solltest du in eine bestimmte Form passen. Du solltest hart und aggressiv sein und soziale Stärke, Willens- und Muskelkraft besitzen. Du darfst einfach nicht wie ein Zweig im Wind brechen.» (Mark, 15 Jahre)

Depression, die verborgene Epidemie

Duncan Casner und seine Mutter waren überrascht, als ich erstmals das Wort «Depression» aussprach. Der hochgewachsene, schlanke, athletisch gebaute 16jährige Junge stimmte mit seinen großen braunen Augen und seiner modernen Metallbrille gewiß nicht mit dem Klischee eines depressiven Menschen überein.

«Er gerät in der Schule in allerlei Schwierigkeiten», hatte seine Mutter Jocelyn erklärte, bevor sie Duncan zu mir schickte. «Er nimmt nicht am Unterricht teil und kommt früh nach Hause. Meinem Mann und mir sagt er, daß er starke Kopfschmerzen hätte. Als sich die Schulleitung bei mir beschwerte und ich den Jungen fragte, was mit ihm los wäre, erklärte er, daß er wahrscheinlich ein Problem mit Migräne hätte. Doch wenn ich nach Hause komme, sitzt er zumeist in seinem Zimmer am Computer. Seine Zensuren sinken, und ich möchte doch, daß er ebenso erfolgreich ist wie sein älterer Bruder Graham, der im ersten Semester in Bates studiert. Duncan war immer ein so guter Junge. Ich kann einfach nicht begreifen, was mit ihm geschehen ist.»

Duncan und ich trafen uns kurz nach dem Anruf seiner Mutter. Zu diesem Zeitpunkt hatte der Hausarzt der Familie eine physische Ursache für seine Kopfschmerzen bereits ausgeschlossen.

«Vielleicht könntest du mir ein wenig über deine Kopfschmerzen erzählen», forderte ich den Jungen in seiner dritten Sitzung bei mir auf.

«Am Nachmittag beginnt mich in der Schule oft mein Kopf zu schmerzen. Es bringt mich beinahe um. Ich ertrage es nicht. Deshalb gehe ich nach Hause, lege mich auf mein Bett und schlafe einfach ein. Danach surfe ich im Internet oder sehe fern.»

«Das klingt ziemlich einsam», meinte ich.

«Nein, nicht wirklich. Ich bin ohnehin ein Einzelgänger. Mir gefällt es nicht, mit vielen Menschen zusammenzusein. Ich kann ebenso glücklich sein, wenn ich etwas allein unternehme. Wahrscheinlich gehöre ich eher zu den unabhängigen Jungen.»

Und dann schien ich die magischen Worte zu sprechen. «Und wie war es, als dein Bruder noch zu Hause war? Soweit ich hörte, geht er jetzt aufs College.»

«Wer, Graham? Nun, Graham war einfach einer meiner besten Freunde. Aber er ist älter als ich.»

«Vermißt du ihn?» – «Nicht wirklich. Ich meine, doch etwas. Vielleicht in der Schule.» Duncan schien unsicher und zutiefst verwirrt.

«Du meinst, die Schule ist ohne ihn nicht mehr dasselbe?»

Der Junge begann heftig zu weinen. «Er ... er half mir immer», stammelte er unzusammenhängend.

«Half dir mit den anderen Schülern?» fragte ich.

«Nein, nicht mit den anderen Schülern. Mit den Lehrern.»

«Was meinst du damit?» – «Nun, sie geben einem immer mehr Hausaufgaben auf, als man schaffen kann. Und dann beginne ich, alles durcheinanderzubringen. Ich mache Schreibfehler. Sie müssen wissen, ich bin dyslektisch, daher habe ich in der Schule Probleme.»

«Dyslektisch?»

«Ja.»

«Und Graham half dir?» – «Ja, jeden Nachmittag kontrollierte er mit mir meine Hausaufgaben und sorgte dafür, daß ich meine Fehler verstand. Und danach vertrieben wir uns gemeinsam die Zeit.»

«Wissen deine Eltern, daß du Dyslektiker bist?»

«Ja, aber sie sprechen nicht gerne darüber. Und sie wußten nie, wie sehr mir Graham half.» Im Zuge unserer Gespräche erfuhr ich, daß diese Lesestörung erst vor vier Jahren bei Duncan festgestellt worden war. Da er aus einer Familie mit überaus tatkräftigen, erfolgreichen Eltern und einem talentierten älteren Bruder stammte, wurde seine Schwäche offenbar spät erkannt und kaum jemals besprochen. Seine Eltern hatten seine Lernschwäche im Grunde vor der Außenwelt verborgen gehalten.

Neben seinen Kopfschmerzen, die ihn veranlaßten, den Unterricht zu schwänzen, hatte der Junge eine ernsthafte Schlafstörung entwikkelt, die es ihm nahezu unmöglich machte, sich in der Schule zu konzentrieren. Duncans Energieniveau sank beträchtlich, und seine Lehrer berichteten häufig, daß der Junge reizbar wirke. Weder der Junge noch seine Eltern hatten erkannt, daß Duncan schwer depressiv war. Da er seine schulischen Schwierigkeiten nicht seinen Eltern anvertraut hatte und ihnen niemals wirklich gesagt hatte, wie sehr er seinen Bruder Graham vermißte, waren sie der Ansicht, daß er ein «Verhaltensproblem» entwickelt hätte.

«Duncan ist einfach launenhaft, nicht wahr?» fragte Jocelyn.

«Um die Wahrheit zu sagen, glaube ich, daß er depressiv sein könnte. Ich schlage vor, die Gespräche fortzusetzen und zusätzlich einen Psychiater beizuziehen, um zu sehen, ob dem Jungen mit geeigneten Antidepressiva geholfen werden kann.»

«Das ist doch nur ein Scherz», erklärte Duncans Mutter ungläubig. «Sie wollen mir doch nicht sagen, daß mein Junge klinisch depressiv ist?»

«Doch, ja, ich glaube, er könnte es sein.»

«Das ist doch kein für einen Jungen in seinem Alter übliches Problem, nicht wahr?» fragte sie schließlich.

«Es ist nicht so unüblich, wie Sie vermutlich glauben», erklärte ich. «Jüngsten Forschungen zufolge gibt es zumindest ebenso viele depressive Jungen wie Mädchen. Dies bedeutet, daß es dort draußen vermutlich mehrere Millionen depressiver Jungen gibt, von denen viele nach außen hin nicht depressiv erscheinen.»

«Das klingt wie eine verborgene Epidemie», meinte Jocelyn.

«Ich fürchte, damit könnten Sie recht haben», gab ich zurück.

Große Jungen weinen nicht

Unter all den kulturellen Verboten, die unseren Söhnen auferlegt werden, ist das Tabu, Trauer auszudrücken, meiner Ansicht nach das hartnäckigste. «Große Jungen weinen nicht», hören Jungen. «Nimm dich zusammen. Hör auf damit!» Jeder Junge fühlt sich naturgemäß hin und wieder traurig, dennoch lernen sie von frühester Kindheit an, daß sie nicht weinen, über ihre Traurigkeit nicht sprechen und andere nicht um Hilfe bitten dürfen. Der männliche Verhaltenskodex zwingt sie zu diesen Beschränkungen.

Unsere kulturellen männlichen Vorbilder verstärken diesen Druck. Es ist kaum vorstellbar, daß Michael Jordan, Mohammed Ali, Tom Cruise, Bruce Willis, Arnold Schwarzenegger oder John Wayne in der Öffentlichkeit persönliche Trauer zeigen würden. Der typische Actionheld befolgt das Gebot, daß harte Männer keine Trauer empfinden, er strebt lediglich nach Vergeltung. Wenn der Held erfährt, daß seine Feinde sein Haus niedergebrannt, die Reifen seines Wagens aufgestochen und seinen Freund abgeschlachtet haben, schreit er dann auf, weint er, oder bricht er zusammen? Nein, er blickt in die Ferne. Die einzigen Anzeichen für seine emotionale Erregung sind ein leichtes Zucken der Wangenmuskeln und die in seinem versteinerten Blick aufkeimende Wut. Dann tritt er in Aktion, springt in ein High-Tech-Auto und strebt mit heulendem Motor seiner Rache entgegen.

Da die Gesellschaft Jungen trainiert, ihre Traurigkeit zu verbergen, ist es für andere schwierig, zu erkennen, wann es einem Jungen gefühlsmäßig schlechtgeht. Wenn wir noch die Tatsache hinzufügen, daß wir im allgemeinen *nicht erwarten*, daß Jungen traurig oder deprimiert sind, sollte es uns nicht überraschen, daß es mitunter lange dauert, bis wir bemerken, daß unsere Söhne unglücklich sind. Und selbst wenn wir bei einem Jungen eine Depression vermuten, wenden wir häufig ungeeignete Diagnosemethoden an, *die ursprünglich zur Feststellung von Depressionen bei erwachsenen Frauen entwickelt wurden.* Auch dies führt dazu, daß wir Depressionen bei Jungen und männlichen Jugendlichen einfach nicht wahrnehmen.

Unter «Depression» fasse ich all die Störungen zusammen, die von einer Dysthymie (einer häufig auftretenden Verstimmung) bis zu allgemein als schwere oder klinische Depression bezeichneten Zuständen reicht. Eine weitere Form der Depression wird von Psychologen bipolare Störung oder manisch-depressive Krankheit genannt. Da die Symptome dieser und anderer depressiver Störungen denen ähneln, die ich im Zusammenhang mit der «klinischen» Depression besprechen werde, können die Informationen zur Diagnose und Behandlung von Depressionen bei Jungen in jedem Fall hilfreich sein.

Duncans Geschichte zeigte, daß Eltern zumeist überaus überrascht reagieren, wenn sie erfahren, daß ihre Söhne unglücklich oder klinisch depressiv sind. «Wir hatten keine Ahnung, daß er sich so fühlt», sagen sie dann «Er erschien so normal und optimistisch» oder «Wir wußten, daß er oftmals mürrisch und müde war, aber wir dachten, das wäre eine übliche Teenagerreaktion». Ein Junge kann schwer deprimiert und sogar selbstmordgefährdet sein, ohne daß seine Eltern die Unruhe des Jungen erkennen.

Ob ein Junge, und insbesondere ein kleiner Junge, lediglich unzufrieden oder tatsächlich deprimiert ist, läßt sich mitunter nur schwer feststellen. Traurigkeit und Verletzlichkeit in einem Jungen wahrzunehmen und die Grenze zwischen kurzfristigem Unglücklichsein und klinischer Depression zu definieren kann eine komplizierte Aufgabe sein.

Nehmen wir den 8jährigen Devon Washington als Beispiel. Der für sein Alter großgewachsene Devon wurde an einen meiner Kollegen verwiesen, nachdem seine Lehrerin bemerkt hatte, daß er sich täglich in der Pause mit seinen Klassenkameraden prügelte. Hierbei handelte es sich nicht um spielerische Hiebe, sondern um echte, kräftige und verletzende Schläge. Als ein Junge mit einem blauen Fleck am Unterarm zu ihr kam, erkannte die Lehrerin das Problem. «Devon arbeitet in der Schule nicht gut. Er paßt im Unterricht nicht auf, ist überaus aggressiv, verliert oft die Beherrschung und schlägt nun auch andere Kinder. Wir fürchten, daß er hyperaktiv sein könnte», erklärte die Lehrerin meinem Kollegen.

Die von der Lehrkraft vorgeschlagene Diagnose schien einleuchtend, mein Kollege stellte jedoch fest, daß Devon depressiv war. Er zeigte keines der klassischen Symptome, die wir im allgemeinen mit Depressionen in Verbindung bringen, wie etwa Zurückgezogenheit oder Melancholie. Er war nicht weinerlich und ließ weder Verzweiflung noch Hoffnungslosigkeit erkennen. Statt dessen rebellierte er an allen Fronten, weigerte sich, seine Schularbeiten zu erledigen, verhielt sich aufsässig, abwesend und anderen Kindern gegenüber aggressiv. Devon konnte seine Krankheit nur durch eine kognitive Verhaltenstherapie und geeignete Antidepressiva überwinden.

Die vielen Gesichter der Depression

Depressionen wirken sich auf Jungen in vielfacher Weise aus. Möglicherweise fühlen sie sich traurig, verängstigt oder betäubt. Viele deprimierte Jungen sind mürrisch und zurückgezogen oder, wie Devon, erregt, überaus aggressiv und wuterfüllt. Ein schlechtes Benehmen in der Schule und die Neigung zu Drogen- und Alkoholmißbrauch können ebenfalls eine Folge sein. Möglicherweise wirkt der Betroffene aber auch einfach mißgestimmt.

Das Syndrom Depression umfaßt bei Jungen eine weite Palette von Verhaltensstörungen und anderen Symptomen. Jeder Erwachsene, bei dem eine klinische Depression festgestellt wurde, erklärt, daß dieses Erlebnis sich deutlich von einer «schlechten Stimmung» unterscheidet. Im Fall von Jungen ist es wichtig, Depression als ein vielgestaltiges *Syndrom* zu sehen, das sich ebensogut in unauffälligen wie auch in extremen Symptomen äußern kann. Wenn wir uns lediglich mit den extremsten und offensichtlichsten Fällen einer ausgeprägten klinischen Depression befassen, riskieren wir, jenen Jungen keine Hilfe zu leisten, deren emotionaler Zustand oberflächlich betrachtet weniger besorgniserregend erscheint, für sie selbst jedoch äußerst schmerzvoll ist. Derartige Gemütszustände können sich ohne geeignetes Einschreiten zu starken Depressionen auswachsen oder Selbstmordgedanken auslösen. Auch wenn wir bestimmte Verhaltensmuster wie zum Beispiel deutliche Gereiztheit oder Medikamentenmißbrauch ignorieren, übersehen wir womöglich den Ausbruch einer ernsthaften Depression.

Die Biologie der Depression

Heute wissen wir, daß Depressionen neben den psychologischen Elementen häufig durch biologische Faktoren ausgelöst werden können, insbesondere durch eine Unausgeglichenheit bestimmter Neurotransmitter wie etwa Serotonin, das sich direkt auf das emotionale Wohlbefinden auszuwirken scheint. Medikamente, die diese Unausgeglichenheit korrigieren, sogenannte SSRIs (*selective serotonin reuptake inhibitors* – selektive Serotoninaufnahmehemmer) wie etwa Fluctin, Zoloft und Paxil haben sich bei unter Depressionen leidenden Erwachsenen und Kindern als hilfreich erwiesen. Der Neurotransmitterspiegel wird jedoch auch von psychologischen Phänomenen beeinflußt, wie etwa dem täglichen Streß, dem Verlust eines geliebten Menschen oder einem frühen Trauma. All diese Erlebnisse verändern die biologischen und chemischen Vorgänge im Gehirn und steigern seine Anfälligkeit für Depressionen. Verschiedene Übungen können den Neurotransmitterspiegel auf unterschiedliche Weise verändern und die Stimmung und Biologie eines Menschen bessern.

Wir stehen erst am Beginn, die Auswirkungen der komplexen wechselseitigen Beziehungen zwischen den biologischen und psychologischen Aspekten unserer Emotionen zu begreifen. Nehmen wir als Beispiel das Herz. Einige Menschen werden mit einer genetischen Anfälligkeit für Herzerkrankungen geboren. Sie erben ein schwaches Herz, einen hohen Blutdruck oder die Neigung zu Arteriosklerose. Diese Personen werden hart daran arbeiten müssen, Herzerkrankungen zu vermeiden. Ein vorher starkes Herz kann jedoch durch schwere Belastungen wie etwa schlechte Ernährung, chronisches Rauchen und langfristigen Bewegungsmangel ebenfalls für einen Herzinfarkt anfällig werden. Auf ähnliche Weise scheint auch die Neigung zu Depressionen innerhalb mancher Familien weitergegeben zu werden. Eine besondere *Anfälligkeit* kann sich jedoch auch ohne Veranlagung zu jedem Zeitpunkt aufgrund einer frühzeitigen Entbehrung, dem Fehlen einer beständigen gesunden und liebevollen Beziehung oder wiederholten Angriffen auf das Selbstwertgefühl entwickeln.

Meiner Ansicht nach sind die biologischen oder «organischen» Komponenten klinischer Depression (und die geeigneten medikamentösen Behandlungen) von entscheidender Bedeutung und bedürfen eingehender Untersuchungen. Mein Schwerpunkt liegt allerdings auf dem, was andere Psychologen und ich als *externe* psychologische Faktoren bezeichnen, das heißt, wir wenden uns dem sozialen Umfeld eines Jungen zu und suchen dort nach Faktoren, die zu einer tiefen Traurigkeit oder Depression führen könnten. Dazu gehört zum Beispiel das Familienleben des Jungen, seine Erfahrungen in der Schule, die Qualität seiner Freundschaften und das Ausmaß der emotionalen Unterstützung, die ihm zuteil wird.

Der Preis für die Beziehungslosigkeit innerhalb der Gesellschaft

Viele der bei Jungen auftretenden Symptome von Depressionen entstehen, da wir es als Gesellschaft versäumen, uns mit der Gefühlswelt unserer Jungen auseinanderzusetzen. Wie in den vorangegangenen Kapiteln erläutert, werden Jungen oftmals zu früh von ihren Eltern zur Unabhängigkeit gedrängt, das bedeutet, sie werden von jenen Menschen getrennt, die für sie die wichtigste Quelle für Trost und Unterstützung sind. Der Schmerz über den Verlust dieser Beziehung reicht bereits aus, um in jedem Jungen Depressionen auszulösen. Das Trauma der frühzeitigen Trennung oder des «Verlassenwerdens» führt nicht bei allen Jungen zu Depressionen, kann jedoch in vielen von ihnen eine tiefe Trauer verursachen, die in ihrem späteren Leben als Junge oder Mann die Anfälligkeit für Depressionen begünstigt.

Weiter verstärkt sich diese Anfälligkeit bei vielen Jungen durch emotionale Wunden, die sie im Zuge des auf Scham gegründeten gesellschaftlichen Abhärtungsprozesses erleiden. Der bei der Geburt eines Jungen noch gesunde Gefühlsbereich nimmt Schaden, sobald der Junge erkennt, daß er sich abhärten muß, um das Gefühl von Scham zu vermeiden. Aufgrund dieser Scham verleugnet er auch verletzliche Gemütszustände wie Trauer, Enttäuschung und Verzweiflung. Jeder Junge empfindet hin und wieder das Bedürfnis, zu weinen, in den Armen eines liebevollen Menschen Trost zu suchen, jemandem seinen Schmerz mitzuteilen und Mitgefühl zu erhalten. Geschlechtsspezifische Zwänge verbieten ihm jedoch, diese Empfindungen jemals in vollem Umfang *zu erleben* (geschweige denn sie auszudrücken) und um Hilfe zu bitten. Daher unterdrücken Jungen auf ungesunde Weise ihre Trauer. Dies löst Einsamkeit und Angst aus und drängt sie in schwerere Formen von Depression.

Die in unserer Gesellschaft bestehenden Vorstellungen verstärken die Anfälligkeit von Jungen für Depressionen auch auf andere Weise. Wie besprochen, verleiten uns geschlechtsspezifische Mythen über Jungen zu der irrigen Annahme, daß Jungen ihre Unabhängigkeit für bedeutsamer halten als enge Beziehungen zu Freunden und zur Familie. Wir wissen jedoch, daß die meisten Jungen in Wirklichkeit Unsicherheiten jeglicher Art empfinden und emotional von ihren Freunden und Familienmitgliedern abhängen. Jungen sehnen sich nach Kontakt, und ihre Beziehungen sind ihnen unendlich wertvoll. Es ist für ihr Selbstbewußtsein von zentraler Bedeutung, ob und wie sehr sie von anderen geschätzt werden. In unserer Wahrnehmung durch die überkommenen Vorstellungen beschränkt, neigen wir dazu, die emotionalen Höhen und Tiefen in den Freundschaften und Verbindungen unserer Söhne nicht zu beachten, und übersehen dadurch, wie sehr es sie beschämt, wenn ihre Beziehungen zu scheitern drohen oder zerbrechen. Wenn niemand diese quälende Scham in einem Jungen entdeckt und sie mit ihm aufarbeitet, kann sie tiefe Traurigkeit, Angst und den Rückzug vor der restlichen Welt bewirken und sogar zu einer klinischen Depression führen.

Wenn Beziehungen Depressionen verursachen

Wissenschaftler bezweifelten stets die Intensität und die grundlegende emotionale Bedeutung, die Beziehungen für Jungen haben. Deshalb erschien es ihnen auch unwahrscheinlich, daß sie zum Auslöser für Probleme wie Traurigkeit oder Depressionen werden könnten. Joan Girgus und ihre Kollegen von der Princeton University stellten die Hypothese auf, daß «das Ausmaß der Depression von weiblichen Jugendlichen stärker von ihrer Beliebtheit bei Altersgenossen abhängt als bei männlichen Jugendlichen». Diese Annahme basiere auf der «gängigen Auffassung, daß Frauen im Vergleich zu Männern ihr Selbstwertgefühl in höherem Maß auf die Beziehungen zu anderen und die Wertschätzung von anderen gründen». Die Ergebnisse der Studie entsprachen nicht den Erwartungen. «Überraschenderweise korrelierte die Depressionsneigung von Jungen deutlich mit den beiden Faktoren Beliebtheit und Ablehnung, bei Mädchen hingegen war nur eine Korrelation zu dem Faktor Ablehnung feststellbar. Dies läßt den Schluß zu, daß Mädchen und Jungen offenbar in gleichem Maß dafür anfällig sind, auf schwierige Beziehungen zu ihren Altersgenossen mit Depressionen zu reagieren.»

Eine in Eugene im Staat Oregon durchgeführte Studie der Forscher Paul Rohde, John Seeley und David Mace kam zu der Erkenntnis, daß Jungen unter dem Fehlen von gesunden Beziehungen leiden. In diesem Fall wurde die Frage untersucht, in welchem Ausmaß kriminelle Jugendliche Selbstmordgedanken entwickeln. Die Studie ergab, daß Jungen häufiger an Selbstmord dachten, wenn sie seelisch belastende Ereignisse durchlebten und ihnen in diesen Situationen aufgrund ihrer Einsamkeit und dem Mangel an engen Freunden soziale Unterstützung fehlte. Die Autoren folgerten, daß die Neigung zum Selbstmord bei Jungen eng an ihre sozialen Beziehungen gebunden ist.

Heute wissen wir, daß auch das Gegenteil wahr ist. Starke Beziehungen können Jungen von vornherein vor einem Abgleiten in Depression, ein risikobereites Verhalten und Selbstmordüberlegungen *bewahren.* Die in Kapitel 7 erwähnte landesweite Langzeitstudie über die Gesundheit der Jugend bewies, daß Teenager, die sich ihren Familien verbunden fühlten, seltener unter seelischem Kummer litten. Auch die Wahrscheinlichkeit, daß sie Gewalt anwendeten, Selbstmord begingen oder schädliche Substanzen einnahmen, war geringer. Eltern, die mit ihren Teenagern gemeinsam etwas unternahmen, zu den wichtigsten Zeiten des Tages körperlich anwesend waren und ihnen vor allem Wärme, Liebe und Zuneigung schenkten, spielten hierbei die Schlüsselrolle. In dem Kapitel über die Adoleszenz hörten wir bereits von Blake Bowdens Entdeckung, daß Kinder, die zumindest fünfmal pro Woche mit ihren Eltern gemeinsam zu Abend essen, besser angepaßt waren als ihre allein essenden Klassenkameraden.

Meiner Ansicht nach dürfen wir uns einfach nicht von der Maske eines Jungen täuschen lassen. Jungen sind keine Einzelgänger. Sie benötigen in allen Altersstufen die Bestätigung, daß sie großartige Kerle sind, ausgezeichnete Freundschaften schließen können und gebraucht und geliebt werden. Und wie alle menschlichen Wesen sehnen sie sich nach liebevoller Unterstützung, wenn es in ihren Beziehungen Krisen gibt oder sie zerbrechen.

Depressionen sind bei Jungen im Vormarsch

Da bisher angenommen wurde, daß Depressionen bei Mädchen und Frauen häufiger auftreten als bei Jungen und Männern, erkennen (und behandeln) wir sie bei Jungen oftmals nicht.

Die Wirklichkeit hält sich jedoch nicht an unsere klischeehaften Vorstellungen.

Etwa 3,5 Millionen Kinder unter 19 Jahren leiden in den USA an klinischen Depressionen. Dies entspricht ungefähr 5% der angegebenen Altersklasse. Der Forschungsgesellschaft IMS America zufolge wurde im Jahr 1996 Kindern über 5 Jahren 580.000mal Prozac, das am häufigsten verwendete Antidepressivum, verschrieben. Professor Susan Nolen-Hoeksema und ihre Kollegen von der Stanford University stellten fest, daß in der Gruppe der 8 bis 12jährigen mehr Jungen als Mädchen über Depressionen klagen und die Depressionen bei Jungen schwerwiegender sind als bei Mädchen. Die Studie der Universität Stanford wies die interessante Tatsache nach, daß bei präpubertären Jungen Verhaltensstörungen (wie Gereiztheit und schlechtes Benehmen) und Lustlosigkeit (der Mangel an Freude in der Beziehung zu Freunden und innerhalb von Freundschaften) die wichtigsten Symptome einer Depression darstellen. Selbstverständlich genügen im allgemeinen derartige Symptome nicht für die Diagnose Depression. So erklärt sich, warum das depressive Leiden vieler und insbesondere älterer Jungen, die diese Symptome ausprägen, unbeachtet bleibt oder falsch diagnostiziert wird.

1982 führte Smucker von der Penn State University im ländlichen Pennsylvania anhand von 2790 Kindern eine der größten Untersuchungen über Depressionen bei Kindern durch. Sie ergab, daß zwischen Jungen und Mädchen sowohl in der Häufigkeit als auch im Ausmaß der Depression keine Unterschiede bestehen. Einer anderen Umfrage zufolge, die 1997 unter 1000 Teenagern für die Zeitschrift *Ms.* erhoben wurde, erklärten 28% der weiblichen Befragten im Alter zwischen 15 und 21 Jahren, sich täglich oder mehrmals pro Woche deprimiert zu fühlen. 20% der männlichen Befragten derselben Altersgruppe gaben an, ebenso häufig deprimiert zu sein.

Diese Studien über das Ausmaß von Depressionen bei Jungen sind erschütternd. Da insbesondere ältere Jungen sich und anderen nur widerstrebend Gefühle wie Traurigkeit und Verletzlichkeit eingestehen, liegt die tatsächliche Depressionsrate von Jungen vermutlich über den in Studien ermittelten Werten.

Bei Männern hat sich diese Annahme bereits bewahrheitet. Das Schweizer Forschungsinstitut Angst & Dobler-Mikola stellte fest, daß depressive Männer und Frauen ihre Probleme unterschiedlich bewerten. *So neigen die Männer dazu, ihren Schmerz zu verharmlosen.* Die Wissenschaftler untersuchten anfangs Männer und Frauen, deren seelische Probleme ihre Arbeit im selben Maß beeinträchtigte. Somit ließ sich vermuten, daß diese Männer und Frauen auch einen ähnlich großen emotionalen Schmerz empfanden. Dennoch berichteten die Männer dieser Gruppe weit seltener von Depressionssymptomen als die Frauen.

Angst & Dobler-Mikola wies zudem nach, daß Männer dazu neigen, im Lauf der Zeit zu vergessen, wie deprimiert sie in der Vergangenheit gewesen waren. Männer und Frauen mit derselben Anzahl von Depressionssymptomen wurden ein Jahr später erneut befragt. Die Männer erinnerten sich an wesentlich weniger ihrer Symptome. Sie scheinen die Erinnerung an ihre von Verletzlichkeit und Traurigkeit erfüllte Zeit aktiv zu unterdrücken.

Auf ähnliche Weise könnten auch viele Jungen, die im Rahmen psychologischer Forschungen befragt werden, ihren Schmerz vor den Wissenschaftlern verleugnen oder «vergessen». Da nur einige wenige Untersuchungen darauf abgestimmt sind, Jungen zu offenen Antworten zu bewegen, sind die Ergebnisse über die tatsächliche Verbreitung von Depressionen bei Jungen zu niedrig angesetzt.

Es kann hier jedoch nicht darum gehen, festzustellen, welches Geschlecht anfälliger ist für Depressionen, vielmehr ist es unsere vorrangige Aufgabe, uns bewußt zu machen, daß alle Menschen, ungeachtet ihres Geschlechts, in zu hohem Maß depressionsgefährdet sind. Um das Leid, das aus Depressionen erwächst, zu lindern, müssen wir lernen, die Symptome frühzeitig zu entdecken und schon im Anfangsstadium auf sie zu reagieren.

Wie Sie Traurigkeit und Depressionen bei Jungen erkennen

Wie kann man lernen, zwischen *Traurigkeit* eines Jungen und einer eigentlichen *Depression* zu unterscheiden? Angesichts der vielfältigen Überschneidungen ist das nicht immer einfach. Um die Symptome einer eigentlichen Depression von denen der Traurigkeit zu unterscheiden, ist es besonders wichtig, zu wissen, wie der Junge normalerweise mit seiner Traurigkeit umgeht. Das wesentliche Entscheidungsmerkmal ist nämlich das *Ausmaß,* mit dem ein Junge seine jeweilige Verhaltensweise auslebt; das heißt, wie stark reagiert er auf eine bestimmte Weise, wie intensiv ist sein Benehmen, und wie lange hält es an? Wenn sich ein Junge gelegentlich in seinem Zimmer einschließt, weil er niedergeschlagen ist, fühlt er sich wahrscheinlich nur im Augenblick etwas traurig. Ein Junge, der sofort, wenn er von der Schule nach Hause kommt, auf sein Zimmer geht, die Tür hinter sich verschließt und jegliches Gespräch verweigert, zeigt offensichtlich ein Verhalten, das in den Bereich Depression fällt. So muß auch unterschieden werden zwischen einem Jungen, der nach einem schlechten Tag keine Lust verspürt, zum Abendessen zu kommen, und einem, der es ständig ablehnt, mit der Familie zu essen. Es ist besonders schwierig, eine Depression zu diagnostizieren, wenn das Verhalten eines Jungen schwankt zwischen Anzeichen, die für eine vorübergehend «schlechte Stimmung» sprechen, und solchen, die darauf hinweisen, daß es ihm ganz offensichtlich nicht gutgeht. Darüber hinaus erkennen viele Erwachsene bei Jungen Depressionen dann nicht, wenn sie sich in Form von Wut und Erregung äußert und nicht in Form von Traurigkeit, Hoffnungslosigkeit, Zurückgezogenheit und Verzweiflung.

Traurigkeit, aber keine Depression

Traurigkeit und Depressionen bei Jungen festzustellen ist zugegebenermaßen eine schwierigere Aufgabe als bei Mädchen. Wenn Mädchen traurig sind, gehen sie mit ihren Gefühlen auf andere Weise um. Der Psychologin Susan Nolen-Hoeksema von der Stanford University zufolge neigen sie dazu, über ihre Traurigkeit, deren Symptome und die möglichen Ursachen «nachzugrübeln». Darüber hinaus zeigen Forschungen, daß sie leichter weinen können, eher zeigen, daß sie unglücklich, hoffnungslos oder hilflos sind, und früher bei Freunden und Familienmitgliedern Unterstützung suchen. Eine jüngst durchgeführte Umfrage ergab, daß nahezu die Hälfte aller Mädchen (45%), die sich traurig fühlen, das Gespräch mit Freunden sucht. Im Gegensatz dazu gaben nur 26% der Jungen an, daß sie sich mit der Bitte um Unterstützung an Freunde wenden würden.

Ein trauriger Junge zeigt selten die Neigung, über die Ursachen seines Unglücklichseins nachzudenken. Eine gewisse Anzahl von Jungen wird sich auf der Suche nach Trost und Hilfe an Freunde oder Familienmitglieder wenden, die Mehrheit jedoch wird versuchen, die schmerzlichen Gefühle einfach «auszusitzen», oder eine «handlungsorientierte» Strategie wählen, um sie zu überwinden. Der 14jährige Ross erzählte mir, wie er mit seiner Traurigkeit umgeht. «Etwa einmal pro Woche bringt mich etwas wirklich aus der

Fassung, doch ich vergesse es rasch wieder. Ich gehe zu einem Freund, spiele Ball oder spaziere einfach umher. Ich schiebe es zur Seite und mache weiter.»

Bei anderen Gelegenheiten wird er richtig wütend. «Ich kam ziemlich traurig nach Hause, ging in mein Zimmer hinauf, setzte mich auf mein Bett und hörte Musik. Erst war ich nur traurig, dann wurde ich zornig, total angespannt und wütend. Schließlich brüllte ich und schlug mehrmals auf meine Polster ein. Meine Traurigkeit ist mit viel Aggression gemischt. Für mich bedeutet traurig sein dasselbe wie wütend sein.»

Ross zeigte das typische Verhalten vieler Jungen, die leichte Traurigkeit durch Ablenkung zu überwinden versuchen. Sie spielen Ball, ziehen mit Freunden durch die Straßen, hören Musik oder sehen fern. Wenn die Gefühle so intensiv sind, daß Ablenkung nicht funktioniert, ziehen sich Jungen eine Weile zurück und warten ab, bis der Sturm vorüber ist und sich der schlimmste Schmerz der Traurigkeit gelegt hat. Im Rahmen der Studie *Auf die Stimmen der Jungen hören* erklärten viele Jungen, daß sie meist darauf warten würden, «bis sich die Dinge wieder beruhigt hätten».

Hören wir uns zum Beispiel Mark an, einen intelligenten, energievollen 15jährigen Jungen.

«Als Junge solltest du in eine bestimmte Form passen. Du solltest hart und aggressiv sein und soziale Stärke, Willens- und Muskelkraft besitzen. Du darfst einfach nicht wie ein Zweig im Wind brechen.»

«Wie gehst du dann mit den Dingen um, wenn du dich schwach fühlst und nicht alles so großartig läuft?» fragte ich.

«Wenn ich wütend werde, versuche ich, es einfach vorübergehen zu lassen. Üblicherweise denke ich darüber nach und mache mir klar, daß ich eigentlich nicht so wütend sein bräuchte. Ich bemühe mich, entweder ruhig darüber nachzudenken oder gar nicht mehr daran zu denken. Wenn ich traurig bin, suche ich nach etwas, zu dem ich es in Relation setzen kann. [...] Entweder verschwindet dieses Gefühl dann, oder ich konzentriere mich auf etwas anderes.»

Da Mark den Gedanken verinnerlicht hat, daß es kontraproduktiv ist, sich Gefühlen auszuliefern, für die man keine Lösung weiß, lehnt er andere Jungen ab, die nicht imstande sind, ihre Gefühle unter Kontrolle zu bringen. «Einige Jungen sind von einer ärgerlichen Sache richtig besessen. Wenn sie einfach losließen, würde sich ihr Leben wesentlich verbessern. Es würde sie auch keine Mühe kosten. Ich wünschte, sie würden vernünftiger und ruhiger reagieren und es etwas leichter nehmen, wie es ihnen jeder rät.»

Mark scheint Verletzlichkeit mit dem akuten Gefühl von Scham gleichzusetzen und schwere Strafe zu fürchten, wenn er sich nicht an die vorgegebenen Regeln hält. «Wenn du nicht dazupaßt, bist du ein Verlierer, du bist wertlos, wirkst albern, und niemand mag dich. Die anderen Jungen wollen dann nichts mit dir zu tun haben und stoßen dich in eine Ecke. Wenn du dich nach einer Weile noch immer schlecht fühlst und stets deprimierter wirst, reagieren sie nicht gut darauf.» Marks Aussage zeigt auf, daß jeder Riß im Selbstvertrauen eines Jungen, jedes Eingeständnis, daß er traurig oder deprimiert ist, für andere Grund genug ist, ihn zurückzuweisen. Wenn ein Junge weiterhin seine Trauer und seinen Schmerz in sich verschließt und diese Gefühle nicht auszudrücken lernt, fürchtet er, daß sie sich verstärken.

«Wenn du alles in deinem Kopf einzuschließen versuchst, so daß es niemals herauskommt, wird es bloß schlimmer», erklärt Mark. «Du kannst dem einfach nicht entkommen.»

Während einige Jungen wie Mark ihre Traurigkeit einfach «vorübergehen» lassen, bedienen sich andere des bereits besprochenen zeitbegrenzten Schweigens. Ein verletzter oder unglücklicher Junge zieht es vermutlich vor, seine Wunden an einem abgeschiedenen Ort zu lecken, an dem ihn andere nicht beschämen können. Er kommt erst dann wieder zum Vorschein und sucht bei Eltern oder Freunden nach Unterstützung, wenn er eine Weile in der Stille getrauert hat. Dem Jungen bietet diese Strategie den Vorteil, daß niemand jemals seine Traurigkeit sieht und er so der Scham aus dem Weg geht. Als Nachteil erweist sich, daß Eltern, die den signifikanten Charakter dieses Verhaltens nicht verstehen, seine Traurigkeit oft verborgen bleibt.

Meiner Ansicht nach brauchen Jungen auch dann, wenn sie erfolgreich Ablenkungs- und Rückzugsstrategien einsetzen, Mitmenschen, die ihnen helfen, sich von ihrem emotionalen Schmerz zu erholen. Nachdem der schwerste Sturm vorüber ist, machen sich die meisten Jungen auf den Weg, die Beziehung zu ihrer Familie und ihren Freunden wiederaufzunehmen. Bereitwillig greifen sie jedes Angebot auf – das sinnlose Ballspiel mit ihren Freunden, den Kommentar der Mutter «Freut mich, daß es dir wieder bessergeht», die Einladung des Vaters, gemeinsam ein Eis essen zu gehen, oder sogar den Streit mit ihrer Schwester über das TV-Programm. Wenn dies geschieht, weiß er, daß das Leben weitergeht. Seine Scham schmilzt dahin, und die Menschen, die er mag, sind noch immer um ihn, und er kann sich auf sie verlassen.

Ein 10jähriger Junge erzählte uns, daß er darauf vertrauen konnte, daß sein Großvater ihn immer wieder aufrichtete. Nachdem bei Jim eine schwere Behinderung aufgrund eines Sehfehlers entdeckt wurde, «schämte» er sich, dicke Brillen tragen und an einem Spezialunterricht mit anderen behinderten Kindern teilnehmen zu müssen. Er wurde sehr traurig und sprach mit niemandem, wenn er nach Hause kam. Das fiel seinem Großvater auf. Ohne nach dem Grund zu fragen, forderte ihn sein Großvater auf, seinen Mantel zu holen. Sie gingen in den Park und übten Baseballwürfe. Dieses Training wiederholte sich einige Zeit lang jeden Nachmittag. «Er erzählte mir Geschichten über sein Leben, darüber, wie es war, mit einem Schiff in Amerika anzukommen, und über seine Arbeit im Restaurant. Das war eine harte Zeit. Davon zu hören half mir, mich besser zu fühlen», erklärt Jim. Der Junge ist vielleicht nicht imstande, in Worte zu fassen, warum ihm die Geschichten seines Großvaters soviel Kraft gaben, aber sie vermittelten ihm eine eindeutige Botschaft: Wir alle müssen schwierige Zeiten überstehen. Auch ich fühlte mich traurig und konnte es überwinden. Ich fand einen Weg, damit umzugehen, und das wird auch dir gelingen, denn wir lieben dich nach wie vor. Jungen, deren Familie und Freunde ihnen diese Art einfühlsamer Unterstützung bieten, können selbst die belastendsten Situationen überstehen.

Die nachfolgend genannten Schritte sollen Ihnen eine Anregung sein für den Fall, daß Ihr Junge zusätzliche Aufmerksamkeit benötigt:

Schaffen Sie einen sicheren Ort.

Schaffen Sie einen sicheren Ort, an dem Ihr Junge seine Gefühle offen und ohne Angst vor Scham oder Zurückweisung ausdrücken darf. Nehmen Sie sich Zeit, in der Sie Ihrem Sohn Ihre ungeteilte Aufmerksamkeit schenken, und versichern Sie ihm, daß ihn niemand für das, was er mitteilt, verurteilen oder bestrafen wird.

Hören Sie aufmerksam zu.
Hören Sie aufmerksam auf die Worte eines Jungen. Möglicherweise öffnet er sich nicht sofort, und Sie müssen geduldig warten, bis er sich wohl genug fühlt, um genau zu erläutern, was ihn bewegt. Manchmal ist der Junge aber einfach noch nicht zu einem Gespräch bereit und benötigt noch etwas Zeit allein. Wenn dies der Fall ist, sollten Sie ihm diese Zeit zugestehen.

Vermeiden Sie es, Ihren Sohn zu beschämen.
Wenn Sie an der Reihe sind zu sprechen, sollten Sie alles vermeiden, was Ihren Sohn demütigen oder in Verlegenheit bringen könnte. Besonders hilfreich ist es, wenn Sie ihm vermitteln, daß Sie sich vorstellen können, wie er sich fühlt, und daß Sie ihn auf jede Weise unterstützen werden. Mitunter mag es Ihnen auf der Zunge liegen, Ihren Sohn ein wenig zu necken, ihm einen Ratschlag zu geben oder ihm zu schnell zu versichern, daß «alles wieder in Ordnung kommt». Derartige Reaktionen sollten Sie unbedingt unterlassen, denn Sie signalisieren Ihrem Sohn, daß Sie ihn nicht ernst nehmen. Statt dessen könnten Sie ihm zum Beispiel sagen: «Wie es scheint, stehen die Dinge im Augenblick etwas schwierig.» Lassen Sie ihn wissen, daß Ihnen sein Schmerz ein Anliegen ist, indem Sie aufmerksam zuhören, vorsichtige Fragen stellen, Verurteilungen und Belehrungen unterlassen und Ihre Liebe und Sorge ehrlich ausdrücken.

Wenn sich die Lage verschlimmert

Wenn ein Junge kein Mitgefühl erhält oder die außerhalb seiner Kontrolle liegenden belastenden Umstände andauern, könnten seine üblichen «aktionsorientierten» Strategien versagen. Es gelingt ihm vielleicht nicht mehr, seine Traurigkeit abzuschütteln – weder kann er sie in einem wilden Basketballmatch abreagieren, noch kann er sie loswerden, wenn er auf seine Polster einschlägt oder einen Abend lang allein Musik hört. Das Gefühl, vom Schmerz überwältigt zu werden, und der Versuch, die daraus erwachsende Scham zu unterdrücken, stürzen den Jungen in ein rasendes Karussell unterschiedlichster Emotionen und Gedanken, die seine Eingeweide aufwühlen. Ein Junge könnte rastlos und impulsiv werden, vielleicht verliert er auch die Fähigkeit, sich zu konzentrieren, oder er benimmt sich ganz und gar unangemessen. Möglicherweise verhält er sich gereizt oder feindselig und drückt seine innere Verwirrung aus, indem er andere verletzt oder gefährliche Risiken auf sich nimmt. Physisch könnte sich sein innerer Aufruhr durch Übelkeit und chronische Kopf- und Magenschmerzen zeigen. Vorstellbar wäre ebenfalls, daß er sich immer weiter zurückzieht, zunehmend verdrießlicher wird und sich von den Menschen, die ihn mögen, entfernt. In gemäßigter Form sind dies alles normale Mechanismen, die von Jungen eingesetzt werden, um ihren Schmerz zu überwinden. Wenn Sie ein derartiges Verhalten erkennen, ist es wichtig, unter die Oberfläche zu sehen, Fragen zu stellen, Ihre Anteilnahme auszudrücken und zu versuchen herauszubekommen, was im Inneren des Jungen tatsächlich vorgeht. Denn wenn dieses Verhalten andauert oder extrem wird, könnte der Junge auf eine Depression zusteuern.

Der 16jährige Kenny Robinson hatte Glück, eine Mutter zu besitzen, die sein verärgertes und aggressives Benehmen als nonverbalen Hilfeschrei verstand und alles tat, um seine Gesundheit zurückzugewinnen. Der Junge begann mit einer wöchentlichen Therapie. Im Zuge dieser Gespräche gelang es Kenny, seine Maske aus Wut abzulegen und die darunter verborgene Trauer über den plötzlichen Auszug seines Vaters auszudrücken.

«Ohne meinen Vater ist nichts mehr dasselbe», erklärte er. «Meine Mutter hat niemals Zeit für mich. Sie ist viel zu sehr damit beschäftigt, mit ihrem Anwalt und ihrer Schwester zu telefonieren.»

«So hast du das Gefühl, als hättest du deinen Vater und deine Mutter verloren?» erkundigte sich der Therapeut. Kennys Augen füllten sich mit Tränen. «Ja, ich weiß einfach nicht, was vor sich geht.» Der Therapeut lud Kennys Mutter zu mehreren Sitzungen ein und half ihr zu verstehen, wie sehr Kenny sie in dieser schrecklichen Zeit benötigte. Mrs. Robinson war zweifellos verstört und ängstlich wegen der Familienkrise, sorgte sich aber ebenso um Kenny.

Der Psychologe riet ihr, eine «Spielzeit» einzuführen, in der Mrs. Robinson jedes von Kenny vorgeschlagene Spiel spielte, solange niemand dabei verletzt wurde. Sie begannen mit einer Stunde pro Woche. Anfangs fiel es Mrs. Robinson schwer, die Energie für Kennys aktives Spiel aufzubringen, doch sie sah, wieviel ihm diese gemeinsamen Unternehmungen bedeuteten.

Innerhalb weniger Wochen entwickelten die beiden ein besonderes Spiel. Kenny war ein Detektiv, der nach vermißten Personen suchte und gute Männer nach Hause schickte, die sich verirrt hatten. Mrs. Robinson spielte ihren Teil mit wachsendem Enthusiasmus. Sie erkannte, daß Kenny auf seine Weise mit der Tatsache fertig werden mußte, daß sein Vater das Haus verlassen hatte. Ebenso bemerkte sie, daß sie Kenny bisher keine Erklärungen gegeben hatte, wie es zu dem Auszug des Vaters gekommen war. Fortan bemühte sie sich, ihm nun bewußt jede Information weiterzugeben, die sie erhielt. Sie stellten sich vor, wie es wäre, den Vater wiederzusehen. Im gemeinsamen Gespräch half sie Kenny, sich durch diese verwirrenden Themen hindurchzuarbeiten. Sie gab ihm zu verstehen, daß sein Vater versucht hätte, ein guter Mann zu sein, aber daß Menschen manchmal das Falsche tun, selbst wenn sie ihr Bestes geben.

In zwei weiteren Sitzungen sprachen Kenny, seine Mutter und der Therapeut über Kennys aggressives Verhalten anderen Kindern gegenüber. «Ich kämpfe, weil die anderen Kinder schlimme Dinge über meinen Vater sagen», erklärte der Junge leise. Bei diesen Worten brach Mrs. Robinson in Tränen aus und umarmte Kenny, der nun auch zu weinen begann. Schließlich stimmte Kenny zu, daß es besser wäre, mit den Kindern zu reden, anstatt sie zu schlagen.

Im Zuge der mehrmonatigen Therapie hatten sich auch Kennys schulische Probleme verringert. Der Familie stehen vermutlich noch schwierige Zeiten bevor, doch zumindest wissen Mutter und Sohn heute, daß sie sie gemeinsam durchstehen werden.

Kenny kann sich glücklich schätzen, daß ihn seine Mutter angesichts seines abweisenden Verhaltens mit einem Therapeuten in Kontakt brachte und ihn nicht einfach auf sein Zimmer schickte. Allzuoft lassen sich die wohlmeinendsten Eltern und Lehrer von der Heftigkeit der Reaktionen in die Irre führen. Vorschnell beurteilen wir die Handlung ihrem Anschein nach und reagieren dementsprechend: So strafen wir das wütende oder impulsive Kind und verabreichen dem hyperaktiven Medikamente; wir befehlen dem «simulierenden» Jungen, sich zusammenzunehmen, und zu allem Überfluß neigen wir dazu, den zurückgezogenen oder mißgestimmten Jungen zu isolieren.

Vielfach übersehen wir die Anzeichen von Traurigkeit in einem Jungen auch deshalb, weil wir sie nicht erkennen wollen. Es schmerzt, wenn wir uns eingestehen müssen, daß jemand, den wir lieben, leidet. Einige Eltern reden sich dann ein, daß die Signale, die sie beobachten, Teil einer «natürlichen» Entwicklung sind, daß alle Jungen mal die Beherrschung verlieren und die meisten Teenager von Zeit zu Zeit rebellieren. Sie sehen die rauhe, abweisende Schale ihres Sohnes und denken «Er ist eben einfach ein Junge in den Flegeljahren, da kommt so etwas schon vor», was sie dabei nicht sehen, ist, daß ihr Sohn auf dem Weg sein könnte, ihnen zu entgleiten.

Die Schwierigkeit, Depressionen bei Jungen zu diagnostizieren

Bei Jungen eine Depression zu diagnostizieren ist aus mehreren Gründen schwierig: Zum einen ist es, wie wir bereits gesehen haben, nicht einfach, die Grenze zwischen Traurigkeit und einer akuten Depression exakt festzulegen. Zum anderen tarnen Jungen häufig jene Verhaltensweisen, die wir traditionellerweise mit Depressionen verbinden, wie Verdrossenheit, Weinen und Zurückgezogenheit.

Der dritte und, wie mir scheint, wesentlichste Grund, warum es uns so schwer fällt, bei Jungen eine Depression zu erkennen, ist jedoch die Tatsache, daß wir Maßstäbe anwenden, die für Mädchen und Frauen geeigneter sind. Frauen mit den klassischen Symptomen von Depressionen neigen zu Weinanfällen, bringen ihre Hoffnungs- und Hilflosigkeit sowie ihre Verzweiflung offen zum Ausdruck; sie sind stark von anderen abhängig, suchen nach Hilfe und weisen diese schließlich zurück. Derartige Symptome kann man bei Jungen selten bis überhaupt nicht beobachten.

Um Depressionen bei Jungen festzustellen, müssen wir die einzigartige Konstellation von Symptomen verstehen, die bei Kindheitsdepressionen auftritt. Sobald wir begreifen, auf welche Weise Jungen Symptome von Depressionen zeigen beziehungsweise tarnen, wird es einfacher, Depressionen im Frühstadium zu entdecken, bevor sie ernsthaft und schwer umkehrbar werden.

Betrachten wir zum Beispiel den 15jährigen Ed, einen stillen Jungen, der aktiv ableugnet, emotionale Probleme zu haben oder unter seelischem Schmerz zu leiden. Als ich Ed das erste Mal traf, saß er mir gegenüber an einem Schreibtisch in einem kleinen Krankenhausbüro, rieb seinen Kopf in den Händen und wiederholte ständig die Phrase: «Ich weiß nicht, warum ich hier gelandet bin.»

«Du hast versucht, dich zu töten», antwortete ich leise. «Du hast eine ganze Menge Tabletten und Alkohol zu dir genommen und anschließend versucht, mit der Pistole deines Vaters die Sache zu beenden.» Glücklicherweise war die Waffe zufällig losgegangen, worauf die Nachbarn die Polizei verständigten und Ed nun hier lebendig und ohne sichtbare Wunden vor mir saß.

Der Junge lächelte mich matt an. «Das ist ein Mißverständnis, nur ein großes Mißverständnis.» Doch ich wußte es besser. In der Notaufnahme hatte er die Ärzte aus der Fassung gebracht, indem er sie verfluchte, als er erkannte, daß er noch lebte. Dies war nicht lediglich ein «Versuch» und gewiß kein «Mißverständnis», sondern ein entschlossener Zielsprint in den Tod.

Im Gegensatz zu einigen Mädchen auf dieser geschlossenen Station zeigte Ed keine äußeren Anzeichen dafür, daß er nur mit knapper Not einen Selbstmordversuch überlebt hatte. Er hatte keine aufgeschnittenen Handgelenke, keine tränenverhangenen rotgeränderten Augen und keinen traurigen, nach Hilfe suchenden Blick. Der Junge leugnete sogar ab, deprimiert zu sein.

Widerstrebend antwortete er auf meine Fragen über seine Familie. Seinen Vater hatte er seit drei Jahren nicht mehr gesehen, seit er erneut geheiratet und ein weiteres Kind bekommen hatte. Seine älteren Geschwister kamen seinen Worten zufolge allein zurecht. Sein Bruder war Elektriker und seine Schwester Krankenpflegerin. Er lebte als Jüngster der Familie zu Hause bei seiner Mutter. Ed besuchte kaum den Unterricht, und die Schulleitung hatte bereits gedroht, ihn wegen unerlaubten Fernbleibens vom Unterricht von der Schule zu verweisen.

Nachdem wir einige Zeit zusammengearbeitet hatten, war der Junge bereit, über seine Wut auf seine Familie zu sprechen. Sein Bruder Greg war ein starker Trinker und mißhandelte seine Frau. Sein Vater war ebenfalls Alkoholiker und weigerte sich rundweg, den Unterhaltsbeitrag zu zahlen und Ed und seine Geschwister zu sehen. «Ich glaube, die Männer der Familie Grady kümmern sich einen Dreck um ihre Zukunft», erklärte der Junge mit seinem typischen Halblächeln.

«Ich glaube, eine Menge junger Männer ist sich nicht sicher, wie ihre Zukunft aussehen könnte», warf ich ein.

«Ja, welche Hoffnung gibt es? Das Leben ist Scheiße, und dann stirbst du.»

Unsere weiteren Sitzungen ergaben, daß sich Ed durch die Zurückweisung seines Vaters tief verletzt fühlte. Anstatt zu trauern, hatte Ed gelernt, sich hinter einer falschen Fassade zu verbergen, zu grinsen und zu fluchen. Das war leichter, als zuzugeben, daß er nach wie vor etwas für seinen Vater empfand. Er besaß einen unerschöpflichen Vorrat an Schimpfwörtern. So hatte er dauernd «die Schnauze voll» und fand alles «zum Kotzen». Er leugnete jedoch heftig ab, depressiv zu sein und Hilfe zu benötigen. «Alles, was ich will, ist eine Packung Zigaretten und die Möglichkeit, hier herauszukommen. Dann wäre ich wieder in Ordnung.»

Ein Psychiater, der sich streng auf die gängigen Diagnosemethoden konzentriert hätte, wie sie im Handbuch für Diagnostik und Statistik der amerikanischen psychiatrischen Vereinigung aufgeführt sind, hätte Ed möglicherweise trotz seines Schmerzes und einem eindeutigen Selbstmordversuch nicht als depressiv bezeichnet. In diesem Leitfaden für Kliniker erfahren wir, daß die Diagnose von Depressionen anhand einer Checkliste erfolgt. Ein Patient muß demnach eine bestimmte Mindestanzahl von Symptomen aufweisen. Zunächst muß er unter Niedergeschlagenheit leiden und das Interesse an der Außenwelt verloren haben. Zudem muß er zumindest *vier* weitere Symptome einer umfangreichen Liste aufweisen: Gewichtsschwankungen, Schlafstörungen, Erregungszustände oder Retardation, Müdigkeit, Energieverlust, das Gefühl der Wertlosigkeit oder Schuld, Konzentrationsschwierigkeiten, Entscheidungsunfähigkeit und Selbstmordgedanken.

Derartige Kriterien sind nicht speziell für Kinder entwickelt, sondern abgeleitet aus den Beobachtungen, die man im Umgang mit depressiven Erwachsenen – und darunter vor allem Frauen – gemacht hat. Diesen Kriterien zufolge wäre es kaum möglich gewesen, Ed als depressiv einzustufen, obwohl wir wissen, daß er aus Verzweiflung seinem Leben ein Ende hatte bereiten wollen. Dennoch dürfen wir nicht behaupten, die traditionellen Kriterien des Handbuchs für Diagnostik und Statistik der amerikanischen psychiatrischen Vereinigung wären für die Diagnose von Depressionen bei Jungen nicht geeignet, denn das wäre unzutreffend. Sie sind lediglich unvollständig und beziehen die vielfältigen in diesem Buch besprochenen anderen Symptome von Jungen nicht mit ein.

In Ermangelung eines besseren Modells verwenden die meisten Psychiater diesen für Erwachsene zusammengestellten Kriterienkatalog auch für die Diagnose von Depressionen bei Kindern ab einem Alter von 9 Jahren. Bei Kindern unter 9 Jahren und insbesondere bei Vorschulkindern, die ihre Gefühle zwangsläufig noch nicht klar ausdrücken können, werden Depressionen vorwiegend über das Aussehen eines Kindes (wie traurig wirkt sein Gesichtsausdruck) oder seine Stimmung – das heißt das Verhalten eines Kindes (ist es ungehorsam und verliert es häufig die Beherrschung) oder Klagen über physische Probleme (wie Kopf- und Magenschmerzen) – abgeleitet. Bei Kindern im Schulalter bis zum Beginn der Pubertät werden Merkmale wie Stimmungsschwankungen, gereiztes Verhalten und an Erwachsene erinnernde Traurigkeit ebenso berücksichtigt. Darüber hinaus untersucht man sie im Hinblick auf die folgenden Symptome: Gefühl der eigenen Wertlosigkeit, geringes Selbstbewußtsein und eine bestimmte Form von Apathie oder Lustlosigkeit. Schließlich suchen Psychiater bei Kindern dieser Altersstufe nach Hinweisen auf bestimmte Angstzustände, Phobien und Selbstmordgedanken.

Abgesehen von der Tatsache, daß diese Vorgehensweise eine zu begrenzte Palette von Symptomen verwendet, um bei Jungen Depressionen festzustellen, ergibt sich ein weiteres Problem. Eine auf derartigen Kriterien basierende Diagnose hängt zum einen davon ab, was der Patient einem Kliniker über seine Probleme erzählt, und zum anderen davon, wie der behandelnde Arzt den Bericht seines Patienten interpretiert. Da wir nun wissen, daß Jungen und Männer ihre Probleme gerne verharmlosen und nur einen Teil ihrer Symptome bekanntgeben, muß ein einfühlsamer Mediziner sich darauf verstehen, zwischen den Zeilen zu lesen. Schenkt er den Aussagen seines männlichen Patienten unbesehen Glauben, entscheidet er sich nämlich vielleicht vorschnell gegen die Diagnose «Depression». Da Ärzte – nicht anders als ihre Patienten – darauf trainiert sind, Trauer zu verdrängen, ist die Gefahr recht groß, daß sie sich zu einer solchen Fehldiagnose verleiten lassen. Diese These wird zumindest durch eine 1991 von der Rand Corporation durchgeführte Studie erhärtet. Die Wissenschaftler Potts, Burnam und Wells forderten männliche Patienten, die an depressionsähnlichen Symptomen litten, auf, ihre Beschwerden auf einem anonymen Fragebogen mit der Bezeichnung «Diagnoseinterview» anzugeben. Anschließend wurden dieselben Männer von verschiedenen Ärzten in einem persönlichen Gespräch zu ihren Symptomen befragt. Das Ergebnis brachte eine Überraschung. 65% der von den Ärzten als gesund diagnostizierten Männer litten ihren eigenen Angaben auf dem Fragebogen zufolge tatsächlich an einer Depression. Mit anderen Worten: Die Ärzte diagnostizierten die Depression nur in zwei von fünf Fällen, weil die männlichen Patienten ihre Probleme beschönigten beziehungsweise weil die Mediziner die Aussagen der Männer nicht weiter hinterfragten. Sobald Männer versichern, daß alles in Ordnung ist, sind die Chancen groß, daß ihre Depression unerkannt bleibt, weil Ärzte sie vor dem Gefühl der Scham bewahren wollen.

Im Falle von Jungen, und insbesondere von kleinen Jungen, sind die Möglichkeiten des Dialoges zwischen Kind und Eltern, Arzt oder einer anderen Vertrauensperson naturgemäß noch begrenzter. Möglicherweise findet der Junge nicht die geeigneten Worte, um seine Gefühle auszudrücken, vielleicht hört ihm der Erwachsene aber auch nicht aufmerksam genug zu, so daß er den subtilen Hilferuf des Jungen und seinen Schmerz nicht erkennt.

Wenn wir verhindern wollen, daß Depressionen bei Jungen oftmals unentdeckt und somit unbehandelt bleiben, müssen wir anerkennen, daß die Mittel der verbalen Kommunikation allein für eine Diagnose unzureichend sind; darüber hinaus dürfen wir nicht länger nur nach Symptomen Ausschau halten, wie zum Beispiel plötzlichen Tränenausbrüchen, die für erwachsene depressive Frauen typisch sind.

Wie stellen Sie fest, ob ein Junge depressiv ist?

Welche Kriterien sollten wir verwenden, um zu einer besseren Diagnose von Depressionen bei Jungen zu gelangen? Ich schlage vor, ein neues Diagnoseverfahren zu entwickeln, das speziell darauf abgestimmt ist, Depressionen bei Jungen festzustellen. Dieses sollte die Neigung von Jungen (und Männern) berücksichtigen, Depressionen durch verschiedenste Verhaltensweisen zu äußern, von denen einige den traditionell mit Depressionen assoziierten Mustern ähneln, *viele sich aber von diesen gänzlich unterscheiden.* Zusätzlich dürfen wir nicht vergessen, daß die Symptome eines depressiven Jungen sich von denen eines anderen unterscheiden und sich in Abhängigkeit vom spezifischen Alter eines Jungen ebenfalls verändern. Auf dieser Grundlage empfehle ich, daß wir Depressionen durch die sorgfältige Beobachtung der folgenden Symptome diagnostizieren:

1. Deutlicher Rückzug aus Beziehungen und Probleme in Freundschaften.

Ein Junge verbringt tatsächlich weniger Zeit als üblich mit seinen Freunden und seiner Familie, obwohl er dies ableugnet. Er könnte sich emotional immer weiter von ihnen entfernen und nach und nach das Verhalten eines Einzelgängers annehmen. Möglicherweise berichtet er nicht mehr von seinem Alltag und antwortet auf Fragen nur einsilbig. Zu Hause könnte er viel Zeit in seinem Zimmer verbringen, um der Kommunikation mit anderen Familienmitgliedern aus dem Weg zu gehen. In der Schule könnte er sich von Schülern und Lehrern zurückziehen und vermeiden, an Klassendiskussionen und schulischen Aktivitäten teilzunehmen. Vielleicht versucht er einen Platz im hinteren Teil des Klassenzimmers zu bekommen, sondert sich während der Pausen ab und sitzt während des Mittagessens allein. Eventuell meidet er den Sportunterricht, läßt einige Unterrichtsstunden ausfallen oder bleibt dem Unterricht vollständig fern. Auf die Frage, wer seine Freunde sind, könnte er antworten, daß er wenige oder gar keine besitzt. Der Junge scheint nicht imstande, einen «guten Freund» zu haben. Diese Symptome können bei Jungen aller Altersstufen auftreten.

2. Erschöpfung oder Impulsivität.

Der Junge könnte müde, leidenschaftslos, gelangweilt oder erschöpft wirken. Möglicherweise verliert er das Interesse und die Freude an Aktivitäten, die ihm bisher lieb und teuer waren. Wenn er üblicherweise lebhaft und gesprächig ist, könnte er in zunehmendem Maß träge, schweigsam und kontaktarm werden. Oder aber er reagiert impulsiv, unberechenbar oder irrational. Er könnte ängstlicher als üblich erscheinen und erzählt Ihnen vielleicht, daß er «nervös», «besorgt» oder «angespannt» ist. Besonders während der Adoleszenz ist es wichtig, normale Stimmungsschwankungen von Veränderungen im Verhalten eines Jungen zu unterscheiden, die tiefere Probleme enthüllen. Da die Grenze schwierig zu ziehen ist, rate ich Eltern, sicherzugehen und einen Jungen nach seinen Gefühlen zu befragen, anstatt seine Stimmungsumschwünge einfach abzutun oder zu ignorieren. Erschöpfungszustände sind ein übliches Depressionssymptom von Jungen aller Altersstufen, während die Wahrscheinlichkeit eines impulsiven Verhaltens mit dem Alter zunimmt.

3. Steigende Intensität oder Häufigkeit von Wutausbrüchen.
Bereits die geringste Provokation könnte einen Jungen mit Wut erfüllen und ihn verleiten, andere verbal oder körperlich anzugreifen. Was anfangs wie eine «schlechte Stimmung» wirkt, könnte sich zu häufigen Temperaments- und Wutausbrüchen oder ständiger Gereiztheit steigern. Hierbei sollten wir nicht vergessen, daß Wut eine der Hauptausdrucksformen von Jungen ist, über die sie indirekt Kummer, Enttäuschung und Hoffnungslosigkeit offenbaren. Ein beständig verärgerter, mißmutiger Junge könnte jedoch an einer Depression leiden. Das Wesen dieser Wutausbrüche könnte sich mit dem Alter eines Jungen ändern, dennoch ist dieses Symptom bei allen Altersstufen bedeutend.

4. Schmerz verleugnen.
Trotz offenkundig schwieriger Situationen, wie zum Beispiel einer Scheidung, eines Todesfalls, der Alkoholsucht eines Elternteils oder schulischer Probleme, verleugnet der Junge auf direkte Fragen hin seinen Kummer, behauptet er, nicht unglücklich zu sein. Vermutlich sagt er etwas wie «Alles in Ordnung», «Was soll das alles?» oder «Überhaupt nichts los – warum belästigst du mich?». Hinter diesen unbeteiligt wirkenden Antworten verbirgt sich wahrscheinlich ein verängstigter, verletzter Junge. Darum müssen wir hinter der Maske nachforschen und ihm helfen, seine wahren Gefühle auszudrücken. Ein Junge, der etwas ableugnet, ist häufig einer, der seinen Schmerz tarnt. Möglicherweise ist er ernstlich depressiv. Da dieses Symptom eng verbunden ist mit der im Verlauf der Zeit auftretenden Maske, kommt es kaum bei Vorschulkindern vor. Mit zunehmendem Alter steigert sich seine Häufigkeit.

5. Nachdrückliche Forderung nach Autonomie und häufige Überreaktion.
Der Junge könnte etwas wie «Laß mich in Ruhe» sagen und sich der Autorität von Erwachsenen widersetzen. Kleinere Jungen weigern sich vermutlich, zu Hause oder in der Schule Regeln zu befol-

gen, und verlieren häufig die Beherrschung. Ältere Jungen könnten spät nach Hause kommen, lange Fahrten allein unternehmen und sich weigern, an Familienereignissen teilzunehmen (sich sogar in ihrem Zimmer einschließen) oder die Familiengesetze einzuhalten (wie Ausgangssperre oder «Licht aus»). Mitunter befindet sich ein Junge einfach in einer rebellischen Phase oder arbeitet sich durch einen normalen Individuationsprozeß, er könnte sich jedoch auch absondern, um mit seiner Depression fertig zu werden. Studien belegen, daß viele deprimierte Jungen zu Verhaltensstörungen neigen. 1986 entdeckten Denise Kandel und Mark Davies von der psychiatrischen Abteilung der medizinischen Fakultät der Columbia University, daß zwischen der depressiven Stimmung bei Jungen und Kleinkriminalität beziehungsweise Fernbleiben vom Unterricht eine Beziehung besteht. 1990 stellten Jeff Mitchell und Christopher Varley von der medizinischen Fakultät der University of Washington fest, daß 25% der depressiven präpubertären Jungen ebenfalls Verhaltensstörungen aufwiesen, wohingegen diese bei präpubertären Mädchen nicht auftraten. Wichtig hierbei ist, das unangemessene Betragen von Jungen nicht als «schlecht» oder «gefährlich» zu betrachten. Möglicherweise handelt es sich um sensible, aufmerksame Jungen mit einer akuten Depression.

6. *Konzentrations-, Schlaf- und Eßstörungen, Gewichtsverlust und andere körperliche Symptome.*

Dem Jungen könnte es Mühe bereiten, sich auf eine Aufgabe zu konzentrieren; er läßt sich rasch ablenken oder verliert das Interesse. Bei ihm könnte auch eine krankhafte Auffassungsstörung diagnostiziert werden. Möglicherweise fällt es ihm schwer, einzuschlafen, und er wacht unvermutet mitten in der Nacht oder frühzeitig am Morgen auf. Oder aber er ist den Großteil des Tages müde und schläft zu lange. Vielleicht leidet er auch an Eßstörungen oder Gewichtsschwankungen durch Anorexie, Bulimie oder Eßsucht. Diese Störungen treten nicht nur bei Mädchen auf. Er könnte auch über häufige Kopf- und Magenschmerzen oder andere ständige körperliche Symptome klagen. Jedes dieser Probleme in bezug auf die Konzentration, den Schlaf, die Eßgewohnheiten, das Körpergewicht oder andere physische Symptome sollte eingehend mit dem Jungen besprochen werden, da es häufig mit Depressionen beziehungsweise anderen ernstlichen medizinischen Leiden in Verbindung steht. Diese auf Depressionen hinweisenden Störungen können in der einen oder anderen Form bei Jungen aller Altersstufen auftreten.

7. Die Unfähigkeit zu weinen.
Der Junge könnte wirken, als wäre es ihm nicht möglich, zu weinen. Wenn er beispielsweise körperlich verletzt ist oder sich offensichtlich inmitten eines emotional traumatischen Erlebnisses befindet, vergießt er vermutlich keine Träne und erscheint stoischer und unbeteiligter als üblich. Wenn ein Junge auf diese Weise seine Gefühle «verschließt», versucht er womöglich, tatsächliche Depressionssymptome zu betäuben. Tragischerweise stellte die Forschung fest, daß diese Symptome bereits bei Jungen im Grundschulalter einsetzen können.

8. Geringes Selbstwertgefühl und scharfe Selbstkritik.
Der Junge könnte sehr unsicher wirken, abwertende Bemerkungen über sich selbst machen wie «Ich bin so ein Idiot» oder «Niemand kann mich ausstehen» und sich stärker auf seine Fehler als auf seine Erfolge konzentrieren. Möglicherweise macht er sich für Dinge verantwortlich, die eindeutig nicht seine Schuld sind. Wenn er Komplimente erhält, könnte er sie ablehnen und andere von seinen Schwächen und Mängeln zu überzeugen versuchen. Ein geringes Selbstvertrauen kann sowohl Ursache als auch Folge einer Depression bei Jungen sein. Wenn Sie feststellen, daß sich ein Junge nicht wohl fühlt, sollten Sie ihn nicht nur ermutigen und unterstützen, sondern sich auch versichern, daß sein geringes Selbstbewußtsein nicht an eine generelle Traurigkeit gekoppelt ist. Untersuchungen ergaben, daß dieses Symptom bei depressiven Jungen bereits in der dritten Klasse auftreten kann.

9. Schulische Probleme.
Mit dem geringen Selbstbewußtsein eines depressiven Jungen gehen häufig auch schulische Probleme einher. Seine Zensuren könnten sinken, und auch sein Verhalten könnte schlechter bewertet werden. Diese Schwierigkeiten sind einerseits auf seinen Mangel an Selbstvertrauen und andererseits darauf zurückzuführen, daß er durch die latent vorhandene Traurigkeit abgelenkt ist. Womöglich ist er einfach zu unglücklich, um seine Hausaufgaben zu erledigen, ebenso wie etwa ein depressiver Erwachsener Schwierigkeiten haben könnte, sich auf seine arbeitsbezogenen Pflichten zu konzentrieren. Es

könnte sein, daß ein depressiver Junge seine Aufmerksamkeit auf keine der gestellten Aufgaben mehr fokussieren kann; er schweift ständig ab, verschließt sich und erscheint müde. Dadurch fällt es ihm schwer, dem Unterricht noch zu folgen. Dieses Symptom kann in dem Alter einsetzen, in dem ein Junge sein Zuhause verläßt und in die Schule eintritt.

10. Übersteigerter Einsatz bei Schularbeiten und im Sport. Der Junge könnte in bezug auf seine Schularbeiten oder sportlichen Aktivitäten nahezu eine Besessenheit entwickeln. Er könnte seine gesamte Freizeit den Hausaufgaben widmen und zwanghaft lernen oder sich ständig auf dem Sportplatz aufhalten und den Kontakt zu Freunden und Familienmitgliedern meiden. Während ein starker Einsatz in der Schule und beim Sport eindeutig positiv zu bewerten ist, verwenden einige Jungen derartige Aktivitäten, um sich von ihrem depressiven Zustand abzulenken, ebenso wie erwachsene «Workaholics» dafür ihre berufsbezogenen Aufgaben einsetzen. Dieses Symptom wird mit Eintritt in die Adoleszenz häufiger.

11. Gesteigerte Aggressivität. Der Junge könnte ein Übermaß an Aggressivität ausstrahlen. Er könnte «wild» und schwierig zu kontrollieren sein, Kämpfe anzetteln oder andere vorsätzlich verletzen. Sein aggressives Verhalten steigert sich womöglich bis zu reiner Gewalt. Aggressivität ebenso wie Wut sind Mittel, mit denen Jungen ihre Verletzlichkeit tarnen. Wiederum dürfen wir nicht sogleich den Schluß ziehen, daß ein aggressiver Junge «böse» ist und sich nicht zu benehmen weiß. Sein rauhes Verhalten – insbesondere wenn es chronisch oder extrem wird – könnte in Wahrheit ein Hilferuf sein. Dieses Symptom tritt bei Jungen aller Altersstufen auf.

12. Gesteigerte Albernheit. Um seine wahre Traurigkeit zu verbergen, könnte ein Junge sich albern oder übertrieben benehmen. Vielleicht wird er als kleiner Junge in der Schule der Klassenclown und zu Hause der Hofnarr. Mit sinkendem Selbstbewußtsein könnte er auch Angriffspunkt für die Späße anderer werden. Dies ist möglicherweise das trügerischste Symptom von Depression bei Jungen. Der Junge wirkt nicht nur in Ordnung, sondern besonders amüsant, unterhaltsam und komisch. Hinter dem fröhlichen Äußeren könnten sich tiefer Schmerz und Verzweiflung verbergen.

13. Die Hilfe anderer ablehnen.
Das «Ich-schaff-es-schon-allein-Syndrom». Wenn diesem Jungen bei einer Aufgabe die Hilfe oder die emotionale Unterstützung anderer angeboten wird, beharrt er darauf, die Dinge allein zu lösen. Dies ist eine weitere Methode, sich von seiner Familie und seinem sozialen Umfeld zurückzuziehen und abzugrenzen. Üblicherweise sollten wir einen Jungen ermutigen, die Initiative zu übernehmen. Wenn er jedoch ständig und auf unangemessene Weise gegen die Hilfe anderer protestiert, könnte er in ein für depressive Jungen nicht untypisches zurückgezogenes und asoziales Verhaltensmuster verfallen. Sobald ein Junge in der Grundschule den Druck des männlichen Verhaltenskodexes fühlt, könnte er dieses Depressionssymptom zeigen.

14. Neues oder wiedererwachtes Interesse an Alkohol und Drogen.
Bei älteren Jungen könnte sich eine Tendenz zu verstärktem Alkohol- und Drogenmißbrauch ergeben. Ein Junge, der bisher hin und wieder ein Bier trank, könnte nun mit Freunden seine Zeit verbringen, die sich regelmäßig bis zur Besinnungslosigkeit betrinken. Er könnte regelmäßig Marihuana rauchen oder auch mit härteren Drogen experimentieren. Einer 1997 unter 1.115 Teenagern durchgeführten Studie zufolge waren annähernd 1 Million Jungen der achten Klasse bereits einmal betrunken. Dieselbe Studie stellte fest, daß 56% der Jugendlichen im Alter zwischen 12 und 17 Jahren einen Freund oder Klassenkameraden besitzen, der LSD, Kokain oder Heroin gebraucht. Dieser Wert lag 1996 noch bei 39%. Unglücklicherweise werden viele dieser selbstzerstörerischen Verhaltensweisen von Teenagern als «cool» betrachtet und können dazu beitragen, daß er sozial anerkannt wird – eine wertvolle Sache für einen einsamen, untröstlichen Jungen. Exzessiver Drogen- und Alkoholmißbrauch ist eines der klassischen Anzeichen von Depression bei Jungen und Männern und scheint bei Kindern in stets jüngerem Alter aufzutreten.

15. Geändertes Interesse an sexuellen Begegnungen.
Bei älteren, sexuell aktiven Teenagern könnte sich ein deutlicher Anstieg oder Rückgang in ihrem Verabredungsverhalten oder ihrem Sexualleben einstellen. Während ein gesunder jugendlicher Geschlechtstrieb im allgemeinen nicht zu Depressionen führt, könnten radikale Veränderungen im Sexualverhalten eines Jungen den Wech-

sel zu einem zwanghaften Benehmen widerspiegeln, das auf Depressionen verweist.

16. Verstärkte Bereitschaft zum Risiko.
Im Teenageralter könnte ein Junge beginnen, unangemessene oder unnötige Risiken auf sich zu nehmen, die ein schlechtes Urteilsvermögen erkennen lassen. Als Beispiele erwähne ich die neue und bisher unerklärte Neigung, ungeschützten Geschlechtsverkehr zu vollziehen, mit hoher Geschwindigkeit Auto zu fahren und Sportarten zu betreiben, die hohe Todesraten aufweisen, wie Extremskilauf oder Bungee-Jumping.

17. Gespräche über Tod, Sterben oder Selbstmord.
Insbesondere in der Adoleszenz, aber in einigen Fällen auch bereits in der Grundschule, entwickeln depressive Jungen die Neigung, über Themen wie Tod, Sterben und Selbstmord zu sprechen beziehungsweise beiläufige oder sogar scherzhafte Bemerkungen darüber zu machen. Einerseits ist es natürlich, daß sich ein Kind mit seiner eigenen Sterblichkeit (oder der von anderen) auseinandersetzt, andererseits ist es wichtig, jedem Jungen besonders aufmerksam zuzuhören, der über diese Themen spricht. Speziell wenn ein Junge auch andere Depressionssymptome aufweist, könnte sein Hinweis auf Tod, Sterben oder Selbstmord ein indirekter Weg sein, andere davon in Kenntnis zu setzen, daß er sich nicht wohl fühlt und möglicherweise deprimiert ist. Es ist *immer* besser, vorsichtig zu sein und ihn genauer zu befragen, selbst wenn sich herausstellt, daß er einfach nur neugierig war oder tatsächlich einen Scherz machen wollte.

Es ist kaum anzunehmen, daß ein depressiver Junge all die genannten Symptome aufweist, ebenso unwahrscheinlich ist es aber, daß er nur ein einziges zeigt. Typischerweise treten bei einem depressiven Jungen mehrere dieser Symptome auf. Da sich anfänglich «schwache» Depressionen zu «ernsthafteren» auswachsen können, ist es von entscheidender Bedeutung, augenblicklich Schritte zu unternehmen, die dem Jungen helfen, sobald Sie auch nur eines der umrissenen Symptome feststellen. Im Falle von Depressionen ist es besser, auf der sicheren Seite zu bleiben, als trauern zu müssen.

Robert

Zu Beginn der dritten Klasse geriet der 8jährige Robert in der Schule in Schwierigkeiten. Er verwickelte sich in der Pause in Kämpfe und verspottete andere Kinder. Im Unterricht schien er sich nicht konzentrieren zu können. Erfüllt von ruheloser Energie, war es ihm unmöglich, still zu sitzen oder zu schweigen. Er wurde als Unruhestifter bekannt, und seine Zensuren sanken. Vor diesem Jahr war Robert stets ein unkomplizierter Junge mit guten Noten gewesen.

Wenn wir sein Verhalten analysieren, können wir verschiedene Kriterien unseres Diagnosemodells erkennen: Verlust der Beherrschung, exzessive Aggressivität, Konzentrationsprobleme und schulische Schwierigkeiten. Als Roberts Vater, ein bekannter Banker, wegen Betrugs angezeigt wurde, verließ er überstürzt das Haus. Dies löste bei dem Jungen ein Trauma aus. Die bei Robert aufgetretenen Symptome können meiner Ansicht nach als schwache bis gemäßigte Depression bezeichnet werden.

Philip

Der 14jährige Philip zeigte bei seinem Eintritt in die High-School ebenfalls dramatische Veränderungen in seinem Verhalten. Er vertrieb sich die Zeit mit «harten Jungen» und rauchte Haschisch. Bald schon blieb er abends lange auf und hatte am Morgen Mühe, aus dem Bett zu kommen. So blieb er oftmals der Schule fern und nahm nicht am Unterricht teil. Ständig stritt er mit seiner Mutter, wobei er sie laut und unangemessen anschrie.

Auch Philips Benehmen fällt direkt in unser Diagnosemodell: Drogenmißbrauch, Schlafstörungen, unentschuldigtes Fernbleiben vom Unterricht, akademische Schwierigkeiten, exzessive Wut und Auflehnung gegen Autoritäten. Aus Gesprächen mit Philip erfuhr ich, daß sich seine Eltern vor kurzem hatten scheiden lassen und es sowohl ihm als auch seiner Mutter schwerfiel, mit der Abwesenheit seines Vaters zurechtzukommen und ein neues Leben in einem ziemlich angespannten Mutter-Sohn-Haushalt zu beginnen. Ich diagnostizierte Philip als mäßig bis ernstlich depressiv.

Peter
Nachdem Peters bester Freund Brad bei einem Autounfall gestorben war, verließ der 16jährige Peter plötzlich das Basketballteam, schloß sich jeden Nachmittag in seinem Zimmer ein und hörte laut Musik. Er weigerte sich, an dem gemeinsamen Abendessen mit der Familie teilzunehmen, und erklärte lediglich mürrisch, daß er «keinen Hunger» habe. Selbstmordgedanken kamen in ihm auf.

Indem Peter Isolation suchte, das Essen verweigerte und über Selbstmord nachgrübelte, erfüllte er verschiedene Diagnosekriterien für Depressionen bei Jungen. Tatsächlich befand er sich bereits inmitten einer schweren klinischen Depression.

Hinter Roberts Rastlosigkeit und Aggression, Philips Marihuanasucht und Peters mürrischem Rückzug verbergen sich traurige, verletzte und einsame Jungen. Sie alle erlitten ernstliche, aber nicht unüberwindliche Lebenskrisen. Da sie, wie die meisten Jungen, nicht wußten, wie sie über ihren Kummer sprechen oder offen über ihren Verlust trauern sollten, und weder persönliche noch professionelle Unterstützung erhielten, gelang es ihnen nicht, mit diesen Situationen fertig zu werden und sie versanken in Depressionen.

Steve und Marihuana: Wenn Eltern die Hinweise übersehen

Um zu verhindern, daß Jungen in die selbstzerstörerische Spirale der Depression geraten, müssen Eltern und andere besorgte Erwachsene frühzeitig eingreifen. Eine von mir beratene Familie übersah mehrere frühe Gelegenheiten, den Kontakt zu ihrem Sohn Steve aufzunehmen, und brachte ihn im Alter von 16 Jahren zu mir, als er bereits chronisch marihuanasüchtig war und Schwierigkeiten mit der lokalen Polizei hatte. Zu diesem Zeitpunkt gehörten Feindseligkeit und die durch Drogen hervorgerufene Benommenheit zu Steves üblichem Verhalten der Außenwelt gegenüber. «In Ordnung, ich rauche jeden Tag Pot», erklärte er mir. «Manchmal einmal am Nachmittag und einmal in der Nacht. Was ist schon dabei?» Darüber hinaus erklärte er, pro Woche zwei bis drei Packungen Zigaretten zu konsumieren.

Ich fragte ihn, wann er zu rauchen begonnen hätte.

«Ich weiß nicht. Zigaretten vielleicht vor drei Jahren, Marihuana vor etwa zwei Jahren. Wie auch immer.»

Auch nach monatelangen wöchentlichen Sitzungen anerkannte er seine Sucht nicht als Problem. Allerdings hatte er offener und weniger feindselig über die Gründe für seinen Drogenkonsum zu sprechen begonnen.

«Es ist gleichgültig, was ich tue», meint Steve. «Früher bin ich mit meiner Mutter gut ausgekommen, doch das hat sich geändert. Heute beklagt sie sich ständig über mich. Jetzt sagt sie nur noch ‹Kämm deine Haare›, ‹Stell die Musik leiser›, ‹Du solltest mehr lernen› und ‹Räume dein Zimmer auf›. Als ich damals mit meinem Zeugnis nach Hause kam, meinte sie, daß ich genausowenig taugen würde wie mein Vater. Ich hasse sie. Mein Vater spricht nicht. In einem ganzen Jahr gibt er vielleicht ein Wort von sich. Meine Schwester hängt Tag und Nacht am Telefon. In der Schule habe ich Freunde, mit denen ich zusammen bin, doch ich treffe sie nie außerhalb der Schule.»

Ich fragte Steve, ob sein Vater tatsächlich nichts taugen würde.

«Ja», erklärt er. «Er hat diesen miesen Job, der nicht genug einbringt, um uns irgend etwas kaufen zu können, und abends sitzt er einfach vor dem Fernseher. Ohne ihn ginge es uns besser.»

Ähnelt Steve seinem Vater? Er meinte: «Ich weiß nicht. Vielleicht. Aber zumindest rede ich hin und wieder.»

Steve anerkannte nur langsam den sich seit Jahren wiederholenden Zyklus aus Enttäuschung und Trennung von seinen Eltern. Aber er erzählte mir von einem prägenden Erlebnis im Alter von 11 Jahren, das eindeutig die Weichen für seine harte Haltung gegenüber seinen Eltern gestellt hatte.

«Am ersten Tag nach den Ferien wurde mein Hund überfahren. Er war wirklich *mein* Hund, was auch immer meine Schwester behauptet. Meine Mutter hat ihn noch vor ihrer Geburt für mich gekauft. Einerlei. Meine Mutter, meine Schwester und ich hörten, wie ein Auto mit quietschenden Reifen bremste, und rannten aus dem Haus. Meine Schwester begann zu weinen, und meine Mutter sprach mit der Frau, deren Auto Sam getroffen hatte. Ich ging davon, ohne daß irgend jemand es jemals bemerkt hätte. Schließlich verbarg ich mich in dem alten Autowrack, das in der Garage stand. Ich fühlte einen Kloß in meinem Hals, aber ich wollte nicht weinen. So schluckte ich den Kloß hinunter.

Als mein Vater an diesem Abend von der Arbeit nach Hause kam, erzählte ihm meine Mutter von Sam. Mein Vater brüllte mich an:

‹Ich habe dir gesagt, daß du ihn nicht im Vorgarten laufen lassen darfst!› Doch das war nicht wahr. So ging ich auf mein Zimmer und kam erst am nächsten Morgen wieder heraus.»

Ich fragte, ob jemand gekommen wäre, um mit ihm zu sprechen.

«Nein. Niemand kümmerte es. Sie aßen einfach ohne mich.»

Steves Familie war nicht für ihn da, als er sie brauchte. Als er vor so vielen Jahren um seinen Hund trauerte, hätte ihm ein freundliches Wort oder eine mitfühlende Umarmung sehr geholfen. Statt dessen wurde er angebrüllt, ignoriert und aus der Familie ausgeschlossen. Niemand in seiner Familie nahm Anteil an seinem Kummer. In diesem Augenblick verband sich Steves Trauer über seinen Verlust mit seiner Trauer über das mangelnde Mitgefühl seiner Familie. Steve begann daraufhin, sie aus seinem Leben auszuschließen und eine überlegt gleichgültige Haltung anzunehmen, die er im Lauf der fünf Jahre seit dem Tod seines Hundes wahrscheinlich perfektionierte. Dieses harte Benehmen aufrechtzuerhalten und seinen Kummer und seine Sehnsucht nach einer emotionalen Beziehung zu seiner Familie vollständig zu verbergen ist eine schwierige Aufgabe, die durch den täglichen Drogenkonsum erheblich erleichtert wird.

Selbst wenn uns die genaue Ursache für Steves Leid und Enttäuschung unbekannt wäre, könnten wir mit Hilfe unserer Diagnosekriterien für Jungen seine Depression leichter erkennen. Indem Steve seinen Schmerz verleugnet, sich von seiner Familie zurückzieht, schulische Probleme und ein geringes Selbstwertgefühl aufweist und in zunehmendem Maß Drogen gebraucht, läßt er deutlich erkennen, daß er ernstlich depressiv sein könnte.

Die Meister der Zerstörung

Depressionen bei Jungen können fatal sein. Neben Selbstmord können auch viele der anderen Symptome wie Drogen- oder Alkoholmißbrauch, gesteigerte Aggressivität und Verhaltensstörungen tödlich enden.

Betrachten wir die wahre Geschichte der sogenannten «Meister der Zerstörung». Im Sommer 1997 fanden sich neun im nördlichen Teil des Staates New York lebende Jungen im Alter zwischen 15 und 16 Jahren unter dem Namen «Die Meister der Zerstörung» zusammen. Anfangs schien diese Bezeichnung eine typische jungenhafte

Übertreibung, denn die Teenager verhielten sich eher ziellos als gefährlich. Es handelte sich um schlechte Schüler, die bei Mädchen nicht besonders beliebt waren und keine genauen Vorstellungen von ihrer Zukunft hatten. Sie besaßen einen ähnlichen, aber keineswegs schockierenden sozialen Hintergrund: Lernschwierigkeiten und Mißerfolge in der Schule kombiniert mit Eltern, die sich nicht genug um ihre Söhne kümmerten oder wenig Zeit für sie aufbrachten. Schließlich wurden die Jungen für ihr Fernbleiben vom Unterricht, ihren hohen Bierkonsum und kleinere Diebstähle in lokalen Geschäften bekannt. Sie bewarfen Autos mit Steinen und verhielten sich im allgemeinen wie störende Kleinstadtpunks. Eines Nachts tranken sie zuviel, stiegen zu viert in einen Wagen und rasten mit 160 Stundenkilometer die Landstraße entlang. Das Auto stieß gegen einen Baum, und alle vier Insassen waren auf der Stelle tot.

Nur wenige Monate später gerieten zwei der Meister nach einer durchzechten Nacht in Streit. Einer griff zum Gewehr seines Großvaters. Versehentlich löste sich ein Schuß und traf den anderen tödlich. Deprimiert über den Tod seiner Freunde, wurde ein siebenter Junge in ein Drogenrehabilitationszentrum eingewiesen. Ein achtes Mitglied der «Meister der Zerstörung» landete nach einem belanglosen Diebstahl in einer Jugendstrafanstalt. Im Herbst hatte die Gruppe noch neun Jungen umfaßt, von denen im Frühjahr nur noch einer am Leben war und zu Hause wohnte.

Den Worten eines ihrer Altersgenossen zufolge hatten es die Jungen darauf abgezielt, «schnell zu leben und jung zu sterben».

Ich frage mich, was es gekostet hätte, diese Jungen vor ihrem frühzeitigen Tod zu retten. Ein Teil unseres Problems besteht darin, daß wir uns so viele der Verhaltensweisen unserer männlichen Teenager mit dem Mythos «Jungen sind nun einmal Jungen» erklären. Wir reagieren, als wären Jungen von einer testosteroninspirierten Sehnsucht getrieben, zu schnell zu fahren, zuviel zu trinken und mit Waffen zu spielen, und als wäre es für Jungen normal, von solchem Kummer erfüllt zu sein, daß es ihnen gleichgültig ist, ob sie leben oder sterben.

Und sobald Drogen oder Alkohol ins Spiel kommen, sind wir mit moralischen Verurteilungen zur Hand. Wir machen unsere Jungen für ihren schwachen Willen verantwortlich und fordern sie auf, «einfach nein zu sagen». Wir weisen die Schuld an der Drogenmisere den kolumbianischen Drogenbaronen und den Junkies in der Nachbarstadt zu. Solange wir einen Schuldigen finden, müssen wir uns nicht eingestehen, daß unsere Jungen Drogen nehmen, weil sie vielleicht – und nur vielleicht – unsäglichen emotionalen Schmerz leiden. In unserem Eifer, als Richter aufzutreten, versäumen wir womöglich eine weitere Gelegenheit, unsere Söhne und die Zwangslage zu verstehen, die sie zum Drogenmißbrauch getrieben haben könnte.

Die «Meister der Zerstörung» – diese gewöhnlichen Jungen – erfüllen viele der von uns für Jungen aufgestellten Diagnosekriterien zur Feststellung von Depressionen. Sie hatten sich sozial zurückgezogen, nahmen Drogen, traten aggressiv auf, litten unter Lernstörungen, mißachteten Autoritäten, erbrachten schlechte schulische Leistungen und besaßen ein offensichtlich geringes Selbstvertrauen. Meiner Ansicht nach war jeder einzelne von ihnen schwer depressiv.

Selbstmord

Tragischerweise ist Selbstmord für eine unverhältnismäßig hohe Anzahl unserer Jungen die verzweifelte Antwort auf Depressionen und emotionalen Schmerz. Seit den 50er Jahren hat sich die Selbstmordrate unter weißen Amerikanern nahezu verdreifacht und liegt nun um das Doppelte über der aller Amerikaner. Unter afroamerikanischen männlichen Jugendlichen stieg die Selbstmordrate in den letzten 12 Jahren um erschreckende 165%. Selbstmord ist nach Unfällen und Morden die dritthäufigste Todesursache unter Jugendlichen im Alter zwischen 15 und 25 Jahren. Obwohl mehr Mädchen Selbstmordversuche unternehmen, gelingt es viermal mehr Jungen als Mädchen, sich tatsächlich zu töten. Jährlich verlieren wir nahezu 5000 Teenager an ihren eigenen Kummer. Dies gleicht einer wahren Epidemie.

In der eng miteinander verbundenen Gemeinschaft von Evansville wurde diese Selbstmordepidemie vor einem Jahr schockierende Wirklichkeit. Im Oktober 1997 fand James Scali, als er nach Hause kam, seinen 17jährigen Sohn Kurt an der Kleiderstange des Wandschranks erhängt vor.

Entsetzt waren James und seine Frau nicht imstande, eine Antwort auf die Frage nach dem «Warum?» zu finden. Kurt war ein warmer, freundlicher blonder Junge, der bei seinen Kameraden und den Mädchen beliebt war. Sein Leben war in letzter Zeit ausgezeichnet verlaufen. Er hatte den von ihm erwünschten Job erhalten und besaß eine Freundin, die er mochte.

Einige Teile seines Lebens erschienen weniger rosig. So war sein Bruder vor kurzem verhaftet worden und wurde ohne Kaution aufgrund der Anklage festgehalten, den lokalen Lebensmittelladen beraubt zu haben. Kurt hatte einen leichten Unfall verursacht, als er untypischerweise betrunken Auto gefahren war. Dennoch schien es nicht ausreichend für jene Art von Kummer, die einen Jungen zum Selbstmord treibt. Familie, Freunde und die gesamte Gemeinschaft fragten sich, wie er sich dies hatte antun können.

Kurt war ein Fall einer in Evansville in diesem Sommer auftretenden Selbstmordwelle. Er war der achte männliche Teenager, der sich in einem Zeitraum von 6 Monaten das Leben genommen hatte. Weitere 65 junge Männer aus der Nachbarschaft hatten in derselben Periode Selbstmordversuche unternommen und waren in den lokalen Krankenhäusern und Kliniken behandelt worden.

Einige gaben den Schwierigkeiten im Stadtviertel die Schuld. Die von Clans beherrschte, eng miteinander verwobene Gemeinschaft von Evansville bestand aus italoamerikanischen Familien. Einst war die Stadt Quelle ihres Stolzes gewesen, doch inzwischen hatten sich die Verhältnisse dramatisch verändert. Ungebrochen hielt die Gemeinschaft an einem Kodex fest, der es Männern und natürlich auch ihren Söhnen vorschrieb, hart zu werden gegenüber den Schmerzen des Lebens. Der Onkel eines der Selbstmordopfer beschrieb, wie er seinen Jungen gelehrt hatte, ein wahrer Mann zu sein. «Ich erklärte ihm, daß er niemals nachgeben dürfe. Tritt für dich selbst ein. Laß dich nicht von anderen herumstoßen. Wenn du sie nicht mit deinen Händen schlagen kannst, dann greife nach einem Gegenstand und schlage sie damit.»

Unglücklicherweise waren die Gegner seines Neffen und auch der anderen Selbstmordopfer Dämonen, die sich mit Stöcken nicht verjagen ließen und gegen die sie kein anderes Mittel besaßen. «Ich wünschte, mein Leben würde enden», erzählte Kurt angeblich nur einen Tag vor seinem Tod einem Freund. Damit hatte der Junge versucht, seine Qualen mitzuteilen, doch traurigerweise blieb sein Hilferuf ungehört.

Das Problem besteht zum Teil darin, daß Jungen nicht wissen, wie sie auf ihren Kummer aufmerksam machen können. Kurts Selbstmordankündigung hätte ebensogut eine rhetorische Bemerkung sein können, der kein besonderes Gewicht zukommt, etwa so, als hätte er gesagt «Das Leben ist Scheiße». Gewiß erzählte Steve niemandem von seiner Trauer um den Tod seines Hundes, bevor er in ein Leben voll von Drogen und schulischem Mißerfolg abglitt. In der Adoleszenz unterdrücken Jungen ihre Gefühle bereits so gut, daß sie den Kontakt zu ihnen verlieren und selbst in größter Not nicht wissen, wie sie um Hilfe bitten sollen.

Depression bei Jungen – was können wir tun?

Um zu verhindern, daß Jungen von uns wegtreiben, müssen wir aktiv Schritte einleiten, die dazu beitragen können, Tragödien wie die beschriebenen von vornherein zu vermeiden.

Beobachten Sie die Freundschaften und Beziehungen Ihres Jungen.

Versuchen Sie festzustellen, wie gut diese Beziehungen laufen. Ergreifen Sie die Initiative und durchbrechen Sie die Stille, die einem Gespräch über Beziehungen im Wege steht. Fragen Sie Ihren Sohn, mit wem er seine Zeit verbringt, ob ihm seine Lehrer in der Schule zusagen, welche Gefühle er seinen Geschwistern gegenüber empfindet und ob er das Gefühl hat, daß die Beziehung zu *Ihnen* in Ordnung ist. Starke Bande können Jungen davor bewahren, ihrer Verzweiflung anheimzufallen. Jungen benötigen den Kontakt zu Menschen, die ihnen Liebe entgegenbringen, sich für sie Zeit nehmen und ihnen zuhören. Dies ist der beste Schutz, den wir unseren Jungen bieten können.

Achten Sie auf Anzeichen von Depressionen und greifen Sie frühzeitig ein.

Die schlimmsten Familientragödien ereignen sich, wenn Anzeichen für Depressionen vorhanden sind, aber niemand sie sieht oder auf sie reagiert. Wenn Sie an Ihrem Jungen ein Verhalten erkennen, das Sie mit Depressionen in Verbindung bringen könnten, oder wenn Ihr Junge etwas «niedergeschlagen» wirkt, sollten Sie keinen Augenblick zögern, ihn zu fragen, was in ihm vorgeht. Greifen Sie frühzeitig ein. Wenn er Sie wissen läßt, daß er Zeit benötigt, ehe er zu einem Gespräch bereit ist, sollten Sie ihm diese gewähren. Aber stehen Sie ihm für ein Gespräch zur Verfügung und hören Sie ihm einfühlsam zu, sobald er dazu bereit ist. Erzählen Sie ihm von Ihren eigenen Erlebnissen mit Kummer oder Enttäuschungen und wie Sie mit diesen Situationen fertig geworden sind. Lassen Sie ihn wissen, daß er für Sie wichtig ist, daß er ein guter Junge ist und daß Sie stets für ihn da sein werden.

Scheuen Sie sich nicht, einen Therapeuten zu Rate zu ziehen.

Wenn sich die Symptome Ihres Sohnes nicht zu verringern scheinen, sollten Sie sich nicht scheuen, einen Therapeuten aufzusuchen. Nicht allen Eltern fällt es leicht, einen Therapeuten beizuziehen. Sie fürchten, daß ihre Reaktion übertrieben sein könnte und daß sie ihren Sohn durch einen solchen Vorschlag in Verlegenheit bringen könnten. Im Falle derartiger Bedenken sollten Sie selbst mit dem Therapeuten Kontakt aufnehmen, um festzustellen, ob er oder sie sich mit Ihnen zu einem Vorgespräch über Ihren Jungen und seine Situation treffen möchte. Ich spreche die dringende Empfehlung aus, einen Therapeuten zu wählen, der nicht nur die Bedürfnisse von Kindern und Jugendlichen im allgemeinen anerkennt, sondern die von Jungen im speziellen auch wirklich versteht. Ein Therapeut muß Einfühlungsvermögen für die auf Scham gegründete Kultur besitzen, in der unsere Jungen aufwachsen, denn nur so ist sichergestellt, daß er das Gefühl von Scham in einem Jungen nicht zusätzlich verstärkt. Im besten Fall baut ein Therapeut zu einem Jungen eine neue sichere Beziehung auf, um ihm bei seiner Entwicklung beizustehen.

Bei einem schwer depressiven Jungen könnte ein medizinisches Eingreifen erforderlich sein.

Wenn ein Junge unter einer schweren Depression leidet, empfehle ich, einen sachkundigen Psychiater für eine geeignete medikamentöse Behandlung hinzuzuziehen. Immer häufiger verschreiben Ärzte jungen Erwachsenen und Kindern Antidepressiva. Einige Studien lassen den Schluß zu, daß die neuen Antidepressiva, wie etwa einige der SSRIs (*selective serotonin reuptake inhibitors* – selektive Serotoninaufnahmehemmer), bei schweren klinischen Depressionen zu einer Besserung führen. Medikamente können für einen Jungen, der in eine tiefe klinische Depression gesunken ist, notwendig und hilfreich sein, wir müssen uns jedoch bewußt sein, daß eine medikamentöse Behandlung allein zuwenig ist. Der Junge benötigt zusätzlich eine Therapie bei einem auf derartige Beratungen spezialisierten Psychiater, einem Psychologen oder bei einem entsprechend ausgebildeten Arzt einer psychiatrischen Klinik. Er muß mit Hilfe des Therapeuten verstehen lernen, welche Probleme zu seiner Depression geführt haben und wie er im Wiederholungsfall die Anzeichen für diese Probleme früh genug erkennt.

Versuchen Sie, das Problem in seiner Gesamtheit zu erfassen.

Wir müssen versuchen, unsere Söhne im großen Zusammenhang all ihrer Lebensbereiche zu verstehen – zu Hause, in der Schule und in der Gesellschaft im allgemeinen. Es ist einfach, einen traurigen oder depressiven Jungen dafür verantwortlich zu machen, daß er irgendwie kein «wahrer» oder «guter» Junge ist. In vielen Fällen übersteigt das Problem jedoch den persönlichen Bereich des Jungen. Möglicherweise wird er belästigt, kämpft mit schulischen Schwierigkeiten, oder seine Freundschaften stecken in einer schwierigen Phase. Vielleicht durchleben seine Eltern ihre eigenen Konflikte, oder er wird verspottet, weil er den männlichen Verhaltenskodex auf die eine oder andere Weise übertritt.

Wer einem Jungen helfen möchte, seinen Kummer zu besiegen und Depressionen zu verhindern, muß das gesamte Bild ins Auge fassen. Dafür genügt es nicht, den Jungen und sein Verhalten zu kennen. Wir müssen feststellen, worum es in seinem Leben wirklich geht. Zusätzlich zu den Fragen über seine Beziehungen sollten Sie zu ergründen versuchen, wie seine Tage in der Schule verlaufen. Gefällt ihm der Unterricht? Verhalten sich seine Lehrer ihm gegenüber fair? Behandeln ihn die anderen Schüler gut? Erlebte er in letzter Zeit Enttäuschungen? Was tut er nach der Schule? Ist er zufrieden? Fühlt er sich einsam?

Darüber hinaus sollten Sie nachforschen, inwieweit biologische Faktoren am Kummer oder der deprimierten Stimmung eines Jungen beteiligt sind. Untersuchen Sie, ob bisher in der Familie Depressionen auftraten. Einige Studien wiesen nach, daß die Neigung zu Depressionen vererbbar sein könnte. Mögliche innerfamiliäre Depressionsmuster heranzuziehen wäre ein logischer Schritt, um die Auftrittswahrscheinlichkeit einer

Depression bei einem Kind einschätzen zu können. Sollten derartige Muster nicht aufscheinen, müssen wir berücksichtigen, daß neben Gründen, die in der Persönlichkeit oder den Erlebnissen des Jungen liegen, auch interne biologische Faktoren, wie etwa ein Ungleichgewicht bestimmter Neurotransmitter im Gehirn des Jungen, zu Verhaltensänderungen führen können. Für die Feststellung derartiger chemischer Ungleichgewichte muß ein sachkundiger Kliniker beigezogen werden.

Abgesehen von den biologischen Aspekten müssen wir die geeigneten Fragen über das Familienleben des Jungen stellen. Vertragen sich seine Eltern? Lebt er mit beiden Elternteilen zusammen, oder sind sie getrennt oder geschieden? Besitzt er zu Vater und Mutter eine enge Beziehung? Wird er von ihnen gut behandelt? Gibt es im Haushalt Hinweise auf Mißhandlung oder Vernachlässigung? Hat der Junge Geschwister? Wenn ja, wie verträgt er sich mit ihnen? Bringen sie ihm Liebe entgegen? Gab es in der Familie in letzter Zeit schwere Traumata oder Verluste wie etwa eine chronische Krankheit, einen Unfall, eine Scheidung oder einen Todesfall? Litten die Geschwister oder Eltern des Jungen in jüngster Vergangenheit unter Depressionen oder anderen psychologischen Störungen?

Indem wir hinter die Maske blicken und soviel wie möglich über die emotionale Innenwelt unseres Jungen, aber auch alle Aspekte seines täglichen Lebens in der Schule, auf dem Spielplatz und zu Hause in Erfahrung bringen, kommen wir den zahlreichen Faktoren näher, die zu seinem Kummer und seinen Depressionen beitragen könnten. Da es überaus selten vorkommt, daß die Ursache für die Niedergeschlagenheit oder Depression eines Jungen gänzlich in ihm selbst liegt, ist es von entscheidender Bedeutung, das gesamte Bild zu betrachten und sämtliche internen und externen Umstände zu berücksichtigen, die sein Wohlbefinden beeinträchtigen könnten.

Bleiben Sie in bezug auf die Fakten über Depressionen auf dem laufenden und sprechen Sie offen über sie.

Zu guter Letzt sollten Sie sich selbst über die Erkenntnisse der Depressionsforschung auf dem laufenden halten und auch andere, die sich um Jungen kümmern, wie Lehrer und erwachsene Jugendleiter, dazu ermutigen, mehr über dieses Thema in Erfahrung zu bringen. Wenn Sie in einer Familie mit zwei Elternteilen leben, sollten Sie auch Ihren Partner auffordern, sich an diesem Lernprozeß zu beteiligen. Sobald Ihre Kinder alt genug sind, sollten Sie ihnen erklären, wie traurig das Leben mitunter sein kann. Viele Erwachsene empfinden es als «unangemessen», mit Kindern über unangenehme Dinge zu sprechen. Dennoch sind ehrliche Gespräche über die Härten und Enttäuschungen des Lebens wichtig. Sprechen Sie daher über die Maske, die geschlechtsspezifischen Zwänge und das unfaire Verhalten der Gesellschaft Jungen gegenüber. Indem wir junge Menschen wissen lassen, daß das Leben nicht immer einfach ist, schaffen wir die Voraussetzungen für Ehrlichkeit und öffnen die Tür zu einem von Demütigungen und Scham freien Gefühlsaustausch.

Diese Schritte sind nur ein Anfang, um unsere Jungen zu unterstützen, ihren Schmerz zu überwinden und Depressionen abzuwehren. Sie garantieren vielleicht nicht, daß ein Junge stets glücklich sein wird, helfen ihm jedoch gewiß durch einige schwierige Perioden. Und sie entscheiden über Leben und Tod.

Kapitel 13

Jungen und Gewalt

«Es ist wichtig, kämpfen zu können. Denn wenn du das nicht kannst, wirst du einfach fertiggemacht.» (Dean, 11 Jahre)

Beziehungsverlust: Die Wurzeln männlicher Gewalt

Heute wird der Großteil der in unserer Gesellschaft herrschenden Gewalt von männlichen Jugendlichen an anderen männlichen Jugendlichen verübt. Gewalt ist das sichtbarste und beunruhigendste Ergebnis eines Prozesses, der einsetzt, sobald ein Junge zu früh und ohne ausreichende Liebe und Unterstützung in die Welt der Erwachsenen gestoßen wird. Der Junge verliert die Beziehung zur Außenwelt, zieht sich hinter die Maske zurück und bringt seine Wut – die einzige starke Emotion, die man ihm «als Mann» zugesteht – zum Ausdruck. Übersteigt die Wut eines Jungen eine persönliche Grenze, kann sie als Gewalt gegen sich, gegen andere und gegen die Gesellschaft ausbrechen. Gewalt wird somit zum letzten Glied einer Kette, die mit dem Verlust der Beziehungen eines Jungen beginnt.

Gewalt hat auch mit Scham und Ehre zu tun, denn für viele Jungen ist es ein schändliches Zeichen von Schwäche, wenn sie sich nachsagen lassen müssen, daß sie eine Herausforderung zum Kampf nicht angenommen haben. Ihre Ehre zu retten und sich vor Schande zu schützen heißt für Jungen, die die Regeln des männlichen Verhaltenskodexes verinnerlicht haben, daß sie stets für den Fall eines Kampfes gewappnet sein müssen, und so verwundert es kaum, daß sie sich in der Kunst des Kämpfens üben, indem sie sich zunächst mit kleineren und schwächeren Jungen prügeln. Gewalt ist der Versuch eines Jungen, in dem auf Scham gegründeten Abhärtungsprozeß einen Schritt weiter zu gehen. Indem er selbst die Offensive ergreift und andere verletzt, kann er sicher sein, daß ihm keine Scham und Schande angetan wird.

Ironischerweise ist Gewalt für Jungen mitunter auch ein Mittel, um mit anderen in Kontakt zu treten, Freundschaften anzuknüpfen oder zu bewahren. Wenn ein Junge im Kampf siegt und dadurch seine Altersgenossen beeindruckt, anderen hilft, einen Jungen zu verprügeln, oder sich tatsächlich einer Gang anschließt, vermittelt ihm Gewalt mitunter den falschen Eindruck, daß er durch den individuellen oder kollektiven Akt der Aggression und Böswilligkeit anderen näherkommt. Wir sprachen darüber, wie Sport einen Jungen wandeln kann, ihn auf positive, gesunde Weise stimuliert, eine breite Palette an Gefühlen zu äußern, Freunde zu finden und sein Selbstbewußtsein zu steigern. Für viele Jungen ist Gewalt ein ungesunder und selbstverständlich vergeblicher Versuch, ähnliche soziale Vorteile zu gewinnen.

Eine Welt der Gewalt

Die meisten von uns glauben, Gewalt wäre etwas, das lediglich die Kinder anderer beträfe. Bei Gewalt denken wir an Straßenräuber, Gangmitglieder, Serienmörder und brutale Vergewaltiger – an den «Abschaum der Gesellschaft», aber gewiß nicht an unsere eigenen Kinder oder die unserer Bekannten. Sobald Sie jedoch mit Menschen Ihrer Umgebung sprechen, werden Sie irgendwann feststellen, daß auch Ihr engerer Umkreis nicht von gewalttätigen Zwischenfällen verschont bleibt: Der als Rechtsanwalt tätige Onkel beging Selbstmord; der Sohn, der eine angesehene Universität besuchte, wurde unter mysteriösen Umständen ermordet; der Marketingmanager wurde bei einem nächtlichen Autounfall schwer verletzt; der Freund der Familie wurde angeklagt, seine Frau mißhandelt zu haben; der 9jährige Nachbarsjunge wurde in einem Fahrradunfall getötet; die vier nichtsahnenden Schüler und ihr Lehrer wurden am Dienstag morgen während des Unterrichts angeblich von zwei Jungen aus Arkansas kaltblütig abgeschlachtet und so weiter.

Tatsache ist, daß wir in einer Welt der Gewalt leben und daß unsere Jungen für diese unzähligen Gewaltbezeugungen besonders anfällig sind. Nur ein geringer Prozentsatz von Jungen verübt tatsächlich die schlimmste Form von Gewalttaten – das Gewaltverbrechen – oder wird ihr direktes Opfer. Jeder ist jedoch ständig in der einen oder anderen Art mit extremer Gewalt konfrontiert – sei es auf dem Schulhof, im Einkaufszentrum, auf der Straße, in Nachrichten- und Fernsehsendungen, im Kino, am Computer, in Büchern und Zeitschriften und – leider allzu häufig – auch innerhalb der eigenen Familie.

Die meisten Eltern von Jungen müssen sich bereits früh im Leben ihrer Söhne mit dem Thema Gewalt auseinandersetzen und ebenso die Jungen selbst. Für Eltern ist es eine Herausforderung, ihre Söhne zu lehren, wo das von ihnen geliebte actionorientierte wilde Spiel aufhört und Gewalt anfängt. Wann wird ein spielerischer Kampf zu rauh? Wann wandelt sich harmloser Spott in Schikane? Wann überschreitet Kühnheit die Grenze zu unnötiger Risikobereitschaft?

Als Eltern wollen wir unseren Jungen den Spielraum geben, sich auszutoben, aber gleichzeitig wollen wir sie davor bewahren, Teil der nationalen Statistik über Gewalt in unserer Gesellschaft zu werden. Dies erreichen wir durch die Macht enger Beziehungen – von denen in diesem Buch schon so häufig die Rede war. Das heißt, wir müssen in das Leben unserer Söhne eingebunden bleiben, sie lehren, mit der Wut umzugehen, die sie zu gewalttätigen Ausbrüchen verleiten könnte, und wir müssen alle verfügbaren Informationen und Strategien an sie weitergeben, damit sie nicht selbst Opfer von Gewalttaten anderer werden.

Eine nationale Krise

Die Tatsache, daß die meisten Gewalttaten in unserer Gesellschaft von oder an Männern begangen werden, ist für die meisten keine Überraschung. Erschreckend und weniger bekannt ist jedoch, daß die uns in den USA umgebende Gewalt in steigendem Maß *Jungen und junge Männer* betrifft.

Ein Beispiel: Die amerikanische medizinische Vereinigung stellte fest, daß jeder zehnte Junge bis zu seinem 16. Lebensjahr einen Tritt in die Weichteile erhalten hat. In 25% der Fälle ergab sich eine Verletzung. Wir könnten diese Erkenntnisse mit einem Schulterzucken abtun und annehmen, daß viele dieser Tritte unabsichtlich erfolgen oder einfach Teil normaler jungenhafter Kämpfe und Spiele sind. Dieselbe Vereinigung entdeckte jedoch, daß die meisten Jungen ihren

Eltern weder von dem Tritt selbst noch von der Verletzung erzählten. Besonders bedeutend ist, daß über 25% der verletzten Jungen ein Jahr nach dem Vorfall Anzeichen von Depressionen erkennen ließen. Mit anderen Worten: Jungen betrachteten den Tritt in die Weichteile nicht als übliches Ereignis ihrer Kindheit. Der Vorfall beunruhigte sie, und sie schämten sich wegen der Verletzung. Die Gewalt störte sie, aber sie sprachen mit niemandem darüber, sondern verbargen ihre Verunsicherung hinter einer Maske. Vermutlich wird keiner der beiden, die an diesem Vorfall beteiligt waren – weder der Junge, der den Tritt versetzte, noch jener, der ihn erhielt –, als Frauenmißhandler oder bewaffneter Krimineller enden, dennoch haben beide Gewalt kennengelernt.

Viele Jungen und junge Männer erleiden einen Großteil von Gewalt in Form von fatal endender Risikobereitschaft. Michael Kennedy, das sechste Kind von Robert Kennedy, wurde Ende 1997 bei einem Fußballspiel auf Skiern getötet. Obwohl er mit 39 Jahren kaum mehr als Junge bezeichnet werden kann, nahm er unter dem Motto «Jungen müssen immer Jungen sein» jenes risikobereite Verhalten an, das von unserer Gesellschaft nicht nur toleriert, sondern respektiert, ermutigt und sogar verehrt wird. Statistiken belegen, daß Michael Kennedy kein Einzelfall ist. Obwohl nur 60% aller Skifahrer männlich sind, sind 85% aller beim Skisport tödlich verunglückten Personen ebenfalls Männer. Kein Gewaltverbrechen wurde verübt, keine Waffe verwendet, und es bestand kein böser Vorsatz, und dennoch wurde Michael Kennedy Opfer von Gewalt.

Eine der tragischsten Formen männlicher Gewalt ist Selbstverstümmelung und Selbstmord. Wie bereits besprochen, verdreifachte sich die Selbstmordrate unter den 15- bis 25jährigen zwischen 1950 und 1990. Heute bildet Selbstmord die dritthäufigste Todesursache innerhalb dieser Altersgruppe. In bezug auf alle Altersklassen liegt die Selbstmordrate von Männern um das Dreifache über der der Frauen.

Jungen und junge Männer werden durch alle Arten von Gewalt bedroht, von Straßenkämpfen und Unfällen über Gewaltverbrechen bis hin zu Mord und Selbstmord. Hierzu einige Statistiken:

- 78% aller unbeabsichtigten Todesfälle unter Jugendlichen gehen auf Unfälle mit motorisierten Fahrzeugen zurück. 75% der Opfer sind junge Männer.

- Etwa ein Drittel aller Opfer von Gewaltverbrechen sind Jungen im Alter zwischen 12 und 19 Jahren. Die Wahrscheinlichkeit, als männlicher Jugendlicher ermordet zu werden, ist um 400% größer als die von weiblichen Jugendlichen.
- Zwischen 1979 und 1991 starben in den USA nahezu 40.000 Kinder im Alter zwischen 14 und 19 Jahren durch Schußwaffen. Die Zahl der Opfer von Schußwaffen unter männlichen Jugendlichen zwischen 15 und 19 Jahren verdoppelte sich zwischen 1985 und 1994 und erreichte mit 49,2 Todesfällen pro 100.000 Jugendliche *den höchsten bisher jemals erreichten Wert*.
- Wie berichtet, bildet Selbstmord die dritthäufigste Todesursache unter Jugendlichen zwischen 15 und 24 Jahren, wobei sich die Selbstmordrate in dieser Altersgruppe zwischen 1950 und 1990 verdreifachte. Auch unter besonders jungen Jugendlichen zwischen 10 und 19 Jahren stieg die Selbstmordrate beträchtlich. Insgesamt liegt die der männlichen Personen aller Altersgruppen um das Dreifache über der der weiblichen Personen.

Diese Angaben verdeutlichen, daß junge Menschen in steigendem Maß mit Gewaltverbrechen in Kontakt kommen oder von ihnen bedroht werden. Die größte Gefahr besteht hierbei für Jungen. Ihre erste Begegnung mit Gewalt erfolgt frühzeitig. Untersuchungen wiesen nach, daß Jungen ab einem Alter von 2 Jahren viermal so häufig verletzt werden wie Mädchen. Eltern erwarten einfach, daß ihre Söhne mehr Verbandspflaster verbrauchen und häufiger die Krankenstation aufsuchen als ihre Töchter.

Seltsamerweise nehmen Jungen Verletzungen im allgemeinen unbekümmert hin. Eine kanadische Studie ergab, daß Jungen Verletzungen eher einem Unglück als korrigierbaren Umständen wie ihrem eigenen Verhalten zuschreiben. Die Neigung von Jungen, Verletzungen unglücklichen Zufällen zuzuweisen, wird von einer Studie bestätigt, die das Unternehmen Gillette durchführen ließ, um mehr Informationen über die Rasiergewohnheiten von männlichen und weiblichen Erwachsenen zu erhalten. Schneidet sich ein Mann beim Rasieren, macht er im allgemeinen die Klinge dafür verantwortlich, fließt bei einer Frau Blut, gibt sie sich zumeist selbst die Schuld.

Selbst wenn ein Junge niemals direkt als Täter oder Opfer mit Gewaltverbrechen in Berührung kommt, was wahrscheinlich ist, führt ihn sein Weg zu einer gesunden männlichen Identität durch eine von Gewalt erfüllte Umwelt.

Oftmals beginnt es mit dem Schultyrannen

Die früheste Erfahrung mit Gewalt, die vielen Jungen in lebhafter und erschreckender Erinnerung bleibt, ist die Begegnung mit einem sogenannten Schultyrannen. Charlie zum Beispiel wurde sein erstes Schuljahr durch einen Schultyrannen namens Ben verleidet. Ben gehörte dem modernen Typ an. Die Schultyrannen der 90er Jahre müssen anders vorgehen als die der 50er. Offene und eindeutig körperliche Aggression wird heute auf vielen amerikanischen Schulhöfen nicht mehr geduldet. Mit einem Kind, das andere stößt, schlägt oder tritt, wird kurzer Prozeß gemacht. Die heutigen Schultyrannen entwickeln subtilere Strategien, die auf Spott und Scham beruhen und dem anderen das Gefühl von Unzulänglichkeit vermitteln sollen.

Anstelle physischer Gewalt setzte Ben vorwiegend verbale Waffen wie Beleidigungen, Spott und Hohn ein. Er hatte es darin zu solcher Meisterlichkeit gebracht, daß er dadurch bei Charlie großes Leid verursachte, obwohl dieser selten Opfer von Bens Aggression war. Die Qualen seiner Klassenkameraden mitansehen zu müssen rief bei ihm chronische Magenschmerzen hervor, die ihn oft veranlaßten, den Unterricht früher zu verlassen oder gar nicht erst in der Schule zu erscheinen. Charlies Mutter erkannte Ben als Hauptursache für die Leiden ihres Sohnes und alarmierte die Klassenlehrerin. Die Lehrerin selbst absolvierte ihr erstes Berufsjahr und besaß nicht genug Erfahrung, um mit diesem Problem wirkungsvoll umzugehen. So verharmloste sie Charlies Magenschmerzen und meinte, daß er die Angelegenheit einfach «durchstehen» müsse.

Charlie arbeitete gemeinsam mit seinen Eltern verschiedene Strategien für das «Thema Ben» aus, doch das Problem blieb bis zum Sommer ungelöst, während dem Charlie dem Schultyrannen durch die Ferien entkam. Dies war keineswegs ein geeigneter Ausweg, sondern lediglich eine vorübergehende Flucht. Die störende Wirkung chronischer Belästigung kann für alle an dieser Situation beteiligten Personen, wie Schüler, Lehrer, Eltern und sogar die Eltern des Schultyrannen, ein schwieriges Problem darstellen. Wie wir im weiteren in diesem Kapitel erfahren werden, läßt es sich aber nicht nur abschwächen, sondern tatsächlich lösen.

Schultyrannen wie Ben können ein Klassenzimmer und einen Schulhof in gedrückte Stimmung versetzen und bilden einen festen Bestandteil sämtlicher Spielplätze weltweit. Die Landesvereinigung der Schulpsychologen schätzt, daß in den USA 160.000 Kinder täglich aus Angst vor Belästigungen dem Unterricht fernbleiben. Ein Kollege erzählte mir von einer Mutter, deren Kind von einem Schultyrannen gequält wurde und der es nicht gelang, die Schulleitung zu geeigneten Schritten zu bewegen. Ihre Besorgnis war so groß, daß sie sich schließlich auf dem Schulgelände verbarg, um den Unruhestifter auf frischer Tat zu ertappen.

Was veranlaßt einen Jungen, andere zu belästigen oder sich belästigen zu lassen? Ist ein Schultyrann ein «von Natur aus» gewalttätiger Junge oder einer, der sich verzweifelt nach Beziehungen sehnt und seinen Wunsch nur durch Gewalttaten ausdrücken kann?

Tatendrang oder Gewalt?

Wenn wir an Jungen und Gewalt denken, ist es wichtig, zwischen gewalttätigem Verhalten und einem unbändigen Tatendrang zu unterscheiden. Die meisten Jungen lieben körperlich herausfordernde Aktivitäten und intensive, laute und wilde Spiele, überschreiten aber nicht die Grenze zur Gewalt. Häufig enden spielerische Kämpfe abrupt, sobald einer der Beteiligten durch einen Schlag auf den Kopf, einen verdrehten Arm oder einen Ellbogenstoß in den Magen verletzt wird. Auf diese Weise eskaliert das Spiel niemals zu einem echten Faustkampf. Bei intensiven Aktivitäten, wie etwa im Sport, schütteln die erschöpften Spieler einander schließlich die Hände. Wie ich bereits betonte, trägt Sport im allgemeinen dazu bei, Jungen einander näherzubringen.

Wo liegt nun der Unterschied zwischen einem aktiven und einem gewalttätigen Jungen? Meiner Ansicht nach spielen psychologische Faktoren hierbei eine Rolle, denn niemand wird wegen nichts gewalttätig. Im Fall des Schultyrannen Ben stellte sich zum Beispiel heraus, daß seine Eltern eben erst eine schwierige Scheidung hinter sich gebracht hatten. Ben fühlte sich in dieser emotional ohnehin sehr belastenden Situation von seinen Eltern gänzlich verlassen. Seine Mutter, die ganztags arbeitete, hatte wenig Zeit für ihn, und sein Vater hatte sich seit der Scheidung zu Hause nicht mehr blicken lassen. Auch sonst hatte Ben keine Freunde und kannte überhaupt nur wenige Menschen, denn er war neu in der Stadt. In dieser Situation weitgehend sich selbst überlassen, fühlte sich Ben auf beschämende Weise hilflos und einsam. Seinen Schmerz und seine Ohnmacht kompensierte er, indem er sich in der Schule wie ein Tyrann gebärdete. Seine Ängste verwandelte er in Wut, die er gegen seine Klassenkameraden richtete. Interessanterweise stellte sich Ben als ein ungewöhnlich einfühlsames Kind heraus. Er mochte Charlie, wenn er nicht gerade in grausamer Stimmung war, und besuchte ihn sogar zu Hause. Charlie wiederum suchte nach Kontakt und Mitgefühl und erkannte in Ben einen Jungen, der ihm beides geben konnte. Es mag erstaunlich klingen, aber Jungen wie Ben wollen durch ihr gewalttätiges Verhalten vielfach niemanden verletzen, sondern hoffen ganz im Gegenteil, die Freundschaft und Zuneigung anderer zu gewinnen. Mitunter ist die Person, die sie für sich einnehmen wollen, nicht ein Mitangreifer, sondern ihr Opfer.

Selbstverständlich will sich das Opfer eines Schultyrannen in den meisten Fällen aber eher an seinem Peiniger rächen als mit ihm Freundschaft schließen. Der 7jährige Afroamerikaner Gordon war häufig das Ziel von Leonard, dem Schultyrannen der zweiten Klasse. «Leonard ist zu allen wirklich gemein», erklärte Gordon. «Er zieht Mädchen am Haar, schlägt Jungen und bespuckt sie. Ich hasse ihn!»

Als die Klasse eine Unterrichtseinheit über Afroamerikaner abschloß, nutzte Leonard sein neugewonnenes Wissen, um seinem Spott eine noch beißendere Schärfe zu verleihen. Sooft er Gordon auf dem Spielfeld traf, rief er ihm «Sklave» entgegen. «Erst wollte ich ihn niederschlagen», erzählte Gordon, «aber ich fürchtete, in Schwierigkeiten zu geraten. Dann wollte ich mich beim Lehrer über ihn beschweren, hatte aber Angst, daß er sich danach mir gegenüber noch grausamer verhalten würde.»

Gordon schlug Leonard nicht nieder und verpetzte ihn auch nicht. Er ertrug die Beleidigungen einige Tage lang «wie ein Mann» und beschloß dann, sich seiner Mutter anzuvertrauen. Sie hörte ihn mit wachsender Wut an und gab ihm dann folgenden Ratschlag. «Ich sagte Gordon, daß es in Ordnung wäre, wenn er Leonard niederschlagen würde», gesteht sie. «Es gibt Dinge, die darf man einfach nicht akzeptieren.»

Als Leonard ihn das nächste Mal Sklave nannte, schlug Gordon zu. Beide Jungen wurden augenblicklich in das Büro des Schulleiters gebracht, wo der Direktor Gordon riet, «seine Probleme in Zukunft nicht mit den Fäusten zu lösen». Leonards Eltern wurden zu einem Gespräch vorgeladen. Nach einem überlangen Treffen wurden Gordon und Leonard für diesen Tag nach Hause geschickt.

Vom nächsten Tag an zog sich Leonard zurück. «Er ist noch immer gemein zu mir und allen anderen, aber er nennt mich nicht mehr Sklave», erzählte Gordon. Die Empfehlung seiner Mutter hatte geholfen, brachte aber weder für den Täter noch für das Opfer eine langfristige Lösung. Gordon hatte widersprüchliche Botschaften erhalten: Einerseits erklärte der Direktor, daß Gewalt kein akzeptabler Ausweg wäre, andererseits hatte Gordon die überwältigende Erfahrung gemacht, daß ein kräftiger Schlag im richtigen Augenblick kurzfristig Erleichterung bringen kann.

Jean Baker Miller, eine einfühlsame Forscherin auf dem Gebiet männlicher und weiblicher Wut, führt diese Form gewalttätigen Verhaltens auf Angst zurück. Sie sagt, die größte Angst eines Jungen bestehe darin, als *nicht* aggressiv zu gelten, das heißt die Rolle desjenigen zugewiesen zu bekommen, den man ungestraft schlagen, beleidigen oder – was noch schlimmer ist – gar als Mädchen bezeichnen kann. «Dies alles stellt eine entsetzliche Bedrohung für einen der wichtigsten Teile der Identität eines Mannes dar – seine sogenannte Männlichkeit», schreibt die Forscherin. Das von Miller angesprochene Phänomen hat meiner Auffassung nach zentrale Bedeutung für das Verhalten von Jungen, und zwar in zweierlei Hinsicht. Zum einen steigt damit die Wahrscheinlichkeit, daß ein potentieller Gewalttäter tatsächlich in Aktion tritt. Bevor ein Junge überhaupt das Risiko eingeht, einen Angriff auf seine Ehre oder einen Schlag gegen sein «männliches» Selbstbewußtsein einstecken zu müssen, beugt er vor, indem er andere offensiv angeht. Zum anderen bewirkt dieselbe Angst vor Demütigung und «Unmännlichkeit», daß das *Opfer* die körperliche oder verbale Gewalttat des Angreifers schweigend hinnimmt und sie vielleicht sogar lächelnd abzuschütteln versucht. Indem der mißhandelte Junge sich niemandem anvertraut und auch nicht zurückschlägt, sich einfach gar nichts anmerken läßt, demonstriert er nach außen hin, daß er sich nicht als Opfer fühlt. Und somit kann ihm auch niemand den «schändlichen» Vorwurf machen, daß er zu feige sei, um sich gegen seinen Peiniger zur Wehr zu setzen. Wie ich in meiner jahrelangen Beratungstätigkeit erfuhr, sind viele männliche Erwachsene eher bereit zu sterben, als Scham einzugestehen. Daher sollte es mich nicht überraschen, wenn viele Jungen ähnlich fühlen.

Meiner Ansicht nach ist der jugendliche Peiniger von heute sehr oft – wenn auch nicht immer – der erwachsene Gewalttäter von morgen. Manchmal gelingt es einem High-School-Tyrannen auf dem Weg zur Männlichkeit, seine Wut unter Kontrolle zu bekommen, und wenn ehemalige Klassenkameraden ihn zum zwanzigsten Schulabschlußjubiläum vorsichtig grüßen, sind sie erstaunt, daß sich der einstmals so aggressive Mitschüler in einen charmanten und engagierten Erwachsenen gewandelt hat. Andererseits kann auch das schweigende Opfer, der scheue Einzelgänger oder der beunruhigte Zuschauer in der späteren Jugend oder als Erwachsener in einem unerwarteten Wutausbruch plötzlich gewalttätig werden. Dies könnte den Fall des zurückhaltenden 14jährigen High-School-Schülers aus Kentucky erklären, der 1997 drei seiner Mitschüler mit einem Gewehr tötete. Seine Eltern, Lehrer und Klassenkameraden reagierten ungläubig und verständnislos. Allen lag die Frage nach dem Warum auf den Lippen. Der Junge hatte keine Anzeichen eines gewalttätigen Verhaltens erkennen lassen. Er war gewiß kein Schultyrann. Dennoch hatte offensichtlich irgend etwas in ihm «einen Schalter umgelegt», denn derartige Gewaltakte «geschehen» nicht einfach. Unter anderem könnte *Scham* einen Jungen zu einer solchen Handlung bewegen. Wenn sich in ihm genug Scham angesammelt hat, er sich von seiner Umwelt getrennt, ungeliebt und vielleicht sogar gehaßt fühlt, könnte er versuchen, seine Gefühle zu überwinden und durch Gewalt den Kontakt zu anderen wiederaufzunehmen.

Glücklicherweise wissen wir heute, daß Scham eine unbändige Wut entfachen kann, was die Wandlung zu Gewalt bewirkt, und welche Einstellung wir gegenüber Jungen entwickeln müssen, um ihnen zu helfen, ihre Wut abzuwenden, und gewalttätiges Verhalten zu verhüten. Ebenso ist uns bekannt, wie wir den positiven Tatendrang von Jungen bewahren können – die Lust am energiereichen Spiel, ihre produktive Intensität, die Kühnheit individueller Bemühungen ebenso wie ihren ausgeprägten Mannschaftsgeist.

Was können wir tun?

Zuerst können wir verstehen, warum Jungen Groll hegen und wie sich ihre Wut in Gewalt wandelt.

In Kapitel 3 sprach ich über die Biologie von Jungen. Ich legte dar, daß viele Menschen ihre Vorurteile gegenüber Jungen auf den Mythos gründen, daß das Hormon Testosteron für die männliche Aggressivität verantwortlich sei, obwohl keine einzige Untersuchung, einschließlich meiner eigenen, diesen Zusammenhang bestätigt. Heute wissen wir auch, daß die Debatte «Natürliche Anlage contra Erziehung» eine grobe Vereinfachung darstellt, denn das Verhalten eines Menschen ist von einer Kombination unzähliger, sich wechselseitig beeinflussender biologischer und umweltbedingter Faktoren abhängig.

Nicht alle Jungen also sind biologisch dazu vorbestimmt, sich aggressiver zu benehmen als Mädchen. Die Biologie schafft bei Jungen und Mädchen die Neigung zu einem unterschiedlichen Verhalten, besitzt aber keinen absoluten Einfluß. Tatsächlich sind sämtliche Eigenschaften, die wir traditionellerweise Mädchen zuschreiben, wie etwa Einfühlungsvermögen, Sensibilität und Mitgefühl, ebenso grundsätzlich männliche Charakterzüge. Untersuchungen ergaben, daß Jungen zu Beginn ihres Lebens mit einem natürlichen Einfühlungsvermögen – einem der Gewalt völlig entgegengesetzten Gefühl – ausgestattet sind. Bereits mit 21 Monaten zeigen Jungen die gutentwickelte, natürliche und festverankerte Fähigkeit, Mitgefühl zu empfinden, die den Wunsch einschließt, anderen in ihrem Schmerz beizustehen. Wie im zweiten Kapitel über Scham und Trennungstrauma bereits deutlich wurde, verlieren Jungen jedoch nach und nach die Gabe, sich auf die Verletzlichkeit und den Schmerz anderer einzustellen, weil sie dem zunehmenden Druck der Gesellschaft ausgesetzt sind, derartige Gefühle von sich selbst abzuspalten. Da man sie lehrt, sich ihrer eigenen Empfindsamkeit zu schämen, verbergen sie ihre Gefühle und Bedürfnisse hinter einer Maske aus Souveränität, die ihnen mit der Zeit zu ihrer zweiten Natur wird. Dieser Prozeß, in dessen Verlauf sich der Junge von seinem wahren Wesen trennt – und nicht etwa ein männliches «Gewaltchromosom» –, ist größtenteils verantwortlich für seine Neigung zur Gewalt. Denn die Unterdrückung der eigenen Emotionen erzeugt in jedem Jungen Wut. Während er sich immer weiter von der Welt verschließt, sich abhärtet, erscheint es dem Jungen so, als sei Wut das einzige Gefühl, das er noch zeigen darf, ohne sich vor der Scham fürchten zu müssen. Und diese Wut kann sich durch ein risikobereites Verhalten oder, wie ich es mitunter bezeichne, einen «todesorientierten Mut» äußern. Der Junge entwickelt eine solche Angst, seine Scham zu offenbaren, daß er dies mit Tollkühnheit, Risikobereitschaft und sogar Gewalt gegen sich selbst auszugleichen versucht. Diese Wut kann sich aber auch leicht in Gewalt gegen andere wandeln, sobald die richtigen Faktoren zusammentreffen.

Einen Einblick bot uns die Geschichte des Schultyrannen Ben. Im allgemeinen wird jeder Gewaltakt durch ein Ereignis wie etwa eine Drohung, einen Verrat oder einen unerträglichen Verlust ausgelöst. Ein Mann verliert seinen Arbeitsplatz und zieht mit seiner Schußwaffe los. Ein Teenager wird von seiner Freundin wegen eines anderen Jungen verlassen und schlägt sie nieder. Ein Schüler der zweiten Klasse wird von seinem Freund von einer Party oder einem besonderen Ereignis ausgeschlossen und beschimpft seine Mutter. Risikobereites Verhalten und Gewalt gegen andere werden häufig durch einen Vorrat von Wut, Angst und Scham angefacht, der sich bei Jungen im Lauf der Jahre seit der traumatischen Trennung von den Eltern langsam angesammelt hat. Somit wird auch verständlich, warum Gewalt vorwiegend eine «männliche» Eigenschaft ist.

An der Grenze

Wir können uns die heutigen Jungen an einer Art von Grenze vorstellen. Schriftsteller und Historiker, ebenso wie unsere eigene Intuition und Erfahrung, bezeichnen jede Art der Grenze allgemein als einen gewalttätigeren Ort als die Zivilisation, die Welt der Städte und die bewährten Gemeinschaften. Der amerikanische Westen wurde seit jeher als gewalttätige Grenze schlechthin betrachtet und der amerikanische Cowboy als das typische Beispiel eines wahren Mannes – wortkarg, hart, enthaltsam, emotionslos und vor allem handlungsorientiert. Zahllose Legenden, Lieder, Bücher, Filme und Fernsehsendungen schufen und erhielten das Bild des an der wilden und gewalttätigen Grenze überlebenden Einzelgängers – des Marlboro-Mannes. Während meiner Kindheit in den 50er Jahren wurden männliche Helden durch Cowboys, Rangers und Gesetzesvertreter verkörpert: John Wayne in *Stagecoach* und *The Searchers*, Gary Cooper in *High Noon*. Sie konzentrierten sich auf die Aufgabe, Bösewichte dingfest zu machen. Frauen bildeten zumeist nur eine notwendige und mitunter amüsante Zerstreuung. Gefühle wurden nur zurückhaltend geäußert. Verletzlichkeit und Schwäche konnten rasch zum Tod führen. Der Vater (sofern er nicht erschossen oder auf eine andere gewaltsame Weise beseitigt worden war) erwartete von seinem Sohn, daß er, so früh wie möglich und ohne Anweisungen zu erhalten oder zu klagen, das Pferd zuritt, den Stier in die Knie zwang und das Gewehr schulterte.

Bei Jungen können diese Bilder von der Grenze einen starken Eindruck hinterlassen, auch wenn sie sich selbst nicht als besonders gewalttätig oder zukünftige Cowboys betrachten. Heute ist der Westen aus der Mode gekommen, doch die Idee der Grenze und das Klischee des einsamen, gewalttätigen männlichen Helden sind nach wie vor zentrale Themen unserer Massenmedien. Die heutige Grenze ist der Weltraum, in dem Außerirdische die Rollen der Bösewichte übernehmen.

Jungen spricht der Gedanke der Grenze besonders an, da sie sich selbst an einer emotionalen und physischen Grenze sehen. Ihnen wird das Gefühl vermittelt, voneinander und von ihren Familien isoliert zu sein. Sie werden für körperliche Stärke und emotionalen Mut bewundert und belohnt, während körperliche Schwäche und emotionale Verletzlichkeit zu Spott führen. An der Grenze ist ein risikobereites Verhalten alltäglich. Daher sollte es nicht überraschen, wenn Jungen, die gezwungen werden, an einer solchen Grenze zu leben, diese Rolle in ihrem wirklichen Leben spielen, sich in Kämpfe verwickeln, zur Waffe greifen und andere Risiken eingehen, die ihren Tod bedeuten können.

Männliche und weibliche Klischees in der Schule

Die traditionellen Klischees für Jungen und Männer sowie auch für Mädchen und Frauen überleben nicht nur in den Massenmedien, sondern auch im Klassenzimmer. Trotz aller Fortschritte in bezug auf die geschlechtsspezifische Rollenverteilung von Männern und Frauen (insbesondere der Frauen) halten sich einige Klischees mit unverwüstlicher Hartnäckigkeit. «Jungen balgen sich, Mädchen spielen Haushalt», berichtet Dr. Cohen. Er beschreibt ein Gespräch mit einem Jungen und einem Mädchen, beide 6 Jahre alt. Auf die Frage, was ein Kind beliebt macht, antwortete das Mädchen: «Wenn es nett und klug ist und eine Menge guter Ideen besitzt.» Der Junge erklärte: «Wenn es weit werfen kann.» Jungen werden von ihren Altersgenossen einerseits für ihre körperlichen Fähigkeiten bewundert – wer läuft am schnellsten, schießt den Fußball am weitesten, läutet als erster die Glocke am oberen Ende des Seils – und andererseits für ihre intellektuellen Erfolge und ihre verbale Stärke. Auch Mutproben können Jungen Anerkennung einbringen oder zumindest traurige Berühmtheit. Wer wagt es, die Straße abseits des Fußgängerübergangs zu überqueren? Wer wagt es, über den Graben zu springen? Wer wagt es, mit dem fremden Portier zu sprechen? Wer wagt es, einen Sandwich mit Erdnußbutter, Salami und Ketchup zu essen? Wer wagt es, ein Messer in die Schule mitzubringen, wenn es streng verboten ist? Wer wagt es, einen Fremden zu töten?

Mädchen gewinnen Ansehen, indem sie Beziehungen aufbauen und erhalten, nett und umgänglich sind, sich gut kleiden und hübsch aussehen, am Unterricht teilnehmen, sich klar ausdrücken, bei Prüfungen ausgezeichnete Ergebnisse erzielen, schwierige Bücher lesen und die Lehrer erfreuen. Anders ausgedrückt: Mädchen und Jungen werden ständig von ihren Altersgenossen und sogar ihren Lehrern und Eltern für ein Verhalten belohnt, das dem traditionellen männlichen Klischee entspricht.

Sobald ein Kind hinter seiner Maske hervortritt und sich den stereotypen Vorstellungen widersetzt, könnte es auf Schwierigkeiten stoßen. Jungen, die sich «wie Mädchen» benehmen, werden als «Weichlinge» oder «Tunten» gebrandmarkt. Jungen, die «nicht kämpfen können» oder wollen, müssen damit rechnen, an das untere Ende der Freundschaftshierarchie ihrer Altersgenossen verbannt zu werden. Der 11jährige Dean warnte mich: «Es ist wichtig, kämpfen zu können. Denn wenn du das nicht kannst, wirst du einfach fertiggemacht.»

Und obwohl diese Stereotypen unseren Alltag dominieren, fallen ihnen längst nicht alle zum Opfer. Zahlreiche Jungen – möglicherweise sogar die Mehrzahl – zeigen einander ihr Mitgefühl, scheuen vor Gewalt zurück, wenn die Dinge außer Kontrolle geraten, sprechen miteinander über ihre Gedanken und Gefühle und anerkennen unterschiedlichste Menschen mit verschiedenartigen Verhaltensweisen, körperlichen und kulturellen Eigenheiten.

Was verursacht diese Einstellung? Viele antworten: «Meine Freunde halfen mir.» Ich fragte den 13jährigen Preston, wie er mit dem gewalttätigen und kampfbereiten Verhalten anderer Kinder umgeht. «Da geht es nicht so sehr um das Kämpfen selbst. Wichtig ist, daß du für dich und deine Freunde eintrittst», erklärte er mir. Ebenso wie sich Altersgenossen zu einer gewalttätigen Gang zusammenschließen können, ist es ihnen auch möglich, sich gegenseitig in ihrem Widerstand gegen gängige Klischees zu unterstützen, andere Wege zu finden und Gewalt zu meiden. Mit anderen Worten: Beziehungen zu Freunden, Familienmitgliedern und Eltern bilden einen Schutz gegen Gewalt.

Beziehungen aufbauen und Vorbilder liefern

Menschen, die andere lieben und sich ihnen verbunden fühlen, neigen kaum dazu, aus Wut die Kontrolle zu verlieren oder Gewalttaten zu begehen. Ein Junge, der selbst Zuneigung erhält, ist eher in der Lage, auch für andere Zuneigung zu empfinden. Eine gute Beziehung zu seinen Eltern und zu seiner Familie stärkt auch das Verhältnis zu seiner Umgebung. Wenn ihm seine Eltern Verständnis und Mitgefühl entgegenbringen, wird er sich vermutlich auch anderen gegenüber einfühlsam und verständnisvoll verhalten.

Es ist jedoch für Eltern nicht immer einfach, die richtige Art zu finden, um ihren Söhnen ihre Zuneigung zu vermitteln. Insbesondere während der Adoleszenz ist es manchmal schwierig, mit ihnen in Verbindung zu bleiben. Die meisten Jungen reagieren auf Umarmungen und Küsse, wollen damit aber nicht in der Öffentlichkeit überhäuft werden. Sie freuen sich über das Lob ihrer Eltern, sofern es ihnen nicht übertrieben oder ungerechtfertigt erscheint. Einige Jungen genießen es, mit ihren Eltern gemeinsam etwas zu unternehmen, wie schwimmen, einkaufen oder ins Kino zu gehen, andere benötigen weniger aktive Kontakte. Die meisten Väter gehen mit ihren Söhnen zwar gerne auf Tour, sie sollten aber auch Verständnis aufbringen, wenn ein Junge von seinem Vater nicht mehr erwartet, als daß er anwesend ist und ihm aufmerksam zusieht. Wir hörten von Eltern, die das große Baseballspiel, den Vortrag oder die Schulaufführung versäumten und ihre Kinder dadurch bitterlich enttäuschten, wir hörten aber auch von Eltern, die zwar an dem außergewöhnlichen Ereignis teilnahmen, aber sonst kaum Zeit für ihre Kinder und deren Probleme aufbrachten. Jungen erkennen genau, wann ihre Eltern tatsächlich beteiligt sind und echtes Interesse besitzen und wann sie etwas lediglich pro forma tun. Kein Elternteil ist perfekt, und jedes Kind besitzt eine andere Bedürfnisschwelle. Sämtliche Erlebnisse werden jedoch im Kopf eines Kindes verbucht. Wenn die Lastschriften schwerer wiegen als die Gutschriften, empfindet der Junge einen Mangel an Liebe, Unterstützung und Zuneigung. Fortan konzentriert er sich stärker auf seine eigenen Bedürfnisse als auf die der anderen. Zorn keimt in ihm auf. In einem solchen Augenblick könnten sich all seine verletzten Gefühle zu Wut vereinen und in Form von Gewalt ausbrechen.

Somit sind die *Taten* und das *Verhalten* der Eltern entscheidend. Eltern und Lehrer können über die Bedeutung von Zuneigung und die Wichtigkeit von Mitgefühl reden, bis ihnen die Luft ausgeht – solange sie nicht selbst einfühlsam handeln, sind alle Worte vergeblich. Die beste Art, wie Eltern ihren Jungen helfen können, ihre Emotionen auszudrücken und Zorn und Wut zu vermeiden, ist auch gleichzeitig die schwierigste: Sie müssen ihren Kindern durch ihr eigenes Verhalten ein Vorbild bieten. Eltern fordern einen Jungen gerne auf, nicht zu schreien und niemanden zu schlagen, zu necken oder zu verspotten. Aber all diese vernünftigen und gutgemeinten Lektionen verfehlen ihre Wirkung, wenn der Vater selbst in Wut einen Stuhl umstößt, die Mutter von einem Nachbarsjungen erzählt, der sich wie ein Baby verhält, oder eine Auseinandersetzung der Eltern damit endet, daß der Vater die Tür hinter sich ins Schloß wirft und die Mutter ihm Beleidigungen hinterherruft, während er die Auffahrt hinunterstürmt.

Linda erkannte, daß sich ihr 10jähriger Sohn Jonah von den Taten seines Vaters inspirieren ließ, indem er selbst in der Schule ein gewalttätiges Verhalten entwickelte. Bereits im Alter von 3 Jahren hatte Jonah begonnen, sich aggressiv zu benehmen, und die Kindergartenleitung hatte sich beklagt, daß er andere Kinder biß. «Ich befahl ihm, damit aufzuhören, und verhängte Spielverbot, wie mir geraten worden war. Doch es wurde stets schlimmer.»

Als Jonah die vierte Klasse erreichte, hatte sich Linda bereits an die Anrufe gewöhnt. «Jonah hat diesem Jungen ein blaues Auge verpaßt. Jonah hat jenem Jungen einen Zahn ausgeschlagen. Ich wußte nicht, was ich tun sollte. Ich hatte mir niemals vorgestellt, Mutter eines gewalttätigen Kindes zu werden.»

Schließlich vereinbarte Linda ein Treffen mit Jonahs Lehrern und dem Schulpsychologen. Gemeinsam suchten sie nach möglichen Ursachen für Jonahs Verhalten. «Es fiel mir unendlich schwer, es zuzugeben, aber schließlich mußte ich den Tatsachen ins Auge sehen», erklärte sie mir. «Jonah imitierte lediglich seinen Vater.» Jonahs Vater Mike hatte 10 Jahre bei einer Versicherungsgesellschaft gearbeitet, ohne jemals befördert zu werden. So ließ er seine berufliche Enttäuschung an seiner Familie aus. Jonah, der von seinem Vater geprügelt und beleidigt wurde, hatte die Hauptlast der Wut seines Vaters zu tragen. «Mike sagte über Jonah stets, daß er zu nichts zu gebrauchen sei», gestand Linda. «Mit den Mädchen geht er besser um, aber bei Jonah verliert er schnell den Kopf.»

Unsere Jungen beobachten uns aufmerksam. Im Alter von 3 oder 4 Jahren erkennen sie bereits den Unterschied zwischen dem, was ihnen erklärt wird, und dem, was wir tatsächlich selbst tun. Wie oft haben Sie von einem Kind den Ausspruch «Aber Papa tut das auch!» gehört, nachdem Sie es aufgefordert hatten, nicht zu schreien und niemanden einen Dummkopf zu nennen?

Der Blickwinkel der anderen

Fördern Sie die angeborene Fähigkeit Ihres Jungen, sich anderen Menschen gegenüber einfühlsam zu verhalten. Dies läßt sich üben, indem Sie Ihrem Kind eine bestimmte Situation aus der jeweils unterschiedlichen Perspektive der an ihr beteiligten Personen erklären. Warum ärgert Ben andere Kinder? (Er ist traurig, weil seine Eltern sich eben scheiden ließen. Er hätte gerne einen Freund, weiß aber nicht, wie er eine Freundschaft beginnen soll.) Warum hat dich dieser eine Junge nicht zu seiner Party eingeladen? (Vielleicht weil er fürchtete, daß du absagen würdest.) Warum wurde der Lehrer wütend auf die Kinder? (Vielleicht weil seine Frau schwer krank ist und er verwirrt und verängstigt ist.) Warum hat dich deine Mutter angefahren? (Weil sie sich zuviel Arbeit aufgebürdet hat und jetzt unter starkem Termindruck steht.) Wenn Jungen in ihrem Umfeld tagtäglich erleben, daß die Gefühle anderer respektiert werden und daß man Rücksicht auf sie nimmt, können sie sich selbst auch eher erlauben, andere Gefühle als nur Ärger auszudrücken.

Wie an anderer Stelle schon beschrieben, haben Forschungen ergeben, daß sowohl Väter als auch Mütter dazu neigen, sich vor ihren Söhnen wütend zu zeigen, während sie ihren Töchtern die gesamte Palette ihrer Gefühle vorleben. Auf diese Weise aber geben sie für ihre Söhne kein gutes Vorbild ab. Ein Vater berichtete mir folgendes: Als er von einem Verlag die Mitteilung erhielt, daß sein eingesandtes Buchmanuskript abgelehnt worden war, erklärte er seinem Sohn, wie *traurig* er darüber sei. Der Junge tröstete ihn, indem er sagte, daß es ihm sehr leid täte, daß dem Herausgeber das Buch nicht gefallen habe. Die Reaktion des Jungen rührte den Vater unendlich und knüpfte ein starkes, dauerhaftes emotionales Band zwischen beiden.

Bitte verstehen Sie mich nicht falsch! Selbstverständlich erwarte ich nicht von jedem Jungen und jedem Elternteil, niemals aggressiv und wütend zu sein. Wir alle kennen Familien, in denen negative Aspekte zum Nachteil aller Beteiligten verdrängt und verleugnet werden. Streit gilt als unzulässig, und jede Form von Kritik wird in Zuckerguß verpackt, so daß im ganzen Haus eine unnatürliche und beengende Atmosphäre herrscht. Ärger ist Teil unseres Lebens und kann eine nützliche und produktive Emotion sein, um Unrecht auszugleichen, ein Problem zu lösen, einem Freund zu helfen oder um andere zu Taten aufzufordern.

Es steht in der Macht von Eltern, Zeichen zu setzen. Sie können Ihr Einfühlungsvermögen und Ihre Zuneigung zum Ausdruck bringen, indem Sie Freunden und Nachbarn einen Gefallen tun, sich um die betagten Eltern kümmern, aktiven Anteil am Gemeindeleben nehmen oder sich freiwillig für wohltätige Arbeiten melden. Und Sie können ein solches Verhalten bei anderen lobend anerkennen. Jungen zeigen oft auf wundervolle Weise ihr Mitgefühl für einen verletzten oder enttäuschten Freund. Sagen Sie ihm, daß Sie das sehr an ihm schätzen. Weisen Sie Ihren Sohn auf solche Beispiele hin und umgeben Sie ihn mit Freunden, Trainern, Lehrern und Verwandten, die als zusätzliche Vorbilder für Zuneigung und Verständnis dienen können.

Schaffen Sie gewaltfreie Zonen

Die Tatsache, daß Jungen, ungeachtet, wie sehr sie sich geliebt und anderen verbunden fühlen, im Vergleich zu Mädchen weniger offen über ihre Gefühle sprechen, ist ihren Eltern wohlbekannt. Als Antwort auf eine direkte Frage über die Schule, einen Film oder die Beziehung zu einem Freund erhalten Eltern häufig kaum mehr als ein «Ich weiß nicht», «Gut» oder «Darüber möchte ich nicht sprechen». Mitunter fühlen sich Eltern dann wie Ankläger im Kreuzverhör, die ihren Söhnen alles aus der Nase ziehen müssen und eine Frage nach der anderen stellen, bis beide Seiten der einseitigen Unterhaltung überdrüssig oder verärgert sind. In einem unerwarteten Augenblick (oftmals zur Schlafenszeit, wenn das Licht abgeschaltet werden sollte) purzeln die Antworten plötzlich hervor. In der Schule läuft es schlecht, der Film war furchterregend und aufwühlend, und der Freund stellte sich als schlechterer Kamerad heraus, als es der Junge erwartet hatte.

Für ein Gespräch über Gewalt ist es wichtig, daß dem Jungen eine «gewaltfreie Zone» zur Verfügung steht, an der er seine Maske ablegen und sprechen kann, ohne sich vor Scham, Herabsetzung oder Vergeltung fürchten zu müssen. Eine derartige Zone kann bei jedem Jungen anders aussehen. Eltern müssen versuchen herauszufinden, wie sie sich bei ihrem Sohn herstellen läßt. Vermutlich ist es nicht auf der Heimfahrt vom Kino vor all seinen Freunden. Ebensowenig dürfte sich das Abendessen am Familientisch eignen, während die ältere Schwester und der jüngere Bruder zuhören. Auch der Schreibtisch des Schulberaters oder Direktors zählt vermutlich nicht zu diesen Zonen. Möglicherweise läßt es sich einfach nicht vorhersagen, wo und in welcher Situation sich ein Junge öffnen wird. Sie müssen einfach immer darauf gefaßt sein. Für Ihren Sohn könnte es auch noch fünf Minuten nach Schlafenszeit wichtiger sein, mit Ihnen zu sprechen, als pünktlich seine Ruhe zu finden.

Robert erzählt, wie die Gespräche zur Schlafenszeit seinem Sohn Henry halfen, ein gewalttätiges Verhalten zu vermeiden. «Mein Sohn ist ein ‹Softie›», berichtet er, indem er bewußt einen Ausdruck wählt, den wir als für Jungen abwertend betrachten. «Und das gefällt mir.

Henry war immer ein sensibles Kind. Als in unserer Nachbarschaft einige Wohnungen ausgebrannt waren, sammelte er Kleidung, aus der er hinausgewachsen war, steckte sie in einen Sack und bat uns, sie an die Familien zu schicken, die ihr Hab und Gut verloren hatten. Er verhält sich unserem 1jährigen Sohn gegenüber wie ein kleiner Vater, erzählt ihm ständig Geschichten und kuschelt sich mit ihm in den Schaukelstuhl. Ich habe meinem Sohn immer vermittelt, daß auch Männer ein Herz haben.»

Etwa vor einem Jahr zeigte sich bei Henry eine Veränderung. «Es war, als würde sich eine Schale um ihn bilden. Ich konnte noch immer den mir bekannten Henry im Inneren erkennen, doch da gab es nun eine Mauer», erläutert seine Mutter Andrea. «Es kostete uns viel Zeit, ihm den Grund dafür zu entlocken. Schließlich stellte sich heraus, daß ihn ein älteres Kind aus der Nachbarschaft seit einer Weile belästigte. Wir wußten nichts davon. Bisher hatten wir angenommen, daß er sich vergnügte, wenn er mit einer Menge Kinder nachmittags im Freien spielte, statt dessen mußten wir nun erfahren, daß er da draußen verspottet wurde und man ihm mit Stößen, Hieben und Rempeleien körperlich zusetzte. Sein Peiniger war klug genug, niemals soviel Gewalt anzuwenden, daß Henry eine sichtbare Verletzung davongetragen hätte.»

«Als Henry plötzlich sein Verhalten änderte, machte mich das anfangs wütend», erinnert sich Robert. «Meine erste Reaktion lautete: ‹Was ist los mit dir? Warum benimmst du dich so abscheulich? Ich möchte meinen kleinen Jungen zurückbekommen!› Durch meine gereizten Worte verschloß er sich nur noch stärker. Einmal hörte ich, wie er seinen kleinen Bruder eine ‹gemeine Heulsuse› nannte. Das war für ihn völlig untypisch. In diesem Augenblick verlor ich die Beherrschung.»

Robert und Andrea besprachen das Problem und versuchten, in Büchern Hilfe zu finden. «Andrea forderte mich auf, nicht Henry die Schuld zuzuweisen. Sie nahm an, daß irgend etwas außerhalb seiner Macht Liegendes mit dem Jungen geschah, das ihn zu diesem Verhalten trieb. Ihr war bewußt, daß die Welt nicht immer ein freundlicher Ort für nette Jungen ist.»

Schließlich entwickelten die Eltern ein neues Ritual mit Henry. «Sooft es uns gelang, brachten wir unseren Jüngsten zuerst zu Bett. Danach wünschten wir Henry gemeinsam eine gute Nacht und erzählten ihm, bevor das Licht ausging, jeweils eine gute und eine schlechte Sache, die wir an diesem Tag erlebt hatten. Ich versuchte absichtlich, ihm zu zeigen, daß auch ein erwachsener Mann Gefühle besitzt. So sprach ich über Angelegenheiten, die sich in meinem Leben wirklich als schwierig darstellten, wie zum Beispiel über den Umgang mit meinen schon ziemlich alten und gebrechlichen Eltern oder über die Probleme mit meiner Sekretärin, die mit mir unglücklich zu sein schien.

Eines Abends begann Henry dann über diesen Nachbarsjungen zu sprechen. Sobald er sich sicher genug fühlte, konnte er eine öffentliche Angelegenheit daraus machen. Heute setzen wir uns gemeinsam damit auseinander. Wir probieren verschiedene Möglichkeiten aus, wie etwa im Haus mit jenen Kindern zu spielen, die er mag, oder den Pfadfindern beizutreten, damit er weniger Zeit nach der Schule zu Hause verbringt, und wir sprechen auch darüber, was diesen Jungen zu einem derartigen Verhalten veranlassen könnte.»

«Es scheint, als würden wir unseren ‹Softie› zurückbekommen», schloß seine Mutter. Damit bezog sie sich selbstverständlich nicht auf Schwäche, sondern auf das Einfühlungsvermögen – die gute Form von Sanftmut.

Sicher vor Tyrannen

Oftmals findet ein Junge außerhalb seines Zuhauses einen sicheren Ort, an dem er seinen Kummer ausdrückt, wie etwa in einer Schulgruppe, im Sportteam, in einer Gemeinschaftsorganisation oder im Haus eines Nachbarn. Immer häufiger werden inzwischen auch von Schulen oder anderen Jugendeinrichtungen spezielle Gewaltpräventionsprogramme angeboten, deren Ziel es ist, Kinder darin zu unterweisen, Konflikte auch ohne Gewaltanwendung zu lösen. Anhand von Geschichten werden Kinder aufgefordert, die Charaktere und Ereignisse zu besprechen, Verbindungen zu ihrem eigenen Leben herzustellen und Konfliktlösungsstrategien zu entwickeln.

Ein an der Cherry-Creek-Bezirksschule in Englewood im Staat Colorado durchgeführtes Programm versucht Jungen zu helfen, mit Gewalt umzugehen. Zunächst stellen die Kinder fest, was ein Schultyrann ist und wie er sich verhält. Opfer und potentielle Opfer lernen, wodurch sie zu einem beliebten Ziel für ihre Peiniger werden. Eine Schlüsselrolle kommt hierbei – vor anderen Eigenschaften wie Rasse, Größe, körperlichem Auftreten, Kleidung oder Brille – dem mangelnden Selbstvertrauen zu. Deshalb eignen sich Schüler Fähigkeiten an, die ihr Selbstbewußtsein stärken. Sie trainieren sich darin, Situationen, in denen sie angegriffen werden, zu entschärfen. Bei der ersten Übertretung erhalten Peiniger eine scharfe Zurechtweisung. Wenn das nicht zu dem gewünschten Ergebnis führt, erwartet sie eine Vielzahl von Konsequenzen.

Darüber hinaus hat dieses faszinierende Programm Methoden entwickelt, um die Energie der Aggressoren in positive Aktivitäten umzuleiten. «Angestellte der Schule erfuhren, daß ein Junge aus der fünften Klasse Kindergartenkinder und Schüler der ersten Klasse terrorisierte», erklärte einer der Psychologen dieser Schule. «Einer der Schulberater nahm den Peiniger zur Seite, erzählte ihm, daß irgend jemand jüngere Kinder belästige, und bat ihn um Hilfe. In kürzester Zeit verwandelte sich der Angreifer in einen Beschützer.» Möglicherweise stolperte er über seinen zukünftigen Beruf als professioneller Leibwächter! Lehrer und Verwaltungspersonal der Cherry-Creek-Schule berichten, daß das Programm die Herrschaft der Schultyrannen zurückgedrängt, die Verletzlichkeit der Opfer gesenkt und den Lehrern geholfen hätte, ihre Konfliktlösungsfähigkeiten zu verbessern. Zusätzlich hätte es die Eltern in bezug auf die Sicherheit und das Wohlbefinden ihrer Kinder beruhigt.

Wie Sie vielleicht bemerkten, behauptete die Schule nicht, das Problem der Schultyrannen gelöst zu haben. Ein solcher Anspruch wäre auch nicht einlösbar, denn die Gründe, die einen Jungen veranlassen, andere zu schikanieren, liegen häufig außerhalb der Einflußsphäre einer Schule. Darüber hinaus überschreitet der Umgang mit einem Aggressor sowohl die Befugnisse als auch die Kompetenz von Lehrern und Verwaltungsbeamten. Aber einen Schultyrannen einfach zu erdulden ist eben auch keine effektive Lösung, zumal im allgemeinen nicht die Möglichkeit besteht, den Jungen gänzlich aus der Schule zu entfernen.

Was können Eltern tun, wenn sie von einem Schultyrannen erfahren? Zunächst können sie ihr Kind wissen lassen, daß sie es unterstützen und die Probleme, mit denen es zu kämpfen hat, verstehen. Sie können ihm helfen, die Methoden des Angreifers zu erkennen, und gemeinsam Strategien und Taktiken gegen seine Vorgehensweise entwickeln. Fordern Sie Ihr Kind auf, niemals wütend zu werden, seine eigene Unvollkommenheit anzuerkennen, über die verbalen Angriffe des Peinigers einen Scherz zu machen und sich mit Freunden zu umgeben. Ein Kind mit einem starken Freundeskreis gerät nur selten in Gefahr, belästigt zu werden.

Wenn ein Junge das Problem nicht selbst lösen kann, empfinden einige Eltern es als notwendig, einzugreifen. Die beiden Experten für Gewalt unter Kindern, SuEllen und Paula Fried, beschreiben eine Mutter, die mit Zustimmung ihres Sohnes erfolgreich in einen solchen Konflikt eingriff. Sie stellte den Jungen, der ihren Sohn geschlagen hatte, auf seinem Heimweg von der Schule und konfrontierte ihn mit seiner Tat. Sie informierte ihn mit ruhiger, sachlicher Stimme, daß es Gesetze gegen tätliche Angriffe gäbe und daß sie sich, für den Fall, daß er sein Verhalten nicht ändern wolle, gezwungen sähe, die Angelegenheit erst mit seinen Eltern, dann mit der Schulleitung und, wenn nötig, mit den Justizbehörden zu besprechen. Die Strategie wirkte, und die Angriffe hörten auf.

Eltern sollten in jedem Fall sicherstellen, daß die Schulleitung über den Schultyrannen in ihrer Mitte informiert ist, denn diese verstehen sich häufig darauf, ihre Aktivitäten geschickt vor Lehrern und Aufsichtspersonal zu verstecken. Schließlich können Eltern die heikle Aufgabe übernehmen, mit den Eltern des Peinigers über das Problem zu sprechen. Wie Linda, deren Sohn Jonah das gewalttätige Verhalten seines Vaters imitierte, sind sich Eltern möglicherweise nicht bewußt, daß ihr Kind andere in der Schule terrorisiert, oder sie wollen es sich einfach nicht eingestehen.

Gewalt in den Medien

Angesichts der schier unerschöpflichen Menge an Gewalt, die über die Medien auf ihre Kinder einwirkt und über die sie kaum Kontrolle besitzen, fühlen sich die meisten Eltern in ihren Bemühungen entmutigt, Gewalt aus dem Leben ihrer Kinder auszuschließen. Der Großteil der Haushalte besitzt heute Kabelfernsehen mit Dutzenden Sendern. Es ist nicht möglich, zwischen den einzelnen Kanälen zu wechseln, ohne über die Nachricht einer Gewalttat, einen gewalttätigen Kino- oder Fernsehfilm, einen Gewaltcomic oder ein gewalterfülltes Sportereignis zu stolpern. Die Fernsehwerbung selbst setzt kaum Gewalt ein, trägt jedoch dazu bei, die traditionellen Klischees des jungen coolen Mannes aufrechtzuerhalten, der kein Risiko fürchtet – sei es Skysurfing, Bungee-Jumping oder Autowettrennen.

Einige Eltern ziehen es vor, wenn sich ihre Kinder Video- oder Computerspielen widmen, anstatt fernzusehen. Immerhin gibt es zahlreiche Spiele, für die echte Fähigkeiten erforderlich sind und die ein erzieherisches Element enthalten, wie etwa Städte zu bauen oder zu erhalten, Wortspiele und Mathematikaufgaben. Viele Video- und Computerspiele beschränken sich jedoch darauf, eine Reihe von Bösewichten mit einem Arsenal von Monsterwaffen, stark gepanzerten Fahrzeugen und unglaublich gewandten Fluggeräten abzuschießen. Häufig verherrlichen diese Spiele die Gewalt. So werden in dem Spiel *Das jüngste Gericht* die einzelnen Schwierigkeitsgrade folgendermaßen bezeichnet:

Ich bin noch zu jung zum Sterben! (leichteste Stufe)
Hey, nicht zu wild
Verletze mich, so schwer du kannst
Extreme Gewalt
Alptraum (schwierigste Stufe)

«Du weißt, wenn du das nächste Mal hierherkommst, werde ich dich rösten!» knurrt Ihnen der Computer zu, wenn Sie das Spiel verlassen. Es ist faszinierend zu beobachten, wie Jungen diese Spiele gemeinsam spielen. Ich sah Gruppen von Jungen im Alter zwischen 5 und 12 Jahren, die sich um einen Bildschirm versammelten, während ein Spieler gegen den Außerirdischen, das Ungeheuer oder den Naziverbrecher des Tages kämpft. Gesprochen wird nicht viel. Wie in Trance starren sie auf den Bildschirm, rufen hin und wieder «Ja!», wenn der Spieler einen Treffer landet, oder stöhnen auf, wenn er vorzeitig in tausend Stücke zerrissen wird. Erstaunlicherweise scheinen diese Jungen einander stark verbunden zu sein; sie unterstützen den jeweiligen Spieler und fiebern mit ihm mit, während der Machomann vor ihren Augen ein Chaos verursacht. Somit steht ihr Verhalten im Gegensatz zu dem der im Spiel dargestellten «großen Jungen».

Selbst wenn es Eltern gelingt, ihre Söhne erfolgreich von Fernseher und Computer abzuhalten und sie statt dessen dazu zu animieren, ein gutes Buch zu lesen, werden die Jungen vermutlich zu Geschichten greifen, die Risikobereitschaft, Mord, Geheimnisse und Gewalt einschließen. Die Frage lautet nicht, ob wir in einer von Gewaltbildern erfüllten Welt leben, denn das steht mit Sicherheit fest. Die eigentliche Frage ist, welche Wirkung all diese Gewalt auf unsere

Jungen ausübt. Und wenn wir sie als schädlich empfinden, wie können wir mit diesem Effekt umgehen und ihn verringern?

Einige Kinder werden durch das, was sie auf dem Bildschirm sehen, stärker beeinflußt als andere und auf ganz bestimmte Weise aus ihrem Gleichgewicht gebracht. So litt beispielsweise der 11jährige Ray 6 Monate unter Schlafstörungen. Ray ist ein sensibler Junge, der mir sein Problem bereitwillig mitteilte: «Meine Eltern erlauben mir nicht viel fernzusehen und vor allem keine gewaltreichen Sendungen. Als sie eines Abends ausgingen, ließ uns der Babysitter alles ansehen, was uns gefiel. So sahen wir uns diesen Film an, in dem ein Räuber die gesamte Familie fesselte und alle mit Ausnahme des kleinen Kindes tötete. Danach begannen die Alpträume, und schließlich wollte ich überhaupt nicht mehr schlafen. Ich denke stets daran, daß ein Räuber in das Haus eindringen könnte. Wenn ich dann diese Geräusche höre, bekomme ich wirklich Angst.»

Nichts half Ray seitdem. Seine Großmutter war zu einem längeren Besuch gekommen und hatte einige Zeit mit ihm das Zimmer geteilt. Das brachte nur kurzfristig Erleichterung. Danach kehrte seine Schlaflosigkeit zurück. Seine Eltern sind am Ende ihres Lateins. «Wir erklären ihm immer wieder, daß derartige Dinge kaum vorkommen, doch er glaubt uns nicht», meint Rays Mutter. «Diese Szene ist in sein Gedächtnis eingebrannt und läßt sich einfach nicht entfernen. Sein Kinderarzt riet uns, für einige Sitzungen einen Psychologen aufzusuchen.»

Zahllose Untersuchungen zu diesem Thema erbrachten lediglich widersprüchliche oder nicht schlüssige Ergebnisse. Eine Studie des Landesinstituts für mentale Gesundheit stellte fest, daß Kinder, die auf dem Bildschirm Freundlichkeit sehen, diese zu imitieren versuchen. Offensichtlich genügt eine flüchtige Beobachtung, so daß Jungen in ihrem Spiel die Rollen der auf dem Bildschirm oder im Kino gezeigten Persönlichkeiten übernehmen. Sie werden zu James Bond oder dem Terminator. Sie nehmen auch die in den Gewaltfilmen verwendete Sprache und Drohungen in ihren Wortschatz auf.

Der 8jährige Evan besucht die dritte Klasse einer städtischen Grundschule. Die Schüler dieser Schule sehen täglich oft mehrere Stunden lang fern, bekämpfen einander mit ausgefeilten Videospielen zu Hause oder in der lokalen Spielhalle und begleiten ihre älteren Geschwister oder Eltern zu Filmen, die Erwachsenen vorbehalten sind. Ich fragte ihn, welche Schimpfworte die Kinder auf dem Spielplatz verwendeten.

«Alle möglichen Ausdrücke», erklärte Evan. «Heute hörte ich, wie ein Junge einen anderen ‹Kondom› nannte. Dasselbe Kind hat mich einmal als ‹Hurensohn› bezeichnet. Gestern wurde ein Junge wirklich wütend und erklärte, daß er einen anderen in Zement gießen und in den Fluß werfen wird.»

«Woher bekam er die Idee mit dem Zement?»

«Alle haben von dem Schüler aus der vierten Klasse gehört, der auf diese Weise ermordet wurde», erläuterte Evan.

Leider gibt es eine Reihe von Fällen, in denen junge Männer bei ihrer Festnahme erklären, daß sie sich bei ihrer Gewalttat von einem bestimmten Fernseh- oder Kinofilm haben inspirieren lassen. Der 14jährige Mörder aus North Carolina, der drei seiner Klassenkameraden tötete, behauptet, von dem Film *The Basketball Diaries* beeinflußt worden zu sein. In dem Film eröffnet die Hauptfigur Leonardo Di Caprio im Drogenrausch das Feuer auf seine Klassenkameraden. In Kentucky erklärten sechs junge Männer und Frauen, die drei Personen ermordeten, daß sie die Action in *Natural Born Killers* bewunderten. John Hinckley, der ein Attentat auf Präsident Reagan verübte, um der Schauspielerin Jodie Foster seine Liebe zu beweisen, gab Martin Scorseses Film *Taxi Driver* als Inspirationsquelle an. Diese Beispiele berechtigen uns jedoch nicht, eine allgemeine und direkte Verbindung zwischen der in Medien gezeigten Gewalt und der Neigung zu persönlicher Gewalt herzustellen. Mediengewalt wirkt sich mitunter sättigend auf das natürliche Verlangen nach Gewalt aus. Zeuge extremer Gewalt zu werden könnte einen Jungen ängstigen, abstoßen und sogar bewirken, daß er sich von ihr abwendet.

Dennoch lassen sich einige wenige Schlußfolgerungen über die Beziehung zwischen Mediengewalt und der Gewalt im tatsächlichen Leben ziehen. Jungen, die in den Medien viel Gewalt mitansehen, neigen zu Desensibilisierung. Gewalt erscheint als «normaler» Bestandteil des Lebens. Dadurch könnte sich die Wahrscheinlichkeit erhöhen, daß sie Gewalt von Freunden oder sich selbst tolerieren. Möglicherweise erhält ein Junge den Eindruck, daß die Welt gewalttätiger ist, als es der Wirklichkeit entspricht. Eine ständige Diät aus Morden, Flugzeugabstürzen, Autounfällen, Raubüberfällen, Schießereien, Geiselnahmen, medizinischen Notfällen, Footballverletzungen und Entführungen durch Außerirdische könnten in einem jungen männlichen Geist die Vorstellung formen, daß die TV-Landschaft die Realität widerspiegelt. Dies könnte insbesondere für einen wütenden Jungen ein Ansporn sein, rascher gewalttätig zu reagieren, als es die Situation rechtfertigt.

Dennoch glaube ich nicht daran, daß ein Junge, der echte Beziehungen besitzt, sich geliebt fühlt und an sicheren Orten seine Gefühle ausdrücken darf, zu Gewalt motiviert wird, nur weil er in den Medien Gewalttaten sieht. Möglicherweise imitiert er sie im Spiel, verehrt seine Actionhelden und verbringt mehr Stunden vor dem Fernseher, als seinen Eltern lieb ist. Es ist aber unwahrscheinlich, daß er die Grenze zu Wut und Gewalt überschreitet. Ungeachtet dieser Tatsachen sind Eltern nach wie vor über die negativen Wirkungen von Mediengewalt besorgt. Kinder verlieren Gewalt gegenüber ihre Sensibilität, freuen sich, wenn andere verletzt werden, und vergeuden Unmengen an Zeit und Energie beim Betrachten von Gewaltszenen, die für positivere und produktivere Ziele eingesetzt werden könnten.

Einige Strategien helfen Eltern, besser mit dem Problem von Mediengewalt und insbesondere mit dem Problem Gewalt im Fernsehen umzugehen:

- Besprechen Sie das Thema: Ihre Kinder sollten wissen, warum Sie Gewalt in den Medien als Problem betrachten und warum Sie es ablehnen, daß sie täglich drei Stunden vor dem Gerät verbringen und zusehen, wie «wahre Männer» ihre schweren Waffen gebrauchen. Einfach ärgerlich zu werden oder das Gerät abzuschalten hilft Ihren Kindern nicht, die Ernsthaftigkeit des Themas zu begreifen.
- Einschränkung und Überwachung: Einige Eltern begrenzen die Zeit, die ihre Kinder täglich oder wöchentlich fernsehen dürfen. Andere wählen die Sendungen aus. In jedem Fall sollten Eltern überwachen, was und wie lange ihre Kinder fernsehen.
- Sehen Sie gemeinsam fern: Viele Eltern wissen nicht wirklich, worum es bei den von ihren Kindern bevorzugten Sendungen oder Filmen geht. Sie «hörten» von dem Film oder sahen einen zweiminütigen Ausschnitt einer Sendung. Wenn Sie nicht selbst informiert sind, können Sie keine fundierte Entscheidung treffen, was Sie Ihren Söhnen (und Töchtern) anzusehen erlauben.

- Sprechen Sie über das Gesehene: Wenn Sie gemeinsam fernsehen, können Sie auch gemeinsam darüber sprechen. Gehen Sie die Sendung zusammen durch. Stellen Sie Fragen. Was ist gut daran? Was ist realistisch? Warum verhielten sich die einzelnen Gestalten gerade auf diese Weise? Würdest du dich jemals so verhalten? Welche Folgen könnte die eben gesehene Gewalt nach sich ziehen?
- Treffen Sie eine bessere Auswahl: Wenn die Eltern an der Reihe sind, eine Fernsehsendung, ein Video, einen Film oder ein Buch zu wählen, sollten Sie sich für etwas Ihrer Ansicht nach Gutes entscheiden, in dem Gewalt nicht verherrlicht wird. Es gibt genügend Filme und Bücher mit einer aufregenden Handlung, die dennoch weder Gewalt verherrlichen noch ein übertrieben risikobereites Verhalten fördern; sie stellen Jungen als liebevolle, in ihre Umgebung eingebundene Personen dar. *Iron Will* zählt zu diesen Filmen, der dritte Teil von *Kevin, allein zu Hause* nicht.

Ich kann mir vorstellen, daß einige Eltern angesichts der genannten Ratschläge nur noch müde lächeln oder resigniert den Kopf schütteln. Viele haben bereits aufgegeben, den Drachen Fernsehen bezwingen zu wollen. Ich möchte Sie ermutigen, über das Problem weiterhin nachzudenken und mit Ihren Kindern darüber zu reden. Zumindest erfahren sie dadurch, wieviel sie Ihnen bedeuten. Die *Macht elterlicher Beziehungen* ist eine entscheidende Kraft im Kampf gegen die negativen Gewaltdarstellungen in den Medien. Ihre Stärke sollte nicht unterschätzt werden.

Nutzen Sie Wut und aggressive Energie

Eine weitere wichtige Möglichkeit, um der Gewalt vorzubeugen, bezeichne ich als «Energieumlenkung». Indem wir Jungen lehren, ihre Wut und aggressive Energie umzulenken, sie nutzbar zu machen für Besseres, vermeiden wir, daß sie sich und andere verletzen. Energieumlenkung kann auf zumindest zwei Arten erfolgen. Zum einen können wir ihnen beibringen, ihre Wut und aufgestaute Aggression durch einen traditionellerweise als Katharsis bezeichneten Vorgang freizusetzen. Dazu benötigt Ihr Junge lediglich die Möglichkeit, an einem geeigneten privaten Ort seinen Gefühlen offen und ohne Einschränkungen freien Lauf zu lassen. In Ihrer Anwesenheit sollten Sie ihn auffordern, so laut und heftig wie nötig, zu schreien, zu weinen oder seine Bedürfnisse in anderer Form auszudrücken. Das Ziel dabei ist, daß er sich von den ihn belastenden schmerzlichen Gefühlen befreien kann. Wenn Lärm ein Problem darstellt, kann er seine Geräusche durch ein Polster dämpfen. Empfindet er das Verlangen, etwas zu schlagen, soll er seine Energie gegen einen Stapel Kissen richten. Das Wichtigste hierbei ist, daß er sich in Ihrer warmen und liebevollen Anwesenheit trauen kann, seine Angst, Wut und Aggression «herauszulassen». Diese streng überwachte Form von Katharsis ist ein normaler, gesunder Prozeß, der dazu beiträgt, einen Großteil der schmerzlichen Wut im Inneren Ihres Sohnes zu entschärfen.

Zum anderen schlage ich Sport und athletische Aktivitäten als ein geeignetes Ventil vor, um Wut auf gesunde Weise zu äußern. Solange *strenge Regeln* eingehalten werden und nötigenfalls *geeignete Schutzkleidung* getragen wird, soll Ihr Junge Boxen, Ringen oder einfach spielerische Kämpfe nutzen, um seine angestaute Aggression loszuwerden. Vor kurzem beobachtete ich ein Spiel, bei dem ein mit Helm und Schutzpolstern ausgestatteter Junge einen Schwebebalken bestieg (unter dem einige Matten lagen, die im Fall eines Sturzes für eine weiche Landung sorgten) und andere, ebenfalls mit Schaumstoff gepolsterte Jungen zu ihm hochspringen und ihn sogar vom Balken stoßen durften. Die von mir beobachteten Jungen schienen dieses Spiel zu lieben. Es bot ihnen eindeutig die Gelegenheit, ihre aggressive Energie ausströmen zu lassen und sich von innerem Ärger zu befreien. Derartige sichere, von Erwachsenen überwachte Aktivitäten mit geringem Risiko kanalisieren negative Gefühle auf gesunde Weise und verringern meiner Ansicht nach das Bedürfnis von Jungen, diese Empfindungen in gewalttätiger Form zu äußern.

Fördern Sie Aktivität und unterbinden Sie Gewalt

Jungen besitzen eine phantastische Energie und Lebendigkeit. Sie sind bereit, das Unbekannte zu erforschen, ihre Grenzen auszuloten und in Aktion zu treten. Wenn diese Eigenschaften positiven Bestrebungen und Beziehungen zugeführt werden, kann das Ergebnis spektakulär sein. Jungen werden dann wundervolle Dinge schaffen und stabile Freundschaften errichten. Erst wenn es ihnen verboten wird, die gesamte Palette ihrer Empfindungen auszudrücken, und sie gezwungen werden, eine Maske zu tragen, könnte sich ihre Energie und ihr Bedürfnis nach Aktivität in Gewalt wandeln. Wir müssen sie ermutigen, daß Macht nicht unbedingt Macht *über* eine andere Person bedeuten muß, sondern ebensogut Macht *mit* anderen bedeuten kann. Dafür müssen wir den von ihnen erfahrenen Schmerz anerkennen, ihnen gestatten, über ihre Gefühle zu sprechen, und sie von dem Gefühl der Scham befreien, das den eigentlichen Nährboden für Gewalt bildet.

Kapitel 14

Jungen und Scheidung

«Warum hassen sich meine Eltern so sehr? Liegt das an mir?»
(Vinnie, 11 Jahre)

Das dritte Trauma

Als Oliver 7 Jahre war, machten seine Eltern eine schwere Zeit durch. Seine Mutter Anne-Marie war mit ihrem Job unglücklich; sein Vater Carey arbeitete viel, weil er sich selbständig gemacht hatte. Sie waren übereingekommen, daß Anne-Marie so lange weiterarbeiten würde, bis Carey mit seinem Geschäft das Schlimmste überstanden haben würde. Beide waren müde, das Geld war knapp, ebenso die Zeit. Zunächst stritten sie sich nur hin und wieder, doch dann begann ihre Beziehung zu einer endlosen Reihe von erhitzten Auseinandersetzungen zu zerfallen. Carey hatte zum Essen schon immer gern ein Glas Wein getrunken. Doch als sein Geschäft in Schwierigkeiten geriet, ging er nachts auf Sauftour und kam dann völlig betrunken, grölend und stammelnd nach Hause.

Eines Morgens weckte Anne-Marie Oliver auf und erklärte ihm flüsternd: «Oliver, es ist jetzt Zeit für uns beide, in eine eigene Wohnung umzuziehen.»

«Und was ist mit Daddy?» fragte Oliver. «Daddy bleibt hier. Mach dir keine Sorgen – du wirst ihn ganz oft besuchen dürfen. Doch ab jetzt müssen Daddy und Mami an zwei verschiedenen Orten leben. Und deshalb kommst du jetzt erst einmal mit mir.»

«Aber ...» – «Es gibt kein Wenn und Aber. Steh auf und geh ins Badezimmer. Und dann machen wir beide eine kleine Reise in unsere neue Wohnung», sagte Anne-Marie und versuchte ihre Anspannung hinter einer besonders liebevollen Stimme zu verbergen.

Als Mutter und Sohn an diesem Morgen ihr Heim verließen, wußten sie beide nicht, daß sie nie wiederkehren würden. Anne-Marie und Carey versöhnten sich nicht wieder. Im Gegenteil – die täglichen Streitigkeiten, die sie gehabt hatten, als sie noch zusammenlebten, setzten sich am Telefon fort.

«Ich kann das einfach nicht mehr ertragen», hatte Anne-Marie zu Carey gesagt und meinte ihren Job. Es war bei einem ihrer morgendlichen Telefonate, die meist flüsternd begannen und mit Geschrei endeten.

«Okay», erwiderte Carey, «dann kündige! Dann muß ich mir dieses endlose Gejammer endlich nicht mehr von dir anhören.»

«Ich würde es ja tun, wenn es Oliver nicht gäbe», gab sie zu.

«Es geht nicht um ihn», sagte Carey.

«Natürlich geht es um ihn», widersprach Anne-Marie beleidigt. «Wenn ich kein Geld verdiene, wer soll dann seinen Aufenthalt im Ferienlager bezahlen und ihm seine Sachen kaufen?»

Carey konnte diesen Vorwurf, daß er nicht in der Lage sei, die Familie zu ernähren, nicht ertragen. «Ich tue, was ich kann!» bellte er. «Du weißt, daß ich wirklich alles versuche.»

«Du kannst immer nur an dich selbst denken», giftete sie zurück. «Ich bin's leid. Ich hab von allem die Nase voll», rief sie und hängte ein.

Anne-Marie gab sich stets die größte Mühe, diese Telefonate am frühen Morgen, solange Oliver noch schlief, friedlich und ohne Streit über die Bühne zu bringen. Jetzt drehte sie sich um und sah, daß ihr Sohn am anderen Ende der Küche stand. Er hatte offensichtlich das ganze Gespräch mitgehört, sagte aber nichts. Und Anne-Marie, die einen Termin hatte und bereits spät dran war, umging das Thema. «Daddy und ich haben über die Arbeit gesprochen», sagte sie. «Komm, mach dich jetzt fertig.» Oliver ging zur Bushaltestelle, ohne ein Wort zu sagen.

Anne-Marie fühlte sich schuldig. Nach mehreren Monaten Paartherapie hatten Carey und sie festgestellt, daß der Graben zwischen ihnen unüberbrückbar und eine Scheidung unausweichlich geworden war. Dennoch fiel es beiden schwer, der Situation ins Auge zu blikken, und keiner von beiden fand einen Weg, es Oliver beizubringen.

Als Oliver an diesem Nachmittag nach Hause kam, sagte er nichts zu seiner Mutter. Er stürzte in sein Zimmer und warf die Tür hinter sich zu. Bevor sie ihm nachgehen konnte, klingelte das Telefon. Es war die Mutter eines Freundes von Oliver, eines Jungen namens Lee. Angeblich hatte sich Oliver auf dem Heimweg im Bus auf Lee gestürzt, sich auf ihn gehockt und auf ihn eingeschlagen. Der Fahrer hatte den Bus angehalten und Oliver von seinem Freund getrennt. Glücklicherweise war Lees Mutter um Oliver, den sie gut kannte, ebenso besorgt wie um ihren eigenen Sohn. Schließlich war er nicht verletzt worden. Nach Lees Aussage war es nur eine kleine Keilerei gewesen, die ein bißchen aus dem Ruder gelaufen war.

Anne-Marie aber wurde schlagartig klar, daß ihren Sohn irgend etwas ernsthaft bedrückte. Sie ging zu Olivers Zimmer, um mit ihm darüber zu reden, doch er ließ sie nicht hinein. Schließlich erklärte sie ihm – durch die geschlossene Tür –, daß sie wisse, was passiert sei, daß sie überhaupt nicht böse auf ihn sei und nur mit ihm über das reden wolle, was ihn bedrückte.

Einen Augenblick später ging die Tür auf, und Oliver erschien mit Tränen auf den Wangen. «Was ist los, Oliver?» fragte sie zärtlich. «Was bedrückt dich denn?»

«Werdet ihr euch scheiden lassen, du und Daddy?» brach es aus ihm heraus. Dann begann er zu schluchzen und schlang die Arme um seine Mutter. Anne-Marie war verblüfft. Sie wußte bereits seit Wochen, daß sie sich von Carey scheiden lassen würde. Dennoch hatte sie noch eine Weile warten wollen, bis sie mit Oliver darüber sprechen wollte. Jetzt aber war offensichtlich, daß Oliver sich der ernsten Lage durchaus bewußt war. Sie nahm ihn fest in den Arm.

«Es ist alles mein Fehler», sagte Oliver in bekennendem Tonfall.

«Oh, Liebes», tröstete ihn Anne-Marie. «Es ist nicht dein Fehler. Das ist nicht wahr.»

«Aber du hast es heute morgen gesagt», erklärte Oliver mit gebrochener Stimme. «Du hast gesagt, es wäre alles wegen mir und du habest von allem die Nase voll. Also auch von mir. Wirst du dich auch von mir scheiden lassen?»

Nun stimmte Anne-Marie in sein Weinen mit ein. «Ich habe die Nase voll von dem, was bei mir auf der Arbeit passiert», sagte sie. «Ich habe die Nase voll davon, daß ich manchmal nicht genug Geld habe. Aber von dir könnte ich doch nie die Nase voll haben. Niemals!»

Tatsache ist, daß heutzutage täglich Millionen von Kindern mit der Scheidung ihrer Eltern konfrontiert werden. Auch Kinder, deren Eltern eine intakte Ehe führen, spüren über sich ständig das Damoklesschwert einer Scheidung. Fast jeder kleine Junge kennt einen anderen kleinen Jungen, der seinen Papa nur an den Wochenenden sieht oder der für seine Mutter mehr Hausarbeit erledigen muß als die meisten kleinen Jungen in seinem Alter. Im Teenageralter gibt es kaum einen Jungen, der nicht einen Freund mit einem Stiefvater oder einer Stiefmutter hat, oder einen, dessen Mutter einen Freund hat oder der eine neue Familie mit drei neuen Geschwistern hat oder dessen Vater die Familie wegen einer anderen Frau oder einem Mann verlassen hat. «Es scheint, als ob jeder geschieden ist», sagte mir der 9 Jahre alte Timmy.

Scheidung ist heute ein so weit verbreitetes Phänomen, daß es meiner Ansicht nach für die Millionen von Jungen, deren Eltern sich scheiden lassen, ein drittes Kindheitstrauma darstellt. Alle Faktoren, die wir auch bei den beiden anderen Traumata bereits gesehen haben, spielen bei der Scheidung eine Rolle – und sogar eine besonders große: die Ablösung von den Eltern, Scham, das Tragen einer Maske, um die schmerzvollen Gefühle von Einsamkeit und Verlassenheit zu überdecken, und die geschlechtsspezifische Zwangsjacke, die es Jungen verbietet, diese Gefühle auszudrücken.

Die Scheidung selbst bedeutet für einen Jungen einen schmerzvollen Trennungsprozeß. Sein Zuhause und seine Familie, die ihm bisher Zuflucht und Sicherheit boten, sind plötzlich nicht mehr da. Die meisten Jungen leben in der Obhut ihrer Mütter, so daß sie sich besonders von ihren Vätern verlassen fühlen. Ein Junge sieht seinen Vater vielleicht nur noch an den Wochenenden oder überhaupt nicht mehr. Gleichzeitig wird ihm seine Mutter immer fremder, die selbst so unglücklich und überfordert ist, daß sie nur wenig Zeit und Energie für ihren Sohn übrig hat. Genau wie bei den beiden anderen typischen Lösungsprozessen seiner Kindheit macht der Junge die Erfahrung, daß er von Familie und Heim verstoßen wird.

Doch anders als bei den beiden ersten Traumata ist die Trennung bei einer Scheidung gesellschaftlich unerwünscht und wird durch sie auch nicht legitimiert. Niemand knüpft an eine Scheidung die Erwartung, daß sie dem Jungen auf irgendeine Weise nützlich sein könnte. Anders als bei der Trennung im Alter von 6 Jahren, die den Jungen vor einer zu engen Bindung an seine Mutter bewahren soll, und anders als bei der Abnabelung während der Pubertät, die den Jungen «stählen» soll, sind positive Ergebnisse *für den Jungen* bei der Scheidung nur sehr schwer auszumachen. Eine Scheidung mag nach einer Ehe voller Streit für das Paar relativen Frieden bringen. Manchmal bringt sie auch für einen der beiden Partner oder sogar für beide emotionale Gesundung mit sich. Doch die Gesellschaft sagt dem Jungen nicht, daß die Scheidung gut für ihn ist, und selten sieht er es selbst so.

Der 15jährige Dennis erklärte: «Jeder fragt mich: ‹Wann kommen deine Eltern, um dich abzuholen?› oder ‹Fährst du dieses Jahr mit deinen Eltern in Urlaub?› Und ich will dann immer sagen: ‹Nein. Meine Eltern sind geschieden. Mein Vater spricht nicht einmal mehr mit meiner Mutter.›»

Jake, 12 Jahre alt, sagte mir: «Ich erzähle niemandem etwas von meinen Eltern. Es geht sie nichts an, außerdem würden sie nichts Nettes darüber sagen.»

David, 17 Jahre alt, drückte es so aus: «Von einem Jungen erwartet man nicht gerade, daß er herumrennt und über seine Eltern redet. Und selbst wenn ich es täte, würden die anderen Jungen vermutlich etwas sagen wie ‹Werde erwachsen, bau dir ein Leben auf. Du bist nicht der einzige!›»

Trotz der Zunahme der Scheidungen verhält sich der Junge immer noch gemäß dem herrschenden männlichen Verhaltenskodex. Statt Traurigkeit, Verletzlichkeit, Hilflosigkeit, Verzweiflung und Verlassenheit zu zeigen, versteckt er sich hinter seiner Maske. Er wird sich vielleicht nach außen hin abreagieren, wird schwierig im Umgang, prügelt sich, provoziert seine Lehrer und sucht Streit. Dennoch weiß er, daß er bei allem, was er tut, seine Scham verbergen muß – die Scham, die er empfindet, weil er den Erwartungen nicht entspricht, sich schwach fühlt und kein richtiger Mann ist.

Scheidungen vollziehen sich zudem selten «glatt und sauber». Es ist nicht so, daß sich zwei Menschen trennen und einer von beiden den Jungen in seine Obhut nimmt. Scheidung zieht die ganze Familie, auch die entferntere Verwandtschaft und alle, die mit ihr in Berührung kommen, in Mitleidenschaft – es ist wie bei einem Schachspiel. Das Mutter-Sohn-Verhältnis ändert sich, ebenso das Vater-Sohn-Verhältnis. Auch das Verhältnis zwischen Mutter, Vater und anderen Erziehungsberechtigten, etwa den Lehrern, ändert sich. Darüber hinaus erscheinen eine ganze Reihe neuer Figuren auf dem Brett, die alle verschiedene und verwirrende Interessen und Aufgaben in dem Spiel haben: Berater und Rechtsanwälte, Babysitter oder Tagesmütter, Großeltern oder Freunde der Familie, Freunde und Freundinnen, neue «Eltern» und «Geschwister», die durch eine Wiederheirat dazukommen. Selbst das Haustier verläßt vielleicht das Zuhause.

Das Problem von Jungen bei einer Scheidung ist oft, daß ihre Reaktionen mißverstanden werden. In den letzten Jahren wurde viel darüber diskutiert, wie unterschiedlich sich Scheidungen auf Jungen und Mädchen auswirken. Judith Wallerstein, Gründerin des Zentrums für Familien in Übergangssituationen, spricht vom «schlafenden Effekt» bei Mädchen. Während der Scheidung scheinen Mädchen besser damit zurechtzukommen, es geht ihnen dem Augenschein nach «gut». Doch Jahre später – manchmal viele Jahre – brechen diese unterdrückten Gefühle an die Oberfläche und bringen ihr Leben durcheinander. Jungen dagegen neigen eher dazu, sich während der Scheidung abzureagieren. Sie mögen sich vielleicht laut und schrill zu Wort melden, doch zu hören ist dabei nicht die echte innere Stimme des Jungen. Das, was an die Oberfläche dringt, ist nichts weiter als ein wütender Schrei, der nichts mit dem wirklichen Schmerz zu tun hat, den er in sich spürt. Obwohl sich Jungen und Mädchen in einer Scheidungssituation also sehr unterschiedlich verhalten – Jungen werden laut, während Mädchen im stillen leiden –, haben beide Verhaltensweisen etwas gemein: Sie überdecken den tieferen Schmerz im Innern des Kindes.

«Ich werde nie heiraten», sagte der 17jährige Jason einmal zu mir, «das bedeutet nur, daß man sich den ganzen Tag über Geld streitet oder darüber, wer was gesagt hat oder nicht, und die Kinder anschreit. Am Ende ist man dann doch allein, also warum erst heiraten?»

Wenn Scheidung in unserer Gesellschaft nicht so weit verbreitet wäre, müßten wir uns nicht so intensiv mit diesem dritten Kindheitstrauma befassen. Doch laut Lawrence Beymer von der Indiana State University lassen sich in den USA täglich etwa dreitausend Elternpaare scheiden oder trennen sich. Die Hälfte aller weißen Jungen lebt mit einem alleinerziehenden Elternteil zusammen (meist mit der Mutter); drei Viertel aller afroamerikanischen Jungen sind in derselben Situation. Die meisten dieser Jungen sind unter 18. Zahlreiche Untersuchungen zeigen, daß Scheidungskinder für bestimmte Probleme anfälliger sind als Jungen aus intakten Familien. Der Autor S. H. Kaye berichtet, daß sie aggressiver sind, häufiger in der Schule fehlen und in Lesen und Mathematik schlechter sind.

Die gute Nachricht ist, daß ein Junge durchaus mit einer Scheidung zurechtkommen kann, ebensogut wie Mädchen oder Eltern. Das dritte Kindheitstrauma kann – wie die beiden anderen – verarbeitet werden. Probleme treten vor allem dann auf, wenn eine Familie schon mit den beiden anderen Traumata nicht klargekommen ist. Wenn Eltern von ihrem Sohn erwarten, daß er es erträgt «wie ein Mann», wenn er in die Schule kommt oder die Pubertät erreicht, dann erwarten sie das von ihm möglicherweise auch bei einer Scheidung. Wenn sie aber ein enges Verhältnis zu ihrem Sohn aufgebaut haben, das ihm erlaubt, er selbst zu sein und seine wahren Gefühle zu zeigen, ist die Wahrscheinlichkeit wesentlich größer, daß er die Scheidung gut übersteht und sich nicht hinter einer Maske versteckt. Um dies zu erreichen, müssen Eltern allerdings ihre Gefühle füreinander und die Situation, in der sie stecken, von ihren Gefühlen zu ihrem Sohn strikt trennen. Obwohl dies extrem schwierig sein kann, ist es absolut unerläßlich.

Lernen, das «Reaktionsbarometer» zu lesen

Die Gefühle, die während und nach einer Scheidung in einer Familie auftreten, sind extrem komplex und verändern sich ständig – manchmal langsam und stetig, manchmal aber auch heftig und unvermittelt. Jungen reagieren sehr unterschiedlich auf diese Veränderungen: mit einem wilden und unerwarteten Ausbruch wie Oliver im Schulbus, mit neuen und zwanghaften Aktivitäten wie pausenloses Reden oder Quatschmachen oder auch mit einem völligen Rückzug in die innere Immigration. Die Eltern müssen lernen, das Reaktionsbarometer ihres Sohnes zu lesen.

Die Gefühle, die bei einem Jungen im Falle einer Scheidung am häufigsten auftreten, sind Scham, Schuldgefühle, Verletzbarkeit und Ängstlichkeit. Möglicherweise schämt er sich zutiefst dafür, daß er diese Situation nicht «wie ein Mann» allein ertragen kann. «Ich frage mich jetzt – wenn ich nicht bei allem immer so unselbständig gewesen wäre, wären meine Eltern vielleicht noch zusammen», erklärte der 16jährige Raphael. «Mein Vater schrie immer meine Mutter an und warf ihr vor, zu nachgiebig mit mir zu sein. Er sagte, ich wäre ein verzogenes Gör, das alles bekäme, was es sich in den Kopf setze. Ich denke, er hatte von uns beiden die Nase voll.» Ein Junge wie Raphael mag sich tatsächlich für die Trennung seiner Eltern und die Zerstörung seiner Familie verantwortlich fühlen. Er fühlt sich oft verletzlich und machtlos – er kann nichts tun, um seine Familie zu retten oder Kontakt mit ihr aufzunehmen. Er empfindet Furcht und Angst vor der Zukunft. Was wird mit mir passieren? Wer wird sich um mich kümmern? Werde ich in ein neues Haus, eine neue Stadt, eine neue Schule kommen? Vor allem aber fühlt er sich verstoßen. Nicht nur die Verbindung zu seiner Familie ist gekappt; er kann auch zu Mutter oder Vater allein keinen Kontakt mehr herstellen, da sie selbst beide verstört sind. Sie sind vielleicht selbst so von Wut, Reue, Sorge und Schuldgefühlen in Anspruch genommen, daß sie sich nicht auf die Gefühle ihres Sohnes konzentrieren können. All das führt dazu, daß der Junge sich von seinen eigenen echten Gefühlen abkoppelt.

J. W. Santrock, der 45 Schuljungen befragt hat, kam zu der Auffassung, daß die Auswirkungen einer Scheidung traumatischer und schmerzvoller für einen Jungen sein können als der Tod eines Elternteils. Der Tod, selbst ein tragischer und unerwarteter, ist klarer als eine Scheidung. Der Junge sehnt sich nach dem verstorbenen Elternteil und wird ihn vermissen, doch er ist unwiederbringlich weg. Es ist ausgeschlossen, daß er oder sie wieder zurückkehrt. Söhne eines geschiedenen Paares dagegen haben vielleicht stets die Hoffnung, daß ihre Eltern sich wieder versöhnen, und tun – in manchen Fällen über Jahre hinweg – alles dafür, daß diese Versöhnung zustande kommt.

«Ich habe alles versucht», erinnert sich Ken, der heute 18 Jahre alt ist. «Ich habe sie beide zu meinen Tennismatches eingeladen; ich habe versucht, Weihnachtsfeiern zu organisieren, bei denen wir als Familie zusammensein konnten; als ich acht war, bin ich sogar einmal von zu Hause weggelaufen, um meinen Daddy zu bitten, wieder zu uns zurückzukommen. Nichts funktionierte. Es war ein für allemal vorbei. Ich war ziemlich fertig.»

Oft tragen auch gesellschaftliche Reaktionen dazu bei, die Konsequenzen einer Scheidung zu verschlimmern. Im Falle eines Todes trauert die Gesellschaft mit, wenn ein Elternteil stirbt, und akzeptiert eher mal Abweichungen vom männlichen Verhaltenskodex. Bis zu einem gewissen Grad ist es Jungen erlaubt, ihrer Trauer Ausdruck zu verleihen, auch wenn man im großen und ganzen von ihnen erwartet, daß sie sich gefaßt geben und die «Ohren steif halten». Denken Sie nur an Prinz Harry, der mit ruhigem und emotionslosem Gesicht hinter dem Sarg von Prinzessin Diana hermarschierte. Was hat sich wohl in seinem Innern abgespielt?

Meiner Ansicht nach ist die Gesellschaft jedoch weit davon entfernt, Scheidung zu akzeptieren – trotz ihrer Häufigkeit. Ebenso weit ist sie davon entfernt, den Gefühlen eines Scheidungsjungen Anteilnahme entgegenzubringen. Eine Familie, die durch Scheidung zerbricht, gilt als gescheiterte Familie und scheint für intakte Familien eine Bedrohung zu sein, vor allem für solche, die selbst Probleme haben. Eltern wissen oft nicht, was sie zu geschiedenen Paaren sagen sollen, auf welche Seite sie sich schlagen oder wie sie mit den betroffenen Kindern umgehen sollen. Das Resultat ist oft, daß Nachbarn und Freunde sehr wenig sagen. Sie kommen nicht mit fertiggekochten Mahlzeiten vorbei, wie sie das vielleicht täten, wenn jemand gestorben wäre. Sie rufen bei Geschiedenen nicht einfach an, um sich zu erkundigen, wie es ihnen geht, so wie sie es bei einer trauernden Familie tun würden. Auf diese Weise spürt ein Junge noch eine weitere Trennung, nämlich die von seiner Gemeinschaft.

Viele Jungen können mit diesen überwältigenden Schmerzen nur klarkommen, indem sie aktiv werden – ebenso wie wir das in anderen Zusammenhängen schon gesehen haben. Sie werfen Dinge um sich und zerschlagen sie. Sie prügeln sich in der Schule und auf der Straße. Sie schreien und spielen laut. Sie wollen nicht ins Bett und nicht in die Schule gehen und weigern sich, zu tun, was die Eltern von ihnen wollen. Sie quälen Tiere, reißen Äste von Bäumen, gehen riskante Manöver mit dem Skateboard ein, stehlen im örtlichen Supermarkt, legen Feuer, zerreißen ihre Kleidung, verirren sich im Wald, spucken auf das Trottoir, werfen Steine auf Fenster, machen keine Hausaufgaben, provozieren Lehrer und tun tausend andere Dinge, die nach «bösem Jungen» aussehen, in Wirklichkeit aber nichts anderes als Hilfeschreie sind. Wie ich bereits sagte, kann ein Junge aber auch ins Gegenteil verfallen. Er kann sich zurückziehen, aufhören zu reden, sich in sein Zimmer einschließen, stundenlang auf der Couch liegen, zahllose Papierbälle in den Papierkorb werfen, im Haus herumgeistern, stundenlang vor dem Fernseher sitzen, den ganzen Tag über Kopfhörer Musik hören oder am Fenster stehen und ins Leere starren.

An diesen Reaktionen – oder dem Unvermögen eines Jungen zu reagieren – können tatsächlich wie an einem Barometer die Gefühle eines Jungen abgelesen werden. Je extremer sein Verhalten, desto größer ist wahrscheinlich der Schmerz.

Alleinerziehende Mütter

Die meisten Scheidungskinder leben bei ihrer Mutter, und der überwiegende Teil davon hat kaum oder gar keinen Kontakt mehr zum Vater. Mit harter Arbeit und Hingabe kann eine Mutter einen Jungen durchaus auch ohne Vater großziehen. Doch das Verhältnis zwischen Mutter und Sohn ist völlig anders als das Verhältnis zwischen Vater und Sohn, und es kann eine Zeit dauern, bis eine Mutter versteht, in welcher Hinsicht es sich unterscheidet, und sich darauf einstellt.

Als Ron 9 war, verließ seine Mutter nach Monaten voller Streit, Therapien, Wiederversöhnungen und erneutem Streit seinen Vater. Eines Tages, nach einer heftigen Auseinandersetzung, stürmte sein Vater aus dem Haus, und seine Mutter war mit ihrer Geduld am Ende. Sie nahm Ron und seine beiden Schwestern, packte sie ins Auto und fuhr zu Verwandten, die mehrere Stunden entfernt wohnten.

Auf dem Weg hielten sie, um etwas zu essen. Nachdem sie einen Tisch besetzt hatten, ging die Mutter mit den beiden Mädchen zur Damentoilette. Er mußte allein in die Herrentoilette gehen. «Ich war immer mit meinem Vater zusammen in öffentliche Toiletten gegangen», erinnerte er sich. «Ich wollte nicht zu all den fremden Männern hineingehen. Schlimmer wurde das Ganze noch dadurch, daß ich mir vorstellte, wie meine Mutter und meine Schwestern zusammen in der Damentoilette waren, sich unterhielten, gegenseitig bemitleideten und umarmten. Ich glaube nicht, daß meine Mutter sich darüber Gedanken gemacht hat. Sie nahm einfach an, daß ich allein hineingehen könnte. Ich hatte ihr nie davon erzählt, daß ich öffentliche Toiletten nicht mochte. Das war nicht nötig gewesen, denn mein

Vater wußte, was ich empfand. Er erzählte mir, daß es ihm als Kind genauso gegangen war.

Von diesem Augenblick an hatte ich das Gefühl, allein zu sein. Meine Mutter und meine Schwestern hatten einander. Sie konnten sich auf die Damentoilette zurückziehen. Aber ich konnte das nicht. Ich hatte niemanden, mit dem ich weinen konnte, und ich wollte nicht allein weinen.»

Ron brauchte Jahre – und eine Therapie sowie eine Selbsthilfegruppe –, um das Schweigen zu brechen und endlich über die Zerstörung seiner Familie zu reden. «Heute, dreißig Jahre später, kann ich endlich weinen und nicht nur bei meiner Frau Trost suchen, sondern auch bei Freunden, denen ich vertraue. Doch bis vor ein paar Jahren war ich wie abgekoppelt von meinen Gefühlen.»

Ich will nicht behaupten, daß Mütter bei einer Scheidung absichtlich die Gefühle ihrer Söhne ignorieren oder übergehen. Aber so wie ein Vater niemals dasselbe tiefe und instinktive Verständnis für eine Tochter aufbringen kann wie eine Mutter, so wird selbst die aufmerksamste und liebevollste Mutter nicht in der Lage sein, die Eigenheiten und Sorgen ihres Sohnes voll und ganz zu erahnen und zu begreifen. Cindy, geschiedene Mutter mit zwei Söhnen, drückt es so aus: «Ich weiß, daß ich meine Sache recht gut mache und meine Söhne im allgemeinen damit zufrieden sind, wie ich die Dinge anpacke. Doch manchmal sehe ich eine Traurigkeit in ihren Augen, wie eine Sehnsucht, die nicht erfüllt wird. Wenn ich diesen Blick sehe, weiß ich, daß er ihrem Vater gilt. Sie vermissen ihn – seine Art, sein Lachen, seine Art und Weise, Dinge zu tun. Ich liebe meine Jungs, aber ich weiß, daß ich nichts tun kann, wenn sie sich so fühlen. Wir müssen das einfach zusammen durchstehen.»

Auch wenn die alleinerziehende Mutter Männern gegenüber und insbesondere dem Vater ihres Sohnes gegenüber eine zwiespältige Haltung einnimmt, kann das zu Komplikationen im Mutter-Sohn-Verhältnis führen. Die Mutter kann zum Beispiel – was nicht immer der Fall ist – stark negative Gefühle gegenüber dem Vater haben: Enttäuschung, Wut, Verärgerung, Haß, Eifersucht oder Abscheu. Möglicherweise steigert sie sich eine Zeitlang in diese Gefühle hinein und projiziert sie auch auf andere Männer. Wenn ein Junge erfährt, daß seinem zentralen männlichen Vorbild und seinem Geschlecht im allgemeinen solche Gefühle entgegengebracht werden, ist er möglicherweise unsicher, welchem Rollenmodell er nun folgen soll – wie soll er sich verhalten, wenn alle Männer schlecht sind?

Die größte Gefahr aber ist, daß eine Mutter ihre Gefühle dem Vater gegenüber auf den Sohn überträgt. Wenn sie über ihren Sohn «genau wie sein Vater» oder «typisch Mann» denkt, kann er das Gefühl bekommen, vergiftet zu sein. Er verliert nicht nur den Kontakt zu dem einzig verbliebenen Elternteil, sondern glaubt überhaupt ungewollt zu sein. Für ihn gibt es schließlich nirgendwo mehr Hilfe und Trost. Wem kann er schon erzählen, daß seine Mutter ihn für schlecht hält?

Manche Mütter reagieren genau umgekehrt: Sie erwarten von ihrem Sohn, daß er die Rolle vom «Mann im Haus» übernimmt. Sie suchen nach der Scheidung emotionalen Halt, vielleicht sogar körperlichen Trost bei ihm. Sie erwarten möglicherweise, daß er Aufgaben und Pflichten des Vaters übernimmt, wie etwa auf seine jüngeren Geschwister aufzupassen oder bestimmte Arbeiten im Haushalt zu erledigen. Auch wenn nichts dabei ist, wenn ein Junge im Haushalt mithilft, kann dieser Schubs in die Rolle des «kleinen Mannes» das Trauma der Scheidung noch verstärken. Er muß sich nicht nur an das Leben mit nur einem Elternteil gewöhnen, man erwartet auch noch von ihm, daß er möglichst schnell ein Mann wird.

Jungen, die bei der Mutter leben, können es sehr schwer haben. Stephanie Kasen führte eine Untersuchung mit 648 Kindern durch, deren Eltern sich 8 Jahre zuvor hatten scheiden lassen. Sie zeigte, daß Jungen, die bei alleinerziehenden Müttern lebten, fünfmal anfälliger für erhebliche depressive Störungen waren als Mädchen in derselben Situation. Sie waren auch wesentlich gefährdeter als Jungen, die eine dauerhafte Beziehung zu einem männlichen Erwachsenen hatten, also ihrem biologischen Vater, einem Stiefvater oder einer anderen Vaterfigur, wie etwa dem Freund der Mutter, einem Onkel oder Freund der Familie.

Die An- oder Abwesenheit eines Vaters oder eines männlichen Vorbilds ist jedoch nicht der ausschlaggebende Faktor, der darüber entscheidet, wie ein Junge, der bei seiner Mutter bleibt, die Scheidung übersteht. Wichtiger ist, daß die Mutter ihre negativen Gefühle für ihren Ehemann nicht auf Männer im allgemeinen und ihren Sohn im speziellen überträgt. Wenn sie darüber hinaus auch noch lernt, das Reaktionsbarometer ihres Sohnes zu verstehen und darauf zu reagieren, dann kann sie ihrem Sohn helfen, die Scheidung zu überstehen – nicht ganz ohne Schmerz, aber ohne *unnötigen* Schmerz.

Roberta zum Beispiel heiratete Jeff, als beide kurz vor dem Collegeabschluß standen. Innerhalb von drei Jahren bekamen sie zwei Kinder, Ryan und Kim. Jeff nahm an der University of Massachusetts ein Studium auf, und Roberta arbeitete halbtags und kümmerte sich um die Kinder. Die Familienmitglieder sahen sich meistens nur am Wochenende. Als Jeff sein Examen machte, nahm er einen Job in der Nähe an, und Roberta ging wieder auf die Schule und absolvierte eine pädagogische Ausbildung. Ein paar Jahre nachdem auch sie ihren Abschluß gemacht hatte, bekam Jeff einen lukrativen und interessanten Job in Utah angeboten. Roberta wollte nicht umziehen, Jeff schon. Nach 7 Jahren Ehe hatten sie festgestellt, daß sich ihre Vorstellungen vom Leben auseinanderentwickelt hatten. Sie trennten sich in vernünftiger und freundschaftlicher Weise. Jeff lebte ein Jahr lang allein in Utah und besuchte die Familie nur zweimal. Nach einem weiteren Jahr beschlossen Jeff und Roberta, sich scheiden zu lassen. Ryan war 7, Kim 6 Jahre alt.

«Mir war klargeworden, daß ich die Verantwortung für die Erziehung meiner Kinder auf mich nehmen mußte», sagte Roberta. «Ich mußte mich dieser Aufgabe stellen – entweder zuversichtlich und liebevoll oder enttäuscht und verbittert. Wenn ich jetzt darüber nachdenke, hatte ich gar keine Wahl. Ich wollte das Beste für meine Kinder und für mich. Ich wußte, sie wären besser dran, wenn ich die Dinge positiv sah, und ich wußte, ich würde mich dabei selbst besser fühlen. Niemand lebt gerne mit einem ewigen Nörgler zusammen.»

Roberta nahm einen Job an, der es ihr erlaubte, nachmittags, wenn keine Schule war, zu Hause zu sein. Sie dämonisierte Jeff nicht, und obwohl er sie nie besuchte, ermutigte sie ihre Kinder, ihn anzurufen, wann immer sie es wollten. Hin und wieder ging sie aus, doch sie versuchte nicht mit aller Gewalt, Jeff durch einen anderen Mann zu ersetzen. Vor allem aber sprach sie mit ihren Kindern darüber, was sie so taten, und versuchte, mit Ryan Dinge zu unternehmen, die ihm besonders Spaß machten. «Als wir zum erstenmal zusammen zu einem Hockeyspiel gingen, brachte er mir den Song seiner Mannschaft bei, und glauben Sie mir, ich grölte mindestens so laut wie alle anderen im Stadion.»

Als Ryan 12 wurde, lud ihn Jeff nach Utah ein. «Meine erste Reaktion war, nein zu sagen», erinnerte sich Roberta. «Ich hatte Angst, daß es Ryan dort vielleicht besser gefallen könnte, daß er vielleicht irgendeine unglaubliche Verbindung zu seinem Vater aufbauen und ich ihn verlieren würde. Doch ich wußte, daß ich ihn gehen lassen mußte. Also sagte ich ihm, daß ich ihn sehr vermissen würde und hoffte, daß er viel Spaß haben würde.

Ryan hatte tatsächlich viel Spaß und unternahm alles mögliche mit seinem Vater, er ging zum Rodeo, zum Reiten und zum Wildwasserrafting. Aber es war wie Ferien. Er wußte, daß es nicht wie zu Hause war. Was wir hier haben, ist sehr stark. Und, das muß ich Jeff zugestehen, er buhlte nicht um Ryans Zuneigung. Sie bauten ein Verhältnis auf, was ich für gut halte, doch er versuchte nicht, Ryan gegen mich aufzubringen.

Wenn ich noch einmal von vorne beginnen könnte, würde ich nicht mehr so jung heiraten. Ich würde später Kinder bekommen und würde intensiver versuchen, die Ehe zu retten. Aber ich kann nicht noch mal von vorne anfangen. Und ich habe zwei wundervolle Kinder. Das ist schon viel.»

Der «verlorene Vater»

Die Rolle, die die Väter nach der Scheidung übernehmen, schwankt erheblich. Manche Väter verschwinden vollkommen. Manche, wie Jeff, sind weit weg und spielen nur eine untergeordnete Rolle im Leben ihres Sohnes. Wir können dennoch ein paar allgemeine Punkte hinsichtlich des relativen Status von Mutter und Vater nach einer Scheidung festhalten. Statistiken zeigen, daß Mütter finanziell nach der Scheidung oft schlechter dastehen, Väter hingegen eher unter Depressionen leiden. Das liegt daran, daß es in der Regel die Mütter sind, die ein soziales Netzwerk für die Familie schaffen, sie sind das emotionale Bindeglied nach draußen, und der Vater fühlt sich ohne das bekannte soziale Umfeld isoliert und allein. Dies kann dazu führen, daß der Vater niedergeschlagen und depressiv wird und infolgedessen auch weniger Interesse daran hat, seinen Sohn zu sehen. Er kommt seinen finanziellen Verpflichtungen nach, nicht aber seinen emotionalen – er wird ein «verlorener Vater», wie wir ihn in Kapitel 6 bereits kennengelernt haben. Der verlorene Vater ist ein Mann, der für seinen Sohn nur bei verabredeten Besuchen und durch seine monatlichen Überweisungen in Erscheinung tritt. Er stiehlt sich aus der Verantwortung, obwohl ihn die Trennung von seinem Sohn verwirrt und deprimiert.

Manchmal, vor allem in gutsituierten Familien, läßt sich der Sohn die fehlende Vaterliebe in barer Münze auszahlen. Der 16jährige Martin hatte seinen Vater früher bewundert, einen wohlhabenden Manager in einem internationalen Unternehmen. Als seine Eltern sich scheiden ließen, zog der Vater aus dem Vorort, in dem sie gewohnt hatten, in ein luxuriöses Penthouse mitten in der Stadt. Martins Mutter war gut versorgt, doch sein Vater, den die Scheidung völlig aus dem Gleis geworfen hatte, begann bald ein Verhältnis mit einer wesentlich jüngeren Frau, die er häufig auf seine Geschäftsreisen rund um die Welt mitnahm.

«Ich habe meinen Vater fast überhaupt nicht mehr gesehen», sagte Martin. «Er schrieb mir nie. Hin und wieder bekam ich eine Postkarte aus London oder Peking oder von sonstwoher. Ich erinnere mich, daß die Freundin meines Vaters auf eine geschrieben hatte: ‹Hallo, Schatz.› Dabei kannte ich sie kaum.»

Martins Vater kompensierte seine ständige Abwesenheit auf seine Weise. Er kaufte Martin ein Auto und schenkte ihm Karten für Rockkonzerte und Basketballspiele – immer für die besten Plätze. Jedes Wochenende war Martin mit einem hübschen Mädchen an seiner Seite zu irgendeinem Event unterwegs. Bei vielen Klassenkameraden galt er als der coolste Typ überhaupt. Er hatte eine Menge Geld. Er hatte ein eigenes Auto. Er konnte machen, was er wollte.

Nach und nach lernte Martin die Sprache des Geldes, die sein Vater ihm beigebracht hatte. «Zu meinem achtzehnten Geburtstag wünschte ich mir von meinem Vater eine Kreditkarte und bekam sie auch. Als erstes fuhr ich mit meiner Freundin nach St. Bart in Urlaub. Wir stiegen im besten Hotel am Platz ab. Wir hatten unglaublich viel Spaß. Ich habe ihm nichts davon erzählt. Doch als er die Kreditkartenabrechnung bekam, tobte er. Er rief mich an und schrie mich an. Ich schrie zurück. Ich sagte ihm, daß er es mir schuldig sei, daß er mir verdammt viel schuldig sei dafür, daß er meine Mutter verlassen und uns derart in die Scheiße geritten hatte.»

Viele Väter verschwinden einfach aus dem Leben ihrer Söhne, andere nicht. Manchmal ist es die Mutter, die die Verbindung aufrechterhält.

Louise' Ehe endete, ein paar Tage bevor ihr Sohn Will geboren wurde. Ihr Mann heiratete die Frau, mit der er ein Verhältnis gehabt hatte, und zog ans andere Ende des Landes. «Will großzuziehen bedeutete für mich, daß ich Männer in sein Leben bringen mußte. Ich wußte, daß ich ihm viel geben konnte, doch ich wußte auch, daß es Dinge gab, die er nur von einem Mann bekommen konnte», sagte Louise. Sie beschloß, daß Will ein positives Verhältnis zu seinem Vater aufbauen sollte. «Ich war wütend auf Max, wegen der Affäre und weil er mich mit einem Kind hatte sitzenlassen, aber das habe ich Will nie spüren lassen. Ich habe ihr Verhältnis von Anfang an gefördert. Ich muß immer noch seinen Vater anrufen und sagen: ‹Du hast Will seit drei Wochen nicht angerufen, meinst du, du kannst das eventuell nachholen?› Zum Besten meines Sohnes habe ich diese Beziehung über die Jahre hinweg aufgebaut und aufrechterhalten. Heute hat mein Sohn ein wunderbares Verhältnis zu seinem Vater und fühlt sich ihm sehr nahe trotz der großen Entfernung.»

Louise arrangierte für Will einen großen Bruder. «Als Will sieben war, tauchte Blair auf. Blair, der ein richtig guter Kerl war, blieb drei Jahre lang da. Das war großartig.» Dann fing Louise eine Beziehung mit einem Mann namens Gary an, der schließlich bei ihr und Will einzog. «Als Gary zu uns kam, mußte ich ihm erst einmal erklären, daß er als Erwachsener derjenige war, der auf das Kind zugehen mußte. Die ersten Wochen waren ein bißchen angespannt, doch seither funktioniert es prächtig. Es gibt keine Animositäten, und inzwischen würde Will bestimmte Dinge eher mit Gary besprechen als mit mir. Wissen Sie, bei Gary Erlaubnis für etwas einholen, was ich als Mutter nicht erlaubt habe. Und ich unterstütze das.»

Manchmal eignet sich der neue Partner nicht als «Ersatz». Manche Mütter gehen vielleicht auch zu forsch vor, wenn sie ihrem Sohn helfen wollen, eine Beziehung zu ihrem neuen Freund aufzunehmen. Auch wenn auf den ersten Freund bald ein anderer und dann wieder ein neuer folgt, fühlt sich der Junge ausgegrenzt und wird sich auf die Partner seiner Mutter nicht mehr einlassen wollen. Er wurde schon einmal von einem männlichen Rollenvorbild «verlassen». Eine Serie von Enttäuschungen im Umgang mit Männern kann sein bereits angeschlagenes Selbstbewußtsein noch weiter zerstören.

Manche Väter haben kein Interesse mehr an ihrem Sohn, sobald die Mutter eine neue Beziehung eingeht. Ein Vater verlor den Kontakt zu seinem Sohn, als die Mutter wieder heiratete. Er sagte: «Ihr neuer Ehemann ist ein netter Kerl. Er kommt sehr gut mit meinem Sohn zurecht. Ich glaube nicht, daß er mich jetzt noch braucht.» Selbst wenn ein Sohn mit seiner Mutter in stabile neue Familienverhältnisse kommt, mit einem Stiefvater, den er mag, heißt das noch nicht, daß er seinen Vater nicht mehr benötigt. Die einzige Botschaft, die ein nichtkommunikativer Vater aussendet, ist: «Du bist mir egal. Du bist nicht wichtig für mich.»

Doch nicht alle Väter entfernen sich nach der Scheidung von ihren Söhnen. Manche übernehmen sogar das alleinige Sorgerecht. Die Zahl der alleinerziehenden Väter steigt, obwohl der Prozentsatz noch immer verschwindend klein ist. Es gibt neue und kontrovers diskutierte Studien, die zu belegen versuchen, daß es Jungen, die bei ihren Vätern bleiben, bessergeht als solchen, die bei ihren Müttern leben. Ob das nun stimmt oder nicht – die Studie beweist in meinen Augen, wie wichtig es ist, daß der Vater sich nicht einfach aus dem Leben seines Sohnes stiehlt, weil er denkt, er würde nicht mehr gebraucht oder sei überflüssig. Der 14jährige Tony drückte es so aus: «Du hast nur eine Mama und nur einen Papa. Also willst du sie beide in deinem Leben haben.»

Eine Gesellschaft, die antiquierte Vorstellungen konserviert

So wie eine Gesellschaft von Jungen erwartet, daß sie sich in einer bestimmten Weise verhalten, so erwartet sie das auch von Familien. So häufig Scheidungen auch inzwischen sind und so politisch korrekt heute in Schulen und Gemeindeorganisationen darüber geredet wird, als «normal» gilt noch immer die intakte Zwei-Eltern-Familie. Ein Junge, der keinen Vater hat, gerät viel öfter in nachteilige oder einfach unangenehme Situationen, als ihm lieb ist. Der Elternabend in der Schule wird von seiner Mutter bestritten. Wenn er einen Mannschaftssport betreibt, hat er immer männliche Trainer – aber keinen Vater. Beim Pfadfindertreffen darf seine Mutter mitkommen, befindet sich dann aber in einer Minderheit. Wenn er zu einem Ausflug mit Freunden eingeladen wird, zu einem Ballspiel oder einer Campingtour, sind vielleicht vier Söhne dabei, aber nur drei Väter.

Selbst wenn Lehrer, Eltern, Freunde und Nachbarn außergewöhnlich sensibel auf die Situation des Jungen reagieren, bleibt die Tatsache bestehen: Der Junge hat keinen Vater – ihm fehlt etwas, das andere Jungen haben. Und sosehr sich seine Kumpels auch über ihre Väter beklagen mögen, weil sie ihnen Hausarrest oder Ähnliches aufgebrummt haben, der von seinem Vater getrennte Junge erkennt, daß es sich bei diesen Streitereien um vorübergehende Schwierigkeiten in einer ansonsten stabilen Beziehung handelt. Er will nicht anders sein als die anderen, aber es steht nicht in seiner Macht. Das führt natürlich dazu, daß der Junge Scham empfindet – er setzt die Maske auf und verbirgt das schmerzhafte Gefühl, zu einer anderen Art von Familie zu gehören.

In einer «Patchwork-Familie» einen sicheren Ort finden

Die intakte Zwei-Eltern-Familie mag der Gesellschaft noch immer als ideales Modell dienen, doch in der Realität gibt es immer weniger Familien, die diesem Stereotyp entsprechen. Scheidungskinder finden sich in allen Formen von gemischten oder wiedervereinigten Familien – den sogenannten Patchwork-Familien – wieder, und entsprechend vielfältig sind auch die Probleme, denen sie ausgesetzt sind. Wenn ein Elternteil wieder heiratet, findet sich der Junge möglicherweise in einer größeren Familie wieder, in der eine fremde erwachsene Person den Platz des fehlenden Elternteils einnimmt. Zusätzlich erhält er plötzlich lauter Stiefgeschwister, die ihm seinen Rang streitig machen. Wunschdenken und eine Vielzahl von Vorabendserien haben in unseren Köpfen das Klischee von der chaotischen, aber glücklichen Patchwork-Familie entstehen lassen, in der die Stiefeltern ihre neuen Sprößlinge mit unendlicher Liebe und Verständnis überschütten und eine familienähnliche Gruppe schaffen, die sogar noch lustiger, interessanter und liebevoller ist als die Familie mit einem Elternpaar. Natürlich ist dieser Fall äußerst selten.

Nachdem sie sich 6 Jahre lang allein um Sohn und Tochter gekümmert hatte, heiratete Barbara London einen Mann namens Arthur; er war selbst noch nie verheiratet gewesen und hatte keine Erfahrung mit Kindern. Cameron war 10, Willa 6 Jahre alt.

«Cameron fiel es sehr schwer, sich an den Stiefvater zu gewöhnen», sagte mir Barbara. «Meine Tochter schien ganz gut damit zurechtzukommen, doch Arthur und Cameron kommen immer noch nicht sehr gut miteinander klar.»

Cameron reagierte sich regelmäßig ab. «Wir bekamen Anrufe aus der Schule, und zu Hause wurde es immer verrückter. Als wir eines Abends beim Essen saßen, hatten wir kaum angefangen, als Cameron den Tisch verlassen wollte. Arthur sagte ihm, er dürfe noch nicht gehen. Cameron widersprach ihm und fing an, seinen Teller über den Tisch zu schubsen. Arthur wurde böse auf ihn, was Cameron noch wilder machte. Am Ende beschimpfte er Arthur und schleuderte ihm wirklich wüste Schimpfwörter entgegen. Arthur flippte aus. Er konnte nicht glauben, daß ihn ein Zehnjähriger so beschimpfte. Als nächstes schlug Cameron die Tür zu seinem Zimmer hinter sich zu, und Arthur war kurz davor, zu gehen und nie wiederzukommen.»

Barbara versuchte zwischen den beiden zu vermitteln. Sie versuchte Arthur zu erklären, wie Cameron sich fühlen mußte, wenn ein Fremder plötzlich Autorität über ihn ausüben wollte. Sie versuchte auch Cameron zu erklären, daß Arthur nie Kinder gehabt hatte und noch üben müßte, sich wie ein Stiefvater zu verhalten. «Keiner von beiden hatte die rechte Geduld mit mir», sagte Barbara.

Ich fragte sie, ob sie dachte, daß Camerons Verhalten mit seinem Alter oder seinem Geschlecht zusammenhinge.

Sie dachte kurz nach. «Ich denke, es liegt hauptsächlich daran, daß Cameron ein Junge ist. Er neigt dazu, wütend zu werden und sich abzureagieren. Willa wird traurig und bläst Trübsal. Wenn ich darüber nachdenke, wird mir klar, daß sie es auch schwer hat, aber für mich und Arthur ist es wesentlich einfacher, mit einem süßen sechsjährigen Mädchen zurechtzukommen, als mit einem wütenden, schreienden zehnjährigen Jungen. Willa erzählt mir von ihren Gefühlen. Sie zeigt auf den abgewetzten Elefanten, den ihr ihr Vater geschenkt hat, und sagt, daß sie ihren ‹echten› Vater vermißt. Wenn ich Cameron frage, was er fühlt, sagt er, daß er Arthur haßt.»

Viele Stiefeltern haben das Gefühl, immer das Falsche zu tun, egal, wieviel Mühe sie sich auch geben. Wenn sie für ihre Stiefkinder ein Kumpel sein wollen, werden sie von ihnen zurückgewiesen. Wenn sie den fehlenden Elternteil ersetzen wollen, entziehen sich die Kinder ihrem Versuch, Autorität über sie auszuüben. Wenn sie versuchen, die Stiefkinder zu ignorieren, werden sie irgendwann selbstverständlich merken, daß das gar nicht geht.

Jungen, die sich in ihrer neuen Patchwork-Familie unglücklich fühlen, sind zusätzlich noch mit der Schwierigkeit konfrontiert, daß sie ihr Heim nicht mehr als den Ort empfinden, an dem sie sie selbst sein dürfen. Wenn das passiert, suchen sie möglicherweise außerhalb der Familie einen sicheren Ort – bei Freunden, in einer Clique, bei einer Freundin oder bei schulischen Aktivitäten. Auch wenn es solch einem Jungen gelingt, an einem dieser Orte heimisch zu werden, verliert er doch oft die Verbindung zu seiner eigenen Familie.

Wie man einen Jungen davon abhält, die Maske aufzusetzen

Niemand würde behaupten, daß eine Scheidung eine positive Sache ist, auch wenn sie gewisse positive Ergebnisse mit sich bringt. Ein Elternteil, oder sogar beide, schafft vielleicht ein besseres, zufriedenstellenderes Leben außerhalb der Ehe. Kinder fühlen sich befreit von einem deprimierenden häuslichen Umfeld oder von körperlicher oder verbaler Gewalt. Doch die Scheidung selbst und der Prozeß, der damit zusammenhängt, ist alles andere als positiv. Scheidung bedeutet für Söhne wie für Töchter ein Risiko. Wir müssen lernen, die Warnsignale eines Jungen zu erkennen, der in Schwierigkeiten ist.

Bei einer Scheidung reagiert kein Junge wie der andere. Einer empfindet vielleicht große Wut auf einen oder beide Elternteile, ein anderer nicht. Einer ist während einer Scheidung vielleicht extrem deprimiert, ja selbstmordgefährdet, ein anderer nicht. Viele Jungen reagieren ihre Gefühle ab, werden wild und destruktiv. Andere Jungen verfallen in Schweigen. Es ist wichtig, nicht über die Gefühle des Jungen zu spekulieren. Die einzige Lösung ist es, das Verhalten Ihres Sohnes zu beobachten und Wege zu finden, mit ihm über die Scheidung und seine Gefühle zu sprechen. Den Jungen falsch zu interpretieren kann sich auf Ihr Verhältnis zu ihm ebenso negativ auswirken, wie ihn zu ignorieren.

Es gibt natürlich viele Verhaltensweisen, die anzeigen, daß ein Junge Schwierigkeiten mit seinen Gefühlen hat. Er hat vielleicht psychosomatische Symptome, verhält sich vielleicht über die Maßen verantwortlich oder fällt in seinen schulischen Leistungen ab. Vielleicht hat er Probleme, Freundschaften zu schließen und zu halten. Vielleicht stört er in der Klasse oder legt sich mit dem Lehrer an. So beunruhigend solche Verhaltensweisen für einen Elternteil auch sind, sie sind eine Möglichkeit, ins Gespräch zu kommen. Wenn ein Junge zum Beispiel nicht in die Schule gehen will, nutzen Sie den Zeitpunkt, um ihn zu fragen, was ihn bedrückt. Liegt es an der Klassenarbeit, wie er sagt, oder daran, daß er seinen Vater vermißt?

Erkennen, daß nichts bleibt, wie es war

Die Eltern von Stephen ließen sich scheiden, als er elf war. Seine Mutter begann darauf wieder, ganztags zu arbeiten. Sie war von Arbeit, Geldsorgen und dem emotionalen Aufruhr der Scheidung so gestreßt, daß Stephen beschloß mitzuhelfen. Scheinbar ungerührt von allem, tat er sein Bestes im Haushalt. Er half beim Kochen und Putzen und kümmerte sich um seinen 6jährigen Bruder. Er verschwieg seiner Mutter sogar Telefonanrufe, weil er hoffte, sie damit zu beschützen, wenn etwa die Kreditkartengesellschaft anrief und Zahlungen anmahnte. Als Stephen 16 wurde, hatte seine Mutter die finanzielle Krise überwunden, fühlte sich in ihrem Job wohler und war emotional stabiler. Nachdem sie ihm 5 Jahre erlaubt hatte, die Rolle des Vaters zu spielen, erwartete sie nun unbewußt, daß Stephen wieder ihr kleiner Junge sein sollte.

Eines Freitagabends beschloß Stephen auszugehen und fragte seine Mutter, ob er ihren Wagen haben könne. «Nicht, solange du dein Zimmer nicht aufgeräumt hast», sagte sie.

Stephen war beleidigt. «Ich räume mein Zimmer seit fünf Jahren selbständig auf und die Küche ebenfalls. Du mußt mir jetzt nicht auf einmal sagen, daß ich mich um die anderen Kinder kümmern, den Rasen mähen und einkaufen gehen soll, und du mußt mir auch nicht sagen, daß ich mein Zimmer aufräumen soll. Du kannst nicht auf einmal beschließen, wieder meine Mutter zu sein.» Er nahm die Autoschlüssel und rauschte aus dem Haus.

Seine Mutter weinte, weil ihr klar war, daß Stephen recht hatte. Sie hatte ihm während der Scheidung viel abverlangt. Und jetzt wollte sie, daß alles wieder «normal» sein sollte, aber dafür war es zu spät. Man darf als Elternteil *niemals* aufhören, einen Jungen während der Scheidung zu beobachten und ihm zuzuhören. Seine Gefühle sind im Augenblick der Scheidung ganz anders als 6 Monate später. Und wie bei Stephen werden sie sich auch Jahre danach noch weiter verändern – und das manchmal ziemlich unerwartet.

Sichere Orte und «Spielzeiten»

Wir sprachen über die Notwendigkeit, daß Jungen einen sicheren Ort brauchen, an dem sie ihre Maske und ihre geschlechtsspezifische Zwangsjacke ablegen und offen reden können. Für Scheidungskinder kann es sinnvoll sein, diese sicheren Orte zu formalisieren, indem man bestimmte Zeiten festlegt, in denen ein Elternteil immer zur Verfügung steht und in denen das Kind volle Aufmerksamkeit erwarten kann.

Nach der Scheidung seiner Eltern lernte Philips Vater Jack schnell eine neue Frau kennen. Während der Woche lebte Philip bei seiner Mutter Ariana. Die Wochenenden verbrachte er mit seinem Vater, dessen neuer Freundin Joyce und deren 5jähriger Tochter Charlotte.

«An Schultagen vermißte ich meinen Vater. Ich liebe meine Mutter und alles, aber sie macht nicht gern solche Sachen wie er, wie Nintendo spielen oder Baseball. Am Wochenende vermisse ich meine Mama. Papa wollte mit Joyce allein sein und sagte mir, ich soll rausgehen zum Spielen. Außerdem war Charlotte dauernd um mich herum und nervte mich.»

Philip litt jahrelang an leichtem Asthma. Nachdem er seinen Vater ein paar Monate lang in seinem neuen Heim besucht hatte, wurde das Asthma schlimmer. Er begann in der Schule zwei- bis dreimal die Woche so stark zu schnaufen, daß er ins Krankenzimmer gebracht werden mußte. «Zuerst dachte ich, Philips Asthma sei viel schlimmer geworden», erinnerte sich Ariana. «Ich wurde aus einer Besprechung geholt und eilte sofort zu ihm in die Schule. Als ich dort ankam, sah er überraschend gesund aus, und ich begriff, daß die Krankenschwester einfach nur alle Vorsichtsmaßnahmen hatte ergreifen wollen. Aber ich vermutete schon, daß hinter diesem Asthmaanfall noch etwas anderes steckte.»

Ariana suchte Unterstützung bei einer Eltern-Selbsthilfegruppe, und der Gruppenleiter schlug ihr vor, eine sogenannte «Spielzeit» einzuführen. Wie wir an anderer Stelle in diesem Buch schon gesehen haben, bedeutet Spielzeit, daß ein Elternteil regelmäßig für die Dauer eines fest vereinbarten Zeitraums genau das tut, was sich das Kind von ihm wünscht, solange diese Aktivität niemandem weh tut – und einen finanziellen Rahmen nicht übersteigt. Ariana und Philip legten zweimal in der Woche eine Stunde als Spielzeit fest.

«Zuerst wollte Philip, daß ich mit nach draußen komme, um Baseball mit ihm zu spielen oder ihm zuzuschauen, wie er radfährt – etwas, wozu ich oft keine Lust mehr hatte nach einem langen Arbeitstag», sagte mir Ariana. «Aber ich habe es getan, denn ich mußte ihm beweisen, daß ich tatsächlich gewillt war, nach seinen Regeln zu spielen.»

Nach ein paar Wochen erfand Philip eine neue Aktivität – ein Spiel, in dem er einen Asthmaanfall simulierte. «Ich sollte ihn dann nehmen, mit ihm ins Krankenhaus fahren und dann den besorgten Doktor spielen, der ihn mit Zaubermedizin wieder heilt.» Nach und nach begriff Ariana, was Philip mit diesem Spiel und auch mit seinen Asthmaanfällen in der Schule erreichen wollte: Er wollte die beruhigende Gewißheit, daß Ariana immer für ihn da war, wenn er sie brauchte. «Ziemlich bald begann ich meine Rolle auszubauen. Ich tat entsetzt, weil er so krank war, und erzählte ihm, wie sehr ich ihn liebte. Ich versprach, daß ich immer für ihn da sei, wann immer er mich brauchen würde. Ich tat sogar so, als hätte ich einen Beeper dabei, damit er immer mit mir Kontakt aufnehmen könne, auch wenn er am Wochenende bei seinem Vater war.»

Philip reagierte so positiv auf die Geschichte mit dem Beeper, daß sie beschloß, sich wirklich einen zuzulegen. Die Spielzeit und das Asthmaspiel funktionierten. Philips Besuche bei der Krankenschwester der Schule wurden seltener und hörten dann ganz auf. «Ich muß nicht mehr schnaufen», erklärte Philip. «Es geht mir viel besser jetzt.» Ich fragte ihn, warum seiner Meinung nach das Asthma besser geworden sei, und er antwortete: «Ich denke, ich habe mich nicht gut gefühlt, als mein Papa mit Joyce zusammenzog.»

Philip und Ariana behielten ihre Spielzeit einmal die Woche bei. «Er wollte dann andere Dinge tun», berichtete Ariana lächelnd. «Zum Beispiel sollte ich meinen Hals riskieren und mit ihm Rollerblades fahren.»

Während dieser Spielzeiten wird nicht immer über die Scheidung oder über Philips Gefühle gesprochen. Manchmal verbringen Mutter und Sohn einfach nur Zeit zusammen und tun «irgend etwas». Es ist nicht notwendig, dem Jungen ein Gespräch aufzuzwingen oder ihn «zum Reden zu bringen» – jede Mutter weiß, daß zu viele und zu direkte Fragen am schnellsten dazu führen, daß ein Junge gar nichts mehr sagt. Aber diese besonderen Zeiträume garantieren dem Jungen, daß er ein offenes Ohr findet, *wenn er reden will.* Oft ist dies ebenso wichtig für einen Jungen wie ein tatsächliches Gespräch.

Beruhigen, aber nicht heucheln

Wenn ein Junge anfängt, über seine Gefühle bei einer Scheidung zu reden, können dabei alle möglichen Arten von Bemerkungen, Wahrnehmungen, Ideen und Sorgen herauskommen. Manche davon mögen Ihnen absurd oder einfach falsch vorkommen. Es hilft aber nichts, seine Vorstellungen zu «korrigieren» oder seine Gefühle in irgendeiner Form zu beurteilen, etwa mit Kommentaren wie: «Wie kannst du so etwas nur denken?» oder «Das ist ja verrückt!» oder «So darfst du nicht fühlen.»

Das wichtigste ist, daß Sie Ihrem Sohn versichern, daß Sie für ihn da sind und ihn lieben. Gleichzeitig hilft es aber nicht, die Dinge schöner zu machen, als sie in Wirklichkeit sind. Wenn Sie wissen, daß der Partner wegzieht oder wieder heiratet, verschweigen Sie es nicht. Wenn Ihr Sohn eine teure neue Stereoanlage möchte, sagen Sie nicht: «Wir werden sehen» oder «Das brauchst du doch nicht.» Sagen Sie ihm, wann es vielleicht wieder möglich ist, die Anlage anzuschaffen. Oder schlagen Sie ihm vor, wie er sie auf andere Weise bekommen kann, indem er zum Beispiel selbst Geld dafür verdient oder eine gebrauchte kauft. Ihr Sohn muß sein Vertrauen in Sie zurückgewinnen, und dabei helfen Sie ihm am besten, wenn Sie offen und ehrlich zu ihm sind.

Versuchen Sie auch, Ihren Streß nicht bei ihm abzuladen. Mit ihm Sorgen und Nöte zu teilen wird ihn ermutigen, dasselbe zu tun, doch wenn Sie ihm gestehen, daß Sie sich hilflos fühlen, behält er seine Sorgen vielleicht in Zukunft für sich. Sie sollten ehrlich zu ihm sein, ja, aber Sie sollten ihn nicht in die Rolle Ihres Beraters oder Therapeuten drängen. Es ist keine angemessene Rolle für ihn, er wird sich darin unwohl fühlen. Möglicherweise hemmt es ihn auch, seine eigenen Gedanken zum Ausdruck zu bringen und seine eigenen Wunden zu heilen.

Es ist besser, wenn beide Elternteile präsent bleiben

Die Beziehung zwischen geschiedenen Eheleuten ist oft geprägt von Wut, gegenseitiger Schuldzuweisung und Traurigkeit, doch viele Studien zeigen, daß es Jungen wesentlich besser geht, wenn beide Elternteile in ihrem Leben präsent bleiben. Kinder, die unter der Aufsicht beider Eltern stehen, kommen wirtschaftlich und emotional sehr viel besser zurecht als Kinder, die einen Elternteil gänzlich einbüßen – es sei denn, das Verhältnis zwischen Mutter und Vater ist so gestört, daß eine normale Kommunikation nicht mehr möglich ist und jede Begegnung neues Leid verursacht.

Für einen Jungen ist es wichtig, zu spüren, daß seine Eltern sich nicht gegenseitig hassen, und wichtig, zu wissen, daß er sich nicht für eine Seite entscheiden muß. Also, selbst wenn Sie überhaupt nichts mehr mit Ihrem Ex-Partner zu tun haben wollen, sollten Sie Ihre Vorbehalte überwinden und Ihrem Sohn dabei behilflich sein, die Beziehung aufrechtzuerhalten. Er gewinnt dann den Eindruck, daß seine Eltern seine Gefühle mittragen. Wenn beide Seiten darauf verzichten, den jeweils anderen Partner zum Buhmann zu machen, können sie ihrem Sohn helfen, die Scheidung zu akzeptieren.

Bei all den Veränderungen, die ein Junge nach der Scheidung erlebt – einen Elternteil selten oder gar nicht mehr zu sehen, vielleicht ein neues Zuhause zu bekommen, plötzlich ein Kind aus einer «zerrütteten» Familie zu sein –, ist es sehr wichtig, daß beide Elternteile sich um ihn kümmern. Wenn Ihr Sohn sich abwechselnd bei beiden Elternteilen aufhält, sollten Sie gemeinsam verbindliche Regeln aufstellen. Akzeptieren Sie negative Verhaltensweisen nicht einfach im Hinblick auf die Scheidung. Wenn er sich plötzlich abreagieren will, versuchen Sie ihm begreiflich zu machen, warum er das tut, und helfen Sie ihm, zu verstehen, welche Verhaltensweisen unpassend sind. Wenn er gut mit der Situation klarkommt, sagen Sie es ihm. Lassen Sie ihn wissen, daß Sie wissen, wie schwer er es hat, und daß Sie es respektieren, wie er mit seinen Sorgen und Nöten umgeht.

Manchmal ändern sich die Verantwortlichkeiten in einem Haushalt nach einer Scheidung, vor allem wenn eine Mutter wieder arbeiten geht oder Eltern wieder ein aktiveres soziales Leben beginnen. Im Haushalt zu helfen – etwa auf kleinere Kinder aufzupassen, zu putzen oder kleine Reparaturen zu erledigen – kann einem Jungen das Gefühl vermitteln, daß er etwas zum Familienleben beiträgt, und helfen, die Übergangszeit nach der Scheidung so gut wie möglich zu gestalten. Beziehen Sie Ihren Sohn mit ein, wenn es um die Auswahl eines neuen Wohnortes geht oder um die Regelung der Besuchszeiten. Das wird ihm das Gefühl geben, in dieser Zeit voller Veränderungen nicht ganz machtlos zu sein. Achten Sie aber unbedingt darauf, daß Sie ihn dabei nicht in die Rolle des «kleinen Hausherrn» drängen. Fragen Sie ihn nicht um Rat, wenn es um Entscheidungen geht, für die er noch nicht reif genug ist, etwa Ihre berufliche Laufbahn. Überfordern Sie ihn auch nicht mit zuviel Verantwortung, indem Sie ihn etwa jeden Abend auf jüngere Kinder aufpassen lassen, wenn Sie nicht zu Hause sind. Überlassen Sie ihm die Entscheidungen, die er treffen kann, und übernehmen Sie diejenigen, die das Urteilsvermögen eines Erwachsenen erfordern.

Gleichaltrige können eine Hilfe sein

Studien zeigen, daß Jungen aus Scheidungsfamilien mehr Zeit mit Gleichaltrigen verbringen als Jungen aus intakten Familien. Dies kann sich positiv oder negativ auswirken auf die Fähigkeit des Jungen, die Scheidung zu verarbeiten, je nachdem, wer diese Gleichaltrigen sind, wie sie der Scheidung gegenüberstehen und was sie gemeinsam unternehmen. Wenn ein Junge mit anderen Kindern zusammenkommt, die ihn wirklich mögen und bereit sind, ihm zuzuhören, und die ihn nicht verurteilen, kann diese Gruppe viel von der Liebe und Verbindung ersetzen, die er zu Hause verloren hat. Das Bedürfnis eines Jungen, mit Gleichaltrigen zusammenzusein und von ihnen akzeptiert zu werden, kann aber auch dazu führen, daß er sich einer Gruppe von Kindern anschließt, die ähnlich wie er Wut empfinden. Die Forschung hat gezeigt, daß solche Jungen – in extremen Fällen – in Banden und Sekten landen können.

Die Verantwortung der Eltern besteht darin, aufmerksam zu verfolgen, wer die Freunde ihres Jungen sind, was sie zusammen tun, wo sie es tun, und räumliche und zeitliche Grenzen zu setzen. Wenn Eltern in das Leben ihres Jungen im positiven Sinne Einblick haben, sinkt die Wahrscheinlichkeit, daß er die Schule schmeißt, sich einer Bande anschließt, kriminell wird, zu früh sexuell aktiv wird oder Drogen nimmt.

Familien in Übergangsphasen wie zum Beispiel nach einer Scheidung haben eher «Erziehungsprobleme» und kommen mit dem schlechten Benehmen ihrer Kinder weniger gut zurecht. Eine Studie über Familien, die sich in derartigen Situationen befanden, zeigt allerdings, daß Eltern das Verhalten ihres Sohnes wesentlich besser beeinflussen konnten, wenn sie sich mehr für sein Leben interessierten und ihm mehr Aufmerksamkeit zuteil werden ließen als vor der Scheidung.

Scheidungskinder und Lehrer

Die Schule ist oft die Arena, in der Scheidungsjungen ihre Gefühle abreagieren. Die Lehrer tragen dabei oft die Hauptlast. Ich glaube, daß Lehrer Jungen in solch schwierigen Zeiten enorm helfen können. Ein paar Gedanken dazu:

- Lehrer sollten sich der Tatsache bewußt sein, daß Kinder in Scheidungssituationen sich in Verhalten, Einstellung und Auftreten verändern können, sollten aber nicht *erwarten*, daß ein Kind bestimmte Probleme nach außen trägt.
- Lehrer sollten bei bestimmten Situationen in der Schule beson-ders aufmerksam sein (etwa bei Muttertagsprojekten oder Diskussionen über die Familie) und Bemerkungen vermeiden, die dem Kind das Gefühl vermitteln, sich schämen zu müssen oder ein Stigma zu tragen.
- Lehrer sollten Ausbrüche nicht persönlich nehmen, da Jungen in der Schule oft reagieren, ohne daß das eigentliche Problem gerade sichtbar wird.
- Lehrer und Eltern sollten zusammenarbeiten, um zu verstehen, wie sich die Scheidung auf das Verhalten des Jungen in der Schule und auf dem Pausenhof auswirkt.
- Lehrer müssen das Kind vielleicht mehr unterstützen als sonst und sollten echtes Interesse an seinem Befinden zum Ausdruck bringen, sooft es möglich und passend ist.
- Lehrer sollten wissen, wer das Sorgerecht hat und welche Rolle der andere Partner spielt.
- Lehrer sollten sich im klaren darüber sein, daß es in Familien, in denen der Vater fehlt, zu einer Senkung des Lebensstandards kommen kann, so daß ein Kind vielleicht nicht mehr an Klassenfahrten oder auch Nachhilfestunden teilnehmen kann.

Eine Extranotiz für Lehrer: Das Verhalten von Jungen ist ein Seismograph

Lehrer sollten Veränderungen im Verhalten von Jungen gegenüber besonders sensibel sein, auch wenn die Familie intakt ist und keine Scheidungssituation vorliegt. Wenn sich ein Junge danebenbenimmt, versagt oder auf eine untypische Weise aufbegehrt, könnte der Grund vielleicht ein Problem zu Hause sein. Die Schwierigkeiten, die der Junge in der Schule hat, können ein Hinweis auf ernsthafte Probleme zu Hause sein, etwa eine drohende Scheidung.

Ein einfaches Gespräch mit den Eltern muß nicht unbedingt erhellend sein, da Eltern ungern ihr Privatleben in der Öffentlichkeit ausbreiten und es auch nicht gerne sehen, wenn andere zwischen ihren Problemen und dem Verhalten ihres Sohnes einen Zusammenhang herstellen wollen. Das Benehmen des Jungen aber reagiert wie ein Seismograph auf anstehende Erschütterungen und sagt etwas aus über den Zustand der Familie.

Scheidung überleben: Eine Fibel für Jungen

Es gibt ein wunderschönes jüdisches Märchen, nach dem alle Menschen ursprünglich aus einer männlichen und einer weiblichen Hälfte bestehen. Erst bei der Geburt, wenn wir vom Himmel zur Erde gesandt werden, werden wir getrennt. In der Jugend suchen wir nach unserem Seelenverwandten, und wenn wir dann im heiratsfähigen Alter sind, fügt Gott die geteilten Seelen wieder zusammen, sorgt dafür, daß sie sich ineinander verlieben, und verbindet sie durch die Heirat für das ganze Leben. Es ist eine schöne Geschichte, die allerdings erheblich von der Realität vieler moderner Ehen abweicht.

Für uns und unsere Kinder gehören Scheidungen zum Alltag. Mit einer Scheidung zu leben bringt jedoch eine ganze Reihe von schmerzlichen Problemen mit sich, die zu bewältigen alles andere als alltäglich ist. Für Jungen bedeutet sie eine weitere verfrühte und schmerzvolle Trennung – ein drittes Trauma. Durch die Wirkungsmacht der gesellschaftlichen Konventionen bereits von früh an dazu gezwungen, seine Sehnsucht nach Nähe zu verleugnen und seine wahren Gefühle zu verbergen, ist nun auch die Unversehrtheit seiner häuslichen Umgebung – also sein einzig verbliebener emotionaler Hafen – durch die Trennung der Eltern bedroht. Wenn dies zu einem

Zeitpunkt geschieht, an dem der Junge ohnehin mit seinem Abnabelungsprozeß als Heranwachsender zu kämpfen hat – zu einer Zeit also, da er die Führung und Anteilnahme eines Erwachsenen vermutlich am nötigsten hat –, kann die Scheidung der Eltern dazu führen, daß er nicht mehr weiß, wer er eigentlich ist, wem er vertrauen kann und ob es für ihn irgendwo noch dauerhafte Beziehungen und Liebe gibt.

Die Aussagen der Jungen und Teenager, die mit Scheidung zu kämpfen hatten – ebenso wie die erschütternden Statistiken, die Aufschluß darüber geben, wie dramatisch sich eine Scheidung auf das Selbstwertgefühl, das Temperament und die schulischen Leistungen eines Jungen auswirken kann –, zeugen von der Macht dieses Traumas. Dennoch sollten wir uns weder zu moralisierenden Schuldzuweisungen noch zu herzlosen Vorwürfen hinreißen lassen. Obwohl bestimmt viele Paare allzuschnell mit Heirat und Scheidung bei der Hand sind, versuchen doch viele ihr Bestes, um die Ehe aufrechtzuerhalten. Manche entdecken, daß sie trotz der intensivsten und ehrlichsten Versuche, die Ehe zu retten, doch am besten allein zurechtkommen.

Und obwohl das Trauma einer Scheidung vor allem den Jungen hart trifft – weil es unerwartet kommt, weil es schmerzvoll ist und weil der alte männliche Verhaltenskodex ihn daran hindert, die emotionale Unterstützung einzufordern, die er eigentlich benötigt –, glaube ich, daß man es nicht nur pessimistisch betrachten sollte. Jungen können Scheidungen überstehen und tun es auch. In Wirklichkeit kommt es sogar vor, daß Jungen – zum größten Erstaunen der Psychologen – ziemlich gut damit zurechtkommen, viel besser, als wir uns je hätten vorstellen können. Es ist von extremer Wichtigkeit, zu erfahren, wie es dazu kommt.

Als erstes müssen Eltern, wie dieses Buch gezeigt hat, sensibel sein für Trauer und Verzweiflung ihres Sohnes, die er oft hinter einer Maske verbirgt. Wir müssen immer mißtrauisch sein, wenn ein Junge seiner aufgewühlten Mutter oder seinem weinenden Vater sagt: «Macht euch keine Sorgen, mir geht's gut.» Machen Sie sich klar, daß wahrscheinlich nichts der Wahrheit ferner liegen kann.

Versuchen Sie, seine Wut in bestimmten Grenzen zu tolerieren und zu nutzen, denn Ärger ist oft die erste und vertrauteste Art eines Jungen, seine Gefühle auszudrücken. Zeigen Sie ihm, daß Sie sein

Bedürfnis, sich zurückzuziehen und zu schweigen, akzeptieren, indem Sie sich nicht Ihrerseits zurückziehen. Bedrängen Sie ihn nicht, aber stehen Sie bereit, um mit Geduld und Liebe zu reagieren.

Zweitens sollten Sie Ihrem Sohn klarmachen, daß die Scheidung – obwohl die Dinge nicht mehr so sein werden wie zuvor – nur zwischen den Eltern (und für sie) stattfindet und für ihn keine Trennung nach sich zieht. Versuchen Sie die Auseinandersetzungen, die Sie selbst und Ihren Partner betreffen, von dem Jungen fernzuhalten, und zwar sowohl während als auch nach der Scheidung.

Drittens: Scheuen Sie sich nicht, andere geliebte Erwachsene um Hilfe zu bitten. Unabhängigkeit ist ein normaler Bestandteil unserer menschlichen Natur. Wenn Sie neue Freundschaften oder Beziehungen mit anderen Erwachsenen eingehen, vermitteln Sie Ihrem Sohn diese lebenswichtige Botschaft. Anders ausgedrückt: Sie schaffen nicht nur für sich selbst neue soziale Kontakte und Unterstützung, sondern geben auch Ihrem Sohn zu verstehen, daß dasselbe für ihn möglich ist.

Viertens: Geben Sie Ihrem Sohn zu verstehen, daß es in Ordnung ist, wenn er Angst hat – daß seine Mutter sich vielleicht auch Gedanken darüber macht, wie es ist, einen Sohn ohne Vater großzuziehen, und daß der Vater ebenfalls Angst davor hat, einsam zu sein, wenn die Verbindung zu seinem Sohn schwächer wird oder ganz abbricht. Seien Sie ehrlich, und bringen Sie all das zur Sprache – natürlich innerhalb vernünftiger Grenzen und auf eine Weise, die dem Alter Ihres Sohnes angemessen ist –, so daß Ihr Sohn versteht, daß dieser Schmerz normal ist, daß Sie nicht erwarten oder wollen, daß er seine Gefühle verbirgt oder sich von Ihnen abwendet, daß er nicht allein ist.

Dieses klingt vielleicht unlogisch, aber es ist immens wichtig: Die Beziehung beider Elternteile zu ihrem Sohn darf während des ganzen Scheidungsprozesses nicht abbrechen – es ist eine Verbindung, die keine gesetzliche Maßnahme zerstören kann. Auch in Ihren schwersten Stunden, wenn Sie niedergeschlagen, verwirrt und verzweifelt sind, geben Sie Ihr Bestes, um beschämende Schuldzuweisungen zu vermeiden. Ihr Junge sehnt sich nach Ihrer Liebe und Bestätigung. Indem Sie ihn möglichst unbeschadet durch diese Phase erheblicher Veränderungen führen, mindern Sie auch Ihre eigenen Gefühle von Verlorenheit und Hilflosigkeit.

Konzentrieren Sie sich auf eine Zukunft, in der Sie Ihrem Jungen wieder einen sicheren Ort bieten können, an dem er all seine aufgestauten – negativen und positiven – Gefühle zum Ausdruck bringen kann. Folgen Sie der Stimme Ihres Herzens, und bleiben Sie während des gesamten Prozesses mit Ihrem Sohn verbunden, denn wie auch immer die Scheidung ausgehen mag – beide Elternteile können durch die Macht der hingebungsvollen Liebe eine lebenslang gesunde und erfüllende Beziehung zu ihrem Sohn aufrechterhalten.

Teil 4

Mit unseren Söhnen verbunden bleiben

Epilog

Ein Verhaltenskodex für richtige Jungen: Überkommene Verhaltensweisen durch neue ersetzen

Nichts ist herzerfrischender, als einem Jungen zuzuhören, der berichtet, wie er sich gegen den männlichen Verhaltenskodex erfolgreich zur Wehr setzte. In den wenigsten Fällen war sein Widerstand geplant, meist sogar vollzog sich seine Auflehnung unbewußt, von ihm selbst fast nicht bemerkt. Es scheint, daß diese Jungen einem spontanen Impuls folgen, wenn sie eines Tages sagen «Ich mußte einfach das Richtige tun» oder «Ich mußte nur ich selbst sein». Doch dieser Moment des Aufbegehrens ist ein bewegender Augenblick, denn in diesem Moment entdeckt der Junge – allen rigiden geschlechtsspezifischen Beschränkungen der Gesellschaft zum Trotz – eine neue, eine seit langem unterdrückte Stimme in seinem Inneren.

Ein Junge, der so etwas sagt, der sich in dieser Weise durchsetzt, vollbringt eine heldenhafte Tat, denn er steht dafür ein, daß sich unsere Gesellschaft endlich von den antiquierten Vorstellungen trennt, die Jungen und Männer von sich selbst und ihren Gefühlen abspalten. Vielleicht weist er damit den Weg zu einer weniger repressiven Erwartungshaltung, zu einem neuen männlichen Verhaltenskodex, der das respektiert, was Jungen und Männer heute wirklich sind – dessen Regeln auf Ehrlichkeit und nicht auf Angst basieren, der Kommunikation statt Unterdrückung fordert und der auf die Macht von Beziehungen vertraut, anstatt die Trennung zu propagieren.

Chris, den ich vor kurzem kennenlernte, ist ein solcher heldenhafter Junge: Als Chris Jackson mit seiner Größe von über 1,80 m, seinem roten Haarschopf und aufmerksam blickenden grün-braunen Augen das erste Mal vor mir stand, machte er für seine 17 Jahre einen sehr selbstbewußten Eindruck auf mich. Obwohl er zu Beginn des Gesprächs ein wenig scheu und zurückhaltend wirkte, war ich beeindruckt von seiner Offenheit und ungezwungenen Art. Chris war, wie man mir erzählt hatte, ein Topathlet an seiner Schule, ein guter Schüler und einer der am meisten respektierten Schülersprecher. Wir unterhielten uns über alles mögliche, doch Chris schien vor allem daran interessiert zu sein, über seine Freunde zu sprechen und über das Auf und Ab seiner Beziehungen zu ihnen.

«Ich habe ein paar gute Freunde», erklärte er mit einem stolzen Lächeln. «Ich hatte nie irgendwelche größeren Probleme mit ihnen.»

«Keine Konflikte?» fragte ich.

«Na ja», gab er zu, «jetzt, wo Sie es sagen – es gab eine Szene mit Dan, die wie ein ganz normaler Krach anfing, mich aber richtig fertigmachte.»

Chris erzählte mir, daß er und Dan Norton schon seit Kindergartenzeiten Freunde waren, daß sie in der gleichen Arbeitervorstadt von Chicago aufgewachsen waren. Sie waren beide Kapitän derselben Fußballmannschaft gewesen, und inzwischen spielten sie zusammen im Footballteam der High-School. «Wir waren eine ganze Zeitlang eng zusammen», berichtete Chris. «Wir haben auch viel zusammen durchgemacht. Dans Eltern haben sich scheiden lassen, und meine Mutter hatte Brustkrebs, jetzt geht es ihr aber wieder gut.»

«Hört sich an wie eine ziemlich wichtige Freundschaft», bemerkte ich.

«Ja, wir verbrachten viel Freizeit zusammen», fuhr Chris fort, «und ja, wir waren gute Freunde, sogar sehr gute Freunde.»

Chris schien entspannt zu sein, wenn er über seine Gefühle sprach; er fühlte sich offenbar wohl dabei, mir möglichst ausführlich zu erzählen, wieviel ihm Dan bedeutet hatte. Doch anscheinend hatte sich in letzter Zeit die Situation der beiden Sandkastenfreunde verändert.

«Ich glaube, ich sollte sagen, wir *waren* gute Freunde. Ich mochte den Kerl echt gern, bis er ein Problem hatte, das mir wirklich auf die Nerven ging.»

«Und was war das?» fragte ich Chris.

«Nun», begann er, «Dan kam immer zu spät und ließ mich warten, zum Beispiel wenn wir uns morgens trafen, um zusammen zur

Bushaltestelle zu gehen. Ich habe eine Weile gebraucht, bis ich etwas zu ihm sagte deswegen – wissen Sie, ich mußte die Sache erst einmal mit mir selbst abklären.»

«Du hast ihn also darauf angesprochen?» fragte ich.

«Ja. Und er hat richtig gemein reagiert. Er sagte solche schrecklichen Sachen wie ‹Was glaubst du eigentlich, wer du bist?› und Ähnliches. Ich wollte nicht direkt darauf reagieren, also ging ich weg und versuchte darüber nachzudenken – um mich abzuregen.»

Doch Chris stellte fest, daß er um so wütender wurde, je mehr er über die Sache nachdachte. «Ich konnte nicht aufhören, daran zu denken, und irgendwann dämmerte mir warum. Es war nicht nur das, was er mir antat. Wissen Sie, er hatte auch angefangen, den Jüngeren böse Streiche zu spielen. An der High-School versteckte er zum Beispiel dauernd das Zeug von den Erstsemestern – manchmal rempelte er sie auch an. Er tat nie etwas richtig Schlimmes, aber irgendwie hat er die Jüngeren immer terrorisiert.»

«Was hast du dagegen getan?»

«Ich habe ihm gesagt, daß er ein Idiot ist und daß er zu weit geht. Diese Kids verdienen es nicht, daß man sie anrempelt oder Späße auf ihre Kosten treibt. Wissen Sie, ich fragte ihn, wie er sich fühlen würde, wenn einer von den Älteren ihm das Leben so schwer machen würde.»

«Und wie hat Dan reagiert?»

«Na ja, er sagte so was wie: ‹Na komm schon, Chris. Was ist in dich gefahren? Bist du jetzt ein Waschlappen geworden oder was? Weißt du nicht mehr, wie uns die Älteren behandelt haben, als wir von der Junior-High-School kamen? Das gehört dazu, wenn man ein Kerl ist.›» Chris erinnerte sich tatsächlich noch an vieles, auch an Keilereien, die – obwohl sie körperlich nie gefährlich waren – bei ihm immer ein Gefühl der Scham hinterlassen hatten. Er erinnerte sich auch daran, wie ihn ein Kind aufgezogen hatte, nachdem man seiner Mutter eine Brust abgenommen hatte.

«Hört sich an, als würde es auf eurer High-School ziemlich hart zugehen», bemerkte ich.

«Ja. Damals hat mir mein älterer Bruder geraten, ich soll einfach hart bleiben und sie ignorieren, dann würden sie mich schon in Ruhe lassen.»

«Und? Hat es funktioniert?»

«Na ja – ja und nein. Ich meine, ja, die anderen ließen mich in Ruhe. Aber, wissen Sie, es ist idiotisch, wenn man immer den harten Typen spielen muß. Es ist, als ob man eine innere Wunde hätte, so wie wenn man einen Herzinfarkt oder so was bekommt. Du fühlst dich furchtbar, wie ein bescheuerter Verlierer. Nachdem ich jetzt auf der anderen Seite stehe und weiß, was diese Kids durchmachen müssen, glaube ich einfach, daß es das nicht wert ist. Wenn ich dann Dan sehe, wie er die Jungs anpöbelt, geht mir der Hut hoch. Ich hab ihm gesagt: ‹Warum hörst du nicht auf damit – das macht die Kids doch nur fertig, so wie uns damals. Es ist einfach nicht richtig.›»

«Und was sagte Dan dazu?» fragte ich.

«Na ja, Dan und ich waren noch eine Weile nett zueinander, obwohl es mir schon viel ausmachte, wie er die anderen Kids behandelte – wie ein Tyrann, wirklich. Aber dann kam Allison in die Stadt.»

«Allison?»

«Ja. Das war ein tolles Mädchen, ziemlich flippig, künstlerisch begabt und ziemlich gescheit. In Englisch zum Beispiel hatte sie immer eine Antwort auf diese komplizierten Fragen, die der Lehrer stellte. Ich mochte sie von Anfang an.»

«War sie eine Freundin von dir?»

«Na ja, sie war nicht meine Freundin oder so, ich meine, sie war nur ein Freund, mehr wie eine Schwester. Wir verbrachten bald ziemlich viel Zeit miteinander. Leider fanden die anderen das nicht sonderlich cool.»

«Warum nicht?»

«Als erstes war sie neu, und die Jungs waren nicht sicher, ob sie sie mochten oder nicht. Außerdem war sie ‹anders› – ihre Klamotten, die Musik, die sie hörte, und ihr Stottern. Wissen Sie, als Allie noch klein war, war sie richtig schüchtern und stotterte immer, wenn sie vor der Klasse sprechen mußte. Sie hat mir erzählt, daß sie so gesprochen hat: ‹Da ... dada ... das stimmt.› Ihre Eltern haben dann etwas unternommen, sie hat, glaube ich, eine Sprechtherapie gemacht und hat es damit fast losbekommen. Aber wenn sie richtig nervös ist, kommt es sogar heute manchmal noch zurück. Und als das an der High-School mit den anderen Jungs anfing – da hatte sie ein paar üble Tage und stotterte viel.»

«Dan war also auch nicht so begeistert von Allison?» fragte ich.

«Aus irgendeinem Grund», erklärte Chris, «haßte er sie geradezu, und ich wußte, daß er hinter ihrem Rücken über sie hetzte. Und dann einmal in Mathe versuchte sie, eine Frage zu beantworten, und fing wieder an zu stottern. ‹Der Ger ... der Ger ...› Irgendwann merkte es der Lehrer und wechselte das Thema. Aber aus den hinteren Bankreihen hörte ich dieses Pferdelachen, und das kenne ich. Es ist Dans Lachen. Ich wollte irgend etwas tun in diesem Moment. Aber ich wußte, daß Allie ihren eigenen Kampf kämpfen wollte, und ich respektierte das – also blieb ich ruhig. Ich wollte nicht, daß sie sich noch übler fühlte, als es wahrscheinlich eh schon der Fall war.»

«Gut», bemerkte ich.

«Doch nach der Stunde», fuhr Chris fort, «wurde es schlimmer. Nachdem der Lehrer weg war, umstellten Dan und ein paar Jungs Allie und wiederholten dauernd: ‹GERR ... GERR ... Was ist los, Allie, hat die Katze deine Zunge gefressen?›»

«Haben alle dabei mitgemacht?»

«Ein paar von den anderen Jungs kicherten, aber die meisten schienen ziemlich sauer zu sein und verschwanden. Es ist komisch, die meisten Mädchen und Jungs gingen einfach, da waren nur noch Dan und ein paar andere, die sie aufzogen. Allie begann sich zu verteidigen, doch sie konnte nicht aufhören zu stottern. Sie begann zu weinen und rannte weg, während Dan die ganze Zeit lachte. Es war ziemlich furchtbar.»

«Was hast du dann getan?»

«Ich konnte es nicht mehr ertragen. Ich ging auf Dan zu und sagte: ‹Dan, hör mit dem Scheiß auf! Ich hab dir schon mal gesagt, du sollst aufhören. Siehst du nicht, daß du Allie weh tust?›»

«Und wie reagierte Dan?»

«Er baute sich ganz nah vor mir auf – wissen Sie, so von Angesicht zu Angesicht – und sagte ziemlich laut: ‹Was gedenkst du denn dagegen zu tun, du Null?› Es war eine direkte Provokation. Er schrie mich an. Ich wußte, er suchte Streit. Ich weiß wirklich nicht, was ich getan hätte, und werd's wahrscheinlich nie erfahren. Genau in dem Moment, als er eine dumme Prügelei mit mir anfangen will, kommen ein paar andere auf uns zu und meinten, was zum Teufel los wäre. Ein Haufen Leute vom Footballteam waren da, die riefen: ‹Hey, Dan, immer cool bleiben.› Mein Freund Kevin rief: ‹Cool,

Dan!› und zog ihn weg von mir. Dann sagte Greg so was wie: ‹Hey, Chris hat recht, wieso schikanierst du sie? Sie ist ein nettes Mädchen, also laß sie in Frieden.› Und dann ging einer der Typen auf Dan zu und sagte: ‹Du läßt Chris und Allie jetzt in Frieden. Und wenn du noch einmal Hand an einen von beiden legst – wir wissen, wo wir dich finden.›»

«Was hast du dabei empfunden?» fragte ich.

«Ich war ziemlich glücklich, daß sie auf meiner Seite waren. Allie und ich waren irgendwie die Underdogs – und die anderen stellten sich auf unsere Seite. Mein älterer Bruder hätte mir vielleicht gesagt, ich solle zu Dan halten und cool bleiben. Aber da waren vier andere Typen aus unserem Team, die mich und Allie verteidigten und für ihre Rechte eintraten. Und meine Eltern haben mir gesagt, ich hätte richtig gehandelt.»

«Und wie ist es ausgegangen?»

«Na ja, Dan hat Allie nie wieder schikaniert, und ich glaube, er war auch zu den anderen Kids nicht mehr so fies. Aber immerhin kannten wir uns doch schon so lange. Deshalb bin ich nach einer Weile zu ihm hingegangen und wollte ihm erklären, wie ich die Sache empfunden habe. Aber er meinte nur: ‹Laß gut sein, Chris, wir leben jetzt, glaube ich, in verschiedenen Welten.› Wissen Sie, ich fühlte mich ein paar Tage lang ziemlich schlecht, aber dann dachte ich immer wieder – okay, wieso bin ich überhaupt noch mal zu ihm gegangen? Und dann kam mir der Gedanke: *Es ist einfach nicht richtig – jemand muß versuchen, diese Dinge zu ändern.*»

«Welche Dinge meinst du genau?»

«Daß Typen fies sein müssen und andere Leute anpöbeln. Oder daß Mädchen wie Allie gehänselt werden, weil sie Probleme haben. Das ist alles große Scheiße. Ich denke, wir sind alle Menschen, und jeder sollte gleich behandelt werden. Als ich dieses Jahr als Schülersprecher kandidiert habe, war mein Wahlspruch: ‹Auf der Hickman-High-School ist für alle Platz.› Ich dachte, manche könnten mich vielleicht für einen Deppen halten, aber dann beschloß ich, daß mir das ab jetzt egal ist. Und das ist gut, denn jetzt bin ich Schülersprecher, und Dan scheint auch so langsam wieder zu sich zu kommen. Ich denke, ich weiß, warum er das Gefühl hatte, wie ein Idiot handeln zu müssen. Vielleicht können wir irgendwann die Vergangenheit ruhen lassen und wieder Freunde werden.»

Wie diese Geschichte zeigt, ist es für einen Jungen heute durchaus möglich, aus seinem geschlechtsspezifischen Korsett auszubrechen, gegen den männlichen Verhaltenskodex zu opponieren und dabei auch noch die Zustimmung und Liebe von Familie, Freunden und der Gesellschaft zu gewinnen. Obwohl er dazu gedrängt wurde, anders zu handeln, stand Chris für sich und für seine Freundin Allie ein und triumphierte am Ende. Indem er seine Angst vor Scham überwand, wurde Chris unbewußt ein Pionier, ein Vorbild für andere Jungen und Männer.

Vor etwa 40 Jahren nahmen Mädchen und Frauen den Kampf für die Gleichberechtigung der Geschlechter auf. Öffentlich kämpften sie gegen die Regeln der Gesellschaft, die Frauen auf ihre traditionell weibliche und mütterliche Bestimmung festlegen wollten, die ihnen den Zugang zu höherer Bildung verwehrten (und sie damit finanziell von Männern abhängig machte) und die sie von zahlreichen Berufen, Aktivitäten und Aufgaben ausschlossen, die als «nicht damenhaft» galten oder aus anderen Gründen den Männern vorbehalten waren. Wenn dieser Emanzipationsprozeß auch bei weitem noch nicht abgeschlossen ist, sind wir doch schon recht weit gekommen, denn heute steht Mädchen und Frauen ein breites Spektrum an Möglichkeiten zur Verfügung. Sie haben begonnen, sie selbst zu sein und sich dabei wohl zu fühlen. Sie haben die Angst verloren, als etwas anderes betrachtet zu werden, wenn sie andere Wege gehen. Was die Befreiung der Mädchen und Frauen angeht, haben wir bereits große Fortschritte gemacht. Viele haben das geschlechtsspezifische Korsett, in das sie viel zu lange gezwängt worden waren, inzwischen hinter sich gelassen.

Jungen wie Chris sind ein Zeichen dafür, daß die Gesellschaft bereit zu sein scheint, einen vergleichbaren Befreiungsprozeß auch für Jungen und Männer anzustrengen. Jungen wie Chris beweisen, daß auch Männer, trotz der widersprüchlichen Erwartungshaltungen, denen sie von seiten der Gesellschaft ausgesetzt sind, einen selbstbestimmten Weg finden und gehen können. Dafür müssen sie sich zum einen von den antiquierten Vorstellungen befreien, die einen Mann zwingen, sich abzuhärten und seine sensiblen Seiten zu verbergen, zum anderen dürfen sie sich nicht von den Ansprüchen der modernen Gesellschaft unter Druck setzen lassen, deren Ideal der offene, zärtliche, einfühlsame und egalitäre Mann ist.

Jungen und Männer tragen von allen diesen Qualitäten etwas in sich und müssen sich nicht für die eine oder die andere Seite entscheiden, ihre Aufgabe ist es vielmehr, den für sie selbst richtigen Weg zu finden. Sie können gleichzeitig hart und sanft, fürsorglich und durchsetzungsstark, verletzlich und verwegen, abhängig und unabhängig sein; wie Chris können sie lernen, bestimmte Situationen allein zu bewältigen, sich in anderen aber auf Gleichaltrige zu verlassen, ohne sich deswegen zu schämen; sie können sich an harten Wettkampfsportarten mit vollem körperlichen Einsatz beteiligen und trotzdem vor unnötigen Keilereien zurückschrecken. Je mehr Jungen und Männer sich trauen, ihre unterschiedlichen Tarnungen abzulegen und sich so zu zeigen, wie sie sind, desto eher wird die Gesellschaft sie für die ihnen eigenen Gefühle und Qualitäten schätzen, nämlich: Liebe, Angst, Einfühlungsvermögen, Schuldbewußtsein, Wut, Traurigkeit, Kühnheit, Loyalität und Mut.

Es scheint, als stünden wir am Vorabend einer neuen Geschlechterrevolution. Die Jungen, die wir in diesem Buch kennengelernt haben, scheinen alle auf die eine oder andere Art zu sagen «Ich will weg von diesen überholten Klischeevorstellungen», «Ich hab die Nase voll davon, wichtige Facetten von mir zu verstecken» und «Ich will in der Lage sein, ich selbst zu sein». Sie alle tragen eine große Sehnsucht in sich, ihr privates und ihr öffentliches Selbst zu vereinen, sie wollen endlich stolz auf das sein, was sie wirklich sind, sie wollen sich von den Fesseln der Scham befreien, die sie Jahrhunderte lang trugen.

Daher ist es allerhöchste Zeit, daß wir einen neuen Kodex für richtige Jungen und Männer zusammenstellen, ein Regelwerk, das auch für Jungen all die Türen öffnet, die für Mädchen und Frauen schon offenstehen, und dessen oberster Grundsatz lautet: «Es gibt nicht immer nur eine Art, etwas zu tun, und deshalb bist du genau so, wie du bist, richtig.»

Richtige Jungen brauchen Menschen, die ihnen erlauben, *all* ihre Gefühle zu zeigen, auch Traurigkeit, Enttäuschung und Angst. Richtige Jungen brauchen die Bestätigung, daß diese Gefühle normal, gut und «männlich» sind. Sie müssen wissen, daß es kein Gefühl, keine Aktivität und kein Verhalten gibt, das ihnen als Jungen verboten wäre (abgesehen von dem, was sie selbst oder andere ernsthaft verletzen würde). Richtige Jungen brauchen tragfähige Beziehungen und keinen Trennungsschmerz, um zu reifen. Richtige Jungen müssen mit der Liebe und Zuneigung behandelt werden, die wir uns von ihnen erhoffen, wenn sie im nächsten Jahrhundert zu Männern herangewachsen sind. Richtige Jungen müssen wissen, daß wir all ihre Seiten willkommen heißen und daß wir sie als diejenigen lieben, die sie wirklich sind.

Danksagung

Ein Werk dieses Ausmaßes beinhaltet selten nur die Arbeit und Gedanken einer Person. Zwangsläufig stützt sich der Autor auf die Schultern zahlreicher kreativer Mitarbeiter und Fachleute und auch auf die von Freunden, Familienmitgliedern und Arbeitskollegen. Daher möchte ich die Gelegenheit ergreifen, den Menschen, die dazu beitrugen, daß dieses Buch Wirklichkeit wurde, an dieser Stelle meinen aufrichtigen Dank auszudrücken.

Zunächst möchte ich Kate Medina, meiner Herausgeberin bei Random House, danken, die mich mit ihren scharfsinnigen und ermunternden Kommentaren tatkräftig unterstützte. Seit unserer ersten Begegnung in Cambridge, Massachusetts, spürte ich die aufrichtige Anteilnahme, mit der sie dieses Buch betreute, und ihre Hoffnung, daß die Veröffentlichung meiner Forschung einen bedeutenden Wandel in unserer Einstellung zu Jungen und ihrer Erziehung bewirken möge. Ihre redaktionellen Hinweise und Vorschläge waren geradezu brillant, und ich werde ihr stets dankbar bleiben für ihre kreative Anleitung, die einzelnen gedanklichen Bruchstücke zu dem großen Bild dieses Buches zusammenzufassen. Ihr Einsatz und ihre Fachkenntnis bei der Veröffentlichung dieses Buches können nicht hoch genug geschätzt werden.

Im Verlag Random House trug Meaghan Rady wesentlich zur Entstehung dieses Buches bei. Dafür bin ich ihr aufrichtig dankbar. Die Mitarbeiter von Random House zeigten in jeder Weise höchste Professionalität und Engagement.

Diese Arbeit wäre kaum eine Dokumentation, geschweige denn ein gesamtes Buch geworden ohne den Weitblick, die Energie und Liebe, die meine Literaturagenten Todd Shuster und Lane Zachary von Zachary Shuster in dieses Unternehmen einbrachten. Sie erkannten das Potential meiner Forschungsergebnisse über Jungen und halfen mir auf dem Weg von der wissenschaftlichen Auswertung zu den ersten beschriebenen Buchseiten. Die Mitarbeiter der Agentur, und insbesondere Jennifer Gates Hayes, Esmond Harmsworth und Allison Murray, standen mir in einem Ausmaß mit Rat und Tat zur Seite, wie es ein Autor kaum erwarten darf.

Wenn ein Autor auch letztlich die Verantwortung für die Hypothesen, Erkenntnisse, Ratschläge und Ergebnisse seiner Arbeit übernehmen muß, verdankt er doch auch der intellektuellen Arbeit und Anregung von anderen sehr viel. Diese gilt es anzuerkennen: Frau Dr. Grossman lud mich ein, ihr an der Boston University durchgeführtes Elternprojekt zu besuchen. Durch ihre Studien erfuhr ich Entscheidendes über die Welt der Väter zu einem Zeitpunkt, als wir gerade erst begannen, die Rolle von Vätern innerhalb einer Familie wahrzunehmen. Dr. Ronald Levant verdanke ich ein vertieftes Verständnis für die Kämpfe, denen ein Mann in unserer Gesellschaft ausgesetzt ist. Er gab mir den Anstoß, mich mit Gleichgesinnten zu vereinen, um die Probleme von Jungen und Männern zu erforschen, ihnen zu helfen und sie zu betreuen. Unserer geistigen Zusammenarbeit – die bis heute andauert – entsprangen zwei Fachbücher zum Thema Geschlechter und eine Freundschaft, für die ich ihm sehr dankbar bin. Ebenso verbunden bin ich Dr. Bill Betcher für unsere Zusammenarbeit bei einem Buch und in der Leitung des Center for Men am McLean Hospital.

Die Internationale Gemeinschaft von Jungenschulen erkannte die Bedeutung und Notwendigkeit einer neuen Psychologie von Jungen und unterstützte mich großzügig in meiner Arbeit. Ich möchte John Farber danken, der mich zu meinem ersten Vortrag einlud, und Reverend Tony Jarvis, dessen geistiges Verständnis für Jungen sowohl weitreichend als auch erhebend war. Mein spezieller Dank gilt Dr. Rich Melvoin von der Belmont Hill School, der mir gemeinsam mit seinen Mitarbeitern (und insbesondere Connie MacGillivary) viele Türen öffnete und dazu beitrug, daß mein jüngstes Forschungsprojekt Wirklichkeit wurde. Diane Hulse und John Bednall waren mit ihren Vorschlägen und Ideen eine große Hilfe für unser Projekt. Ich möchte dem Forschungsausschuß der Gemeinschaft für ihren Zuschuß danken, mit dessen Hilfe einige der ersten Analysen der Studie *Auf die Stimmen der Jungen hören* finanziert wurden.

Ebenso möchte ich all jenen Schulräten und Schulleitern der Vorstadt- und Kleinstadtbezirke in New England meinen Dank aussprechen (obwohl sie leider ungenannt bleiben müssen), die für mich von unschätzbarem Wert waren, weil sie mir halfen, die erzieherischen Bedürfnisse unserer heutigen Jungen besser zu verstehen.

Von Herzen danke ich meinen wissenschaftlichen Assistenten Judy Chu, Chuck McDormick und Roberto Olivardia, die bei der Auswertung und Analyse der Informationen in verschiedenen Arbeitsphasen halfen. Darüber hinaus möchte ich John Butman, Nancy Roosa, Becky Shuster, John Delancy und Mark Zanger für ihre Unterstützung beim Sammeln und Vorbereiten des Materials zu diesem Buch meinen aufrichtigen Dank aussprechen.

Ich möchte auch meinen Kollegen von der medizinischen Fakultät der Harvard University und dem McLean Hospital für ihren freundlichen Beitrag danken und insbesondere seinem früheren Leiter Dr. Steven Mirin und dessen Nachfolger Dr. Bruce Cohen für ihre Unterstützung bei der Errichtung des Center for Men. Ich danke Dr. Joseph Coyle, dem Leiter der Abteilung für Psychiatrie der medizinischen Fakultät von Harvard, dafür, daß er die Psychologie von Jungen und Männern als rechtmäßiges Fachgebiet anerkennt, und ich danke Carol Brown und Cathy Toon für die Unterstützung, die sie der Abteilung für weiterführende Erziehung am McLean Hospital gewähren. Ebenso dankbar anerkenne ich Carol Browns und Patti Browns Hilfe bei der Niederschrift von Teilen des Manuskripts sowie die Forschungsunterstützung von Lynn Dietrich und Ann Menashi, den Bibliotheksleiterinnen des McLean Hospital und des Psychoanalyseinstituts Boston.

Meine Kollegen und Professoren auf dem Gebiet der Psychoanalyse spielten eine dynamische und formende Rolle bei der Erweiterung und Vertiefung meiner Wertschätzung für das Gefühlsleben von Jungen. An dieser Stelle danke ich insbesondere Dr. David Berkowith, Dr. Arnold Modell, Dr. Gerald Adler, Dr. Dan Buie, Dr. Jim Herzog, Dr. Ralph Engle, Dr. Tony Kris, Dr. Lynn Layton, Dr. Paul Lynch, Dr. Risa Weinrit, Dr. Dianne Fader, Dr. Laura Weissberg, Dr. Rita Teusch und Dr. Steve Rosenthal.

Mein Dank gilt auch Dr. Shervert Frazier, dem emeritierten psychiatrischen Leiter des McLean Hospital, der mir als Mentor zur Seite stand und mich ermutigte, in einen Bereich der psychologischen Forschung vorzudringen, der bisher größtenteils übersehen worden war. Niemals zuvor oder danach bot sich mir die Gelegenheit, mir soviel Wissen über das Gefühlsleben von Jungen und Männern anzueignen.

Ich anerkenne, wieviel ich von meinen Fachkollegen, aus Jugendstudien im allgemeinen und von meinen Freunden der Gesellschaft für psychologische Studien über Männer und Männlichkeit im besonderen gelernt habe, nämlich Gary Brooks, Sam Cochran, Michael Diamond, Richard Eisler, Jeff Fischer, Marion Gindes, Glenn Good, Corey Habben, Marty Heesacker, Richard Lazur, Richard Majors, Neil Massoth, Larry Morris, Gil Noam, Jim O'Neil, Marlin Potash, Jerry Shapiro, Denise Twohey, Lenore Walker und viele andere. Jim Barron ehrte mich mit einer redaktionellen Aufgabe in seiner Zeitschrift *Gender and Psychoanalysis,* und meine Beratungskollegen Jeff Connor und Ken Settel hörten sich geduldig meine Theorien über Jungen an. Die Mitglieder des «Men's Studies Seminar and Play Group», einer privaten/professionellen Entwicklungsgruppe, schufen eine wundervolle Atmosphäre, in der ich neue Ideen diskutieren und mich über die Erkenntnisse anderer informieren konnte. Insbesondere danke ich Joel Eichler, Alan Gurtwitt, Steve Krugman, Ron Levant, David Lisak, John Reusser und Bob Weiss.

Wie dieses Buch selbst zeigt, haben «richtige Jungen» wesentlich mehr mit «richtigen Mädchen» gemein, als wir oftmals annehmen. Deshalb sind die Wissenschaftler und Autoren der neuen Psychologie für Männer und Jungen jenen Forschern zu großem Dank verpflichtet, die eine «Revolution» im Bereich der Frauenforschung auslösten. Obwohl meine Erkenntnisse sich auf die Arbeit vieler Jahre mit Jungen und Männern stützen, ist es wichtig, den entscheidenden Einfluß der «neuen» Frauenpsychologie auf dieses gesamte Forschungsfeld anzuerkennen. Besonders hervorstreichen möchte ich die Seminararbeit von Carol Gilligan über die «Stimme» der Mädchen, deren Einfluß in diesem Buch klar erkennbar ist, und die Arbeit des Stone Center am Wellesley College von Jean Baker Miller, Irene Stiver, Judith Jordan und Janet Surrey. Sie schufen das Bild einer mit ihrer Umwelt verbundenen Frau, das meine eigenen Theorien über eine vorzeitige Trennung von Jungen und ihre spätere Heilung beeinflußte. Dr. Judith Jordan, meine Kollegin, Mitarbeiterin, Freundin und «Reisegefährtin», übte eine unendlich reiche positive Wirkung auf meine Gedanken in diesem Bereich aus. Ihre tiefe Intelligenz und kreative Inspiration sind in meiner gesamten Arbeit fühlbar.

Die Forschungsarbeiten und die Verfassung dieses Buches wären ohne die Geduld, die Liebe und das Verständnis meiner Familie nicht möglich gewesen. Ich bin meiner Frau Dr. Marsha Padwa für ihre unschätzbaren Einblicke in die Welt der Jugendlichen und ihrer Familien sowie für ihren wichtigen Beitrag zum Entwurf dieses Buches zu tiefem Dank verpflichtet. Meiner Frau Marsha und meiner Tochter Sarah Faye Pollack danke ich zudem für ihre unerschütterliche Liebe und Unterstützung, die unter anderem darin bestand, Zeitpläne für mich auszuarbeiten, mir Laptops zu leihen und mich in Zeiten von Kummer wieder aufzurichten.

Den an der Studie beteiligten Jungen, ihren Eltern und meinen Eltern spreche ich meinen persönlichen Dank aus, daß sie uns ihr Leben erschlossen und mich durch ihre Kämpfe so vieles lehrten.

Richtige Jungen hätte jedoch ohne die besondere Hingabe, Beharrlichkeit, Kreativität und Liebe meines Agenten Todd Shuster für diese Arbeit niemals geschrieben werden können. Ausgehend von einem unschuldigen Frühstück in Belmont, teilte Todd mit mir in diesem Projekt sein Herz und seine Seele während der wochenlangen Nachbearbeitung, Redaktion, Besprechung und der Durchsicht der einzelnen Entwürfe. Dieses Buch enthält mehr Spuren seiner Arbeit, als er jemals anerkennen wird. Dennoch muß diese Anerkennung ausgesprochen und angenommen werden. Als Literaturagent und kreativer Kritiker, der mitunter leidenschaftlich und nachsichtig mit mir über verschiedene Aspekte des Buches diskutierte, unterstützte mich Todd unermüdlich in einem Projekt, von dem ich nur hoffen kann, daß es eine bedeutende Wirkung auf das Leben von Jungen ausübt. Ich kann ihm nicht genug für seinen besonderen Beitrag zu meiner Arbeit danken.